Contraste insuffisant
NF Z 43 120-14

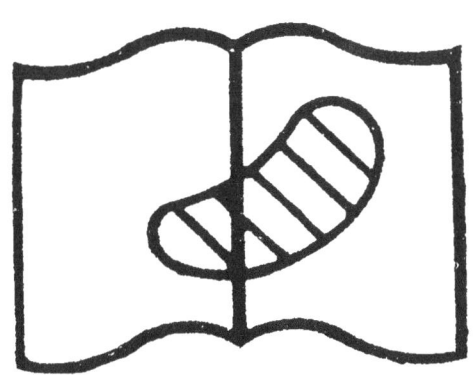

Illisibilité partielle

Valable pour tout ou partie
du document reproduit

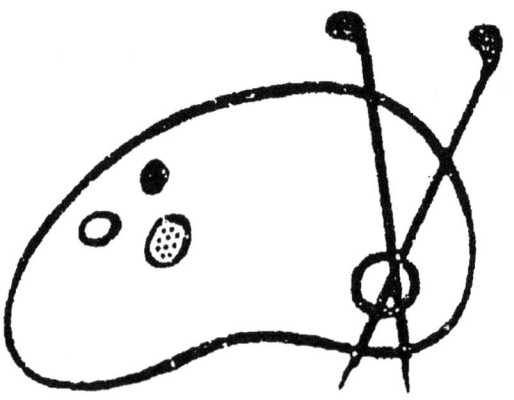

Couvertures supérieure et inférieure
en couleur

ŒUVRES
DE
DOM PROSPER GUÉRANGER, ABBÉ DE SOLESMES

MÉLANGES

DE

LITURGIE, D'HISTOIRE

ET DE

THÉOLOGIE

I

1830 — 1837

Prix : 10 fr.

SOLESMES
IMPRIMERIE SAINT-PIERRE
(SARTHE)

1887

MÉLANGES

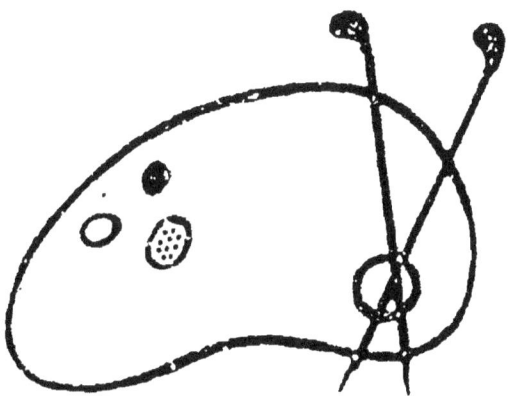

Typographie de couleur
ROUGE

ŒUVRES
DE
DOM PROSPER GUÉRANGER, ABBÉ DE SOLESMES

MÉLANGES,

DE

LITURGIE, D'HISTOIRE

ET DE

THÉOLOGIE.

I

1830 — 1837

SOLESMES

IMPRIMERIE SAINT-PIERRE

(SARTHE)

1887

PRÉFACE

EN 1875, le Souverain Pontife Pie IX, dans un Bref adressé à la Chrétienté tout entière, disait : « Parmi les hommes d'Eglise qui de notre temps se sont le plus distingués par leur religion, leur zèle, leur science & leur habileté à faire progresser les intérêts catholiques, on doit inscrire, à juste titre, notre cher fils Prosper Guéranger, Abbé de Saint-Pierre de Solesmes & Supérieur général des Bénédictins de la Congrégation de France. Doué d'un puissant génie, possédant une merveilleuse érudition & une science approfondie des règles canoniques, il s'est appliqué, pendant tout le cours de sa longue vie, à défendre courageusement, dans des écrits de la plus haute valeur, la doctrine de l'Église Catholique & les prérogatives du Pontife Romain, brisant les efforts & réfutant les erreurs de ceux qui les combattaient(1). »

Un tel éloge, sur les lèvres du Docteur suprême, imposait un devoir aux fils de Dom Guéranger, en leur montrant que les travaux de leur vénéré Père devaient appartenir à la famille catholique ; car le Souverain Pontife, par ce jugement solennel, non seulement inscrivait ces travaux dans les annales de

---

(1) *Bref* Ecclesiasticis viris, *19 Mars 1875.*

l'Église, comme une page glorieuse, mais en même temps il les recommandait comme devant faire partie désormais de cet arsenal de doctrine & de science, où chacun peut puiser sans crainte des armes contre l'erreur.

De nombreuses sollicitations nous ont souvent pressé de ne pas retarder trop longtemps cette publication, & Mgr Pie, qui en sentait toute l'utilité, l'avait demandée avec instance.

Aujourd'hui enfin, après dix ans d'attente, nous avons cru que l'heure était venue, lorsque nous avons entendu le Souverain Pontife Léon XIII, dans les deux Encycliques à jamais mémorables Humanum genus & Immortale Dei, condamner les deux grandes erreurs que Dom Guéranger, pendant trente ans, n'avait cessé de poursuivre avec tant de vigueur, le Naturalisme d'abord, envahissant l'Église sous toutes les formes & détruisant par la racine le principe même de toute religion révélée; le Libéralisme ensuite, cette fausse notion de la liberté, qui, moins radical en apparence, n'est lui-même qu'un naturalisme déguisé s'attaquant au principe social de l'Église, & rendant impossible la constitution même d'une société chrétienne.

De bonne heure l'illustre Abbé avait pressenti le danger & l'avait combattu sans relâche, mais sans y gagner autre chose que le reproche d'une intraitable exagération. Il en gémissait, mais comment aurait-il pu s'en plaindre? La voix de Pie IX elle-même avait été étouffée. Le mal prenait rapidement des proportions effrayantes. C'est alors que Léon XIII, par deux fois, jeta le cri d'alarme, avec une puissance de doctrine incomparable & l'accent que les hommes appellent l'éloquence, mais où les chrétiens reconnaissent la parole du Christ Roi, dont le Pape est le Vicaire.

Il nous a semblé qu'après ces condamnations du Saint-Siège, les fidèles dociles à la voix de l'Église aimeraient à voir le commencement de ces erreurs & les premiers efforts faits pour les démasquer & les combattre.

Par ailleurs, cette publication nous a paru un excellent moyen de répondre, en partie du moins, à la légitime impatience de ceux qui, après avoir lu la belle histoire de Mgr Pie par Mgr Baunard, appellent comme complément celle de l'Abbé de Solesmes, qui fut son ami & souvent son conseil dans les grandes luttes de sa vie de polémiste & de défenseur de l'Église.

Dom Guéranger en effet se peint tout entier dans ses ouvrages, & c'est là qu'il faut apprendre à le connaître. Volontiers nous dirons de lui, en empruntant ce trait à l'histoire de saint Benoît par saint Grégoire le Grand : Si quelqu'un veut connaître à fond la vie & les mœurs de Dom Guéranger, il pourra retrouver dans ses écrits toutes les vertus du moine & de l'homme de l'Église; car ce serviteur de Dieu n'a jamais pu enseigner autrement qu'il a vécu : Quia sanctus vir nullo modo potuit aliter docere quam vixit. (Vita S. Patris Benedicti, ex lib. II Dialogorum S. Gregorii Magni, cap. XXXVI.) En lui la science & la sainteté vivaient dans une étroite union, parce que l'objet de sa science n'était pas autre que l'objet de sa foi, & la foi était toute sa vie. « J'aime à parler de Dieu, écrivait-il un jour à Madame Swetchine, j'aime à y penser, à me reposer en Lui. La foi est pour moi, par une heureuse constitution, le principe de la vie intellectuelle, sensible, je dirais même naturelle. » (Lettre du 5 août 1833.)

Du même amour il aima l'Église, qui est « la colonne & le soutien de la vérité. » « De bonne heure, écrit-il dans sa *lettre à Mgr de Toulouse, j'ai appris à m'identifier à ses destinées, à compatir à ses souffrances, à suivre ses combats, à jouir de ses triomphes, à soupirer pour sa liberté. J'ai compris que tout cœur catholique devait aimer cette Mère commune des enfants de Dieu. »* Et encore à Madame Swetchine : *« Oh! si vous saviez comme je l'aime, l'Église! moi qui, à travers l'histoire, la vois foulée, humiliée par ceux qui n'ont d'existence qu'en son Christ, qu'ils ont juré de détruire! Que me font les peuples? C'est l'Épouse de Jésus que je veux. Aujourd'hui les peuples la dédaignent; ils font comme les rois. Que Dieu ait pitié d'eux tous. »*

Ces cris de l'âme nous révèlent Dom Guéranger tout entier, ils nous manifestent non seulement la direction de ses études, mais encore & surtout la spiritualité vraie où il cherche & trouve la sanctification.

L'Église, l'Épouse de Notre-Seigneur est un corps toujours vivant, & son action de chaque jour a un nom particulier, la Liturgie, c'est à dire l'hommage incessant & public qu'elle paie à son divin Époux, hommage de foi & d'espérance, où elle professe ses dogmes, célèbre ses victoires, & pleure sur ses défaites, qui sont la perte des âmes & l'affaiblissement du règne du Christ. C'est pourquoi, en disant tout à l'heure que Dom Guéranger avait identifié sa vie avec la vie de l'Église, nous avons assez fait comprendre que la sainte Liturgie était sa seule préoccupation, sa prière & son étude. Tout le monde connaît ses immenses travaux en ce genre, & les Institutions Liturgiques, *qui ont ramené l'Église de France à la Liturgie romaine, & son* Année Liturgique, *« dans laquelle, disait Monseigneur de Nevers, Dom Guéranger a versé son âme & qui restera dans l'Église comme une source de foi & de piété.* » Ces quelques mots ont suffi à l'Évêque d'Angers pour nous faire comprendre la merveilleuse unité de la vie de ce vrai moine, le principe de son immense savoir & de sa sainteté : « Rien, dit l'éminent prélat, n'est à la fois plus simple & plus grand. Il a voulu être moine, rien que cela & tout cela. Il a voulu louer Dieu & le faire louer. Et comme il a su être éminemment moine, il s'ensuit qu'il a été, dans le sens le plus profond du mot, l'homme de Dieu, l'homme de l'Église, l'homme de l'Église Romaine. »

Ces réflexions générales suffiront pour expliquer au lecteur l'occasion, le but & l'intérêt de cette publication.

Nous n'avons pas l'intention d'imprimer ici de nouveau les ouvrages de Dom Guéranger qui sont ou peuvent être facilement entre les mains de tout le monde. Tels sont, par exemple, la vie de l'illustre vierge romaine Sainte Cécile, la Monarchie Pontificale, les Institutions Liturgiques, dont le quatrième volume, enrichi d'une table analytique, vient de paraître chez M. Victor Palmé; l'Année Liturgique, qu'on poursuit avec toute l'activité que permettent les circonstances présentes.

Ce que nous nous proposons, c'est de recueillir les pièces qui sont épuisées, ou celles qui sont éparses dans les journaux & dans les revues. Outre certaines brochures & d'importantes préfaces, qu'on sera heureux de trouver réunies dans un même recueil, Dom Guéranger a écrit de nombreux articles au jour le jour, suivant les besoins du moment. « *Son front haut & développé,* dit Mgr Pie dans son Oraison funèbre, *arsenal immense d'érudition, contenait un des plus vastes dépôts de la science ecclésiastique & profane. A tout instant & selon que l'occasion le demandait, il en tirait des armes lumineuses, avec ordre, en leur rang, à leur place, sans confusion, sans effort. Pas un incident nouveau, pas un évènement contemporain dont il ne comprît & montrât la portée au point de vue divin. Qui donc savait comme lui promener son regard sur le globe entier, pour y découvrir ce qui se rapportait à l'Eglise, à ses épreuves, à ses joies & à ses conquêtes? La vulgarité même du journal devenait en ses mains le thème d'un enseignement.* » Or ce sont ces articles de journaux, ces pages aujourd'hui perdues dans des collections volumineuses, que nous avons voulu recueillir avec un soin religieux. Toutes ont de l'intérêt, plusieurs ont une grande importance, & surtout par leur côté doctrinal n'ont rien perdu de leur actualité; car nous sommes loin d'être sortis de la crise religieuse & sociale que l'Abbé de Solesmes cherchait à combattre & à conjurer.

Cette publication comprendra environ quatre volumes; nous lui avons donné le nom de Mélanges, parce que nous n'avons pas cherché à grouper ces articles d'après l'ordre des matières & que nous avons préféré suivre l'ordre chronologique, qui fait mieux connaître l'homme, le développement de son talent, l'unité de sa vie au milieu de la variété infinie des sujets qu'il traite, & les prodigieuses ressources de son génie toujours prêt à dégager des évènements, à mesure que la Providence les fait naître, le jugement ou la leçon qu'il importe à des chrétiens d'en recueillir.

Nous placerons d'ailleurs tous ces écrits dans leur cadre historique, au moyen d'un récit biographique court & précis, qui permettra de suivre Dom Guéranger dans sa vie comme dans ses œuvres. Enfin au texte primitif, qui garde son caractère original, nous joindrons les annotations qui peuvent offrir quelque intérêt.

*
* *

Le premier volume s'ouvre par la réimpression de quatre articles écrits en 1830 sur la Liturgie. Ce sont les débuts littéraires de Dom Guéranger; en affrontant pour la première fois les dangers de la publicité, il pose les fondements du grand œuvre qui sera la mission providentielle de sa vie, je veux dire la restauration de la Liturgie Romaine en France.

*Ces articles suscitèrent dans l'*Ami de la Religion *une polémique très vive, dont lui-même, quelques années plus tard, dans une lettre à Madame Swetchine, se faisait le juge sévère, avec une grâce charmante* : « *De l'aveu de tous les partis, j'avais l'avantage; mais j'eus le malheur de rédiger avec une violence qui rendait odieux le triomphe de la vérité. C'était alors la manie de notre école; cela s'appelait mettre un homme dans son chemin. J'avais alors vingt-cinq à vingt-six ans; de toutes parts on m'écrivait que c'était bien comme cela; comment ne me serais-je pas senti encouragé? Quand on a une plume entre les mains pour la première fois de sa vie, on ne la mène pas, c'est elle qui vous mène.* »

A la suite de ces articles, réunis sous le titre de Considérations générales sur la Liturgie, *nous en publierons deux autres sur la* Prière pour le Roi.

Vient ensuite la réédition d'un ouvrage devenu rare aujourd'hui : De l'Élection & de la Nomination des Évêques. *La Révolution de 1830, en changeant la condition du pouvoir vis à vis de l'Église, posait naturellement la question de l'élection & de la nomination des Évêques. L'abbé Guéranger voyait là une question grave de laquelle dépendait le sort de l'Église de France. Il résolut alors de l'étudier avec tout le respect dû au jugement infaillible du Souverain Pontife.*

Dans cette étude l'auteur rencontre nécessairement les concordats, ces sortes de contrats dont Léon XIII a dit dans sa mémorable Encyclique Immortale Dei : « *Des temps arrivent parfois où prévaut un autre mode d'assurer la concorde & de garantir la paix & la liberté; c'est quand les chefs d'État & les Pontifes Romains se sont mis d'accord sur quelque point particulier.* »

A cette occasion, l'abbé Guéranger se demande si l'on peut dire que dans l'Église le temps est toujours aux concordats, s'il n'y a pas des circonstances dans lesquelles ils seraient ou impossibles ou dangereux. Les paroles de Léon XIII citées plus haut n'indiquent rien d'absolu : Des temps arrivent parfois où prévaut un autre mode. *L'abbé Guéranger, étudiant en 1830 cette question au point de vue de l'histoire, l'avait résolue de la même manière, c'est à dire que les concordats ne sont pas de tous les temps & que, dans des circonstances données, ils peuvent être plus dangereux qu'utiles à la liberté de l'Église. Voici en deux mots sa thèse : Les concordats, ceux du moins qui laissent à l'État la nomination des Évêques, supposent une société catholique; ils deviendront dangereux, à mesure que cette société se pervertira, parce qu'elle s'en servira comme d'une machine politique pour asservir l'Église. Mais s'il arrive que l'État & les principes sur lesquels il repose soient en hostilité directe avec l'Église, l'incompatibilité sera flagrante, tout concordat sera mauvais ou mieux impossible. Or en 1830, l'abbé Guéranger jugeait que le mal de la société était arrivé à ce dernier période où les concordats, après avoir offert plus d'inconvénients que d'avantages, ne présentent plus que des dangers.*

De nos jours, le Cardinal Archevêque de Paris, dans une lettre célèbre (1) à laquelle tous les évêques de France ont adhéré, ne craignait pas de dire : « L'article 17 du Concordat prévoit le cas où quelqu'un des successeurs du premier Consul ne serait pas catholique, & dispose que, dans ce cas, les droits & prérogatives mentionnés dans l'article 16 & la nomination aux évêchés seraient réglés par une nouvelle convention. *Ainsi, dans la pensée des signataires du Concordat, les prérogatives reconnues au Chef du Gouvernement français étaient subordonnées à la condition qu'il professerait la foi catholique. Et voici qu'un ministre du Gouvernement, celui-là même qui exerce sous sa responsabilité les prérogatives concordataires, prononce des discours officiels contre la croyance catholique ! A l'en croire, l'Etat se doit à lui-même de ne pas laisser enseigner dans les écoles les dogmes de notre foi, & l'Etat cependant continue à nommer les évêques qui sont les gardiens de la foi !... Le Concordat est-il abrogé? ou est-il encore en vigueur ?* »

L'abbé Guéranger dans son livre ne veut pas qu'on se trompe sur ses intentions & qu'on attribue ce qu'il écrit à un éloignement systématique pour les concordats. « Soumis avant tout aux volontés de l'Eglise & du Siège Apostolique, si nous avons cru devoir faire ressortir une très faible partie de ce que l'histoire des concordats renferme d'affligeant, si nous nous sommes permis de joindre quelques conjectures à l'exposé simple & fidèle des faits, nous n'avons point prétendu accuser la sagesse de cette Mère des Eglises, que nous nous faisons gloire de vénérer en toutes choses. Dans le cours de

---

(1) *Du 30 mars 1886.*

leur durée, les concordats ont eu de nombreux ennemis; aucun n'a paru qui n'ait été attaqué violemment. Mais le principe qui engageait certains hommes à les combattre, était diamétralement opposé à celui d'après lequel nous nous sommes permis de les juger avec la sévérité de l'histoire. De là vient que les motifs qui les rendent odieux aux rivaux de la puissance ecclésiastique ou à ces sectaires qui n'y cherchent que des prétextes à leur système perpétuel d'opposition, sont précisément ceux qui nous les rendent chers & vénérables. Pleins de respect pour ces actes solennels, nous n'en redoutons que l'abus, & tant qu'ils se concilient avec la liberté de l'Eglise, nous les regardons comme très utiles au développement des plans du Sauveur. »

*Suivant toujours l'ordre chronologique, après l'*Élection des Evêques, *qui précéda d'un an l'ouverture du prieuré de Solesmes, nous donnons l'intéressante histoire de ce prieuré, publiée en 1834 par Dom Guéranger, quelques mois après qu'il y eut commencé un essai de restauration monastique. L'ouvrage fut plus tard considérablement augmenté par l'auteur; c'est le dernier travail, paru en 1846, que nous avons reproduit. La description des richesses artistiques de l'église y est traitée avec une grande perfection; elle a été souvent copiée, sans que personne ait jamais songé à la refaire.*

Enfin le volume se termine par la préface & le plan des Origines catholiques, *œuvre qui, dans la pensée de l'auteur, devait prendre de vastes proportions. Le premier volume seul a paru sous ce titre :* Origines de l'Église Romaine. *Nous ne reproduisons pas l'ouvrage lui-même, quoiqu'il conserve une véritable importance; mais il a été dépassé par les découvertes qui ont été faites depuis dans la science de l'archéolo-*

*gie & de l'histoire. Tel qu'il est, les savants le consultent encore avec fruit, & le Cardinal Pitra dans son beau volume d'*Analecta, *publié l'année dernière, le cite avec éloge. L'auteur d'une étude approfondie sur le* Liber Pontificalis, *M. l'abbé Duchesne remarque que parmi les principaux ouvrages où ce sujet est traité,* « si Ciampini, Schelestrate & Bianchini méritent une mention toute spéciale, on peut en dire autant des Origines de l'Église Romaine. Ce dernier ouvrage est encore dans la tradition ancienne ; il résume fort bien les conclusions acquises jusqu'au commencement de ce siècle. » (*L'abbé Duchesne,* Étude sur le Liber Pontificalis, *p. 11.*)

C'est avec cet ouvrage que nous avons voulu clore la première série des Mélanges, *qui comprend, pour ainsi parler, l'œuvre de jeunesse de Dom Guéranger, jusqu'au moment de son élévation à la dignité abbatiale.*

Solesmes, 26 juillet 1886.

En la fête de sainte Anne,

† Fr. Charles COUTURIER, *Abbé de Solesmes.*

LITURGIE CATHOLIQUE

I

CONSIDÉRATIONS GÉNÉRALES

II

POLÉMIQUE

ROSPER Guéranger fut, dès sa sortie du séminaire, attaché à sa Grandeur Monseigneur l'évêque du Mans, comme secrétaire particulier. Monseigneur Claude de la Myre Mory affectionnait beaucoup le jeune sous-diacre, alors âgé de vingt-&-un ans. Il le nomma chanoine honoraire de sa Cathédrale immédiatement après son ordination sacerdotale, en 1827. Sur ces entrefaites l'évêque se démit de son siége, pour raison de santé. Le dévoué secrétaire accepta, sur l'invitation de la famille, de suivre le prélat dans sa retraite à Paris. L'abbé Guéranger poursuivit ses études dans la capitale avec une nouvelle ardeur. Il étudie afin de connaître & d'aimer toujours davantage la sainte Eglise. Il recherche avec amour ce qu'on a dit, ce qu'on a enseigné dans l'antiquité. La Tradition, tel est l'instrument à l'aide duquel il aspire à défendre les doctrines romaines. Ce jeune prêtre compte au plus vingt-cinq ans & il songe à entreprendre pour la défense de l'immortelle Epouse du Christ un vaste ouvrage historico-dogmatique.

Or ce fut pour se distraire de cet important travail que Prosper Guéranger écrivit, en 1830, les premiers articles qui ouvrent la série de ces mélanges. Il y traite la question liturgique. On ne lira pas sans étonnement ces pages où se révèle déjà celui que Pie IX nommait le restaurateur de la liturgie romaine en notre pays. D'un bond le débutant devient maître. Ce jeune prêtre avait rencontré le terrain que lui destinait la divine Providence. C'est avec le plus profond respect que nous avons recueilli ces premiers enseignements, donnés à une époque où les liturgies nouvelles avaient envahi la France entière. Cette parole fut la semence qui devait produire, du vivant même de l'auteur, des fruits merveilleux. Encore quarante-cinq ans de prières, de veilles, de labeurs & de luttes, & nous entendrons le Vicaire de Jésus-Christ déclarer sur la tombe de l'Abbé de Solesmes que ce vaillant défenseur de la vérité a bien conduit l'entreprise, & que *c'est à ses écrits & en même temps à sa constance & à son habileté singulière, plus qu'à toute autre influence, qu'on doit d'avoir vu, avant sa mort, tous les diocèses de France embrasser les rites de l'Église romaine* (1).

(1) Bref *Ecclesiasticis viris.* 19 mars 1875.

CONSIDÉRATIONS
SUR
LA · LITURGIE CATHOLIQUE

L'AUTEUR DANS QUATRE ARTICLES PUBLIÉS DANS LE *MÉMORIAL CA-THOLIQUE*, ÉTABLIT LA NÉCESSITÉ POUR LA LITURGIE DE PRÉSENTER, COMME CARACTÈRES DISTINCTIFS : *L'ANTIQUITÉ, L'UNIVERSALITÉ, L'AU-TORITÉ & L'ONCTION.*

PREMIER ARTICLE

La liturgie, langage de l'Église, doit avoir pour caractère, l'antiquité. C'est la marque distinctive de la liturgie romaine. Est-ce le caractère de nos liturgies françaises?

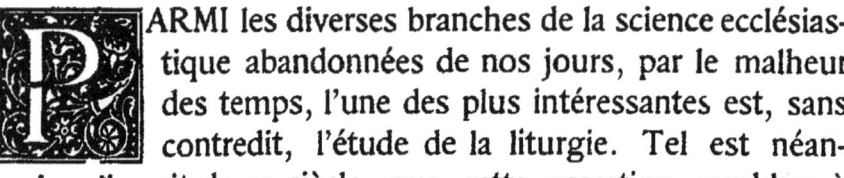

28 Février 1830.

PARMI les diverses branches de la science ecclésiastique abandonnées de nos jours, par le malheur des temps, l'une des plus intéressantes est, sans contredit, l'étude de la liturgie. Tel est néanmoins l'esprit de ce siècle, que cette assertion semblera à plus d'un lecteur ecclésiastique hasardée & singulière. Les preuves cependant n'en seraient pas difficiles à fournir. Le culte est le corps de la religion; par la même raison la liturgie en est l'expression, le langage; donc point de connaissance parfaite de l'Église sans celle de la liturgie. En vain connaîtrez-vous un peuple dans ses principales habitudes, son génie, sa pensée ne se dévoileront tout à fait à vous que lorsque vous aurez pénétré les mystères de son langage.

Mais outre les causes générales de la décadence universelle, la cessation complète des études liturgiques parmi nous est le résultat d'une cause toute particulière, d'une cause qui devait nécessairement en entraîner la ruine, quand bien même un affreux bouleversement n'eût pas menacé d'éteindre entièrement le feu sacré dans notre malheureuse patrie. Depuis plus d'un siècle l'introduction des *nouvelles liturgies* dans l'Église de France préparait cet humiliant résultat. En effet quel moyen d'étudier une langue qui se divise chaque jour dans une multitude de dialectes qui n'ont entre eux aucun rapport, & tendent sans cesse à effacer les derniers traits de ressemblance qu'ils pourraient avoir conservés avec cette langue mère qui ne les reconnaît plus?

Je sais que je vais heurter bien des préjugés & faire de l'opposition sur une matière qui semble n'être plus du domaine de la discussion ; mais on est toujours fort quand on a raison, & je défierai tout homme de sens, tout théologien de contester mes principes, comme tout logicien de se refuser à mes conséquences. Les vérités que je rappellerai choqueront des idées reçues ; mais qu'est-ce que cela fait? Faut-il donc toujours se taire parce que l'on est sûr de n'être pas écouté?

Je commencerai d'abord par protester de mon éloignement de toute intention hostile contre une institution que le haut point de vue d'où je la considérerai m'obligera quelquefois de qualifier sévèrement. Un siècle écoulé a sanctionné une œuvre téméraire dans son principe ; Rome, malgré le danger & l'inconvenance de pareilles innovations, n'a cru devoir en marquer son mécontentement que d'une manière indirecte & pleine de mesure. Ces Pontifes si ambitieux ont plus à cœur le désir de la paix & le salut des âmes que ne l'ont écrit certains canonistes français. En vain voudrait-on nous les montrer toujours armés de leurs foudres, semblables au Dieu qu'ils représentent : ils savent attendre, parce qu'ils veulent que personne ne périsse. Leurs fidèles enfants comprennent ce langage muet que l'orgueil & la révolte s'efforcent de ne point entendre. Mon but ne saurait donc être de troubler ceux que le droit ou la coutume obligent ou autorisent à répudier les livres de l'Église de Rome pour y substituer une liturgie diocésaine. Qu'ils continuent de le faire en paix à l'ombre de l'indulgence du Siége apostolique. Je déclare aussi que je n'entends point poursuivre ici la liturgie d'un diocèse plutôt que celle d'un autre (1). Je suis, certes, éloigné de toute attaque personnelle, mais quand des principes dangereux ont été mis en pratique sous de beaux noms, il n'est pas bon que les hommes s'accoutument à les prendre pour des articles de foi.

Les considérations générales qui se présentent tout d'abord démontrent l'importance de la matière. Nous partirons toujours du même principe. La liturgie est la langue de l'Église, l'expression de sa foi, de ses vœux, de ses hommages à Dieu ; donc premièrement l'antiquité doit être un de ses caractères essentiels. Toute liturgie que nous aurions vue commencer, qui n'eût point été celle de nos pères, ne saurait donc mériter ce nom. Un peuple n'est point arrivé jusqu'au dix-septième siècle de son existence sans avoir un langage suffisant à sa pensée, surtout quand ce peuple est nécessairement immuable.

Dès l'origine de l'Église chrétienne, un des premiers soins de ses fondateurs dut être & fut en effet de déterminer les rits sacrés, les cérémonies extérieures, les prières du culte,

---

(1) Que l'on ne croie donc point que nous voulions attaquer ici la liturgie parisienne. Si nous n'ignorons pas l'esprit qui lui donna naissance, nous connaissons aussi celui qui a présidé à ses dernières améliorations, & nous savons lui rendre justice. Désormais pleinement orthodoxe, elle n'a contre elle que certains principes généraux auxquels d'ailleurs elle ne pourrait faire satisfaction qu'en cessant d'exister.

enfin la liturgie. Les plus anciens monuments supposent l'existence d'un ordre complet dans toutes ces matières, & cependant aucun ne nous en assigne clairement l'origine précise. Tout se perd dans la nuit des temps, de ces temps, où, pleins encore des entretiens de l'Homme-Dieu, ses premiers disciples s'occupaient à réaliser ses idées divines.

Lorsque l'Église sortit des Catacombes, elle en sortit avec sa liturgie telle que le secret des mystères & la durée successive des persécutions lui avaient permis de la développer. Mais bientôt, sous la protection des Césars, le christianisme élevant de toutes parts ses augustes basiliques, l'ensemble complet des rits sacrés comprimés jusqu'alors vint étonner les regards du paganisme vaincu & ajouter encore au triomphe de la vérité.

Dans l'Orient, on vit ces grands évêques, lumières de l'Église, consacrer leur piété, leur génie & leurs veilles à d'importants travaux sur la liturgie. Leurs noms augustes y demeurèrent attachés. L'héritage des siècles, recueilli par des mains discrètes & fidèles, fut encore enrichi. Ainsi se forma, dès le cinquième siècle, ce magnifique recueil de prières dans lequel l'onction le dispute à la majesté. L'Église grecque garde encore soigneusement cette précieuse succession; & ces accents, si touchants & si nobles, que, le jour & la nuit, des bouches schismatiques font monter vers le Ciel, retentirent, aux jours de l'unité, dans les temples de Constantinople, d'Antioche & d'Alexandrie. Arméniens, Coptes, Maronites, Éthiopiens, tous gardent comme un trésor inaliénable les paroles sacrées que leurs pères dans la foi consacrèrent au culte de l'Éternel. Leurs longs offices sont toujours les mêmes; quand la vraie foi s'est enfuie loin de ces contrées, ils sont restés comme pour attester son passage. Tirons du moins une utile leçon de ce respect héréditaire des Églises de l'Orient pour l'antique liturgie, & reconnaissons-y une preuve de ce sentiment du christianisme qui ne s'éteint jamais tout-à-fait, sentiment d'éloignement pour toute innovation, tant que l'erreur, qui n'est elle-même qu'une innovation, croit pouvoir s'en passer.

Rome, siége inébranlable de la foi, ne donna pas de moindres preuves de son zèle pour le culte divin. Dès le quatrième siècle, le pape saint Damase & ses prédécesseurs avaient réuni les chants, les offices sacrés conservés par l'antique tradition romaine. C'étaient les paroles des anciens Pontifes, scellées de leur sang, empreintes de leur piété, consacrées par tout le poids de leur autorité suprême. Cette Église heureuse sur les fondements de laquelle, suivant l'expression de Tertullien, Pierre & Paul avaient répandu leur doctrine avec leur sang, cette Église première n'eut qu'à consulter ses glorieux souvenirs pour former un corps complet de liturgie, & les temples bâtis par Constantin virent commencer dans leur enceinte, pour ne plus les voir interrompre, les solennités de cette année chrétienne dont la gloire auguste laisse bien loin derrière elle les pompes néanmoins si poétiques de Rome païenne. L'Église émancipée aux dépens de son propre sang, eut enfin une langue digne d'elle, langue divine, qui pouvait s'enrichir par le cours des siècles, mais qui ne pouvait plus rien perdre. Ainsi tout eut son expression, les confessions de sa foi, les soupirs de son espérance, les ardeurs de son amour, les gloires de ses triomphes, les besoins de ses enfants, les gémissements de ses pécheurs. L'Église parle pour les siècles; pour elle, point de vicissitudes : sa voix est toujours la même. Dès son premier jour, elle sut tout dire à son divin Époux.

O vous qui aimez à étudier l'antiquité chrétienne, qui êtes sensibles à ses admirables souvenirs, vous qui sentez que cette religion seule est véritable & divine, qui est en possession du passé, lisez, goûtez les restes de cette antiquité parvenue jusqu'à nous, dans les trésors vénérables de la liturgie romaine. Les plus grands Papes y ont mis successivement la main. Après saint Damase, saint Gélase, & plus tard saint Grégoire le Grand en disposèrent les diverses parties. Au onzième siècle, un pontife auquel aucun genre de gloire n'a manqué, un des plus grands hommes de l'Église, saint Grégoire VII, consacra ses glorieux loisirs à des travaux du même genre & sut maintenir dans sa pureté primitive ce dépôt sacré que l'ignorance & la barbarie auraient altéré sans sa vigilance. Plus tard, cédant au vœu du concile de Trente, saint Pie V ordonna une révision du missel & du bréviaire romains, qui furent encore une fois rapprochés des sources de l'antiquité & fixés à la forme où nous les avons maintenant.

Et quand bien même nous n'aurions pas pour l'attester l'histoire et les monuments, quand bien même le sacramentaire, l'antiphonaire, le livre responsorial de saint Grégoire, ne seraient pas parvenus jusqu'à nous conformes en toutes choses à notre liturgie actuelle qui n'en est que l'abrégé, pourrait-il nous rester des doutes sur la haute antiquité des offices romains à l'aspect de ces répons, de ces antiennes entièrement composés des paroles de l'ancienne Vulgate dont la religieuse & apostolique simplicité est bien antérieure au siècle de saint Jérôme? & cette division des psaumes tracée par ce saint docteur, sur la demande du pape Damase, d'après les usages antiques & qui nous rappelle les veilles des premiers chrétiens; & cette simplicité des offices, si éloignée de cette confusion de propres dont regorgent les nouveaux bréviaires; ce style mystérieux, inimitable & profond des collectes & des autres formules déprécatoires; ces hymnes composées par un grand évêque, dans la basilique ambrosienne, pour occuper saintement un peuple fidèle assiégé par une princesse furieuse; ces hymnes des Prudence, des Sédulius, des Grégoire, des Hilaire, qui cachent sous leur simplicité apparente une onction intarissable pour les cœurs chrétiens; les rites mystérieux de la grande semaine, les impropères du vendredi saint, les solennités de la nuit de Pâques conservées intactes de mutilations & retraçant d'une manière si touchante le jour où l'heureux catéchumène voyait enfin s'abaisser devant lui les barrières du sanctuaire; les livres de l'Écriture distribués suivant l'ordre qu'observaient les saints docteurs dans leurs homélies, & rappelant par cette division la magnifique série des chefs-d'œuvre de l'éloquence chrétienne : on ne tarirait pas si l'on voulait retracer tous les avantages de la liturgie romaine sous le seul rapport de l'antiquité.

Parlerai-je des chants sublimes qui nous sont parvenus avec ces admirables prières? Je pourrais citer ici le témoignage des musiciens français & étrangers les plus célèbres, qui ont exalté à l'envi cette mélodie antique & religieuse qui, sans le secours de la mesure, produit des émotions si vives & si profondes. Je pourrais attester des auteurs protestants aux oreilles desquels les chants de l'Église romaine n'ont jamais retenti sans faire vibrer la corde catholique. Eh! qui n'a tressailli mille fois aux accents de cette musique grave, qui malgré son caractère sévère, s'anime du feu des passions & jette l'âme agrandie dans une rêverie religieuse mille fois plus enivrante que la voix imposante des grandes eaux dont parle l'Écriture? Qui n'a goûté le charme de tant de morceaux sublimes ou originaux, empreints du génie des siècles qui ne sont plus & n'ont pas laissé d'autres traces? Qui n'a frémi au simple plain-chant de l'office des morts où le tendre & le terrible sont si admirablement mêlés? Quel chrétien a jamais pu écouter le chant pascal de l'*Hæc dies* sans éprouver un sentiment vague de l'infini, comme si Jéhova lui-même faisait retentir sa voix majestueuse? Et qui jamais a entendu, aux solennités de l'Assomption & de la Toussaint, un peuple entier faire résonner les voûtes sacrées des accents inspirés du *Gaudeamus*, sans se trouver reporté, à travers les âges, à l'époque où les échos de Rome souterraine retentissaient de ce chant triomphal, alors que l'empire achevant péniblement sa course, l'Église commençait ses destinées éternelles.

La liturgie romaine possède donc la première qualité de toute liturgie, l'antiquité. Née pour ainsi dire avec l'Église, elle est destinée à lui servir de langage ici-bas, jusqu'au jour où, tous les voiles étant tombés, les cantiques de la terre seront remplacés par l'*Alleluia* éternel qui doit célébrer à jamais l'union de l'Épouse & de l'Époux.

Maintenant si nous voulons appliquer les mêmes principes à toutes ces liturgies nouvelles qui se partagent l'Église de France, nous trouvons matière au plus affligeant parallèle. Au milieu de cette bigarrure singulière, où trouver l'éternelle parole de l'Église éternelle! Je vois une Église s'enorgueillir d'un siècle de possession; d'autres plus modestes compter jusqu'à soixante, cinquante, quarante années; quelques-unes plus humbles encore ne justifier que de dix, de quatre ans, d'un an même. Le dirai-je? il est des Églises en France, j'en pourrais citer jusqu'à deux, & je n'ai pas fait de recherches spéciales, il en est qui l'année prochaine, avec le secours des imprimeurs, se trouveront en mesure pour dater de 1831 les nouvelles liturgies que leurs habiles construisent de fond en comble dans le silence du cabinet.

Eh! leur demanderai-je, que faisiez-vous avant tous ces changements? Avec qui priiez-vous, il y a deux siècles? avec l'Église romaine. Vos offices, si l'on en excepte les saints dont le culte est le patrimoine particulier de chaque diocèse, vos offices n'étaient-ils pas les siens? Pourquoi l'avez-vous répudiée cette mère des Églises? Pourquoi avez-vous repoussé la communion de ses prières? Craigniez-vous ses bénédictions? Espériez-vous que vos voix séparées de la sienne feraient un concert plus agréable à l'Éternel?

Tel est cependant l'artifice des sectes, que les prestiges dont elles se servent pour arriver à leurs fins coupables séduisent quelquefois jusqu'à leurs ennemis. Après un siècle il est permis sans doute de juger ces changements. L'histoire qui nous apprend quels en furent les auteurs, nous apprend aussi à apprécier leurs intentions. Qu'on se rappelle les noms des principaux instigateurs de ces nouveautés, l'appui sacrilége que leur prêtèrent les parlements, les réclamations qui s'élevèrent dans le temps même sur la tendance qu'on voulait imprimer à une entreprise toute de coterie. La secte janséniste avait pour premier but de rompre avec l'antiquité, tout en la préconisant. Voilà le secret de ses immenses travaux. Le passé l'embarrassait ; il fallait rompre avec lui, tout créer, donner une nouvelle direction, & préparer les esprits à d'autres changements plus importants, en brisant un des liens qui unissent les Églises au Siége apostolique.

A Dieu ne plaise que je veuille ici flétrir tant de saints pontifes & de vertueux prêtres qui se laissèrent prendre aux belles apparences dont on sut colorer des intentions criminelles! On ne parlait que de faire refleurir le culte divin, de déposer dans les nouveaux bréviaires la fleur de l'antiquité. Je voudrais que ces vérités fussent moins dures, mais, pour être ignorés, oubliés, ou méconnus, des faits n'en sont pas moins des faits. On ne revient pas de son étonnement quand on songe qu'après dix-sept siècles une Eglise particulière osa faire de la liturgie de l'Église universelle la critique si sanglante, que d'en bâtir une autre de fond en comble. Fait vraiment inexplicable, si l'on ne connaissait la mobilité du caractère français & la facilité avec laquelle on peut par de belles phrases faire oublier les principes les plus sacrés.

Que l'on ne croie pas cependant que cette révolution put s'opérer sans un grand scandale pour le peuple fidèle. Dans les siècles de foi l'Église en eût été bouleversée. Les chrétiens auraient supplié leurs pasteurs de leur laisser ces prières, ces chants héréditaires qu'ils avaient reçus, pour ainsi dire, avec le christianisme, dans lesquels s'étaient endormis leurs pères, dont leurs temples avaient jusqu'alors retenti.

Le sentiment catholique plus fort que tout le reste leur eût fait apprécier à leur juste valeur ces plans de perfectionnement, ces projets d'amélioration si bien qualifiés par un écrivain peu suspect de nos jours. Après avoir assigné l'époque où pour la première fois on osa toucher au bréviaire romain, il ajoute : « Sous le prétexte de perfectionnement, « l'esprit d'innovation a toujours été croissant ; encore quel-« ques améliorations & la majestueuse simplicité des temps « antiques aura complètement disparu (1). »

Mais au moins, dira-t-on, l'idée était belle. On voulait une liturgie entièrement composée des paroles de l'Écriture : quoi de plus convenable & de plus digne de la sainteté du culte divin ? Votre idée était belle ; mais comment l'Église ne l'a-t-elle pas conçue avant vous ? pourquoi, dans ses plus beaux siècles, a-t-elle voulu si souvent consacrer ses propres accents à louer son divin Époux ? Prôneurs de l'antiquité, savez-vous quels siècles déposent contre vous ? Votre idée était belle ; mais votre intention était-elle pure ? d'où vous venait cet enthousiasme, cette ardeur qui vous portait ainsi à substituer l'Écriture sainte à tout le reste ? Déjà votre zèle avait paru suspect à la mère des Églises. Vos traductions, votre ardeur à prêcher la lecture des livres saints, avaient été solennellement flétries par elle. De toutes parts on vous reproche une odieuse parenté. Ne soyez donc pas étonnés si nous redoutons vos présents. .

D'ailleurs où avez-vous pris que nous ne puissions adresser à Dieu d'autres prières que celles de l'Écriture ? Il est vrai que vous avez le secret de lui faire exprimer tout ce que vous voulez. Mais, encore une fois, l'Église n'a point tant d'esprit. Elle aussi sait prier ; elle aussi s'entend à célébrer ses mystères. Souvent elle choisit les saints livres pour in-

---

(1) *Bibliothèque choisie des Pères de l'Église*, par M. l'Abbé Guillon, t. XXXIII, p. 270, édition in-12.

terpréter ses sentiments. Elle a même le droit, que vous n'avez pas, de consacrer & de rendre respectables les applications qu'elle en fait. Mais souvent aussi elle parle de son propre fonds, & ses paroles augustes retentissent au fond du cœur de ses enfants. L'Écriture est toujours entre nos mains; ne refusons pas les développements précieux que l'Épouse de l'Esprit-Saint lui donne dans les moments de son inspiration.

Terminons ces réflexions par un mot sur la mélodie des nouveaux offices. De nouvelles paroles exigeaient un nouveau chant. Mais le travail était immense. Tout autre esprit que l'esprit de parti eût reculé devant une pareille entreprise. On se mit cependant à l'ouvrage, & l'on vit éclore une multitude de morceaux, chefs-d'œuvre d'ennui, de nullité & de mauvais goût. Parmi les diocèses les plus malheureux sous ce rapport, Paris tient sans contredit le premier rang. L'abbé Lebeuf, savant compilateur, fut chargé de noter l'antiphonaire & le graduel de Paris. Après avoir passé dix ans à placer des notes sur des lignes, & des lignes sous des notes, il fit présent au clergé de la capitale d'une composition monstrueuse, dont presque tous les morceaux sont aussi fatigants à exécuter qu'à entendre. Dieu voulut aussi faire sentir par là qu'il est des choses que l'on n'imite pas, parce qu'on ne doit jamais les changer.

DEUXIÈME ARTICLE

Le second caractère de la liturgie est l'universalité garantissant la communion dans la prière & dans la foi.

31 Mars 1830.

NITIÉE, par la Vérité même, à tous les secrets de l'homme & de la société, l'Église n'a jamais eu que de grandes vues. Aussi toutes les fois que l'orgueilleuse médiocrité, fière de son isolement, a voulu mesurer à sa propre hauteur les vastes conceptions du catholicisme, on l'a entendue déclarer fausses & insoutenables les théories divines dont le magnifique ensemble ne se dévoile qu'aux intelligences éclairées de toutes les lumières dont l'Église est le foyer. Il en devait être ainsi. Où l'esprit de l'homme, cet esprit partiel de sa nature, aurait-il appris à connaître, à sentir ce qui est grand, ce qui est catholique? En parcourant l'étroite circonférence qui lui est donnée, si sa vue tombe sur un détail qui lui semble imparfait, il s'arrête là, il déclame, il blasphème, il y demeurera cloué éternellement. Pour en sortir, il ne faudrait qu'une chose; étendre un peu ses regards, mais vous lui demandez là plus qu'il ne peut faire. Malheur bien excusable, si cette faiblesse de l'esprit n'était pas la faute du cœur! Car notre religion a cela d'admirable que, par elle, *l'homme de bonne volonté,* exhaussé dans ses bras, jouit d'un horizon dont l'homme qui veut être à lui-même sa règle ne soupçonnera jamais l'étendue. Heureux prélude de ce qui nous est réservé dans le séjour de la lumière.

Tout le monde sait que de toutes les mesures de discipline générale que le Siége apostolique a prescrites aux nations qui forment son héritage spirituel, celle que les ennemis de l'Église ont attaquée peut-être avec le plus d'acharnement, est l'unité de langage dans le culte, unité conservée, maintenue vigoureusement par la politique inspirée des Pontifes romains. Voilà le texte des déclamations furibondes des premiers protestants, répétées plus tard, & sur un ton non moins odieux quoique plus calme, par leurs neveux les jansénistes. On a fait, sur ce sujet, de l'éloquence, de l'érudition, de l'antiquité, Dieu sait! mais à quoi tout cela a-t-il abouti? à mettre dans tout son jour, à montrer dans toute sa majestueuse réalité la plus belle conception que l'esprit de l'homme ait jamais tentée. Quand les nuages amoncelés sur une discussion très simple en elle-même ont été dissipés, on s'est vu forcé de rendre hommage au chef-d'œuvre de la sagesse de l'Église, &, au moment même où les savants s'agitaient sans fruit pour réaliser le projet sublime d'une langue universelle, Rome s'est montrée tout à coup réunissant tous les peuples par ce lien d'autant plus admirable qu'il était inaperçu, & continuant en silence une œuvre merveilleuse conçue & exécutée sans effort, en dépit de tous les obstacles. Par elle, c'est en vain que les décrets du Très-Haut ont *en partageant les descendants d'Adam, fixé les limites des nations* (1), & élevé un mur de séparation entre les peuples de la terre; au sein de la mère commune, la terre est encore, comme à ses premiers jours, d'une seule langue & d'une seule bouche : *Erat terra labii unius* (2). Projet vraiment divin, où l'on reconnaît la main de celui qui voulant que désormais *un seul pasteur* régît le *seul troupeau* (3), voulut que les dociles brebis pussent toujours *entendre la voix de l'unique pasteur* (4).

---

(1) Deut. xxxii, 8. — (2) Gen. xi, 1. — (3) Joan. x, 16. — (4) *Ibid.*

Je ne m'arrêterai point à développer les belles considérations sociales qui découlent d'une semblable loi; ceci ne serait plus de mon sujet, auquel il me tarde de revenir. Je m'arrêterai encore moins à faire ressortir les éminents services que le monde savant retira de cette institution, seule arche de salut pour l'avenir de la littérature, durant plusieurs siècles. Arrêtons-nous seulement sur les vues immédiates de l'Église dans cette importante mesure, & voyons si réellement elle y trouva les avantages qu'elle crut devoir y chercher.

L'Église est une; son but est l'unité. L'unité des croyances est son premier besoin. Elle n'est sainte, elle n'est divine, elle n'est Église que par là. Or quel plus puissant moyen de veiller à la garde de cette unité si indispensable, que de réunir tous les hommes dans un même langage, de proposer à tous les mêmes confessions de foi? Comment s'assurer d'être comprise par tous ses enfants, quand investie de l'autorité de son fondateur, elle leur parle *comme ayant puissance* (1), si ces paroles devaient toujours subir la dangereuse expérience d'un changement d'idiôme? Comment du haut des murs de Sion, où, *sentinelle vigilante* (2) posée par Jésus-Christ, elle étend sa vue sur le monde, surveiller, démêler & prévenir l'erreur, si un même langage ne lui rapporte pas toutes les paroles de ses enfants?

Par un dessein spécial de la Providence, l'Orient ne put jamais s'astreindre à cette uniformité. Les mille sectes qui continuent de le déchirer depuis tant de sièles, l'attestent bien haut. L'Occident au contraire marcha longtemps sous la bannière de l'unité, à la faveur de ce moyen si simple & si grand tout à la fois. Aussi les premiers cris de la réforme furent des blasphèmes & des malédictions contre un système qui, durant tant de siècles, retarda la révolte de la raison

---

(1) Matth. vii, 29. — (2) Is. lxii, 6.

individuelle; mais encore une fois, toutes ces déclamations ne servirent qu'à venger une mesure catholique à laquelle l'Église sera redevable encore de son unité, dans le tour qui lui reste à faire pour arriver au lieu de son repos.

Ces principes une fois rappelés, on n'aura pas de peine à en retrouver la conséquence dans les efforts constants de l'Église romaine pour réunir toutes les Églises latines dans la même liturgie. On reconnaîtra dans cette mesure en apparence secondaire, la suite de ce même plan d'unité qui est l'âme de l'Église.

La liturgie, comme nous le disions précédemment, est la langue de l'Église; donc elle doit être universelle comme l'Église. Et quoi de plus beau, de plus magnifique que l'auguste concert de la catholicité élevant sa voix tout entière vers le ciel! Quelle plus belle expression de l'unité de croyances, de vœux & d'espérance que cet hosanna universel s'élevant de tous les points du monde & montant droit au trône de l'Éternel! N'est-ce pas là *Israël se levant tout entier comme un seul homme* (1)? N'est-ce pas là l'unique voix de l'unique corps? Dans ce concert vraiment unanime, le ciel attentif, l'Eglise ravie, les hommes réunis, offrent un spectacle tout divin. C'est en prononçant les paroles de la liturgie sacrée que l'on sent s'accomplir cet oracle de la vérité : *Quand plusieurs seront réunis en mon nom, je serai au milieu d'eux* (2). Ne craignons plus désormais que nos voix se perdent dans l'espace immense qui sépare le ciel de la terre; escortées de toute la communion des saints, elles pénétreront les Cieux. Le pécheur timide sent son cœur raffermi par la pensée qu'il répète les paroles des saints; son hommage journalier se confond avec le leur. Sa vue rassurée découvre sur toute la surface de la terre, tous les justes réunis avec lui dans les mêmes vœux, dans les mêmes louanges. Alors,

---

(1) Esdr. VIII, 1. — (2) Matth. XVIII, 20.

plein de confiance, il dit avec David : *Et moi aussi, Seigneur, je vous louerai dans l'assemblée des saints* (1). Depuis le Pontife suprême, jusqu'au plus humble des prêtres, aux extrémités du monde, sa voix timide a trouvé un écho, & s'appropriant le feu qui les anime, il s'offre ainsi à son Dieu avec tout le genre humain ; holocauste sublime consommé dans l'unité par la prière divine du Sauveur dans les cieux.

Mais cette admirable communion de prières n'est pas le seul avantage que l'Église retire de l'universalité dans la liturgie. Rappelons-nous que la liturgie, langage de l'Église, est le dépositaire de sa pensée, la confession solennelle & authentique de sa foi. C'est elle qui prête une voix aux peuples pour témoigner de leur croyance. Elle doit donc être pure & sainte comme l'Église. Or quel autre moyen d'établir, de conserver cette pureté, sinon cette sage uniformité qui rend impossible toute altération, toute interpolation suspecte ? Sentez-vous quel obstacle insurmontable oppose aux entreprises de l'erreur cette popularité des prières sacrées qu'on ne peut altérer, sans que l'univers tout entier ne se lève pour protester contre l'innovation ? Quel est le sectaire qui ne sent pas se glacer ses efforts désespérés & le blasphème expirer dans sa bouche, lorsqu'il entend déjà la voix unanime des peuples crier anathème à son erreur avant même qu'il l'ait vomie des ténèbres de son cœur.

Et d'où vinrent de nos jours ces tentatives d'isolement & de séparation, cette idée d'affaiblir la voix de l'Église en la divisant, sinon de ces sectaires auxquels la catholicité n'était pas moins odieuse que l'antiquité, parce qu'ils se sentaient écrasés par l'une aussi bien que par l'autre ? On ne tarda pas à voir des preuves palpables des motifs qui les portaient à se débarrasser ainsi de l'extérieur du catholicisme. La France même fut effrayée des effets que cette coupable séparation

---

(1) Psalm. cx, 1.

menaçait de produire. Les éditions successives du bréviaire de Paris, critiquées sur des points importants & trop longtemps suspectes malgré de nombreuses corrections, le scandale du missel de Troyes, scandale répété dans les livres liturgiques de plusieurs diocèses & congrégations religieuses, purent éclairer les moins clairvoyants. Vainement Rome employa son *Index;* nos libertés paralysèrent ses efforts, & l'orthodoxie de certains prélats, privilége que rien ne garantit à une Église particulière, arrêta seule les progrès du mal, mais non l'audace de l'hérésie triomphante. On fut forcé de reconnaître que l'Église avait eu ses raisons pour tenir à l'unité dans les formes extérieures du culte, & l'on entendit, par une inconséquence singulière, ces hommes qui voient sans étonnement une liturgie datée de l'année passée pour une Église de dix-huit siècles, exprimer le vœu d'un bréviaire universel, dans la pensée sans doute que Rome finira tôt ou tard par adopter celui de leur diocèse qui manque rarement d'être le plus parfait.

Je sais qu'on a dit sur ce sujet d'assez jolies choses; je sais qu'on a trouvé le moyen de rajeunir une parole avancée par un Père de l'Église, à une époque où, formée encore de parties hétérogènes, l'Église avait à peine une langue à elle. Ne troublons pas la cendre des Églises en faveur desquelles cette parole fut prononcée; elles ne sont plus; leurs ruines même ont péri. Dans un siècle où l'on cherchait à tout expliquer par des similitudes tirées de l'Écriture, un saint docteur compara la variété des coutumes & des usages des différentes Églises à la diversité des couleurs que le prophète admire sur la robe de l'Épouse : *Circumdata varietate*(1). Mais quelle maladresse d'avoir de nos jours mis en avant cette sentence déjà si peu concluante en elle-même ! comme si cette variété pouvait former une parure agréable à l'Époux,

---

(1) Psalm. XLIV, 10.

lorsqu'il a prescrit, par son représentant, une simple & majestueuse unité; comme si après avoir quitté cette variété depuis tant de siècles, on pouvait y revenir de sa propre autorité au mépris des défenses de l'Époux. Je m'étonne qu'une pensée plus brillante que solide ait ainsi séduit tant de graves théologiens.

Quoi qu'il en soit des couleurs de la robe de l'Épouse, si nous prenons en main les annales ecclésiastiques, nous serons forcés de reconnaître que dès les premiers siècles, l'Église a toujours tendu vers l'unité de la liturgie, & que lorsque l'autorité de Rome a fait une loi de cette uniformité, elle a confirmé seulement un principe déjà admis & constaté un fait connu de tout l'univers.

En effet, lorsqu'après la chute de l'empire romain, le Siége apostolique fit couler sur tant de peuples nouveaux ce fleuve intarissable de vérités dont il est la source, les apôtres qu'il envoya apportèrent aux barbares, comme un seul & même présent, sa foi, son langage, sa liturgie. Les forêts sauvages de la Germanie entendirent les chants mélodieux entonnés sur les bords du Tibre, & les fiers peuples du Nord courbèrent la tête & embrassèrent toutes les coutumes que leur imposa cette autre Rome dont leurs pères n'avaient point enseveli la puissance sous les ruines de l'ancienne. Dans le même temps, d'intrépides apôtres passaient les mers, & par eux l'île des saints régénérée rallumait à l'impérissable flambeau sa lumière presque éteinte. Malgré l'extrême latitude que saint Grégoire crut devoir laisser au moine Augustin sur l'article de la liturgie, les plus anciens monuments nous montrent la Grande-Bretagne fidèle aux rites de l'Église romaine, jusqu'au jour où la sage Élisabeth daigna leur substituer les siens. Enfin les royaumes de Suède & de Danemark n'abjurèrent qu'à la réforme les coutumes sacrées qu'ils avaient reçues de la Chaire apostolique avec les dogmes dont ils sont la vénérable expression.

Restaient encore deux grandes Églises, l'Espagne & la France, toutes deux fondées dans les anciens jours & pourvues par leurs fondateurs de liturgies vraiment spéciales & empreintes des traces de la plus auguste antiquité. Pour abandonner un si précieux héritage, il fallait certes de bien graves raisons. Ces Églises les trouvèrent dans ce sentiment catholique plus fort que toutes les considérations de l'orgueil national. La France fut la première à donner ce bel exemple de déférence à la mère des Églises. Ses rois de concert avec les papes opérèrent cette révolution, & dans un court espace de temps, l'antique & vénérable liturgie gallicane fit place à la liturgie romaine. Écoutons Charlemagne lui-même rendre compte de la pieuse sollicitude de Pépin, son père & son prédécesseur, sur cet important objet. « Tandis que, par une « coupable défection, plusieurs se séparaient de la sainte & « vénérable communion de l'Église romaine, notre Église « ne s'en écarta jamais, mais, instruite par la tradition aposto- « lique & soutenue par celui de qui découle tout don parfait, « elle en recueillit toujours les grâces précieuses. Dès l'origine « de sa conversion à la foi, elle demeura fidèle à l'unité dans « la religion, ne s'écartant de l'Église romaine que dans un « point qui n'altérait pas la foi, dans la célébration des offices. « Enfin on a vu s'opérer cette réunion par les soins du roi « Pépin, notre illustre père, ainsi que par l'arrivée dans les « Gaules du très saint Étienne, évêque de la ville de Rome. « Dès lors ceux qu'unissait la même foi n'ont plus été « séparés par la différence des chants; les Églises qui lisent « dans le même livre les lois sacrées, se sont trouvées réu- « nies dans la vénérable tradition d'une psalmodie uniforme, « & la variété des offices a cessé de diviser ceux qu'unis- « saient étroitement la même piété & la même croyance (1). »

---

(1) A cujus romanæ Ecclesiæ sancta & veneranda communion multis recedentibus, nostræ tamen partis nunquam recessit Ecclesia, sed ea stolica traditione

Ce grand prince atteste ensuite que lui-même désirant exalter la gloire de l'Église romaine, *romanæ Ecclesiæ fastigium sublimare cupientes,* & pour obéir aux vœux du souverain Pontife, *reverendissimi papæ Adriani salutaribus exhortationibus parere nitentes,* employa tous ses efforts à compléter cette révolution dans toutes les parties de son vaste empire.

L'Espagne, au onzième siècle, abandonna son rit mozarabique pour embrasser le rit romain. Ce changement eut lieu par les soins réunis du pape saint Grégoire VII & des princes qui gouvernaient les divers royaumes de la Péninsule.

Ce fut ainsi que se développa presque de lui-même ce grand système d'universalité qui donne une si imposante autorité à la liturgie. Dès le neuvième siècle Walafrid Strabon regarde déjà cette révolution comme à peu près terminée, & en démontre, comme nous, les avantages & l'indispensable nécessité (1).

Ce n'est pas que l'on ne rencontrât encore quelques Églises particulières, fidèles, en tout ou en partie, à leurs anciens usages. Ces exceptions, justifiées le plus souvent par des priviléges spéciaux, ne détruisaient point la règle. Rome n'a jamais été l'ennemie de l'antiquité; elle ne saurait la craindre, puisqu'elle lui doit tout. D'ailleurs plusieurs causes contribuaient encore à prolonger cette légère diversité. Les

---

instruente, & eo a quo est omne donum optimum tribuente, semper suscepit reverenda charismata. Quæ dum a primis fidei temporibus, cum ea perstaret in religionis sacræ unione, & ab ea paulo distaret, quod tamen contra fidem non est, in officiorum celebratione, venerabilis memoriæ genitoris nostri illustrissimi Pipini regis cura & industria, sive adventu in Gallias sanctissimi viri Stephani romanæ urbis antistitis, est ei etiam in psallendi ordine copulata; ut non esset dispar ordo psallendi, quibus erat compar ardor credendi : & quæ unitæ erant unius sanctæ legis sacra lectione, essent etiam unitæ unius modulationis veneranda traditione, nec sejungeret officiorum varia celebratio, quos conjunxerat unicæ fidei pia devotio. (*Caroli Magni contra synod. Græcor. de imaginib. lib. I.*)

(1) De rebus ecclesiasticis, c. 25.

dévotions locales, le génie particulier de chaque peuple, la difficulté de se procurer les livres liturgiques à une époque où l'imprimerie n'existait pas, & mille autres raisons de ce genre, durent retarder cette unité absolue dont les détails, comme ceux de toute mesure générale, présenteront toujours quelque imperfection. Encore les manuscrits de ces Églises, dont la plupart sont parvenus jusqu'à nous, peuvent nous faire apprécier cette différence, &, de l'aveu de tous les juges compétents, ces liturgies se rapprochent autant du rit romain que les nouvelles s'en écartent.

Tel était l'état de la liturgie catholique à l'époque du concile de Trente. La variété des coutumes, si agréable à certains yeux, malgré les consonnances qu'elle présente avec les couleurs de la robe de l'Épouse, ne fut pas du goût de l'Église universelle. Elle fut mise au rang des abus, & dans sa vingt-cinquième session le concile remit aux soins du Pontife romain le grand œuvre de la correction & de la publication définitive du bréviaire & du missel.

Des soins assidus furent donnés à cet important travail. Après l'édition du bréviaire & du missel donnée par saint Pie V, le rituel parut sous l'autorité de Paul V ; enfin Urbain VIII & Clément VIII complétèrent l'ensemble des rits sacrés par la publication solennelle du pontifical. Les bulles de ces souverains Pontifes, après avoir rappelé les intentions du concile de Trente, obligent sous les peines canoniques, d'admettre ce corps complet de liturgie, toutes les Églises dont les usages particuliers n'auraient pas deux siècles d'antiquité. Ainsi s'effacèrent jusqu'aux derniers restes de cette variété qui bien que légère, affligeait encore les regards, & sauf quelques Églises qui se trouvèrent dans le cas prévu par les bulles, toutes les nations, sans en excepter la France, s'empressèrent de se soumettre à cette mesure, l'un des plus grands bienfaits de l'Église romaine. Telle est l'histoire de l'unité dans la liturgie, histoire dans laquelle les faits viennent si bien à l'appui des principes.

Grâce à ce chef-d'œuvre de politique religieuse, le catholique n'est d'aucune Église. Qu'il parcoure l'univers dans tous les sens, partout où il trouvera des enfants de l'Église romaine, il entendra retentir les chants sacrés de cette mère & maîtresse des chrétiens. C'est là vraiment qu'*il n'est plus de distinction de Scythe, ni de barbare* (1). Ces rits augustes qui font la gloire de notre religion dans les contrées où jamais ne s'éteignit le flambeau de la foi, on les retrouve encore, témoins imposants de l'antique croyance, réunissant au pied des autels dépouillés les restes d'Israël, chez des peuples moins heureux. Il n'est point de mers, il n'est point de solitudes qui puissent borner cette unité majestueuse. Le nouveau monde s'en glorifie comme l'ancien, & jusqu'en ces régions lointaines où d'intrépides apôtres enfantent à l'Église de nouveaux peuples, les accents sublimes qui retentissent autour de la croix du désert, sont les mêmes qu'on entend sous les dômes de la métropole du monde chrétien.

Cependant, il faut bien le dire, quelques voix discordantes ont toublé cette riche harmonie. Tout à coup, du sein de notre patrie, des accents inconnus jusqu'alors, semblables à la voix du schisme, ont éclaté au milieu du plus beau des concerts. En vain a-t-on voulu les faire passer pour l'expression d'un cœur catholique, on a répondu, on répondra toujours : l'unité est trop chère au catholique pour que jamais il puisse apercevoir un avantage là où elle n'est pas. Depuis un siècle ce n'est plus l'antique, l'universelle liturgie romaine, mais de *nouvelles* ont paru, *de nouvelles que n'ont point connues nos pères* (2). Le même siècle a donné à l'Église de France les liturgies parisienne, senonaise, amienoise, chartraine, lyonnaise (3), troyenne, rouennaise, & tant d'autres

---

(1) Col. III, 11. — (2) Deut. XXXII, 17.

(3) Admirez ici l'inconséquence des novateurs. Ils ont dit : Conservons nos

qu'il serait trop long d'énumérer. Au milieu d'une semblable confusion, le fidèle déconcerté ne peut plus entreprendre un voyage de quelques lieues, sans se trouver tout à coup étranger, dans une Église qu'il croyait sœur de la sienne. Déjà, depuis quelques mois, on ne peut plus aller de Paris à Versailles sans éprouver le même inconvénient, & cette subdivision dont nous venons d'être témoins est une conséquence du même principe. Sept liturgies diverses partageaient le diocèse de Versailles & l'on a trouvé plus simple d'en donner une nouvelle & d'en créer par conséquent une huitième, que d'adopter une de celles qui existent déjà. Je ne sais, mais on dirait que, du haut du ciel, Dieu contemplant les progrès de l'esprit d'innovation, semble prendre plaisir à déjouer ces pensées humaines & à reproduire ainsi, sous nos yeux, la confusion de l'antique Babel.

Et remarquez que toute limite à cet abus est impossible. Les évêques de France se croyant le pouvoir de fixer la liturgie, ne reconnaissant point les nombreux décrets du Saint-Siége sur cette matière, usant, disent-ils, d'un droit qui leur est propre, qui peut empêcher que cette division ne se subdivise encore? Comment un évêque se trouverait-il obligé par les règlements de son prédécesseur? Les faits sont là. Encore aujourd'hui, dans un grand nombre de diocèses, on remue, on travaille, on met à contribution tous les liturgistes du pays, & pour l'ordinaire on voit éclore une nouvelle édition du bréviaire, revue, corrigée & toujours considérablement augmentée.

J'accorde, pour un instant, que la pureté de la foi n'a rien à redouter de ces innocentes améliorations; mais qui nous

---

usages, défendons jusqu'à la fin nos antiques liturgies, & l'on a vu la vénérable liturgie de l'Église de Lyon, cette liturgie vraiment gallicane dans le sens le plus respectable, on l'a vu disparaître pour céder la place à je ne sais quel rit bâtard du parisien. Cet outrage à l'Église primatiale des Gaules suffit pour dévoiler les intentions du parti qui comptait M. de Montazet parmi ses plus fougueux adeptes.

promet toujours des temps aussi calmes? Dans tous les temps, la liturgie est une arme importante; c'est pour cela que, comme toutes les armes, elle ne doit pas être au pouvoir de tous ceux qui peuvent s'en servir. Il s'agit là d'une vérité que les rois de nos jours ont comprise quelquefois. L'orthodoxie est sauvée, dites-vous; est-ce une raison de vous soustraire ainsi à la communion des prières catholiques? est-ce une raison de scandaliser les fidèles en leur arrachant ainsi l'ombre d'unité qui semblait exister encore. Vous avez une liturgie diocésaine; elle date même des beaux temps du jansénisme. Eh! gardez-là : pourquoi la refaire en 1830?

Mais l'impulsion donnée, il y a un siècle, continue toujours de se faire sentir. Tel est même l'empire du préjugé, que ces réflexions étonneront au moins ceux qu'elles ne choqueront pas. Le sujet que je traite, tout important qu'il est, est un de ceux sur lesquels on ne raisonne jamais. Cependant le mal va toujours s'étendant. Déjà la liturgie parisienne a envahi la moitié de l'Église de France. Et de quel droit? comment des Églises, autant ou plus anciennes que celle de Paris, ont-elles le courage d'abjurer leurs propres traditions pour suivre des usages qui, nés d'hier, ne peuvent en aucune manière se recommander sous ce titre? Ailleurs un système de compilation plus ou moins bien appliqué, exploitant toutes ces prétendues richesses diocésaines, essaie d'en former un tout qu'on décore du nom de liturgie, comme si, dans l'Église, ce nom même n'était pas une contradiction quand il ne s'appuie ni sur l'antiquité, ni sur l'universalité des coutumes.

Enfin si dans le fond d'un diocèse reculé quelques Églises suivent encore en silence les rits héréditaires de l'Eglise romaine, qu'elles se hâtent de jouir des avantages de cette obéissance qui fait leur gloire. Tôt ou tard se lèvera pour elles le jour du gallicanisme. Bientôt un nouvel évêque, arrivant de Paris, peu disposé à changer ses habitudes, leur apportera le bienfait de la liturgie parisienne. Quelques années, quelques mois peut-être triompheront des répugnances du clergé, & dans peu, une des marques extérieures d'union avec la mère des Églises sera de moins à compter dans notre patrie. C'est ainsi que depuis la Révolution un nombre considérable de diocèses a vu s'éteindre la pratique du romain.

Ainsi recueillons-nous aujourd'hui le produit des efforts des plus odieux sectaires. Se flattèrent-ils même jamais d'un succès si complet? Encore quelques années, & leur but est dépassé, & la liturgie romaine aura cessé de sanctifier l'Église de France. Le temps ne manque jamais de tirer les conséquences des principes dont on lui confia le développement. Et cependant, tout le monde avoue encore que dans tout ce qui tient à la religion, l'innovation & la séparation d'avec Rome est ce qui peut arriver de plus fâcheux. Puisse ce principe résister à tout, même à l'inconséquence! Il est triste sans doute de manquer à la logique, mais il le serait bien plus de manquer au catholicisme.

TROISIÈME ARTICLE

L'autorité, tel est le troisième caractère de la liturgie. Le langage de l'Église infaillible ne saurait contenir l'erreur. Réponses aux partisans des liturgies nouvelles.

31 Mai 1830.

N toutes choses, l'antiquité & l'universalité produisent un troisième caractère que l'on nomme l'autorité. L'Église elle-même ne possède cette dernière qualité, à un degré si éminent, que parce que ses croyances datent du premier jour de son existence, & parce que, dans tous les lieux comme dans tous les temps, elle les fait retentir fortes & immuables. Cet inimitable caractère qui la fait ce qu'elle est, se trouve empreint dans toutes ses œuvres. Voilà pourquoi ses pensées en apparence les moins intimes, les plus indifférentes, n'ont jamais pu être comprises, & bien moins encore imitées par ceux qui, loin d'elle, ont tenté d'établir quelque chose d'imposant. Tel est l'aveu échappé plus d'une fois de la bouche du protestantisme, lorsque des efforts infiniment supérieurs à ceux de l'Église n'ont pu produire, chez lui, que confusion & stérilité. De tous les caractères de l'Église, l'autorité est celui que l'on ne parodie jamais; la raison en est que l'autorité est pour ainsi dire la présence réelle de la Divinité.

Or, s'il est parmi les institutions de l'Église catholique quelque chose qui doivent se montrer empreint d'une grande autorité, c'est assurément son langage antique & universel, sa liturgie. Qu'elle est majestueuse, qu'elle est tonnante cette voix qui arrive à notre oreille à travers les âges, &, semblable à la voix de Dieu même, *brise les cèdres orgueilleux & ébranle les déserts* (1)! Qu'il est auguste ce livre dans lequel est consignée la parole des siècles! Qu'il est invincible cet enseignement parti du fond du sanctuaire & du pied même de l'autel du Seigneur! Non moins vénérable que celui de la chaire de vérité, c'est dans le silence du recueillement & de la prière, c'est au moment où plusieurs sont rassemblés au nom de Jésus, qu'il s'échappe & retentit. Qui osera en contester l'infaillible vérité? Qui osera lui opposer ses pensées d'un jour?

Oui certes, elles ont le plus haut degré d'autorité ces prières sacrées dans lesquelles nos dogmes se déploient avec de si riches développements. Le catholique n'ignore pas que l'Église qui les a sans cesse à la bouche est *la colonne & l'appui de la vérité* (2). Il sait que les ténèbres sont incompatibles avec la lumière, & que le langage de l'Épouse ne saurait contredire la pensée de l'Époux. On peut donc dire qu'il est certain, autant qu'une chose peut l'être, que la liturgie romaine ne contient & ne saurait contenir aucune erreur, dans l'enseignement & la confession des dogmes; qu'au contraire toutes ses paroles doivent être recueillies avec le plus profond respect, la plus grande docilité par tous ceux qui sont & veulent demeurer membres de la vraie Église, & l'univers entier crierait anathème à quiconque oserait juger la parole de celle qui a reçu la noble charge de transmettre *à tout homme venant en ce monde la lumière de vérité* (3).

Mais quand nous venons à fixer nos regards sur ces liturgies éphémères qui n'ont pour elles ni l'universalité des temps, ni la catholicité des lieux, qui ne sont point, de leur propre aveu, le langage de l'Église, quel étonnement s'empare de l'âme! Comment a-t-il pu se faire que des hommes se

---

(1) Psalm. XXVIII. — (2) II Tim. III, 15. — (3) Joan. I, 9.

soient rencontrés qui aient osé substituer à la parole des siècles la parole d'un jour, à la parole infaillible la parole faible & trop souvent mensongère de l'homme? Chose plus étonnante encore! comment a-t-on osé donner cette étrange substitution pour un événement glorieux à l'Église gallicane? Comment ont-ils pu être écoutés, ces hommes? Il est donc bien facile de séduire par dè belles apparences les cœurs peu jaloux de la sainte délicatesse de la foi?

Les auteurs & les défenseurs des nouvelles liturgies ont à nous opposer une objection spécieuse, victorieuse même pour leur cause, si elle ne retombait de tout son poids sur eux-mêmes. Voici ce qu'ils disent : « On se plaint de ce que « nous avons supprimé les prières antiques; on nous répète « que nos liturgies se présentent tout à fait dépourvues de « l'autorité que les siècles avaient donnée aux anciennes « formules romaines, mais au fond y a-t-on perdu quelque « chose? Au lieu de la parole des saints qui, après tout, « n'étaient que des hommes, nous vous donnons la parole « de Dieu même. L'Écriture seule a fait les frais des nou- « veaux offices. Votre respect pour les nouveaux bréviaires « nous donnera la mesure de votre vénération pour les livres « sacrés. »

Tel est le sophisme auquel se sont laissés prendre tant de bons esprits. Répondons cependant. Vos liturgies, dites-vous, sont au moins comparables à la nôtre en autorité : l'Écriture sainte en a fait tous les frais. Je le crois un instant sur votre témoignage; mais, dites-moi, qu'est-il donc arrivé à ces paroles sacrées en passant par votre bouche? Pourquoi l'Église effrayée ne les a-t-elle plus reconnues? Est-ce elle par hasard qui s'est trompée? Est-ce vous qui vous êtes mépris en prenant pour la parole de Dieu les fantaisies de l'esprit humain? La parole de Dieu! & qui vous a donné le droit de de l'interpréter, en la soumettant à un ordre tout nouveau, & de fermer les cent bouches de la tradition sans lesquelles l'Écriture n'est pour nous qu'un livre scellé? Vous ignorez donc que si le catholique croit à l'Évangile, s'il croit à l'Écriture, c'est uniquement parce que l'autorité de l'Église l'y détermine? Savez-vous, modernes partisans de l'emploi ingénieux de l'Écriture, que souvent ces applications sans garanties ont été accusées d'en fausser le sens? Savez-vous que des yeux plus circonspects y ont lu plus d'une fois les secrets d'une secte qui profane tout ce qu'elle touche? Vous croyez, sans l'Église, avoir toujours le vrai sens de l'Écriture, vous exigez pour vos interprétations la même vénération que nous accordons à *toute parole qui sort de la bouche* de l'Église (1); détrompez-vous. L'emploi de l'Écriture est fort bon sans doute. Lisons-la, méditons-la sans cesse, mais n'allons pas croire que toutes les applications qu'en peut faire l'esprit particulier soient également sûres, & qu'il soit permis de les opposer avec confiance à la parole de l'Église confessant sa croyance. Prenez-y garde, vous iriez loin.

Non, non, bon gré mal gré, il en faut convenir: une seule erreur dans la foi ne pourrait se rencontrer dans la liturgie romaine, sans que l'Église ne fût convaincue d'errer dans son enseignement, & d'être par conséquent dépourvue de sainteté & d'infaillibilité; au contraire il ne répugne aucunement que celle même des liturgies françaises qui est la plus répandue, renferme des choses suspectes, il est même certain qu'elle en a renfermé. Il y a plus, quand on vous accorderait, ce qui ne peut jamais être, que l'autorité de vos applications de l'Écriture est égale à l'autorité des paroles de la liturgie romaine, il resterait encore un écueil terrible dans le choix des passages des Pères, moyen exploité avec succès par les jansénistes dans plusieurs bréviaires. Et l'orthodoxie des hymnes & des légendes, qui nous l'assurera?

Encore si les nouvelles liturgies eussent été, comme on

---

(1) Matth. IV, 4.

se le figure quelquefois, composées par les évêques, pasteurs des peuples & juges de la foi, cette circonstance servirait à leur donner un relief quelconque, &, avec un peu d'enthousiasme, on pourrait voir dans cette fabrication l'œuvre de l'Église de France. Mais sachez un peu comment tout cela se fit, il y a environ un siècle. De simples prêtres, de simples docteurs en théologie exploitèrent avec ardeur ce champ nouvellement ouvert à l'industrie ecclésiastique. Soutenus & alimentés par l'esprit de parti, armés d'une concordance, on les vit fournir la carrière avec un zèle infatigable & faire de la liturgie, sans prendre haleine, du premier dimanche de l'Avent au dernier dimanche après la Pentecôte. Au milieu de leurs graves travaux, parfois une étrange rivalité les arrachait au repos du cabinet. De nouveaux plans se croisaient & faisaient fureur tour à tour; un bréviaire avait à subir une lutte formidable contre un autre bréviaire; un missel était vaincu par un autre missel. Des brochures à peine arrivées jusqu'à nous, initiaient le public aux diverses circonstances de cette guerre liturgique. On se traitait d'hérétique de part & d'autre, & quelquefois de part & d'autre on avait raison. Heureux celui qui parvenait à faire recevoir son travail & à remporter ainsi la palme à la vue de ses doctes & infatigables concurrents! Le vaincu nourrissait longtemps dans le secret l'espérance de voir enfin quelque évêque rendre justice aux beautés de son bréviaire, & en attendant le jour où un diocèse éclairé viendrait solliciter la faveur de lui donner un nom, le public pouvait en jouir sous le titre de *Breviarium ecclesiasticum*. Non, cette œuvre ne fut point l'œuvre de l'épiscopat, tout fut conçu & exécuté par des hommes qui n'étaient rien dans la hiérarchie, & les lettres pastorales qui parurent en tête de ces singulières compositions, où tout était neuf jusqu'à la doctrine, furent plus d'une fois rédigées, en manière de préface, par ceux qui avaient fabriqué l'ouvrage.

Et vraiment, quand on considère d'un peu haut la dignité de la liturgie catholique, on ne sait plus que penser de voir tant d'Églises s'approprier avec tout le respect possible le langage & les idées d'un homme, quelquefois d'un sectaire, & choisir avec docilité, pour expression de leur foi & de leurs vœux, tout ce qui a pu lui passer par la tête. Certes, il y a là peu de liberté; est-ce qu'il en serait de cette nouvelle liberté comme des autres? Soyons moins libres, quand même nous devrions nous soumettre à l'autorité la plus respectable. Par une étrange déception, cette inconséquence n'est pas sentie. Tous les jours, on entend des prêtres vous dire, en parlant du bréviaire ou du missel de leur diocèse : « L'Église « nous dit telle chose : l'Église s'exprime de telle manière « sur ce mystère : voici comment l'Église célèbre les louanges « de tel saint; n'est-elle pas admirable? Comme ses pa- « roles respirent la piété! Comme elles sont pleines de di- « gnité & de convenance! » — Eh! non, leur dirai-je, l'Église ne vous dit point cela. Elle n'en a jamais parlé; à moins que vous ne soyez l'Église, à vous tout seuls. Non, l'Église ne vous dit point tout cela : l'histoire nous dit que c'est Mézenguy, Foinard, Vigier, Rondet, Valla, & autres personnages, qui, Dieu merci, ne sont pas l'Église, je vous assure.

Aussi, qu'est-il résulté de tout cela? un mépris universel pour cette liturgie factice, une légèreté inconcevable dans les jugements qu'en portent même les plus gallicans. A peine a-t-il été admis qu'un bréviaire & un missel sont des ouvrages comme d'autres, que la critique, étonnée d'abord de les rencontrer dans son domaine, a bientôt usé largement de ses droits. *Tel bréviaire est bien fait, tel bréviaire est mal fait,* dit-on tous les jours, & après avoir ainsi remis en question le langage de l'Église, il a été permis de soutenir indifféremment que l'Église est ou n'est pas dépourvue d'une expression suffisante de sa pensée, & cela par la faute de tel ou tel faiseur qui s'est trouvé avoir plus ou moins d'esprit. Enfin la liturgie est devenue un genre comme un autre, & un genre qui se perfectionne tous les jours. Voilà pourtant l'autorité des nouvelles liturgies; je ne dis pas un mot dont leurs plus chauds partisans puissent contester la vérité.

Quant à la partie des nouveaux offices qui n'est tirée en aucune manière de l'Écriture, les hymnes, par exemple, ce triomphe tant célébré de l'innovation gallicane, voudra-t-on leur attribuer une autorité qu'elles n'ont pas, qu'elles ne sauraient avoir. N'ayant point reçu la sanction de l'Église, qu'expriment-elles? La vérité catholique? Je le crois; mais qui la garantit? Qui leur a donné le sceau de l'infaillibilité? Ce n'est pas tout : voilà des hommes, des contemporains qui s'élèvent tout à coup à la dignité d'organes de l'Église & que l'Église de France accepte en cette qualité. Sans doute que pour être ainsi admis à prêter leur voix au peuple fidèle, on trouve chez eux une autorité, une vertu, une gravité, une foi qui les rendent dignes du plus sublime honneur auquel puisse être élevé le génie. Destinés à éclipser, à plonger dans l'oubli les poésies barbares d'un saint Ambroise, d'un saint Grégoire, d'un Prudence, d'un Sédulius, d'un Fortunat, d'un saint Hilaire, d'un saint Bernard, sans doute qu'ils ont édifié & consolé l'Église à l'égal de ces grands hommes; car enfin, pour qu'elle puisse décemment répudier ses pères, il faut qu'elle puisse au moins montrer dans ceux qu'elle leur donne pour successeurs, la continuation de leur esprit. Sans doute que leurs lèvres sont pures comme celles d'Isaïe, car les cœurs purs sont seuls agréables à Dieu.

J'ouvre ces recueils célèbres. Je suis frappé, comme tout le monde, de la noblesse, de l'élévation, de la richesse de cette poésie. La lyre d'Horace & de Pindare, tombée au pouvoir du génie chrétien, rend des sons tels qu'elle n'en rendit jamais. Déjà je m'écrie : heureuses les basiliques qui retentiront d'aussi nobles cantiques! Je veux connaître le nom de ce poète sublime, auquel il fut donné de sentir & de célébrer les mystères du ciel; je m'informe & mille voix enthousiastes, en m'apportant le nom de Santeul, ont détruit mon enchantement. Tout a disparu. Quoi! c'est au pied de l'autel du Dieu de majesté que se chanteront les vers d'un homme dont la légèreté, les goûts profanes, le bel esprit, s'alliaient si mal avec la gravité de son habit? *Enfant en cheveux gris,* suivant La Bruyère, *homme de la plus excellente compagnie, bon convive surtout,* d'après les mémoires du temps (1), il faisait les beaux jours de l'hôtel de Rambouillet & il aura passé de là dans le sanctuaire, & ses hymnes seront écrites à côté des cantiques qu'une sainte douleur, qu'un vif sentiment des grandeurs & des miséricordes divines inspirèrent au roi prophète. J'ignore si la foi de cet homme fut toujours bien pure, je veux oublier les nuages qui l'obscurcirent quelquefois; mais la charité, cette source de toute prière, était-elle bien ardente au fond de son cœur? Je ne sais, mais il en parle rarement le langage. C'est avec trop de raison que l'un de nos grands hommes, le comte de Maistre, a dit que ses hymnes ne prient point. J'admire sa pompe, son élévation, mais il n'est pas le poète de la religion d'amour. Ses odes sacrées, si riches d'images & de grandes pensées sont vides de cette onction que le génie tout seul ne donna jamais. Quoi d'étonnant encore une fois? Les paroles de Santeul devenir des paroles sacrées! Ces vers qui aujourd'hui sont l'objet de ses triomphes, l'écueil de sa puérile vanité, demain passeront dans le langage de l'Église qui ne trouvera rien de mieux pour compléter sa pensée! Certes, une pareille inconvenance eût été sentie par l'Église catholique; elle sait trop bien choisir ses organes.

Mais voici quelque chose de plus étrange encore. L'Église n'a rien de plus cher que sa foi; c'est sa vie. Elle a en hor-

---

(1) Saint-Simon.

reur l'hérétique; elle ordonne de le fuir & de l'éviter. Elle sait que toutes ses paroles sont autant de sacriléges; c'est pourquoi elle les flétrit & défend même à ses enfants de discerner ce qui pourrait encore s'y trouver d'orthodoxe, tant elle repousse tout ce qui peut sortir de la bouche de ses sujets révoltés. Cependant quel est cet autre poète dont la voix religieuse & sublime s'échappe depuis un siècle des temples français? D'où partent ces accents si touchants & si purs qui naguère encore viennent de retentir à nos oreilles (1)? Enfin l'Église de France aurait-elle trouvé ce chantre divin après lequel elle soupire depuis si longtemps? Avant de la féliciter sur l'accomplissement de ses désirs, demandons aux dyptiques sacrés le nom du poète immortel qui reçut de si belles inspirations. Dans les fastes de l'Église de France, son nom brille sans doute à la plus noble page. Celle qui chante, avec tant de plaisir, ses cantiques, peut montrer sans doute avec orgueil sa vie & ses vertus. Si elle a cru devoir l'associer à ses vœux, c'est qu'elle a reconnu en lui l'homme vraiment fidèle. Mais quoi? je cherche en vain son nom parmi ceux *qui sont écrits dans les cieux* (2). Il n'est point dans l'Église; il est donc hors de son sein. Oui! une secte le réclame, une secte triomphe des honneurs qu'on lui rend, étonnée qu'une voix étouffée sous les anathèmes ait pu plaire encore à ceux même qui les lancèrent. C'est Charles Coffin, rebelle à l'Église, repoussé par elle jusque sur son lit de mort. C'est lui qui expie peut-être au fond des enfers le triste & singulier honneur d'avoir été l'interprète de l'Église.

Et maintenant, dites, êtes-vous toujours aussi positifs sur l'autorité de vos liturgies? Voyez-en l'origine, & jugez-les enfin. Rappelez-vous leurs corrections répétées jusqu'à nos jours, & confessez que vous avez substitué, à l'imposante

---

(1) L'Hymne de la Pentecôte : *Quo vos magistri, gloria.* — (2) Héb. xii, 23.

liturgie de vos pères, de nouvelles qui n'ont aucune autorité, & dont l'origine a grand besoin d'être voilée pour n'être pas trop affligeante aux yeux de la foi. Ne frémissez-vous pas à cette pensée : Il n'est point impossible que nos prières sacrées recèlent l'erreur : il est possible qu'au lieu de la prière d'un cœur obéissant, le Très-Haut entende monter vers lui les vœux perfides de l'hérésie, & que sous des paroles, saintes en apparence, un sectaire ait caché son venin? Cette pensée n'est-elle pas un reproche pénible, surtout quand l'Église romaine est là qui vous offre une liturgie dont la doctrine est garantie par l'autorité même de Dieu.

Il resterait encore de fâcheuses vérités à dire si l'on voulait examiner de près l'emploi si vanté de l'Écriture dans les nouvelles liturgies. Dans sa naïve & brusque simplicité Collet disait autrefois en évaluant à leur juste prix ces applications soi-disant si ingénieuses : « Combien d'antiennes paraissent « la plus belle chose du monde, quand elles sont détachées, « & la plus pitoyable quand elles sont rapprochées de leur « source(1)! » Je pourrais fournir d'innombrables exemples à l'appui de cette assertion, mais il faut savoir s'arrêter. Notre but n'est point d'affliger la piété; qu'il suffise donc d'avoir rappelé les principes généraux. Disons seulement que ce défaut se fait remarquer, sans exception, dans toutes les nouvelles liturgies, & que si toujours ces sortes d'applications sont dépourvues de l'autorité que nous offre, à chaque page, la liturgie romaine, très souvent elles manquent totalement du sens que l'on s'efforce de leur donner. Si l'on nous accuse de sévérité, notre réponse est toute prête. D'abord, il faut bien être un peu sévère dans une matière aussi grave, & ensuite, puisque l'on a voulu remplacer l'antique, l'universelle liturgie par une liturgie *plus parfaite,* ne sommes-nous pas en droit d'exiger cette perfection?

(1) *Office divin, première partie, chap. III.*

C ET exposé si net & si franc ne passa point inaperçu. Une fois encore la vérité rencontra des contradicteurs. Au reste la lutte servait efficacement la bonne cause. Prosper Guéranger se défendit avec toute l'ardeur de ses vingt-cinq ans (1). L'Ami de la Religion & du Roi se fit l'organe des tenants du Gallicanisme. Fort étranger au sujet qu'il prétendait traiter, ce journal avança les propositions les plus étranges. On y déplorait « ces exagérations d'un zèle qui « ne connaît ni les règles de la prudence, ni le ton qui sied à la « charité, ni l'histoire de la liturgie ! » Dans dix ans, l'auteur des Institutions liturgiques formulera un jugement que le récit de la polémique dont il est ici question fortifia d'une manière éclatante. « Comment, au dix-neuvième siècle, écrivait-il, eût-il été possible « de réussir dans une réforme liturgique, quand il est évident « pour tout le monde que la science liturgique a totalement « cessé parmi nous. » Cette réforme se fera, mais nous verrons au prix de quels efforts. Le lecteur nous sera reconnaissant de placer sous ses yeux la thèse soutenue par l'*Ami*. Elle lui fera connaître les dispositions de certains esprits, dès l'origine de la lutte engagée sur le terrain de la Liturgie, tout en le préparant à admirer la logique & la verve de la réplique. Reprenant en détail les assertions de ses adversaires, le jeune polémiste les réfutera toutes une à une, & révélant sans pitié tant d'ignorances & de contradictions, il ne laissera de cet échafaudage absolument rien debout.

(1) Écrivant plus tard à Madame Swetchine, le jeune Prieur de Solesmes disait en lui rappelant cette polémique : « Quand on a une plume dans les mains pour « la première fois de la vie, on ne la mène pas, c'est elle qui vous mène. »

POLÉMIQUE

SUR L'USAGE
DES
LITURGIES DIOCÉSAINES EN FRANCE

2-9 Juin 1830.

On nous assure que, dans quelques endroits, des hommes d'un zèle ardent font scrupule à des ecclésiastiques de réciter le bréviaire de leurs diocèses. Ils leur disent que le plus sûr est de s'en tenir au bréviaire romain, & de se défier de toutes ces liturgies modernes, qui sont des espèces d'essais de schisme, & qui ôtent à l'Église cette belle uniformité que l'on peut regarder comme sa force & sa gloire. Nous connaissons des ecclésiastiques qu'on a vivement pressés à ce sujet; quelques-uns même ont déjà été ébranlés, & nous avons ouï parler d'un haut dignitaire, à qui on avait persuadé de réciter le bréviaire romain jusque dans son église, & pendant qu'au chœur on chante un office différent. Ainsi, quand il officie, il chante une oraison, récite une leçon, entonne une antienne dans un livre, & en prend un autre pour satisfaire à ses scrupules. Il faut convenir que, si cet usage prévalait dans les cathédrales, l'office divin y présenterait un spectacle bien bizarre.

A l'appui de ce système il a paru dans un recueil périodique deux articles contre les liturgies adoptées en France. L'auteur de ces articles, qui ne s'est pas nommé, les a intitulés : *Considérations sur la liturgie catholique*. On ne conçoit pas trop ce qu'il veut; car il dit lui-même qu'*un siècle écoulé a sanctionné une œuvre téméraire dans son principe; son but ne saurait donc être de troubler ceux que le droit ou la coutume obligent ou autorisent à répudier les livres de l'Église de Rome pour y substituer une liturgie diocésaine; qu'ils continuent de le faire en paix, à l'ombre de l'indulgence du Siège apostolique.* Mais alors pourquoi faire deux articles contre ces mêmes liturgies? Pourquoi les représenter comme des tentatives de schisme, comme des fruits de l'esprit de secte? Pourquoi chercher à inspirer des alarmes & des scrupules sur l'usage de ces liturgies? Il y a dans tout cela bien de l'inconséquence, de la prévention & de l'exagération. L'auteur *défie tout homme de sens, tout théologien de contester ses principes, comme tout logicien de se refuser à ses conséquences;* mais, comme ses principes & ses conséquences reposent sur des faits faux, tout l'édifice qu'il a bâti croule sans de grands efforts.

L'anonyme fait un éloge magnifique de la liturgie romaine. S'il s'était borné à dire que cette liturgie est la plus vénérable par l'autorité dont elle émane & par son ancienneté, nous serions entièrement de son avis. Mais il suppose que cette liturgie n'a jamais varié, qu'elle fut dès l'origine ce qu'elle est aujourd'hui, que toutes les Eglises la suivaient il y a plusieurs siècles, que l'*Église tend à réunir les hommes dans un même langage*. Or, toutes ces suppositions sont démenties par l'histoire. Dès la naissance de l'Eglise, il y a eu diversité dans les rits & dans les prières. Il y avait des usages différents à Rome & à Jérusalem, quoique ces deux Églises eussent été fondées par les Apôtres. Les Eglises d'Afrique n'avaient pas les mêmes usages, comme nous l'apprenons de saint Augustin. Les Églises des Gaules avaient leurs rits particuliers, & en Italie même, l'Église de Milan avait sa liturgie distincte. Cette diversité tenait à ce que la liturgie n'était point écrite alors, & à ce que les fondateurs des Églises suivaient leur goût particulier pour telles ou telles cérémonies, & aussi le goût des peuples chez lesquels ils s'établissaient. Tous les savants conviennent que les Apôtres n'avaient point établi de liturgie uniforme, & cette uniformité n'était sans doute ni nécessaire, ni possible. On ne jugeait pas que cette diversité de rits blessât la paix & l'unité. Saint Grégoire le Grand, ce saint & habile pontife, disait : *A Dieu ne plaise que je viole dans les Églises ce qui y a été établi par les prédécesseurs des évêques qui les gouvernent; je me ferais tort à moi-même si je troublais ainsi les droits de mes Frères.* Bien loin de blâmer les coutumes des autres Églises, ce grand pape exhortait Augustin, qu'il avait envoyé pour évangéliser l'Angleterre, à prendre dans les usages des Églises des Gaules ce qu'il jugerait convenir aux Anglais. L'historien Socrate, après avoir rapporté beaucoup d'exemples de la diversité des rits, ajoute qu'il serait impossible de faire un exact dénombrement des pratiques différentes des Églises, & Sozomène en dit autant dans son Histoire : *Les Églises qui font profession de la même doctrine n'observent pas pour cela la même coutume.* Saint Jérôme conseillait à chacun d'observer les traditions ecclésiastiques qu'on avait reçues de ses ancêtres. Saint Ambroise voulait aussi qu'on se conformât aux usages des lieux.

C'est un préjugé de croire que ce qui se pratique aujourd'hui dans les diverses parties de l'office divin s'est toujours pratiqué dans l'Église romaine. Tous ceux qui ont un peu étudié la liturgie savent le contraire. Ils ont remarqué des rits qui ont passé d'usage. Le cardinal Bona & Mabillon en ont fait l'observation. Ces changements n'ont en soi rien d'étonnant, & les usages de l'Église dans des choses non essentielles peuvent bien participer à la mobilité des choses humaines. Le temps, les révolutions des états, la succession des générations, le mélange d'un autre peuple, ont introduit des coutumes différentes, & ce serait une grande susceptibilité que de voir un grave inconvénient dans cette variation de cérémonies, de prières & d'usages qui n'altèrent en rien le fond de la croyance.

Le bréviaire romain ne fut donc point rédigé tout d'un coup & d'un seul jet, comme quelques-uns l'imaginent; ce fut le produit lent & successif des temps, de l'expérience, de la piété & de l'étude de l'Écriture. Plusieurs papes y travaillèrent, saint Damase, saint Léon, saint Gélase, saint Grégoire, Adrien Ier, Grégoire III. Il paraît que saint Grégoire abrégea beaucoup ce que Gélase avait rendu trop long, & c'est pourquoi on l'a appelé *bréviaire*. Grégoire VII le mit dans un ordre nouveau. Depuis, les Franciscains y firent des changements, que Nicolas III autorisa. Il n'y eut que l'église de Saint-

Pierre de Rome qui conserva & conserve encore aujourd'hui, du moins en partie, son ancien office; car le bréviaire de cette église est fort différent du romain. L'anonyme fera-t-il aussi le procès à l'église Saint-Pierre? Se plaindra-t-il qu'elle ait *répudié l'Église romaine* & se soit *soustraite à la communion des prières catholiques?* S'affligera-t-il de ce que le Pape tolère un tel scandale sous ses yeux? Le cardinal Quignonès fit, en 1550, une autre édition du bréviaire romain, par l'ordre de Clément VII & de Paul III; mais Pie II le fit supprimer. Au concile de Trente, on demanda la réforme du bréviaire, & le pape fut chargé d'y faire travailler. Saint Pie V approuva donc une nouvelle rédaction, & défendit d'y rien changer, d'y ajouter ou d'en retrancher; ce qui n'empêcha pas Clément VIII de le revoir & de le réformer. En 1631, Urbain VIII le fit encore retoucher, & y introduisit divers changements. Les papes suivants y ont encore ajouté, & y ont fait entrer de nouveaux offices. On peut voir dans le *Commentaire* de Grancolas le détail des additions, abbréviations & corrections faites successivement au bréviaire romain.

Où l'anonyme a-t-il pris que l'Église *tend à réunir tous les hommes dans un même langage?* Il est certain, au contraire, que les Apôtres & leurs successeurs se servirent pour la liturgie de la langue vulgaire des différents pays où ils se trouvaient. Ainsi on ne doute point qu'à Jérusalem & dans d'autres lieux ils ne célébrassent en chaldéen ou en syriaque; en grec à Antioche, à Alexandrie & dans les villes où on parlait cette langue; en latin à Rome & dans l'Occident, où cette langue était vulgaire. On voit par des monuments de l'antiquité que la liturgie se célébrait en d'autres pays, suivant la langue qui y était en usage; en égyptien, en éthiopien, en arménien, en esclavon, &c. Mais en même temps l'Église, pour de très bonnes raisons, n'a pas changé le langage de sa liturgie, quelque changement qui soit survenu dans la langue vulgaire. C'est ce qui s'observe en Orient comme en Occident. Les Coptes, les Arméniens & autres ne laissent pas de célébrer leur liturgie dans une langue qui a cessé pour eux d'être vulgaire, & qu'ils n'apprennent que par l'étude. L'Église romaine n'a jamais exigé d'eux qu'ils changeassent la langue de leur liturgie; bien plus, le Saint-Siège n'a jamais souffert que les grecs-unis quittassent leur rit pour prendre le rit latin. On trouve dans le Bullaire de Benoît XIV plusieurs décisions de ce pape pour interdire aux Grecs melchites de passer au rit latin ou au rit maronite, ou aux Latins d'abandonner leur rit pour en adopter un autre. Le savant pontife veut que l'on conserve les rits de l'Eglise d'Orient, qui ne sont contraires ni à la foi ni aux bonnes mœurs ; telle a toujours été, dit-il, la pratique de ses prédécesseurs. Il est donc tout-à-fait faux que l'Église *tende à réunir tous les hommes dans un même langage.*

Ce n'est pas assez de se tromper sur la liturgie romaine, l'anonyme se trompe bien plus lourdement encore sur les liturgies de notre Église. Il suppose que ces liturgies ne sont nées qu'au XVIIIe siècle, que ce fut une invention du jansénisme, une *tentative d'isolement & de séparation,* une entreprise *coupable* qui pouvait avoir les résultats les plus funestes. *Avec qui priiez-vous il y a deux siècles,* dit-il? *Avec l'Église romaine. Vos offices n'étaient-ils pas les siens? Pourquoi l'avez-vous répudiée cette Mère des Églises? Pourquoi avez-vous repoussé la communion de ses prières? Craigniez-vous ses bénédictions? Espériez-vous que vos voix, séparées de la sienne, feraient un concert plus agréable à l'Éternel?* Et plus bas : *L'orthodoxie est sauvée, dites-vous. Est-ce une raison de vous soustraire ainsi à la communion des prières catholiques? Est-ce une raison de scandaliser les fidèles, en leur arrachant ainsi l'ombre d'unité qui semblait exister encore?* Cette mercuriale si verte & si déplacée repose sur un fait faux. Nos Églises n'ont point abandonné la liturgie romaine dans le dernier siècle & n'ont point *répudié la Mère des Églises.*

Il y avait très anciennement une liturgie spéciale pour bien des des Églises de France. L'abbé Grancolas, dans son *Commentaire historique sur le bréviaire romain,* parle de l'ancien bréviaire des Églises de France & spécialement de l'Église de Paris ; il cite des conciles des Ve & VIe siècles, qui prescrivent différentes choses sur la liturgie. Un prêtre de Marseille, Musæus, se chargea, vers l'an 450, de tirer de l'Écriture des leçons pour les fêtes, & d'y joindre des répons & des capitules. L'Église de Paris, celles de Lyon, de Vienne, d'Arles, de Rouen, de Reims, de Sens, &c., avaient chacune leurs usages (1). La règle de saint Chrodegand,

(1) Voyez, sur ces usages différents de nos Églises, les *Voyages liturgiqnes* de

évêque de Metz, prescrit un office pour les clercs ou chanoines de son Église. Saint Grégoire de Tours parle d'un missel composé par Sidonius. Il y avait donc une grande variété de rits entre les différentes Églises des Gaules. Ce fut sans doute pour la faire cesser que Charlemagne voulut faire prendre les livres liturgiques de l'Eglise de Rome. On choisit des hommes capables de transcrire ces livres. Cependant on n'adopta pas entièrement tout ce qui était dans ces livres. On retint partout, dit Bocquillot, l'ancien psautier de la seconde réforme de saint Jérôme, qui est différent en plusieurs choses du romain; chaque diocèse conserva son calendrier. En prenant les livres romains, chaque Église les accommoda à ses anciens usages. Il n'y eut donc point d'uniformité absolue. Valfride Strabon, qui vivait sous Louis le Débonnaire, dit que de son temps la diversité des offices était très grande, même entre les différentes provinces. On fit du missel comme des autres livres, & les églises les accomodèrent à leurs usages, comme on le voit par la différence des collectes, des épîtres, des évangiles & des cérémonies. Saint Louis, au rapport de Geoffroi de Beaulieu, disait toujours l'office selon l'usage de Paris. L'invention de l'imprimerie au quinzième siècle fournit aux évêques un moyen de rétablir l'uniformité dans les églises de leurs diocèses, qui se servaient de livres d'église manuscrits copiés avec plus ou moins d'exactitude. On fit imprimer des missels & des rituels, & il y en avait presque partout, dit Bocquillot, au commencement du seizième siècle. Nous avons vu des missels de Paris de 1491, de 1511 & de 1516; ils sont fort

---

Brun-Desmarettes. C'est un ouvrage très curieux par les détails. L'auteur y cite des missels, des ordinaires ou rubriquaires fort anciens; un de Vienne qui a bien, dit-il, 450 ans; un missel manuscrit d'Auxerre de 400 ans, un missel manuscrit pour l'église Saint-Martin de Tours, qui était de l'an 1157; un ordinaire de la cathédrale d'Orléans, qui avait 200 ans d'antiquité; un ordinaire & cérémonial de Rouen, qui avait près de 650 ans; un pontifical manuscrit de la même Église, qui avait environ 700 ans, &c. Il fait connaître beaucoup de pratiques & de cérémonies particulières aux différentes Églises. Nul ouvrage ne prouve mieux la prodigieuse variété de coutumes qui existaient dans les cathédrales : les prières, le chant, l'ordre des offices, les cérémonies, &c., tout se diversifiait à l'infini. Il n'y avait donc alors, c'est-à-dire il y a plusieurs siècles, ni cette uniformité absolue, ni cette conformité complète avec les usages de Rome qu'il a plu à l'anonyme de supposer.

différents du romain. Les offices de nos églises n'étaient donc pas alors ceux de l'Eglise romaine; on ne priait donc pas absolumennt comme elle, ce qui n'empêchait pas sans doute qu'on ne fut en communion de prières.

Les premières impressions de livres d'église faites en France se ressentaient du peu de lumières & de critique de ce temps là. Aussi, après la réforme du bréviaire romain, sous Pie V, beaucoup d'églises l'adoptèrent en tout ou en partie, & avec des modifications plus ou moins importantes. Pierre de Gondi, évêque de Paris, aurait souhaité introduire le bréviaire romain dans son diocèse; le chapitre s'y opposa; mais dans la révision qui fut faite alors du bréviaire de Paris, on se rapprocha du romain, dont on prit la plupart des leçons, des hymnes, des répons & des psaumes. En 1583, on introduisit le romain dans la chapelle du roi, où on s'était toujours servi jusqu'alors des missels & bréviaires de Paris, comme dans toutes les saintes chapelles (1). Quelques évêques qui voulaient introduire le romain trouvèrent de l'opposition dans leurs chapitres. Il y eut des éditions des livres d'église de Paris faites successivement sous MM. de Gondi (J. F.), de Péréfixe, de Harlay & de Noailles; chacun d'eux y ajouta plus ou moins, mais le fond resta le même. Il est dit dans le mandement de M. de Vintimille, en 1738, que le missel de M. de Harlay était *ce qu'il y avait eu jusqu'alors de plus parfait en ce genre,* qu'il *fut admiré par toute la France, soit à cause du choix des passages de l'Écriture, soit par la beauté des prières tirées en partie des anciens sacramentaires ou nouvellement composées, mais dans le style de l'antiquité.* Le bréviaire de M. de Harlay parut en 1680, & son missel en 1685; on croit que l'abbé Chastelain y eut la plus grande part; c'était un célèbre liturgiste de ce temps là. Le cardinal de Noailles fit, en 1701, quelques changements au bréviaire de M. de Harlay.

Nous arrivons à l'édition donnée sous M. de Vintimille, qui est celle que l'anonyme paraît avoir eu particulièrement en vue, &

___

(1) Il y eut pour cela une raison spéciale; la cour changeant souvent de résidence & habitant tour à tour Paris, Saint-Germain, Fontainebleau, Chambord, il eût paru trop incommode de changer fréquemment de liturgie.

qu'il caractérise comme une entreprise audacieuse & coupable, comme si c'était alors pour la première fois qu'on se fût écarté du romain, & comme si on eût voulu alors rompre avec l'Église romaine. Le Mandement de M. de Vintimille en tête du bréviaire n'annonce assurément pas cette intention. Le prélat dit qu'on *s'est efforcé d'approcher, autant que possible, des anciens usages de l'Église romaine : Sic conati sumus ad morem antiquum romanæ Ecclesiæ, qua licuit, accedere.* Plus loin l'archevêque dit encore qu'il a tiré les oraisons du missel *des sources les plus pures, surtout des Sacramentaires de l'Église romaine, qui est la Mère & la maîtresse des autres.* Il faut avouer que, s'il y a là un esprit de schisme, il est bien déguisé. M. de Vintimille se félicite d'avoir pu profiter d'un ancien Sacramentaire romain qu'on venait de découvrir & de publier à Rome, *sous les auspices de Clément XII, qui gouverne l'Église avec autant de piété que de sagesse;* il en a tiré beaucoup de prières qui respirent *la piété comme le style & le savoir* de Léon le Grand, auquel on l'attribue. On peut juger par là si M. de Vintimille avait l'intention de *répudier la Mère des Églises* & de *repousser la communion de ses prières.* Ces apostrophes de l'anonyme sont encore plus ridicules qu'injurieuses à une grande Église, & si c'est là du zèle, il n'est pas exempt de passion ni d'amertume.

Qui croirait même que l'anonyme va jusqu'à se moquer d'une pensée de saint Augustin, qui comparait la variété des coutumes à la diversité des couleurs sur la robe de l'Epouse : *Circumdata varietate? Je sais,* dit le critique, *qu'on a dit sur ce sujet d'assez jolies choses, & qu'on a trouvé le moyen de rajeunir une parole d'un Père de l'Église... Quelle maladresse d'avoir de nos jours mis en avant cette sentence, déjà si peu concluante par elle-même!* Voilà sur quel ton on parle de la comparaison du saint docteur; ce sont *d'assez jolies choses,* & c'est une *maladresse* que de citer une pensée d'un aussi grand évêque. Cela n'est-il pas bien respectueux, bien sage, bien mesuré, bien digne d'un partisan de l'autorité?

Mais ce qui est presque un trait de folie, c'est d'avoir supposé que, par les nouveaux bréviaires, on se *soustrayait à la communion des prières catholiques,* & qu'on *arrachait aux fidèles l'ombre d'unité qui semblait exister encore.* De bonne foi, la *communion des prières catholiques* peut-elle être compromise par la diversité de quelques rits & de quelques formules? Peut-il tomber sous le sens qu'on ne soit plus en communion avec l'Église catholique, parce qu'on récite des antiennes ou des leçons un peu différentes, parce qu'on chante des hymnes où il y a un peu plus de poésie, ou parce qu'on applique à un office tel passage de l'Écriture plutôt que tel autre? N'est-ce pas se faire une idée bien petite & bien étroite de cette belle & grande communion des saints que de la faire dépendre de quelques variations dans les prières & dans les usages? Alors la communion des saints serait une chimère, puisqu'il n'y a jamais eu d'uniformité complète. Au contraire, cette diversité de liturgie est une preuve de plus en faveur du dogme, & nous avons des ouvrages modernes où on a recueilli des prières des liturgies de l'Orient, pour prouver l'accord de toutes les Églises sur l'Eucharistie & sur la présence réelle; c'est un argument qui a été employé avec succès contre les protestants.

Pour ne rien dissimuler, je dois faire mention d'un acte pontifical qu'on a souvent allégué contre les liturgies de nos Églises; c'est la bulle de saint Pie V, *Quod a nobis postulat*, qui ordonne de se servir du bréviaire romain. Mais il ne paraît pas que ce saint Pontife ait voulu y astreindre toutes les Églises; car sa bulle n'est point adressée à tous les évêques, comme il est d'usage, quand le Saint-Siège parle à toute l'Église. D'ailleurs le pape dit formellement qu'il excepte les bréviaires qui avaient deux cents ans d'ancienneté. Or, plusieurs de nos Églises de France étaient dans le cas de l'exception & avaient des missels & des bréviaires particuliers. Elles ont donc pu légitimement conserver leurs rits, & le Saint-Siége n'a point cherché à les troubler dans la possession de leurs usages. On ne sait donc sur quel fondement l'anonyme a dit que *Rome avait vainement employé son Index*, & ailleurs, qu'elle avait *marqué son mécontentement d'une manière indirecte & pleine de mesure*. Il n'y a aucune preuve de ces allégations. Les nouveaux bréviaires ne sont point à l'*Index*, & nous ne connaissons aucune trace du *mécontentement indirect* des papes. Benoît XIV se contente de dire que les évêques ne doivent point changer la liturgie sans avoir consulté le Saint-Siège. Le même Pontife cite, dans son traité *de Synodo diœcesana*, plusieurs nouveaux ritueis, ceux de Paris, de Strasbourg, de Toul, de Cahors, de Tulle, & il ne mêle aucune improbation à ce qu'il en rapporte. Au contraire, il en parle quelquefois avec éloge.

Aussi les théologiens les plus dévoués au Saint-Siége n'ont point cru que la bulle de Pie V, obligeât les ecclésiastiques à quitter le bréviaire de leurs diocèses. « La qualité de l'office est observée, dit Bellarmin, quand les ecclésiastiques suivent les usages de leurs Églises & les religieux ceux de leur Ordre; car la forme du bréviaire n'est pas la même à Rome, à Liége, à Milan & dans d'autres villes, & le bréviaire des enfants de saint Benoît n'est pas celui des Frères Prêcheurs. Et quoique Cajetan dans sa somme, où il traite des Heures canoniques, enseigne que les ecclésiastiques & les religieux ne pèchent pas mortellement en laissant le bréviaire de leur Église ou de leur Ordre pour prendre le bréviaire romain, cependant cela n'est ni si certain ni si sûr, comme Soto en avertit avec raison, à moins qu'on ne le fasse du consentement de l'évêque & de tout le chapitre (1). » Et le savant cardinal apporte ensuite les raisons de sa décision, dont la première est que, comme un clerc est obligé à raison de son bénéfice, de réciter l'office divin, il est également obligé de réciter tel office, parce qu'il est attaché par ce bénéfice à telle Église. Telle est l'opinion de ce célèbre & pieux Jésuite.

Collet, dans un de ses ouvrages, examine *ex professo* cette question, de quel bréviaire il faut se servir & il conclut qu'un religieux doit se servir du bréviaire de son Ordre, qu'un ecclésiastique n'a pas la liberté de choisir toute sorte de bréviaires à son gré, qu'un bénéficier doit se conformer au bréviaire de son Église & ne peut en réciter d'autre. Si Pie V, ajoute Collet, a statué quelque chose par rapport aux évêques, il n'a rien prescrit qui dispense les simples prêtres de leur rendre une pleine & parfaite obéissance (2).

C'est ainsi que l'entendait saint Charles Borromée, qui devait connaître mieux que personne les intentions du pape. Il ordonnait

---

(1) Bellarmin, *Controv. de bonis oper. in part.*, lib. I, c. xviii, n. 9, 10, 11 & 12. — (2) *Examen & résolution des principales difficultés qui regardent l'office divin*, par Collet, première partie, chap. 3.

à tous les ecclésiastiques & religieux qui, par le droit ou la coutume devaient suivre le rit ambrosien, il leur ordonnait, dis-je, *en vertu de la sainte obéissance, de dire tant en public qu'en particulier, l'office suivant son bréviaire ambrosien, déclarant que ceux qui feraient autrement ne satisferaient pas à l'obligation de l'office.*

La pratique des ecclésiastiques les plus sages & les plus éclairés est conforme à ces principes. L'abbé Bourdoise, ce rigide observateur des règles de la discipline, qui contribua tant à la réforme du clergé au XVIIe siècle, « était bien persuadé, dit l'auteur de sa vie, que le respect qu'il devait à l'Église romaine ne l'obligeait point à dire le romain. Il croyait que les Églises qui étaient en possession d'avoir des bréviaires particuliers pouvaient non seulement s'en servir, mais qu'elles devaient même préférer le leur à tout autre... Il savait ce que les conciles & les papes ont dit de plus fort sur cette matière, & il s'en servait à propos. Il s'appuyait particulièrement sur les autorités de Tolet, de Bellarmin, de Navare, de Bonacina, de Gavanti & autres théologiens & canonistes, lesquels, quoique italiens pour la plupart & très attachés au Saint-Siége, enseignent positivement qu'un prêtre ne peut quitter le bréviaire de son diocèse, à moins qu'il n'en ait la permission... Je ne sais, disait-il à un bénéficier, sur quoi vous vous fondez pour dire le bréviaire romain, je crois que vous avez des raisons pour cela, mais je ne les sais pas, & vous m'obligeriez bien si vous vouliez me les faire connaître... » L'auteur de la *Vie de Bourdoise* cite plusieurs faits de ce genre, pour prouver son zèle à se conformer aux usages des lieux où il se trouvait; voici entr'autres un trait assez remarquable, & c'est par là que nous finirons. « Au mois de mai 1642, dit l'auteur, M. Bourdoise ayant convaincu plusieurs ecclésiastiques de l'obligation de dire le bréviaire diocésain, ils voulurent encore savoir le sentiment de M. Vincent, supérieur général de la mission, qui, ayant entendu les raisons de M. Bourdoise, leur conseilla de quitter le bréviaire romain, qu'il avait fortement soutenu jusqu'alors (1). »

Ces faits & ces témoignages nous paraissent un peu plus concluants que les pompeuses déclamations de l'écrivain du *Mémorial*.

---

(1) *Vie de Bourdoise*, 1714, in-4, pages 507 & 508.

Qu'opposera-t-il à ces autorités? Ira-t-il apostropher aussi saint Vincent de Paul & lui reprocher ce conseil donné à des ecclésiastiques de quitter le bréviaire romain? L'accusera-t-il d'avoir par là *répudié cette Mère des Églises,* d'avoir *repoussé la communion de ses prières;* de *craindre ses bénédictions?* Saint Vincent de Paul aurait-il *scandalisé les fidèles, en leur arrachant ainsi l'ombre d'unité qui semblait exister encore?* Ces pathétiques interpellations ne sont-elles pas bien ridicules quand elles s'adressent à un homme si pieux, si sage, si dévoué à l'Eglise romaine? Et en faut-il davantage pour montrer tout ce qu'il y a de faux, d'exagéré & de déclamatoire dans les deux articles que nous signalons?

Depuis que ces réflexions étaient rédigées, il a paru dans le même recueil un troisième article *sur la liturgie catholique.* Cet article est dans le même goût que les précédents. Qu'est-ce que c'est que cette affectation de donner exclusivement le nom de *liturgie catholique* à la liturgie romaine, comme si les liturgies de l'Orient, celle de saint Ambroise & les anciennes liturgies de nos Eglises n'étaient pas catholiques? N'est-ce pas une témérité inconcevable dans un prêtre de proscrire ainsi ce que le Saint-Siège permet, de jeter le soupçon d'hérésie sur les pratiques & les prières adoptées dans les plus grandes Églises, de dire que nos liturgies sont tombées dans un *mépris universel?* Est-ce ainsi qu'on sert la cause de l'Église, & ne faut-il pas déplorer ces exagérations d'un zèle qui ne connaît ni les règles de la prudence, ni le ton qui sied à la charité, ni l'histoire véritable de la liturgie? (1)

---

(1) Une phrase de cet article a besoin d'être rectifiée, il y est dit page 44 : *Le cardinal Quignonès, fit, en 1550, une autre édition du bréviaire romain, par l'ordre de Clément VII & de Paul III, mais Pie II le fit supprimer.* Il y a là plus d'une inexactitude. La première édition du bréviaire du cardinal Quignonès parut à Rome en 1535; il y en eut successivement plusieurs éditions à Rome, en Italie, & dans les Pays-Bas. Le cardinal mourut en 1540. Son bréviaire composé par ordre de Clément VII, obtint l'approbation de Paul III, de Jules III & de Paul IV; ce n'est point Pie II qui le fit supprimer ; ce pape était mort dans le siècle précédent. Ce fut Pie V qui, après la réforme du bréviaire romain, défendit en 1568 la récitation du bréviaire du cardinal Quignonès.

DÉFENSE
DES
CONSIDÉRATIONS SUR LA LITURGIE CATHOLIQUE

15 Juin 1830.

Au Rédacteur de l'*Ami de la Religion & du Roi*.

Monsieur le Rédacteur,

E vous ai souvent entendu vous plaindre du peu de mesure que certains écrivains mettent dans leurs attaques contre les ennemis de la vérité ; j'avais pris de là occasion de vous croire un homme sans fiel & sans malice, qui regarderait comme au-dessous de lui de descendre jusqu'à l'injure vis-à-vis de ceux qu'il lui plaît de considérer comme ses adversaires ; car je ne pensais pas, je vous assure, soulever votre ire en agitant une question aussi peu personnelle pour vous que celle de la liturgie. J'étais donc bien tranquille de ce côté, lorsqu'on est venu m'apporter deux numéros de votre journal dans lesquels je suis traité, comme on dit, du haut en bas. Les plus grossières injures, les plus dures épithètes me sont prodiguées dans un style que j'ai peine à reconnaître pour celui de la bonne compagnie. Vous sentez bien que ces choses-là laissent une question dans tout son entier & retombent, par le plus court chemin, sur leur auteur. Aussi ne m'en serais-je pas mis en peine le moins du monde, si pour appuyer un peu vos invectives vous ne vous étiez

amusé à noircir mes intentions, à falsifier mes paroles, à me prêter des sottises pour avoir le plaisir de les réfuter. De plus votre zèle gallican vous ayant cette fois placé sur un terrain qui n'est pas le vôtre, il vous est échappé mainte & mainte bévue, que je ne veux pas laisser passer, plus encore pour l'éclaircissement des importantes questions que j'ai soulevées, que pour ma justification. Je suis fâché que cette défense nécessaire me force d'anticiper sur ce qui me reste encore à dire sur la liturgie catholique; je le ferai cependant autant que cela pourra être utile, en réservant toutefois de plus amples détails pour l'instant où je traiterai la question sous le rapport canonique.

Vous commencez, Monsieur, par m'apprendre, car c'est de vous que je le tiens, qu'il existe en France une coalition ultramontaine contre les liturgies particulières, & vous semblez donner à entendre que j'ai l'honneur d'être l'organe de cette faction si dangereuse. Je vous avoue cependant que c'est dans votre journal que je viens de trouver la première nouvelle de l'existence de ce parti, j'ignore donc par moi-même s'il existe réellement, mais ce que je sais bien, c'est que personne ne m'a jamais ni chargé, ni conseillé d'écrire sur cette matière, & qu'en le faisant je n'ai obéi qu'à ma conviction personnelle, dans l'intérêt de ce que j'ai cru l'ordre & la vérité, ne me doutant nullement, encore une fois, que je dusse avoir l'avantage de vous rencontrer sur mon chemin. Vous pouvez donc, sans crainte de m'offenser, déclamer tout à votre aise sur les progrès de cet esprit d'unité qui vous déplaît si fort; seulement je ne puis m'empêcher de vous marquer ma surprise de la manière leste dont vous vous exprimez sur le compte d'un prince de l'Église, qui, après tout, n'a contre lui que le malheur de ne pas penser comme vous, sur certaines questions. Mais, encore une fois, cela ne me regarde pas, je me hâte d'arriver à ce qui m'est personnel.

D'abord je commence par vous dire que mon but est si peu d'inspirer des scrupules aux ecclésiastiques sur la récitation des bréviaires diocésains, que, loin de là, mon projet a toujours été, lorsque je serais arrivé aux questions canoniques sur l'office divin, détablir formellement qu'on peut, en conscience, en faire usage, dans les diocèses où la pratique est telle. *Mon but*, comme je l'ai dit dans mon premier article, *ne saurait donc être de troubler ceux que le droit ou la coutume obligent ou autorisent à répudier les livres de l'Église de Rome, pour y substituer une liturgie diocésaine. Qu'ils continuent de le faire en paix à l'ombre de l'indulgence du Siége apostolique.* Voilà, certes, qui est assez clair, pour quiconque entend le français. Vous me demandez ensuite *pourquoi faire deux articles contre ces mêmes liturgies?* J'ai déjà répondu à cette question, lorsque j'ai dit que mon but était de dévoiler les dangereux principes qui donnèrent naissance aux nouvelles liturgies, & d'empêcher, autant que possible, certaines personnes de les prendre pour articles de foi. Aussi, dans mes trois articles, sur cette matière, vous ne trouverez, si vous y faites bien attention, que des principes généraux, & pas un mot qui puisse *inspirer des alarmes & des scrupules sur l'usage de ces liturgies*. Si donc il y a quelque part *de l'inconséquence, de la prévention & de l'exagération,* ce n'est point à moi que s'adresse ce reproche, pour le moment.

J'avais dit, dans un premier article, que *je défiais tout homme de sens, tout théologien de contester mes principes, comme tout logicien de se refuser à mes conséquences.* Un résumé de ces principes & de ces conséquences que je donnerai bientôt mettra la chose dans tout son jour. En attendant, vous croyez devoir me prévenir que *comme mes principes & mes conséquences reposent sur des faits faux, tout l'édifice que j'ai bâti croule sans de grands efforts.* Mais dites-moi, Monsieur, ai-je jamais prétendu que mes principes reposassent sur des faits? Qu'est-ce que des principes appuyés sur des faits, par conséquent sur des événements qui peuvent être ou n'être pas? J'en connais de pareils principes; mais ce ne sont pas les miens. Indépendamment de tout fait, avant l'examen de l'histoire de la liturgie, il est certain, il est indubitable que l'antiquité, l'universalité, l'autorité & l'onction sont les qualités qui conviennent nécessairement à la liturgie. Que ces choses-là se développent & s'éclaircissent par des faits, j'en demeure d'accord, mais avant tout, de pareils principes sont fondés sur l'essence des choses.

L'anonyme, dites-vous, *fait un éloge magnifique de la liturgie romaine.* C'est vrai, car c'est un éloge du cœur. Mais celui que vous en faites, Monsieur, n'est pas du tout au-dessous du mien. *Le bréviaire romain*, ce sont vos paroles, *fut le produit lent & successif des temps, de l'expérience, de la piété & de l'étude de l'Écriture.* Certes, je n'essaierai jamais de dire mieux. Mais comment après être convenu d'une chose que, vraiment, je ne vous demandais pas, comment trouvez-vous le courage de défendre avec tant de chaleur ces nouveaux bréviaires qui ne sont, vous devez l'avouer, ni un *produit lent,* ni un *produit successif des temps & de l'expérience;* ces nouveaux bréviaires, ouvrage de la *piété* de plus d'un janséniste & dans lesquels la *science de l'Écriture*, quelquefois suspecte, ne conduit bien souvent qu'à des applications de textes détournés à un faux sens?

Dans la discussion des principes généraux que j'ai mis en avant, vous semblez vous être arrêté à un seul point, la question de l'universalité dans la liturgie. Ainsi vous m'accordez qu'une Église qui compte déjà dix-huit siècles, a droit de trouver étrange que l'on ait voulu, au dix-septième siècle, lui apprendre à parler. Mais ce que vous ne me pardonnez pas, c'est d'avoir dit que *l'Église tend à réunir tous les hommes dans le même langage.* Cependant, Monsieur, à qui faut-il

s'en rapporter à ce sujet? Ne serait-ce point, par hasard à l'Église elle-même? eh bien! si vous admettez ce principe, comme je veux le croire, vous admettez aussi que l'Église s'explique par l'organe de ses souverains Pontifes : or voici ce que dit l'un d'entre eux, Clément VIII, du haut de la Chaire apostolique (1) : « Puisque, dans l'Église catholique, laquelle
« a été établie par Notre-Seigneur Jésus-Christ, sous un seul
« chef, son Vicaire sur la terre, on doit toujours garder
« l'union & la conformité dans tout ce qui a rapport à la
« gloire de Dieu & à l'accomplissement des fonctions ecclé-
« siastiques; *c'est surtout dans l'unique forme des prières con-*
« *tenues au bréviaire romain que cette communion avec Dieu*
« *qui est un, doit être perpétuellement conservée,* afin que
« dans l'Église répandue par tout l'univers, les fidèles de
« Jésus-Christ invoquent & louent Dieu *par les seuls &*
« *mêmes rits de chants & de prières.* » Si cet oracle si imposant ne vous suffisait pas, je suis en mesure de vous fournir cent autres textes des papes & des conciles, qui répètent tous d'une manière aussi formelle cette vérité qu'il vous plaît de contester.

C'est donc tout à fait en pure perte que vous vous êtes mis à faire de l'érudition pour prouver ce que personne ne révoque en doute, savoir la grande variété des liturgies durant les premiers siècles. C'est l'argument que les jansénistes & les protestants opposent à l'Église romaine, lorsqu'ils veulent attaquer l'unité de langage qu'elle a si admirablement établie dans toute l'Église.

(1) Cum in Ecclesia catholica, a Christo D. N., sub uno capite, ejus in terris vicario, instituta, unio & earum rerum quæ ad Dei gloriam, & debitum ecclesiasticarum personarum officium spectant, conformatio semper conservanda sit; tum præcipue illa communio uni Deo, una & eadem formula, preces adhibendi, quæ romano breviario continetur, perpetuo retinenda est, ut Deus, in Ecclesia per universum orbem diffusa, uno & eodem orandi & psallendi ordine, a Christi fidelibus semper laudetur & invocetur. (*Bullarium;* Clemens VIII, Bulla *Cum in Ecclesia.*)

Mais que leur répond-t-on ? ce que je vais avoir l'honneur de vous apprendre. C'est que bien des coutumes que l'on pouvait tolérer sans inconvénient dans des siècles où le premier besoin de l'Église était la propagation de la foi, cessent de devenir légitimes, du moment où l'Église, pleinement développée, les improuve. Pourquoi ? parce qu'à l'Église, & à l'Église seule appartient de juger ce qui est convenable au peuple fidèle. Or, vous devez savoir que le même concile de Trente, qui a jugé avec le Saint-Esprit qu'il fallait tenir de plus en plus à l'usage absolu de la langue latine dans le service divin, a chargé le Pontife romain du soin de donner à l'Église un bréviaire & un missel uniformes, & que c'est pour se conformer à cette sollicitude du concile que saint Pie V a publié l'un & l'autre dans la forme que vous savez. Ainsi tout ce que vous dites des liturgies privées, dans les premiers siècles, ne signifie plus rien, dès que l'Église a fait connaître ses intentions & développé sa pensée primitive. Concluons donc que si *c'est une grande susceptibilité que de voir un grave inconvénient dans cette variété,* ce reproche tombe tout droit sur l'Église & sur le Saint-Siége ; c'est pourquoi, loin de rien faire pour le fuir, je me ferai toujours gloire de l'avoir mérité.

Je n'ai prétendu nulle part, Monsieur, que *le bréviaire romain avait été composé d'un seul jet.* J'ai dit au contraire que le *langage de l'Église devait s'enrichir par le cours des siècles,* & si je n'ai pas, dans cet endroit, développé davantage cette pensée, c'est que je compte le faire plus tard, quand ce sujet se présentera sous ma plume. Je n'ai dit nulle part qu'avant la bulle de saint Pie V, il y avait *uniformité absolue dans les liturgies, & conformité complète avec les usages de Rome.* J'ai dit expressément le contraire. Voici mes paroles : *Ce n'est pas qu'on ne rencontrât encore quelques Églises particulières, fidèles en tout ou en partie à leurs anciens usages.* J'indique ensuite les causes de cette diversité ; vous pouvez les y aller chercher, mais le mieux eût été peut-être d'examiner, avant de m'attaquer, si j'étais vraiment répréhensible.

Ce n'est pas assez, dites-vous, *de se tromper sur la liturgie romaine, l'anonyme se trompe bien plus lourdement encore sur les liturgies de notre Église.* En vérité, Monsieur, vous avez un style fort aimable & des expressions tout à fait élégantes. Le lecteur a pu juger combien *lourdement* je me suis trompé sur la liturgie romaine, il est sans doute impatient de savoir combien *plus lourdement encore* je me suis trompé sur les liturgies de l'Église de France. Je vais le mettre à même d'en juger. Suivant vous, Monsieur, *je suppose que ces liturgies ne sont nées qu'au dix-huitième siècle*. Avant de vous répondre, permettez-moi de vous demander si vous savez de quoi il s'agit, ou si vous avez intention de dénaturer sans cesse mes paroles. J'en appelle à tout homme qui sait lire & qui veut comprendre ce qu'il lit, & je lui demande si je n'ai pas fait, dans les articles incriminés, une distinction expresse entre les liturgies anciennes & par là même autorisées par la bulle de saint Pie V, & les liturgies factices que j'ai uniquement eues en vue dans cette discussion. Je suis plein de respect, de vénération, d'admiration pour les premières; ce n'est donc point celles-là que je me suis permis d'examiner. C'est au contraire celles qui sont nées de nos jours, & que nos contemporains ont, pour ainsi dire, vues commencer; voilà celles dont j'ai fixé l'origine commune au dix-huitième siècle, & si j'avais besoin de pièces justificatives pour le prouver, votre arsenal m'en fournirait abondamment.

L'anonyme suppose, dites-vous encore, *que ce fut une invention du jansénisme, une tentative d'isolement & de séparation, une entreprise coupable qui pouvait avoir les résultats les plus funestes.* Mais ne savez-vous pas comme moi que ces liturgies furent rédigées par des prêtres pour la plupart jansénistes, accueillies avec enthousiasme par le parti janséniste, soutenues par les parlements jansénistes. Vous savez tout cela, car vous l'avez écrit vous-mêmes autrefois; *mais depuis...* Cette entreprise en de pareilles mains pouvait-elle être autre chose qu'une tentative d'isolement & de séparation? Ses résultats n'étaient-ils pas menaçants? N'avez-vous pas parlé vous-mêmes, dans un certain tome XXVI, des corrections & purgations multipliées qu'on fit successivement subir au bréviaire de Paris? De grâce un peu plus de mémoire & nous serons bientôt d'accord.

Mais voici quelque chose de plus curieux encore : *Nos Églises n'ont point abandonné la liturgie romaine dans le dernier siècle & n'ont point répudié la mère des Églises.* J'écoute comment vous allez le prouver. D'abord, pour me prouver qu'une chose ne s'est pas passée dans le dernier siècle, vous me citez des conciles du cinquième & du sixième, & Musæus qui vivait vers l'an 450, & Sidonius, contemporain de saint Grégoire de Tours. *Il y avait donc une grande variété de rits entre les différentes Églises des Gaules.* D'accord; mais passons à Charlemagne, vous avouez qu'il introduisit dans son empire les livres romains. Il est vrai que vous ajoutez que chaque Église les accommoda plus ou moins à ses usages. Je l'accorde encore, si vous voulez. Vient ensuite le concile de Trente & la constitution de saint Pie V. Or je vous défie de me montrer en France, trente ans après cette bulle, six Églises qui n'eussent pas, n'importe sous quel titre, l'ensemble complet de la liturgie romaine. Les calendriers diocésains n'ont rien à faire ici. Ils sont permis partout où l'on suit le romain. Ainsi donc, au commencement du dix-huitième siècle, sur cent trente diocèses, cent vingt-quatre au moins marchaient d'accord avec l'Église romaine, dans tout ce qui concerne le culte divin. Or il est de fait que maintenant, à peine douze diocèses sont restés fidèles à cette belle uniformité; donc j'ai parfaitement pu dire que *ces Églises ont abandonné la liturgie romaine, & répudié la mère des Églises.* Je passe à votre second article. Vous y faites l'histoire de la liturgie parisienne. Permettez que je prenne acte de vos aveux. *Pierre de Gondy, évêque de Paris, aurait souhaité introduire le bréviaire romain dans son diocèse; le chapitre s'y opposa : mais dans la révision qui fut faite du bréviaire de Paris, on se rapprocha du romain, dont on prit la plupart des leçons, des hymnes, des répons & des psaumes*(1). Or comme le bréviaire romain se compose de leçons, d'hymnes, de répons & de psaumes, si le bréviaire de Paris en adopta *la plupart,* il s'ensuit évidemment que la liturgie de Paris se trouva être à peu près la litugie romaine. Ce n'est pas tout, votre levée de bouclier m'a donné l'idée de faire des recherches dans les premiers volumes de votre journal, & voici ce que j'ai trouvé dans ce tome XXVI que je citais tout à l'heure : *Jean François de Gondy, archevêque de Paris, publia en 1643 un bréviaire qui différait très peu du romain.* Ainsi la liturgie parisienne, qui déjà, sous Pierre de Gondy, prélat qui se démit en 1598, s'était si fort rapproché du rit romain, subit encore une nouvelle épuration en 1643, en sorte que vous avouez qu'il n'y avait plus alors que *très peu de différence.* D'après cela, dites-moi, les changements qu'on a cru devoir lui faire subir, jusqu'à effacer les dernières traces de cette antique ressemblance, n'ont-ils pas nécessairement eu pour but *de répudier la mère des Églises, & de repousser la communion de ses prières.* Laissons à part, si vous voulez, les intentions; mais n'est-ce pas là l'effet que cette innovation a naturellement produit?

En vain me citerez-vous le mandement de M. de Vintimille, mandement dans lequel le prélat dit qu'*il s'est efforcé*

---

(1) Quelle différence y a-t-il entre les psaumes du bréviaire romain & ceux du bréviaire de Paris? singulière manière de s'exprimer qui montre combien l'auteur est dépaysé! Mais aussi qu'allait-il faire dans cette matière?

autant que possible, d'approcher des anciens usages de l'É-glise romaine (1). *Sic conati sumus ad morem antiquum romanæ Ecclesiæ, qua licuit accedere.* Vous me forcez par là de vous répondre que, si le prélat a réellement écrit ces paroles, il n'a pas parlé suivant la vérité, puisque, de l'aveu de tout le monde, rien ne ressemble moins à la liturgie romaine que la liturgie de M. de Vintimille. En vain me direz-vous encore que dans la préface de son missel M. de Vintimille se félicite d'avoir pu profiter, dans la composition de cet ouvrage, d'un ancien sacramentaire romain qu'on venait de découvrir & de publier à Rome ; qu'est-ce que cela fait à la chose? *On peut juger par là,* me dites-vous d'un air triomphant, *si M. de Vintimille avait l'intention de répudier la mère des Églises & de repousser la communion de ses prières?* Eh! Monsieur, deux mots, s'il vous plaît? Cet ancien sacramentaire était-il en usage à Rome, au moment où M. de Vintimille composait son missel? Vous êtes forcé de répondre que non. Avouez donc que c'est une singulière manière d'être en communion avec l'Église romaine, que de repousser les livres dont elle se sert au temps où nous vivons, pour adopter ceux dont elle se servait, il y a mille ans & plus. A ce propos, il vous plaît de dire que je suis *encore plus ridicule qu'injurieux.* Je vous laisse à juger à qui de vous ou de moi doit s'appliquer cette double qualification.

Je viens maintenant au *trait de folie* que vous voulez bien signaler dans mon travail. Vous m'accusez d'avoir dit que par l'innovation liturgique *on avait arraché aux fidèles l'ombre d'unité qui existait encore.* Rien n'est plus traître, Monsieur, que cette manière d'extraire & de mutiler les membres d'une phrase. Vos lecteurs qui n'ont pas lu mes articles

---

(1) Hommage remarquable rendu aux principes que nous défendons! Tant il est vrai que pour se donner un peu d'autorité, toute liturgie a besoin de s'appuyer, de près ou de loin, sur la liturgie romaine.

n'auront pas manqué de croire que j'accuse les nouveaux liturgistes d'avoir rompu l'unité de la foi dans l'Église de France, ou tout au moins brisé le lien de la communion du Saint-Siége; car telle est l'idée que donnent tout naturellement les paroles isolées de la phrase que vous avez extraite. Or, rien n'est plus éloigné de ma pensée. Je n'ai voulu parler & je n'ai parlé en effet que de l'unité de liturgie qui disparut chez nous, à mesure que les nouveaux bréviaires étendirent leur domination. Ce n'est donc point à moi, Monsieur, que peut s'adresser le reproche de *folie;* ce n'est point à vous non plus; mais sûrement vous ne méritez pas le reproche de franchise.

Mon autre *folie* est d'avoir dit qu'*on s'était soustrait à la communion des prières catholiques*. Là dessus vous vous avisez de me prouver gravement que la diversité des prières ne rompt pas la communion des saints. Je vous l'accorde, Monsieur; mais lorsque l'uniformité est prescrite & observée dans l'Église catholique, cettte diversité ne rompt-elle pas la communion des prières catholiques? Cette expression vous effarouche; mais savez-vous bien qu'elle n'est pas de moi, mais d'un saint pape, aussi célèbre par sa doctrine que par sa sagesse. Saint Pie V, dans la bulle *Quod a nobis*, passant en revue les abus qui s'étaient glissés dans l'Église à propos de l'usage de la liturgie, s'exprime ainsi au sujet des liturgies diocésaines (1). « Une coutume détestable s'était intro-
« duite dans les provinces. Des évêques se fabriquaient un
« bréviaire particulier, & au moyen de leurs offices dissem-
« blables, & propres pour ainsi dire à chaque diocèse, déchi-

---

(1) Quin etiam in provincias paulatim irrepserat prava illa consuetudo, ut Episcopi, in Ecclesiis quæ ab initio cum cæteris veteri romano more horas canonicas dicere ac psallere consuevissent, privatum sibi quisque breviarium conficerent, & illam communionem uni Deo, una & eadem formula, preces & laudes adhibendi, dissimillimo inter se, ac pene cujusque episcopatus proprio officio, discerperent.

« raient en lambeaux CETTE COMMUNION DE PRIÈRES & DE
« LOUANGES qui doivent être adressées au seul Dieu, dans
« une seule & même forme, & cela jusque dans des Églises
« qui, dès le commencement, comme toutes les autres,
« avaient coutume de célébrer l'office divin suivant l'antique
« usage romain. » L'avez-vous entendu ? Ai-je dit autre
chose ? Veuillez bien aussi faire attention qu'outre l'assistance du SAINT-ESPRIT, le pape, en écrivant ces lignes, était l'organe du concile de Trente qui avait chargé le Saint-Siége de la répression de tous les abus dans la liturgie. Vous voilà donc forcé à étendre sur d'autres que sur moi le reproche de *folie*. Et sur qui, s'il vous plaît ? Sur le pape & l'Église. Vous ne vouliez pas sans doute aller aussi loin, j'en suis bien sûr, mais enfin, si vous ne me déchargez promptement de votre accusation, vous voyez sur qui elle va peser. Je vous avoue qu'en pareille compagnie elle me paraîtra fort légère. Puisse-t-elle l'être tout autant à votre conscience.

Enfin vous vous donnez la peine d'examiner quelle autorité l'on peut donner à la constitution de saint Pie V ; & c'est ici que vous nous dites des choses ineffables. *Il ne paraît pas que ce saint pontife ait voulu astreindre au bréviaire romain toutes les Églises; car sa bulle n'est point adressée à tous les évêques.* L'avez-vous lue, cette bulle ? Le meilleur, je pense, est de croire que vous ne l'avez pas lue ; mieux eût valu sans doute n'en pas parler ; mais enfin, il y a un remède ; donnez-vous la peine de consulter le Bullaire, & vous verrez, de vos yeux, qu'elle est adressée *à tous les patriarches, archevêques, évêques, abbés & prélats de tout ordre;* vous y verrez qu'elle a été affichée aux lieux marqués pour la promulgation des bulles, afin que personne n'en prétende cause d'ignorance. Quant à la question de sa réception en France, je la traiterai plus tard, & j'espère le faire avec succès.

D'ailleurs le pape dit formellement qu'il excepte les bré-

viaires qui avaient deux cents ans d'ancienneté. Or plusieurs de nos Églises de France étaient dans le cas de l'exception, & avaient des missels & des bréviaires particuliers. Elles ont donc pu légitimement conserver leurs rits, & le Saint-Siège n'a point cherché à les troubler dans la possession de leurs usages. Quels singuliers raisonnements, Monsieur, vous offrez à vos lecteurs ! *Plusieurs de nos Églises étaient dans le cas de l'exception,* & je vous défie encore d'en montrer plus de six ; donc toutes nos Églises ont pu & peuvent encore changer de liturgie à volonté. *Plusieurs de nos Églises ont pu légitimement conserver leurs rits;* donc elles ont pu les changer autant qu'elles ont voulu. Car, Monsieur, vous ne devez pas ignorer que malgré le respect apparent pour l'antiquité dont un certain parti aimait à faire parade, les liturgies saintement gallicanes de Lyon, de Vienne, de Sens, &c., ont été honteusement répudiées pour faire place à de nouvelles, inconnues jusqu'alors. Ce que Rome avait respecté comme venant de l'antiquité, a été dévoré par l'esprit d'innovation, & la conspiration qui a presque détruit chez nous l'usage du romain, n'a pas épargné davantage les antiques rits des Gaules.

Après des démonstrations si concluantes, vous avez voulu, sans doute pour compléter la question, résoudre le cas de conscience relatif au mode dont on doit remplir l'obligation de la récitation de l'office divin. Telle est aussi mon intention, en terminant la suite d'articles que je me propose de donner sur l'importante matière de notre discussion. C'est pourquoi je ne veux dire que ce qui est nécessaire pour renverser vos assertions.

C'est à tort, Monsieur, que vous cherchez à vous prévaloir, de l'autorité de Bellarmin. Ce savant théologien écrivait pour un pays où toutes les Églises qui n'étaient pas obligées au romain, possédaient de droit une liturgie ancienne, obligatoire, au même titre, par la constitution *Quod a nobis*. Un prêtre qui dans ces diocèses réciterait le romain serait en contravention expresse avec l'esprit de la bulle de saint Pie V, de même que, par exemple, M. de Montazet, en introduisant à Lyon une liturgie moderne, désobéissait formellement à cette constitution. Bellarmin n'a donc pu donner une décision sur le cas qui nous occupe, puisque ce cas n'existait pas encore. Quant à saint Charles Borromée, j'ai la même réponse à vous donner. Le rit ambroisien étant expressément approuvé par le Saint-Siége, longtemps même avant saint Pie V, il ne pouvait y avoir aucun motif de lui substituer, en public ou en particulier, la liturgie romaine, & le saint évêque remplissait un de ses premiers devoirs en maintenant l'exécution des décrets des souverains Pontifes.

Vous osez, Monsieur, vous prévaloir de l'autorité de Collet, dans son traité de l'office divin. Permettez encore une fois que je vous demande si vous avez lu tout ce que vous citez. Vous me mettez dans la nécessité continuelle de contester votre droiture ou votre bon sens. J'ai lu Collet, & même plusieurs fois, & j'y ai trouvé le contraire de ce que vous lui attribuez. Il est vrai, comme vous le dites fort bien, que ce théologien enseigne qu'*un religieux doit se servir du bréviaire de son Ordre; qu'un ecclésiastique n'a pas la liberté de choisir toute sorte de bréviaires à son gré; qu'un bénéficier doit se conformer au bréviaire de son Église.* Tout cela est vrai; mais pourquoi, s'il vous plaît, passer sous silence cette autre question : Un ecclésiastique qui n'est pas bénéficier, & vous savez que c'est aujourd'hui la majeure partie des prêtres français, cet ecclésiastique peut-il réciter le bréviaire romain? Vous eussiez trouvé la réponse dans Collet, & vous l'eussiez trouvée affirmative, *même dans deux endroits*. Comme je n'ai pas pour l'instant ce livre entre les mains, je ne vous indique pas les pages; si toutefois vous le désirez, je me charge de vous satisfaire promptement.

J'en viens à l'autorité de Bourdoise & de saint Vincent de Paul, & c'est encore ici que vous me mettez dans la nécessité de signaler de nouvelles méprises. D'abord vous ne nous dites point si tous les ecclésiastiques, auxquels ces deux saints personnages conseillèrent de quitter le bréviaire romain, étaient bénéficiers, ou s'ils ne l'étaient pas ; or, pour juger de la force de votre preuve, il est nécessaire de connaître cette particularité. En second lieu, par quel motif saint Vincent de Paul & M. Bourdoise exigeaient-ils l'observation de la liturgie diocésaine? Leur pensée était, suivant vos propres paroles, *que les Églises qui étaient en possession d'avoir des bréviaires particuliers pouvaient non seulement s'en servir, mais qu'elles devaient même préférer le leur à tout autre.* Remarquez bien ces paroles : *Les Églises qui étaient en possession.* Ceci se rapproche tout à fait de la manière de voir des souverains Pontifes. Aussi ajoutez-vous, en parlant de M. Bourdoise : *Il savait ce que les conciles & les papes ont dit de plus fort sur cette matière, & il s'en servait à propos.* Eh! Monsieur, nous sommes d'accord jusqu'à présent. La question est aussi claire que possible. Il est incontestable, & je vous accorde de grand cœur que, dans le cas où l'Église de Paris ait été en possession d'une liturgie spéciale, durant le temps fixé par les souverains Pontifes, ses prêtres ont dû s'y soumettre, sous peine de désobéissance. Saint Vincent de Paul & M. Bourdoise ne disent rien qui ne soit très conforme à ma doctrine ; mais par quel singulier tour de force allez-vous conclure de là que saint Vincent de Paul & M. Bourdoise auraient parlé de même lors de l'innovation du dix-huitième siècle? Ils s'appuyaient *sur les autorités de Tolet, de Bellarmin, de Navare, de Bonacina, de Gavanti;* mais ces théologiens n'approuvent les liturgies diocésaines qu'autant qu'elles se trouvent dans le cas prévu par la constitution de saint Pie V.

En troisième lieu, le bréviaire de Paris, dont se servaient

& saint Vincent de Paul & M. Bourdoise, ne pouvait être que celui de Pierre de Gondy, lequel de votre propre aveu était conforme au bréviaire romain, dans *la plupart des leçons, des hymnes, des répons & des psaumes*. C'était donc comme dans un grand nombre de diocèses où l'on suivait le romain avant la Révolution, un bréviaire diocésain *ad Romani formam expressum*. L'essentiel de la constitution de saint Pie V était observé, & l'on avait l'avantage, nullement contesté à Rome, de pouvoir suivre le calendrier diocésain (1). Je conçois parfaitement, dans ce cas, qu'il fût beaucoup plus convenable de réciter le romain ainsi adapté au diocèse, que de suivre le rit purement romain, sans faire mention des solennités locales. Tel est le sentiment que je soutiendrais dans un diocèse où l'on aurait eu le soin de mettre ainsi d'accord deux choses qui peuvent très bien marcher ensemble. Mais, encore une fois, la question n'est plus la même. Le bréviaire de M. de Vintimille ressemble beaucoup moins à celui de Pierre de Gondy, que le bréviaire romain au bréviaire ambroisien. C'est donc chose au moins fort singulière que de citer le témoignage de saint Vincent de Paul, mort en 1660, en faveur d'un livre imprimé en 1735. Cela me rappelle naturellement le mot tout récent d'un grand vicaire fort attaché à nos maximes gallicanes. Quelqu'un lui objectait que saint Vincent de Paul s'était comporté en ultramontain dans ses controverses contre les jansénistes. — Toujours est-il, répondit le grand vicaire, qu'il n'a jamais improuvé la déclaration de 1682. Je cite cet anachronisme, parce qu'il est dans le goût de celui qui vous est échappé.

---

(1) Dans un grand nombre de diocèses de France où l'on suit le rit parisien, on a fait de même. Le titre du bréviaire annonce un bréviaire diocésain, &, à l'exception des offices de dévotion locale, on retrouve d'un bout à l'autre tout l'ensemble du rit parisien. C'est dans ce sens que j'ai avancé que la moitié de la France suit la liturgie de Paris.

Mais voici bien autre chose. A force de vous répéter à vous-même que saint Vincent de Paul est d'un sentiment contraire au mien, vous vous l'êtes tellement persuadé, que vous ne doutez plus que je ne partage votre conviction, & non content de me faire penser, il vous plaît aussi de me faire parler. *L'écrivain du Mémorial, dites-vous, ira-t-il apostropher aussi saint Vincent de Paul? L'accusera-t-il d'avoir par là répudié la mère des Églises, d'avoir repoussé la communion de ses prières, de craindre ses bénédictions? Saint Vincent de Paul aurait-il scandalisé les fidèles, en leur arrachant ainsi l'ombre d'unité qui semblait exister encore? Ces pathétiques interpellations ne sont-elles pas bien ridicules, quand elles s'adressent à un homme si pieux, si sage, si dévoué à l'Église romaine?* — Oui, Monsieur, fort *ridicules* & fort déplacées, je vous assure. Mais n'est-ce pas à vous qu'elles appartiennent? Ai-je dit un seul mot qui puisse, *directement ou indirectement,* s'appliquer à saint Vincent de Paul? Ai-je manqué dernièrement l'occasion de lui payer le tribut de mes hommages, à l'époque d'une grande solennité consacrée à son illustre mémoire? Non, Monsieur, ce n'est point sur ce ton que je parle de saint Vincent de Paul, & si dans les articles que vous attaquez je suis *faux, exagéré & déclamatoire,* au moins ma conscience me répond que je ne suis point impie.

Cette lettre est déjà bien longue, & cependant je suis loin d'avoir révélé tout ce qui mérite de l'être, dans vos deux articles. Je dois néanmoins signaler encore certaines inexactitudes, pour ne pas me servir d'une autre expression, qui pourraient peut-être faire illusion à quelques-uns de vos lecteurs.

Après m'avoir appris que l'église Saint-Pierre de Rome se sert d'un bréviaire différent du bréviaire romain, vous daignez joindre à cette docte leçon une mercuriale de fort bon genre, qui consiste à retourner contre moi mes propres paroles. *L'anonyme,* dites-vous encore, *fera-t-il aussi le procès à l'église Saint-Pierre? Se plaindra-t-il qu'elle ait répudié l'Église romaine & se soit soustraite à la communion des prières catholiques? S'affligera-t-il de ce que le pape tolère un tel scandale sous ses yeux?* A moins d'une distraction tout à fait miraculeuse, il y a ici un peu de mauvaise foi ou beaucoup d'ignorance. D'abord mauvaise foi, parce que vous devez savoir que cette dérogation, même suivant les principes que je soutiens, ne peut en aucune façon être un *scandale,* puisqu'elle n'a lieu qu'en vertu de l'approbation, je dis plus de l'injonction des souverains Pontifes. Ignorance, parce que si vous vous étiez donné la peine de feuilleter le bréviaire de la basilique de Saint-Pierre, vous eussiez retrouvé la plus grande partie des prières qui composent le bréviaire romain actuel, lequel n'en est que l'abrégé, *breviarium.* Je sais que rien ne vous oblige à des recherches de ce genre, mais cependant quand on veut parler de quelque chose, il est toujours bon d'en prendre une idée. La basilique de Saint-Pierre n'a donc point *répudié la communion des prières catholiques;* & pas un mot de ce que j'ai dit sur les liturgies françaises n'est applicable à cette vénérable Église.

Ce que vous dites de saint Grégoire le Grand ne prouve rien par la raison qu'il prouve trop. Ce saint Pontife souffrait la diversité des liturgies, de même que l'Église de son temps n'avait point encore prescrit l'unité de langage dans les offices divins. Le Saint-Siège s'étant depuis prononcé sur un point comme sur l'autre, tous les arguments que vous entasseriez pour attaquer l'unité de liturgie, vous les aurez à résoudre contre les partisans de la langue vulgaire. La permission que saint Grégoire donna à saint Augustin, l'apôtre d'Angleterre, de choisir entre les diverses coutumes, paraît plutôt une sorte d'exception qui appuie la doctrine que je défends, qu'une preuve en faveur de la vôtre. En outre, il paraît que nonobstant cette dispense, les Églises d'Angleterre dès leur berceau pratiquaient les rits & les cérémonies de l'Église romaine. Vous en pouvez trouver les preuves tout au long dans Thomassin, sur la *Discipline de l'Église*.

Lorsque vous m'objectez la conduite de Rome vis-à-vis des Grecs unis, vous retombez de nouveau dans la même méprise. Encore une fois, il s'agit d'une exception, & vous savez qu'il est reconnu qu'une exception, loin d'ébranler la règle, la confirme. Peut-être trouverez-vous que je vous donne souvent la même réponse; je vous dirai à cela que c'est vous qui m'y forcez en répétant si souvent la même objection. La raison pour laquelle Rome tolère & autorise dans l'Église les liturgies antiques, je l'ai déjà dit, c'est *qu'elle n'a rien à craindre de l'antiquité,* bien différente en cela de vos nouveaux liturgistes qui n'ont rien de plus pressé que de nous donner du neuf, en toutes choses, parce que, comme je l'ai dit également, *le passé les embarrasserait.*

La règle de saint Chrodegand, évêque de Metz, m'assurez-vous, *prescrit un office pour les clercs ou chanoines de son Église.* D'accord, Monsieur; mais si cet office est celui de l'Église romaine, que prétendez-vous conclure de là? Or, voici les paroles de Paul diacre, auteur d'une histoire des évêques de Metz. Après avoir rapporté que saint Chrodegand fut envoyé à Rome par le roi Pépin, pour une mission importante, il nous apprend qu'à son retour il établit le rit romain dans l'Église de Metz : « Ipsumque clerum abundan-« danter lege divina, *romanaque imbutum cantilena, morem &* « *ordinem romanæ Ecclesiæ* servare præcepit. » Si vous n'avez pas le loisir de chercher ce texte dans l'original, vous pouvez le trouver dans l'Histoire de France de Duchesne, tome II, page 204.

Autre distraction. *Valafrid Strabon dit que de son temps la diversité des offices était très grande, même entre les différentes provinces.* Avez-vous lu cet auteur Monsieur? Je suis bien porté à croire le contraire. Eh bien! moi, je l'ai lu, &

voici ce que j'ai trouvé dans son livre *De rebus ecclesiasticis*, chap. xxv; *De boris canonicis,* &c., *Bibliotheca Patrum,* tome XV, page 195. Après avoir parlé de la variété des usages que le temps & la différence des mœurs avaient introduits, il ajoute : « Sed privilegio romanæ Sedis observato, « & congruentia rationabili dispositionum apud eam factarum « persuadente, factum est ut, *in omnibus pene Latinorum* « *Ecclesiis,* consuetudo & magisterium ejusdem Sedis præ- « valeret; quia non est alia traditio æque sequenda, vel in « regula fidei vel in observationum doctrina (1). » Cependant Valafrid Strabon vivait sous Louis le Débonnaire, par conséquent à une époque assez éloignée de celle où l'Église a fait une loi de cette uniformité. Ce qu'il signale ici n'est donc que cette tendance catholique qui, dans tous les temps, & en toutes choses, force toute Église à graviter vers Rome.

L'autorité de Sozomène dont vous cherchez à vous prévaloir n'est d'aucun poids; cet historien ayant vécu dans un siècle trop éloigné de ceux où l'Église romaine s'est occupée de réunir tous les hommes dans le même langage. Seulement je vous exhorte à consulter cet auteur dans l'endroit même que vous avez cité, probablement sur la foi d'autrui. Vous y verrez que Sozomène, après avoir reconnu que les différentes Églises pratiquent différents rits, ajoute que cette fidélité aux anciens usages peut devenir dangereuse en ce qu'elle rend quelquefois les erreurs héréditaires & indestructibles. Vous savez que c'est là ce que j'ai dit aussi moi-même; convenez que c'est une assez pauvre raison en faveur de liturgies diocésaines non approuvées par l'Église.

---

(1) Cependant, à cause du privilége du Siége romain, & de la sagesse de ses pratiques, il est arrivé que *dans presque toutes les Églises latines,* la coutume & l'autorité de ce même Siége a prévalu; parce qu'en effet il n'existe point de traditions qui doivent autant servir de règle soit dans les choses de la foi, soit dans l'observance des coutumes.

Pour montrer que les souverains Pontifes n'improuvent pas les nouvelles liturgies gallicanes, il vous est venu je ne sais comment la pensée d'invoquer le grand nom de Benoît XIV. C'est une belle autorité ; si vous pouviez la revendiquer, votre cause n'en serait pas plus mauvaise. Par quelle maladresse allez-vous donc citer tout juste ce qui vous condamne ? Suivant votre citation, Benoît XIV enseigne que *les évêques ne doivent point changer de liturgie sans avoir consulté le Saint-Siège*. Or, comme les évêques de France n'ont jamais pris pour cela l'avis du Saint-Siège, si ce texte prouve quelque chose, c'est contre vous. En vain ajoutez-vous que ce grand pape cite quelquefois avec éloge les rituels de Paris, de Strasbourg, de Toul, de Cahors, de Tulle. Cela ne démontre qu'une chose, votre peu de connaissance dans la liturgie. Un rituel n'est un livre liturgique que par les formules pour l'administration des sacrements, les bénédictions, &c.. : le reste, c'est-à-dire ce qui concerne les règles de conduite dans tel ou tel cas, les ordonnances épiscopales, les statuts synodaux, les résolutions de cas de conscience, tout cela forme une partie à part, & une partie entièrement du domaine de l'évêque. Le rituel romain, après les formules sacrées, ne renferme que très peu de dispositions de ce genre, & dans tous les diocèses où l'on suit le romain, on est forcé d'y suppléer par des ordonnances locales, témoin, par exemple, le rituel de Toulon. Il n'est donc pas étonnant que Benoît XIV rende justice, quand il y a lieu, aux règlements qu'il a trouvés dans la partie administrative de nos rituels. Il n'y a pas dans tout cela un mot pour autoriser les nouveaux rituels, en tant que liturgies.

Il vous était échappé un anachronisme assez plaisant à propos du bréviaire du cardinal Quignonez. Vous vous êtes rétracté ; je n'ai plus rien à dire, sinon qu'un peu moins de précipitation dans la composition de vos articles vous eût peut-être fait éviter quelques-unes des nombreuses bévues dont ils sont parsemés. Mais puisque nous sommes sur le bréviaire de Quignonez, je profite de l'occasion pour vous apprendre quelque chose de nouveau. Croiriez-vous, Monsieur, que ce cardinal, qui obtint pour son bréviaire l'approbation momentanée du Saint-Siége, ne fut jamais honoré de celle de la Sorbonne? La sacrée faculté, après avoir considéré que dans ce bréviaire l'ordre & le nombre des psaumes étaient dérangés, que les leçons n'étaient plus les mêmes, que de nombreuses omissions & de fréquents changements le rendaient, pour ainsi dire, nouveau, ajoute : « On a lieu « d'être surpris de la hardiesse avec laquelle l'auteur de « ce nouveau bréviaire rejette toutes ces salutaires institu-« tions établies, pour ainsi dire, dès l'origine de l'Église & « parvenues jusqu'à nos jours. Il a fait preuve de peu de « sagesse, lorsqu'il a osé préférer, sans rougir, sa propre « manière de voir aux antiques ordonnances de nos pères, « aux usages communs & approuvés. Nous devons donc « mettre chacun à même de juger combien est dangereuse « cette édition d'un pareil bréviaire, & combien on doit s'y « opposer (1). » Ainsi parlait la Sorbonne en 1535. Elle qualifiait aussi sévèrement que moi, des innovations beaucoup moins considérables que celles dont nous avons été témoins.

Vous me faites, Monsieur, une espèce de crime d'avoir dit que les partisans des nouvelles liturgies s'étaient maladroitement prévalu d'une parole plus brillante que solide de saint Augustin, qui comparait la diversité des coutumes

(1) Quum autem hæc usque adeo salutaria Ecclesiæ instituta, in ecclesiasticis officiis, a primordio ferme Ecclesiæ ad hæc usque tempora servata fuerint, mirum quonam pacto is qui novum hoc breviarium edidit, hæc omnia rejiciat... Parum quoque sapere sobrie visus est hujusmodi scriptor, dum, suam unius sententiam antiquis patrum decretis, communi & approbato usui minime erubuit præferre; proinde est quam periculosa sit nec ferenda hujusmodi breviarii editio cognoscant omnes opere pretium est ostendere. (D'Argentré; *Collectio judiciorum de novis erroribus,* 1733, tome II, pag. 121.)

liturgiques à la variété des couleurs de la robe de l'Épouse. Ce que j'ai dit, je le dis encore, & de plus je ne crains pas d'affirmer que saint Augustin lui-même, s'il eût vécu mille ans plus tard, se serait fait gloire de penser à ce sujet comme les papes & les conciles. Le respect que nous devons à ce grand docteur ne nous permet pas de penser autrement. Quant à la comparaison elle-même, on n'y doit voir qu'une de ces innombrables explications tropologiques de l'Écriture qu'employaient les Pères de l'Église, & qui de l'aveu des théologiens ne présentent une autorité véritable que lorsqu'elles sont consacrées par l'Église.

A propos du respect dû aux saints, savez-vous, Monsieur, que vous les traitez assez lestement. De quel droit refusez-vous au grand pape Grégoire VII le titre de saint, lorsque vous l'accordez dans la même page à saint Damase, saint Léon, saint Gélase, saint Grégoire, saint Pie V? Je dois penser charitablement qu'en donnant à ces grands personnages le titre qu'ils méritent, votre désir est de donner une marque de soumission à l'Église, & non de faire un acte de l'indépendance de votre jugement; d'après cela, quel peut être votre motif pour ravir un si beau titre à un Pontife que la même Église en a cru devoir honorer? Cette singulière conduite peut être celle d'un janséniste, mais on ne saurait la reconnaître pour celle d'un catholique. Que vous a donc fait saint Grégoire VII pour que vous osiez lui refuser insolemment le titre qu'il a mérité & braver ainsi les décrets de l'Église? Est-ce parce qu'il a déposé un empereur couvert de crimes, en vertu de son autorité pontificale? Dans ce cas, Monsieur, supprimez bien vite le titre de saint que vous avez eu la témérité ultramontaine de donner à saint Pie V. Quoique vous n'en sachiez rien, quoique nos hagiographes gallicans se soient appliqués à l'effacer de la vie de ce grand pape, il n'en est pas moins vrai qu'il a déposé solennellement Élisabeth reine d'Angleterre, par la bulle *Regnans in excelsis,* que vous trouverez au bullaire de ce saint Pontife, sous l'année 1570, en date du 5 des kalendes de mars. Je ne résiste pas à l'envie de vous faire connaître le considérant de cette bulle : le voici : « Regnans in excelsis, cui data est omnis in cœlo & in terra potestas, unam, sanctam, catholicam & apostolicam Ecclesiam, extra quam nulla est salus, uni soli in terris videlicet Apostolorum principi Petro, Petrique successori romano Pontifici, in potestatis plenitudine tradidit gubernandam. Hunc unum super omnes gentes & omnia regna principem constituit, qui evellat, destruat, dissipet, disperdat, plantet & ædificet, ut fidelem populum maturæ caritatis nexu constrictum, in unitate Spiritus contineat, salvumque & incolumem suo exhibeat Salvatori (1). » Suit l'acte de déposition lancé contre la cruelle ennemie du catholicisme. Dans vos principes, cet acte a dû être au moins un péché mortel, car recourir à la bonne foi pour excuser un pape, & un pape comme saint Pie V, c'est chose par trop impertinente. Vous ne voyez nulle part qu'il s'en soit repenti; tout porte à craindre que ce pape ne soit mort dans son péché : comment osez-vous lui donner le titre de saint, ce titre que vous refusez pour la même raison à saint Grégoire VII? Avouez qu'il y a là dedans une singulière inconséquence; reste à savoir ce qu'en pense, dans les cieux, Celui qui a couronné ces deux grands Pontifes.

Pendant qu'on imprimait votre premier article, mon troisième a paru; cela vous a mis à même de lui donner un

---

(1) Celui qui règne dans les cieux & qui a reçu toute puissance au ciel & sur la terre, a confié son Église une, sainte, catholique & apostolique, hors de laquelle il n'y a point de salut, à un seul homme sur la terre, à Pierre, prince des Apôtres, & au Pontife romain, successeur de Pierre, afin qu'il la gouverne dans la plénitude de la puissance. C'est lui seul qu'il a établi prince au-dessus de toutes les nations & de tous les royaumes, avec la charge d'arracher, de détruire, de dissiper, de perdre, de planter & d'édifier; avec la mission de contenir dans l'unité de l'esprit le peuple fidèle enchaîné dans les liens d'une mutuelle charité & de le conduire sain & sauf à son Sauveur.

petit coup de votre massue, dans votre numéro du 9 juin. Je suis fâché que vous ne soyez pas entré davantage dans la discussion; j'aurais été curieux d'apprendre comme quoi la liturgie parisienne, par exemple, a autant ou plus d'autorité que la liturgie romaine. Ces choses-là font toujours plaisir à entendre dire. Loin de là, vous vous mettez tout bonnement à critiquer mon titre. *Considérations sur la liturgie catholique*, & vous prétendez que parce que j'ai intitulé ainsi mes articles, je veux dire que la liturgie romaine est la seule à qui l'on puisse donner le nom de *catholique*. Je vous l'avoue, je n'avais pas encore pensé à cela. Je croyais tout bonnement, & ceux de mes lecteurs que je connais le comprennent ainsi, que ce titre équivaut à celui-ci : *Considérations sur la liturgie dans l'Église catholique*. Un tel sujet me force de parler souvent de la liturgie romaine & de la signaler comme la première de toutes, mais je n'ai pas écrit un mot qui puisse autoriser la grosse sottise qu'il vous plaît de me prêter. Vous pouvez lire tout le contraire en plusieurs endroits de mon travail.

Comme je tiens par dessus tout à mettre une entière bonne foi dans la controverse qui s'est élevée entre nous, je reconnais ici avec franchise que, malgré mes recherches il m'a été impossible d'acquérir la preuve par écrit de mon assertion sur la proscription des nouveaux bréviaires dans l'*Index* romain. Ce fait m'a été attesté plusieurs fois par des hommes trop respectables & trop savants pour que j'ose le contredire, mais je sens qu'il en est autrement pour le public. Je consens donc, jusqu'à plus ample informé, à rétracter cette assertion : la question n'en reste pas moins dans tout son entier. L'Église, comme on l'a vu, s'est expliquée sur l'unité de liturgie, d'une manière bien autrement imposante que n'eût pu le faire la congrégation de l'*Index*. D'ailleurs, aux yeux d'un gallican une semblable condamnation n'eût été qu'un bien léger poids dans la balance, puisqu'une

.de nos précieuses libertés consiste précisément à ne tenir aucun compte des décrets des congrégations romaines.

C'est avec un sentiment pénible, Monsieur, que je me suis vu contraint de vous poursuivre avec tant de rigueur. Si vous êtes équitable, vous conviendrez que je n'ai usé qu'avec modération du droit de représailles que le ton virulent de vos articles me donnait sur vous. J'aurais craint de compromettre la bonté de ma cause, si je me fusse laissé aller à l'invective; & si vous me reprochez d'avoir été un peu vif en quelques endroits, un lecteur désintéressé trouvera peut-être que je n'ai pas dit tout ce que je pouvais dire. Apprenez donc une bonne fois, qu'on peut être *un écrivain du Mémorial,* & cependant répondre avec mesure aux injustes attaques de l'*Ami de la Religion & du Roi.* Puissiez-vous prendre enfin la résolution de vivre en paix avec ceux qui, comme vous sans doute, n'ont d'autre désir que celui de servir la cause de l'Église! Puissiez-vous bientôt renoncer à cette humeur inquiète & tracassière qui vous porte à contredire, à harceler sans cesse tous ceux qui croient pouvoir faire quelques pas dans une carrière que par un étrange monopole, vous semblez vouloir exploiter tout seul!

C'est le vœu que je forme bien plus pour vous-même, que pour la vérité, qui n'a besoin ni de vous, ni de moi, pour triompher.

L'auteur des *Considérations sur la liturgie catholique.*

SUR UNE RÉPONSE

DE L'AUTEUR DES CONSIDÉRATIONS

SUR LA LITURGIE CATHOLIQUE

Nous continuons à donner les pièces qui appartiennent à l'histoire de la lutte qui, en 1830, s'engagea à propos des nouvelles liturgies dans leurs rapports avec la liturgie romaine. Picot entretint la querelle. Voulant répliquer, il le fit sur ce ton offensé & personnel.

3 Juillet 1830.

Il a paru dans la *Revue catholique* du 15 juin une réponse aux observations que nous avions faites sur les articles relatifs à la liturgie, insérés dans le *Mémorial*. Cette réponse est de l'auteur même des articles sur la liturgie; elle nécessite de notre part une courte réplique. Nous ne nous flattons pas d'égaler la fécondité de l'auteur, qui a consacré 23 pages à sa défense. Nous craindrions d'abuser de la patience de nos lecteurs, en les entretenant trop longtemps de ce démêlé, & nous nous bornerons à quelques points principaux.

L'auteur me reproche d'abord d'être descendu avec lui *jusqu'à l'injure*, & de lui avoir *prodigué les plus grossières injures & les plus dures épithètes dans un style* qui n'est pas *celui de la bonne compagnie*. Effrayé de ce reproche, j'ai relu mes articles & y ai cherché vainement le ton de *l'injure*. Ce ton, j'ose le dire, ne m'est pas familier, & si je ne m'en suis jamais servi envers les hommes les moins recommandables, envers les ennemis les plus déclarés de la religion, comment l'aurais-je employé envers un écrivain dont je ne partage pas l'opinion, & qui a pu être entraîné par un peu d'étourderie & de présomption, mais que je ne puis soupçonner de mauvaises intentions? Aussi qu'ai-je dit de lui? Qu'il y avait dans ses articles beaucoup de prévention, d'exagération, que l'auteur avançait des choses fausses, que son ton sentait la déclamation. Est-ce là de *l'injure* & surtout *de l'injure la plus grossière?* Nous serions bien heureux si la polémique des journaux n'était pas plus violente, & les ministres du Roi s'abonneraient bien à n'être pas traités plus rudement par les rédacteurs des feuilles libérales que l'auteur l'a été par moi.

Il prétend que, *pour appuyer un peu mes invectives, je me suis amusé à noircir ses intentions, à falsifier ses paroles, à lui prêter des sottises.* J'ai beau relire mes articles, je n'y trouve rien qui justifient ces imputations, qui me paraissent prouver seulement que l'auteur est fort susceptible sur ce qui le touche, & fort exigeant sur les égards qui lui sont dûs. Il m'exhorte à *renoncer à cette humeur inquiète & tracassière qui me porte à contredire, à harceler sans cesse tous ceux qui croient pouvoir faire quelques pas dans une carrière que, par un étrange monopole, je semble vouloir exploiter tout seul.* L'auteur, à son tour, ne me *prêterait*-il pas des *sottises?* Sur quel fondement peut-il me supposer l'idée de cet *étrange monopole?* Où & quand ai-je laissé percer cette prétention? Ne peut-on trouver à reprendre dans le *Mémorial,* sans être taxé de jalousie ? Ce n'est pas moi qui ai tourné en ridicule, il y a quelques mois, les mandements de deux évêques, & plus récemment encore une circulaire d'un autre prélat. Il n'appartient guère à ceux qui ménagent si peu l'épiscopat de se plaindre d'être en butte à des *invectives* & à une *humeur inquiète & tracassière;* c'est absolument le cas de celui dont il est parlé dans la parabole de l'Evangile, qui voyait une paille dans l'œil de son prochain & ne voyait pas une poutre dans le sien.

Ainsi l'auteur, qui a vu des *injures grossières* dans mes articles, est satisfait du ton des siens. *C'est avec un sentiment pénible, dit-il, que je me suis vu contraint de vous poursuivre avec tant de rigueur; si vous êtes équitable, vous conviendrez que je n'ai usé qu'avec modération du droit de représailles que le ton violent de vos articles me donnait sur vous.* Je ne sais pas trop comment il se fait que celui qui avoue m'avoir *poursuivi avec tant de rigueur* se félicite ensuite de sa *modération*; la *rigueur* & la *modération* me sembleraient s'exclure l'une de l'autre. Je ne reprocherai point à l'auteur des *injures grossières*, ni un *ton violent*, je ne suis pas aussi susceptible que lui; mais je lui reprocherai un ton de persiflage & de supériorité qui ne convient guère à son âge.

Il est étonné, dit-il, de la manière leste dont je me suis exprimé sur le compte d'un *prince de l'Église*; il n'est pas parlé une seule fois d'un prince de l'Église dans mes deux articles, & c'est l'auteur qui par bienveillance sans doute se mêle d'interpréter ma pensée avec ses conjectures. Il lui sied bien d'ailleurs d'être si sévère sur les égards dus aux évêques, lui qui leur fait la leçon dans tout le cours de ses articles, qui leur reproche les liturgies qu'ils ont données à leurs diocèses, & qui en désigne assez clairement quelques-uns, en se moquant de leur opération. Comment un très jeune ecclésiastique ne sent-il pas que ce ton est doublement déplacé chez lui à l'égard des premiers pasteurs?

Son but n'a point été, dit-il, d'inspirer des scrupules sur la récitation des bréviaires diocésains; je le crois puisqu'il l'assure. Ce qui est certain, c'est que telle paraissait être son intention, & que la plupart des lecteurs en ont jugé ainsi. Quand on signale les nouvelles liturgies comme des entreprises coupables, quand on reproche à leurs auteurs d'avoir voulu se séparer du Saint-Siége, de s'être *soustrait à la communion des prières catholiques*, d'avoir rompu *l'ombre d'unité qui existait encore,* on a bien l'air de blâmer l'usage de ces liturgies, & il faut avouer que, si les nouveaux bréviaires nous privaient des avantages de la communion des prières, s'ils rompaient l'unité, il serait permis aux ecclésiastiques d'avoir des scrupules sur leurs usages. Aussi depuis l'auteur a-t-il cherché à adoucir un peu la sévérité de ses arrêts; il déclare qu'en disant que, par les nouvelles liturgies on avait *arraché aux fidèles l'ombre d'unité qui semblait exister encore,* il n'a point prétendu parler de l'unité dans la foi, mais seulement de l'uniformité dans la liturgie. Il faut avouer que cette explication était nécessaire, car on pouvait s'y tromper, & je n'avais pas fait l'action d'un *traître,* en citant cette phrase, que je n'avais pas *mutilée,* comme l'auteur me le reproche, & en l'entendant dans le sens qu'elle présentait naturellement.

6

Pour prouver ce qu'il avait dit, qu'on s'était *soustrait à la communion des prières catholiques*, l'auteur cite la bulle de Pie V, qui blâme les évêques de faire chacun leur bréviaire; ce qui est, dit le saint Pontife, *discerpere communionem*. Mais *discerpere* n'est pas tout à fait la même chose que *se soustraire à la communion*. L'auteur paraît plus fondé dans ce qu'il dit que la bulle est adressée à tous les évêques; nous avions avancé le contraire sur la foi d'un auteur, sans prendre la peine de vérifier la chose.

L'auteur persiste à dire que, par les nouveaux bréviaires, on a *répudié la Mère des Églises*. De bonne foi, qui croira que les évêques aient cru *répudier la Mère des Églises*, parce qu'ils introduisaient quelques changements dans la liturgie? Est-ce *répudier la Mère des Églises* que d'adopter une autre distribution des psaumes, que de prendre des leçons dans tel Père plutôt que dans tel autre, que de mettre en répons ce qui ailleurs est en antienne, que d'avoir des hymnes d'un style un peu moins simple & un peu moins inélégant? car souvent les différences des nouveaux bréviaires avec le romain se bornent à cela, & l'auteur exagère sur ce point comme sur beaucoup d'autres, quand il dit que les changements vont jusqu'à *effacer les dernières traces* de l'ancienne ressemblance avec le romain. En comparant au contraire les deux liturgies, on y trouverait encore heureusement beaucoup de traces de ressemblance, & on se convaincrait que nos évêques n'ont pas eu, plus que M. de Vintimille, l'idée de rompre avec la Mère des Églises.

Je suis obligé de passer sous silence beaucoup d'autres points de détails sur lesquels l'auteur s'est appesanti. Écrivant dans un journal qui n'est pas resserré comme le nôtre, il a pu s'étendre à loisir & sortir même quelquefois de son sujet, au lieu que nous sommes contraint de nous renfermer dans les bornes les plus étroites. Nous ne saurions cependant nous dispenser de répondre à une singulière chicane. Dans notre premier article sur les liturgies, il était dit: *Plusieurs papes travaillèrent à la rédaction du bréviaire romain, saint Damase, saint Léon, saint Gélase, saint Grégoire, Grégoire III, Adrien I. Il paraît que saint Grégoire abrégea beaucoup ce que Gélase avait rendu trop long, & c'est pourquoi on l'a appelé bréviaire. Grégoire VII le mit dans un ordre nouveau*. Lecteur bienveillant, vous n'apercevez peut-être là aucun venin, mais l'œil perçant de l'auteur y a découvert une *insolence* & une *bravade*. Il se fâche contre moi, il me lance des apostrophes redoublées. *De quel droit*, dit-il, *refusez-vous au grand pape Grégoire VII le titre de saint? Quel peut être votre motif pour ravir un si beau titre à ce Pontife? Que vous a donc fait saint Grégoire VII, pour que vous osiez lui refuser insolemment le titre qu'il a mérité, & braver ainsi les décrets de l'Église.* Ce n'est là que le commencement d'une mercuriale longue & sévère, où l'auteur tantôt me plaisante, tantôt s'indigne contre moi; ma conduite est celle d'un *janséniste*, je suis *inconséquent*, & il me menace du courroux du ciel. Il faut avouer que cet écrivain est un rude joûteur. Quoi! tant de bruit parce que j'ai nommé une fois Grégoire VII sans lui donner le titre de saint! Et l'on appelle cela de l'*insolence!* En vérité, il faut être bien enclin à penser mal de son prochain. J'ai dit mon opinion en vingt endroits sur Grégoire VII; dans les *Mémoires sur l'histoire ecclésiastique au dix-huitième siècle* j'ai parlé de ses grandes vertus, des services qu'il rendit à l'Eglise, de sa canonisation, de son office & de l'éclat que firent à cette occasion les Jansénistes en 1730. Dans ce journal, j'ai répondu à quelques articles contre ce grand pape; voyez entre autres, tome VII, page 232; & parce qu'il m'arrive de ne pas joindre à son nom l'épithète de saint, voilà qu'il pleut sur moi une grêle de reproches. Combien ne nous arrive-t-il pas souvent de nommer les Pères de l'Église, sans y ajouter le titre de saint! Rien n'est si commun chez les orateurs & chez les historiens. Leur refusons-nous pour cela le titre qu'ils ont mérité? Dans le même passage cité, je ne donnais point ce titre à Grégoire III, qui est cependant reconnu saint. Dans ce même article & dans le suivant, je ne le donne pas toujours à Pie V & à d'autres saints papes. Qui s'est avisé de s'en formaliser? Il est assez clair que cette chicane de l'auteur est une petite vengeance dont il s'est donné le plaisir. Il prétendait que j'avais noirci ses intentions, il a voulu me le rendre; seulement il a mal choisi son terrain.

Nous ne finirons point cet article sans remarquer que l'auteur abandonne ce qu'il avait dit des bréviaires mis à l'*Index*, il convient qu'il n'en a pu trouver la preuve. En revanche, il ne se rétracte point sur le singulier jugement qu'il a porté d'un passage de saint Augustin; je persiste à croire que ce jugement est très peu respectueux, & qu'il n'appartenait point à un jeune ecclésiastique de traiter si lestement un si grand docteur; c'est bien pis que *Gros-Jean qui remontre à son curé.*

NOUVELLE DÉFENSE

DES

CONSIDÉRATIONS SUR LA LITURGIE CATHOLIQUE

L'abbé Guéranger riposta vertement & ferma la bouche à ses contradicteurs. Picot battit en retraite après avoir reconnu dans son docte adversaire un « *rude jouteur.* »

15 Juillet 1830.

Au Rédacteur de l'*Ami de la Religion & du Roi.*

'AVAIS cru, Monsieur, notre querelle terminée, & je m'imaginais avoir droit de penser que les nombreuses raisons par lesquelles j'ai, grâce à la bonté de ma cause, répondu à tout ce que vous aviez avancé de faux & de hasardé, vous avaient enfin forcé de réfléchir sur l'attaque injuste & gratuite qu'il vous avait plu de diriger contre moi. Or voici que, tout de nouveau, vous voulez recommencer la guerre. Mais dans cette autre campagne, ce n'est plus cette jactance, cette science profonde de vos numéros 1650 & 1652; c'est maintenant de la prudence, de la modération, de l'indulgence même. Enfin, dans la discussion d'une matière aussi importante que celle de la liturgie catholique, il ne s'agit plus désormais entre nous que de savoir lequel des deux a dit des injures à l'autre.

Tout cela serait fort commode, si vous aviez affaire à

quelqu'un de ces pamphlétaires dont la plume au service du premier venu n'est dirigée par aucune conviction; mais vous vous êtes attaqué à un prêtre, à un prêtre catholique, qui ne saurait écrire autrement que dans l'intérêt de la vérité. De même que dans cette importante matière, ce n'est point ma personne que j'avais cherché à faire valoir, de même ce n'est point moi que j'ai voulu défendre. Permis à vous, Monsieur, de m'appeler *un jeune* & même *un très jeune ecclésiastique;* vous ne me ferez point rougir d'avoir eu raison à mon âge. Il est tout simple qu'un prêtre, & même *un jeune prêtre* qui s'est occupé longtemps & avec goût d'une matière sur laquelle tout l'esprit possible n'apprendra jamais rien, se trouve, dans cette même matière, au-dessus de M. Picot, qui, malgré son grand âge & sa bonne volonté, n'a pourtant pas la science infuse.

Appelez-moi donc tant qu'il vous plaira *un jeune ecclésiastique;* je doute que cette révélation vous fasse beaucoup d'honneur. Pour un homme comme vous qui cite les Pères de l'Église & Brun-Desmarettes, les bulles des papes & l'abbé Grandcolas, il doit être fâcheux de se voir reprocher, avec preuves, plus de trente faussetés, altérations, bévues, traits d'ignorance & de mauvaise foi, dans l'espace de douze pages de votre estimable journal, & cela par un homme que vous seriez tenté de renvoyer, dans son séminaire, étudier la théologie, voire même la liturgie catholique. Il est vrai que cette mesure serait à peu près inutile, car le *jeune ecclésiastique* en question, bien que sorti du séminaire depuis un nombre d'années assez considérable, n'a pour cela discontinué de les étudier l'une & l'autre. Il croit que la vie du prêtre doit être une vie d'études & d'études ecclésiastiques. Un païen a bien dit : *Vitam impendere vero.* Ainsi désormais, croyez-moi, laissez-le tranquille dans son obscurité, & ne vous occupez plus de lui, excepté quand il s'occupera de vous. D'après le sujet qu'il traite dans ce moment, vous devez voir tout de suite que cela n'arrivera pas de longtemps.

Ne me reprochez pas, Monsieur, d'avoir écrit *vingt-trois pages* pour ma défense. D'abord je ne savais pas que vous dussiez me faire l'honneur de lire ma réponse, puisque, d'après la manière dont vous les aviez cités, à peine aviez-vous lu mes articles. Ensuite, vous savez mieux que personne qu'il est quelquefois impossible de répondre autrement qu'en plusieurs pages aux faussetés historiques qu'on a pu accumuler dans une seule phrase. Vous vous étonnez de ma *fécondité;* c'est à vous qu'il en faut rapporter toute la gloire.

J'admire comment vous osez dire à vos lecteurs que ma réponse *nécessite de votre part une courte réplique.* Ils ne doutent nullement de votre talent analytique & ils se seront représentés tout à coup l'*Ami de la Religion* levant sa massue & abattant d'un seul coup les cent têtes de l'hydre. Mais rien de tout cela; pour *répliquer* aux arguments que l'on a entassés contre vous, vous vous bornez à certaines formules banales de persifflage & de récrimination, sans oser aborder un seul instant le sujet qui faisait le fond de ma défense. Ah! Monsieur Picot, vous êtes bien modeste; croiriez-vous donc avoir été battu?

Vous avez, dites-vous, *relu vos articles, & vous y avez vainement cherché le ton de l'injure.* Il est des gens qui ont le talent de trouver chez les autres ce qui n'y fut jamais, & celui ne pas trouver chez eux ce que tout le monde y découvre. Je ne m'amuserai certainement pas à compter combien d'aimables épithètes vous avez oubliées dans le recensement que vous voulez bien faire de celles que vous m'avez prodiguées si généreusement. Seulement je suis convaincu que si, aujourd'hui, vous ne vous vantez pas de m'avoir traité de *fou*, c'est que ma *folie* s'étant trouvée conforme à celle de l'Église & du Saint-Siège, vous avez cessé de considérer cette qualification comme m'étant exclusivement personnelle.

Vous êtes vraiment un homme de ressources, Monsieur, jusqu'ici, n'en n'ayant pas fait l'expérience, je ne soupçonnais pas toute la flexibilité de votre esprit. Vous m'étonnez, & c'est à n'y pas tenir. Ainsi, par exemple, je mens lorsque je m'avise de vous reprocher d'avoir traité d'une manière assez leste un *prince de l'Église;* car vous n'en avez pas parlé. En effet votre satyre ne désignait qu'*un haut dignitaire dans l'Église*. N'êtes-vous pas après cela pleinement disculpé? J'avais eu le malheur de dire que la diversité des nouvelles liturgies avait *soustrait* beaucoup d'Églises de France *à la communion des prières catholiques;* or ce n'est point du tout cela. Le pape dit seulement que cette innovation *déchire en lambeaux cette* même *communion*. Assurément ceci vaut bien mieux. Il ne faut pas être plus difficile que le pape.

A ce propos, vous me faites la grâce de reconnaître que j'ai été plus fondé relativement à l'extension de la bulle *Quod a nobis*. C'est fort généreux à vous de l'avouer. Mais pendant que nous y sommes, dites-moi un peu ce que vous pensez des nombreuses rectifications que vous m'avez permis de faire sur vos deux articles. Sont-elles de votre goût? Qu'en pensent vos faiseurs? S'ils désirent d'autres détails, j'en ai à leur service.

Le ton avec lequel j'ai répondu à votre attaque vous a semblé sévère. Vous oubliez sans doute que dans ce moment je me défendais contre un injuste agresseur. En vain me reprocherez-vous d'avoir parlé avec supériorité; il est vrai que je traitais une matière qui m'est assez familière, & que dans notre discussion la raison était de mon côté. C'est là, Monsieur, la vraie supériorité, je n'en réclame pas d'autre. Je connais trop bien le respect que doit toujours avoir un *jeune* prêtre pour un laïque qui lui lance de grosses épithètes.

Mais je voudrais cependant que ce laïque ne parlât point sans cesse de ce qu'il ignore. Je ne nie point, je reconnais même les services qu'il a rendus, mais encore une fois qu'allait-il faire dans un pareil sujet? De quel front ose-t-il soutenir que l'innovation gallicane se réduit *à quelques changements* dans la liturgie romaine. Assurément, ce n'est ni le temps, ni le lieu d'entrer dans le détail; mais quelle ignorance incroyable! comme il est facile de la confondre! J'en appelle pour cela à tout homme qui sait lire & comparer. Bien plus, Monsieur, si vous désirez faire avec moi cette petite opération qui ne sera pas indifférente au progrès déjà si rapide de vos connaissances liturgiques, je suis tout à fait à vos ordres.

J'étais, je l'avoue, un peu sorti de mon sujet, lorsque je vous demandai raison de la manière peu respectueuse dont vous traitiez saint Grégoire VII; mais cependant j'ai pensé que dans une question qui touche, de plus près que l'on ne pense, à l'autorité des souverains Pontifes, il n'était pas tout à fait superflu de relever une des innombrables licences que se permettent contre eux certains écrivains. Comment vous disculpez-vous du reproche que j'ai cru devoir vous faire? Assez tristement; car enfin de ce que vous avez en plusieurs endroits rendu justice aux vertus & aux services de saint Grégoire VII, il ne s'ensuit pas le moins du monde que vous ayiez le droit de lui refuser le titre de saint, par lequel l'Église a constaté juridiquement ses mérites. Cette licence *est commune*, dites-vous, *chez les orateurs & les historiens.* — D'accord; mais auquel de ces deux titres, je vous prie, pouvez-vous la revendiquer pour vos deux articles, assez peu oratoires & dans lesquels l'histoire est travestie à faire peur? *Dans le même passage,* ajoutez-vous encore, *je ne donnais point ce titre à Grégoire III, qui est cependant reconnu saint.* — Vous voilà donc réduit à excuser une liberté par une autre. Vous irez loin; mais puisque vous aimez la rétorsion, permettez que j'en fasse une aussi. Dans le même passage vous donniez le titre de saint à saint Damase, à saint Léon, à saint Gélase, à saint Grégoire le Grand, à saint Pie V; donc vous ne deviez pas le refuser à saint Grégoire VII. Ensuite, sachez bien que votre familiarité vis-à-vis de Grégoire III ne saurait être invoquée à l'appui de votre liberté envers Grégoire VII. Le premier de ces Pontifes, il est vrai, est honoré d'un culte local, à Rome & en quelques endroits, comme plusieurs autres papes du même nom; mais son culte plutôt concédé que décrété, diffère essentiellement de celui de saint Grégoire VII, rendu obligatoire pour tout l'univers par le décret de Benoît XIII *Urbis & orbis*. Ce serait en vain, Monsieur, que vous voudriez justifier votre conduite. Il n'est jamais permis, même à l'égard des saints, d'avoir deux poids & deux mesures.

J'aurais encore bien des choses à vous dire; je les garde pour la prochaine fois qu'il vous prendra fantaisie de parler de moi. Je ne veux pourtant pas finir sans relever une platitude par laquelle vous avez cru devoir terminer votre article. *L'auteur*, dites-vous, *ne se rétracte point sur le singulier jugement qu'il a porté d'un passage de saint Augustin. C'est bien pis que Gros-Jean qui remontre à son curé.* Comme il est évident que, soit impuissance, soit mauvaise volonté, vous êtes résolu de ne pas comprendre que les explications de l'Écriture dans le sens spirituel, données par les Pères, n'ont d'autorité véritable que par l'assentiment de l'Église, je ne perdrai plus le temps à vous le répéter; je vous dirai seulement : oui, M. Picot, je suis, je l'avoue, *Gros-Jean* vis-à-vis de saint Augustin, & je m'en fais gloire; mais saint Augustin aussi bien que moi dut être & fut en effet *Gros-Jean* devant l'Église. On n'est saint qu'à cette condition. Un homme qui ne croyait à l'Écriture que sur l'autorité de l'Église, n'eût jamais voulu soutenir une interprétation devenue plus tard contraire à la pratique & aux décrets de cette même Église.

Mais encore une fois en voilà assez, & plus qu'il ne fallait pour répondre aux pauvretés dont votre diatribe est remplie d'un bout à l'autre. Cette controverse inopinée s'est prolongée au-delà de ce que j'attendais. Votre ton d'assurance l'avait rendue nécessaire. Vivons maintenant en paix, & si quelquefois encore une malencontreuse tentation vous porte à vous jeter sur mes brisées, rappelez-vous que vous-même m'avez qualifié de *rude joûteur*. J'ai trop à cœur de mériter la continuation de cette élégante qualification qui convient si bien à mon *âge*, pour vous faire le moindre quartier. Je vais donc attendre, dans le silence, ce qu'il vous plaira de choisir, la guerre, ou la paix.

L'auteur des *Considérations sur la liturgie catholique.*

CONSIDÉRATIONS

SUR

LA LITURGIE CATHOLIQUE

La polémique une fois close, l'abbé Guéranger reprit l'exposition de sa thèse. Nous allons voir se révéler l'homme de prière & de contemplation dans l'intrépide défenseur de la vérité. Le pieux écrivain termine son étude en protestant de la pureté de ses intentions. Qui ne sait d'ailleurs & qui n'a constaté que Prosper Guéranger n'eut jamais d'autre but, dans tous ses travaux, que celui-ci : donner simplement la vérité & la pensée de l'Église.

QUATRIÈME ARTICLE

Le quatrième caractère des prières de l'Église catholique, c'est l'onction. Ce caractère, l'hérésie ne le possédera jamais. L'onction est le fruit de la sainteté. Qu'on examine les liturgies nouvelles : la sécheresse & la stérilité sont leurs marques distinctives.

31 Juillet 1830.

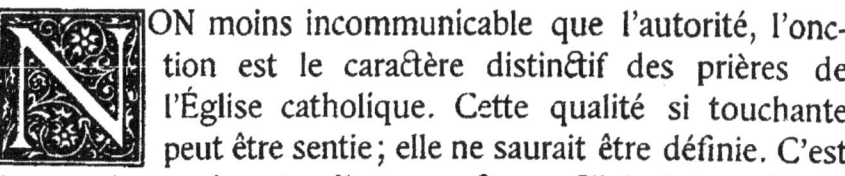NON moins incommunicable que l'autorité, l'onction est le caractère distinctif des prières de l'Église catholique. Cette qualité si touchante peut être sentie ; elle ne saurait être définie. C'est l'expression ravissante d'une confiance filiale à laquelle se réunit le chaste abandon de l'Épouse ; c'est l'œuvre de l'Esprit d'amour qui prie en l'Église, *par d'ineffables gémisse-*

ments (1). Aussi, hors de l'Église, ces célestes accents jamais ne furent entendus. Soutenue par l'ascendant de quelque malheureux génie, exhaussée sur les débris toujours imposants du catholicisme, l'hérésie put quelquefois préparer le triomphe de cette vérité qu'il ne lui est pas donné d'embrasser tout entière. On l'a vue, plusieurs fois, venger, avec éloquence, les dogmes qu'elle avait cru devoir conserver; mais jamais, malgré ses plus grands efforts, elle ne fut ouverte pour elle cette source d'émotions sublimes à laquelle ont puisé les plus simples auteurs ascétiques de l'Église romaine. Généralement, ce que nous appelons l'onction est bien loin de ces livres écrits sous les ombres de l'erreur; on sent même de ce côté une impuissance véritable. Ne nous en étonnons pas; cette précieuse qualité est le résultat de l'ordre & de la paix, c'est le retentissement d'une âme dont toutes les facultés sont tenues en accord par l'obéissance. Or quelle autre que l'Église avec sa puissante autorité établit jamais ce repos admirable, cette paix surhumaine au sein de laquelle commence le magnifique concert de l'âme à la gloire de son auteur? Il suit de là que plus on s'écarte, ou plus on se rapproche du principe catholique, plus l'onction s'éloigne ou reparaît, en raison directe de la soumission ou de la révolte. L'esprit individuel, si mesquin, si tracassier, trouble, agite, désenchante, à mesure qu'il est plus libre. L'union de l'âme avec la vérité ne se fait plus si bien; ce n'est plus *la tranquillité de l'ordre*. Voilà pourquoi les paroles qui sortent du sanctuaire sont si belles, si calmes, si augustes; tandis que celles qui viennent du cabinet sont maniérées, pénibles, & n'offrent d'onction que celle qu'elles ont cru imiter, comme s'il était donné à l'homme de parodier les secrets de Dieu & de ses élus.

Appliquons ces principes au sujet important qui nous

---

(1) Rom. viii, 26.

occupe. D'après le jugement universel des prêtres pieux & éclairés qui font usage du rit romain, on trouve dans cette liturgie une onction cachée qui délecte la piété & qu'on chercherait vainement dans les liturgies improvisées de nos jours. Il s'agit ici d'un fait sur lequel je ne crains pas d'appeler en témoignage tous ceux qui, de cœur & d'esprit, sont en état de faire cette comparaison. Peu importe donc le jugement superficiel & hasardé de ceux qui ne connaissant d'une manière pratique que les modernes liturgies voudraient dire leur avis sur les livres romains qu'ils auraient simplement feuilletés, ou même examinés d'une manière critique. Une telle appréciation ne se fait point à vue de pays. Il faut plus que l'attention de l'esprit pour prononcer en pareille matière.

Cet aveu si remarquable est sorti plus d'une fois de la bouche des partisans même des nouveaux bréviaires. Souvent je les ai entendus reconnaître hautement cette qualité incontestable de la liturgie romaine, & s'il était nécessaire d'en produire des preuves par écrit, je pourrais citer d'abord le mot très curieux du savant auteur des bréviaires de Rouen, de Carcassonne, de Cahors & du Mans : « Ceux « qui ont composé le bréviaire romain, dit l'abbé Robinet, « ont mieux connu qu'on ne fait de nos jours le goût de la « prière & les paroles qui y conviennent (1). » Il ne s'agit donc ici que d'un fait, remarquable à la vérité, mais sur lequel on rencontre peu de contestations.

Mais à quelles causes doit-on attribuer ce caractère de l'onction, caractère inhérent d'une manière toute particulière à la liturgie romaine? La première, la plus solide de toutes, celle que l'on peut proposer avec plus de confiance, c'est la sainteté même de l'Eglise. Ce caractère essentiel de la vraie Église, qui rejaillit sur tout ce qu'elle dit

---

(1) Lettre d'un ecclésiastique à un curé sur le plan d'un nouveau bréviaire.

comme sur tout ce qu'elle fait, comment ne se trouverait-il pas profondément empreint dans ses prières? Comment ne répandrait-elle pas sur elles cette onction dont elle seule possède la source véritable? Elle qui ne s'élève à Dieu, son auteur & son Époux, que par les degrés de la prière, eût-elle donc oublié les leçons que daigna lui donner autrefois celui qui seul peut enseigner à prier? L'Église est divine, elle est sainte; donc ses prières sont saintes; donc elles doivent être pleines de l'onction de l'Esprit-Saint. Contester cette qualité première aux antiques & universelles formules de la liturgie romaine, c'est porter atteinte, pour ainsi dire, à la sainteté de l'Église; c'est soutenir que celle-là ne sait point prier, qui cependant ne vit ici-bas que de prière, & ne peut adoucir que par la prière les rigueurs de son exil.

Les paroles de la liturgie romaine, outre qu'elles sont l'expression des vœux de l'Église qui est sainte, sont aussi les paroles des saints. Ces textes choisis dans l'Écriture pour édifier la piété ont été recueillis par des saints accoutumés à y trouver la nourriture de leurs âmes. Ces paroles mystérieuses qu'ils nous ont données de leur propre fonds respirent encore la foi & la candeur des siècles passés. Ces hymnes antiques, ouvrage des saints docteurs, nous indiquent la source de leur génie, en nous découvrant leur cœur. Ces oraisons si pleines de nos besoins & de nos espérances, de nos misères & de notre grandeur, nous révèlent tout ce qui se passait dans ces grandes âmes, quand elles s'unissaient à Dieu par la prière. Tout, en un mot, est l'ouvrage des saints; tout porte l'empreinte de leurs vertus. Entouré des souvenirs de la sainteté, placé au milieu de tant de saintes traditions, le prêtre prie, ou plutôt il ne fait que continuer la prière des saints. Deuxième raison qui exprime parfaitement l'onction qui règne dans la liturgie de l'Église romaine.

Un autre motif qui ne contribue pas moins à donner à ces saintes prières quelque chose de touchant, c'est leur universalité. En récitant ces augustes paroles, on pense qu'elles sont, dans ce moment même, répétées dans tout l'univers. Voix du passé, elles seront aussi la voix de l'avenir, tant que ce monde, qui n'est fait que pour l'Église, demeurera debout. Escortées du respect de tous les âges, elles se montrent à nous environnées de toutes ces choses catholiques si bien en harmonie avec notre foi & avec les sentiments de la prière chrétienne. Et ne semble-t-il pas aussi que Dieu, dans sa sagesse, a attaché aux prières souvent répétées des grâces & une puissance particulières ? N'a-t-il pas montré par des prodiges sans nombre combien il agréait ces formules populaires, dédaignées souvent par les esprits superbes, mais si chères à la simplicité des âmes pieuses ? Quoi d'étonnant qu'il ait environné d'une onction divine les prières que son oreille écoute avec complaisance, depuis tant de siècles qu'elles sortent de la bouche inspirée de son Église ?

Jusqu'à présent, mon but n'a point été de prouver, mais bien plutôt d'expliquer cette qualité de l'onction qu'on remarque dans la liturgie romaine. Je voulais seulement prendre acte de ce fait, non moins incontestable que l'antiquité, l'universalité & l'autorité de cette même liturgie. Maintenant, suivant notre usage, venons à la comparaison, & considérons sous le même point de vue les liturgies modernes des Églises de France.

N'étant point l'ouvrage de l'Église catholique, mais plutôt ne devant leur existence qu'à une infraction de ses décrets ; composées bien plus souvent par des hommes de parti que par des saints ; n'ayant point été sanctifiées par l'usage des siècles, & n'étant quelquefois que le dialecte d'un diocèse isolé, ces liturgies ne sauraient avoir, & n'ont point en effet l'onction de la liturgie romaine.

Je l'avoue, car il faut être juste, grâce à la grandeur du sujet & à la richesse des Écritures, certaines parties de plusieurs des nouveaux offices sont ce que l'on est convenu d'appeler *bien faites*. Mais quel si grand mérite y trouvez-vous? L'Église connaissait tout cela; seulement elle n'avait jamais songé à le faire entrer dans ses chants. Durant tant de siècles, elle avait cru présenter à la piété de ses enfants un aliment suffisant dans les paroles de ces offices que vous dédaignez? J'en conviens, vous avez rassemblé de beaux textes à certains jours; on en est quelquefois que plus surpris d'entendre retentir au milieu de ces oracles du Seigneur la voix du moine de Saint-Victor & les accents ambigus de Coffin; vous nous avez donné de temps en temps de belles applications. Nous en profitons puisqu'elles sont rares, mais c'était une liturgie que nous attendions.

Hors de là, que trouvons-nous dans les nouveaux bréviaires? Une compilation de textes décousus, étonnés souvent de se trouver ensemble; des offices hérissés de phrases coupées, auxquelles à grand'peine l'esprit s'efforce d'attacher un sens qui pour être celui du rédacteur n'est pas toujours celui du Saint-Esprit. Tout ici respire la gêne, la fatigue, l'anxiété. Trop souvent on s'aperçoit qu'un pareil travail n'a pu s'accomplir, à coups de concordance, que par des gens qui, ayant créé un système, n'ont pas voulu en avoir le démenti. Traduisez ces textes disparates, donnez-les au peuple, en français, & voyez le parti qu'en tirera sa piété.

Partout un esprit de contradiction s'est appliqué à effacer, à remplacer les paroles de la liturgie romaine. Souvent des textes même employés dans cette liturgie ont disparu pour faire place à d'autres, beaucoup moins adaptés, mais plus propres à entrer dans le plan de tel ou tel auteur. Par quel miracle, je vous le demande, trouverait-on encore de l'onction dans le résultat d'une œuvre pareillement systématique? Comment croire que la main de l'homme aura tracé aux inspirations de l'Esprit-Saint un ordre factice auquel il aura dû se plier catégoriquement? Non, non, ce n'est pas en vain qu'il est écrit que *l'Esprit souffle où il veut* (1). C'est à lui de commander; il n'obéit point à la parole de l'homme.

Parlerai-je de ces offices dogmatiques, rédigés en forme de thèse théologique, où les arguments se chantent sur différents tons, de manière qu'aucun ne manque à la distraction du lecteur? En récitant de semblables offices, heureux celui qui peut prier encore! Qu'il est à craindre que les uns, peu jaloux d'un genre de beauté déjà trop loin d'eux, ne se laissent aller à la sécheresse toute faite qu'ils y trouvent, ou que les autres, transformant en étude l'exercice de la prière, n'y portent que l'attention qui dissipe & non celle qui recueille l'âme! Combien de fois aussi en repassant les chefs-d'œuvre de nos hymnographes modernes n'arrivera-t-il pas au lecteur de se surprendre tout à coup sous les traits d'un critique analysant le mérite d'un poète, jugeant & prononçant comme à l'Académie, sans songer pour l'instant à celui qui non content du sacrifice des *lèvres,* veut être prié *en esprit & en vérité?*

Pour relever ce qu'on appelle le mérite des nouveaux offices, on a beaucoup vanté l'étrange idée de leurs compositeurs qui se sont condamnés à fabriquer tous leurs répons avec des textes tirés l'un de l'Ancien, l'autre du Nouveau Testament. Il est vrai qu'ils sont parvenus à nous en donner quelques-uns d'admirables; le romain en offrait les premiers modèles. L'esprit de système qui rétrécit tout à sa mesure s'empara d'un fait pour en faire une règle générale. On voulut constamment nous donner des répons de cette espèce. Assez souvent l'Écriture parut s'y prêter, mais souvent aussi ces répons ne présentèrent à la piété que l'inconvenant amalgame de deux phrases dont la ressemblance, toute dans les mots, n'existait d'aucune manière dans l'original; outrage véritable à l'Esprit-Saint.

(1) Joan. III, 8.

J'ai quelquefois entendu dire qu'il était avantageux de trouver dans son office les plus beaux arguments de la religion, d'y sentir cette force démonstrative qui tient en haleine & empêche d'oublier ce qu'on sait. Mais encore une fois, soit faiblesse humaine, soit volonté coupable, qu'arrive-t-il? On étudie & l'on ne prie pas. Ces grands amateurs de l'étude qui la veulent trouver partout, souvent n'étudient qu'en récitant leur bréviaire. Cette nouvelle méthode produit pour eux deux résultats. Elle occupe leur esprit & les dispense de prier. Étrange abus! Comme si toute étude dans la prière n'était pas criminelle, sinon cette étude du cœur qui se fait *sans bruit de paroles* & qui forma autrefois les Augustin, les Bernard, les Thomas d'Aquin.

Mais, disent les autres, quoi de plus utile & de plus convenable en même temps que de chercher dans la récitation d'un bréviaire *bien fait* la matière des instructions que nous devons faire à nos peuples? En effet, cela arrive de temps en temps. Tout en priant Dieu, on arrête son plan, on le divise, on prépare déjà les morceaux d'effet, peu s'en faut qu'on ne débite déjà son discours. Enfin, après une prière laborieuse, on sort de son bréviaire, content de soi-même, & travaillé d'un chef-d'œuvre que l'on n'eût jamais conçu sans le bonheur que l'on a de suivre son rit diocésain. Mais, dites-moi, hommes si habiles, sans doute vous avez lu que les saints préparaient leurs discours dans la prière, & vous voulez en faire autant. Rien de mieux; mais savez-vous comment ils faisaient? D'abord, dans toutes leurs actions, ils avaient pour principe de se livrer exclusivement à celle du moment présent. *Age quod agis;* cette règle d'un ancien sage était aussi la leur. Ils se préparaient, il est vrai, par la prière au ministère de la parole, mais pour cela, ils ne se fatiguaient point, ils ne s'agitaient point, ils ne parlaient point; ils écoutaient, & mieux ils avaient écouté, mieux ils parlaient. Voilà l'unique manière de préparer un discours, tout en remplissant le devoir de la prière, & soyez sûrs que, sans dissiper autant votre esprit, la liturgie romaine vous serait d'un aussi grand secours que vos savants bréviaires.

Tel est donc le caractère incontestable des nouvelles liturgies; la sécheresse & la stérilité, au milieu des plus grandes richesses. Mais j'aurais à peine ébauché ce qu'on peut dire sur cette importante matière, si je ne signalais pas certaines entreprises des nouveaux liturgistes, tendantes à détruire, à effacer pour jamais certaines choses qui, dans la liturgie de l'Église romaine, étaient principalement chères à la piété.

Il serait trop long & même fastidieux d'énumérer ici tant de répons, d'antiennes, d'introïts, & autres prières touchantes, sacrifiées avec rigueur, & le plus souvent remplacées par des textes péniblement amenés & aussi difficiles à convertir en prières qu'à revêtir d'un plain-chant supportable. Mais une partie essentielle de la liturgie catholique, & en même temps de la piété chrétienne, sur laquelle la malveillance des jansénistes (1) s'est permis le plus d'attentats, c'est le culte de la Sainte Vierge. On ne saurait élever la voix trop haut sur les scandaleuses libertés qu'ils se sont permises en cette matière, libertés d'autant plus dangereuses, qu'elles ont passé, pour ainsi dire inaperçues. Sans parler de ces vénérables prières, venues de la plus belle antiquité, & dans lesquelles l'Église témoignait, dans son auguste langage, sa haute confiance en la Mère de Dieu, prière ignominieusement retranchées des bréviaires & des missels nouveaux (2), cette

---

(1) Car enfin il faut bien, de temps en temps, les appeler par leur nom. Quand l'histoire ne serait pas là, nous pourrions les reconnaître à leurs fruits.

(2) Les répons *Sancta & immaculata, Beata es, Felix es*, &c.; les antiennes *Sub tuum præsidium, Sancta Maria, succurre miseris, Beata viscera*, &c.; les versets *Dignare me, Gaude & lætare, Ora pro nobis, sancta Dei genitrix*, &c., & tant d'autres formules antiques & vénérables, ne se lisent plus dans les nouveaux offices. Quelques-unes ont été seulement conservées pour les *saluts*.

secte odieuse est allée jusqu'à détourner, anéantir même des fêtes, de temps immémorial consacrées à Marie. Par elle, l'octave de Noël, destinée à honorer d'une manière particulière la maternité de Marie (1), a vu périr jusqu'aux dernières traces de cette coutume héritée des temps antiques. La fête de la Purification célébrée dans l'Église romaine au nombre des solennités de Marie a cessé d'en faire partie; un mystère, important sans doute, mais que l'Église mère & maîtresse n'avait point jusqu'alors honoré d'un culte particulier, a tout d'un coup partagé l'attention des fidèles, & Marie n'a plus été que l'objet secondaire d'une solennité que nos pères lui avaient vouée tout entière (2). La fête de la Visitation, instituée depuis plusieurs siècles en l'honneur de Marie, a obtenu grâce, il est vrai, devant les nouveaux réformateurs, mais encore ont-ils trouvé le moyen d'appliquer leur système de la manière la plus affligeante pour la piété dans la collecte toute moderne qui contient le mystère du jour. A peine la Sainte Vierge y est-elle nommée par occasion; saint Jean-Baptiste en fait l'objet principal (3). Mais voici quelque chose de bien plus grave.

Dans son éternelle reconnaissance, l'Église tout entière, dès les premiers siècles, avait consacré à la mémoire du grand mystère de l'Incarnation le 25 décembre, jour même où l'on pense que le *Verbe divin descendit de sa royale*

---

(1) Voyez le bréviaire romain; Durand, *Rationale,* lib. III, cap. 15; le Micrologue, cap. XXXIX, &c.

(2) Dans les nouvelles liturgies, on célèbre le 2 février *la Présentation de Notre-Seigneur & la Purification de la Sainte Vierge.* Autant ces divers changements seraient légitimes s'ils étaient avoués par l'Église, autant ils sont inconvenants & téméraires lorsqu'ils ne sont conçus & exécutés que par une Église particulière.

(3) Voici cette oraison : *Adesto Ecclesiæ tuæ, misericors Deus, & filios adoptionis in ejus sinu purifica, qui, Mariæ clausus utero, Joannem in sinu Elisabeth sanctificasti.* Si cette fête était consacrée au Précurseur exclusivement, cette collecte ne serait-elle pas parfaite?

demeure pour habiter au milieu de nous (1). Voulant ensuite laisser un monument éclatant de sa profonde gratitude envers l'auguste créature qui eut tant de part à cet ineffable mystère & prononça ce nouveau *fiat* (2) non moins solennel & non moins efficace que celui qui appela sur cet univers une lumière matérielle, les deux Églises, sans distinction d'orientale ou d'occidentale, se réunirent pour offrir à Marie une solennité particulière dont elles crurent devoir fixer l'époque neuf mois avant le jour de la naissance du Sauveur. Les Latins appelèrent cette fête l'*Annonciation de la Sainte Vierge* (3), les Grecs la connurent sous le nom d'*Annonciation de la Mère de Dieu* (4). Cherchez maintenant cette solennité dans les nouvelles liturgies. Depuis un siècle, ce jour n'est plus la fête de Marie. Que l'Église grecque & l'Église romaine célèbrent encore si elles veulent l'*Annonciation de la Sainte Vierge,* plus de cinquante Églises de France ne connaissent que l'*Annonciation de l'Incarnation de Notre-Seigneur,* ou encore l'*Annonciation & l'Incarnation de Notre-Seigneur* (5). Ainsi, grâce au pouvoir absolu des évêques de France sur la liturgie, est tombé, du moins parmi nous, un des plus beaux témoignages de la foi de l'Église & de sa profonde vénération pour la Mère de Dieu ; témoignage trop éclatant pour ne pas offusquer les regards de l'hérésie (6) ; témoignage que se sont laissé enlever, sans y penser, les fidèles de France, & qui eût

---

(1) Sap. XVIII, 15. — Joan. I.
(2) Luc. II.
(3) *Annuntiatio B. Mariæ virginis,* dans les missel, bréviaire & calendrier romains.
(4) *Dei matris Annuntiatio;* dies annuntiationis Dominæ nostræ Dei genitricis. (Novella Emman. Commeni apud Balsamonem ; Chronicon Alexandrinum, 351, olympiad.)
(5) Voyez la liturgie de Paris & les liturgies modernes des différents diocèses. Deux seulement ont intitulé cette fête : *Annuntiatio Incarnationis D. N. J. C. Beatæ Mariæ virgini.*
(6) La haine des hérétiques contre cette fête est ancienne. En 1674, Hospinien, *De Festis,* pag. 69, disputait déjà à Marie cette solennité.

peut-être entièrement péri, si la liturgie romaine & les nombreuses Églises qui la suivent ne l'eussent conservé. Les fabricateurs de nouvelles liturgies n'ont pas toujours été conduits par des intentions aussi suspectes, dans les divers retranchements & changements qu'ils se sont permis. Le désir d'abréger de *trop longs offices* a souvent été la cause des mutilations qu'on leur reproche. Il eût été bien étonnant que l'esprit d'onction eût survécu à de pareilles entreprises. Mieux vaut sans doute prier peu que prier mal, mais aussi quand on est si pressé de finir, je doute que le Saint-Esprit favorise beaucoup ces sortes de prières. Aussi les retranchements sont-ils souvent tombés sur des endroits que regrettera toujours la piété, &, soit intention préméditée, ce que je ne saurais affirmer sérieusement, soit qu'on ait presque constamment joué de malheur, une foule de prières touchantes ont été sacrifiées à l'esprit de système & de simplification. Voici un fait tout récent & trop remarquable pour être passé sous silence; il me dispensera de citer d'autres preuves qui d'ailleurs sont si faciles à recueillir, qu'il suffit de les avoir indiquées d'une manière générale.

Tout le monde connaît le psaume 135, *Confitemini Domino quoniam bonus, quoniam in sæculum misericordia ejus*. « Ce psaume, dit saint Augustin, contient les louanges
« de Dieu, & tous ses versets sont terminés de la même
« manière. Car, quoiqu'il renferme beaucoup de choses en
« l'honneur de Dieu, c'est principalement *sa miséricorde* qui
« en fait le sujet. C'est pourquoi celui par qui l'Esprit-Saint
« a composé ce psaume n'a pas voulu qu'aucun de ses
« versets finît autrement qu'en célébrant la divine miséri-
« corde (1). » « Le psalmiste, dit saint Jean Chrysostome,
« après avoir parlé des bienfaits du Seigneur envers les

---

(1) Psalmus iste laudem continet Dei, & eodem modo in omnibus suis versibus terminatur. Proinde, quamvis hic in laudem Dei multa dicantur, maxime tamen ejus misericordia commendatur, sine cujus commendatione apertissima nullum

« hommes, célèbre aussi la grandeur de sa miséricorde, &
« voulant en signaler avec plus d'éclat encore toute l'étendue,
« il invite tous les hommes à la célébrer, leur disant :
« *Confessez le Seigneur*, c'est-à-dire : rendez-lui grâces,
« louez-le, *parce que sa miséricorde est éternelle* (1). »

Ce psaume qui, suivant saint Jérôme, « a pour but de
« chanter *les miséricordes du Seigneur* répandues sur le genre
« humain, dans ses diverses nécessités (2), » Théodoret
nous apprend que « si le Psalmiste en a terminé tous les
« versets par la louange de cette divine *miséricorde*, il l'a fait
« pour nous rappeler que la bonté de Dieu & non le besoin
« qu'il en avait l'a porté à opérer toutes ces merveilles (3). »
« Ce psaume, dit aussi Cassiodore, célèbre divers sujets,
« mais ses accords se réunissent toujours sur un même ton.
« On peut, je pense, comme je l'ai remarqué à propos du
« psaume 117 dans lequel quatre versets ont la même termi-
« naison, on peut nommer *unifines* tous ceux de ce cantique.
« Tout ce qu'il renferme se rapporte à la *miséricorde* de Dieu,

versum claudi voluit, per quem Spiritus Sanctus condidit psalmum. (*S. Augustini*, *enarratio in psalm.* 135, *tom. IV, col.* 1508, *edit. Bened.*)

(2) Postquam locutus est de Dei in homines beneficiis, de ejus quoque misericordiæ magnitudine disserit, non eam metiens, nec id fieri potest; sed per infinitum volens ostendere ejus magnitudinem invitat omnes ad glorificationem dicens : *Confitemini Domino*, hoc est, gratias agite, laudate ipsum, quoniam in sæculum misericordia ejus. Le saint docteur expliquant ensuite chaque verset, montre la convenance & l'à propos de cette répétition : Ideo hoc significans (propheta) in unoquoque versu subjungit : *quoniam in sæculum misericordia ejus*... Quamobrem cum hæc sciret propheta unicuique versui subjungit : *in sæculum misericordia ejus*... Vides quomodo in unoquoque versu jam subjungit illud : *in sæculum*, &c. Quæ quidem ille admirans assidue subjungit illud : *Quoniam*, &c. (*S. Chrys. expos. in psalm.* 135, *tom. V, pag.* 396 *& seq. edit. Bened.*)

(1) Iste psalmus Domini *misericordias* in diversis necessitatibus humano generi præstitas pendit. (*S. Hieron. breviarium in psalter. psalm.* 135, *tom.* II, *pag.* 478, *edit. Bened.*)

(2) Merito autem psalmographus omnibus dictis æternam misericordiam conjunxit, quoniam non ob propriam necessitatem, sed ob solam benignitatem benigus omnia condidit. (*Theodoret. interp. in psalm.* 135, *tom.* I, *pag.* 938, *edit. Sirmond.*)

« sans laquelle nous ne pourrions exister; c'est donc avec
« raison que l'on y répète si souvent cette *miséricorde* dont
« les largesses envers nous sont si abondantes (1). »

C'est ainsi que si on voulait l'interroger tout entière, la tradition des Pères a sans cesse considéré ce psaume, avec ses répétitions, comme l'ouvrage de l'Esprit-Saint. Jusqu'à présent les auteurs des nouvelles liturgies n'avaient point songé à refaire l'Écriture sainte; ils professaient même pour son intégrité un respect qui sans être trop pur dans son principe, les garantissait au moins de certains excès. Quel a donc dû être l'étonnement du clergé du diocèse de V..., lorsque tout à coup on lui a fait présent d'un nouveau bréviaire, dans lequel cet antique respect a disparu, & dans lequel, entre autres choses, le psaume dont nous parlons a été tronqué avec une hardiesse qu'on n'oserait qualifier? Dans ce bréviaire (2) on ne trouve plus le psaume 135 tel qu'il est dans l'Écriture. La main de l'homme en a mutilé & refondu toutes les parties. On s'est permis de retrancher partout, excepté en deux endroits, le touchant refrain qui célèbre les miséricordes du Seigneur, & de vingt-sept versets que jusqu'à présent on avait chantés dans toute l'Église,

---

(1) Diversas res incohat (ille psalmus), sed in unam convenientiam vociferationis exultat; cujus versus *unifines* non improbe dicimus vocitandos, sicut in centesimo decimo septimo psalmo jam diximus, ubi quatuor versus simili sententia terminantur. Quidquid enim dicitur ad misericordiam Dei refertur, sine qua subsistere nullatenus prævalemus. Merito ergo sæpius ipsa repetitur quæ omnia in nobis indulgentissimis muneribus operatur. (*Cassiodor. expos. in psalm.* 135, *tom.* II, *pag.* 461, *edit. Bened.*)

(2) Ce bréviaire présente plusieurs particularités fort remarquables. Seul entre tous les autres, il s'est débarrassé des *suffrages de la Sainte Vierge;* aux jours de férie on y fait mémoire de tous les saints, & parmi eux la Sainte Vierge trouve sa place, dans l'oraison *A cunctis;* encore n'est-elle pour rien dans l'antienne. Il faut avouer qu'on n'avait point encore été aussi loin. On trouve aussi dans ce bréviaire des doubles mineurs à trois leçons, & autres raretés semblables, & au travers de tout cela un esprit aussi catholique qu'on peut le désirer dans un ouvrage par lui-même en contravention aux principes catholiques.

il n'en reste plus que quinze dans le nouveau bréviaire de V... Quels ont pu être les motifs d'une semblable entreprise? Quels qu'ils soient, ils ne sauraient être légitimes.

En effet, l'altération est trop grave pour être d'aucune manière excusée. Ce psaume ainsi mutilé n'est plus lui-même. Les Pères l'ont cité, l'ont commenté sous la forme même qu'on a cru pouvoir faire disparaître. C'est sous cette forme que l'Église l'a reçue de la synagogue. Tel il retentissait sous les portiques de Salomon; tel jusqu'à présent il a été chanté dans les temples des chrétiens. C'est donc tout à fait à tort qu'on a écrit le mot *Psalterium* en tête de la collection de psaumes où se trouve celui-ci corrigé de main d'homme. L'Église comme la synagogue ne donne ce nom qu'au livre qui les contient tous, & tels que l'Esprit-Saint les a inspirés.

Dira-t-on que le psaume est conservé dans son intégrité, & qu'on a rien retranché qu'un refrain. Mais si ce refrain est Écriture sainte, de quel droit ose-t-on y toucher? Or il en est ainsi; l'antiquité & la pratique universelle en font foi. Qu'on montre une bible approuvée où l'on ait osé imprimer le psaume 135 sans y ajouter à chaque verset l'hymne de la miséricorde. Au reste, quand il s'agit de l'intégrité de l'É- criture, notre premier devoir, comme catholiques, est de nous en rapporter à la décision si formelle du concile de Trente, session IV, décret *de canonicis Scripturis*. Or le saint concile, après avoir énuméré les divers livres de l'Ancien & du Nouveau Testament, porte, avec l'assistance du Saint-Esprit, la décision dogmatique suivante : « Si quis autem « libros ipsos *integros cum omnibus suis partibus, prout in* « *Ecclesia catholica legi consueverunt,* & in veteri vulgata « latina editione habentur, pro sacris & canonicis non « susceperit, anathema sit (1). » D'après cela, il est évident

---

(1) Si quelqu'un ne reçoit pas pour sacrés & canoniques tous ces livres, *dans*

que ce psaume *ayant constamment été lu dans l'Église catholique avec les parties* qu'on a retranchées dans le bréviaire de V.., ces *parties* même doivent être considérées comme Écriture sainte. Cela une fois admis, & il faut l'admettre, quelle est cette nouvelle liberté qui vient tout à coup de surgir au milieu de nous, & en vertu de laquelle un évêque diocésain aura sur l'Écriture sainte un droit que, nous ultramontains, n'oserions attribuer au souverain Pontife ? Ce principe reconnu, où s'arrêteront les conséquences ? Reste ensuite à savoir comment un évêque peut imposer l'obligation de réciter un psaume ainsi contrefait, & jusqu'à quel point le clergé peut se prêter à une semblable entreprise.

Assurément le motif d'une pareille mutilation n'a point été de faire quelque chose de contraire au respect dû à l'Écriture. Une pareille imputation est bien loin de ma pensée. S'il est permis de juger les faits publics, il ne saurait l'être de chercher au fond des cœurs des intentions qui n'y sont point. Il vaut mieux croire que dans cette circonstance, on a voulu élaguer du psaume 135 une répétition qui semblait inutile & fastidieuse. Il est vrai que cette explication n'est pas trop satisfaisante, mais j'en voudrais de tout mon cœur connaître une autre. S'il en était ainsi, je ne me chargerais pas de plaider moi-même la cause de ces redites *fastidieuses* qui abondent dans les Écritures ; mais voici un saint évêque des Gaules qui paraît avoir écrit tout exprès pour nous, & qui montrera beaucoup mieux que moi quelle idée nous devons avoir de ces répétitions.

« Les paroles des prophètes ne sont point des paroles
« inutiles ; il n'y a rien de vain ni de superflu dans les livres
« de l'Esprit. En effet, si on a droit d'attendre des sages
« que leurs paroles s'accordent avec leur gravité & leur

---

leur entier, avec toutes leurs parties, comme ils ont coutume d'être lus dans l'Église catholique & tels qu'ils sont dans l'ancienne édition latine nommée Vulgate, qu'il soit anathème.

« doctrine, que leurs discours ne soient point vagues &
« produits par le hasard mais pleins de raison, utiles aux
« auditeurs & analogues à l'autorité de celui qui parle ; com-
« bien plus devons-nous penser de la même manière quand
« il s'agit des oracles célestes, & croire que tout ce qu'ils
« renferment est élevé, divin, raisonnable & parfait. Mais la
« plupart du temps, toujours même, il arrive, par notre
« faute, que par l'égarement de nos sens & de nos esprits
« nous négligeons ce que nous entendons lire à l'église. Le
« peu de soins que nous mettons à écouter avilit à notre
« égard la dignité des paroles célestes. Quand au moment
« de la lecture, notre esprit raisonne, s'occupe de choses ou
« coupables, ou vaines, nos oreilles deviennent sourdes, &
« notre esprit sans vigueur. Si quelquefois par hasard, nos
« oreilles sont frappées de ce qu'on lit devant nous, l'âme,
« accablée sous le poids des soins du siècle, ne sent rien
« & n'attribue qu'une autorité bien légère à des choses
« qu'elle n'entend point. Or *tout ce que renferment les livres*
« *prophétiques* a pour but le salut & l'instruction de l'homme,
« & a été écrit à cause de nous... Il y a un grand nombre
« de psaumes, & les uns & les autres sont diversement
« composés. Tous, il est vrai, renferment une seule & même
« doctrine ; mais c'est par diverses méthodes qu'ils atteignent
« le but de notre instruction. Celui-ci offre divers motifs
« pour établir une seule même chose ; il est destiné à nous
« faire comprendre que la raison de tout, le principe de
« toutes choses, du ciel, de la terre, des hommes, de tout
« le reste, est la bonté & la miséricorde de Dieu. C'est
« pour cela qu'il y est dit : Louez le Seigneur parce qu'il est
« bon, parce que sa miséricorde est éternelle (1). » Après

---

(2) Non est otiosus propheticus sermo neque & inanibus ac superfluis causis
spiritalis loquela est. Si enim in viris prudentibus exspectari id maxime solet, ut ea
quæ loquuntur, gravitate eorum doctrinaque digna sint, omnisque sermo non sit

ce préambule dans lequel le saint docteur avait intention de répondre au reproche de monotonie que quelques-uns faisaient déjà à ce psaume, il en explique les diverses parties, & fait remarquer avec quelle convenance le Psalmiste a joint à tous les versets une mention expresse des miséricordes du Seigneur. Mais c'est assez sur une question fâcheuse, à laquelle j'aurais voulu pouvoir m'arrêter moins longtemps.

En terminant cet examen du quatrième caractère de la liturgie catholique, j'éprouve le besoin de protester encore une fois de la pureté de mes intentions. La nouveauté du sujet, la conviction avec laquelle j'ai écrit, l'indispensable nécessité de signaler des abus, tout cela m'a mis dans le cas de déplaire à certaines personnes. J'en ai été affligé; tel n'était point mon but. Je voulais seulement montrer dans son véritable jour une question presque inconnue. J'espérais obtenir en défendant le pouvoir du souverain Pontife, la même indulgence que l'on accorde tous les jours à ceux qui

---

fortuitus & vagus, sed ex rationabilibus causis profectus, & exspectationi audientium utilis, & auctoritati congruus disserentium : quanto magis id in cœlestibus eloquiis opinandum est, ut quidquid in his est, excelsum, divinum, rationabile, & perfectum esse existimetur. Sed plerumque, immo semper, vitio nostro accidit, ut quæ legi in ea audimus, auribus atque animis nostris longe ab his peregrinantibus negligamus : ut per audiendi incuriam, vilescat apud nos dictorum cœlestium dignitas. Cum in lectionis tempore rationes supputamus, iras concipimus, injurias cogitemus, luxus recolimus; tunc ad hæc occupatis nobis surdæ aures sunt, & hebes mens est, & si quid forte in aures nostras eorum quæ leguntur inciderit, virtutem tamen dictorum obrutus sæculi curis animus non sentit, & quorum intelligentiam non consequitur levem existimabit auctoritatem. Omnia autem, quæ in libris propheticis sunt, maximum humanæ & salutis & doctrinæ profectum in se habent, nostrique causa universa scripta sunt... Plures etiam psalmi sunt, & singulis multa & varia congesta sunt. Et quanquam omnes unam atque eamdem in se doctrinæ formam complectantur, diversis tamen institutis in eamdem nos scientiæ viam dirigunt... In hoc autem psalmo, quia singulis ejusdem rei argumenta diversa sunt, id continetur, ut causam universitatis hujus, id est, cur cœlum, cur terra, cur homines, cur cætera sint, ex bonitate ac misericordia Dei profectam intelligamus per id quod dicitur : *Confitemini Domino*, &c. (S. Hilarius, tract. in psalm. 135, pag. 486, edit. Bened.)

soutiennent, dans l'intérêt des évêques de France, une proposition qualifiée d'*audacieuse* par Benoît XIV, & grièvement contraire à des bulles solennelles acceptées dans nos conciles provinciaux. Il me reste encore bien des choses à dire; je les dirai avec la même simplicité, & si l'on m'attaque je me défendrai, comme je viens de le faire, par l'autorité des monuments & de la tradition. C'en serait donc fait de la théologie, s'il n'était permis de soutenir, sur certaines matières, que le parti qui plaît à l'autorité du pays où l'on se trouve. Est-ce donc être trop exigeant que de solliciter pour la vérité la même liberté qu'on accorde aux opinions?

DE LA PRIÈRE
POUR LE ROI

DE LA PRIÈRE
POUR LE ROI

Prosper Guéranger, qui, à la mort de Mgr de la Myre, avait été nommé prêtre administrateur de la paroisse des Missions étrangères, résilia ces fonctions vers la fin de l'année 1830. Il quitta définitivement Paris & rentra au Mans. Il publia dans les derniers jours du mois d'octobre deux articles sur la *Prière pour le Roi*. S'appuyant sur l'Écriture Sainte interprétée par la Tradition, puisant aux meilleures sources liturgiques, l'auteur examine s'il y a pour l'Église obligation de prier pour les gouvernements. Il insiste sur le sens & sur la nature de cette obligation. En mettant la question dans son véritable jour, il combat les préjugés & les répugnances de ceux qui, défigurant la doctrine, s'obstinaient à voir dans cette prière la reconnaissance d'un droit politique.

PREMIER ARTICLE

24 Octobre 1830.

DE toutes les questions agitées par suite des évènements dont nous venons d'être témoins, il en est peu d'un intérêt plus général, d'une solution plus importante que celle qui fait le sujet de cet article. Nulle n'est plus propre à faire ressortir les divers points de vue de la position dans laquelle se trouve l'Église vis-à-vis des gouvernements de ce monde. Nous avons cru ne devoir pas différer plus longtemps l'examen de cette question, & nous avons l'espérance d'être agréable au clergé dans les efforts que nous ferons pour la mettre dans son véritable jour.

Y a-t-il pour l'Église une obligation de prier pour les gouvernements ? Quel est le sens & la nature de cette obligation ? Les gouvernements ont-ils des ordres à donner à l'Église en cette matière ? Telles sont les diverses faces de cette importante question. Nous les parcourrons toutes successivement. L'ignorance, les passions, la faiblesse ou d'anciennes habitudes les ont peut-être déjà décidées pour beaucoup : nous ne les en examinerons pas moins, à la lueur des flambeaux de la tradition chrétienne. C'est surtout lorsqu'une doctrine a été défigurée par les hommes qu'il importe de la venger en la montrant telle qu'elle est.

La première de ces trois questions est d'une solution facile, puisque pour la résoudre il suffit d'ouvrir les livres sacrés.

Voici ce que dit l'Apôtre saint Paul, dans sa première épître à Timothée : « Je vous conjure donc, avant toutes « choses, que l'on fasse des supplications, des prières, des « demandes & des actions de grâces pour tous les hommes, « pour les rois & pour tous ceux qui sont élevés en « dignité. » *Obsecro igitur, primum omnium, fieri obsecrationes, orationes, postulationes, gratiarum actiones pro omnibus hominibus, pro regibus, & omnibus qui in sublimitate sunt*(1). Dans ces paroles qui semblent au premier aspect ne renfermer qu'une exhortation, la tradition tout entière a lu un précepte formel. Tous les siècles les ont entendues dans le sens d'une loi véritable, & les Églises de tout l'univers ont été unanimes dans l'observation de cette pratique aposto-

---

(1) Tim. II, 1. 2.

lique. Consultez les Pères & les conciles, les lettres des Pontifes romains & les historiens ecclésiastiques, vous y trouverez d'irrécusables témoignages de la fidélité des chrétiens à se soumettre à cette loi divine.

Ouvrez surtout les liturgies vénérables de l'Orient, les unes, ouvrage des Apôtres ou de leurs disciples, les autres, fruit de la science & de la piété des Basile & des Chrysostome; relisez celles de l'Église d'Occident, les liturgies romaine, gothique, gallicane, mozarabique, ambrosienne; toutes sans exception consacrent dans leurs formes immuables l'accomplissement de ce précepte universel. Expression des vœux de cent peuples divers, au milieu des circonstances politiques les plus variées, toutes n'ont qu'une voix pour recommander à la majesté divine, au moment même où va s'accomplir le plus grand des mystères, le prince qui régit l'État, celui ou ceux que la main de la Providence a placés au-dessus des autres hommes.

Mais j'entends ici des voix nombreuses faire retentir à mes oreilles les mots de légitimité, de droit inaliénable, d'inviolable fidélité. Qu'on me permette de répondre à de délicates interpellations, en rappelant ici quelques vérités.

Si d'un côté rien n'est clair comme le précepte que je viens d'exposer, de l'autre, rien n'est obscur comme les questions de droit public, à la suite de ces grandes crises qui renversent les trônes. Dieu cependant agit toujours avec sagesse. *Il n'a point,* suivant la touchante expression de l'Écriture, *placé sa loi au-dessus de l'homme, mais à ses côtés* (1); l'accomplissement de ce précepte doit donc s'entendre simplement comme sa teneur. Ainsi l'enseignèrent les Apôtres, ainsi l'entendirent les premiers chrétiens, & quelle que fût leur pensée sur le droit de tel ou tel tyran qui dévorait l'Empire, c'était toujours pour le César dont les monnaies

---

(1) Deut. xxx, 13.

publiques portaient l'effigie, qu'ils invoquaient le Dieu par qui règnent les Souverains.

Voudrait-on que l'Église elle-même s'établît juge dans ces moments difficiles? mais alors pourquoi s'être donné jusqu'ici tant de peine à entasser des arguments surannés pour combattre ce droit? En outre, combien de fois n'arrive-t-il pas dans le cours des siècles de ces questions insolubles si propres à déconcerter les plus habiles faiseurs de théories? Et cependant, encore une fois, il s'agit d'accomplir une loi divine, une de ces lois qui après avoir reçu l'obéissance de nos pères, obtiendront celle de nos neveux. Il n'est donc point question ici de sacrifier d'honorables affections, de reconnaître dans le sens politique de ce mot la domination de tel ou tel souverain. Le sens même des prières ordonnées par Dieu lui-même laisse intactes ces redoutables questions.

En effet ce serait se tromper étrangement que de croire que l'Église, comme Église, consentirait à épouser les intérêts d'un parti politique quelconque, à lier ses destinées immortelles aux périssables destinées d'un trône éphémère qui tôt ou tard doit s'affaisser sans bruit ou s'écrouler avec fracas. Le Christianisme a de plus vastes, de plus nobles pensées, & c'est ici le lieu de dévoiler le sens du précepte, en complétant les paroles de l'Apôtre. Si donc il est ordonné de prier pour les princes, c'est « afin que nous menions une vie « paisible & tranquille, en toute piété & honnêteté, car cela « est bon & agréable à Dieu, notre Sauveur, qui veut que « tous les hommes soient sauvés & parviennent à la con- « naissance de la vérité (1). »

Le malheur est que trop souvent certains catholiques n'ont point de l'Église l'idée qu'ils devraient en avoir. Accoutumés dès l'enfance à voir un bras de fer comprimer ses libertés,

---

(1) Tim. II, 2-4.

un œil profane & soupçonneux surveiller ses organisations, une protection asservissante retenir en tutelle ses véritables franchises, l'Église est pour eux un vaste système d'administration qui emprunte des gouvernements sa force, son éclat, sa puissance. Mais qu'il y a loin de ces idées abjectes à celles que la foi nous donne de cette Église catholique, *colonne* & *soutien* de l'éternelle *vérité* (1), patrie commune des intelligences, asile inviolable des élus, dépositaire fidèle de l'avenir de la terre comme des espérances du ciel! En elle nous découvrons la fin de ce monde visible, l'éternelle pensée de celui qui fit *toutes choses pour ses élus*. A cette divine lumière, tout s'explique dans l'univers, tout se développe dans l'histoire des nations. Si les peuples, comme au temps de César Auguste, réunis en un faisceau dans des mains puissantes, s'étendent en vastes confédérations, c'est que l'Éternel qui promet à son Église *l'héritage des nations* (2), se met en devoir de remplir ses promesses. Si des fièvres violentes, de sanglantes convulsions bouleversent la face du monde, c'est que le Dieu juste a vu du haut du ciel *les vérités diminuées par les enfants des hommes* (3), & que, voulant venger son Église des sacriléges dédains de leur indifférence, il les a livrés à leurs propres fureurs.

Ainsi l'histoire tout entière témoigne de cette vérité que les évènements de ce monde, si souvent inexplicables à la sagesse humaine, n'expriment que la suite des desseins du Très-Haut sur l'Église de son Fils.

Plein de ces sentiments, le catholique n'a qu'un vœu, mais vœu patriotique dans le sens le plus vaste qui fût jamais, vœu sublime, embrassant dans son immensité le genre humain tout entier; ce vœu c'est que l'Église accomplisse ses destinées. Que lui font, du reste, ces grandes querelles des rois & des peuples, ces luttes interminables

---

(1) Tim. III. 15. — (2) Psalm. II. 8. — (3) Psalm. XI. 2.

du fait & du droit qui ébranlent le monde? Comme citoyen, si le devoir le commande, on l'y verra peut-être prendre une part active; comme catholique, il les regardera de bien plus haut. Élevé par ce noble titre au-dessus des vicissitudes de la société du temps, ses yeux ne chercheront que la grande, l'éternelle société, dont il a le bonheur d'être membre. « Que lui importe, dit le grand évêque d'Hippone, à lui qui « doit mourir, cet autre homme dont il est le sujet, si ce « dernier n'abuse pas de son pouvoir pour commander « l'iniquité(1)? » « Jamais, dit ailleurs le même saint docteur, « l'Église ne mit son espérance dans les princes; c'est elle, « au contraire, qui emploie son autorité pour leur apprendre « à n'espérer eux-mêmes que dans le bras du Seigneur(2). »

Ce n'est point ainsi, ce n'est point par le concours des hommes que d'un faible grain de sénevé sortit jadis cet arbre vigoureux dont les rameaux ombragent aujourd'hui l'univers (3).

Ce fut sans leurs efforts que s'étendit cette pierre inaperçue dans ses commencements, mais qui bientôt transformée en montagne, fit disparaître la terre entière sous son immensité (4). « Qu'on nous dise donc, s'écrie dans ses accès de liberté chrétienne, un Père de notre église de France, saint Hilaire de Poitiers, « qu'on nous dise de quel appui se sont « servis les Apôtres pour prêcher l'Évangile, quelles puis-« sances leur ont aidé à ruiner l'idolâtrie? Allaient-ils solliciter « un diplôme impérial, ceux qui chantaient les louanges de « Dieu dans les fers & au milieu des tourments? Avait-il « pris les ordres du prince, ce Paul qui dans l'instant même « où il était livré en spectacle au peuple infidèle continuait « encore son apostolat? Direz-vous que ces hommes qui, « dénués de tout secours humain, opérèrent de si grandes

---

(1) De civit. Dei, edit. Bened. col. 132. — (2) Contra litteras Petiliani, lib. II, col. 285. — (3) Matth. XIII, 32. — (4) Daniel, II, 35.

« choses, n'avaient pas les clefs du royaume céleste parce
« qu'ils agissaient contre les sénatus-consultes & les édits
« des empereurs (1). » L'Église ne demande donc point la
protection des gouvernements, elle se suffit à elle-même.
Mais sa liberté est son premier bien, la première condition
de son existence, & voilà pourquoi l'Apôtre lui enjoint de
demander le salut des rois & des puissants. Cette doctrine
est confirmée par la tradition tout entière. Pas un Père de
l'Église qui ait expliqué ces paroles de saint Paul, & qui
n'ait éclairci dans le même sens les paroles du divin législateur.

Écoutez un homme tout près des sources apostoliques,
un homme parlant aux puissances du siècle, l'éloquent Tertullien. « Vous croyez peut-être que nous sommes indiffé-
« rents au salut des Césars; lisez nos divines Écritures que
« nous ne couvrons point de l'ombre du mystère, & que
« mille circonstances font tomber entre vos mains. »

« Vous y verrez qu'il nous est ordonné de prier pour nos
« ennemis, pour nos persécuteurs. Or, qui mérite davantage
« ce titre que ceux dont l'autorité nous poursuit? Cependant
« la loi est formelle : *Priez pour les rois, pour les princes,*
« *pour les puissances, afin que vous puissiez jouir de la*
« *tranquillité.* En effet, lorsque l'empire est ébranlé, l'agita-
« tion règne dans tous ses membres, & nous-mêmes,
« quoique étrangers dans la foule, nous sommes exposés à
« de nouveaux hasards (2). »

« Nous prions, disait Athénagore en terminant son apo-
« logie adressée à Marc-Aurèle, nous prions pour que le droit
« de la succession soit maintenu, pour que votre empire
« s'étende & se consolide; c'est en effet notre intérêt,
« puisque par là seulement nous pouvons jouir de la tran-
« quillité & remplir nos devoirs de citoyens (3). » C'était

---

(1) Contra Auxentium, col. 1265, edit. Bened. — (2) Apolog. cap. 31. —
(3) Legatio pro Christian.

aussi dans le même sens que saint Justin, dans son beau plaidoyer à l'empereur Antonius, déclarait que, dans leurs mystères sacrés, les chrétiens demandaient pour leurs empereurs « la grâce de réunir avec la puissance suprême une « âme réglée suivant la justice & la vérité (1). »

Ainsi, suivant la réflexion de saint Jean Chrysostome, disparaissait cette sorte d'inconvenance qu'il semble y avoir au premier abord de prier pour les suppôts de l'erreur. « Il était vraisemblable, dit ce grand docteur, qu'un pareil « commandement choquerait les oreilles chrétiennes, & ne « serait exécuté qu'avec froideur ; mais voyez comment l'A-« pôtre s'explique, comment il fait ressortir l'utilité que les « chrétiens eux-mêmes retireront de son observation (2). »

Ainsi pensait & parlait encore le savant Théodoret, dans son commentaire sur les épîtres de saint Paul (3).

« Tant que les deux cités sont confondues ici-bas, dit un « vénérable docteur, la paix de Babylone est aussi la nôtre. « Le peuple de Dieu n'est affranchi de la domination de « cette cité profane qu'à la condition d'achever dans ses « murs son pèlerinage ; & les biens de ce monde sont com-« muns aux bons & aux méchants (4). » « L'Église, dit le « docteur angélique, saint Thomas d'Aquin, l'Église a une « paix qui est à elle seule, paix qui ne saurait être commu-« niquée aux impies. Mais outre cette paix, il en est une « autre commune aux justes & aux pécheurs, & l'Église a « aussi besoin de cette paix (5). »

Je pourrais citer cent passages analogues reccueillis dans la tradition, & rappeler de nombreuses interprétations de la loi apostolique dans les conciles généraux & particuliers. Je rappellerai seulement ici le décret de la seconde session du concile de Trente, décret dans lequel on donne pour motif

---

(1) Apol. pr. — (2) In Epist. ad Tim. Homil. 6 — (3) Interpret. in Epist. I ad Tim. — (4) Beda, Commentar. in Epist. I ad Tim. — (5) Commentar. in Epist. I ad Tim.

des prières ordonnées pour les souverains, *la tranquillité de l'Église, sa paix & l'accroissement de la foi*(1). L'antique collection connue sous le nom de *Constitutions apostoliques* n'est pas moins formelle dans ses explications(2). Enfin les saintes liturgies citées précédemment sont aussi claires dans l'interprétation du sens de la loi qu'unanimes dans sa promulgation (3).

Mais c'est surtout dans celle de l'Église romaine qu'il faut aller chercher le développement de cette doctrine. Il est fâcheux que notre préoccupation laisse si souvent & si inutilement passer sous nos yeux tant de paroles admirables remplies de la plus profonde instruction. Ainsi, par exemple, lorsque cette Mère des Églises implore le ciel pour la personne de l'empereur, c'est afin, dit-elle, que les ennemis de la paix étant abaissés, *la liberté chrétienne* puisse offrir à Dieu avec sécurité la gloire qu'il en attend (4).

Si ailleurs elle demande que les principautés & les puissances reconnaissent sa divine autorité, c'est afin que ses enfants accomplissent dans la paix l'œuvre de leur salut(5). Si elle prie son auteur d'écarter d'elle les obstacles qui peuvent retarder sa course, c'est afin que, dégagée de toute entrave, elle remplisse *avec liberté* ses volontés saintes(6). Si enfin elle demande pour elle-même la grâce de garder fidèlement le dépôt de la doctrine sacrée, & pour ses enfants la faveur de participer toujours aux mystères divins, elle ne prie pas moins pour que les secours temporels ne lui soient point enlevés, pour que ses enfants soient affranchis des périls de cette vie(7). Ainsi, toujours fidèle à la mission qui lui a été confiée, elle est dans ce monde sans être de ce monde, & rien ne saurait la distraire de ses hauts intérêts.

---

(1) Concil. Trid. sess. II. in decret. — (2) Constit. apost. lib. VIII, cap. 12 & 13. (3) Liturg. S. Jacobi, S. Marci, S. Chrysostomi, &c. — (4) Missale romanum, Orat. pro Imperat. — (5) Orat. in Fer. VI in Parascev. — (6) Orat. Dom. XIX post Pent. — (7) Orat. in feria VI. post Dom. IV. 2 quadr.; Dom. XXIII. post Pent.

Il est donc bien constant que la loi apostolique ne saurait être entendue dans le sens étroit & mesquin d'une soumission servile à tous les tyrans, & que ceux qui, pour un motif quelconque, s'obstineraient à voir dans la prière pour le Souverain une reconnaissance politique, seraient étrangement éloignés de la vérité catholique. Il est remarquable que le point de vue que nous considérons, & qui a échappé à tant de catholiques, ait été parfaitement saisi par les Juifs, sous l'ancienne loi. Plus d'une fois, comme on peut le voir dans l'Écriture & dans Joseph, ce peuple adressa des prières, offrit des sacrifices au ciel pour des princes que leurs erreurs excluaient de ses sanctuaires, & dont les droits sur Israël n'étaient rien moins qu'établis, mais dont Israël pouvait redouter la puissance (4).

---

(1) I Esdr. vi, 10. Jerem. xxix, 7. Baruch. i, 2. I Machab. xii. II Machab. iii. Joseph. Antiq. judaic.

DEUXIÈME ARTICLE

28 Octobre 1830

'IRRÉCUSABLE conclusion que l'autorité de la tradition chrétienne nous a forcé de prendre, dans notre dernier article, aura peut-être semblé choquante à quelques personnes. Cette obligation si formelle de prier pour tous les gouvernements ne laisse pas que de contrarier, au premier abord, certaines idées fixes, d'autant plus inexpugnables dans ceux qui les partagent, qu'elles sont l'inévitable résultat des préjugés & de l'éducation, telle que l'avaient faite les principes de nos anciennes monarchies. Il est nécessaire de développer ici en peu de mots les causes au moyen desquelles on parvient, pour ainsi dire, à faire reconnaître comme partie de la foi des peuples les droits de telle ou telle dynastie sur les États de l'Europe.

A l'époque où les princes, sans lesquels l'Évangile avait conquis l'univers, courbèrent la tête sous le joug de la foi chrétienne, les rapports de l'Église & de l'État, jusque là si simples & si naturels, se compliquèrent & ne tardèrent pas à devenir l'objet de la plus fâcheuse confusion. Des principes d'une vérité plutôt relative que générale furent posés, & préparèrent une révolution d'autant plus facile qu'elle sortait naturellement des concessions mêmes arrachées par la reconnaissance au zèle des Pasteurs. C'était quelque chose de si nouveau & de si doux tout à la fois, pour les ministres de l'Eglise, de voir assis sur ce trône jusqu'alors si menaçant,

& duquel tant de sentences & de décrets contre les chrétiens étaient émanés, presque sans interruption, d'y voir assis un prince dont le front impérial ne dédaignait point la croix du Sauveur, & qui, maître du monde, se glorifiait du titre de sujet de l'Église catholique. En pouvait-on trop faire pour les nouveaux Cyrus qui daignaient non plus seulement relever les ruines du temple, mais en soutenir l'édifice & faire de leur majesté son plus bel ornement? Ce ne fut plus l'empereur, mais l'empereur chrétien qu'on se plut à considérer. Le prince fut proclamé père de la famille chrétienne, évêque du dehors. Ainsi s'effacèrent, pour ainsi dire d'elles-mêmes, des lignes de démarcation d'une importance terrible pour la conservation de l'ordre établi par la volonté divine entre les droits des Césars & les droits des Pontifes. Dans les divers royaumes de la chrétienté, l'Église, heureuse de sa fécondité, prodigua les trésors de ses bénédictions à ceux qui pouvaient, par leur influence, assurer la perpétuité, l'extension de la foi chez les peuples. On crut devoir agrandir l'enceinte du sanctuaire & admettre, à l'ombre de l'autel, le trône du monarque de la terre. L'Église, qui ne pouvait, sans se détruire, aliéner ses droits, pouvait dispenser des honneurs. Elle les épuisa en faveur des princes, bien éloignée de croire dans sa pensée généreuse, qu'un jour viendrait où les enfants qu'elle avait élevés combattraient contre elle.

Ce fut dans ces jours de confiance & de sécurité qu'elle fit entendre dans les temples ces chants d'actions de grâces, ces bénédictions solennelles dans lesquelles le nom du prince, ses glorieuses qualités, ses services, ses projets, & jusqu'à ses désirs furent présentés au Seigneur. Ce fut alors qu'on voulut que la loi nouvelle cessât d'envier à l'ancienne le rit sacré qui consacre à Dieu la personne du souverain & reconnaît avec éclat la source divine du pouvoir. Inaugurée au milieu des pompes de la religion, la royauté parut aux yeux des peuples un autre sacerdoce.

Ordre admirable, sans doute, mais ordre mêlé d'imperfections comme toutes les choses humaines! Tant que le prince se montra enfant de l'Église & que sa puissance, alliée de la puissance de l'Église, consentit à marcher avec elle dans la voie de la vérité & de la justice, jamais plus beau spectacle ne s'offrit à l'univers. Mais du moment où le prince, au mépris de ses serments, oubliant ses propres intérêts, arma son bras contre celle qui, dans des jours de ténèbres & de confusion, avait seule constitué les Etats qui la méconnaissent aujourd'hui, &, à peine descendu du sanctuaire où il avait reçu l'onction sainte, osa porter la main sur l'encensoir, l'Église sentit avec douleur le poids des chaînes qui pesaient sur elle.

Des princes se rencontrèrent, jaloux du seul pouvoir qui commande aux intelligences, impatients de nouveautés, absolus dans leurs fantaisies, & trop souvent l'Église, contrainte de regretter ces tyrans, qui du moins, en déchirant son sein, laissaient intactes ses imprescriptibles libertés, redemanda ces temps où, suivant la loi de l'Apôtre, elle n'implorait que sa propre tranquillité.

Mais ce fut dans nos Églises d'Occident que fut conçu & catégoriquement rédigé ce droit public gallican, dont l'Orient, tout servile qu'il était, ne transcrivit jamais l'humiliante formule; droit qui constitua le prince monarque dans l'Église, & par lequel celui-ci, quel qu'il fut, de quelque violence qu'il se rendît coupable, fut personnellement associé à ce que la religion renfermait de plus sacré. Vengeurs de la liberté de l'Église, les pontifes romains ne se reposèrent jamais dans la lutte qui entraîna un ordre de choses si funeste à l'existence même du christianisme.

La résistance fut égale du côté qui possédait la force matérielle, & dans plusieurs états, l'Eglise fut contrainte d'accepter, sinon le titre, du moins le rôle d'alliée de la politique. Ainsi se préparaient les Églises nationales. Ce fut alors que la prière pour le roi devint légalement un hommage forcé d'adulation, & que la servitude envahit certaines pages de la liturgie. Plus d'une fois, par suite de cet asservissement, le prêtre se vit forcé d'appliquer à la personne d'un tyran vulgaire des formules inspirées dans des jours plus heureux par le tableau des vertus & des services d'un Charlemagne & d'un saint Louis. Tout fut confondu & le langage de l'autel ne fut pas plus libre que celui de la chaire.

Longtemps de pareils abus furent regardés comme invincibles, & l'on parut s'accoutumer à une servitude dont on n'entrevoyait point l'issue. Mais aujourd'hui que, par la malice des hommes, & aussi par la permission divine, tant d'illusions sont dissipées; aujourd'hui que, n'importe à quel prix, les fers de l'Église sont brisés, & que les puissances de la terre, régnant sans elle, n'ont plus rien à lui demander, elle priera pour les gouvernements, parce qu'elle veut avant tout que *la connaissance de la vérité s'étende de plus en plus,* suivant les desseins de celui *qui veut que tous soient sauvés* (1) & fait servir les événements de la terre à l'accomplissement des décrets du ciel. L'Église se reportera sans peine à ses anciens jours, jours de combats, mais jours de gloire, & forte de la neutralité, de l'indifférence même des gouvernements, elle les récompensera du mal qu'ils ne lui feront pas, en appelant sur eux les bénédictions célestes.

D'après cela, toute prière ecclésiastique, dont la forme tendrait à mélanger encore les variations du pouvoir avec les immuables intérêts de la religion, à particulariser un précepte général de sa nature, serait aujourd'hui répréhensible, puisqu'elle dépasserait la loi : que dis-je, puisqu'elle en fausserait même l'esprit, & le jour serait venu de la faire disparaître. Cette remarque s'applique aux usages particuliers de quelques diocèses; car, en général, les prières que, dans les

---

(1) I Tim. II, 3, 4.

occasions ordinaires, l'Église offre pour les rois, sont simples & ne portent la livrée d'aucun pouvoir. Quelle que soit la forme durable ou passagère d'un gouvernement, jamais le prêtre ne sera censé prononcer en homme d'État lorsqu'il priera simplement pour le *salut* de celui qui conduit l'État en demandant au Dieu de la patrie *qu'il veuille bien être propice dans le jour où Israël invoquera son nom* (1).

Mais il reste une troisième question non moins importante que les précédentes. Que faire quand les gouvernements outrepassant leurs droits, prétendraient imposer au clergé des prières spéciales pour des objets relatifs aux matières politiques?

Je mets d'abord en fait que jamais un gouvernement ne put légitimement s'arroger un semblable pouvoir. Je prouverai plus tard que celui qui nous régit peut moins encore que tout autre le revendiquer.

Il est un principe incontestable & fondamental dans la religion catholique, c'est qu'aux pasteurs seuls appartient l'exercice de la juridiction dans l'intérieur de l'Église. Ce n'est point ici seulement un article de discipline, mais un dogme de notre foi, & si nous honorons les glorieux athlètes qui, dans le cours des siècles, ont confirmé de leur sang la croyance de nos mystères, nous nommons également martyrs ceux qui, dans d'autres combats, périrent vainqueurs pour les droits de l'Église. Or quoi de plus intérieur, de plus ecclésiastique, que les prières du culte divin? Quel autre nom que celui d'entreprise injuste & sacrilége, pourrait-on donner à la conduite de ceux qui voudraient tyranniquement régler les détails du service de l'Église, & dicter au prêtre jusqu'aux paroles qu'il profère à la face des autels? Cependant, à une certaine époque, des princes s'arrogèrent ce droit (2), le firent pour ainsi dire reconnaître, & l'exercèrent

---

(1) Domine, salvum fac Regem, & exaudi nos in die qua invocaverimus te.
(2) Avant l'édit de Louis XIV, avril 1695, on ne voit point les rois de France

ouvertement sous les yeux des prélats de l'Église de France.

Il fut libre au souverain de faire de tous les temples les échos de sa gloire, les théâtres de sa vanité. Les jurisconsultes parlementaires, à l'affût de toutes les entreprises pour les constituer en lois, s'emparèrent de ces faits avec empressement, & bientôt la foi les lut avec douleur inscrits parmi les coutumes du royaume. Ce n'est point ici le lieu de faire le relevé de ces innombrables abus dont le gallicanisme embarrassa tous les rouages de l'administration ecclésiastique.

Et certes, jamais la faiblesse, la complaisance humaine, ne produisirent de plus coupables résultats. Si l'homme peut quand il lui plaît céder ce qui est à l'homme, dans aucun cas il ne saurait aliéner ce qui est à Dieu ou à l'Église de Dieu. Dans la route des concessions, nul ne recula jamais. En vain les plus dures nécessités se présentent, la logique des adversaires est invincible. Cette part accordée au prince sur une portion de l'office divin, conduisit naturellement à l'établir régulateur absolu des coutumes ecclésiastiques & de la liturgie, & l'on entendit les magistrats, d'accord sur ce point avec les *Mémoires du Clergé,* enseigner positivement & sans hésiter, qu'au roi, en France, appartient le droit de statuer sur l'adoption ou les changements du bréviaire, droit que l'on refusera au pape, de la meilleure grâce du monde.

Ainsi allait la monarchie française, envahissant jour par jour les vraies franchises de l'Église gallicane, s'enrichissant de ses dépouilles bénévoles, lorsque la tempête qui fit justice de tant d'abus fondit tout à coup sur elle. Parut alors cette constitution civile du clergé, dans laquelle des principes qui dominaient depuis des siècles, soumis au travail d'une logique rigoureuse & féconde, enfantèrent l'hérésie.

---

s'attribuer, du moins d'une manière aussi formelle, le droit d'ordonner des prières dans les églises. Les jurisconsultes gallicans s'appuient d'ordinaire sur cette pièce & n'en citent pas de plus ancienne.

Terrible leçon qui dut instruire cruellement sur le danger de confondre l'Église & l'État. Un instant, il est vrai, la face des choses sembla changer, &, contrainte de combattre, l'Église de France parut libre & victorieuse; mais bientôt, sous la pesante protection d'un despote, elle sentit se rouvrir les plaies de ses anciennes chaînes. Le bruit de la tempête était à peine assoupi, qu'il lui fallut encore, au pied de ses autels brisés, recevoir de nouveaux ordres, & la voix imposante qui dictait des lois au monde, en voulut aussi dicter dans le sanctuaire. Il fallut, pour ainsi dire chaque jour, chanter le grand homme & ses victoires; il fallut recommander sa dynastie sacrée au culte des peuples, &, malgré de sombres pressentiments, l'Église de France se laissa attacher au char de triomphe du vainqueur des nations. Survint un ordre de choses sous lequel cette multitude de mandements, composés de *Te Deum* entonnés dans une sécurité profonde, ne furent plus que des souvenirs importuns ou dangereux. Qu'arriva-t-il? Après un homme on chanta un autre homme (encore une fois mon intention n'est point ici de faire de la politique); & jusqu'à la veille de ce jour où la foudre des révolutions a retenti, on ne voulut point comprendre qu'un temps pouvait venir où des démarches toujours indiscrètes ne serviraient plus tard qu'à compromettre la religion, en la montrant sans cesse obséquieuse & servile envers tous ceux qui portent le sceptre ou partagent le pouvoir.

Qu'il n'en soit donc plus ainsi. Reconnaissons, il en est temps, que ce n'est point au prince d'ordonner quelque chose dans l'assemblée des fidèles, & que pour être *le ministre de Dieu*(1) dans la société, il n'a rien de commun avec ceux qui sont appelés *ministres & dispensateurs des mystères de Dieu*(2). Si ces principes sont incontestables

---

(1) Rom. XIII, 4. — (2) I Cor. IV, 1.

quand il s'agit de ces monarques qui reconnaissent tenir leur couronne de la grâce de Dieu, & se font gloire de porter le glaive pour la défense de l'Église, combien plus encore doivent être éloignés de la pensée d'intervenir dans l'accomplissement des devoirs religieux, ces gouvernements qui n'ont même pas à nous montrer le nom de Dieu inscrit dans la charte qui les a élevés au pouvoir. Effets de la puissance populaire, investis d'une domination terrestre, ils ne reconnaissent point tenir d'en haut leur souveraineté. Tout est civil, tout est séculier dans leur élévation & dans leurs droits. Placés en présence de l'Église, comme à la frontière d'un pays libre & inoffensif, s'ils sont sages, ils profiteront de l'influence morale dont elle usera toujours en faveur de l'ordre; s'ils sont justes, s'ils sont clairvoyants, ils n'iront point s'immiscer dans les affaires d'un État le plus indépendant de tous. Il est écrit, & cette maxime est fondamentale dans le droit public des catholiques : L'Église ne juge point de ceux qui lui sont étrangers, *Ecclesia non judicat de iis qui foris sunt* (1).

Par une conséquence rigoureuse, ceux qui sont étrangers à l'Église ne jugeront point de l'Église & respecteront sa qualité d'étrangère à leur égard. Si l'amour de leurs âmes, l'espérance d'un monde meilleur les portent à s'adresser à celle qui seule possède les clefs du royaume du Ciel, jamais on ne les verra, apôtres menteurs de la liberté, réclamer sur l'Église une domination tyrannique, dicter les prières sacrées, régler les chants religieux & troubler la paix du sanctuaire par le bruit de leurs triomphes ou le récit de leurs inquiétudes. Plus avancée dans la vraie liberté que le monde qui ne la connaît pas, l'Église a reçu dans le passé trop de leçons qui lui apprennent que les hommes n'ont trop souvent à lui donner, en retour de ses faveurs, rien qu'un douloureux esclavage.

(1) I Cor. v, 12,

Que si, trompés par de perfides conseils, égarés par de fausses idées, les gouvernements, jaloux d'une liberté qu'ils n'ont pas fondée & sur laquelle ils ne peuvent rien, voulaient suivre l'exemple des anciens rois avec lesquels ils ont déjà rompu en tant de manières, & faire de la religion un instrument politique, l'Église, qui dans ces jours d'affranchissement recouvre sa dignité & son énergie, leur rappellerait qu'elle aussi a des droits.

« Pourquoi, leur dirait-elle, démentir à mon égard les
« principes que vous proclamez sacrés? Lorsque vous jurâtes
« d'accorder à tous la liberté, jurâtes-vous également que
« moi seule je devais rester enchaînée? Au moment où
« toutes les voix sont libres, où toutes les bouches peuvent
« s'ouvrir sans crainte, faudra-t-il que seule je me sente
« imposer jusqu'à mes vœux & mon langage; & mon
« sanctuaire, le plus libre de tous, celui de la conscience,
« sera-t-il donc le seul violé par ceux mêmes qui prétendent
« avoir fait respecter tous les autres? N'ai-je donc prêché à
« l'univers la *liberté des enfants de Dieu* (1) que pour me
« voir seule aujourd'hui dans les fers, que pour me sentir,
« moi fille de l'éternité, liée honteusement aux diverses
« phases d'un ordre de choses qui ne doit durer qu'un temps?
« Enfin tant de belles théories, si péniblement réalisées, ne
« devaient-elles être que la suite de mon esclavage, & mon
« humiliation est-elle donc écrite au fond de tous vos
« systèmes? »

Ainsi parlerait l'Église, &, à la grande époque où nous sommes parvenus, elle serait entendue. Le temps n'est plus où l'on pouvait faire illusion aux catholiques en leur donnant le change. Aujourd'hui livrés à eux-mêmes, l'oppression, sous quelque forme qu'elle se déguisât, ne tromperait personne. Tous les cœurs la sentiraient & la liberté de l'Église triompherait.

(1) Rom. VIII, 21.

Non, & nous le répétons avec plaisir en terminant cet article, l'Église comme Église ne haïra jamais le sceptre qui respecte son indépendance. Toujours elle demandera au ciel, pour les princes, la prospérité qui lui est nécessaire comme à eux-mêmes. Serait-elle au milieu de Babylone, comme Jérémie, elle demandera la paix de Babylone, puisque cette paix est aussi la sienne. Mais désormais les gouvernements n'entendront plus rien de personnel dans ses vœux & ses prières; ils ne devront plus songer à s'appuyer sur elle, à la faire l'organe de leurs projets, le marche-pied de leur puissance. Ainsi vivront en paix & sur le même sol ces deux puissantes royautés dont l'une a reçu en partage ce monde extérieur, & dont l'autre, préposée à l'ordre moral, remplit dans cet univers la noble fonction de l'âme dans le corps humain.

La soumission des catholiques au gouvernement sera donc cette obéissance juste & raisonnable qui ne ressemble en rien à ces instants de lassitude durant lesquels l'anarchie, après avoir brisé ses fers, baise les nouveaux qu'elle s'est forgés. Cette grande loi de l'ordre s'accomplira de la manière qu'explique si bien le grand évêque de Nazianze, dans un de ses immortels discours(1) : « Soyons donc soumis, chrétiens,
« à Dieu, à nos semblables, à ceux qui gouvernent la terre;
« à Dieu, pour toutes les raisons possibles; à nos sem-
« blables, à cause du lien de la charité; aux princes enfin,
« pour le maintien de l'ordre public, soumission qui sera
« d'autant plus parfaite qu'ils s'en montreront dignes par
« leur bonté & leur clémence. *Idque tanto magis, quanto*
« *facilioribus illis, ac benignioribus utimur.* »

---

(1) S. Greg. Naz. Orat. XVII. pag. 269.

DE L'ÉLECTION
ET DE LA
NOMINATION
DES ÉVÊQUES

NOUS avons dit que l'abbé Guéranger, depuis son départ de la capitale, s'était fixé au Mans. Quelle devait être dans l'avenir sa position? Quels étaient les desseins de la Providence sur ce serviteur fidèle? Prosper Guéranger ne savait encore rien. En attendant que la voix du Seigneur se fît entendre, voix à laquelle il sut toujours répondre par le cri d'Abraham : *Adsum*, il songeait à poursuivre ses recherches sur les monuments de l'antiquité. Mais à l'époque où nous sommes, une question lui parut devoir attirer particulièrement l'attention des catholiques. Il s'agissait de la nomination des évêques par le gouvernement sorti de la révolution de Juillet. Qu'on nous permette de faire ici une remarque afin de montrer ce que fut, durant sa vie entière, l'Abbé de Solesmes. Vivant de la vie de l'Église, prêt à tout sacrifier pour le bien de l'Église, Prosper Guéranger prenait ou déposait la plume selon les exigences du moment. Bien au-dessus de ces mesquines préoccupations qui font que trop souvent l'homme se recherche lui-même dans ses écrits, il ne se proposa jamais qu'un but : défendre la sainte Eglise sa mère, dégager des liens de l'erreur la vérité, qui seule donne la vraie liberté au monde.

Or la charte de 1830, expression du principe fondamental du nouveau gouvernement, avait effacé la religion de l'Etat. La religion catholique devenait simplement la religion de la majorité des Français. La liberté des cultes était proclamée. Mais s'il n'y a plus de religion *légale*, si la religion doit se renfermer dans le secret de la conscience privée, une question nouvelle s'impose d'elle même & de la plus haute importance pour le sort de l'Église catholique en France. Quel droit le gouvernement fera-t-il encore valoir pour réclamer la nomination des évêques? Et si une égale liberté est laissée à chaque individu de professer, comme il l'entend, ses croyances religieuses, pourquoi les catholiques souffriront-ils plus longtemps qu'on viole pour eux seuls, l'impartialité observée à l'égard des cultes dissidents! L'heure n'était-elle pas venue de rappeler le dernier article du Concordat de 1801 ? Aux termes de cet article, les droits & prérogatives concédés par le Pape, & la nomination des évêques devaient être réglés par une nouvelle convention dans le cas où quelqu'un des successeurs du premier Consul ne serait pas catholique. Or sous le régime de la charte de 1830, la religion d'État n'existant plus, & d'ailleurs, les garanties de l'orthodoxie du gouvernement faisant sérieusement défaut, que devenait, que devait devenir la question de l'élection des évêques, envisagée du côté du Saint-Siège dans ses rapports avec ce nouvel état des choses? Qui nommera les évêques? Sera-ce un gouvernement légalement sans religion, dont le chef & les membres peuvent être hérétiques, musulmans ou athées? Et quels évêques choisira-t-on? En supposant même que le bien des catholiques soit sincèrement voulu, comment un gouvernement athée ou tout au moins indifférent & sceptique appréciera-t-il la doctrine & la morale qu'on exige de ceux qui, élevés sur le chandelier, doivent répandre autour d'eux la plus pure lumière de l'exemple & de la vérité? Au reste, comment ne pas trembler pour les vrais intérêts de l'Église de France quand les provinces offrent le spectacle d'affreux désordres : les croix abattues, la demeure des pontifes violée, les asiles de l'éducation ecclésiastique envahis ; & alors que la religion est, jusque dans la capitale, indignement parodiée? Ou le gouvernement est impuissant à opposer une digue à ce torrent d'impiétés, ou il pactise avec l'ennemi. Dans les deux cas, lui livrera-t-on le plus sacré des intérêts, la nomination des premiers pasteurs des diocèses?

En face d'une pareille situation, Prosper Guéranger n'hésita point à traiter le grave sujet de l'élection & de la nomination des évê-

ques. Il le fit avec la chaleur de la conviction. « C'est un mémoire
« écrit avec quelque peu d'âme & de connaissance du sujet. Tel
« est du moins le témoignage qu'ont bien voulu lui rendre les
« journaux & les recueils périodiques qui en ont parlé (1). »

Ce livre mérita en effet de nombreux suffrages & de graves approbations. Il fut présenté au Souverain Pontife par le cardinal Pacca qui daigna lui en rendre un témoignage très-flatteur. Le Pape le reçut avec bonté, & l'auteur eut lieu de penser que Sa Sainteté lui eût fait savoir ses impressions, si des considérations de position ne l'avaient arrêtée à une époque où Elle a cru devoir instituer les élus du gouvernement.

Prosper Guéranger ignorait alors que le Saint-Siège dût trancher la question en admettant les nominations faites par Louis-Philippe. Son mémoire ne voulait rien préjuger & il pouvait écrire : « Dans
« tout cela, je n'ai suivi que ma conscience, & je n'ai d'affection
« pour cet ouvrage qu'autant qu'il peut servir à la gloire de Dieu
« & à l'affranchissement de l'Église. »

Dans l'histoire qu'il trace des différents modes agréés par l'Église pour la nomination des évêques, Prosper Guéranger montre quelle est la nature & quels sont les avantages & les inconvénients des concordats. Il nous plaît de relever ici une ferme protestation de l'auteur contre certaines déclamations oratoires qui allaient jusqu'à représenter comme « le plus grand crime du gallicanisme » le concordat de Léon X & de François I. Exagérations de pensée & de langage dans lesquelles Dom Guéranger ne tomba jamais parce que, s'appuyant sur l'histoire sérieusement étudiée, il exposait purement la doctrine, sans système préconçu. Réfutant les assertions de cette école qui « ne connaissant l'histoire des concordats que par l'imagination » faisait la leçon à l'Église &, du moins implicitement, l'accusait de faiblesse & de complicité, il prouve que le concordat de 1516 a été tout simplement le résultat de la situation de l'Église à l'époque où il fut conclu. C'est avec la même soumission filiale & respectueuse qu'il s'explique sur tous les concordats en général, & il consacre un chapitre entier à montrer que « Dieu a fait servir puissamment à relever la dignité

---

(1) Lettre de Dom Guéranger à M. Bailly de Surcy.

« & la force de son Église, ce qui même paraissait à des yeux
« mortels ne renfermer tout au plus que des liens de servitude &
« des titres d'avilissement. »

Rappelons en finissant ce que l'abbé Guéranger écrivait à propos de son livre. Il a formulé son jugement en des termes que nous empruntons, mot pour mot, à sa correspondance : « Cet ouvrage « (de l'élection & de la nomination des évêques) est composé de « manière à pouvoir être lu & avoué en tout temps, quel que soit « le parti que prenne le Saint-Siège sur cette grande question. »

Or le parti que le Saint-Siège crut devoir prendre & que Prosper Guéranger ne pouvait prévoir alors, nous l'avons indiqué. Au reste les conclusions pratiques du mémoire, relatives au régime sous lequel on vivait, étaient, dans la pensée de l'écrivain, soumises en dernier lieu au jugement du Siége apostolique. Le livre atteignait donc, quel que fût le résultat immédiat, l'une de ses fins principales : éclairer la question de la discipline des élections. Eh bien, considéré à ce point de vue, l'ouvrage de l'abbé Guéranger demeure intact & plein d'actualité. Nous estimons qu'il sera lu avec intérêt & avec fruit.

Nous vivons actuellement sous le régime d'un concordat. Ce contrat servant à régler les rapports de l'Église & de l'État, d'où vient que les droits de l'Église, en retour des priviléges qu'elle confère au gouvernement, sont en mille rencontres foulés aux pieds? Dieu chassé de l'école & de l'hospice, du prétoire & de l'armée ; des traitements suspendus, des vicariats supprimés, les menses épiscopales soumises à un nouveau mode d'administration, mesures qui tendent progressivement au complet dépouillement du clergé? Les mêmes hommes savent persécuter l'Église & jouir de ses privilèges qu'ils ne tiennent que de sa patiente & maternelle générosité. N'est-il pas opportun de rappeler enfin au gouvernement qui s'occupe de présenter au Saint-Siége des titulaires aux sièges vacants, qu'il a aussi des obligations à remplir & des droits à respecter? C'est un besoin auquel répond le livre de l'abbé Guéranger. Publié la première fois en 1831, il reparaît vers la fin de ce siècle pour éclaircir l'une des questions capitales dans les annales de l'Eglise.

DE L'ÉLECTION
ET DE LA
NOMINATION
DES ÉVÊQUES

> Libera est institutione divina nullique
> obnoxia terrenæ potestati intemerata
> Sponsa immaculati Agni Christi Jesu.
> (*Pius VIII. ad episcopos provinciæ
> Rhenanæ. 30 Junii 1830*)

PRÉFACE

TOUS les catholiques comprennent aujourd'hui que le sort de l'Église de France dépend totalement de la solution de cette importante question : Le gouvernement conservera-t-il la nomination aux évêchés? C'est là qu'est le secret de notre avenir ; la ruine complète, ou la résurrection glorieuse du catholicisme.

Prêtre catholique, & dévoué corps & âme à l'Église, qui nous a fait l'honneur de nous élever au rang de ses ministres, nous avons cru servir la noble cause qui nous est mille fois plus chère que la vie, en préparant un mémoire qui pût être utile à l'instruction de cette grande affaire. Puissent nos faibles travaux, bénis par celui qui appelle tout Israël à la défense de son temple, attirer l'attention des catholiques, & réveiller en eux le sentiment de leurs droits!

Nous avions cru d'abord qu'à une époque où l'on a si peu le temps de lire, il suffisait de discuter, en quelques pages, les raisons péremptoires dont il est si facile de déduire l'abolition des concordats; mais nous nous sommes bientôt convaincu qu'en nous bornant à ce corollaire incomplet, notre travail eût manqué de base. Pour établir les motifs d'après lesquels nous croyons pouvoir tirer cette conclusion, il fallait mettre dans tout son jour la nature des traités mixtes, appelés concordats; expliquer le degré d'influence accordé aux princes sur les anciennes élections; éclaircir la question de l'intervention laïque sur le choix des évêques; en un mot discuter cette matière dans ses rapports avec la tradition tout entière, seul moyen de discerner ce qu'il y a d'essentiel & de fondamental, au milieu des formes passagères & accidentelles qu'a revêtues successivement la discipline des élections.

Le peu de soin que l'on apporte aujourd'hui à l'étude du droit canonique, nous a mis dans la nécessité d'appuyer sur plusieurs détails qui, dans d'autres temps, eussent peut-être semblé superflus; comme aussi lorsque nous nous sommes trouvé à la portée de faire quelqu'une de ces nombreuses justices que l'aveugle partialité avec laquelle l'histoire a été traitée jusqu'ici rend aujourd'hui si nécessaires, nous avons accompli ce devoir de grand cœur.

C'est pour les catholiques, pour ceux qui, comme nous,

ont le bonheur de jouir encore de l'admirable lumière de la foi, que nous avons écrit. Ceux qui n'appartiennent pas à l'Église, ou qui, catholiques de nom, estiment quelque chose plus cher que l'honn· & les droits de l'Épouse de Jésus-Christ, ceux-là ne nous comprennent pas. Notre langage les étonnera; nous nous flattons toutefois qu'ils en aimeront la franchise & la liberté.

Plusieurs des questions traitées dans cet ouvrage nous ont conduit naturellement à dire notre avis sur certains actes du gouvernement; nous nous sommes permis de remarquer cette tendance anticatholique que tout le monde lui reconnaît; c'était notre droit. Du reste, nous déclarons expressément ici que notre intention n'est point d'attaquer son autorité que nous respectons scrupuleusement & sans arrière-pensée, tant qu'il respectera lui-même *tous les droits* que nous garantit cette charte qu'on nous a juré devoir être désormais une vérité.

Dans ce moment, les événements se précipitent avec tant de rapidité que tel livre qui se lit aujourd'hui, demain peut-être ne sera plus de circonstance. Cette raison nous a contraint, après avoir donné à cet ouvrage tout le soin dont nous étions capable, de le livrer au public, avant d'en avoir peut-être suffisamment épuré le style. Nous en demandons pardon au lecteur; notre excuse est la crainte que nous avions de paraître trop tard.

On s'étonnera peut-être de ce que dans un ouvrage où nous demandons le retour aux élections canoniques, nous n'ayons pas même laissé entrevoir sous quelle forme nous croyons qu'il convient de les rétablir. Ce n'est pas que nous n'ayons là-dessus nos plans & nos idées, tout aussi bien qu'un autre; mais nous n'avons pas cru qu'il appartînt à un simple prêtre de prévenir, en aucune façon, le jugement de l'Église, sur une matière aussi grave. Quand Nosseigneurs les évêques se seront adressés au Saint-Siége, Rome fera pour le mieux, & nous sommes convaincu d'avance que Dieu ne manquera point à son Église.

Nous déclarons solennellement que nous soumettons ce livre & tout ce qu'il contient au souverain jugement du Pontife romain, rétractant d'avance toute assertion qui serait jugée répréhensible à son infaillible tribunal.

CHAPITRE PREMIER.

DU MINISTÈRE DE L'ÉLECTION EN GÉNÉRAL.

C'est Dieu lui-même qui appelle aux fonctions de l'épiscopat; l'élection faite par les hommes n'a d'autre but que de mettre au jour la vocation divine. Le ministère de l'élection est donc une fonction sacrée, qui ne saurait appartenir, *de droit*, qu'à l'Église elle-même. En outre, si l'on considère l'Église comme société, on comprendra par là même qu'elle seule, sous peine d'être dépourvue du principe même de la vie, doit avoir le droit de pourvoir au choix de ses guides & de ses magistrats. Enfin, la perpétuité de son enseignement étant tout-à-fait dépendante du choix de ceux auxquels il est confié, il suit également que nul autre que l'Église ne peut, *par un droit propre & personnel*, s'immiscer légitimement dans un acte de cette nature.

E sacerdoce de l'Église catholique n'a point sa source ici-bas. *Élevé au-dessus des cieux*(1), s'il s'exerce sur la terre, c'est parce qu'un Dieu-homme en a revêtu le puissant caractère, *dans les splendeurs des Saints* (2). Fondée tout entière sur la croyance à une médiation divine, notre foi honore, dans les évêques, les héritiers du pouvoir sublime de Jésus-Christ, ses véritables successeurs dans son ministère visible.

Le pontife est l'homme de Dieu; c'est donc à Dieu seul de le choisir. Chef suprême d'Israël, Moïse élira les magistrats de son peuple(3); Dieu seul pourra appeler Aaron à la souveraine sacrificature(4). Dieu seul *le choisira, entre tous les vivants, pour lui confier l'encens & les sacrifices, pour l'établir l'intercesseur de ses frères*(5).

Après quarante siècles de figures, le Fils de Dieu vient-il

---

(1) Hebr. vii. 26. — (2) Psalm. cix. 3. — (3) Exod. xviii. 21, 25. — (4) Exod, xxviii. I Hæbr. v. 4. — (5) Eccli. xlv. 20.

apporter la vérité au monde, & inaugurer, en sa personne, le sacerdoce nouveau? Il s'arrête, pour ainsi dire, sur le seuil de l'éternité, *il ne prend point de lui-même,* dit saint Paul, un honneur qui ne saurait dépendre de sa volonté; mais il attend que celui-là même qui l'a *engendré avant l'aurore*(1), le constitue, *par un serment irrévocable,* prêtre & *prêtre à jamais*(2).

Si donc Dieu soumet son propre Fils à cette indispensable loi de la vocation, combien plus les mortels qui, dans la suite des temps, devront continuer le ministère de la médiation! Nul ne pourra non plus s'arroger de lui-même cet insigne honneur(3). L'Église, *qui est le corps de Jésus-Christ*(4), s'édifiera, durant le cours des siècles, mais Dieu lui *donnera,* de sa propre main, *ses pasteurs, ses prophètes, & ses docteurs*(5). *L'Esprit-Saint préposera* lui-même *les évêques au gouvernement du troupeau*(6), & la voix menaçante du Sauveur dénoncera, comme un infâme *brigand,* celui qui aura osé s'introduire dans la bergerie, par une voie différente de celle que Dieu a ouverte(7).

Voyez, après l'ascension du Sauveur, le collége apostolique occupé saintement de la recherche de celui que le prophète désigna pour *héritier de l'épiscopat* du traître Judas(8). Barsabas & Mathias sont amenés aux pieds des disciples de Jésus. Mais quel mortel osera discerner, entre ces deux hommes, celui que Dieu a marqué de son sceau? Si la prudence humaine allait s'égarer dans la solution de ce redoutable problème! Pierre & ceux qui sont avec lui reculent devant une si haute responsabilité. Dans leur faiblesse, ils ne voient que Dieu qui puisse dévoiler le secret de Dieu. « Seigneur, s'écrient-ils, vous seul connaissez
« les cœurs. Deux justes sont devant vous; montrez-nous
« *ce seul* que vous avez choisi(9). »

(1) Psalm. cix. 4. — (2) *Ibid.* 5. — (3) Hæbr. v. 4. — (4) Coloss. i. 24. —
(5) Ephes. iv. 11. — (6) Act. xx. 28. — (7) Joan, x. 1. — (8) Psalm. cviii. 7. — (9) Et

Héritière de la doctrine apostolique, l'Église proclama toujours cette vérité fondamentale que Dieu seul fait les évêques, & que les hommes ne font que promulguer l'élection divine. « Croyez-vous donc, dit saint Cyprien, que « les pontifes de Dieu sont consacrés à son insu? Ignorez-« vous que lui seul les constitue dans son Église (1)? »

Saint Basile répète la même vérité dans les mêmes termes (2). « C'est Dieu lui-même, écrit-il au grand évêque de « Milan, c'est Dieu qui vous a transféré, de votre tribunal « terrestre, sur la chaire des apôtres (3). »

Voici les paroles solennelles d'un livre révéré dès la plus haute antiquité : « Au milieu des rits sacrés de l'ordination, « le pontife proclame ceux qui sont initiés. Cette coutume « mystérieuse nous apprend que le collateur des saints or-« dres est l'interprète de l'élection divine ; que dans cette « importante fonction, il est conduit par l'esprit de Dieu, & « non par une bienveillance personnelle à l'égard de ceux « qui sont initiés (4). »

« L'Église, dit saint Léon le Grand, reçoit pour pasteurs

---

orantes dixerunt : Tu Domine, qui corda nosti omnium, ostende quem elegeris ex his duobus unum. Act. 1. 24.

(1) Tu existimas sacerdotes Dei, sine ejus conscientia, in Ecclesia ordinari... quod non a Deo, nec per Deum, sacerdotes ejus in Ecclesia constituantur? *Epist. ad Florent. Pupianum.*

Christus sacerdotes constituit. *Epist. ad Cornelium papam.* Factus est Cornelius episcopus de Dei & Christi judicio... de Dei qui sacerdotes facit voluntate. *Epist. ad Antonianum.*

(2) An ignoras constitutos a Deo episcopos Ecclesiarum? (S. Basil. Edit. Bened. Epist. 42, ad Chilonem)

(3) Ipse te Dominus, e terræ judicibus ad cathedram apostolorum transtulit. (Ibid. Epist. 197. ad Ambrosium Mediolanensem)

(4) Sacram vero ordinationum & eorum qui initiantur promulgationem Pontifex proclamat, mysterio declarante, Deo carum sacrorum ordinum collatorem, interpretem esse divinæ electionis, eumque, non privata gratia, eos qui initiantur ad sacrum ordinem promovere, sed afflatu Dei regi, in omnibus hierarchicis ordinationibus. (S. Dionys. Areopag. de ecclesiast. hierarch. cap. v. contemplat. 3. Biblioth. max. Patrum, t. II. pag. 222)

« ceux que l'Esprit-Saint lui a préparés, ceux que la grâce
« céleste a daigné engendrer au sacerdoce(1). » Cette pensée
pouvait seule consoler ce grand pape, en présence des
immenses obligations de sa charge. « J'espère, disait-il, que
« celui qui m'a imposé cet honneur, viendra à mon
« secours, dans les soins étendus qu'il m'impose, &
« qu'après m'avoir conféré une telle dignité, il daignera
« soutenir ma faiblesse écrasée sous le poids d'une si acca-
« blante faveur(2). »

Que fait donc celui qui présente un homme à l'épiscopat?
Il s'établit coopérateur de l'action même de Dieu; il se charge
de dévoiler le secret de la vocation divine; il prend sur lui
la plus terrible des responsabilités. Un tel pouvoir n'a rien
de terrestre, &, certes, l'on peut dire que ce n'est que par la
plus sublime des dérogations, qu'il se trouve entre les mains
d'un simple mortel.

Écoutons ce qu'en dit le pieux & savant Thomassin, cet
homme si rempli des plus pures traditions de l'antiquité.
« Le pouvoir d'appeler les évêques à la suprême dignité du
« sacerdoce royal de Jésus-Christ, est la participation &
« l'imitation la plus parfaite de l'autorité éternelle de Dieu le
« Père sur son Fils incarné(3). » Et encore : « Celui qui a
« droit de pourvoir aux bénéfices, répand & communique le
« sacerdoce de Jésus-Christ; c'est pourquoi il doit regarder
« sa provision comme une céleste vocation, qui a pour
« modèle cette vocation ineffable, par laquelle le Père éternel
« appelle son Fils incarné à la souveraine sacrificature(4). »

---

(1) Eos rectores Ecclesia accipit, quos Spiritus sanctus præparavit, ut in populo adoptionis Dei, cujus universitas sacerdotalis atque regalis est, non prærogativa terrenæ originis obtineat unctionem, sed dignatio cœlestis gratiæ gignat antistitem. (Sermone 3. de natali ipsius, tom. I, édit. Ballerini, p. 11).

(2) Qui mihi honoris est auctor, ipse mihi fiet administrationis adjutor : & ne sub magnitudine gratiæ succumbat infirmus, dabit virtutem qui contulit dignitatem. (Sermone 2. de natali ipsius, ibid., p. 9).

(3) Discipline de l'Église, édition de 1725, partie II, livre II, chap. 1. — (4) *Ibid.*

Pour oser s'ingérer dans cette œuvre redoutable, il ne faut donc rien moins que cette *toute-puissance au ciel & en terre*(1), dont le Christ a investi les dispensateurs de ses dons. De tous les mortels, le moins éloigné de la grandeur & de la sainteté de ce ministère, est encore le pontife. Tout autre que lui, roi ou peuple, qui tenterait de se l'arroger, *comme un droit,* unirait, dans un seul crime, l'usurpation la plus audacieuse à la plus sacrilége témérité.

L'Église seule a donc essentiellement le droit de choisir ses évêques, puisque seule elle a reçu le pouvoir des choses divines. De plus, considérée comme société, seule elle peut revendiquer ce droit. Sa règle invariable est de ne juger jamais de ceux qui sont hors de son sein(2) : nul autre qu'elle ne saurait intervenir en ce qui est de sa constitution. « L'Église est une société, dit le cardinal de la Luzerne; ses « pasteurs sont ses magistrats; elle a reçu de Dieu tout ce qui « est nécessaire à sa conservation & à son régime; elle tient « donc de lui essentiellement le pouvoir de régler la nomi- « nation de ses pasteurs(3). » En effet, si l'Église recevait des mains de l'homme ceux qui sont destinés à la régir, ceux mêmes sur lesquels elle repose, elle n'aurait donc point la vie en elle. Elle ressemblerait à ces plantes parasites, dépourvues de la substance qui doit les nourrir, & destinées à croître ou à périr, suivant les vicissitudes de l'arbre hospitalier qui les accueille entre ses rameaux. Or, l'histoire est sous nos yeux. Nous y lisons que des hommes ont protégé l'Église du Christ, que des hommes l'ont persécutée. Les uns & les autres sont passés, il y a longtemps : l'Église est encore là, belle de jeunesse & d'antiquité, dominant d'un front calme les ruines de tout ce qui n'est pas elle.

Enfin à l'Église seule peut appartenir de plein droit la

---

(1) Matth. xxviii. 18. — (2) Cor. v. 12, 13.
(3) Instruction pastorale sur le schisme.

nomination de ses évêques, parce que seule elle est chargée de veiller à l'intégrité du *dépôt* de la foi (1). La pureté de la doctrine, c'est sa propre vie. Or quelle autre garantie peut-elle avoir de la fidélité avec laquelle ce précieux dépôt sera gardé, si elle ne fait pas elle-même le choix des gardiens de ce trésor, si du moins, ils ne sont pas choisis sous ses yeux & agréés par sa vigilance. Déléguée par le Verbe incarné *à l'instruction de tout homme qui vient en ce monde* (2), elle répond de la vérité à la terre & au ciel; peut-elle, un seul instant, en perdre de vue les organes?

Ces considérations générales se développeront d'une manière bien plus frappante, dans la suite de la tradition qui va se dérouler devant nous avec sa majestueuse unité. Toujours semblable à elle-même, l'Église paraîtra d'autant plus invariable sur les principes que nous venons d'établir, qu'elle en a fait, dans le cours des siècles, de plus nombreuses applications.

CHAPITRE II.

L'ÉLECTION DES ÉVÊQUES A TOUJOURS APPARTENU AU CLERGÉ.

L'histoire de l'Église nous montre, en effet, les évêques toujours élus par l'Église; tantôt par le clergé de la ville & du diocèse, plus tard par les chapitres, enfin par le Pape soit directement, soit sur la présentation des princes.

U milieu des variations de la discipline dont l'histoire va passer successivement sous les yeux du lecteur, une seule chose demeure constante & inébranlable, c'est l'action immédiate de l'É-glise sur les divers modes d'élection qui se sont succédé

(1) I Tim. VI. 20. — (2) Joan. I. 9.

depuis les premiers siècles. Forts du témoignage de l'histoire tout entière, nous dédaignerons de nous arrêter sur quelques faits isolés qui ne sauraient rien prouver contre une masse si imposante d'autorités. L'enthousiasme ou la violence ont pu quelquefois intervertir l'ordre établi, renverser pour quelques instants les bornes posées dans l'antiquité. Un tyran jaloux d'enchaîner l'Église à son char, un peuple aveugle dans ses faveurs comme dans sa haine, ont plus d'une fois sans doute, en dix-huit siècles, foulé aux pieds les règles vénérables de la discipline, & méconnu la liberté des élections. Toute leur puissance, tous leurs efforts n'allèrent jamais à effacer un iota de ces canons sacrés, sur lesquels l'Église est assise. Au milieu même des abus qui la firent gémir si souvent, elle trouva toujours une voix pour faire entendre ses réclamations. Jamais sa liberté ne fut tellement anéantie, qu'elle ne pût offrir aux regards de ses oppresseurs le spectacle d'autres contrées, où ses droits reconnus des peuples & des rois, s'exerçaient paisiblement pour le bonheur du monde; jamais aussi le Dieu qui prend en main la cause de son Église, parce qu'elle est aussi la sienne, ne laissa sans vengeance ces coupables tentatives. Que de peuples ont vu fuir loin d'eux cette auguste reine qu'ils avaient voulu associer à leurs passions! que de rois ont ressenti & ressentent encore le contre-coup des atteintes qu'ils osèrent lui porter! La raison de toute l'histoire est là; & la clef des évènements d'ici-bas n'est autre que le sort de cette Église, aussi ancienne que le monde, & pour laquelle le monde a été fait.

Oui sans doute, c'est au fond même du sanctuaire que le ministre du sanctuaire doit être élu. Quels autres que les Pontifes de Dieu reçurent jamais le pouvoir de juger de cette vocation que la terre ne connaît que par eux? « Pourquoi, nous dit saint Ambroise, pourquoi Dieu, après « la mort d'Aaron, commanda-t-il à Moïse, son prêtre,

« de revêtir Eléazar, fils d'Aaron, des ornements de son
« père? Pourquoi ne pas appeler tout le peuple à prendre
« part à un acte si important, sinon pour nous apprendre que
« c'est au prêtre de consacrer le prêtre, de le revêtir des
« vêtements sacrés, c'est-à-dire des vertus sacerdotales? La
« fonction du prêtre, il est vrai, est d'intercéder pour le
« peuple, mais c'est au Seigneur de le choisir, aux prêtres
« de l'éprouver (1). »

Cette doctrine si claire & si formelle, l'Église la tenait de ceux-là mêmes qui avaient conversé avec l'Homme-Dieu, & appris de lui tout ce qu'ils devaient inculquer aux peuples. Investis de la plénitude de l'épiscopat, les apôtres le transmettaient, comme un flambeau communique sa lumière, aux hommes qu'ils avaient jugés dignes d'être les pasteurs des peuples, *les hommes de Dieu* (2). Ils apprenaient à ces nouveaux apôtres comme ils devaient eux-mêmes & de leur propre mouvement répandre, sur d'autres hommes, l'abondance des grâces de leur caractère, autant que l'exigeraient les besoins du troupeau toujours croissant. Ils déposaient entre leurs mains cette prérogative, de la même manière qu'ils l'avaient reçue. Paul écrivait à son disciple Tite : « Je vous ai laissé en
« Crète afin que vous y fassiez les dispositions qui restent
« encore à faire, & que vous établissiez des *anciens* (3)

---

(1) Quid autem illud significat, quod post defunctum Aaron, non universo populo, sed soli Moysi, qui est in sacerdotibus Domini, imperavit Deus, ut exuviis Aaron sacerdotis, filium ejus indueret Eleazarum, nisi ut cognosceremus quod sacerdos consecrare sacerdotem debeat, & ipse eum induere vestimentis, hoc est virtutibus sacerdotalibus? Supplicaturus enim pro populo, eligi a Domino, probari a sacerdotibus debet. (Epist. 63. ad Ecclesiam Vercellensem, 1 classis epist. edit. Bened., tom. II, p. 1036.

(2) Tim. VI. 11.

(3) Quiconque a étudié un peu l'antiquité ecclésiastique, doit savoir que, dans le Nouveau Testament, & dans le style des auteurs chrétiens des trois premiers siècles, le mot *presbyter* se prend indifféremment pour *episcopus*. Aussi dans les versets suivants, S. Paul expliquant les qualités que doivent réunir ces nouveaux pasteurs, les désigne sous le nom d'évêques : *oportet episcopum esse*, &c. C'est

« dans chaque ville, selon l'ordre que je vous en ai donné. »

Il faudrait un livre entier pour recueillir tous les faits épars dans les monuments ecclésiastiques, & de l'ensemble desquels résulte, dans le plus haut degré d'évidence, cette vérité proclamée par Fleury : « Nous voyons dans toute la « suite de la tradition que les évêques ont toujours été « établis par d'autres évêques(1). » Bornons-nous à rappeler ces grands actes de l'Église, ces règlements solennels, qui, comme des fanaux lumineux, constatent sa marche à travers les siècles.

L'un des plus anciens conciles dont les actes soient parvenus jusqu'à nous, le concile de Laodicée, tenu sous le pontificat de saint Sylvestre, & dont les canons sont placés au premier rang dans les plus anciennes collections, témoigne en ces termes de la pratique de l'Église, à cette époque, dans les élections. « C'est le jugement des métro- « politains & des évêques qui leur sont soumis, qui doit « élever un évêque à la puissance ecclésiastique (2). »

Mais bientôt l'Église entière réunie à Nicée, rassemble, comme en un faisceau, les traditions des diverses Églises. Alors paraissent ces règlements immortels, dans lesquels sont résumées, pour la première fois, ces coutumes apostoliques, sous lesquelles jusqu'ici l'Église a vécu, sans chercher même à les définir. Voici ce que porte le quatrième canon, sur le mode des élections d'évêques. « Il est convenable que « tous les évêques de la province concourent à l'élection de « l'évêque. Si une pressante nécessité, l'éloignement des « lieux, rendent impossible cette réunion, que trois évêques

---

aussi dans ce sens que, dans leurs commentaires sur cette épître, S. Jean Chrysostome & Théodoret entendent ce passage.

(1) Institution au droit ecclésiastique, chap. x, de la promotion des évêques.

(2) Episcopi, judicio metropolitanorum & eorum episcoporum qui circumcirca sunt, provehantur ad ecclesiasticam potestatem. (Can. 12., Labb., tom. I., p. 1510).

« au moins s'assemblent, & après avoir reçu le suffrage
« des autres par écrit, qu'on célèbre l'ordination. Toutefois
« que, dans chaque province, la confirmation de tout ce que
« l'on aura fait, appartienne au métropolitain (1). »

Les conciles de l'Occident ne sont pas moins formels, pour attester l'observation de ce mode d'élection. Qu'il suffise, pour le moment, d'alléguer ici l'autorité du troisième concile de Paris. « Que nul évêque, y est-il dit, n'entre dans « l'épiscopat par le commandement du prince, ou de toute « autre manière, contre la volonté du métropolitain, ou des « évêques comprovinciaux (2). »

Les évêques exercèrent diversement ce magnifique pouvoir. Tantôt les prélats de la province tout entière se réunissaient dans la ville qui pleurait son pasteur; après l'élection faite en commun, les pontifes imposaient tous ensemble les mains à celui qu'ils avaient élu, & c'est en mémoire de ces vénérables réunions, que l'Église statua que jamais un élu ne recevrait l'onction épiscopale, sans que le consécrateur ne fût assisté de deux autres évêques. Tantôt, suivant la coutume de plusieurs Églises, le métropolitain décrétait seul l'élection, après avoir entendu les vœux du clergé & du peuple; quelquefois même il députait simplement un évêque auquel on donnait le nom de *visiteur*, pour le suppléer dans cette importante affaire (3). Ainsi les usages pouvaient varier;

---

(1) Episcopum convenit maxime quidem ab omnibus qui sunt in provincia episcopis constitui. Si autem hoc difficile fuerit, aut propter instantem necessitatem, aut propter itineris longitudinem, tribus tamen omnimodis in idipsum convenientibus, & absentibus quoque pari modo decernentibus, & per scripta consentientibus, tunc ordinatio celebretur. Firmitas autem eorum quæ geruntur, per unamquamque provinciam, metropolitano tribuatur episcopo. (Can. 4, Labb., tom. II, p. 238)

(2) Non principis imperio, neque per quamlibet conditionem contra metropolitani voluntatem, vel episcoporum provincialium ingeratur. (Canon. 8. conc. Gall., tom. I, edit. Bened., pag. 1120)

(3) S. Gregorii Magni, lib. I, epist. 78; lib. IV, epist. 41; lib. VI, epist. 21; lib. X, epist. 17; lib. XIII, epist. 13; edit. Bened., tom. II.

le principe était inaltérable. Les pontifes seuls créaient les pontifes.

Les envahissements de la puissance séculière contraignirent l'Église de sanctionner de nouveau cette règle inébranlable. Rassemblée pour la seconde fois à Nicée, elle renouvela ses antiques dispositions & décréta : « que celui qui devait être « élevé à l'épiscopat serait élu par les évêques (1). »

Cet acte imposant ne suffit pas encore à la sollicitude de l'Église, &, bientôt après, le huitième concile général vint ajouter à tant d'autorités le poids de ses ordonnances œcuméniques. Telles sont ses paroles : « D'accord avec les « premiers conciles, le saint & universel concile définit & « statue, que les promotions & les consécrations d'évêques « se doivent faire par le décret & l'élection des évêques (2). »

Il n'est donc point de vérité plus solennellement attestée, que cette nécessité d'employer les pasteurs eux-mêmes à l'élection des pasteurs. Cette idée se reproduit sous les diverses formes que nous allons parcourir.

Des changements survenus, à la longue, dans les mœurs de l'Église d'Occident, amènent au treizième siècle, une importante modification. Le quatrième concile de Latran, sous Innocent III, investit les chapitres du pouvoir de l'élection (3). Cette importante mesure, qui enlevait au concile de la province son droit déjà si méconnu & si prodigieusement affaibli, renfermait néanmoins l'élection dans le sanctuaire. Le père du droit canonique, Grégoire IX, organisa la discipline des élections capitulaires dans ses décrétales (4), & cet ordre de choses se fût maintenu longtemps, si les passions

---

(1) Oportet enim ut qui provehendus est in episcopum, ab episcopis eligatur. (Action. 8. Canon. 3. Labb., tom. VII pag. 598)

(2) Promotiones atque consecrationes episcoporum, concordans prioribus conciliis, electione ac decreto episcoporum collegii fieri, sancta hæc & universalis synodus definit & statuit. (Action., X. Con. 22. Labb., tom. VIII, pag. 1141)

(3) Canon. 24. Labb., tom. XI, pag. 176. — (4) Voyez le titre entier *De electione*.

humaines, dans ces siècles dont l'Église adoucit la rudesse, sans cependant réussir à la détruire tout-à-fait, ne se fussent précipitées sur cet instrument de discordes & de scandales.

Contraints d'évoquer à leur tribunal une multitude de causes qui réclamaient leur intervention, les souverains Pontifes ne purent arrêter la simonie & les violences qu'en retirant à eux les élections, dans tout l'occident. Les réserves, en rapprochant l'épiscopat de sa source, qui est le Siége apostolique, présentèrent la plus glorieuse image sur la terre de cette opération éternelle, par laquelle Dieu le Père destine, par lui-même, au sacerdoce, ceux qu'il appelle à porter le caractère de son Fils.

Toutefois, cet ordre de choses n'était qu'un état de passage. De nouvelles circonstances produisirent bientôt un nouveau mode; les concordats accordèrent à plusieurs princes la nomination aux évêchés; mais cette nomination ne fut jamais qu'une présentation. L'Église ne pouvait cesser d'être d'accord avec elle-même. Toujours nécessaire, toujours pratiquée, l'élection ecclésiastique n'en eut pas moins lieu. Le Pontife romain, assisté du sacré collége, l'accomplit dans le consistoire, & plus d'une fois des refus de bulles soutenus avec une sainte fermeté, rappelèrent aux rois & aux peuples, que pour être simplifiées dans leur forme, les élections n'avaient pas perdu leur sainte & ecclésiastique liberté.

Ainsi, & nous aimons à le répéter, toujours semblable à elle-même, l'Épouse de Jésus-Christ, bien qu'*entourée de variétés* (1), est toujours une, &, sans rien prendre de l'instabilité d'un monde qui s'écoule comme un torrent à ses pieds, on la voit revêtir successivement des formes passagères, & préparer, d'une main sage & maternelle, les institutions que réclament tour à tour les besoins de ses enfants.

(1) Psalm. XLIV. 10.

CHAPITRE III.

DU POUVOIR ACCORDÉ AU PEUPLE CHRÉTIEN DANS LES ÉLECTIONS.

Les peuples sont appelés, dans l'antiquité, à prendre part à l'élection. Deux motifs portèrent l'Église à autoriser cet usage : 1. la nécessité d'obtenir, par le suffrage des fidèles, la preuve authentique des qualités de l'élu, qui doit, suivant saint Paul, être *irrépréhensible ;* 2. l'ancienne maxime : *Nullus invitis detur episcopus,* d'après laquelle on jugeait convenable de ne point imposer aux peuples un pasteur qu'ils n'eussent pas agréé. Or, dans tout cela, on ne voit pas le moindre vestige d'un droit réel du peuple sur l'élection. Aussi l'Église, pour éviter les brigues & le tumulte, a-t-elle aboli dans la suite l'exercice de ce mode de suffrage. Les protestants & les auteurs de la constitution civile du clergé en ont seuls rêvé le rétablissement.

IL est donc constant par les actes les plus authentiques & les plus solennels, que toute la force de l'élection a toujours été dans la main des pasteurs ; ce serait cependant n'avoir qu'une idée bien imparfaite de la manière dont ces grands actes s'accomplissaient autrefois, si l'on ne possédait pas une notion juste du pouvoir que l'ancienne Église accordait au peuple dans ces occasions, surtout si l'on ne connaissait pas la mesure dans laquelle s'exerçait cette intervention.

Dès la première page de son histoire, l'Église nous montre le peuple en possession de cette prérogative ; déjà même, il faut le dire, on en peut entrevoir les suites funestes (1). Rassemblés dans le cénacle, six-vingts hommes, prémices de la loi nouvelle, attendent l'effusion de l'Esprit Saint. Le collège apostolique n'a point encore réparé sa perte douloureuse ; il aspire à se compléter avant l'arrivée du Consolateur qui doit répandre de si précieux dons. Pierre se lève au milieu de ses frères. Après avoir exposé le pressant besoin de la nouvelle

(1) Act. 1.

société, il appelle indistinctement toute l'assemblée à déclarer celui qu'elle juge digne du rang sublime d'apôtre & témoin du Christ. Dans cette première des élections, la faiblesse humaine se révèle tout entière; une si sainte assemblée cherche en vain à s'accorder dans un seul & même vœu. Pierre demandait un apôtre, on lui présente deux candidats, &, malgré la plus grande liberté des suffrages, les disciples sont contraints d'appeler Dieu même à la décision d'une question devenue désormais insoluble pour eux.

Pourquoi donc le prince des Apôtres a-t-il voulu courir ainsi les risques d'une élection populaire, & livrer une affaire si importante au jugement d'un si grand nombre de personnes, qui n'avaient aucun titre pour y prétendre? « Ce fut, « répond saint Jean Chrysostôme, pour empêcher les discus- « sions & les difficultés que ce choix pouvait entraîner après « lui. Si en effet ils montrèrent si peu d'accord dans l'élec- « tion, il en eût été bien autrement s'il ne les y eût appelés. « Voilà ce qu'il veut éviter : *Mes frères,* dit-il, *il faut choisir* « *entre nous.* Par ce moyen, il concilie le respect à ceux qui « devaient être l'objet de l'élection, & arrête la jalousie dès « son principe. Car enfin, Pierre ne pouvait-il pas consommer « à lui seul l'élection? Sans aucun doute; mais il s'en abs- « tient pour ne point paraître dominé par la faveur(1). »

Telle est la condescendance de l'Église. Tant qu'elle peut concilier avec notre faiblesse la pureté de sa discipline & l'intégrité des règles saintes, elle se fait à tous nos besoins avec une inépuisable charité. Sa tendresse veille toujours, &

---

(1) Cur enim illis hoc communicat? ne contentio hac de re oriretur, & ne mutuo litigarent. Nam si id ipsis accidit, multo magis illis accidisset. Hoc vero semper devitat. Ideo in principio dicebat : *Viri fratres, oportet eligere ex nobis.* Multitudini permittit judicium, simul eos qui eligebantur venerandos reddens, seque liberans ab invidia quæ suboriri poterat. Quid ergo? an Petrum ipsum eligere non licebat? licebat utique : sed, ne videretur ad gratiam facere, abstinet. (S. Chrys., in Act. apost., homil. III. edit. Bened., tom. IX. pag. 24 & 25)

ne saurait se reposer un moment, tant qu'il reste encore à ses enfants un vœu raisonnable à former.

Rien sans doute n'importe davantage aux peuples que le choix des pasteurs qui doivent être les arbitres de leurs intérêts spirituels; voilà pourquoi l'ancienne Église avait cru devoir proclamer comme un axiôme de son droit en matière d'élections, *que nul ne serait imposé pour pasteur aux peuples malgré eux-mêmes : Nullus invitis detur episcopus.* « Que « l'on prenne garde, écrivait saint Léon, dans sa fameuse « lettre à Anastase de Thessalonique, que l'on prenne garde « de ne pas ordonner un sujet que les peuples repoussent, « ou qu'ils n'ont pas demandé, dans la crainte que la cité « qui ne l'a point désiré pour évêque, n'en fasse l'objet de « son éloignement & de son mépris, & que la religion elle-« même ne souffre de cette indiscrétion (1). » Ainsi avaient parlé du haut de la chaire apostolique, les Jules, les Innocent, les Célestin; ainsi décidaient les conciles des Gaules (2).

Thomassin reconnaît formellement l'existence de ce fait passé en principe, dans les premiers siècles. « Voilà, dit-il, « un des droits incontestables des peuples en ce temps là, « qu'on ne leur donnât point d'évêques contre leur volonté, « & auxquels ils se fussent d'abord opposés, afin que leur « obéissance fût accompagnée de la vraie liberté chré-« tienne (3). »

Un autre motif légitimait l'influence du peuple chrétien dans les élections. Traçant dans ses Épîtres à Tite & à Timothée (4) le tableau des qualités que doit réunir le candidat à

---

(1) Nullus invitis & non petentibus ordinatur, ne civitas episcopum non optatum, aut contemnat, aut oderit, & fiat minus religiosa quam convenit, cui non licuerit habere quem voluerit. (Epist. ad Anast. Thessal., edit. Baller, tom. I. pag. 688)

(2) S. Jules I, epist. ad Oriental., inter opera S. Athan., tom. I., edit. Bened. S. Innocent I, epist. ad synodum toletanum. Labb., tom. II., S. Célestin, tom. I., epist. ad episcop. Viennens. 4, apud Coustant. Concil. Aurelian. 5. Can. 2., Concil. Paris. 3, Can. 8., concil. Galliæ, edit. Bened., Paris, 1789, tom. I.

(3) De la discipline de l'Église. édit. de 1725, part. 2, c. IV. — (4) 1.Tim. III. Tit. I.

la dignité épiscopale, saint Paul exigeait en première ligne que la réputation de l'élu fût exempte de tout nuage, qu'il fût *irrépréhensible, recommandable même aux yeux des païens*. Sur quoi le grand évêque de Constantinople ajoute : « S'il
« convient que l'évêque se recommande par le témoignage
« des ennemis eux-mêmes, combien plus par le témoignage
« de ceux qui sont amis (1). »

L'Église, de nos jours, conserve encore dans sa liturgie un monument précieux, qui constate la nature du suffrage que les peuples étaient appelés à donner à l'élu. Aujourd'hui encore, dans la cérémonie de l'ordination, le pontife, avant d'imposer les mains à ceux qui vont recevoir l'effusion du sacerdoce, adresse au clergé & au peuple cette imposante allocution :

« Mes frères, ce n'est pas en vain qu'il a été établi par nos
« pères, que le peuple *sera consulté* sur l'élection de ceux
« qui doivent être élevés au ministère de l'autel. Souvent leur
« vie & leur conduite, ignorées de la multitude, sont con-
« nues de quelques-uns ; & il est certain que les hommes
« prêtent plus volontiers leur obéissance à ceux dont ils ont
« appuyé l'ordination de leur suffrage. A la vérité, la vie
« de ces diacres que nous voulons, Dieu aidant, promouvoir
« au sacerdoce, a été, suivant notre jugement, exemplaire
« & agréable à Dieu, digne de l'honneur auquel ils vont être
« élevés ; mais, dans la crainte de nous laisser séduire par
« une affection mal entendue, & de nous laisser aller à un
« assentiment mal fondé, nous voulons prendre l'avis de
« cette assemblée. Déclarez donc avec liberté ce que vous
« pensez de leur mérite, ce que vous savez de leurs actions
« & de leurs mœurs, prenant garde de ne vous laisser
« influencer par aucune prédilection, & de ne parler que

---

(1) Quod si ab hostibus habere testimonium convenit, multo magis ab amicis ipsis. (S. Joan. Chrysost. in Epist. I. ad Timoth. homil. IX.)

« suivant la justice. Si quelqu'un a quelque chose contre
« eux, au nom de Dieu, & pour Dieu, qu'il se présente avec
« confiance & qu'il parle; toutefois, qu'il se souvienne de sa
« propre condition (1). »

C'est bien là cette antique forme du suffrage populaire dont saint Cyprien nous retrace le tableau dans une de ses lettres. « On doit, dit-il, garder avec soin la tradition divine
« & la coutume apostolique observée chez nous, & dans
« presque toutes les provinces, qui veut que lorsqu'on doit
« célébrer une ordination, les évêques de la province, les
« plus voisins de la ville pour laquelle on va établir un
« évêque, s'y réunissent ensemble. L'évêque est élu *en*
« *présence du peuple* qui connaît la vie de chacun des clercs,
« & a été à portée d'observer toute leur conduite (2). »

Rien n'était plus beau que ces grandes assises du peuple chrétien, au berceau de l'Église, alors que le prêtre fidèle recevait de la bouche du troupeau lui-même, ce témoignage solennel, digne récompense de ses mérites, & qui devait le

---

(1) Neque enim fuit frustra a patribus institutum, ut de electione illorum qui ad regimen altaris adhibendi sunt, consulatur etiam populus : quia de vita & conversatione præsentandi, quod nonnunquam ignoratur a pluribus, scitur a paucis ; & necesse est ut facilius ei, quis obedientiam præbeat ordinato, cui assensum præbuit ordinando. Horum si quidem diaconorum in presbyteros, auxiliante Domino, ordinandorum conversatio, quantum mihi videtur, probata & Deo placita existit; & digna, ut arbitror, ecclesiastici honoris augmento; sed ne unum fortasse, vel paucos decipiat assensio, vel fallat affectio, sententia est expetenda multorum. Itaque quid de eorum actibus aut moribus noveritis, quid de merito sentiatis, libera voce pandatis; & his testimonium sacerdotii magis pro merito, quam affectione aliqua tribuatis. Si quis igitur habet aliquid contra illos, pro Deo & propter Deum, cum fiducia exeat & dicat; verumtamen memor sit conditionis suæ. (Pontif. Rom. *de ordinatione presbyterorum*).

(2) Diligenter de traditione divina & apostolica observatione servandum est, & tenendum quod apud nos quoque, & fere per provincias universas, tenetur, ut ad ordinationes rite celebrandas, ad eam plebem cui præpositus ordinatur, episcopi ejusdem provinciæ proximi quique conveniant, & episcopus deligatur, plebe præsente, quæ singulorum vitam plenissime novit, & uniuscujusque actu de ejus conversatione perspexit. (*Epist. ad cler. & pleb. hispan. de Basilide & Martiale*).

porter sur les degrés de ce trône que son humilité n'avait jamais osé contempler. Ce grand spectacle avait frappé jusqu'aux païens eux-mêmes, étonnés de voir, au milieu de la plus affreuse dissolution sociale, s'édifier un gouvernement fondé sur la vertu. On vit un empereur, l'un des hommes les plus respectables qui aient jamais porté la couronne, essayer de transporter au sein de l'empire une aussi sublime institution.

« Alexandre Sévère, dit Lampridius, lorsqu'il voulait « donner des gouverneurs, ou des préfets aux provinces de « l'empire, faisait connaître leurs noms au public, exhortant « les peuples à révéler les faits qui auraient pu se trouver à « leur charge. Il disait qu'une chose pratiquée par les chré-« tiens & les juifs(1), dans l'ordination de leurs prêtres, « devait à plus forte raison se pratiquer, quand il s'agissait « de ces hommes, entre les mains desquels on voulait « déposer la fortune & la vie des autres hommes(2). »

Un ordre si parfait ne pouvait durer longtemps sous le soleil. Déjà, plus d'une fois, l'homme ennemi avait suscité des tempêtes, au sein même des plus beaux jours. La voix des apôtres venait à peine de s'éteindre, que le tumulte populaire avait déjà troublé les élections. Ce fut bien autre chose, lorsque la charité s'étant refroidie, les mœurs des chrétiens se relâchant de toutes parts, les passions osèrent se mesurer en présence du sanctuaire. Alors le droit de suffrage, ce droit concédé, & qui ne devait avoir qu'une influence indirecte sur les élections, menaça de les envahir.

---

(1) On sait que les Romains confondirent longtemps les chrétiens avec les Juifs. Il est facile d'expliquer les causes de cette erreur.

(2) Ubi aliquos voluisset vel rectores provinciis dare, vel præpositos facere, nomina eorum proponebat, hortans populum, ut si quis quid haberet criminis, probaret manifestis rebus ; si non probaret, subiret pœnam capitis : dicens grave esse, cum id christiani & judæi facerent, in prædicandis sacerdotibus qui ordinandi sunt, non fieri in provinciarum rectoribus, quibus & fortunæ hominum committerentur & capita. (*Lamprid. in Alexand. Severum*)

Si quelquefois, à l'occasion d'un Athanase ou d'un Ambroise, la voix du peuple, organe de celle de Dieu, prévint innocemment la décision des pontifes, trop souvent aussi, l'ambition, l'esprit de secte exploitèrent l'enthousiasme d'une multitude aveugle. De ce moment, il fut nécessaire de rappeler aux peuples que si, jusqu'alors, on les avait appelés à faire connaître leurs vœux, jamais l'élection n'avait pu se consommer entre des mains séculières.

Le célèbre concile de Laodicée, tenu à la paix de l'Église, déclara que « l'on ne permettrait point aux peuples *de faire* « *l'élection* de ceux qui devaient être constitués dans les « fonctions du sacerdoce (1). »

Un autre ancien concile, inséré dans le corps du droit canonique, & cité dans les plus anciennes compilations de ce genre comme appartenant à une très haute antiquité, s'exprime de la sorte : « Il n'appartient pas au peuple *d'élire* « ceux qui seront promus au sacerdoce : que les évêques « jugent eux-mêmes si celui qu'ils vont ordonner est suffi- « samment instruit dans la parole, dans la foi & dans la vie « spirituelle (2). »

Au milieu de ce péril universel d'anarchie, Rome aussi fit entendre sa voix. Ce fut elle qui réprima l'audace populaire, par l'autorité de cette parole accablante : « *Docendus* « *est populus, non sequendus.* Pasteurs, c'est à vous de « l'instruire ce peuple, & non de le suivre dans ses fantai- « sies (3). » En prononçant cet oracle célèbre, Célestin ne

---

(1) Turbis non esse permittendum electiones eorum qui sunt in sacerdotio constituendi facere. (Can. 13. Labb. tom. I. pag. 1514)

(2) Non licet populo electionem facere eorum qui ad sacerdotium promoventur : sed sit judicium episcoporum, ut ipsi, eum qui ordinandus est, probent, si in sermone, & fide, & spirituali vita edoctus sit. (Decret. Gratiani. Distinct. LXIII., cap. VIII)

Peu importe qu'il soit ici question de l'élection des prêtres, & non de celle des évêques. Le principe est le même, & de plus, on doit raisonner *a fortiori*.

(3) Epist. ad episc. Apul. 5. apud Coustant.

faisait que répéter, pour ainsi dire, les paroles d'un de ses plus illustres prédécesseurs. « Il ne s'agit pas de ce que « demande le peuple, avait dit saint Innocent, mais de ce « qu'exige la règle évangélique. Quand le peuple, déjouant « les intrigues, donne sa voix au vrai mérite, alors son « témoignage est quelque chose (1). »

Enfin il ne dut plus rester de doutes aux vrais fidèles, quand l'Église, par les conciles œcuméniques que nous avons cités dans le chapitre précédent, décréta le mode des élections canoniques. Nous n'y avons pas vu de place réservée pour le peuple. L'Église savait cependant que les élections se faisaient en sa présence, qu'il était même interrogé sur les qualités de l'élu. Elle jugeait donc par là même, que le peuple n'était point là comme électeur, que sa présence & son suffrage ne pouvaient préjudicier au droit que possédaient exclusivement les pasteurs sur la nomination de leur collègue. Circonscrite dans ses bornes véritables, l'influence du peuple sur les élections cessa graduellement. Longtemps encore il continua d'y être appelé, mais cette coutume disparut elle-même dans l'Orient, vers le huitième siècle (2). En Occident, elle subsista jusqu'au temps des élections capitulaires qui achevèrent de la faire tomber en désuétude.

Séduisante en théorie, cette coutume, avantageuse pour les temps primitifs du christianisme, n'aurait plus que des inconvénients à l'âge auquel la société est arrivée depuis longtemps. Désormais abandonnée à l'histoire, elle n'est plus regrettée que par ces hommes, fils ou petits-fils de Calvin, qui, jaloux de la belle constitution de l'Église, ont tenté de la réduire à un vaste système de presbytérianisme.

---

(1) Non enim quid populus velit, sed quid evangelica disciplina perquiritur. Plebs tunc habet testimonium, quoties ad digni alicujus meritum, reprehendens auram favoris, impertit. (Epist. ad episcop. Galliæ, 10. apud Coustant)

(2) Zonaras, in canon. Laodic. edit. regia, pag. 344.

Possédés d'une haine furieuse contre la hiérarchie, ils voudraient, dans leur démagogie sacrée, niveler le sanctuaire, comme d'autres ont essayé de niveler le sol de la patrie. Alors, ne trouvant point dans l'Église le principe de la destruction, ils sont contraints de l'aller chercher ailleurs, & pensent, avec raison, avoir découvert ce qu'ils appellent depuis si longtemps, s'ils parviennent à enchaîner l'une à l'autre la société politique & la société religieuse. Écoutez-les, décrétant leur Constitution civile du clergé : « Il y aura, « en France, une Église catholique ; cette Église aura, « comme partout ailleurs, des prêtres & des évêques ; les « uns & les autres seront élus par les peuples. » Après cela, laissez agir quelques années ce dernier principe, & venez voir ensuite où sont les prêtres & les évêques, où est la hiérarchie. Tout aura été absorbé, dévoré, par le principe démocratique ; quelques noms, sans signification, surnageront peut-être encore quelques instants, surtout si l'État s'était engagé à doter ceux qui les portent ; mais le christianisme aura disparu avec le clergé. Et ces hommes osent invoquer l'antiquité, comme si la durée si imposante de l'Église jusqu'à nos jours, n'attestait pas plus haut que tous les raisonnements, que rien d'hétérogène ne se trouve mêlé à sa constitution ; comme si celle qui a été établie conservatrice & vengeresse du droit & de la justice, pouvait, sans cesser d'être, usurper, depuis tant de siècles, les droits de ses enfants.

Non, l'Église n'a point oublié le précepte du Prince des apôtres ; elle ne veut point dominer sur l'héritage du Seigneur (1), mais elle a reçu une puissance de jugement, un droit universel d'établir, de détruire, de modifier ses ordonnances, suivant le besoin des temps. Or en usa-t-elle jamais avec plus de sagesse, que le jour où elle porta le dernier

---

(1) I Petr. v. 3.

coup aux entreprises des peuples sur la liberté de ses ordinations? Un privilège qui ne pouvait s'exercer sans être infailliblement débordé par des abus capables de renverser la société chrétienne tout entière, cessait par là même d'être juste & raisonnable.

A peine un évêque avait-il fermé les yeux que déjà les passions s'agitaient autour de sa couche funèbre. Déjà l'on pouvait prévoir que l'œuvre divine de l'éleétion s'accomplirait sous les traits d'une sédition populaire. En vain le pontife décédé semblait dans son silence réclamer contre des abus qu'il avait foudroyés autrefois, contre lesquels il avait cherché à prémunir son peuple; ses accents ne retentissaient plus au fond de ces consciences, devenues sourdes à toute autre voix qu'à celle des partis. « Un grand combat allait se livrer, dit
« saint Basile, &, au milieu de cette scandaleuse tempête,
« le fruit des travaux de la vie tout entière du pasteur,
« allait périr en quelques instants(1). » Parlerai-je de ces petites tyrannies qui, agissant sur tous les points de l'Église à la fois, mettaient les éleétions à la disposition des hommes puissants de chaque ville & de chaque province, toujours disposés à chercher dans les peuples le facile instrument de leurs prédileétions & de leurs antipathies? Réduite aux expédients pour assurer la liberté de ses choix, l'Église gémit longtemps sous cette humiliante & mesquine servitude. Que de fois après le jugement unanime & consciencieux des évêques, l'élu se trouva repoussé par un peuple séduit! Que de fois les pontifes virent s'évanouir les plus légitimes espérances? Après avoir donné un pasteur à l'Église de Nicopolis, le grand évêque de Césarée se trouvait réduit à négocier en quelque sorte, pour le faire agréer par les

---

(1) Verum certamen non parvum incumbit, ne rursus lites ac discordiæ in præsulis eleétione nascentes, omnem simul laborem, ex qualibet dissensione, subvertant. (Epist. 29., ad cives Ancyran. edit. Bened., tom. III., pag. 109)

habitants. « C'est à ceux qui ont entre les mains les rênes
« des Églises, écrivait-il aux magistrats de cette ville, qu'il
« appartient de préposer un pasteur au gouvernement ecclé-
« siastique; c'est aux peuples de confirmer l'élection par leur
« suffrage. Nous venons de faire ce qui est du devoir des
« évêques; le reste vous regarde, si vous voulez accueillir
« avec zèle l'évêque qu'on vient de vous donner, & repousser
« avec vigueur les intrigues du dehors. Il n'est rien qui
« confonde davantage les puissances, & en général tous
« ceux qui en veulent à votre tranquillité, comme cet accord
« à recevoir l'évêque qu'on vous a donné, & la fermeté que
« l'on met à résister à ses ennemis (1). »

Encore si la tranquillité d'une ville eût été seule compromise, durant quelques jours, par ces odieuses machinations; plus d'une fois, les États en furent ébranlés. Qu'on se rappelle la dégoûtante histoire du Bas-Empire; qu'on relise les effroyables récits des violences d'un peuple ameuté comme pour une sédition, lorsqu'il ne s'agissait que de susciter un ministre au Dieu de la paix. La voix des pontifes se perdait au milieu du tumulte; le sanctuaire même était ensanglanté; & la débauche, la tyrannie ou l'erreur, affreusement revêtues des livrées pontificales, étaient inaugurées jusque dans le Saint des saints, par les mains d'une horde de brigands. Y eut-il en effet jamais un sectaire, un ambitieux, qui manquât des moyens d'agir sur le peuple, & dans la ténébreuse intrigue de Novatien, qui ose disputer à Fabien le trône apostolique des catacombes, comme dans l'épou-

---

(1) Ecclesiasticæ œconomiæ ab iis quidem fiunt, quibus Ecclesiarum commissa sunt gubernacula : sed a plebe confirmantur. Quare quod penes religiosissimos episcopos erat, impletum est : quod autem reliquum est, jam ad vos spectat, si velitis prompto animo complecti datum vobis episcopum, & tentationes externas strenue repellere. Nihil enim adeo pudorem incutit, sive potestatibus, sive reliquis, quicumque invident vestræ tranquillitati, ut concors in datum episcopum amor, & in resistendo firmitas. *Epist. 230. ad magistrat. Nicopol. edit. Bened.*, tom. III., pag. 353.

vantable triomphe de Grégoire, qui, à travers les cadavres dont la basilique d'Alexandrie était jonchée, se fraye un chemin au siége patriarcal d'Athanase, partout n'acquiert-on pas les tristes preuves des redoutables inconvénients que peut entraîner l'intervention populaire dans les élections?

Nous nous sommes étendu longuement sur cette matière, parce qu'elle est d'une grande importance. Après avoir établi le droit du clergé sur les élections ecclésiastiques, il était de toute nécessité d'expliquer promptement ce jugement du peuple, qui retentit dans toute l'antiquité. Il est donc clair, devons-nous dire en finissant, que nul homme, s'il n'est agrégé au corps des ministres du Christ, ne peut, ni en vertu des Écritures, ni même d'après les canons, revendiquer une influence quelconque sur le choix des pasteurs. Que si l'Église, dans sa condescendance, & pour environner ses ordinations d'une impartialité qui les rendît plus vénérables, a cru pouvoir longtemps supporter un régime institué par elle, mais sujet aux plus grands abus, elle s'est affranchie plus tard d'une pratique qui la conduisait à la pire des servitudes. Déjà des siècles nombreux se sont écoulés depuis qu'elle s'est réservé à elle seule ces causes véritablement majeures. Or l'Église ne connaît point l'injustice : sainte de la sainteté de Dieu même, elle ne peut ni approuver l'usurpation, ni la commettre, ni la passer sous silence (1). Les peuples ne possédèrent donc jamais un droit réel & véritable sur l'élection de leurs évêques.

Telle est la conclusion naturelle que tout esprit catholique devra tirer de cette discussion; conclusion si clairement déduite par l'Église elle-même dans le dernier concile général. Voici ce que proclament les Pères de Trente, dans la vingt-troisième session : « Le saint Concile enseigne que, dans

---

(1) Ecclesia ea quæ sunt contra fidem, aut bonos mores, nec approbat, nec facit, nec tacet. (S. Aug)

« l'ordination des évêques, des prêtres & des autres ministres,
« le consentement, la vocation, l'autorité du peuple ou des
« magistrats séculiers, ne sont requis en aucune manière,
« tellement que, sans cette condition, l'ordination soit
« réputée nulle; loin de là, il déclare que ceux-là qui n'au-
« raient été appelés & établis dans ces divers ministères que
« par cette vocation du peuple ou de la puissance séculière,
« doivent être considérés non comme de vrais ministres de
« l'Église, mais comme des voleurs qui se sont introduits
« dans le bercail par une porte qui n'est point la véritable (1). »

Enfin, mettant le dernier sceau à la décision de cette importante question violemment agitée alors par les disciples de Calvin, & prononçant avec le Saint-Esprit, ils déclarent étrangers à l'Église ceux qui oseraient désormais mettre leurs vœux téméraires à la place de la sagesse d'en haut : « Si un « homme dit que les ordres conférés sans le consentement « ou la vocation du peuple ou de la puissance séculière, sont « frappés de nullité, qu'il soit anathème (2) ! »

CHAPITRE IV.

INDÉPENDANCE DE L'ÉGLISE A L'ÉGARD DES PRINCES, DANS LES ÉLECTIONS, AVANT LA CONVERSION DES EMPEREURS.

Les princes, avant d'embrasser le christianisme, n'avaient aucun droit sur l'élection des évêques : loin de là, elle s'accomplissait malgré leurs édits. Or, l'Église n'a pu perdre sa liberté par la conversion des princes.

---

(1) Docet sancta Synodus, in ordinatione episcoporum, sacerdotum, & cæterorum ordinum, nec populi, nec cujusvis sæcularis potestatis, & magistratus consensum, sive vocationem, sive auctoritatem, ita requiri, ut sine ea irrita sit ordinatio; quin potius decernit, eos qui tantummodo a populo, aut sæculari potestate ac magistratu, vocati & instituti, ad hæc ministeria exercenda adscendunt, omnes non Ecclesiæ ministros, sed fures, & latrones, per ostium non ingressos, habendos esse. (Conc. Trid. sess. XXIII., cap. IV.)

(2) Si quis dixerit ordines collatos sine populi, vel potestatis sæcularis consensu, aut vocatione, irritos esse, anathema sit! (Ibid. Canon. VII.)

ENONS maintenant à l'importante question de l'influence des princes sur les élections, &, avant de la suivre dans l'histoire, examinons-la théoriquement.

Il suit de la doctrine que nous venons d'établir dans les chapitres précédents, que le clergé seul, & principalement les évêques, peuvent être appelés à prendre une part directe dans les élections épiscopales; les simples fidèles n'y sauraient prétendre. Ainsi ce ne serait point comme chrétiens que les princes exerceraient un droit sur le choix des pasteurs. Ce titre les confond avec le reste des fidèles : après les pasteurs, l'Église ne reconnaît que des brebis. Serait-ce leur qualité de princes, de chefs de l'État, qui leur conférerait ce pouvoir? Mais dans ce cas, si cette prérogative est une conséquence de la souveraineté, tout prince païen, hérétique ou musulman pourra pleinement la revendiquer, puisque, pour être séparé de la lumière de la foi, il n'en est pas moins, aux yeux mêmes de l'Église, dépositaire du pouvoir social.

Il faudrait donc nécessairement admettre en principe, & sans hésitation, que du moment où l'Église établit sa pacifique domination dans un empire, elle ressortit aussitôt de l'autorité du prince de ce pays, hostile ou tolérant. Nous ne nous arrêterons point à énumérer les innombrables & ignobles erreurs qui découlent de ce principe; d'autres l'ont fait avant nous, & ont vengé à la fois & la religion & la dignité de la nature humaine. Nous nous bornerons à montrer comment l'Église juge ce système.

A peine a-t-elle paru dans ce monde que les puissances de ce monde s'arment contre elle. « Nous vous défendons « de parler de ce Jésus de Nazareth (1) » : tel est le fond de tous les édits lancés contre les chrétiens, depuis l'absurde sentence des magistrats de Jérusalem, répétée d'une manière

---

(1) Act. IV. 18. V. 28.

souveraine par les Césars, jusqu'à ces honteuses & ridicules mesures, par lesquelles de petits hommes, dans ces derniers temps, se flattent de baillonner la parole éternelle. A cet étrange langage, que répondent les apôtres, que répond l'Église? Deux mots seulement : « Nous ne pouvons pas; « il vaut mieux obéir à Dieu qu'aux hommes (1). » Confession sublime, premier cri de la liberté chrétienne, proclamant le triomphe assuré de la justice sur la force, de l'esprit sur la matière.

Telle a été la conduite de Dieu à l'égard de son Église, de la convaincre que lui seul l'a soutenue, & non point *un bras de chair* (2). Il l'a prémunie, à ses propres dépens, contre la faveur des hommes, dans la crainte que, par la suite des temps, à la vue de l'œuvre de Dieu, les princes ne vinssent à dire : « C'est notre main & non le Seigneur « qui a opéré ces choses (3). » Loin de là, les premières leçons du Sauveur à ses disciples ont été pour leur apprendre qu'ils allaient, à sa suite, marcher à un grand combat, qu'il fallait *vaincre* (4), & pour cela *ne point craindre ceux qui ne peuvent tuer que le corps*. Les apôtres avaient *armé* les premiers fidèles pour cette lutte redoutable, & leur avaient mille fois répété que la *foi* serait, entre leurs mains, une arme qui mettrait sous leurs pieds le monde entier, *Hæc est victoria quæ vincit mundum, fides nostra* (5). « Aussi, dit le grand « Bossuet, il ne doit pas être nouveau aux chrétiens d'avoir « à se défendre des grands de la terre; c'est une des pre-« mières leçons que Jésus-Christ a données à ses saints « apôtres (6). »

Armés du glaive de la parole, les prédicateurs de l'Évan-

---

(1) Act. iv. 19. v. 29.
(2) II Paral. xxxii. 8. — (3) Deut. xxxii. 27. — (4) I Joan. v. 4. 5. Matth. x. 28.
(5) II Cor. x. 4. Ephes. vi. 17.
(6) Panégyrique de S. Thomas de Cantorbéry; œuvres complètes, édit. de Lebel, tom. XVI.

gile s'avancent, portant au milieu des nations, la croix, *scandale pour les Juifs, folie pour les gentils* (1). « Ils n'i-
« gnorent pas que tout ce qui porte un nom redoutable aux
« hommes, est armé contre eux, que la législation elle-même
« n'a pour eux que des menaces & des arrêts de mort. »
« Quels appuis, dit saint Hilaire, allèrent-ils implorer pour
« soutenir leur prédication? quelles puissances les aidèrent
« à ramener l'univers presque entier du culte des idoles à
« celui de Dieu? Allaient-ils solliciter au palais quelque
« commission impériale, ces hommes qui faisaient entendre
« l'hymne de leur Dieu dans les cachots & au milieu des
« supplices? Ce Paul qui, exposé ignominieusement aux
« regards du peuple, se servait de cette occasion même pour
« étendre l'Église de Jésus-Christ, avait-il pris à cet effet les
« ordres de César? Qui sait? Néron, Vespasien, Décius, ces
« hommes dont les fureurs ont si bien servi la propagation
« de notre foi, en étaient peut-être les protecteurs secrets;
« autrement, comment auraient-ils pu avoir les clefs du ciel,
« ces audacieux prédicateurs qui, pauvres & obscurs, par-
« couraient la terre & traversaient les mers en dépit des
« sénatusconsultes & des édits des rois (2)? »

Voulez-vous connaître l'esprit de l'Église & posséder son secret dans une seule parole? Écoutez, c'est un homme simple qui va parler. Appelé à l'honneur de confesser Jésus-

---

(1) I Cor. 1. 23.
(2) Quibusnam suffragiis, ad prædicandum Evangelium, apostoli usi sunt? quibus adjuti potestatibus, Christum prædicaverunt, gentesque fere omnes ex idolis ad Deum transtulerunt? Anne aliquam sibi assumebant e palatio dignitatem, hymnum Deo, in carcere, inter catenas, & post flagella, cantantes; edictisque regis Paulus, cum in theatro spectaculum ipse esset, Christo Ecclesiam congregabat? Nerone se, credo, aut Vespasiano, aut Decio patrocinantibus, tuebatur, quorum in nos odiis confessio divinæ prædicationis effloruit. Illi manu atque opere se alentes, intra cœnacula secretaque coeuntes, vicos & castella gentesque fere omnes, terra ac mari contra senatusconsulta & regum edicta peragrantes, claves, credo, regni cœlorum non habebant. (Contra Auxent., edit. Bened. pag. 1264)

Christ à la suite du philosophe Justin, Évelpiste est interrogé par le préfet de Rome : « Qui es-tu ? — Serviteur de César, « mais aussi chrétien, affranchi par Jésus-Christ lui-« même(1). » Après cela, qu'on s'étonne encore que de tels hommes, dégagés de tous les liens qui jusqu'ici les enchaînaient à la terre, s'avancent d'un pas indomptable à l'encontre de tous les obstacles. Nouveaux conquérants, en travail du salut du monde, ils ne voient que les immenses contrées qu'ils ont juré de soumettre à la loi de justice & de vérité. Forte de sa seule liberté, peu de jours ont suffi à cette société désarmée pour enfermer l'empire romain dans les liens de son immense confédération ; déjà son chef marche l'égal des Césars, & vient, sous leurs yeux, établir le centre de son gouvernement.

Et de pareils hommes auraient consenti à reconnaître au fond de leurs catacombes, le joug étranger d'un César ? & ils auraient souffert qu'une main profane s'étendît surveillante ou protectrice, jusque sur cet autel dont les mystérieuses profondeurs recélaient la dépouille mutilée des martyrs ? Leurs prières, il est vrai, s'élevaient vers le ciel pour le prince chargé des destinées de l'empire, mais que demandaient-ils en priant ainsi pour lui ? De mener une vie tranquille & sans agitation(2), qui permît à l'Église d'étendre de plus en plus ses vastes rameaux sur le monde régénéré. Quoi ! ils auraient permis aux Césars de pénétrer les secrets divins de la hiérarchie, de scruter l'Église jusque dans les sources de sa vie, à ces Césars, en qui ils voyaient les représentants de l'erreur, des hommes à jamais exclus de l'Église ? « Car, dit Tertullien, « les Césars seraient chrétiens, si le siècle qui nous persécute « se pouvait passer des Césars, ou s'ils pouvaient être

---

(1) Rusticus dixit Evelpisto : Tu vero quisnam es ? Qui respondit : Servus quidem Cæsaris sum, sed Christianus a Christo ipso libertate donatus. (Acta sincera martyrum, Ruinart, *in*-4, pag. 44)

(2) I Tim. II. 2.

« Césars & chrétiens tout ensemble (1). » Destinés, pour ainsi dire, à être jetés dans les fondements de l'édifice immortel, ces premiers fidèles n'en connaissaient encore qu'imparfaitement le plan & les destinées. Pour eux, les empereurs, semblables à la puissance mauvaise, dont Dieu permet l'action pour ses fins cachées, étaient autant de fléaux inévitables, de tempêtes qui devaient passer tour à tour sur l'Église, en attendant le jour où l'empire romain s'écroulant avec fracas, entraînerait dans sa ruine l'univers entier (2).

Ainsi, toute alliance entre l'Église & l'Empire était impossible; ainsi Dieu voulait désespérer la puissance du monde, & en dévoiler pour jamais la nudité (3) à la face du ciel & de la terre. Il voulait écrire sur ces ruines colossales, accumulées sous les efforts de son bras : « J'ai choisi ce qu'il y « avait de plus faible, pour confondre ce qu'il y avait de « plus fort, afin que nulle chair ne se glorifie devant « moi (4). » « Il voulait, comme le dit magnifiquement « Fénelon, convaincre le monde entier par une si longue & « si terrible expérience, que l'Église comme suspendue entre « le ciel & la terre, n'a besoin que de sa main invisible dont « elle est soutenue. Jamais elle ne fut si libre, si forte, si « puissante, si florissante. La jalousie de Dieu, ajoute le « grand évêque, allait jusqu'à sembler exclure de l'Église, « pendant ces siècles d'épreuve, tout ce qui aurait paru un « secours humain (5). »

Ainsi luttaient ensemble au sein de la société deux principes

---

(1) Sed & Cæsares credidissent super Christo, si aut Cæsares non essent sæculo necessarii, aut si & Christiani potuissent esse Cæsares. (Apolog. n. 21)

(2) Vim maximam universo orbi imminentem, ipsamque clausuram sæculi acerbitates horrendas comminantem, Romani imperii commeatu scimus retardari. (n. 31 & 32.)

(3) Nahum, III. 5. — (4) I Cor. I. 27.

(5) Discours pour le sacre de l'électeur de Cologne, œuvres complètes. (Edit. Leclère, tom. XVII)

rivaux, l'esprit & la matière, la force & la justice, le monde & l'Église. Et l'on pense que la paix eût pu exister un seul instant entre des éléments si contraires? Et l'on croit que les chrétiens eussent été jaloux de la faveur & de la protection des Césars, « lorsque, dit Bossuet, leurs mains
« qu'ils voyaient trempées & encore toutes dégouttantes du
« sang des martyrs, leur rendaient leurs offres & leurs pré-
« sents, non seulement suspects, mais odieux. Du moins
« une guerre si déclarée les déterminait à la résistance, & il
« n'y avait pas à délibérer si on s'opposerait à une puissance
« qu'on voyait si ouvertement armée contre l'Église(1). »

Ces nobles sentiments faisaient palpiter tous les cœurs, & nous en retrouvons l'expression brûlante dans les actes des martyrs. Le sexe le plus faible, l'âge le plus tendre avaient leurs héros; tant il y avait de générosité dans les inspirations qu'on venait puiser, comme à leur source, à ces réunions sacrées & furtives, sous les arceaux de Rome souterraine, au pied des trophées sanglants du christianisme. Mais c'était là surtout qu'il fallait venir étudier le caractère du pontife chrétien, apprendre vraiment ce que c'est qu'un prêtre.

Quel est ce cri sublime de l'évêque de Carthage, révélant à son peuple tout ce que sa grande âme renferme d'énergie apostolique! La liberté évangélique le presse; il faut que le monde apprenne de lui combien invincible est la force des barrières qui interdisent à la terreur ou à la faiblesse l'entrée du cœur d'un prêtre. « Le prêtre de Dieu, s'écrie-t-il, tenant
« en ses mains l'Évangile, appuyé sur les ordonnances du
« Christ, peut être immolé ; il ne saurait être vaincu. S'il
« faut abaisser devant des hommes la dignité de l'Église
« catholique, l'incorruptible majesté du peuple fidèle, la
« puissance & l'autorité sacerdotales, après cela que reste-
« t-il, sinon d'humilier aussi l'Église devant l'orgueil du
« Capitole (2)! »

(1) Panégyrique de S. Thomas de Cantorbéry. — (2) Sacerdos Dei, Evangelium

Non, encore une fois, de tels hommes n'appelaient point les Césars aux élections de leurs pontifes ; ils ne soumettaient point leurs choix à la sanction de l'empereur ; ils ne venaient point solliciter du ministre de Satan, du bourreau de l'Église, la permission de franchir les périlleux degrés de la chaire épiscopale. Que dis-je? Se faire connaître comme pasteurs eût été se dévouer à la mort. Les édits impériaux atteignaient surtout ceux que l'on appelait évêques, & lorsque quelqu'un de ces nobles athlètes avait succombé, & que sa dépouille sanglante était devenue comme un degré de plus à ce trône sur lequel la vérité devait s'asseoir après trois siècles, une politique perfide veillait à ce que l'Église, veuve de son époux, demeurât à jamais sans consolation parce qu'il n'était plus. L'enfer se flattait quelques instants de voir brisée cette chaîne, dont les indestructibles & inséparables anneaux se rattachent à l'éternité. Vains efforts! Bientôt au fond des forêts, dans le creux des antres, au sein des ténèbres, l'assemblée vénérable se formait. La voix de Dieu, par l'organe des pontifes, révélait celui qui portait, avec le secret de ses vertus, la marque de la vocation divine. L'élu s'inclinait sous les mains qui lui imposaient le caractère sacré ; & prêt à devenir *anathème pour ses frères* (1), il s'élançait d'un pas intrépide dans la carrière. Que pouvait-il craindre? N'avait-il pas cette invincible armure de ses prédécesseurs : *Je ne puis; il n'est pas permis : Non licet; non possumus* (2)? Défiant donc toutes les tempêtes conjurées contre lui, *il s'opposait comme un mur pour la maison d'Israël* (3).

Le farouche Décius a vu dans son effroi ce trône nouveau qui, depuis plus d'un siècle, s'élève à côté du sien dans la

tenens, & Christi præcepta custodiens, occidi potest; non potest vinci. An ad hoc deponenda est catholicæ Ecclesiæ dignitas, & plebis intus positæ fidelis atque incorrupta majestas, & sacerdotalis quoque auctoritas & potestas? Quid superest quam ut Ecclesia Capitolio cedat? (Epist. 59. edit. Oxon. pag. 267).

(1) Rom. ix. 3. — (2) Act. iv. 20. Matth. xiv. 4. — (3) Ezech. xiii. 5.

ville éternelle; mais c'est en vain qu'il s'est baigné dans le sang du successeur de Pierre, « préférant, dans son aveugle
« fureur, voir s'élever contre lui un compétiteur à l'empire,
« plutôt que de revoir dans Rome ce pontife de Dieu, rival
« de sa puissance; Corneille n'en montera pas moins, avec
« une sainte audace, sur la chaire sacerdotale si glorieuse-
« ment vacante par le supplice de Fabien (1). »

L'autorité de César expire donc aux portes du sanctuaire : libre à jamais dans l'enceinte de ses temples, l'Église se fait gloire de la méconnaître. Cette sainte indépendance a fait sa force dans tous les temps, & c'est en marchant sur les traces de l'antiquité, qu'aujourd'hui encore les modernes apôtres de la Chine & du Tonkin perpétuent de si grands exemples, au milieu de tous les périls, & que, malgré les efforts du prince & de ses mandarins, l'épiscopat poursuit, dans ces lointaines contrées, son impérissable succession.

Concluons que les princes que l'Église ne compte point au nombre de ses enfants, n'ont jamais exercé la moindre influence sur le choix de ses pasteurs; que jamais elle n'a sollicité leur aveu pour constituer son sacerdoce; en un mot, que, seule libre sous les plus affreux tyrans, elle a montré d'une manière éclatante à la terre que son royaume n'est véritablement point d'ici-bas : *Regnum meum non est hinc* (2).

---

(1) Sedisse intrepidum Romæ, in sacerdotali cathedra, eo tempore cum tyrannus, infestus sacerdotibus Dei, fanda atque infanda comminaretur; cum multo patientius & tolerabilius audiret levari adversus se æmulum principem, quam constitui Romæ Dei sacerdotem.

(2) Joan. xviii. 36.

CHAPITRE V

DU PRINCE CHRÉTIEN; SES DEVOIRS.

Les empereurs embrassant la religion chrétienne, rien ne change pour cela dans l'Église. Seulement, aux autres devoirs du prince devenu chrétien, se joint celui de protéger l'Église, non comme chef, mais comme ministre extérieur, comme évêque du dehors.

OUS venons de voir l'Église, forte & glorieuse au milieu de son isolement, poursuivant avec gloire le cours de ses triomphes. La paix lui est enfin donnée; non cette paix que le céleste époux lui apporta du ciel (1), & qu'elle n'a jamais perdue, mais cette paix qui vient de la terre, & qui n'est nécessaire qu'autant que les desseins de Dieu l'ont établi. Avant d'entrer dans cette nouvelle carrière, où l'Église va se montrer donnant la main aux Césars, tournons-nous encore une fois vers ces jours de gloire qui se sont écoulés au milieu des orages.

Que vous êtes belle, ô Église, portant encore les traces de ces liens qui pourtant ne vous enchaînèrent jamais! Voilà que vous allez être revêtue de la pourpre des rois, enrichie des dons de leur munificence; mais, dites-nous, lorsque votre époux vous envoya, sans armes terrestres, sans éclat mondain, au milieu d'un monde ennemi, *vous a-t-il manqué quelque chose* (2)? N'avez-vous pas été *toute belle & sans tache* (3), *éclatante* de vertus *comme le soleil, terrible* à vos oppresseurs *comme une armée rangée en bataille* (4)? Si au milieu des hommes, vous avez couru des périls, dites-nous, ne trouviez-vous pas le repos & la sécurité au fond du sanctuaire? Que si les puissances de ce monde osèrent vous y troubler

---

(1) Joan. xiv, 27. — (2) Luc. xxii, 35. — (3) Cant. iv, 7. — (4) *Ibid.* vi, 9.

quelques instants, elles n'y vinrent après tout que pour augmenter le nombre de vos martyrs, que pour mêler, dans un sacrifice sublime, votre sang avec celui de l'Agneau. C'était là que souveraine, comme au fond des consciences, vous dictiez ces lois que nulle puissance humaine n'entravait jamais. C'était là que votre vigoureuse constitution se développait dans toute sa pureté; que, *captivant toute intelligence* (1) sous le joug de Dieu même, vous pouviez dédaigner cette protection des hommes qui ne s'exerce que sur les corps. Alors vos pasteurs étaient à vous seule, parce que vous seule les aviez conquis. N'attendant rien des hommes, dans lesquels vous ne pouviez voir que des ennemis ou des sujets, vous parliez en maître, vous étendiez vos immenses conquêtes ; & voilà qu'en peu de jours, reculant vos limites au delà des bornes de cet empire qui croyait vous étouffer, vous avez achevé la conquête des nations qui furent *données en héritage* (2) à votre Époux.

Au moment où Constantin embrassa la religion chrétienne, l'Église qui avait survécu à la persécution de Dioclétien & de Galérius, pouvait désormais s'en rapporter au temps & à la Providence. Ses destins étaient fixés, même aux yeux de la politique mondaine. Elle ne songeait pas même à faire la conquête des empereurs; ils vinrent d'eux-mêmes se rendre à elle. Elle put, sans descendre de son trône, recevoir leurs hommages, car elle aussi était reine, & certes, son empire établi si solidement au fond des cœurs, valait bien celui que les combinaisons humaines procurent pour quelques jours aux princes de la terre.

« Après ce spectacle de trois cents ans, dit Fénelon, Dieu
« se souvint enfin de ses anciennes promesses; il daigna
« faire aux maîtres du monde la grâce de les admettre aux
« pieds de son Épouse. Ils en devinrent les nourriciers, & il

---

(1) II Cor. x. 5. — (2) Psalm. ii. 8.

« leur fut donné de baiser la poussière de ses pieds. Fut-ce
« un secours qui vint à propos pour soutenir l'Église ébran-
« lée ? Non ; celui qui l'avait soutenue pendant trois siècles,
« malgré les hommes, n'avait pas besoin de la faiblesse des
« hommes déjà vaincus par elle, pour la soutenir ; mais ce
« fut un triomphe que l'époux voulut donner à l'épouse,
« après tant de victoires ; ce fut, non une ressource pour
« l'Église, mais une grâce & une miséricorde pour les
« empereurs (1). »

Voilà donc les princes devenus chrétiens. Hâtons-nous de remarquer que rien n'est changé pour cela ; quelques brebis de plus dans le bercail de l'Église ; voilà tout. Cependant des hommes se sont rencontrés, qui ont écrit que de ce jour, l'Église avait dû partager sa domination spirituelle, jusqu'alors intacte entre ses mains ; que, du moment où les princes sont entrés dans l'Église, ils se sont trouvés investis d'un pouvoir qu'ils n'avaient pas la veille ; que, dès lors, les sacrées ordonnances de l'Église ont eu besoin de la confirmation des empereurs ; qu'enfin ces hommes, encore hier assis *à la table des démons* (2), étant par la nature de leur puissance préposés aux choses extérieures, tout ce qui, dans la religion, n'est pas purement intellectuel, ressortit par là même de leur juridiction.

Doctrine impie, & qui suppose l'absence de la foi dans ceux qui ont eu le courage sacrilège de la résumer en théorie, plus encore que dans ceux qui, pour des motifs d'ambition, l'ont réduite en pratique. Elles étaient donc nulles ces promesses qui assuraient à l'Église la puissance même du Christ, promesses dont elle avait recueilli les fruits durant tant d'années ? En vain elle aurait compté sur leur fidélité jusqu'à son dernier jour ; voilà que sans aucun titre la main de l'homme lui ravirait des droits, pour l'intégrité

---

(1) Discours pour le sacre de l'électeur de Cologne. — (2) I Cor. x. 21.

desquels elle avait jusqu'alors sacrifié son sang & son repos. Les dons de Dieu ne seraient plus *sans repentir* (1), & le testament solennel d'affranchissement & de délivrance, testament confirmé par la mort du testateur (2), eût été violé, déchiré sans retour? Cette Église qui reproduit dans son unité l'image de la patrie céleste, serait réduite à porter, suivant les latitudes, les livrées si diverses de ces puissants du monde, qui jusqu'ici se sont partagé la terre; elle retracerait à la place de ses formes divines, l'ignoble copie de nos folies d'un jour & de nos révolutions. Oh! alors ne vous étonnez plus, si, dans son humiliation profonde, elle tournait sans cesse un regard douloureux vers ces jours où libre comme Dieu même, elle triomphait sous le fer des empereurs.

Non, ils n'avaient pas une âme faite pour la noblesse du catholicisme, ces théologiens infidèles, ces jurisconsultes serviles, qui composèrent tant de volumes pour appuyer leur odieux système de la supériorité de l'État sur l'Église. L'anathème lancé contre eux date des premiers jours où l'Église sentit le poids de la protection des hommes. Écoutez ces dignes évêques, nourris des traditions du siècle précédent, ces pontifes dont la jeunesse avait presque assisté aux derniers triomphes des martyrs. A la vue des témoignages du zèle & de la foi des princes néophytes, ils bénissent le Dieu *qui tient dans sa main le cœur des rois*, & l'a *incliné* (3) enfin vers la gloire de son nom. Leurs yeux consolés voient s'élever de toutes parts d'augustes basiliques, de nouveaux catéchumènes accourir, & laisser à leur solitude les sanctuaires de l'erreur; mais, dès ses premiers pas dans l'Église, la puissance séculière a mis la main à l'encensoir; elle n'a pu voir sans ombrage qu'il y eût un lieu au monde où la majesté de l'empire s'éclipsât devant l'autorité des pontifes; il faut donc rappeler à ces *dieux* de la terre (4) ce qu'ils

---

(1) Rom. xi. 29. — (2) Hebr. ix. 16-17. — (3) Prov. xxi. 1. — (4) Psalm. LXXXI. 6.

sont eux-mêmes, & ce que sont les évêques de l'Église catholique.

« Et nous aussi, s'écrie vigoureusement l'évêque de
« Nazianze, nous aussi nous exerçons un empire ; je dis
« plus, le plus noble, le plus parfait des empires ; autrement
« il faudrait dire que c'est à l'esprit de céder à la chair, au
« ciel de céder à la terre : brebis de mon troupeau sacré,
« nourrissons du grand pasteur, vous prendrez, je n'en doute
« pas, en bonne part, cette liberté (1). »

« Le tribut appartient à César ; & qui en doute ? nous dit
« saint Ambroise. L'Église est à Dieu ; on ne peut donc la
« livrer à César. Quel droit César peut-il avoir sur le temple
« de Dieu ? Et en cela je ne manque point au respect dû à
« l'empereur ; car enfin, quoi de plus honorable pour l'empe-
« reur que d'être appelé le fils de l'Église ? L'empereur est
« dans l'Église, & non au-dessus d'elle (2). »

Ainsi ont parlé tous les Pères ; ainsi parlait dans le moyen
âge un grand évêque d'Angleterre : « N'allez pas croire,
« comme beaucoup de mauvais princes, écrivait à un roi
« saint Anselme de Cantorbéry, que l'Église de Dieu vous a
« été donnée pour vous servir, comme on sert un maître ;
« mais elle vous a été confiée, comme à son avocat, comme
« à son défenseur. Ce que Dieu chérit le plus en ce monde,
« c'est la liberté de son Église. C'est donc à Dieu même
« qu'ils s'attaquent, ceux qui, loin de la servir, s'efforcent

---

(1) Imperium enim nos quoque gerimus, addo etiam præstantius & perfectius; nisi vero æquum est spiritum carni, & cœlestia terrenis cedere, sed non dubito quin hanc dicendi libertatem in optimam partem accepturus sis, utpote sacri mei gregis ovis sacra, magnique pastoris alumna. (Orat. xvii., edit. Bened., tom. I. pag. 323.)

(2) Tributum Cæsaris est, non negatur; Ecclesia Dei est, Cæsari non debet addici : quia jus Cæsaris non potest esse Dei templum. Quod cum honorificentia imperatoris nemo dictum potest negare. Quid enim honorificentius quam ut imperator Ecclesiæ filius esse dicatur; imperator enim intra Ecclesiam non supra Ecclesiam est. (Contra Auxent., edit. Bened., tom. II. pag. 873.)

« de la dominer. Dieu ne veut point d'une esclave pour « épouse (1). »

En un mot, c'est là un des points les plus saillants de la tradition chrétienne; c'est la doctrine que peu de jours avant d'être enlevé au monde, Pie VIII, naguère, proclamait du haut de la chaire apostolique. « C'est par l'institution même « de Dieu qu'elle est libre, l'Église, l'Épouse sans tache de « Jésus-Christ, & qu'elle ne peut être soumise à aucune « puissance terrestre (2). »

Mais comment accorder cette doctrine avec cette masse de faits imposants, qui semblent du consentement même de l'Église, investir les princes d'une sorte d'émanation de la puissance spirituelle? Plus d'une fois, n'a-t-elle pas hautement reconnu dans le prince le vengeur des canons, l'évêque du dehors? Plus d'une fois n'a-t-elle pas imploré son secours, & béni sa piété lorsqu'il a pris en main la cause de la foi?

Éclaircissons une question, sans la solution de laquelle, dans les principes de l'Église, l'histoire demeure inexplicable, & sachons saisir la vérité au milieu des nuages dont les hommes ont cherché à l'obscurcir.

Le divin législateur, venant en ce monde pour réparer l'œuvre de la création tombée dans la confusion par le péché, ne s'est pas seulement proposé de rétablir l'ordre primitif dans l'individu, de rendre à Dieu sa place dans le cœur & dans l'intelligence de l'homme, de soumettre l'esprit à la chair dans la personne du chrétien régénéré. Il est venu pareillement

---

(1) Ne putetis vobis, sicut multi mali reges faciunt, Ecclesiam Dei quasi domino ad serviendum esse datam; sed sicut advocato & defensori esse commendatam. Nihil magis diligit Deus in hoc mundo quam libertatem Ecclesiæ suæ. Qui ei volunt non tam prodesse quam dominari, procul dubio Deo probantur adversari. Liberam vult esse Deus sponsam suam, non ancillam. (Epist. ad Balduinum reg. Jerus. Edit. Bened., pag. 429)

(2) Libera est, institutione divina, nullique obnoxia terrenæ potestati, intemerata Sponsa immaculati agni Christi Jesu. (*Litteræ apostolicæ ad episcopos provinciæ Rhenanæ, 30 junii 1830*)

au secours de la société livrée, mais sur une échelle immense, aux mêmes désordres qui dévastaient l'âme humaine. Il s'est proposé de rétablir le règne de Dieu dans ce monde visible, de relever la domination de l'esprit sur la matière. L'homme devait être chrétien : la société devait l'être aussi. Jusqu'au jour où le monde entier eut accepté la loi de justice & de vérité, le christianisme fut chose privée, au fond du cœur des fidèles. Durant cet intervalle, l'individu chrétien, isolé au milieu du monde, ne pouvait opposer que la force de sa conscience à la loi matérielle de ses oppresseurs. Ne tenant à la terre par aucun lien que sa religion eût formé, longtemps il se considéra comme un exilé du ciel, & n'attendit que l'instant favorable pour s'envoler vers cette patrie, dont il n'entrevoyait pas même l'ombre dans la société humaine.

Le jour enfin arriva où les plans de la Sagesse incarnée devaient recevoir leur entier développement, où le genre humain transformé en un immense troupeau devait vivre sous la houlette de *l'unique pasteur* (1). Déjà, le génie conquérant du christianisme était parvenu à réunir dans les liens de la foi les nations les plus éloignées, moins leurs rois. Dieu enfin appelle ces derniers. Alors se forme d'elle-même une vaste confédération qui embrasse l'univers. En vain, le monde romain va se subdivisant; en vain, de nouveaux peuples accourent du Nord, toutes ces parties hétérogènes viennent se perdre dans l'unité de la *Société chrétienne*. Ennemis & divisés sur la surface du globe, les princes se retrouvent frères dans cette immense famille; les nations rivales se donnent la main sur le seuil du temple. C'est alors que la *vérité* & la *justice* règnent sur le monde (2); le droit des gens se développe & se perfectionne, interprété qu'il est par une autorité infaillible & commune. Les prophéties sont accomplies, le règne du Christ-Roi commence,

(1) Joan. x. 16. — (2) Psalm. LXXXIV. 12.

le ciel à la vue d'un si magnifique spectacle n'a qu'un cri : *Gloire à Dieu, paix aux hommes* (1).

La fin de la création était donc obtenue; cet état de perfection que la société ne cesse de poursuivre, lors même qu'elle croit s'en éloigner, parce que sans le savoir elle obéit à la loi de son existence, cet état allait se consolider; pourquoi faut-il que le monde en ait à peine joui quelques jours! L'esprit pervers n'a pu voir, sans trembler pour son empire, la société ainsi enchaînée au bonheur par la justice. Pour renverser le chef-d'œuvre de Dieu, cette fois encore, il s'est adressé à l'orgueil. « Et vous aussi, a-t-il dit aux rois de la « terre, & vous aussi vous serez des dieux; vous devez « l'être. Cette puissance spirituelle qui seule prétend connaître « le bien & le mal, la vérité & l'erreur, elle est votre enne- « mie; devenez semblables à elle. » Alors une réaction commence, dans l'Orient d'abord, contre le principe vital du christianisme. Le prince se met à la place du pontife. De ce moment la vérité s'apprête à fuir des contrées où on la méconnaît au point de l'enchaîner au caprice de l'homme.

Ni la science, ni la vertu, ni la sainte liberté des Athanase, des Basile, des Ignace ne sauraient la retenir. Un clergé servile tombe peu à peu dans le dernier degré de l'avilissement. Modifiée sans cesse, suivant les idées du prince, la religion n'est bientôt plus qu'une ombre douteuse & chancelante; enfin lorsqu'il ne reste plus rien à ajouter à la sacrilège complaisance des prélats du Bas-Empire, Dieu va chercher un muphti & lui permet de s'asseoir sur le trône du patriarche de la nouvelle Rome.

Plus vigoureuse, & moins entravée en Occident, l'âme de la société, l'Église se développe d'une manière complète & préside au bonheur & à la félicité des peuples (2). Assez forte pour ne rien craindre des passions de ceux qui ont foi

---

(1) Luc. II, 14.
(2) La chrétienté était devenue comme une république chrétienne dont le Pape était le chef. (Fénelon, Plan de gouvernement, tome XXII, page 584)

en elle, on la voit marcher d'un pas ferme à la tête des générations, jusqu'à ce que, par un délire d'orgueil, qui enivre le monde depuis trois siècles, Dieu chassé de l'intelligence humaine, est par contre-coup mis hors de la société, qui reste entre les mains de la force. La Religion alors rentre dans la famille, dans l'individu, & si, poursuivie par de chers & glorieux souvenirs, elle tente encore quelques alliances avec un pouvoir qui se fait gloire d'être affranchi de sa direction, elle éprouve toutes les humiliations d'une reine détrônée & réduite aux accommodements.

Or, tant que dura la Société chrétienne, depuis le jour auquel elle commença de se former, jusqu'à ce moment où elle expire dans la plupart des États de la chrétienté, ne conservant plus qu'une ombre d'elle-même dans les autres, des rapports particuliers existèrent entre la souveraineté & l'Église. Ces rapports qu'il est important de bien apprécier, étaient de la même nature, proportionnellement, que ceux qui existent entre l'Église & le dernier de ses enfants : je m'explique.

Qu'est l'Église pour le chrétien? Une mère qu'il doit honorer, une maîtresse qu'il doit servir, une reine à laquelle il doit respect & obéissance. Il voit en elle la fin de la création, le terme des opérations divines, le corps mystique du Sauveur. Aussi lui est-il ordonné de travailler, suivant ses moyens, à l'étendre, à la propager, à la défendre; en travaillant pour l'Église, il accomplit ses obligations à l'égard de Dieu, dont elle est l'Épouse chérie.

Qu'est l'Église pour le prince? Tout ce qu'elle est pour le simple fidèle; il lui doit le même hommage, la même obéissance, les mêmes secours. Mais remarquez bien que ce que le simple fidèle doit à l'Église comme particulier, ce que le fidèle acquitte par l'obole de son superflu, par la prière dans laquelle il demande à Dieu la *sanctification de son nom*(1),

---

(1) Matt. vi. 9.

le prince, dans la Société chrétienne, le doit avec les moyens que Dieu lui a mis entre les mains. Il ne s'acquitterait pas à l'égard de l'Église, s'il ne la servait que comme la servent ses sujets (1). *Ce n'est pas en vain qu'il porte le glaive* (2); il doit donc soutenir & venger même celle qui est sa mère & sa souveraine. Telle est la doctrine de l'antiquité, la parole des Pères & des Conciles. « Prince, écrivait saint Léon à un « empereur d'Orient, puisque Dieu a daigné vous éclairer de « la lumière de ses mystères, apprenez que la puissance « royale vous a été donnée, non seulement pour le gouverne- « ment du monde, mais bien plus encore pour la défense de « l'Église (3). »

Toutefois que le prince n'oublie pas que ce n'est point un droit qu'il vient d'acquérir, mais un *devoir* qu'il vient de contracter, en embrassant le christianisme.

Le voilà établi, non le chef, mais le ministre de l'Église; l'évêque, mais l'évêque du dehors. Les règles ecclésiastiques ont été établies sans lui; elles continueront de tirer toute leur force de cette puissance invincible qui a brisé l'orgueil des Césars. Le prince recevra le droit de protéger ces canons qui l'obligent lui-même; mais c'est un honneur que l'Église lui offre, & non une servitude qu'elle accepte. La puissance royale, dans la République chrétienne, prendra les ordres de

---

(1) Habent ergo reges, excepta humani generis societate, eo ipso quo reges sunt, unde sic Domino serviant, quomodo non possunt qui reges non sunt. (S. Aug., contra litter. Petiliani. lib. IX., edit. Bened. tom. IX., pag. 282., n. 210)

In hoc enim reges, sicut eis divinitus præcipitur, Deo serviunt, in quantum reges sunt, si in suo regno bona jubeant, mala prohibeant, non solum quæ pertinent ad humanam societatem, verum etiam quæ ad divinam religionem. (Contra Crescon. Donatist. lib. III., n. 56, pag. 464, tom. IX.)

(2) Rom. XIII. 4.

(3) Cum enim clementiam tuam Dominus tanta sacramenti sui illuminatione ditaverit, debes incunctanter advertere regiam potestatem tibi non solum ad mundi regimen, sed maxime ad Ecclesiæ præsidium esse collatam. (Epist. 156, edit. Ballerini, Venetiis, 1753, p. 1323)

l'Église dans les matières religieuses & tiendra à gloire son obéissance (1).

C'est ce qu'enseigne si courageusement Bossuet lui-même, dans un livre écrit pour l'éducation du fils de Louis XIV. « Partout ailleurs la puissance royale donne la loi & marche « la première en souveraine; dans les affaires ecclésiastiques « elle ne fait que seconder & servir; dans les affaires non « seulement de la foi, mais de la discipline ecclésiastique, à « l'Église la décision, au prince la protection, la défense, « l'exécution des canons (2).

En entrant dans l'Église, les empereurs, outre les erreurs du paganisme, eurent un titre solennel à abjurer, celui de souverains pontifes. Comme dans les états où, de nos jours, l'Église a cessé d'être souveraine, si elle ne se sépare pas totalement du pouvoir, elle subit tôt ou tard le joug de l'esclavage : de même la politique de ces temps mettait dans les mêmes mains le sceptre & l'encensoir. Du jour où les Césars se présentèrent pour être admis au rang des fidèles, ils vinrent déposer aux pieds des évêques leur sacrilège pontificat; on vit disparaître ce titre de leurs médailles, de leurs trophées, des monuments publics où jusqu'alors joint à des noms flétris par l'histoire, il n'attestait que l'abrutissement des peuples (3).

L'Église enfin voulut qu'avant d'exercer leur ministère de protection, les princes connussent par eux-mêmes que sans eux elle pouvait se maintenir; que si quelquefois elle devait les appeler à son secours, ce n'était point qu'elle plaçât en eux ses espérances (4), mais bien plutôt pour leur fournir l'occasion d'accomplir un devoir & resserrer les liens de la

---

(1) Ut nostro auxilio suffulti, famulante ut decet potestate nostra, exercere valeatis. (Lud. Pii capitul. ann. 823, Baluze tom. I., pag. 634)
(2) Politique sacrée, œuvres complètes, édit. Lebel, tom. XXXVI.
(3) Pagi, crit. Baronii, tom. I.
(4) Nec speramus in principibus, sed quantum possumus, principes admonemus

concorde ; que dans ses plus grandes détresses, dans ses plus rudes épreuves, Dieu ne permettrait jamais qu'elle fût abattue au point d'être inévitablement réduite à recourir aux puissances de la terre (1). « Enfin, dit encore Bossuet, elle
« ne craint point de leur dire que parmi leurs plus grandes
« libéralités, ils reçoivent plus qu'ils ne donnent, & pour
« nous expliquer nettement, qu'il y a plus de justice que de
« grâce dans les privilèges qu'ils lui accordent (2).

Résumons cette doctrine par ces belles paroles de Fénelon qui renferment tout l'esprit de l'antiquité : « L'évêque du
« dehors ne doit jamais entreprendre la fonction de celui du
« dedans. Il se tient, le glaive à la main, à la porte du
« sanctuaire, mais il prend garde de n'y entrer pas. En
« même temps qu'il protège, il obéit ; il protège les décisions,
« mais il n'en fait aucune. A Dieu ne plaise que le protecteur
« gouverne, ni prévienne jamais en rien ce que l'Église
« réglera ! Il attend, il écoute humblement, il croit sans
« hésiter, il obéit lui-même, & fait autant obéir par l'autorité
« de son exemple que par la puissance qu'il tient dans ses
« mains. Mais enfin le protecteur de la liberté ne la diminue
« jamais. Sa protection ne serait plus un secours, mais un
« joug déguisé, s'il voulait déterminer l'Église au lieu de se
« laisser déterminer par elle. Quelque besoin que l'Église ait
« d'un prompt secours contre les hérésies & contre les abus,
« elle a encore plus besoin de conserver sa liberté. Quelque
« appui qu'elle reçoive des meilleurs princes, elle ne cesse
« jamais de dire avec l'Apôtre : Je travaille jusqu'à souffrir

---

ut in Domino sperent, & si aliquid a principibus pro utilitate Ecclesiæ petimus, non in eis tamen speramus. (S. Aug. contra litter. Petil. lib. II. n. 224 p. 285, tom. IX. edit. Bened.)

(1) Nollem quidem in his afflictionibus esse Africanam Ecclesiam constitutam, ut terrenæ ullius potestatis indigeret auxilio. (S. Aug. ad Donatum. epist. 100, n. 1, pag. 269, tom. II.)

(2) Panég. de S. Thomas de Cantorbéry.

« les liens comme si j'étais coupable, mais la parole de Dieu
« que nous annonçons n'est liée par aucune puissance
« humaine (1). »

Avant d'entrer dans les graves questions qui vont nous occuper, il était nécessaire d'exposer au grand jour la nature de cette influence accordée par l'Église aux princes *chrétiens* dans les choses de la religion. Indépendamment des principes incontestables que nous avons établis, nous n'avons pas négligé de montrer quelle fut sur ce sujet la doctrine de deux des plus grands évêques de l'Église gallicane. Les noms de Bossuet & de Fénelon seront une garantie imposante, au moins pour ceux que l'autorité de la tradition n'aurait pas entraînés. Sans doute, dans l'application que nous ferons de ces principes avec l'histoire, dans les limites de notre sujet, nous aurons plus d'une fois l'occasion de remarquer qu'ils ont été méconnus; mais est-ce bien aujourd'hui qu'il est nécessaire de prouver aux hommes que des *faits*, quelque graves & nombreux qu'ils puissent être, ne sauraient abolir un *droit*.

CHAPITRE VI.

CONCORDE DU SACERDOCE & DE L'EMPIRE, CONSIDÉRÉE SPÉCIALEMENT DANS LES ÉLECTIONS.

Alors s'établit la concorde du sacerdoce & de l'empire, concorde maintenue plus ou moins constamment, suivant que la piété ou l'ambition des princes a pris le dessus. Elle consiste en ce que l'Église sollicite du prince une sanction extérieure pour les décrets de foi ou de discipline, & en retour, s'engage à favoriser la puissance séculière dans l'exercice de ses droits légitimes. Ainsi, pour assurer les élections contre les violences & l'intrigue, l'Église a désiré que le prince y

---

(1) Discours pour le sacre de l'électeur de Cologne.

intervînt par droit de protection ; & pour maintenir l'alliance entre les deux pouvoirs, elle a permis que l'on eût égard, dans les élections, aux désirs du prince, en observant de ne pas élire un sujet qui lui fût odieux.

POUR donner à ses propres actes une sanction extérieure & pour s'accommoder à la faiblesse des hommes qui aiment à retrouver dans leur religion cet éclat sensible qui en impose à la multitude, l'Église consentit à emprunter le secours & l'appareil de la seconde Majesté. Mais, toujours grande & toujours généreuse, elle ne voulut pas demeurer en retard envers ceux qui lui prêtaient leur appui. Non contente d'imprimer au prince *chrétien* le sceau vénérable d'une consécration divine, elle voulut à force de faveurs & de prérogatives cimenter la concorde si désirable du sacerdoce & de l'empire. Elle qui est occupée sans cesse à *se faire toute à tous* (1) à l'égard des simples fidèles, pouvait-elle se montrer réservée à l'égard de ses protecteurs? De là tant de privilèges, de droits d'acceptation & de confirmation dont les annales de la jurisprudence ecclésiastique sont remplies, & qui attestent bien haut pour tout homme de bonne foi que l'Église, attentive uniquement *à chercher le royaume de Dieu & sa justice* (2), ne songea jamais à établir sa propre domination sur les ruines de celle de César. Que de fois avant de porter ses lois, elle consulta avec bonté les dispositions des princes! Que de fois elle en suspendit ou en arrêta l'exécution pour le bien de la paix! Que de fois elle daigna respecter des coutumes & des convenances auxquelles elle avait si pleinement le droit de déroger! Mais, comme son Époux, *elle n'achève point de rompre le roseau déjà brisé; elle n'éteint point la mèche qui fume encore* (3). Pleine de confiance dans ceux qui lui témoignent une bienveillance dont elle espère profiter pour le salut de ses enfants, ce n'est pas elle qui

(1) I Cor. ix. 22. — (2) Matth. vi. 33. — (3) Isai. xlii. 3.

emploie les moments du calme à forger en silence des armes perfides; *simple comme la colombe* (1), elle ne connaît point cette défiance qui fait qu'on aime comme si on devait haïr un jour. Souvent elle a été trompée; souvent elle s'est écriée dans le langage naïf & tendre du prophète : *J'ai nourri des enfants; je les ai exaltés, & ils m'ont méprisée* (2), & ils ont tourné contre moi mes bienfaits. Longtemps les siècles déposèrent contre son indulgence, longtemps son inaltérable charité lutta contre l'orgueil & la duplicité; ce n'est qu'après avoir perdu toute espérance qu'elle s'éloigne, emportant avec elle ces dons & ces grâces si inutilement prodigués par sa main maternelle.

De toutes les matières ecclésiastiques, l'une des plus graves & celle à laquelle les princes ont dans tous les temps attaché la plus grande importance, c'est sans contredit l'élection des évêques. Nous avons prouvé plus haut que dans aucun cas l'Église ne pouvait reconnaître l'ombre même d'un droit à l'autorité séculière dans des questions si intéressantes pour la foi & la morale; mais du moment que les peuples, non moins étrangers que les princes à la hiérarchie, étaient appelés à faire connaître leur vœu, à donner leur acceptation, était-il juste que les princes, dans la personne desquels la société tout entière est représentée, continuassent d'être mis à l'écart maintenant qu'ils se glorifiaient du caractère de chrétien plus encore que du titre de César? Ces choix, si importants pour la bonne harmonie entre les deux cités, n'avaient-ils pas une sorte de droit à n'y pas rester étrangers? N'était-il pas convenable que le pontife élu ne fût point un homme odieux à celui qui hors du temple se retrouvait son souverain? Enfin les tumultes scandaleux auxquels à cette époque la part accordée au peuple dans les élections ne donnait lieu que trop souvent, n'appelaient-ils

---

(1) Matth. x. 16. — (2) Isai. I. 2.

pas naturellement l'attention & l'active sollicitude du protecteur des canons, du vengeur de la discipline?

Telle est la force des choses. Nulle part il ne fut écrit que les princes exerceraient une influence quelconque sur les élections; cependant, dès les premières années qui suivirent la paix de l'Église, cette intervention jusqu'alors inconnue s'exerça tout à coup, tolérée par l'Église, invoquée même quelquefois.

Notre but n'est point ici de donner l'histoire complète des élections ecclésiastiques; nous tâcherons seulement d'en saisir quelques traits principaux, autant qu'il nous sera nécessaire, pour démontrer que, dans cette matière comme dans toutes celles où l'Église a permis ou sanctionné l'intervention des princes, elle a su concilier la plus inviolable fidélité pour le dépôt confié à sa garde avec la plus généreuse condescendance.

Ainsi, elle avait besoin d'environner ses choix du respect des peuples; elle accepta les secours qu'on lui offrait pour les maintenir, prévenant ainsi dès leur source de grands scandales & de grands malheurs. En retour, elle permit que dans les élections on eût égard aux désirs de celui qui s'en déclarait le protecteur-né : son indulgence alla même quelquefois jusqu'à souffrir que l'élection demeurât comme suspendue tant que le prince n'avait pas déclaré qu'il n'y voyait pas d'obstacles. Concessions pleines de franchise, confiées à la bonne foi des princes, trop tard peut-être résumées dans des traités formels. Pleine de cet *esprit qui vivifie* (1), l'Église voyait du même œil le sujet présenté d'abord par le prince, mais librement accepté par les pontifes électeurs, & celui dont le nom sorti du sanctuaire n'avait obtenu l'assentiment du souverain qu'après avoir été proclamé aux pieds des autels. En un mot, sans arrière-pensée comme sans faiblesse

---

(1) Joan. vi. 64.

jamais elle n'arrêta le cours de ses saintes complaisances, tant qu'elle put croire à la droiture de ses rivaux.

Car sachez-le bien, & la suite de tout ceci le montrera d'une manière éclatante, dès l'instant que la liberté des élections a semblé succomber sous une pression déguisée, l'Église s'est levée comme un lion, prête à *combattre les combats du Seigneur* (1). Dans l'intérêt de la paix publique, elle pouvait consentir à bien des choses ; jamais à l'esclavage. Empruntant les anathèmes des prophètes, elle a dit aux rois de la terre : « Voici ce que dit le Seigneur Dieu : Arrêtez, « princes d'Israël, cessez le cours de vos usurpations ; soyez « justes & séparez vos frontières de celles de mon peu- « ple (2). » Elle leur a déclaré combien grande & coupable serait leur erreur, s'ils osaient assimiler les sublimes fonctions de l'épiscopat à celles qu'on remplit dans les cours & dans les armées des rois ; que, dispensatrices des emplois périssables de l'État, leurs mains devenaient impuissantes à distribuer des faveurs qui ne sont point de leur domaine. Elle a dit à ces maîtres du monde par l'organe imposant du grand Bossuet : « Jésus-Christ, qui est votre roi, ne tient « rien de vous, & son autorité vient de plus haut. Vous « n'avez naturellement non plus le droit de lui donner des « ministres que de l'établir lui-même votre prince. Ainsi ses « ministres, qui sont vos pasteurs, viennent de plus haut « comme lui-même, & il faut qu'ils viennent par un ordre « qu'il ait établi. Le royaume de Jésus-Christ n'est pas de ce « monde, & la comparaison que vous pouvez faire entre ce « royaume & ceux de ce monde est caduque. En un mot, la « nature ne vous donne rien qui ait rapport avec Jésus-Christ « & son royaume (3). »

Enfin, elle s'est réunie pour leur déclarer, à eux comme à

---

(1) I Reg. xviii. 17. — (2) Ezech. xlv. 9.
(3) Histoire des variations, liv. xv, n. 120.

leurs peuples, que, *ni leur consentement, ni leur vocation, ni leur autorité ne font les évêques; que celui qui ne serait entré dans la bergerie que par la porte de la puissance séculière, elle le considèrerait comme un faux pasteur, comme un usurpateur coupable* (1).

Après avoir reconnu ces principes & déterminé la ligne dans laquelle doit s'exercer l'influence des princes chrétiens sur les élections, nous nous arrêterons quelques instants à contempler les nobles efforts de plusieurs grands princes dont l'Église chérit la mémoire, & qui s'appliquèrent de tout leur pouvoir à procurer l'exécution fidèle des canons. Nous jetterons ensuite un coup d'œil sur les travaux des saints doĉteurs, des conciles & des papes, pour l'affranchissement des élections menacées dans le monde entier.

CHAPITRE VII.

RESPECT RELIGIEUX DES PRINCES CHRÉTIENS POUR LA LIBERTÉ DES ÉLECTIONS.

Les princes pieux, tout en acceptant le droit de protection & d'agrément que l'Église leur confère, maintiennent avec zèle la liberté des élections : témoin la belle conduite de Théodose, de Valentinien, d'Arcadius, de Charlemagne, de Louis le Pieux, de Charles le Chauve, des trois Othon, de saint Henri & de saint Louis.

QU'ILS apparaissent rares dans l'histoire des siècles, ces princes dont l'âme forte & généreuse vit sans ombrage la pacifique domination de l'Église, ces monarques chrétiens qui consacrèrent leur sollicitude à la dégager de ses nombreuses & pesantes

---

(1) Conc. Trid. Sess. XXIII. cap. IV.

entraves & accomplirent sans défiance l'ensemble de leurs devoirs à son égard! A peine la religion chrétienne fut devenue celle des souverains qu'on vit s'organiser contre sa liberté une vaste conspiration qui dure encore. Jalouse de la suprême judicature de l'Église, une race s'éleva à l'ombre du palais des rois, protégée de l'appui du trône, douée de la plus grande puissance de rivalité. Conciliant à force d'astuce le dévouement absolu aux caprices du pouvoir avec un immense amour de domination, la jurisprudence civile prit position contre l'Église dès les premiers jours. Toujours prêts à mettre en avant le grand nom des Césars, *les gens du roi* furent de droit les ennemis *des gens de l'Église*. Refoulée bien en deçà des limites de ses propres domaines, l'Église, à les entendre, n'avait de droits qu'au fond des cœurs. Par le plus perfide des sophismes il fut décidé dans mille arrêts que le monde visible appartenait au prince, & le monde invisible à l'Église sous la surveillance du prince, attendu que l'Église est dans l'État. Ce raisonnement impie qui a pour but de soumettre Dieu à César, puisqu'enfin Dieu est en ce monde & par sa présence & par son opération & par l'action de son Église, se répéta sous toutes les formes, suivant les divers dialectes de la cour & du palais, & finit par résumer tous ses développements dans l'acte à jamais flétri comme organisant l'esclavage de la société dans ce qu'elle a de plus libre, sous le nom de *Constitution civile du clergé*.

Certes, dans l'histoire des temps il y a bien loin de ce courtisan Rufin qui supplie tendrement son maître de ne pas abaisser ses lauriers aux pieds d'un évêque, de ce préfet Modeste qui, dans le ravissement de la commission qu'il a reçue de la cour, pense qu'un évêque se prend comme les derniers du peuple, à ces parlements, alliés naturels de l'hérésie, toujours prêts à se rapprocher du trône pour opprimer l'Église; à cette triste génération d'avocats qui traîne encore aujourd'hui sa haine aveugle & sa présomptueuse ignorance sur les traces de ces vieux champions de l'absolutisme; mais qu'on ne s'y méprenne pas, la même pensée domine au fond de tout cela; le même système se poursuit, toujours conséquent à lui-même, mais plus ridicule encore qu'odieux, aujourd'hui que par la dissolution de la *Société chrétienne* l'Église tend à rentrer dans son état primitif, & renonce à protéger un pouvoir qui la dédaigne (1).

Cependant il s'est trouvé des princes qui ont mis leur gloire à défendre l'indépendance de l'Église; qui dans leur sainte délicatesse n'ont accepté l'influence qu'elle leur offrait qu'après ses longues & pressantes sollicitations; qui en un mot se sont montrés dignes de l'honorable tutelle qui leur était confiée. Chers à jamais à l'épouse de Dieu, leurs noms inscrits dans sa reconnaissance auront une mémoire immortelle.

Après avoir durant vingt années souillé le siège épiscopal de Milan, l'arien Auxence s'est vu arrêté par la mort au milieu de ses sacrilèges projets. Délivrés du joug de l'erreur, le peuple catholique respire enfin, & ses vœux appellent un pasteur fidèle qui puisse guérir tant de maux. Réunis pour l'élection, les pontifes tremblent de voir encore une fois la violence triompher de la justice. Mais Dieu veillait au salut de cette grande Église. Il avait mis dans le cœur de Valentinien l'amour de la vraie foi & le zèle de la religion. Ce pieux empereur mande les évêques à sa cour & leur tient ce langage, où éclate la noble franchise du monarque chrétien :

(1) Voir les circulaires de M. de Broglie pour l'exécution des mesures du 16 juin 1828; celles de M. Mérilhou sur le son des cloches & le nombre des cierges, les jours de fêtes supprimées; l'ordonnance de ce ministre sur les degrés en théologie; la circulaire de M. Barthe aux sacristains du royaume, concernant l'eau tiède; enfin par dessus tout cela, les essais de liturgie officielle dont l'application se poursuit docilement d'un bout de la France à l'autre, en dépit des règles du chant & des plus anciens usages. La place me manque pour oser aborder le chapitre de M. de Montalivet, quatrième évêque *du dehors,* depuis le 7 août 1830.

« Nourris dans l'étude des saintes lettres, leur dit-il, vous
« savez quel homme doit être celui qu'on élève au suprême
« honneur du sacerdoce. Vous n'ignorez pas que non seule-
« ment sa doctrine, mais sa vie même, doivent être dignes
« d'être proposées pour modèles à son troupeau; que,
« décorée de toutes les vertus, sa conduite doit déposer de
« la pureté de sa foi. Placez donc sur le siège épiscopal un
« homme de ce mérite, afin que nous, qui administrons
« l'empire, nous puissions du fond de notre cœur nous
« soumettre à lui, & recevoir ses réprimandes que notre
« humaine faiblesse mérite trop souvent, comme des remèdes
« salutaires à notre âme (1). »

Ravis d'entendre énoncer de si beaux sentiments, les évêques espèrent avoir trouvé le moyen de se décharger sans péril pour leur conscience d'une affaire que les circonstances rendent si difficile. Ils osent supplier l'empereur de choisir lui-même ce pasteur dont il comprend si bien les devoirs. « Non, répond Valentinien; ce que vous me deman-
« dez est au-dessus de mes forces; mais vous qui êtes pleins
« de la grâce céleste, qui communiquez avec la Divinité même,
« ce ministère vous appartient (2). »

Pleins d'un nouveau courage, les évêques osent affronter les flots tumultueux du peuple qui s'agite dans la basilique. A peine en ont-ils franchi le seuil que Dieu vient à leur

---

(1) Imperator, accersitis episcopis, ita locutus est : Nostis utique utpote divinis litteris innutriti, qualem oporteat esse eum cui honor sacerdotii defertur. Quodque non doctrina solum, sed etiam vita subditos informare debeat, seque illis velut exemplar omnium virtutum proponere, & bonam conversationem doctrinæ suæ testem habere. Ejusmodi igitur virum in pontificali cathedra nunc collocate, ut nos quoque qui imperium administramus, sincere atque ex animo caput ei submittamus, ejusque reprehensiones, tanquam salutarem medicinam suscipiamus : homines enim cum simus, sæpius labamur necesse est. (Theodoret. Hist. lib. IV. cap. vi. edit. Vales.)

(2) At ille : Majus est, inquit, viribus meis istud negotium; vos vero qui divina gratia repleti estis, & qui divinum illud numen hausistis, melius electuri estis.

secours d'une manière éclatante. C'est la voix d'un enfant qui déjoue les projets de l'hérésie. Ambroise est proclamé évêque & son nom répété par les deux partis promet à la vérité de nombreux triomphes. Longtemps l'élu résiste à l'honneur que le Ciel même lui envoie; longtemps sa résistance inquiète la sollicitude des pontifes. Bientôt ils ne trouvent plus d'espoir que dans le zèle de Valentinien. Ils courent donc au palais, & là conjurent l'empereur d'employer son influence à fléchir les répugnances d'Ambroise; ils le supplient d'apposer le sceau de son autorité protectrice à cette élection si évidemment divine. En résistant plus longtemps, Valentinien aurait cru se refuser à l'ordre de Dieu : il parle en souverain, & le siège de Milan est enfin rempli pour la consolation de l'Église.

Voilà le prince véritablement chrétien, qui voit dans les affaires ecclésiastiques, non les misères de la politique mondaine, mais toute la grandeur de l'œuvre de Dieu. Pour s'assurer des flatteurs complaisants jusqu'aux portes mêmes du temple, nous verrons d'autres princes porter une main audacieuse sur les élections; tel n'est point Valentinien. A peine depuis quelques jours Ambroise est monté sur la chaire épiscopale que déjà celui-là même qui l'y a fait asseoir est l'objet des réprimandes de son zèle. L'empereur ne s'irrite point de cette liberté, que déjà de vils courtisans cherchent à flétrir du nom d'orgueilleuse ingratitude. « Je connaissais « depuis longtemps, dit-il au nouveau pontife, cette sainte « liberté qui vous anime. Elle ne m'a pas empêché de « sanctionner votre ordination, bien loin de me porter à la « contredire. Continuez donc, comme le veut la loi de Dieu, « d'apporter le remède aux misères de nos âmes (1). »

(1) Hanc tuam libertatem jampridem cognitam habebam, sed licet eam probe nossem, non solum non contradixi, imo assensum præbui ordinationi tuæ. Proinde delictis animarum nostrarum medicinam adhibe, quemadmodum divina lex præcipit. (Ibid., p. 158.)

Poursuivi sans relâche par la haine & l'envie, depuis qu'il s'est vu contraint d'accepter le siège de la ville impériale, Grégoire le Théologien descend de lui-même les degrés du trône épiscopal, désirant achever dans la solitude les restes d'une vie abreuvée de dégoûts & de contradictions. Il est déjà loin, & les passions grondent encore, & elles menacent de troubler le pontificat de son successeur. Quel homme pourra donc imposer silence aux tempêtes, & ménageant des intérêts si divers, assoupir peu à peu l'agitation des flots populaires ? La Providence a désigné Nectaire. Mais ce vieillard est encore inscrit au rang des laiques ; qui osera l'y aller chercher ? Qui osera briser ainsi les espérances, les ambitions qui s'agitent de toutes parts ? Non moins zélé que Valentinien, Théodose viendra au secours de l'Église ; il ne craindra point de prendre sur lui la responsabilité d'un pareil choix. Dans l'assemblée des évêques, il se lève & propose sans hésiter Nectaire. Quelques voix se font entendre qui blâment une action irrégulière, il est vrai, dans sa forme ; mais bientôt l'assentiment le plus unanime accueille cette protection inespérée. On se rappelle la fermeté avec laquelle le prince orthodoxe a jusqu'ici résisté aux prétentions de l'ambitieux Maxime, le zèle qu'il avait montré naguère pour maintenir Grégoire sur le trône où le suffrage des évêques l'avait placé, heureux de pouvoir prêter l'appui de son bras à l'œuvre de Dieu. A ces traits, le concile reconnaît la conduite du Dieu de la paix; & les dissensions viennent expirer aux pieds du trône de Nectaire.

Dans leur joie les évêques rendent compte au pape saint Damase & aux évêques d'Occident de ce mémorable évènement. Ils veulent leur apprendre que, bien que l'impulsion soit venue de l'empereur, les décrets de Nicée qui attribuent l'élection aux évêques n'en ont pas moins été fidèlement observés. « Nous venons, disent-ils, d'arracher l'Église de Cons-
« tantinople des mains de l'hérésie, en établissant Nectaire

« évêque de ce siège dans le concile universel, du consente-
« ment de nous tous, *en présence de Théodose très religieux
« empereur,* avec le suffrage de tout le clergé & de tout le
« peuple(1). »

Ainsi tous y avaient concouru avec les évêques, & l'empereur, & le peuple, & le clergé. Heureux siècle, où l'on n'avait point encore senti le besoin de circonscrire dans ses justes limites le pouvoir de chacun!

Nectaire n'est plus; le siège de la cité de Constantin est encore une fois disputé par l'intrigue. « Les uns assiègent
« les portes du palais, les autres implorent à genoux la
« faveur populaire. Indigné de tant de bassesse, le peuple
« fidèle court aux pieds de l'empereur & sollicite de sa piété
« un pasteur digne de le conduire(2). » Arcadius a entendu parler de Jean, prêtre d'Antioche, surnommé Chrysostôme. Il apprend que les vœux réunis du clergé & du peuple appellent sur la chaire de Constantinople cet homme puissant en œuvres & en paroles. L'empereur donne des ordres pour qu'il soit amené dans une ville qui le demande à grands cris; & pour l'établir évêque de la nouvelle Rome, il convoque un synode de pontifes auxquels il laisse le soin de proclamer son élection(3).

(1) De administratione autem singularum ecclesiarum, cum vetus, uti nostis, lex obtinuit, tum sanctorum patrum in concilio Nicæno decisio, ut videlicet singularum provinciarum antistites, una cum finitimis episcopis, (modo ipsis ita visum fuerit), ad ecclesiarum commodum habeant ordinationes. Unde Ecclesiæ Constantinopolitanæ recens, ut ita dicam, ædificatæ, quamque ex hæreticorum blasphemia tanquam ex ore leonis per misericordiam Dei nuper eripuimus, reverendissimum, Deoque dilectissimum Nectarium, in concilio generali, communi omnium consensu, præsente Theodosio imperatore religiosissimo, totius denique cleri totiusque civitatis suffragiis, episcopum constituimus. (Epist. synod. Labb. tom. II, pag. 964.)

(2) Viri sacerdotalis quidem ordinis, sed nihil habentes dignum sacerdotio, dum meritis diffidunt suis, pontificis solium electione fidelium adipisci desperantes, partim palatii obsident fores; alii munera potentibus tribuunt, alii populis, genu posito, supplicant. Ad hæc plebs fidelis indignans, regem pia intentione sollicitat, pastorem peritum sibi dari suppliciter postulans. (Pallad. Vit. S. Joann. Chrys.)

(3) Quod cum populus & clerus uno consensu decrevissent, imperator quoque

Ainsi tout se fait dans la liberté; la puissance séculière n'y paraît que pour la maintenir. Ainsi se réalisait cet accord, fondé sur le zèle de la discipline; accord si rare depuis, mais néanmoins toujours possible. Au reste, l'influence des empereurs sur les élections ne s'exerçait guère que dans les villes patriarcales, ou dans les lieux de leur résidence habituelle ou temporaire. « On ne vit jamais sous les « Romains, dit Fleury, le prince intervenir à l'élection de « l'évêque d'une Église de Gaule ou d'Espagne (1). » Le système de centralisation civile était inconnu, & l'action directe du prince ne se faisait sentir que sur les points principaux de l'empire. A part quelques tyrans qui osent porter une main téméraire sur le symbole même de la foi & décréter des Types & des Hénotiques, les empereurs reconnurent assez longtemps en principe la liberté des élections.

Justinien, rédigeant la compilation des lois anciennes & nouvelles, s'inclinait avec respect devant ces ordonnances ecclésiastiques, d'une autorité bien supérieure aux lois mortelles de la puissance humaine. « Si, dit-il, dans l'intérêt de « nos sujets, nous nous appliquons à maintenir envers tous « les lois civiles dont Dieu nous a commis la puissance, « combien plus devons-nous mettre de zèle à procurer « l'observation des saints canons & des lois divines, qui ont « été portés pour le salut de nos âmes (2)? » Il décla-

---

comprobavit, misitque qui eum adducerent. Episcoporum præterea synodum convocavit, ut eo pacto illustriorem redderet ejus ordinationem. (Sozomen., lib. VIII. cap. II. pag. 258, edit. Vales.)

Arcadius cum Joannem, magnum lumen orbis terrarum, Antiochiæ in presbyterorum ordinem relatum esse didicisset, eum inde accivit, colleƈtisque episcopis, mandavit ut divinam gratiam ei conferrent, & urbis regiæ episcopum eum renuntiarent. (Theodor., lib V. cap. xxvii. p. 235, edit. Vales.)

(1) Opusc. de Fleury, autorité du prince sur la religion. p. 118.
(2) Si civiles leges quarum potestatem nobis Deus, pro sua in homines benignitate, credidit, firmas ab omnibus custodiri ad obedientium securitatem studemus, quanto plus studii adhibere debemus circa sacrorum canonum & divinarum legum

rait donc, d'après les anciennes règles, que l'élection de l'évêque devait se faire sur la présentation du clergé & du peuple par le métropolitain, excluant ainsi toute intervention de l'autorité séculière (1).

Vinrent ensuite les empereurs iconoclastes, qui dans leur absurde fureur s'efforcèrent d'asservir les élections. L'Église, comme nous le verrons bientôt, foudroya ces sacrilèges tentatives dans les septième & huitième conciles généraux. Mais le sort en était jeté : privée de plus en plus de la vie que communique à toutes les parties de l'Église le centre d'unité, l'Église d'Orient s'enfonça peu à peu dans la dégradation la plus profonde. Les canons restèrent debout; les saintes ordonnances de l'Église continuèrent de se lire dans les recueils sacrés; mais l'esprit de la liberté chrétienne avait abandonné ces peuples. Un simulacre d'élection, tellement compatible avec le bon plaisir de l'empereur qu'il a survécu même à la conquête des musulmans, remplaça ces anciens synodes où se déployait autrefois la vigueur apostolique des Grégoire de Nazianze & des Basile de Césarée. L'Église grecque fut l'esclave de ces monstres abâtardis, dont la chaîne ignominieuse se poursuit jusqu'au milieu du XVe siècle, & pour cela elle dut descendre encore au-dessous d'eux. La main d'un infâme favori intronisait sur le siège de Sainte Sophie quelque eunuque bien vil, quelque intrigant couvert de crimes, & ce clergé qui avait secoué le joug apostolique qui comme celui de Dieu même relève ceux qui le portent, venait accepter à genoux le favori mitré que la cour daignait lui imposer pour chef.

Que différente fut la conduite de l'Église d'Occident! Là aussi de rudes & longs combats se livrèrent pour la liberté des élections; mais en vain la politique, déconcertée par

---

custodiam, quæ super salute nostrarum animarum definitæ sunt? (Novella 137, in proœmio.)

(1) Novella 123, cap. 1., novella 137.

l'active vigilance des pasteurs, s'efforça de déguiser sous mille formes ses entreprises perfides; en vain la violence, dont le clergé grec ne fut jamais honoré, tenta d'ébranler des âmes inaccessibles à la séduction des honneurs; Rome veillait pour tous ses enfants, elle sut découvrir & dénoncer l'esclavage sous les formes variées qu'il revêtit successivement. Les pasteurs en Occident combattirent & moururent pour les droits de l'Église, & jamais l'impérissable feu de la liberté évangélique ne s'éteignit entre leurs mains. Mais avant de raconter les travaux de l'Église pour la liberté des élections, montrons que l'Occident aussi connut des princes qui surent concilier l'exercice de leurs droits avec leurs obligations envers l'Église, & laissèrent sans excuse les lâches prétentions dont l'ingratitude de tant d'autres affligea le cœur de leur mère.

Débordant à grands flots des contrées du Nord & de l'Orient, un déluge de barbares s'était précipité sur l'empire romain. Longtemps les Gaules, l'Espagne, la Germanie, la Grande Bretagne elle-même demeurèrent comme submergées; longtemps les peuples féroces s'agitèrent sur des monceaux de ruines & écrasèrent sous leurs pieds les vaincus. Si Dieu, trois siècles auparavant, n'eût daigné jeter sur la terre une semence féconde, capable de résister aux bouleversements qui devaient arracher la vieille Europe de ses propres fondements & en disperser pour jamais les débris, une nuit affreuse eût enveloppé sans retour les heureuses contrées qui jusqu'alors avaient jeté tant d'éclat. Mais l'Église, perçant ces nuages épais, apparut bientôt aux regards de l'humanité défaillante. Elle vint apporter le remède à la barbarie, de cette main puissante qui avait osé lutter contre les débordements de l'infâme civilisation de Rome & de la Grèce. Mère commune placée entre les vainqueurs & les vaincus, elle opéra au nom de la charité une fusion sublime entre ces deux peuples, & à sa parole les nuances si profondes qui les distinguaient allèrent s'effaçant de jour en jour. Mais ces peuples nouveaux manquaient de tout; lois, mœurs, croyances, ils n'avaient rien. Véritables fléaux de Dieu, ils ne comprenaient que la destruction. Pour le salut de l'Europe, les évêques étaient là; quoiq*ue* du nombre des vaincus, ils donnèrent des lois & des institutions aux vainqueurs. Ils révélèrent à ces barbares le droit des nations; ils firent le royaume de France, ils construisirent la monarchie espagnole, ils furent les arcs-boutants du saint Empire romain.

Investis de l'unique puissance morale qui fût reconnue à cette époque, les évêques semblèrent aux rois chevelus les hommes nécessaires de leurs États. Ces princes sentirent combien il leur importait de ne demeurer point étrangers à l'élévation de ces hommes, qui tenaient entre leurs mains la destinée des États. Chrétiens eux-mêmes, soumis les premiers dans leur sauvage simplicité aux lois de la société chrétienne, ils voulurent prendre part à des élections auxquelles les peuples étaient appelés; ils voulurent établir en coutume ce qu'avaient pratiqué quelquefois les maîtres de l'empire dont ils s'étaient partagé les lambeaux. Un nouveau motif semblait légitimer chez eux cette intervention. Leur munificence avait attaché de grandes richesses aux églises, & par ce moyen ils avaient acquis un droit de patronage sur une grande partie des bénéfices de leurs États. L'Église, qui permettait que les simples fidèles se prévalussent des privilèges attachés à de pieuses générosités, pouvait-elle trouver mauvais que l'agrément du prince qui la comblait de ses dons, fût attendu pour consommer l'élection?

Aussi l'un des actes les plus précieux de l'antique discipline des Gaules, le cinquième concile d'Orléans, sanctionnait ce principe en déclarant qu'après l'élection du clergé & du peuple, *le consentement du Roi* serait attendu pour procéder à la consécration(1).

---

(1) Nulli episcopatum præmiis aut comparatione liceat adipisci, sed cum voluntate regis, juxta electionem cleri ac plebis. (Conc. Gall. tom. I.)

Le temps a respecté plusieurs pièces qui nous mettent à portée d'observer de quelle manière on procédait sous les rois de la première race. On trouve dans les formulaires de Marculphe d'abord le décret royal qui nomme à la dignité épiscopale le sujet présenté (1). D'après les termes de cet acte, cette promotion se faisait dans un conseil composé d'évêques & de princes (2). On trouve ensuite la minute d'une commission donnée à l'évêque consécrateur pour l'inviter à procéder à l'ordination (3). Mais ces deux actes de la volonté royale reposent sur un autre qui les explique & les justifie. Dans une supplique au roi, le clergé & le peuple de la ville lui indiquaient celui sur lequel ils avaient jeté les yeux & sollicitaient son agrément. Cette pièce (4) & une autre que les Bénédictins nous ont donnée dans l'appendice des œuvres de Grégoire de Tours, mettent hors de toute discussion le degré d'influence qu'exerçait le roi sur les élections, & montrent comment l'esprit des canons était toujours observé (5).

(1) Marculphi monachi formularum. Lib. I. (*Præceptum de episcopatu.*)

(2) Una cum pontificibus, vel proceribus nostris plenius tractantes decrevimus, &c.

(3) *Indiculus regis ad episcopum, ut alium benedicat.*

(4) Quoniam sanctæ memoriæ vir apostolicus ille N. illius urbis episcopus, fine appropinquante, ab hac luce migravit, tempore naturæ complenti, ne destitutæ sint, quod absit, oves decedente pastore, in loco ejusdem suppliciter postulamus ut instruere dignemini inlustrem virum illum N. cathedræ illius successorem, in quo est præspicuitas sublimis, ingenuitas nationis, elegantia refulgens, diligentia castitatis, charitatis locuples, voluntatis irrefragabiliter. Manu nostra hunc consensum decrevimus roborare. (*Concessio civium pro episcopatu.*)

(5) Dagobertus rex Francorum, &c... Quoniam virum illustrem Desiderium, thesaurarium nostrum, cognovimus, &c..., & dum civium abbatumque Caturcorum consensus hoc omni modi exposuit, ut eum episcopum habeant, & nostra devotio similiter consentit, absque dubio credimus nutu Dei id fieri, &c... Quamobrem juxta civium petitionem nostram quoque concordantem in omnibus voluntatem, decernimus & jubemus, ut, adjuvante ac clamante laude ipsius clero vel populo, vir illustris & verus Dei cultor Desiderius, pontifex in urbe Caturci debeat consecrari, &c... Chrodobertus obtulit. Dagobertus rex subscripsit. Dato sub die idus aprilis, Anno VIII Dagoberti regis. (Greg. Turon. opera, append., edit. Bened., pag. 1354.)

Sans doute cette méthode prêtait à de graves inconvénients ; cependant telle était la force de l'Église à cette époque, que rarement elle fut obligée d'intervenir dans ses conciles pour arrêter les abus qui semblaient devoir résulter naturellement de l'acceptation royale. Plus heureux que ceux qui les suivirent, ces siècles comptèrent de grands évêques & peu de courtisans dans l'Église. Grégoire de Tours rapporte une multitude de faits relatifs aux élections, & dans lesquels on peut mesurer l'étendue que l'usage avait donnée à l'influence du roi sur ces actes, & nulle part ce saint évêque, si zélé pour la pureté de la discipline, ne semble faire de réflexions sur les inconvénients que pouvait avoir l'action du pouvoir séculier. Les évêques qui formaient la majeure partie des conseils de la couronne veillaient au maintien de la discipline, & dans le cas où le souverain eût tenté d'imposer un pasteur à une Église qui ne l'eût point librement élu, les conciles des Gaules l'eussent repoussé avec vigueur.

Toutefois il ne faut pas se le dissimuler, le mode admis à cette époque pouvait plus tard devenir funeste, en transformant l'agrément royal en une véritable nomination. Il était réservé aux Carlovingiens d'arrêter les conséquences qu'il aurait infailliblement entraînées.

Il y eut un homme, unique dans l'histoire, qui se leva tout d'un coup au milieu de la confusion tumultueuse d'une société péniblement ébauchée ; Charlemagne parut & vint de sa main puissante recueillir & coordonner les éléments que le travail de trois siècles avait élaborés dans le sein de la société. On eût dit que Dieu voulait donner en sa personne le magnifique spectacle de la concorde du sacerdoce & de l'empire. Ainsi se trouva réalisé le véritable type de la société chrétienne, & depuis, selon que l'Europe s'en est approchée ou éloignée elle s'est reposée dans la tranquillité de l'ordre ou s'est agitée convulsivement. Ministre de Dieu pour le bien du monde, Charlemagne employa tous ses soins à assurer l'indépendance & la dignité de l'Église, & déposa les les sublimes secrets de sa politique dans ses immortels capitulaires, auxquels ses successeurs Louis le Pieux & Charles le Chauve ont ajouté des pages qui ne sont pas sans gloire.

O vous qui aimez à suivre dans l'histoire les progrès de sa puissante épée, les miracles de sa sagesse, sa haute renommée qui s'en va parcourant toutes les nations, apprenez quelles pensées conduisent cette grande âme, ce qu'il y a au fond de ces vastes desseins : « Moi Charles, par la grâce « de Dieu & le don de sa miséricorde, Roi & Gouverneur « du royaume des Français, défenseur dévoué de la sainte « Église de Dieu & son humble champion (1), » tels sont les titres dont s'honore celui dont le bras a soulevé tout l'Occident, & ressuscité l'empire romain, au milieu du monde étonné. C'est le prince chrétien tout entier, avec sa foi, sa justice & sa vaillance. Or pouvait-il songer à envahir les élections des évêques, celui qui voyait en eux les coopérateurs surnaturels de l'œuvre divine, ceux qu'il appelait « les pasteurs de l'Église du Christ, les conducteurs de son « troupeau, les éclatantes lumières du monde (2). »

Du haut de son trône impérial, il écoute avec une filiale docilité la voix du Pontife Romain dont il s'est constitué le vengeur; car il révère en lui le père de la société chrétienne; il sait que par lui l'Église reçoit la vie & la lumière. « Prince, lui dit Adrien, nous-même nous ne nous per- « mettons pas d'intervenir dans les ordinations, nous « désirons donc que Votre Excellence veuille aussi s'en « abstenir. Notre coutume est de recevoir suivant les tradi-

---

(1) Ego Carolus gratia Dei, ejusdemque misericordia donante, rex & rector regni Francorum, & devotus sanctæ Dei Ecclesiæ defensor, humilisque adjutor. (Capitulare Aquisgr. Concil. Gall., tom. II. p. 129.)

(2) Pastores ecclesiarum Christi & ductores gregis ejus, & clarissima mundi luminaria. *Ibid.*

« tions celui que le clergé & le peuple ont canoniquement
« élu(1). »

C'en était assez pour le religieux empereur; il s'empresse aussitôt de dégager les élections des formes asservissantes qui trop longtemps ont menacé leur liberté. Dans un concile tenu à Aix-la-Chapelle, il proclame au nom de Dieu la liberté de la sainte Église, & rend aux Églises le droit que leur assuraient les saints canons (2).

Héritier de sa piété, sans l'être de son génie, Louis le Pieux sanctionne ces sages dispositions, presque dans les mêmes termes, dans un capitulaire donné pareillement à Aix-la-Chapelle(3); & fidèle observateur de ses propres lois, il attend le suffrage du clergé & du peuple de Metz avant d'oser porter Drogon, son propre frère, sur le siège épiscopal de cette ville.

Vient ensuite Charles le Chauve, non moins attentif à respecter cette barrière sacrée, à la défendre contre les envahissements des princes. Lothaire, oubliant la sévérité des canons, s'est permis de demander à Louis II l'évêché de Grenoble pour un de ses clercs; & ces deux princes enivrés de leur pouvoir osent écrire conjointement à saint Adon, archevêque de Vienne, pour lui intimer leurs ordres. Les bornes rétablies par la sagesse de Charlemagne étaient arrachées; un combat allait s'engager entre le courageux prélat & les deux princes. La piété de Charles le Chauve s'interpose heureusement pour le bien de la paix & le salut de

---

(1) Quia nunquam nos in qualibet ordinatione invenimus, nec invenire habemus, sed neque vestram Excellentiam optamus talem rem incumbere. Sed qualis a clero & plebe, cunctoque populo electus fuerit, & si nihil sit quod sacro obsit ordini, solita traditione illum ordinamus. (Conc. Gall. t. II. p. 96.)

(2) Sacrorum canonum non ignari, ut in Dei nomine, sancta Ecclesia suo liberius potiretur honore, adsensum ordini ecclesiastico præbuimus, ut scilicet episcopi per electionem cleri & populi secundum statuta canonum de propria diœcesi eligantur. (Capitul. Ann. 803, edit. Baluz., t. I. p. 779.)

(3) Ibid., p. 563.

la discipline. « Si nous avons accordé à ce clerc l'évêché de « Grenoble, écrit-il au saint archevêque, c'est sous la condi- « tion que suivant votre jugement il sera par vous éprouvé « canoniquement. Vous connaissez les canons; toute négli- « gence à cet égard vous serait justement imputable, à vous « à qui il appartient de donner un évêque à cette Église, « dans le cas même où notre neveu Lothaire se fût trompé « sur le choix qu'il vous propose. En effet, c'est à vous & « à tous les évêques que Jésus-Christ notre Dieu a confié « son Église, & nous devons lui être soumis en toutes « choses (1). »

Sur le siège impérial montent successivement les trois Othon : avec eux la liberté des élections se maintient. Un concert unanime dans ces grandes circonstances règne entre le clergé, le peuple & le souverain. Les plus grands évêques de ce temps, les Adalbert de Magdebourg, les Wolfgang de Ratisbonne, les Héribert de Cologne montèrent sur les sièges qu'ils devaient illustrer, appelés par le suffrage du clergé plus encore que par la volonté du prince.

Bientôt saint Henri paraît, & en lui l'empire voit briller toutes les vertus du prince apostolique. Soumises à l'agrément de ce pieux empereur, les élections produisent une foule de saints prélats. Tagmond & Hunfroy à Magdebourg, Meinwerk à Paderborn, Wigbert à Mersbourg, Godehart à

---

(1) Mandamus fidelissimæ Sanctitati vestræ, ut sciatis quia cuidam clerico, diacono olim venerabilis archiepiscopi Remigii, & postmodum cari nostri Lotharii nepotis, ita concessimus Gratianopolitanum episcopum, ut vestro judicio, si canonice probaveritis, ibi a vestra Sanctitate ordinetur episcopus. Non enim diu sine episcopo oportet eumdem ipsum esse episcopatum. Vos enim scitis inde satis canonicam auctoritatem. Quidquid enim neglectum fuerit, vobis sine dubio a Domino imputabitur, qui disponere & ordinare, etiamsi dilectus nepos noster in alia intendens præterit, ne populus Dei pastore carens oberraret, ipsum episcopum & episcopatum, ac omnia ipsius Ecclesiæ debuistis. Vobis enim & omnibus episcopis suis omnem Ecclesiam suam Christus Deus noster commisit, cui & nos in omnibus venerabiliter subdi oportet. (Conc. Gall., tom. III. p. 377.)

Hildesheim, Brandag à Halberstadt, Eberhard à Bamberg, Poppon à Trèves, & tant d'autres qui firent à cette époque la gloire des Églises de Germanie, n'étaient point entrés dans la bergerie par une porte illicite. La piété de Henri, non moins que la leur, nous en est la plus forte garantie, quand bien même l'histoire ne l'attesterait pas. Lorsque bientôt après les Papes se déclarèrent avec tant de vigueur contre les investitures, il fut facile d'en conclure que si jusqu'alors leur sollicitude avait paru se reposer dans le silence, c'est que jusqu'alors les lois de la discipline avaient été respectées.

Au treizième siècle, la France eut comme une vision de la grande ombre de Charlemagne. Saint Louis, l'un des plus grands hommes des temps modernes, se montra digne de marcher à la tête de la Société chrétienne. Son zèle pour la liberté des élections est demeuré célèbre dans les annales de l'Église. D'anciens historiens rapportent que le Saint-Siège ayant accordé à ce grand prince, d'après la haute idée que l'Europe entière avait de son intégrité & de ses vertus, le pouvoir de désigner les premiers pasteurs pour les Églises de son royaume, sa conscience s'alarma de la responsabilité d'une semblable prérogative, & pour se mettre dans l'impossibilité d'en user jamais, il brûla lui-même le titre qui lui conférait ce privilège (1).

On attribue à ce grand roi une pièce connue sous le nom de *Pragmatique de saint Louis*. Son apparition à l'époque où les partisans de la pragmatique de Bourges faisaient tous leurs efforts pour défendre cet acte condamnable, les variantes qu'elle nous présente dans ses différentes éditions,

---

(1) Cum ei instituendi pastores a Pontifice potestas facta esset, ad idque diploma legatus Roma rediens attulisset : Quod mea, inquit, Romæ negotia strenue obieris, laudo; quod mihi a Pontifice munus hoc retuleris non probo. Intelligo enim quanto cum periculo animæ meæ & regni id susciperem : ac protinus diploma in ignem projecit. (Broymarus, cancellarius S. Ludovici, in ipsius vita.)

tout porte à croire qu'elle n'a point vu le jour avant l'année 1461, époque à laquelle on la trouve citée pour la première fois dans les remontrances du parlement de Paris à Louis XI.

Quoiqu'il en soit de l'authenticité de cette pièce, elle serait encore un monument du respect de ce saint roi pour les élections, dont un de ses articles garantit la liberté contre les violences qui les troublaient trop souvent (1).

Mais il est temps de suivre l'Église dans les combats qu'elle va avoir à soutenir contre les usurpateurs de la franchise de ses élections.

CHAPITRE VIII.

TRAVAUX DE L'ÉGLISE POUR LA LIBERTÉ DES ÉLECTIONS.

Si des princes, jaloux de la liberté de l'Église, s'efforcent d'asservir les élections, l'Église fait entendre ses réclamations avec force. Saint Athanase, saint Hilaire, saint Grégoire le Grand, Hincmar de Reims, Yves de Chartres, Geoffroy de Vendôme, Hildebert, l'honneur des Églises de Tours & du Mans, saint Thomas de Cantorbéry, sont tour-à-tour ses puissants organes. A ces vénérables témoignages deux conciles généraux, le septième & le huitième, viennent joindre l'irréfragable autorité de leurs décisions solennelles. Le pouvoir d'élection ou de présentation n'est donc point inhérent à la couronne royale.

A vie de l'Église sur la terre est comme celle de l'homme, un perpétuel combat (2). Après les tempêtes qui l'ont accueillie à son entrée en ce monde, à peine a-t-elle mis le pied sur le rivage, que bientôt elle se retrouve lancée au milieu des flots tumultueux. Si après quelques années d'une paix encore

---

(1) Art. 2. Item, Ecclesiæ cathedrales, & aliæ regni nostri, liberas elecliones & earum effectum integraliter habeant. (Labb., t. XI. p. 907.) — (2) Job. VII. 1.

mal consolidée, le paganisme & la philosophie viennent épuiser contre elle leurs derniers efforts, le fer de Julien n'a fait que rouvrir les blessures saignantes dont l'a déchirée un prince chrétien, le fils de Constantin, le perfide Constance.

A la tête des héros de la liberté des élections ecclésiastiques se présente d'abord un homme, symbole vivant de la vérité catholique, redouté, persécuté comme elle. Qui suit Athanase confesse le Fils de Dieu ; qui condamne Athanase abjure la divinité du Verbe. C'est en sa personne que la liberté ecclésiastique commence à devenir l'objet des attaques du pouvoir. Les fauteurs de l'hérésie l'ont dépeint à Constance comme le plus redoutable adversaire d'Arius ; mais Athanase est assis sur le second siège de la chrétienté, sur celui qui, avec Antioche, s'honore de porter, après Rome, le titre glorieux de siège de Pierre. La majesté d'une si auguste chaire n'intimide point le tyran. De son autorité mortelle, il croit pouvoir effacer de la liste glorieuse des pontifes un nom cher à Dieu & à l'Église, &, dans sa témérité sacrilège, il ordonne à deux monstres de s'asseoir successivement sur le trône apostolique d'Alexandrie. Épouvantés d'un attentat inconnu aux siècles précédents, les peuples s'agitent, & le sang inonde les portiques sacrés. Cependant Athanase, mis hors la loi, est errant au milieu des déserts, cherchant loin des hommes, loin de son troupeau chéri, un asile dans les tombeaux. Du fond de ces solitudes brûlantes, sa voix comme un tonnerre lointain se fait entendre à l'Église. Il apprend au monde entier les outrages que la foi & la discipline ont reçus en sa personne ; il veut que tous les chrétiens sachent ce qu'a osé contre l'Église cette puissance des Césars, hier encore alliée de l'enfer ; il brûle de signaler cette première entreprise qui s'annonce comme devant être suivie de bien d'autres. « Eh « quoi ! s'écrie-t-il dans son auguste douleur, il ose, cet « empereur, se déclarer le vengeur des canons, & tous ses « efforts tendent à les renverser, ces canons ! D'après

« quelles règles de l'Église l'évêque doit-il être envoyé de la
« cour impériale (1) ? »

Ainsi parlait Athanase, tandis que l'aveugle fureur de Constance allait étendant partout ses ravages. Profond dès le premier pas dans la science de l'oppression, il avait compris qu'en attirant à lui le pouvoir de disposer des sièges épiscopaux, il traînerait à sa suite l'Église catholique tout entière. Si par la miséricorde divine ces jours désastreux n'eussent été abrégés, la foi du Verbe périssait dans ce monde même où naguère il avait été vu *conversant avec les hommes* (2). Pour se faire une idée des effroyables douleurs de l'Église durant ces jours de scandale, écoutons l'Athanase des Gaules, le grand Hilaire de Poitiers, lorsqu'il dénonce à l'impie Constance les vengeances du Dieu qu'il a osé persécuter.

« Oui, Constance, ce que j'aurais dit à Néron, ce que
« Décius & Maximien eussent entendu de ma bouche, je te
« le dis à toi-même. Tyran non plus seulement des hommes,
« mais de la Religion, c'est à Dieu que tu oses t'attaquer,
« c'est son Église que ta cruauté déchire, ses saints que tu
« persécutes, ses apôtres que ta haine poursuit. Docteur du
« mensonge, contempteur de la vérité, tu prétends travailler
« pour la foi lorsque c'est toi-même qui la foules aux pieds.
« Tu distribues les sièges épiscopaux à tes partisans; ta
« main perfide remplace les pasteurs fidèles par des merce-
« naires. Plus habile que le démon lui-même dans l'art de
« tourmenter l'Église, tu sais la persécuter tout en lui refu-
« sant les honneurs du martyre. O Néron, ô Décius,
« ô Maximien, que préférable fut pour nous votre cruauté !
« Au moins par vous, nous triomphâmes de Satan (3). »

---

(1) Quare dum se simulat ecclesiasticum curare canonem, omnia contra canonem agere molitus est? Quis canon præcipit ut e palatio mittatur episcopus? (Hist. Arianor. ad Monach., edit. Bened., tom. I. p. 375.) — (2) Baruch. III. 38.

(3) Proclamo tibi, Constanti, quod Neroni locutus fuissem, quod ex me Decius

Cette époque malheureuse s'écoula enfin, & l'Église respira quelques jours sous les Valentinien, les Théodose, les Arcadius. Toutefois elle veillait sans cesse : la pesanteur des fers qu'elle avait portés trop longtemps lui rappelait qu'il était de son devoir de maintenir par tous les moyens son affranchissement.

Si pour l'ordinaire l'amour du pouvoir portait les princes à dominer les élections, la cupidité plus d'une fois dut être comptée parmi les motifs qui dirigeaient leur conduite. Arrachée aux barbares par les brillants exploits de Bélisaire, Rome rentra pour quelques jours au pouvoir des empereurs de Constantinople. Ces princes s'arrogèrent durant ce court intervalle le droit de confirmer l'élection du Pape, & fixèrent un tribut pour condition de cette grâce. A l'époque où saint Grégoire le Grand gouvernait & enseignait l'Église, ce joug humiliant pesait encore sur le Saint-Siège. « La cupidité, « disait le saint Pontife, a soulevé contre nous, non pas « seulement les peuples entiers, mais la puissance royale « elle-même, si on peut encore l'appeler ainsi. En effet, il « n'y a pas de motif de considérer comme roi celui qui « détruit l'empire qu'il devrait régir; celui qui, dominé par « l'espoir d'un gain flétrissant, voudrait enchaîner l'Épouse « du Christ, & dans sa téméraire audace rendre nuls les « mystères de la passion du Seigneur. Notre Sauveur a « voulu qu'elle fût libre, cette Église rachetée de son sang, « cette Église que la puissance royale, outrepassant toutes « les bornes, voudrait transformer en esclave. Que le prince « ne la reconnaît-il plutôt pour sa souveraine? A l'exemple

---

& Maximianus audirent : contra Deum pugnas, contra Ecclesiam sævis, sanctos persequeris, prædicatores Christi odis, religionem tollis, tyrannus non jam humanorum sed divinorum. Condis fidem contra fidem vivens, doctor profanorum es, indoctus piorum. Episcopatus tuis donas, bonos malis demutas. Novo inauditoque ingenii triumpho de diabolo vincis, & sine martyrio persequeris. Plus crudelitati vestræ, Nero, Deci, Maximiane, debemus. Diabolum enim per vos vicimus. (Contra Constant., edit. Bened., p. 1242.)

« de tant de monarques religieux, que ne s'empresse-t-il de
« lui offrir l'hommage de sa soumission, plutôt que de
« déployer contre Dieu le faste d'une puissance qu'il a reçue
« de lui? C'est Dieu même qui dit : *Par moi règnent les*
« *rois*, & le prince aveuglé par les nuages d'une insatiable
« cupidité méconnaît dans son ingratitude les bienfaits de
« Dieu, & franchissant les bornes posées par la piété de nos
« pères il tourne sa tyrannie contre Dieu même & contre la
« vérité catholique. Sa témérité s'élève jusqu'à prétendre des
« droits sur l'Église romaine, le chef de toutes les Églises,
« jusqu'à usurper une domination terrestre sur celle qui est
« la maîtresse des nations (1). »

Ces plaintes éloquentes retentissaient à l'oreille superbe
des empereurs & finirent par triompher de leur résistance.
Constantin Pogonat consentit enfin à rendre à l'Église romaine
ses anciennes franchises, & désormais pour monter sur le
Saint-Siège le vicaire de Jésus-Christ ne fut plus contraint
d'attendre la permission de l'empereur d'Orient. Plus tard,

---

(1) Concitavit adversus Ecclesiam Dei non solum innumerabilem populi multitudinem, verum etiam regiam, si fas est dicere, potestatem. Nulla enim ratio sinit ut inter reges habeatur qui destruit potius quam regat imperium. Qui turpissimi lucri spe illectus, sponsam Christi captivam cupit adducere, & passionis dominicæ sacramentum ausu temerario contendit evacuare. Ecclesiam quippe, quam sui sanguinis pretio redemptam Salvator noster voluit esse liberam, hanc iste, potestatis regiæ jura transcendens, facere conatur ancillam. Quanto melius foret sibi dominam suam esse agnoscere, eique, religiosorum principum exemplo, devotionis obsequium exhibere : nec contra Deum fastum extendere dominationis, a quo suæ dominium accepit potestatis. Ipse est enim qui ait : Per me reges regnant ; sed immensæ cæcatus cupiditatis caligine, & divino, ut patet, ingratus beneficio, & contra Deum fastuosus, terminos quos posuerunt patres nostri, contempto divino timore transgreditur, & contra catholicam veritatem suæ furore tyrannidis efferatur. In tantum autem suæ temeritatem extendit vesaniæ, ut caput omnium ecclesiarum Romanam Ecclesiam sibi vindicet, & in domina gentium terrenæ jus potestatis usurpet. (Exposit. in septem psalm. pœnit., edit. Bened., tom. III. p. 518.)

Pour l'authenticité de cet ouvrage on peut voir la préface que les Bénédictins ont mise au commencement, & l'Histoire des auteurs sacrés & ecclésiastiques, par Dom Ceillier, t. XVII. p. 353.

au X⁰ siècle, l'Église de Rome en proie à de violentes agitations se vit obligée de recommander l'élection du Pape à la protection de l'empereur d'Allemagne, mais du moment où cette intervention put sembler dangereuse ou superflue on la vit cesser d'elle-même; au XII⁰ siècle elle n'existait déjà plus.

Mais Rome ne veillait pas seulement à ce que l'élection du Pontife romain s'accomplît canoniquement. Elle portait sa sollicitude jusque sur les infractions que les empereurs d'Orient se permettaient à l'égard des élections pour les sièges de leurs États. Suivant le précepte de l'Apôtre, elle réclamait à temps & à contre-temps ; elle s'acquittait de son devoir de correction à l'égard des empereurs hétérodoxes, comme envers les princes religieux. Ainsi Grégoire II écrivait à Léon l'Isaurien : « Puissant empereur, vous devez savoir « qu'autre est la direction des affaires de l'Église, autre l'ad-« ministration de celles de l'État. Comme le pontife n'a « point le droit de pénétrer dans le palais de l'empereur & « de disposer des charges de l'empire, de même l'empereur « ne saurait avec justice s'introduire dans l'Église & pré-« tendre à des droits sur les élections du clergé (1). »

Nous avons vu dans le chapitre précédent quelle était la discipline de l'Église de France sous la première race de nos rois. Le cinquième concile d'Orléans, tenu en 549, avait décrété que nul ne serait élu *sans l'agrément du roi*. Bientôt il fut nécessaire de mettre obstacle aux envahissements qu'on cherchait à introduire à l'aide de ce décret. Le troisième concile de Paris, sous les yeux mêmes du roi, sanctionna d'après les antiques usages une règle inviolable, pour mettre un terme aux intrigues des clercs de la cour & restreindre

(1) Alia est ecclesiasticarum constitutionum institutio, & alius sensus sæcularium. Quemadmodum pontifex introspiciendi in palatium potestatem non habet, ac dignitates regias deferendi, sic neque imperator in ecclesias introspiciendi, & electiones in clero peragendi. (Labb. t. VII. p. 26.)

dans ses justes bornes un pouvoir qui menaçait de tout envahir. « Si quelqu'un, disent les Pères, ose dans sa témé-
« rité arriver à la sublime dignité de l'épiscopat par l'ordre
« du roi, que son ordination soit déclarée illégitime & qu'il
« ne soit point agréé par ses comprovinciaux (1). »

Charlemagne & son fils vengèrent la liberté des élections; par eux l'Église revit ses plus beaux jours. Ce fut alors que Florus, diacre de l'Église de Lyon, écrivit son livre : *Des élections épiscopales*. Il y explique avec une grande clarté les diverses faces de cette question. On ne sera pas fâché de voir sous quel point de vue on l'envisageait en France, vers l'an 816 (2).

« La coutume établie dans plusieurs royaumes, dit Florus,
« d'après laquelle on requiert le consentement du roi pour
« que les peuples procèdent à l'élection, cette coutume prend
« sa source dans l'amour de la paix & de la concorde, &
« non dans une véritable nécessité, comme si l'ordination
« tirait sa vertu de la puissance royale & non de la volonté
« divine, ainsi que du consentement des fidèles. Non,
« l'épiscopat n'est point une dignité humaine, mais un don
« du Saint-Esprit. De là vient que dans les saints canons
« parmi les causes qui peuvent annuler l'ordination, nous
« ne trouvons rien qui suppose la nécessité de l'intervention
« royale (3). »

(1) Quod si per ordinationem regiam, honoris istius culmen pervadere aliquis nimia temeritate præsumpserit, a comprovincialibus loci ipsius recipi nullatenus mereatur, quem indebite ordinatum agnoscunt. (Can. 8, conc. Gall. edit. 1789. tom. I.)

(2) On pense que cet opuscule fut composé à l'occasion du capitulaire que donna Louis le Débonnaire, cette même année 816.

(3) Quod vero in quibusdam regnis postea consuetudo obtinuit, ut consultu principis ordinatio fieret episcopalis, valet utique ad cumulum fraternitatis, propter pacem & concordiam mundanæ potestatis, non tamen ad complendam veritatem, vel auctoritatem sacræ ordinationis, quæ nequaquam regio potentatu, sed solo Dei nutu, & Ecclesiæ fidelium consensu, cuique conferri potest. Quoniam episcopatus non est munus humanum, sed Sancti Spiritus donum. Quapropter

Comme depuis cette époque il arrivait souvent que le prince, prenant l'initiative, proposait lui-même aux évêques un sujet qu'il favorisait, & qu'on avait lieu de craindre que cette sorte de présentation n'entraînât aveuglément l'assentiment des pasteurs, le troisième concile de Valence, en 855, crut devoir fixer à l'avance la conduite à tenir dans le cas où le candidat offert par le prince ne réunirait pas les qualités requises par les canons. Écoutons ses courageuses paroles.

« Lorsque l'évêque d'une ville sera décédé, on demandera
« au prince la permission pour le clergé & le peuple de
« procéder à l'élection canonique. Si on nous envoie de la
« cour de notre religieux prince quelque sujet pour ce siège,
« on examinera avec une attention scrupuleuse, d'abord sa
« vie, ensuite sa science. Assisté des évêques ses suffragants,
« le métropolitain, en présence du Dieu tout-puissant, agira
« avec une vigueur ecclésiastique & ne permettra pas qu'on
« impose pour évêque aux membres de Jésus-Christ un
« homme encore tout agité du feu des passions, en proie
« aux séductions du monde, un prêtre souillé d'une crimi-
« nelle simonie. Si donc le métropolitain le juge nécessaire,
« afin de ne pas se rendre complice du plus grand des
« crimes en conférant à un indigne un honneur qui ne peut
« appartenir qu'à la vertu, qu'il en instruise le peuple, qu'il
« déclare au clergé que le moment est venu d'implorer la
« clémence du souverain: qu'enfin lui-même, accompagné
« de ses comprovinciaux, se rende auprès du roi & le supplie
« d'honorer l'Église de Dieu par un digne ministre. Que si
« le métropolitain, intimidé par de honteux calculs, séduit
« par quelques présents, exécute un si grand devoir avec
« négligence ou de mauvaise grâce, qu'il sache qu'il encourra

---

in sacris canonibus patrum, ubi plurimæ causæ commemorantur sine quibus episcopalis ordinatio irrita habenda est, de hac re nihil invenitur insertum. (Flori Diac. Lugdun. de Elect. episc. Biblioth. maxima Patrum, t. XV. p. 85 & 86.)

« le jugement de Dieu, qui voit tout, & qu'il n'évitera pas
« la sentence de ses frères (1). »

Une remontrance aussi imposante était tout ce qu'il fallait pour des princes religieux comme ceux que la France possédait à cette époque. Si bientôt d'autres leur succédèrent moins zélés pour la liberté des élections, l'Église gallicane s'empressa d'opposer un rempart à cet envahissement dans les canons de ses immortels conciles. Voici ce que le docte & pieux Hincmar, archevêque de Reims, écrit à Louis III au sortir d'une de ces glorieuses assemblées :

« Nous vous demandions dans la lettre que nous vous
« avons écrite, de vouloir bien, suivant les saintes règles,
« accorder l'élection aux archevêques & évêques des diocèses
« circonvoisins, afin que suivant la forme régulière de
« l'élection, les évêques choisissent celui qu'ils jugeront utile
« à la sainte Église, avantageux au royaume, fidèle & dévoué
« coopérateur de Votre Majesté; & qu'ensuite, de l'accord
« du clergé & du peuple, ils vous l'amènent pour que,
« suivant votre office, vous remettiez entre ses mains les
« propriétés de l'Église dont le Seigneur vous a confié la
« garde, le renvoyant ensuite devant le métropolitain & les

(1) Placuit ut si quando alicujus civitatis episcopus decesserit, a principe postuletur ut canonicam electionem clero & populo ipsius civitatis permittere dignetur. Sed etsi a servitio pii principis nostri aliquis clericorum venerit, ut alicui civitati præponatur episcopus, timore casto sollicite examinetur, primum cujus vitæ sit, deinde cujus scientiæ; & vigore ecclesiastico, sub oculis omnipotentis Dei agat metropolitanus, in hac parte episcopis sicut Dei ministris adjutorium ferentibus, ne maculatæ vitæ, & pompis sæculi turbidus & simoniaca hæresi pollutus, humilibus & mundis membris Christi superponatur episcopus. Si necessarium idem metropolitanus viderit, ne tantum malum cogatur agere, ut indebito honorem bonis tantum debitum tradat, instruat populum, informet clerum potius adire clementiam imperialem, & ipse cum coepiscopis quibus valuerit modis, adeat, ut Ecclesiam Dei gloriosus imperator digno honoret ministro. Si autem turpiter cupiditate quacumque metropolitanus victus, aut aliquo munere deceptus, tantum opus negligenter & ægre fuerit executus, judicium omnia cernentis Dei se incurrere non dubitet, sed & sententia fratrum se noverit esse culpandum. (Conc. Valent. III, 855, can. 7; conc. Gall., t. II.)

« évêques qui doivent l'ordonner avec les lettres qui attestent
« votre consentement (1). »

« Je sais, ajoute le courageux pontife, je sais que
« quelques-uns prétendent qu'après avoir reçu de vous la
« permission de procéder à l'élection, les évêques, le clergé
« & le peuple sont obligés de choisir celui que vous avez
« désigné, celui que vous avez même ordonné d'élire, ce
« qui ne serait plus une élection suivant la loi divine, mais
« une violence de la puissance humaine. S'il est vrai qu'on
« vous tient un pareil langage, sachez reconnaître dans les
« paroles de ces sacrilèges adulateurs les sifflements du
« serpent qui trompa nos premiers pères. Une telle doctrine
« n'a de fondement ni dans l'Écriture, ni dans la tradition
« catholique, ni dans les saints canons, ni dans les lois
« publiées par les princes chrétiens; l'enfer seul l'a vomie
« sur la terre (2). »

Telle était la vigueur de ces vieux évêques du moyen
âge. Mieux connue, mieux développée à mesure qu'elle

---

(1) Litteras direximus in quibus hæc continentur : ut, sicut sacræ leges & regulæ præcipiunt, archiepiscopis & episcopis conlimitanearum diœceseon electionem concedere dignemini ut undecumque secundum formam regularem electionis, episcopi talem eligant qui & sanctæ Ecclesiæ utilis & regno proficuus, & vobis fidelis ac devotus cooperator existat; & consentientibus clero & plebe, eum vobis adducant, ut secundum ministerium vestrum, res & facultates Ecclesiæ quas ad defendendum & tuendum vobis Dominus commendavit, suæ dispositioni committatis, & cum consensu ac litteris vestris eum ad metropolitanum episcopum & coepiscopos diœceseos qui eum ordinare debent, transmittatis. (Hincmari opera edit. Sirmond, Paris, 1645. t. II. p. 188 & seq.)

(2) Nam si quod a quibusdam dicitur, ut audivi, quando petitam apud vos electionem conceditis, illum debeant episcopi & clerus ac plebs eligere quem vos vultis & quem jubetis : quæ non est divinæ legis electio, sed humanæ potestatis extorsio : si ita est, ut dici a quibusdam audivi, ille malignus spiritus qui per serpentem primos parentes nostros in paradiso decepit, & inde illos ejecit, per tales adulatores in aures vestras hoc sibilat. Hoc in Scripturis, neque in catholicorum dictis, vel in sacris canonibus, etiam in legibus a christianis imperatoribus vel regibus promulgatis, hoc scriptum vel decretum invenitur, sed talia dicta infernus evomuit. (*Ibid.*)

était attaquée davantage, la liberté de l'Église avait le sort de la vérité même. Cependant Dieu n'était pas satisfait encore : il voulait, par le plus solennel des actes qu'il soit donné à la terre de voir s'accomplir, apprendre aux princes chrétiens qu'ils ne peuvent véritablement rien sur les élections épiscopales. Les empereurs iconoclastes avaient bouleversé l'Église & consolidé en mille endroits leur hérésie en plaçant des pasteurs de leur choix sur un grand nombre de sièges épiscopaux. Rassemblée pour la seconde fois à Nicée, l'Église, après avoir vengé les saintes images, voulant faire justice de ces sacrilèges entreprises, porta avec autorité dans le septième concile général le canon suivant :

« Toute élection d'évêque, de prêtre ou de diacre faite « par les princes est déclarée nulle, selon la règle qui dit : « Si un évêque obtient une Église par le moyen des puis- « sances séculières, qu'il soit déposé (1). L'évêque doit être « élu par les évêques, comme l'ont réglé autrefois les saints « Pères réunis à Nicée (2). »

Ainsi l'Église ne faisait que renouveler ses antiques ordonnances & en développer l'esprit. A l'époque du premier concile de Nicée, elle ne voyait encore dans les princes chrétiens que les instruments de la miséricorde divine; elle était bien loin de songer à s'armer contre leurs entreprises. Depuis, elle avait appris à connaître ces redoutables alliés; voilà pourquoi elle crut devoir ajouter ce commentaire solennel aux dispositions du premier de ses conciles œcuméniques.

(1) Cette règle citée par le concile est le trente-&-unième des canons appelés *apostoliques*. (Vid. Labb. t. I. p. 50.)

(2) Omnis electio a principibus facta episcopi aut presbyteri, aut diaconi, irrita maneat, secundum regulam quæ dicit : Si quis episcopus sæcularibus potestatibus usus, Ecclesiam per ipsos obtineat, deponatur. Oportet enim ut qui promovendus est in episcopum, ab episcopis eligatur, quemadmodum a sanctis patribus, qui apud Nicæam convenerunt, definitum est. (Action. VIII. can. 3. Labb., tom. VII. pag. 598.)

Un siècle ne s'était pas écoulé depuis la promulgation du canon que nous venons de citer, que de nouvelles attaques contraignirent l'Église de se prémunir de plus en plus contre la servitude qui, dans l'Orient surtout, l'envahissait de toutes parts. Le quatrième concile de Constantinople, huitième général, signala les excès de la puissance séculière dans les élections & s'appliqua surtout à leur apporter des remèdes efficaces.

Le cinquième canon dressé dans cette auguste assemblée interdit l'accès des dignités ecclésiastiques à tous ceux qui n'ont que depuis peu de temps quitté le monde & ses honneurs, *surtout s'ils sont poussés à cette irrégularité par le crédit de l'empereur* (1).

Dans le douzième canon il est dit : « Les règles aposto-
« liques & les canons des conciles annulant les promotions
« & consécrations d'évêques faites d'après l'ordre des puis-
« sances, voulant nous y conformer, nous ordonnons que
« si un évêque s'élève à cette dignité par l'artifice ou la
« tyrannie des princes, il soit déposé comme un homme qui
« a voulu posséder le don de Dieu, non suivant la volonté
« divine des décrets de l'Église, mais suivant la volonté de
« la chair, de la main des hommes & par les hommes (2). »

Enfin le vingt-deuxième canon achève de mettre dans tout son jour la pensée de l'Église. « Le saint & universel concile
« décrète que nul des laïques, princes ou puissants, ne se
« mêlera de l'élection ou promotion d'un patriarche, métro-

---

(1) Magis autem coercemus hujusmodi, si ab imperatoria dignitate ad hoc compellatur. (Labb., t. VIII. p. 1130.)

(2) Apostolicis & synodicis canonibus, promotiones & consecrationes episcoporum potentia & præceptione principum factas penitus interdicentibus, concordantes, definimus & sententiam nos quoque proferimus, ut si quis episcopus, per versutiam vel tyrannidem principum hujusmodi dignitatis consecrationem susceperit, deponatur omnimodis utpote qui non ex voluntate Dei, & ritu ac decreto ecclesiastico, sed ex voluntate sensus, ex hominibus & per homines, Dei donum possidere voluit vel consensit. (*Ibid.*, pag. 1133.)

« politain ou simple évêque, pour éviter la confusion ou les
« discussions qui pourraient s'ensuivre, principalement parce
« que nul prince ou laïque ne peut convenablement exercer
« une puissance quelconque en semblable matière, mais doit
« plutôt attendre dans le silence l'issue régulière de l'élection
« faite par l'Église. Que si quelquefois un laïque est invité
« par l'Église à coopérer à l'élection, il lui sera permis de se
« rendre à cette invitation; son action alors deviendra régu-
« lière. Mais si quelque prince séculier ou tout autre laïque
« cherche à mettre obstacle à l'élection, laquelle doit être
« faite en commun suivant les canons, qu'il demeure ana-
« thème jusqu'à ce qu'il ait accepté ce que l'Église a jugé à
« propos de faire dans l'élection & l'ordination de son propre
« évêque (1). »

Sans doute après un jugement aussi imposant la cause est finie pour tout homme qui s'honore du titre de catholique. Tout doute sur l'illégalité du pouvoir que les princes chercheraient à revendiquer *comme inhérent à leur couronne*, serait un crime véritable, un acte de rébellion contre la plus haute des autorités. L'Église ne peut être contraire à elle-même & oublier dans un siècle ce qu'elle a décidé dans un

---

(1) Promotiones atque consecrationes episcoporum, concordans prioribus conciliis, electione ac decreto episcoporum collegii fieri, sancta hæc & universalis synodus definit, ac statuit, atque jure promulgat neminem laicorum principum, vel potentum semet inserere electioni vel promotioni patriarchæ vel metropolitani aut cujuslibet episcopi, ne videlicet inordinata hinc & incongrua fiat confusio vel contentio, præsertim cum nullam in talibus potestatem quemquam potestativorum, vel cæterorum laicorum habere conveniat sed potius silere, ac attendere sibi, usquequo regulariter a collegio ecclesiæ suscipiat finem electio futuri pontificis : si vero quis laicorum ad concertandum & cooperandum ab Ecclesia invitatur, licet hujusmodi cum reverentia, si forte voluerit, obtemperare se adsciscentibus : taliter enim sibi dignum pastorem regulariter ad Ecclesiæ suæ salutem promoveat. Quisquis autem sæcularium principum & potentum, vel alterius dignitatis laicus, adversus communem ac consonantem atque canonicam electionem ecclesiastici ordinis agere tentaverit, anathema sit, donec obediat & consentiat in hoc quod Ecclesia de electione ac ordinatione proprii præsulis se velle monstraverit. (*Ibid.* p. 1141.)

autre. Le pouvoir que les princes exercent aujourd'hui, ils le tiennent donc de la grâce de l'Église, & s'ils dépassent non seulement la lettre, mais l'esprit de la concession qu'elle leur a faite, ils se trouvent par là même sous le poids de l'anathème des conciles.

Ces ordonnances si vigoureuses annonçaient que l'Église avait résolu de secouer pour jamais le joug qui pesait sur elle ; aussi furent-elles reçues dans toute la chrétienté comme un immense bienfait. En Occident, les Papes se chargèrent d'en faire l'application, comme on peut le voir dans leurs nombreuses lettres depuis cette époque, & les grands évêques du temps les firent observer avec un courage apostolique. Toutefois on crut devoir respecter les coutumes établies sur la nécessité de l'agrément du prince, comme aussi sur la permission qu'on était dans l'usage de lui demander avant de procéder à l'élection ; on pensa que ces formes déjà si anciennes n'avaient rien d'absolument incompatible avec l'esprit des saintes règles. Mais si quelquefois l'oppression prenait la place de la protection, si le prince usant de son pouvoir suivant des vues humaines, aspirait à dominer les élections, tout à coup s'élevait contre lui l'autorité du huitième concile, & la voix des Yves de Chartres, des Geoffroy de Vendôme, des Hildebert de Tours, des Pierre de Clugny retentissait, forte & sévère, comme l'avant-coureur des foudres terribles du Pontife romain.

Il serait trop long & trop inutile d'accumuler ici les citations des ouvrages de ces hommes vénérables, qui furent les remparts de la vérité & de la justice dans ces siècles où la force brute menaçait de tout dévorer. Il nous suffira de rapporter quelques traits de ce sublime tableau qu'il est si facile de compléter, à l'aide de ces monuments trop ignorés de l'Église du moyen âge.

Ici c'est Yves de Chartres exigeant au nom du Saint-Siège ce serment si remarquable des chanoines de Paris, qui venaient d'élire pour cette Église Guillaume, frère de l'épouse du Roi : « Nous n'avons point élu Guillaume évêque pour « des présents que nous aurions reçus, ou qui nous auraient « été promis, non plus que par le motif du lien qui unit sa « propre sœur avec le Roi, ni pour obéir aux menaces que « nous auraient faites le Roi ou sa susdite sœur. Qu'ainsi « Dieu nous soit en aide, &c. (1) »

Là c'est Geoffroy de Vendôme, proclamant la liberté des élections dans un moment où elle semblait enchaînée par tout l'Occident : « Il est trois choses qui sont propres à « l'Église & sans lesquelles elle languit dépourvue du pou- « voir de lier & de délier. Toujours l'Église doit être catho- « lique, libre & chaste. Catholique, parce qu'elle ne peut « être ni vendue ni achetée au profit d'un particulier; libre « parce qu'elle ne peut être assujettie à la puissance séculière; « chaste, parce que les présents ne sauraient la corrompre. « Mais s'il arrive qu'elle vienne à être soumise à la puissance « séculière, alors de souveraine qu'elle était, elle devient « esclave & perd *cette charte de liberté,* que de ses propres « mains & de son propre sang le Christ Seigneur lui avait « donnée sur la Croix (2). »

Plus loin, le vénérable Hildebert, l'honneur des Églises de Tours & du Mans, énonce cette éternelle doctrine avec la sainte gravité qui le caractérise. « Il n'entre point par la

(1) Non elegimus episcopum Willelmum propter munus acceptum vel promissum ab aliquo, vel gratia contubernii quod habebat soror ejus cum rege, vel propter minas nobis illatas a rege, vel prædictæ ejus sorore. Sic nos Deus, &c. (Epist. 50, ad Richer. Senonens., edit. Paris, 1647.)

(2) Tria proprie propria Ecclesia habere debet quorum unum si defuerit, velut paralytica jacet, nec ligandi, nec solvendi potestatem habet. Ecclesia semper catholica, libera & casta esse debet. Catholica, quia nec vendi debet, nec emi; libera, quia sæculari potestati non debet subjici; casta, quia nullatenus debet muneribus corrumpi. Quando vero Ecclesia sæculari potestati subjicitur, quæ ante domina erat, ancilla efficitur; & quam Christus Dominus dictavit in cruce & quasi propriis manibus de suo sanguine scripsit, *chartam libertatis,* amittit. (De ordinat. episcop. & investit. laicorum. Biblioth. Patrum, t. XXI. p. 62.)

« porte, dit-il, celui qui entre par le crédit des laïques ; car
« ce n'est point à eux, mais aux vicaires du Seigneur qu'ont
« été données les choses spirituelles. Or les vicaires du
« Seigneur sont ceux qui tiennent la place des apôtres. Que
« les laïques disposent de leurs châteaux et de leurs terres,
« mais non de l'héritage du Seigneur ; des choses temporelles,
« mais non des choses spirituelles. Ainsi donc, je le répète,
« quiconque entre par un autre que par le vicaire du
« Seigneur, n'entre point par la porte (1). »

Ce n'était point assez de l'éloquence & de la fermeté des pontifes pour honorer & défendre la sainte cause de la liberté des élections : Dieu voulait qu'elle eût son martyr. Cet homme dont Bossuet a dit : « Qu'il ne cédait point à
« l'iniquité sous prétexte qu'elle était armée & soutenue
« d'une main royale ; mais que lui voyant prendre son cours
« d'un lieu éminent d'où elle pouvait se répandre avec plus
« de force, il se croyait plus obligé de s'élever contre,
« comme une digue que l'on élève à mesure que l'on voit
« les ondes enflées (2) ; » saint Thomas de Cantorbéry a vu l'humiliation & la servitude auxquelles l'Église est condamnée sans retour par les criminels articles de Clarendon. Il a frémi en entendant lire cette odieuse disposition qui suffit à elle seule pour sacrifier à jamais l'Église d'Angleterre au caprice du souverain : « A la vacance d'un archevêché,
« d'une abbaye ou d'un prieuré, le seigneur roi mandera les
« hauts dignitaires de l'Église, & l'élection se fera dans la
« chapelle du roi, par son assentiment & du conseil des
« personnes du royaume qu'il aura appelées à cet effet (3). »

(1) Non intrat per ostium qui per laicalem manum intrat. Non enim laicis spiritualia tradita sunt, sed vicariis Domini. Vicarii vero Domini sunt qui apostolorum vicem tenent. Castella sua & villas suas laici dispensant, non castra Domini ; temporalia, non ecclesiastica. Qui ergo per alium quam per vicarium Domini intrat, per ostium non intrat. (Sermon. v. edit. Bened. p. 682.)

(2) Panégyrique de S. Thomas de Contorbéry.

(3) Cum vacaverit archiepiscopatus, vel abbatia, vel prioratus, debet dominus

Déjà son cœur s'est brisé lorsque, pour obéir à une impérieuse coutume, il a fallu qu'il vienne, lui, l'élu de Dieu pour le siège des Lanfranc & des Anselme, humilier sa vocation au pied d'un roi de la terre & recevoir de sa profane main la crosse pastorale. Le silence que l'Église semble garder depuis quelque temps sur cette odieuse innovation n'a point rassuré sa conscience. A l'exemple de plusieurs saints prélats de son temps, qui tremblent comme lui sur les suites de cette entreprise irrégulière & déjà plusieurs fois condamnée, il n'a point eu de repos qu'il n'ait déchargé le poids de ses remords dans le sein du chef de l'Église. « Je suis entré dans la bergerie de Jésus-Christ, lui a-t-il dit, « mais non par la porte, semblable à celui qui n'a point été « appelé par l'élection canonique, mais qui a été intrus par « la terreur de la puissance publique, & bien que ce soit « contre mon gré que je me trouve chargé d'un si pesant « fardeau, néanmoins c'est plutôt la volonté de l'homme « que celle de Dieu qui me l'a imposé (1). » C'est ainsi qu'il avait parlé naguère & il n'avait osé reprendre sa houlette qu'après l'avoir reçue des mains du suprême pasteur. Maintenant cet homme trahira les intérêts de l'Église & ceux de sa conscience? Laissera-t-il, sans s'y opposer de toute son autorité, passer en droit de coupables maximes destinées à consolider légalement & à tout jamais l'usurpation dont l'investiture n'est que le symbole dangereux. Non, il mourra plutôt. D'autres sont morts pour l'intégrité de la foi : il sera le martyr de la liberté de l'Église, heureux d'arrêter quelques

---

rex mandare potiores personas Ecclesiæ & in capella ipsius regis fieri debet electio, assensu ipsius regis & consilio personarum regni, quas ad hæc faciendum advocaverit. (Matth. Paris. ann. 1164.)

(1) Ascendi in ovile Christi, sed non per ostium, velut quem non canonica vocavit electio, sed terror publicæ potestatis intrusit. Et licet hoc onus susceperim invitus, tamen ad hoc me induxit humana, non divina voluntas. (Baron. Annal. ann. 1164, n. 9.)

moments sur lui seul toute la violence du torrent qui submergera tôt ou tard l'Église Anglicane.

Cette grande question des investitures, qui vient de se rencontrer sous notre plume, mérite d'être traitée dans un chapitre particulier. Les bornes de cet ouvrage, sans doute, ne nous permettront pas de l'approfondir dans toutes ses parties, mais elle nous fournira l'occasion de montrer encore une fois la lutte imposante de l'Église & de l'État, pour la liberté des élections qu'anéantissaient totalement les investitures.

CHAPITRE IX.

DES INVESTITURES.

Bientôt l'abus des investitures tolérées jusqu'alors parce qu'elles avaient été exercées par des princes consciencieux, menace de sacrifier à la simonie la liberté des élections dans l'Occident. Le mal est à son comble sous Henri IV, empereur d'Allemagne. Saint Grégoire VII & ses successeurs les condamnent, & parviennent à les détruire.

OUS l'inspiration divine, le Prophète avait annoncé qu'un jour les princes se diraient entre eux : *Faisons du sanctuaire de Dieu notre commun héritage* (1). Jamais cette parole ne reçut un plus entier accomplissement qu'à l'époque où l'abus des investitures s'étendit dans tout l'Occident. Enchaînée irrévocablement au trône impérial, l'Église allait devenir non seulement la captive mais la propriété des princes.

Dans le principe, l'investiture n'était autre chose que le consentement du roi, sollicité par l'élu, avant que l'on procédât à sa consécration; consentement accompagné de la

---

(1) Psalm. LXXXII. 13.

mise en possession des terres de l'Église, dont le souverain s'était, durant la vacance, constitué le défenseur & le gardien. En outre, il arrivait souvent que les princes, & spécialement les empereurs, dans le dessein d'entourer leur trône de vassaux plus fidèles, comptant plus sur le secours & la loyauté des feudataires ecclésiastiques que sur celle des seigneurs temporels, jugeaient à propos de confier aux évêques & aux abbés la plupart des grands fiefs de leurs État, indépendamment des terres de l'Église. Telle est l'origine toute naturelle des investitures, auxquelles on donna une forme solennelle, en les conférant, soit avec le sceptre impérial, soit avec la crosse pastorale & l'anneau.

Longtemps, grâce à la piété des empereurs, l'Église vit cette coutume s'exercer, sans ombrage. Les Othon, les Henri II respectaient trop la liberté chrétienne pour oser l'enchaîner ou la violer (1). Mais il était facile de prévoir qu'il viendrait un temps où de coupables abus sortiraient naturellement d'un pareil usage. On pouvait s'attendre que d'abord la politique, non contente de conférer, dans des vues temporelles, les fiefs de l'empire au clergé, chercherait par le même motif à inféoder les terres de l'Église, pour ne faire de la hiérarchie tout entière qu'une machine de guerre à l'usage de l'empereur. Il devenait tout naturel ensuite que le prince intéressé au choix de ceux entre les mains desquels il remettrait la défense de sa personne & de l'empire, ne s'arrêtât que lorsqu'il aurait à sa disposition la nomination des évêques & des abbés. Enfin la conséquence de ceci devait être que l'Église tout entière concentrée à la cour, serait immolée à l'ambition, à l'intrigue, à la simonie, à la barbarie de ces temps.

Le mal fut à son comble sous le règne du fameux Henri IV, empereur d'Allemagne. Ce prince qui, suivant l'expression

---

(1) Les chroniques d'Allemagne à cette époque sont remplies d'exemples où l'on voit les investitures conférées sans nuire aux élections canoniques. (Voyez surtout Ditmar de Mersbourg, livres II, IV, V, VI.)

d'un auteur contemporain, « semblait résolu d'écraser l'É-
« glise sous un pied superbe, comme on écrase une vile
« esclave (1) », la contraignit, par ses excès, de donner l'a-
larme & de courir à sa propre défense. « Henri, quatrième
« du nom, dit Calvin, homme léger & téméraire, sans con-
« seil, audacieux & dissolu, avait établi, à sa cour, un encan
« où l'on pouvait acheter ceux des évêchés d'Allemagne qui
« n'étaient point déjà devenus la proie du plus fort (2). »
Ces horribles abus étaient le résultat des investitures; car ce
fut sous le rapport de la liberté des élections que l'Église en
ressentit davantage les redoutables inconvénients. « Votre
« roi, écrit saint Anselme de Lucques, à l'antipape Guibert,
« votre roi ne cesse de vendre les évêchés; il publie des
« décrets qui défendent de reconnaître pour évêque qui-
« conque a été élu par le clergé & demandé par le peuple,
« s'il n'a point été porté à cette dignité par la faveur
« royale (3). »

Renversant ensuite l'infâme principe sur lequel Henri prétendait appuyer la servitude de l'Église, saint Anselme
s'exprime ainsi : « Vous déchirez les membres de l'Église
« catholique; vous l'avez envahie dans tout l'empire, qui
« reste dépourvu par là même du principe de la vie & de la
« durée; vous faites de celle qui est libre de droit divin,
« l'esclave du pouvoir, l'instrument de ses caprices, parce

(1) Sic nimirum ille (Henricus) omnem Ecclesiam calcaneo supponere, calcan-
damque præbere, vilem ut ancillam, pro viribus conebatur. (Vita S. Gregorii VII.,
auct. P. Bernried. cap vi. apud Bollandum.)

(2) Henricus, ejus nominis quartus, homo levis & temerarius, nullius consilii,
magnæ audaciæ & vitæ dissolutæ. Nam quum episcopatus totius Germaniæ haberet
in aula sua partim venales, partim prædæ expositos, Hildebrandus qui lacessitus
ab eo fuerat, plausibilem prætextum arripuit quo se vindicaret. (Institut. Christian.
Religion. de fide, cap. VIII. n. 180.)

(3) Rex autem tuus sine intermissione vendit episcopatus, edicta proponens ut
nullus habeatur episcopus, qui a clero electus, vel a populo fuerit expetitus, nisi
præcesserit honor regius. (Contra Guibert. antipap. pro defensione Gregor. VII. lib. I.
Biblioth. Patrum, p. 603.)

« que, dites-vous, tout est à l'empereur, les évêchés, les
« abbayes, toutes les Églises de Dieu ; comme si le Seigneur
« n'avait pas dit : Mon Église, ma colombe, mes brebis ;
« comme si Paul ne nous disait pas : Nul ne prend de lui-
« même l'honneur du sacerdoce, mais celui qui est appelé
« de Dieu comme Aaron (1). » Plus loin le saint évêque
ajoute : « Nous venons combattre ceux qui ne craignent
« pas de dire que l'Église de Jésus-Christ est soumise à la
« puissance royale, tellement que le prince peut à son gré,
« avec ou sans motifs, lui donner des pasteurs, & disposer
« de ce qui est à elle, pour lui-même, ou pour les autres (2). »

Cette doctrine monstrueuse qui n'avait point encore paru dans toute sa nudité, remplit de terreur toute la Germanie. Les princes de l'empire, épouvantés de voir tomber ainsi l'édifice superbe de Charlemagne, & le saint empire romain crouler par ses bases, vinrent déposer leurs plaintes aux pieds du Souverain Pontife. Ils vinrent dénoncer solennellement la conduite de Henri, l'accusant « d'avoir ôté toute
« liberté dans l'élection canonique des évêques, en intronisant
« par la violence ceux qu'il voulait (3). »

Par un trait de cette Providence qui proportionne toujours les remèdes aux douleurs, Dieu, dans ces tristes jours, avait

---

(1) Vos enim Ecclesiæ catholicæ, quam invasistis per totum regnum, quod quia intus cecidit, foris diu stare non poterit, membra distrahitis, & in servitutem redacta quasi vile mancipium in vestrum dominium redigitis, & divini juris libertatem vestro obsequio mancipatis dicentes omnia imperatoris juri esse subjecta, episcopatus, abbatias, omnes omnino Dei Ecclesias, cum Dominus dicat : Ecclesiam meam, columbam meam, oves meas. Paulus dicit : Nemo assumit sibi honorem, nisi qui vocatus est a Deo tanquam Aaron. (*Ibid.* p. 605.)

(2) Accingimur respondere his qui dicunt regali potestati Christi Ecclesiam subjacere, ut ei pro suo libitu vel prece, vel pretio, vel gratis liceat pastores imponere, ejusque possessiones vel in sua, vel in cujus libuerit jura transferre. (Lib. iI. p. 600.)

(3) Qualiter omnem in statuendis episcopis canonicæ electionis libertatem adimeret, ponens per violentiam episcopos quos voluisset. (Helmod. Chronic. Slav. lib. I. cap. xxviii.)

donné à son Église un pasteur capable de la consoler & de la défendre. « Depuis les temps apostoliques, dit l'Église « elle-même, jamais pontife n'entreprit de plus grandes choses, « ne supporta de plus rudes épreuves, ne combattit plus vi- « goureusement pour la liberté ecclésiastique (1). » Vengée dans les camps les plus opposés, chère aux protestants eux-mêmes, la mémoire de saint Grégoire VII est désormais au-dessus de toute atteinte. Le jour de la justice s'est levé, & le Charlemagne de l'Église apparaît à tous les yeux plus héroïque, plus glorieux & plus sage.

Élevé dans les traditions de l'Église romaine, ce grand pape sait ce qui est dû à la puissance temporelle ; il ne la confond point, comme on l'a prétendu, avec la puissance ecclésiastique. Écoutez comment il s'exprime sur la distinction des deux puissances au fort de ses discussions avec l'empereur : « De même, dit-il, que le corps humain est « dirigé par la lumière qu'il reçoit par les deux yeux, ainsi le « sacerdoce & l'empire, unis étroitement dans une religion « pure, éclairent & conduisent le corps de l'Église par une « lumière spirituelle (2). Telle est sa doctrine, mais il sait aussi, « Que le noble devoir du pontife est de plutôt sou- « tenir de longs combats pour la liberté de la sainte Église, « que de s'endormir misérablement dans une servitude qui « est l'ouvrage du démon (3). »

Or, cette liberté, c'est principalement dans les élections épiscopales qu'il veut la voir, comme à sa place naturelle.

---

(1) Ex apostolorum ætate nullus Pontificum fuisse traditur, qui majores pro Ecclesia Dei labores molestiasque pertulerit, aut qui pro ejus libertate acrius pugnaverit. (Brev. rom. die 25 maii.)

(2) Sicut duobus oculis humanum corpus temporali lumine regitur, ita his duabus dignitatibus, sacerdotii scilicet & imperii, in pura religione concordantibus, corpus Ecclesiæ spirituali lumine regi & illuminari probatur. (Epistolarum lib. I. epist. 29. Labb. tom. X.)

(3) Nobilius esse dignoscitur multo tempore pro libertate sanctæ Ecclesiæ decertare quam misere ac diabolice servituti subjacere. (Lib. IX. epist. 3, Labb. ibid.)

Lui-même, tout investi qu'il est de la plénitude du pouvoir sacré, il la respecte jusque dans une Église particulière. Il répond avec simplicité à un roi, que voulant se conformer aux décrets des saints Pères, il ne se permettra point de faire la promotion qu'on lui demande, avant de connaître si l'élection est favorable au sujet présenté (1).

Pourra-t-il donc souffrir les désordres qui asservissent l'Église? Craindra-t-il d'entrer dans la lice, ce zélé vengeur de la discipline? Non, il osera, lui, faible & réduit à ces armes spirituelles qui ne peuvent rien sur les corps, combattre de front l'aveugle & sacrilège ambition de Henri, l'affreuse simonie de ses prélats. Il osera prendre en main cette cause perdue de la liberté de l'Église, & plus fort que les désordres effroyables de son siècle, il retiendra la Société chrétienne prête à s'abîmer dans le chaos de la barbarie.

Voyez-le dans ses conciles signaler & proscrire la cause de tous les maux, les investitures, & fixer le jugement de l'Église sur cette difficile question (2). « Par lui, dit Hugues « de Flavigny, la vérité des élections ecclésiastiques, obs- « curcie de tant de nuages depuis si longtemps, reprit son « ancien éclat (3). »

Tel était en effet le principal but de saint Grégoire VII, dans ce long & vigoureux combat. La lutte fut longue & périlleuse. Plus d'une fois Rome vit l'ennemi devant ses

---

(1) Verum quia sanctorum Patrum statuta sequi & observare cupimus, nihil de eo aut de promotione ejus sine electione Ecclesiæ nobis probandum esse judicavimus. (Lib. V. epist. xi.)

(2) Synod. Rom. ii. can. 2, Labb. p. 372. Synod. Rom. vii. can. 1 & 2, Labb. p. 381, epist. ad Henricum reg. Rom. lib. III., epist. x. p. 138. Les dispositions de ces conciles sont confirmées en 1087, par Victor III, au concile de Bénévent, Labb. pag. 419, & par Urbain II, en 1095 au concile de Clermont, can. 15 & 16, pag. 508.

(3) Per hanc occasionem sub papatu Gregorii multis retro annis obnubilata electionis ecclesiasticæ splenduit veritas. Viderint igitur viri cordati quid juris imperatoribus in electione Pontificis reservetur. (Biblioth. MSS. Labbæi, tom. I., pag. 196.)

portes; mais la cause de Grégoire était celle de Dieu, c'est pourquoi des prodiges la vengèrent. Toutefois il était écrit que Grégoire confesserait dans l'exil cette sainte liberté que le martyr Thomas avait défendue sous le glaive des assassins, &, fugitif sur une terre étrangère, lorsque ses yeux mourants cherchaient en vain le tombeau du Prince des apôtres, il put du moins, en présence de son Dieu, se rendre ce beau témoignage qui explique sa vie tout entière : « J'ai aimé la « justice, j'ai haï l'iniquité, c'est pour cela que je meurs dans « l'exil (1). »

Victor III & Urbain II passent tour à tour avec gloire sur le trône pontifical. Après eux Pascal II paraît & se montre intrépide dans les combats qui illustrèrent saint Grégoire VII. Le fils du tyran de la Germanie, Henri V, s'annonce presque aussitôt comme devant marcher sur les traces de son père. La simonie désole encore une fois l'Église, & les élections sont abolies au profit de la cupidité (2).

Pascal, de son côté, est à peine monté sur le trône pontifical qu'il s'applique à détourner de si grands maux. Il renouvelle les anathèmes de ses prédécesseurs contre les investitures (3), & bientôt, pour éviter les violences d'un jeune prince enivré de son pouvoir, il vient se réfugier en France, asile ordinaire des papes persécutés.

Une conférence remarquable eut lieu à Châlons, entre le Pape & les envoyés de l'empereur & en présence du roi Philippe I. Le successeur de saint Grégoire VII, se montra digne du rang suprême où la Providence l'avait placé.

(1) Postrema morientis Gregorii verba fuere : Dilexi justitiam, & odivi iniquitatem, propterea morior in exilio. (Brev. Rom. *ibid.*)

(2) Meministi qualiter episcopatus, abbatias & omnia Ecclesiæ regimina fecisti venalia, nec fuit in constituendis episcopis ulla legitimæ electionis facultas, sed sola pecuniæ ratio.

Ainsi parlaient à cet empereur les évêques fidèles de ses États. (Helmod. Chron. Slav., lib. I. cap. xxxii.)

(3) Conc. Guastall. Labb. t. X. p. 749.

« Si l'Église, répondit-il aux ambassadeurs de Henri, si l'É-
« glise ne peut élire un évêque sans consulter l'empereur,
« la mort de Jésus-Christ est vaine, il ne reste plus qu'à
« accepter la servitude (1). Cependant, ajoute l'historien, les
« fougueux envoyés de l'empereur, frémissaient de rage, &
« s'ils n'eussent été retenus par la crainte, on les eût entendus
« éclater en imprécations & en injures. C'est à Rome,
« dirent-ils, & non ici, & c'est avec l'épée que cette querelle
« se terminera (2). »

Ces menaces n'intimidèrent point Pascal & bientôt on le vit reprendre la route de l'Italie. De son côté, Henri marchait sur Rome. Toutefois étonné de la vigoureuse résistance du Pontife, il finit par entendre à un accommodement. Voici les bases de la réconciliation. Les prélats remettront à l'empereur les fiefs qu'ils possèdent; l'empereur cessera de prétendre aucun droit sur les possessions qui appartiennent en propre à l'Église. Les investitures désormais sans motif cesseront d'avoir lieu (3). Mais cet arrangement ne pouvait longtemps plaire à un prince ambitieux qui perdait en un instant & la collation des bénéfices ecclésiastiques, & l'influence qu'elle le mettait à portée d'exercer. Désormais il ne serait plus l'unique propriétaire du sol de la Germanie : désormais il ne pourrait plus remplir ses trésors des richesses de l'Église, soit en prolongeant la vacance des sièges, soit en livrant les dignités cléricales au plus offrant.

La joie de l'Église fut de courte durée. Trop confiant dans les promesses de son sacrilège adversaire, le Pontife romain

(1) Si Ecclesia imperatore inconsulto prælatum eligere non possit, cassata Christi morte, ei serviliter subjacere. (Suger. in vita Ludov. Grossi, collect. Duchesne, tom. IV. p. 289.)

(2) Cumque hæc & his similia cervicosi audissent legati teutonico impetu frendentes tumultuabant, & si tuto auderent, convicia eructarent, injurias inferrent. Non hic, inquiunt, sed Romæ, gladiis determinabitur querela. (Ibid.)

(3) Chronic. Cassin. lib. VI. cap. xxxvii. ad annum 1110. Epist. Paschal. II. xxii. Labb. t. X. p. 650.

est arraché de son siège & jeté dans une prison. Là, tranquille sur son propre sort, il ressent d'une manière accablante les douleurs de l'Église. Rome en proie aux Germains, l'Église catholique menacée d'un schisme, telles sont les tristes pensées qui agitent sa grande âme. Il croit que le moment est venu de faire à la paix un sacrifice nécessaire, & après avoir assuré la liberté des éleĉtions, il abandonne les investitures à l'empereur(1).

Mais, ô faiblesse de l'homme que sa droiture ne préserve pas toujours de l'erreur! Pascal apprend dans son cachot que sa conduite vient de plonger l'Église romaine dans le deuil. Il gémit, il craint lui-même d'avoir trahi la cause de l'Église, d'avoir outrepassé, dans son indulgence, ce qu'il lui était permis de faire. A peine a-t-il recouvré sa liberté, cette liberté qui lui est à charge puisqu'elle a été le prix de sa faiblesse, qu'il réunit un concile, & déposant en présence des évêques les marques de sa souveraine dignité, il se soumet humblement à leur sentence. Une si haute vertu édifia les évêques. Ils consolèrent sa douleur en lui rappelant qu'après tout il avait sauvé la liberté des éleĉtions, bien qu'il eût trop compté sur la fidélité de l'empereur à ne pas profiter des investitures pour les asservir de nouveau. Le concile, avant de se dissoudre, voulut révoquer solennellement une concession qui n'avait été arrachée que par la force à un pontife d'ailleurs si zélé pour le maintien des ordonnances de ses prédécesseurs.

Pascal en mourant laissa la sainte cause de la liberté de l'Église entre les mains de Gélase II, son successeur. Ce

---

(1) Voici les termes de la concession rapportée par Guillaume de Malmesbury, *de Gest. Regum Anglor.* lib. V : Illud igitur dignitatis privilegium quod prædecessores nostri vestris prædecessoribus catholicis imperatoribus concesserunt, nos quoque dileĉtioni tuæ concedimus & præsentis privilegii pagina confirmamus ut regni tui episcopis & abbatibus, libere præter violentiam & simoniam eleĉtis, investituram virgæ & annuli conferas.

pontife se montra digne de la défendre, lorsque, chassé de Rome par la vengeance de l'empereur, il vint édifier l'Église de France par sa fidélité & son courage. Calixte II lui succéda bientôt, non moins généreux & non moins intrépide. Sous son pontificat l'Église vit cesser enfin les cruelles dissensions qui l'agitaient depuis si longtemps. Dans un concile à Rome un accord fut signé entre le Pape & l'empereur.

Voici la promesse de Henri V. « Moi, Henri, par la grâce « de Dieu, empereur des Romains, Auguste, pour l'amour « de Dieu, de la sainte Église romaine, & du seigneur Pape « Calixte, pour la guérison de mon âme, je remets à Dieu, « à ses saints apôtres Pierre & Paul & à la sainte Église « catholique, toute investiture par l'anneau & la crosse, & « j'accorde à toutes les Églises de mon royaume ou empire, « l'élection canonique & la libre consécration (1). »

Le Pape s'exprimait ainsi : « Moi, Calixte, je permets à « Henri, notre cher fils, de faire faire en sa présence les « élections d'évêques & d'abbés du royaume teutonique, « en évitant la simonie & la violence. Que si quelque dissi- « dence s'élève entre les parties, l'empereur, d'après le con- « seil ou le jugement du métropolitain & des évêques de la « province, prêtera secours & assentiment à celle qui lui « semblera plus fondée en droit. L'élu ensuite pourra recevoir « par le sceptre l'investiture des *fiefs royaux* (2). »

---

(1) Ego Henricus, Dei gratia Romanorum Imperator Augustus, pro amore Dei & sanctæ Romanæ Ecclesiæ, & D. Papæ Calixti, & pro remedio animæ meæ, dimitto Deo & sanctis ejus apostolis Petro & Paulo, & sanctæ catholicæ Ecclesiæ omnem investituram per annulum & baculum, & concedo omnibus Ecclesiis, quæ in regno vel imperio meo sunt, canonicam fieri electionem, & liberam consecrationem. (Labb. t. X. p. 901.)

(2) Ego Calixtus, servus, &c..., dilecto filio suo Henrico, Dei gratia Romanorum Imperatori Augusto, concedo electiones episcoporum & abbatum Teutonici regni, quæ ad regnum pertinent, in præsentia tua fieri, absque simonia & absque violentia; ut si qua inter partes discordia emerserit metropolitani & provincialium

Ainsi fut terminée cette longue & dangereuse controverse. Durant toutes ces tempêtes, l'Église avait beaucoup souffert; elle avait été en proie aux horreurs du schisme, & menacée même de sa destruction totale. L'Europe, qui à cette époque reposait tout entière sur l'Église, n'avait dû son salut qu'à la fermeté des Souverains Pontifes; car dans l'affaire des investitures, il n'y allait rien moins que de l'existence de la puissance spirituelle.

Innocent III, en 1209, mit la dernière main à l'œuvre de Calixte, en abolissant le droit de jugement que celui-ci avait cru pouvoir, sans danger, laisser entre les mains de l'empereur. L'expérience déjà ne montrait que trop combien, sous ce prétexte, il était facile de tirer à soi la plupart des élections. L'empire se trouvant disputé entre deux compétiteurs, Philippe de Souabe & Othon de Saxe, Innocent III ne voulut se déterminer pour Othon, qu'après en avoir obtenu ce désistement si nécessaire à la paix & à la liberté de l'Église (1).

Nous n'avons pas cru nécessaire de donner l'histoire des investitures dans les divers États de la chrétienté. Il suffisait de faire voir leur origine, leurs progrès & leur décadence à la cour des empereurs. En France, après la promulgation des canons qui les interdisaient, on les vit cesser peu à peu sans avoir jamais occasionné de grands désordres. Les rois

---

consilio vel judicio, saniori parti auxilium & assensum præbeas; electus autem regalia per sceptrum a te recipiat. (*Ibid.*)

L'Église n'avait pas le droit d'empêcher l'empereur de donner l'investiture des fiefs de l'empire, suivant son plaisir. La question n'était pas là.

(1) Othon fit la remise de la concession de Calixte, en ces termes :

Illum volentes abolere abusum, quem quidam prædecessorum nostrorum exercuisse dicuntur in electionibus prælatorum, concedimus & sancimus ut electiones prælatorum libere & canonice fiant, quatenus ille præficiatur Ecclesiæ viduatæ, quem totum capitulum, vel major & sanior pars ipsius duxerit eligendum, dummodo nihil ei obstet de canonicis institutis. (Raynaldi contin. Baron. ad ann. 1209, n. 10, ad ann. 1213, n. 23.)

d'Angleterre cherchèrent à les maintenir plus longtemps & ne les abandonnèrent qu'après de violents combats avec les papes. Enfin, il résulte de tous les monuments de cette époque, que les investitures avaient pour premier effet d'anéantir la liberté des élections, & que Rome les combattait principalement pour arrêter la simonie & écarter les mauvais pasteurs qu'elles donnaient aux Églises.

CHAPITRE X.

DES RÉSERVES.

Le quatrième concile de Latran établit les élections capitulaires. Les abus qu'elles entraînent après elles amènent chaque jour de nombreuses causes au tribunal du Saint-Siège qui se trouve dans la nécessité de pourvoir directement à un grand nombre de sièges. Les réserves passent en droit. Les plus saints papes les établissent ou les maintiennent. Gerson, Pierre d'Ailly, Fleury lui-même, les approuvent en principe.

L'ÉGLISE est une société immortelle. Tandis que les royaumes de la terre épuisent leur durée dans de soudaines & violentes révolutions, l'Église traverse majestueusement les siècles, revêtant avec calme ses formes successives. Depuis le jour où il lui fut dit d'aller prendre possession de toutes les nations de la terre, que d'institutions diverses ont aidé à son développement! Quel homme cependant osera, l'histoire en main, préciser le jour où elles ont commencé, l'année qui les a vues finir? Tant il est vrai que ce n'est point l'homme qui la dirige; car l'homme veut inscrire à la hâte son nom sur ses œuvres. Tant il est vrai qu'elle est conduite tranquillement par la force des choses, c'est-à-dire par la main de Dieu.

Le temps qui sépare la conclusion de la controverse des

investitures, de la publication de la Pragmatique & du Concordat est rempli par un fait non moins important, puisque sur lui, durant trois siècles, reposa toute l'économie de l'Église catholique : je veux parler des réserves.

Poursuivie non plus seulement par les princes, mais à leur exemple harcelée par les petits tyrans, qui guerroyaient & régnaient dans tout l'Occident, la liberté des élections s'était réfugiée dans la nouvelle législation que venait de sanctionner le quatrième concile de Latran. Désormais les élections épiscopales allaient devenir le partage des Chapitres (1). Mais cette mesure était encore loin de prévenir totalement les abus dont on avait gémi jusqu'alors. Moins tumultueuses, les élections étaient encore agitées par de coupables violences. On frémit en lisant le détail des excès que le concile de Bourges, tenu en 1176, déplore dans le procès-verbal de ses séances (2). Toujours en armes, & accoutumés aux violences, de farouches seigneurs dominaient en détail l'Église que les rois & les empereurs cherchaient à asservir en grand. Et cependant, seule & sans défense, cette Église demeurait à la merci de ses oppresseurs ! Et il lui était impossible de fuir la vengeance de ceux auxquels sa liberté portait ombrage ! Comment espérer le triomphe de la justice dans une lutte où ses défenseurs sont par leur propre nature à la discrétion de ses ennemis? Quel bras assez fort pour affronter des puissances hautaines, & qui peuvent appuyer la prescription de leur audace sur des siècles d'entreprises?

La constitution de l'Église la sauva, par le développement salutaire de la puissance pontificale. Sans l'action immédiate du Saint-Siège, l'Église périssait. Il fallait que Rome transformât en une administration de tous les jours, cette haute direction qu'elle avait dès le commencement exercée sur la

---

(1) Conc. Later. Can. 23, 24, &c. Labb. tom. XI. p. 176 & seq. — (2) Labb., tom. XI. p. 1018.

hiérarchie. Dieu, dans sa sagesse, ayant ménagé de grandes épreuves auxquelles la Société chrétienne devait être bientôt soumise, il était nécessaire aussi qu'elle apprît d'avance à puiser sans intermédiaire la vie dans le sein du Père commun. Placé par sa position sociale au-dessus des attaques des souverains, le Pape seul pouvait ramener à sa source le ministère ecclésiastique, retremper l'Église dans cette ancienne sève de liberté qui depuis trop longtemps commençait à s'altérer. En retirant à lui la provision des bénéfices, le Pontife romain arrêtait les progrès du principe de sécularisation qui menaçait de renverser la société ; il faisait revivre sous une nouvelle forme la discipline des anciens jours, alors que l'Église, se suffisant à elle-même, ne connaissait point de pasteurs venus par la main du prince.

Sans doute une semblable conduite ne pouvait manquer d'irriter les princes & leurs adulateurs. Le pouvoir temporel ne pouvait perdre sans le regretter le plus puissant moyen de gouvernement qu'il eût eu jusqu'alors entre les mains. On chercha donc à rendre suspect ce généreux dévouement avec lequel Rome se faisait ainsi anathème pour toute l'Église ; on voulut représenter sa conduite sous les traits d'une basse cupidité, d'une insatiable ambition, & ces blasphèmes eurent des échos qui se prolongèrent jusqu'à nos jours. Hommes totalement dépourvus de foi, qui vous disent sans frémir que durant près de trois siècles, l'Église a approuvé en principe la plus criminelle des usurpations ; mais surtout hommes d'une inconcevable ignorance, qui n'ont pas compris qu'aux yeux mêmes de l'historien philosophe, l'Église, épuisée de lassitude par tant de combats, n'avait plus de salut & de repos que dans l'établissement des réserves.

Indépendamment du motif de soustraire les élections & par là même l'Église à la domination laïque, les Pontifes romains se trouvèrent dans la nécessité de les établir pour mille autres raisons.

La simonie qui dans ces siècles exerçait d'affreux ravages, en livrant l'Église à d'indignes pasteurs, appelait depuis longtemps toute la sollicitude des Papes. C'était elle qu'ils avaient combattue dans les investitures, & voilà qu'ils la retrouvaient dans les élections capitulaires. Ils espérèrent guérir enfin cette plaie honteuse, en évoquant les causes d'élection à leur tribunal. Dans un siècle où les communications étaient rares & difficiles, l'intrigue désespérée ne voyageait pas comme aujourd'hui.

En outre, par le droit de dévolution, droit fondé sur la nature des choses, les élections retournaient au Siège apostolique, lorsque les formes canoniques avaient été violées ou que de coupables motifs avaient dirigé la conduite des électeurs. Le clergé fidèle, les évêques de la province, les peuples eux-mêmes étaient depuis longtemps dans l'usage d'implorer dans ces circonstances le jugement de Rome. La cause était examinée par le Souverain Pontife, & il était naturel qu'il pourvût lui-même au siège après l'avoir déclaré vacant. Or à l'époque à laquelle les réserves passèrent en droit, ces dévolutions arrivaient tous les jours, & ce ne fut qu'après avoir acquis la certitude de l'impossibilité où ils étaient de sauver l'Église par une autre voie, que les Papes commencèrent à établir graduellement les réserves.

Non, encore une fois, il n'était point étrange que la liberté de l'Église, poursuivie de toutes parts, vînt se réfugier à l'ombre du Siège apostolique, lorsque tout autre asile lui était refusé. Vainement parlera-t-on du droit des Églises particulières, comme si nos Églises pouvaient en avoir d'autres que ceux que le Siège apostolique leur a conférés; comme si après avoir enfanté les Églises d'Occident, Rome eût perdu par le cours des siècles les prérogatives de sa maternité. Lorsqu'aux XIIIe & XIVe siècles, Rome voulut placer des évêques sur les sièges de l'Occident, ces Églises pouvaient-elles oublier qu'autrefois Rome aussi leur avait envoyé les Denys, les Gatien, les Augustin, les Boniface, les Anschaire? Rome n'est point jalouse de la liberté des Églises; car comment pourrait-elle être jalouse de ce qui vient d'elle? Le même principe qui autrefois l'empêchait d'intervenir dans les élections des Églises de l'Italie même, ce principe la contraignait de rapprocher d'elle ce qui périssait loin d'elle. Rome n'avait point changé, mais la face du monde n'était plus la même.

Aussi voyons-nous les plus saints Papes, les Innocent III, les Urbain IV, les Clément IV, les Benoît XII, établir les réserves & les consolider tour à tour. Plus tard, saint Pie V, Paul IV, Grégoire XIII ne trouvent point indigne de leur justice & de leur piété, de marcher sur les traces des Boniface VIII, des Clément V & des Jean XXII (1).

Détournons nos regards de l'odieux spectacle que présente la fureur de ces hommes vendus à César & dont les écrits pleins d'une haine aveugle contre Rome, cherchent sans cesse à nous la représenter comme dominée par la cupidité, comme l'esclave de cette simonie qu'elle n'a cessé de combattre. Leurs serviles efforts ne parviendront pas à obscurcir tant de gloire, à flétrir tant de sainteté. Qu'ils déposent leurs préjugés volontaires; dans ce siècle où l'histoire n'a plus de mystères, qu'ils lisent, qu'ils examinent ces assertions héréditaires que répète leur criminelle préoccupation. Longtemps ils ont écrit que les annates furent le véritable motif qui fit établir les réserves; longtemps ils ont triomphé de ce qu'ils regardaient comme l'humiliation de leur mère. Mais d'abord comment peuvent-ils ignorer que les annates ont été respectées par les conciles de Constance & de Bâle, qu'elles ont trouvé grâce devant l'assemblée schismatique de Bourges? Comment ignorent-ils que les annates, au temps de Clément V & du concile de Vienne, n'existaient pas encore?

---

(1) Voir les décrétales & le bullaire de chacun de ces papes.

Comment ne savent-ils pas qu'elles doivent leur origine à Jean XXII, & qu'elles ne formèrent un revenu vraiment considérable qu'à l'époque du schisme, sous le pontificat douteux de Boniface IX? Comment Innocent III, Urbain IV, Clément IV, & tant d'autres peuvent-ils avoir eu en vue, en établissant les réserves, une spéculation d'intérêt à laquelle personne n'avait encore songé de leur temps? Comment enfin oser encore prétendre au titre de catholique & avoir en même temps le triste courage d'envelopper dans une flétrissure commune toute la suite des Pontifes Romains depuis six siècles entiers (1)!

Profonde bassesse d'ailleurs! Au temps des persécutions, l'Église romaine jouissait d'une si grande opulence qu'elle nourrissait des villes & des provinces entières; & des canonistes se sont rencontrés qui semblent craindre que la charité des chrétiens ne soit pas encore assez refroidie, comme si le fardeau sans cesse croissant des misères de toutes les Églises ne s'appesantissait pas de jour en jour! Comme si la richesse de la mère n'était pas la joie & le bonheur des enfants! Du reste, qu'ils se rassurent : leurs efforts ont été couronnés d'un plein succès. Rome aujourd'hui, délaissée du monde entier, languit dans une sainte indigence. Seule pauvre au milieu des nations indifférentes, elle essuie les dédains de la superbe Europe, qui semble avoir complètement oublié celle qui lui fit autrefois, au prix de tant de combats, le don précieux de cette civilisation dont elle est si fière. Mais le jour viendra, n'en doutons pas, où le Dieu qui *l'a établie sur les montagnes saintes, & qui aime ses portes plus qu'il n'aima jamais les pavillons de Jacob* (2), se lèvera & prendra en main sa cause abandonnée (3). Alors le Seigneur sera

---

(1) On sait que chaque Pape après son élection confirme solennellement les règles de la chancellerie.

(2) Psalm. LXXXVI. 1, 2. — (3) Psalm. LXXIII. 22.

grand dans la cité de notre Dieu, & toute la terre prendra part à la joie de ses triomphes (1).

Les réserves, comme toutes les institutions que Dieu confie à des hommes, furent sujettes à des abus ; les élections en avaient été elles-mêmes tellement chargées qu'il était devenu nécessaire de les suspendre. C'est donc ici le principe que nous défendons, & non l'usage que la faiblesse humaine peut en faire. Mais il nous est sans doute permis de juger les réserves de la manière dont les ont jugées deux hommes contemporains du concile de Constance, & qu'on n'accusera pas de complicité avec la cour de Rome.

« Tous les bénéfices, dit Gerson, appartiennent au Pape, « comme suprême administrateur, mais non comme maître « ou possesseur, encore moins comme dispensateur immé- « diat, régulièrement & universellement, à moins que l'ini- « quité des prélats inférieurs ou l'utilité manifeste de l'Église « ne l'exige dans certains cas (2). »

« Le Pape, dit Pierre d'Ailly, a pu se réserver à lui-même « & au Siège apostolique la collation des bénéfices majeurs « & électifs, non seulement parce que cette coutume est « fondée sur le droit le plus ancien, mais encore pour un « motif spécial, en raison de la matière sujette ; par exemple, « lorsque les inférieurs commettaient des abus dans leurs « élections, & les collateurs ordinaires dans leurs provisions « bénéficiales ; ou lorsque les uns & les autres se trouvaient « privés du libre exercice de leurs droits par la puissance « laïque, ou enfin pour toute autre raison spéciale. D'où « il faut conclure que quand le Siège apostolique a rendu « des décrets sur cette matière, en admettant même que les

---

(1) Psalm. XLVII. 1, 2.
(2) Omnia beneficia sunt Papæ, tanquam ordinatori supremo, non tanquam domino, aut possessori, imo nec tanquam immediato dispensatori regulariter & universaliter, nisi prælatorum inferiorum iniquitas aut manifesta Ecclesiæ utilitas casibus certis illud exigeret. (Gerson. opera, edit. Dupin. t. III. p. 92.)

« Souverains Pontifes eussent commis sur ce sujet des abus
« ou des excès, ce n'est point une raison pour supprimer ce
« droit; mais on doit simplement corriger ces abus & res-
« treindre ces excès (1). »

Fleury lui-même, quoique contraire aux réserves, admet, comme ces deux auteurs, leur utilité dans certains cas, & explique, comme nous l'avons fait, leur origine. « Il arriva,
« dit-il, pendant le XIIIe siècle & le suivant, que la provision
« de la plupart des évêchés venait au Pape : soit que l'on
« n'avait pas élu dans le temps fixé par les canons, soit
« parce que les élections ou les confirmations étaient
« vicieuses. On en voit un grand nombre d'exemples dans
« les Décrétales. D'ailleurs, il était notoire que plusieurs
« élections se faisaient par brigue & par simonie, surtout
« dans les pays où les évêques étaient seigneurs temporels.
« Souvent les princes s'en rendaient maîtres par autorité;
« souvent elles étaient troublées par des séditions & des
« violences. Elles produisaient des guerres, ou au moins
« des procès immortels. Ces désordres donnèrent sujet aux
« Papes de se réserver quelquefois la provision des Églises
« où le péril était le plus grand (2). »

A ces témoignages remarquables, nous joindrons celui de l'Université de Paris elle-même. Pendant que le schisme d'Occident durait encore, le Clergé de France, dans une

---

(1) Papa jure potuit ordinationes majorum & electivarum dignitatum, ac collationes aliquorum beneficiorum, sibi & Sedi apostolicæ reservare, quia hæc, antiquissimo jure, universalis administrationis papalis potuerunt competere, sed etiam ex speciali causa, ratione materiæ subjectæ; utpote quia inferiores in suis electionibus & ordinarii collatores in beneficiorum collationibus abutebantur, & per potentiam laicalem, sæpe jure suo non libere uti permittebantur, seu alia aliqua speciali ratione. Ex quo subinfertur, quod cum Sedes apostolica in præmissis præscripserit, supposito quod Summi Pontifices in hoc abusi fuerint vel excesserint, non propter hoc est hujusmodi jus tollendum, sed abusus pellendi, & excessus restringendi sunt. (Inter opera Gerson. t. II. p. 945.)

(2) Institution au Droit ecclés. chap. x.

assemblée en 1406, porta un règlement à l'effet d'abolir les réserves. L'élection d'Alexandre V n'eut pas plutôt rendu la paix à l'Église, que les docteurs de l'Université demandèrent la suppression du règlement. « Ils avaient éprouvé, dit le « P. Berthier, d'après Du Boulay, que le recours aux Ordi-« naires leur était bien moins favorable que les suppliques « en cour de Rome, parce que les Ordinaires donnaient les « bénéfices à leurs amis sans s'intéresser pour les hommes « d'étude, au lieu qu'à Rome on suivait le rôle des Univer-« sités, où il n'était question que de gens connus par leur « mérite (1). »

Enfin le concile de Bâle, cette assemblée si hostile envers l'autorité papale, laissa subsister les réserves nombreuses admises dans le Corps du Droit, & reconnut par là même le principe qui leur avait donné naissance & le pouvoir qui les avait créées & maintenues (2).

Pour nous, catholique simple & plein de respect pour notre mère, nous nous sommes trouvé heureux de pouvoir venger l'Église romaine sur un des points où elle a été le plus attaquée, en même temps que nous poursuivions la tâche que nous nous sommes imposée. Puissions-nous rappeler à tous les chrétiens que dans un siècle comme dans un autre l'Église est toujours l'Épouse sans tache du Fils de Dieu! Puissions-nous leur faire comprendre que jamais dans l'Église une mesure générale n'a été mise en exécution, qui n'ait été inspirée d'en haut! Alors nous ne nous arrêterons plus à considérer la main de cet homme que nous voyons, mais nous remonterons jusqu'à cette main divine qui conduit tout. Alors nous dirons comme nos pères d'autrefois, comme ces vieux évêques qui vivaient longtemps avant nos divisions : « En mémoire du bienheureux apôtre Pierre,

---

(1) Hist. de l'Église Gallic., t. XV, p. 325. — (2) Sess. XXIII., Labb. t. XII. pag. 566.

« honorons la sainte Église romaine & le Siège apostolique,
« afin que celle qui est la mère de notre dignité sacerdotale
« nous gouverne aussi en souveraine par ses lois. Soumis
« en toute humilité à ses ordres, s'il arrivait qu'elle jugeât
« à propos de nous imposer un joug qui semblât pesant à
« notre faiblesse, allégé par notre amour filial, nous le sup-
« porterions sans peine (1). »

CHAPITRE XI.

LA PRAGMATIQUE SANCTION.

Le concile schismatique de Bâle abolit presque toutes les réserves & l'institution par le Pape. Ses décrets sont acceptés par l'Assemblée de Bourges ; l'élection des évêques est restituée aux chapitres & on invite le roi & les princes à y prendre part, en usant quelquefois de *prières bénignes & bénévoles*. Les prélats soumettent leurs règlements à l'approbation du roi Charles VII : c'est la Pragmatique Sanction. Cet acte était l'une des plaies que le cinquième concile de Latran était appelé à guérir, lorsqu'intervint le Concordat de Léon X.

ES perpétuels combats du sacerdoce & de l'empire préparaient une catastrophe. Harcelée sans cesse par les courageux efforts de l'autorité spirituelle, seul frein du pouvoir à cette époque, la puissance temporelle tendait à briser un lien incommode, en proclamant sa sécularisation. D'un autre côté, détruire l'ouvrage des siècles, arrêter le développement naturel du christianisme, n'était pas chose facile. Jusqu'ici la violence employée contre l'Église n'avait réussi qu'à la con-

---

(1) In memoriam beati Petri apostoli, honoremus Sanctam Romanam & Apostolicam Sedem, ut quæ nobis sacerdotalis mater est dignitatis, esse debeat magistra ecclesiasticæ rationis. Quare servanda est cum mansuetudine humilitas, ut licet vix ferendum ab illa Sancta Sede imponatur jugum, feramus, & pia devotione toleremus. (Conc. Triburiense, canon. 30, Labb., t. IX. p. 456.)

solider de plus en plus. Élevée, nourrie, vieillie au milieu des combats, elle avait tant de fois usé la force brute qu'elle ne pouvait la craindre. L'esprit pervers inspira aux ennemis de l'Église d'essayer contre elle le système des utopies, ce parfait dissolvant des sociétés les plus fortes. Il suscita donc des hommes qui, après quatorze siècles, se mirent à disserter gravement sur la constitution de l'Église & à la régler d'une manière souveraine d'après leurs idées. Soit fatalité, soit calcul, leurs théories présentèrent toutes un phénomène remarquable. Le principe aristocratique & populaire chassé pied à pied des institutions politiques & absorbé par l'omnipotence du souverain, fut par eux en retour introduit dans l'Église, & les deux sociétés échangeant leurs principes constitutifs, reçurent pour base, de la main de ces puissants génies, des principes contradictoires à ceux sur lesquels elles avaient vécu jusqu'alors.

Dieu qui dans sa justice avait résolu de soumettre l'Europe à une épreuve redoutable, voulut l'avertir solennellement des dangers qui la menaçaient. Il voulut par le grand schisme lui donner comme une vision du chaos dans lequel une révolte coupable allait bientôt plonger la société religieuse, dans la moitié de l'Occident, & faire sentir aux peuples la nécessité de se serrer de plus en plus autour de l'inébranlable chaire de saint Pierre.

Ce fut à cette époque, au milieu des ténèbres qui voilèrent durant quarante ans le rayon même du gouvernement ecclésiastique, que l'esprit d'orgueil & d'indépendance fit d'effroyables progrès. Honteusement stationnaires entre la vérité absolue & l'erreur caractérisée, entre l'hérésie pure & le catholicisme, il y eut des hommes qui voulurent être les *doctrinaires* de l'Église. Dans leur surabondance, les Universités vomirent des nuées d'ergoteurs qui, à défaut d'évêques, s'en vinrent siéger par centaines dans les conciles. L'antique respect pour le Saint-Siège fut suspendu, & sous prétexte que le Pape n'était plus qu'un fantôme douteux, on vit de petits hommes téméraires s'approcher pour sonder à leur mesure la hauteur, la largeur & la profondeur de cette *pleine* puissance qui n'a été conférée qu'au chef de l'Église. Affranchis du joug des anciennes convenances, à la face du monde entier, ils se permirent d'enregistrer leurs systèmes inouïs dans les recueils sacrés qui conservent les oracles de de l'Église assemblée. On les entendit promulguer dans leur étrange sollicitude des lois réformatrices pour la chrétienté tout entière, tandis qu'aveugles auxiliaires, ils ne faisaient que préparer les voies à ces autres hommes bien autrement conséquents à eux-mêmes, qui dans quelques jours allaient bouleverser le monde catholique, toujours au nom de la réforme. Au reste, jugé par ses propres œuvres, le conventicule de Bâle s'en allait se perdre silencieusement dans le schisme.

Empruntant tour à tour les expressions brûlantes du zèle & les arguties de la scholastique, ils dirigeaient tous leurs efforts contre la puissance fondamentale de l'Église. C'était au Pape qu'ils en voulaient, & rien ne pouvait mieux dévoiler tout le presbytérianisme qui faisait le fond de leur pensée. Relever les évêques pour abaisser le Pape, en attendant le jour où l'on pourra humilier l'épiscopat par le clergé du second ordre, telle est la tactique ancienne & nouvelle du parti laïque que nous avons signalé plus haut. Or ce parti avait tout envahi à cette époque. Non contents de déclarer solennellement comme un dogme de foi, que le Pape est tenu de leur obéir dans les choses de la foi & de la discipline (1), ils osent sans pudeur porter la main sur les prérogatives que la situation critique de l'Église l'a contrainte d'exercer. Sans doute, & nous l'avons dit, les réserves n'entrent point nécessairement dans le plan de la Providence

---

(1) Conc. Basil. sess. II. art. III. Labb. t. XII. p. 477.

pour le gouvernement de l'Église ; cependant elles l'avaient sauvée. Le concile de Bâle les enlève presque toutes. Depuis deux siècles environ, l'action de l'Église romaine se faisait sentir d'une manière plus directe dans la confirmation & l'institution des évêques. Rome, dont le pouvoir, comme l'atteste Bossuet, a plutôt diminué qu'augmenté avec les siècles (1), avait dans sa sagesse jugé ce moyen propre à resserrer les liens de l'unité. Il a semblé bon aux Pères de Bâle de ne plus tolérer cet abus : l'institution canonique, cette arme si dangereuse, est mise par eux entre les mains des métropolitains.

Ces deux règlements, l'abolition des réserves & la suppression de l'institution par le Pape, opéraient une véritable révolution dans l'Église. Un ordre de choses établi naturellement & sans effort se trouvait tout à coup renversé, & certes il n'était guère possible de se faire illusion sur les intentions véritables de cette assemblée qui prétendait rendre à l'Église ses imprescriptibles droits, & à laquelle on voyait consommer de gaieté de cœur le schisme le plus inexcusable & le plus ridicule dont les annales de l'Église aient conservé le souvenir.

Cependant le scandale s'étendait au loin, & l'esprit de rébellion qui débordait partout comptait en France de nombreux sectateurs. En 1438 une assemblée se réunit à Bourges ; cinq archevêques & vingt-cinq évêques se chargent d'y représenter l'Église Gallicane. Mais si l'Église n'y était pas en force, il faut reconnaître en retour que l'État y était dûment représenté. Le roi Charles VII, Louis, dauphin de France, Charles de Bourbon, Charles d'Anjou, Pierre de Bretagne, Bernard de la Marche, Guillaume de Tancarville, tous princes du sang, avec les grands du royaume, étaient plus qu'il ne fallait pour rassurer les dispositions complai-

---

(1) Defens. Declarat. Cleri Gallic. Corollar. n. x.

santes des prélats. Eugène IV était bien loin, bien embarrassé dans ses démêlés avec les Pères de Bâle ; l'assemblée de Bourges pouvait donc tout à son aise seconder les intentions du roi & donner carrière à son zèle pour la réforme de l'Église gallicane.

Les prélats déroulent les immenses cahiers de leurs frères de Bâle & s'empressent de procéder à l'acceptation solennelle de tant de sages & puissants décrets. Il faut le dire : dans cette circonstance ils ne se montrèrent pas esclaves d'un respect aveugle, mais, juges suprêmes des matières ecclésiastiques, ils commencèrent par juger le concile de Bâle.

Ce franc exercice des libertés de l'Église gallicane nous est attesté par la teneur de la Pragmatique & par le témoignage du roi lui-même dans le préambule qu'il mit en tête de cet acte : « Les évêques, y est-il dit, ont consenti à rece-
« voir sans délai, & après les délibérations ont accepté les
« susdits décrets du sacré concile de Bâle, les uns dans la
« forme de leur rédaction, les autres avec des modifications
« & sous une nouvelle forme, non parce qu'ils doutaient de
« la puissance & de l'autorité qui les avaient portés & pro-
« mulgués, *mais parce qu'ils ont pris en considération la
« commodité, la circonstance du temps & enfin les mœurs des
« pays & personnes de notre royaume & dauphiné* (1). »

Nous n'entrerons point dans le détail des articles de ce règlement. Il est sans doute fort curieux de voir une trentaine d'évêques occupés sérieusement à déterminer l'époque à laquelle on tiendra les conciles œcuméniques, à fixer le

---

(1) Memorata ipsius sacræ Basileensis Synodi decreta, ordinationes & statuta aliqua simpliciter ut jacent, alia vero cum certis modificationibus & formis, non hæsitatione potestatis & auctoritatis condentis & promulgantis, ipsius scilicet sacræ Basileensis Synodi, sed quatenus commoditatibus, temporibus & moribus regionum, & personarum sæpe fatorum nostrorum regni & delphinatus congruere, convenireque, congrue, jureque conspexerunt, prout inferius annotantur & inseruntur, illico, & indilate recipienda consenserunt, & acceptanda deliberaverunt. (Pragmat. Sanctio, edit. Guimier, 1666.)

nombre des cardinaux, à limiter, comme bon leur semble, le droit d'appel au Saint-Siège; mais ce qui nous regarde spécialement, ce sont les opérations de l'assemblée relatives aux élections.

Comme on devait s'y attendre, elle accepta purement & simplement les règlements du concile de Bâle, qui supprimaient toutes les réserves, à l'exception de celles qui se trouvaient dans le Corps du Droit. Ainsi allait disparaître violemment une discipline sage, établie & maintenue par les plus saints Pontifes, & dont le premier & heureux résultat avait été de soustraire les nominations ecclésiastiques à l'influence séculière. On se tromperait donc étrangement si l'on croyait que la liberté de l'Église eût gagné à cette innovation. Il est vrai que le concile de Bâle, en décrétant la suppression des réserves, avait *supplié* les princes de s'abstenir de toute intervention par prières, faveurs ou menaces, dans les élections capitulaires (1). Mais ce langage, bien qu'il ne fût que de pure forme, conservait encore une apparence de courage qui ne pouvait convenir à des prélats qui délibéraient en présence de leur seigneur & roi. Voici donc comment ils jugèrent à propos d'amender ce canon, sans doute *pour la plus grande commodité des personnes de notre royaume & dauphiné* :

« L'assemblée de Bourges ne considère pas comme
« répréhensible que le roi & les princes de son royaume, à
« part toutes menaces ou violences, usent quelquefois de
« *prières bénignes & bénévoles,* en faveur de sujets pleins

---

(1) Ad tollendam omnem ambitionis radicem, obsecrat per viscera misericordiæ Dei Jesu Christi hæc sancta Synodus ac instantissime exhortatur reges ac principes, communitates ac alios cujuscumque gradus vel dignitatis existant ecclesiasticæ vel mundanæ, ne electoribus litteras scribant, aut preces porrigant, pro eo qui per se vel alium preces tales vel litteras procurabit. Multoque minus comminationes, impressiones, aut aliud faciant quominus libere ad electionem procedatur. (Decret. de Electione.)

« de mérite & de zèle pour le bien du royaume & dau-
« phiné (1). »

Ainsi la Pragmatique n'ôtait les élections au Pape que pour les livrer au roi; nous montrerons bientôt que ce langage de cour n'avait point d'autre sens. Il est inutile d'ajouter qu'elle adoptait le règlement par lequel le concile de Bâle mettait l'institution de l'élu au pouvoir de son supérieur immédiat.

Après avoir, ainsi que nous l'avons rapporté, mutilé sans respect les canons du saint & sacré concile, les prélats sentirent le besoin de chercher une garantie pour ce nouveau travail dans l'approbation & confirmation de leur chef commun. Ils s'adressèrent donc à cet effet, non au Souverain Pontife : il n'avait pour eux & pour leur œuvre que des anathèmes; mais bien à celui qui ne pouvait que sourire à des travaux auxquels il avait présidé, au roi, à Charles VII lui-même. Écoutez-les plutôt : « Enfin il a semblé bon à la
« susdite assemblée de faire de vives instances auprès du
« roi, afin que, dès maintenant, il accepte & approuve les
« décrets ainsi rédigés, & mande incontinent à la cour du
« Parlement & aux autres justiciers du royaume & dau-
« phiné, qu'ils aient à observer & à faire observer de point
« en point les susdits décrets inviolablement & à perpétuité,
« en punissant les trangresseurs & contrefaisants de manière
« à ce qu'il en résulte un exemple pour les autres (2). »

Devenu tout à coup l'arbitre des choses de la religion, le chevalier d'Agnès Sorel remplit dignement cette nouvelle

---

(1) Item nec credit ipsa congregatio Bituricensis fore reprehensibile, si rex & principes regni sui, cessantibus tamen omnibus comminationibus, & quibuslibet violentiis, aliquando utantur precibus benignis atque benevolis, & pro personis benemeritis & zelantibus bonum reipublicæ regni & delphinatus. (Pragm. Sanct. edit. Guimier, 1666.)

(2) Et postremo visum fuit prædictæ congregationi instandum fore omnino apud regem, ut ipse, ex nunc, decreta eadem juxta modos prænotatos acceptet & approbet, mandando districte ex nunc curiæ Parlamenti & aliis justitiariis regni

prérogative & publia solennellement la Pragmatique Sanction comme loi du royaume, avec un préambule magnifique qui n'eût pas déparé l'une de ces bulles dans lesquelles se déploie l'autorité du Siège apostolique & qui paraissent de temps en temps pour rendre la vie aux Églises.

Cet acte irrégulier & coupable vint mettre le comble aux douleurs de l'Église, en consacrant encore une fois le principe d'anarchie qui la désolait, & devait bientôt éclater d'une manière si funeste. Il fut reçu comme une œuvre schismatique par tout ce que la France renfermait encore de prélats zélés pour l'unité & la liberté de l'Église. On osa écrire contre la Pragmatique, & ce fut Bernard de Rossergio, célèbre jurisconsulte & archevêque de Toulouse, qui donna ce bel exemple. Élie de Bourdeille, archevêque de Tours, ne tarda pas à l'imiter, & Guillaume de Montjoie, évêque de Béziers, ne montra pas moins de courage. Durant le règne de ce criminel abus, on vit une foule de prélats timorés, après leur élection, s'adresser au Saint-Siège & s'abstenir de toutes fonctions jusqu'à ce qu'ils eussent reçu l'institution de l'unique source à laquelle ils reconnaissaient le droit de la répandre. Le roi lui-même, l'inconstant Charles VII, montra plus d'une fois par sa conduite qu'il ne reconnaissait pas la Pragmatique comme une règle de discipline inviolable.

Mais ce fut surtout à Rome qu'elle causa une fâcheuse impression. A peine y fut-elle connue, qu'Eugène IV en témoigna son mécontentement au roi dans les termes les plus énergiques (1). Toutefois, soutenue par les parlements, à la garde desquels elle s'était confiée, elle eût jeté en France

& delphinatus, & aliorum dominiorum regni, quatenus de puncto in punctum præmissa inviolabiliter & in perpetuum observent & observari faciant : transgressores & contra facientes taliter puniendo, quod cæteris in posterum cedat in exemplum. (*Ibid.*)

(1) Raynaldi continuat. Baron. ad ann. 1439, edit. Venet.

de profondes racines, sans le zèle sage & impétueux d'un grand Pape. Énéas Sylvius Piccolomini qui, étant cardinal, l'avait combattue dans son livre *de moribus Germanorum*, fut élevé sur la chaire de saint Pierre en 1458, sous le nom de Pie II. Voici comment il s'exprime au sujet de la Pragmatique en présence des envoyés de Charles VII.

« Ce qui nous touche dans cette malheureuse affaire, disait-
« il, ce n'est pas, comme on veut le dire, la perte que nous
« faisons du jugement de certaines causes, de la collation de
« certains bénéfices. Ce qui nous désole, c'est la ruine & la per-
« dition des âmes ; c'est de voir se ternir la gloire d'un illustre
« royaume. Comment souffrir que les laïques soient établis
« juges des clercs, que les brebis connaissent de la cause des
« pasteurs? Est-ce ainsi que nous justifierons notre titre de
« race royale & sacerdotale? Nous ne rappellerons pas, par
« égard pour vous, jusqu'à quel degré est affaiblie en France
« l'autorité ecclésiastique ; ceux-là doivent le savoir, qui au-
« jourd'hui en sont réduits à ne plus user du glaive spirituel
« que d'après les ordres de la puissance séculière. Le Pontife
« romain, dont le diocèse est l'univers, dont la puissance
« n'est même pas bornée par l'Océan, n'exercera donc plus
« de juridiction en France qu'autant qu'il plaira au Parle-
« ment (1). »

Ces plaintes si légitimes ne produisirent aucun effet durable sur l'esprit de Charles VII. Louis XI, son successeur,

---

(1) Non ponderamus causarum auditionem, non beneficiorum collationem, non alia multa quæ curare putamur. Hoc nos angit, quod animarum perditionem ruinamque cernimus & nobilissimi regni gloriam labefactari. Nam quo pacto tolerandum est clericorum judices laicos esse factos, pastorum causas oves cognoscere? Siccine genus regale & sacerdotale sumus? Non explicabimus, honoris causa, quantum diminuta est in Gallia sacerdotalis auctoritas : & melius norunt, qui pro nutu sæcularis potestatis spiritualem gladium nunc exercent, nunc excludunt; Præsul vero romanus cujus parochia orbis, cujus provincia nec Oceano clauditur, in regno Franciæ tantum jurisdictionis habebit, quantum placet parlamento ? (Natal. Alexander. sæcul. 15, 16; dissert. XI. art. 1.)

soit politique, soit zèle pour la liberté de l'Église, accorda enfin aux prières du Pape l'abolition de cet acte odieux. Il envoya à Rome l'exemplaire original de la Pragmatique avec une lettre à Pie II, dans laquelle il s'exprimait ainsi : « Nous avons reconnu que cette Pragmatique Sanction était « grièvement contraire & à votre personne, & à votre Siège, « étant née à une époque de schisme & de révolte contre le « Siège apostolique; & que, par là même qu'elle tend à « vous enlever cette autorité qui est la source des lois « sacrées, elle dissout à la fois tous les droits & toutes les « lois (1). »

Cependant, maintenue en dépit du roi par les cours de justice, défendue vivement par l'Université, qui voyait en elle son œuvre primitive, la Pragmatique désola longtemps encore l'Église de France. Sujet perpétuel de divisions entre le clergé, elle éprouva une sorte de protection de la part des rois Charles VIII & Louis XII. Ce dernier surtout dans ses guerres avec Jules II, ce vigoureux défenseur de la liberté italienne, s'en servit tour à tour comme d'une arme offensive & défensive, & pour des intérêts tout à fait temporels, se plut à prolonger le malaise de l'Église de France. D'un autre côté, un nouveau conciliabule réuni à Pise tentait la parodie des scènes de Bâle. Dans cette extrémité, Jules II se crut obligé de convoquer à Rome l'Église universelle. La Pragmatique était une des grandes plaies que le cinquième concile de Latran était appelé à guérir. Déjà dans sa quatrième session il avait lancé un monitoire contre les adhérents à cet acte schismatique & s'apprêtait à prononcer son jugement définitif, lorsque Jules II fut enlevé à l'Église. Léon X fut élu

---

(1) Assensi sumus scilicet ipsam Pragmaticam Sanctionem tibi tuæque Sedi esse infensam, utpote quæ in seditione & schismatis tempore, atque per seditionem sectionis a tua Sede nata sit : & quæ dum tibi a quo sacræ leges oriuntur & manant, quantamlibet eripit auctoritatem, omne jus, & omnem legem dissolvit. (Labb. XIV. p. 97.)

en sa place; nous allons le voir bientôt arrêtant le débordement du scandale, & sauvant la France par le Concordat.

Que différent eût été le sort de notre Église, si l'esprit d'indépendance qui fermentait alors n'eût point empêché l'application des règles canoniques! Plus heureuse que nous, l'Allemagne avait consommé sans effort une réforme dont le besoin se faisait sentir partout. Par un Concordat, le premier de tous, conclu en 1448, entre Nicolas V d'une part, & de l'autre Frédéric III avec les princes de la Confédération germanique, les réserves, devenues désormais moins nécessaires, avaient été considérablement réduites; les élections capitulaires étaient rétablies. Leur liberté se trouvait assurée par l'éloignement de toute intervention laïque, & leur canonicité garantie par la confirmation qui, d'après les conventions, devait nécessairement venir du Saint-Siège. Le Pape s'était seulement réservé le droit de nommer quelquefois par lui-même dans des circonstances graves ou pour une utilité évidente (1).

Ainsi se trouvait atteint le but des artisans de la Pragmatique, en ce qu'il avait de juste & de raisonnable, sans que l'on eût à craindre les dangers auxquels elle avait livré l'Église. Au reste ces deux institutions ont eu chacune un sort proportionné à leur nature. La Pragmatique, après avoir causé beaucoup de maux & préparé de plus grands encore, est tombée sans retour. Le tardif enthousiasme que lui ont voué de nos jours les Jansénistes & les Constitutionnels n'a fait que consolider sa réprobation. Le Concordat germanique au contraire a conduit l'Église d'Allemagne jusqu'à ces derniers temps, & si cette Église a éprouvé de grandes pertes, si dans le dernier siècle, elle a trop goûté de funestes doctrines, que fût-il advenu, si elle n'eût pas reposé elle-même

---

(1) Nisi ex rationabili & evidenti causa, de dictorum fratrum consilio, de digniori & utiliori persona duxerimus providendum. (Bullar. Roman. Romæ., edit. Mainardi, 1743, t. III. part. III. p. 62.)

sur cette grande charte octroyée par celui qui, chargé de paître tout le troupeau, est lui-même sous la direction du Pasteur suprême qui est avec ses brebis jusqu'à la consommation des siècles?

CHAPITRE XII.

CONCORDAT DE LÉON X & DE FRANÇOIS Ier.

Résulta nécessaire de la situation de l'Église à cette époque, le Concordat de 1516 abolit les élections capitulaires & accorde la nomination royale. Il établit enfin la nécessité de la promotion & de la confirmation par le Pape : quel meilleur moyen de balancer la concession faite au pouvoir séculier? Dans cette occasion, Rome fit tout ce qu'elle pouvait & devait faire.

L était grand temps de mettre un terme aux agitations de l'Église de France, de se rapprocher sincèrement du centre d'unité, dont la Pragmatique tendait à nous isoler complètement. Léon X était entré au pontificat dans les temps les plus orageux. Le concile de Latran poursuivait ses importantes opérations, au milieu des contradictions & des inquiétudes d'une situation critique. Il avait lancé dans sa quatrième session un monitoire en vertu duquel les fauteurs de la Pragmatique, de quelque dignité ecclésiastique ou séculière qu'ils fussent revêtus, étaient appelés à comparaître devant le concile, dans l'espace de soixante jours, pour rendre compte des motifs qui les avaient portés à soutenir un acte *si contraire à la puissance & à la dignité du Saint-Siège, comme à la liberté de l'Église* (1). Sur ces entrefaites, Louis XII suivait dans la tombe le pontife qui lui avait si vivement disputé la franchise de l'Italie. François Ier lui succéda.

Déjà beaucoup de prélats commençaient à revenir de

(1) Labb. t. XIV. p. 98.

leurs préventions & abandonnaient l'assemblée schismatique de Pise. Louis XII lui-même, dans ses derniers jours, avait paru disposé à se réconcilier avec le successeur de Jules II. Dans cette espérance, Léon X ordonna au concile de surseoir au jugement qu'il s'apprêtait à lancer contre la Pragmatique. Ce fut alors qu'eut lieu, le 11 décembre 1515, la célèbre entrevue de Léon X & de François Ier, à Bologne. On y établit une commission pour fixer les bases d'un arrangement définitif, & bientôt fut rédigé un nouveau corps de discipline connu sous le nom de *Concordat*.

Ce règlement fut publié solennellement par le pape Léon X, dans la bulle *Primitiva illa Ecclesia,* du 15 des calendes de septembre 1516. Le Souverain Pontife dans cette bulle rappelle les travaux de ses prédécesseurs contre la Pragmatique, & les négociations auxquelles elle avait donné lieu. Venant ensuite aux raisons qui l'ont porté à conclure cet accord, il s'exprime ainsi : « Comme les élections qui se faisaient dans
« les cathédrales, métropoles & monastères du royaume de
« France, depuis longues années, avaient lieu avec un grand
« péril des âmes; que la plupart se faisaient par abus de
« la puissance séculière, quelques-unes après des pactes
« illicites & simoniaques, d'autres pour des considérations
« de la parenté ou des affections particulières, & non sans
« donner sujet à l'accusation de parjure : le roi François,
« voulant obtempérer à nos paternels avis, comme un vrai
« fils d'obéissance, tant pour le bien de l'obéissance dans la-
« quelle est un grand mérite, que pour l'utilité publique de son
« royaume, au lieu de la Pragmatique Sanction & des dis-
« positions qui s'y trouvent, accepte les constitutions
« ci-dessous transcrites, lesquelles nous avons traitées
« ensemble, soigneusement examinées avec nos vénérables
« frères les Cardinaux de la Sainte Église Romaine, & sur
« leur conseil arrêtées définitivement, *concordées,* avec le
« susdit roi (1). »

---

(1) Et cum ex electionibus, quæ in ecclesiis cathedralibus & metropolitanis, ac

Il ne s'agit donc ici que d'empêcher les intrigues & les menaces qui trop souvent ont forcé la main des électeurs, & de remplacer les élections capitulaires, sujettes à tant d'abus, par de nouvelles élections vraiment ecclésiastiques & qui puissent concilier toutes les règles canoniques. Or voici de quelle manière il y a été pourvu.

« Dans les Cathédrales & Églises métropolitaines du dit
« royaume, aujourd'hui & à l'avenir, leurs chapitres & cha-
« noines ne pourront procéder à l'élection ou postulation du
« futur prélat, dans les vacances, même par cession faite entre
« nos mains, ou celles de nos successeurs les Pontifes
« Romains; mais au cas de vacance, le roi de France existant
« alors, dans les six mois à dater de la vacance des dites
« Églises, *nommera à nous, ou à nos successeurs les Pontifes*
« *Romains, ou au susdit Siège* un grave maître, ou un licencié
« en théologie, ou un docteur dans l'un ou l'autre droit, ou
« dans les deux ensemble, ou un licencié dans une université
« fameuse, soumis à de rigoureux examens, âgé au moins
« de vingt-sept ans, & réunissant en outre les autres qualités
« requises; & cette personne ainsi nommée par le roi sera
« pourvue par nous, par nos successeurs ou par ce Siège.
« Que s'il arrivait que le susdit roi nommât à ces Églises
« vacantes un sujet non qualifié de cette manière, ce sujet
« ne doit être pourvu de ces Églises ni par nous, ni par nos

---

monasteriis dicti regni multis annis citra fiebant, grandia animarum pericula provenirent, cum pleræque per abusum sæcularis potestatis, nonnullæ vero præcedentibus illicitis & simoniacis pactionibus, aliæ particulari amore, & sanguinis affectione & non sine perjurii reatu fierent, idem Franciscus rex, nostris paternis monitis tanquam verus obedientiæ filius parere volens, tam pro bono obedientiæ in qua magnum meritum vere consistit, quam pro communi & publica regni sui utilitate, in locum dictæ Pragmaticæ Sanctionis ac singulorum capitulorum in ea contentorum, constitutiones infrascriptas invicem tractatas, & cum fratribus nostris S. R. E. Cardinalibus diligenter examinatas, & de eorum consilio cum præfato rege concordatas, acceptavit. (Bullar. Roman. Mainardi, Romæ, tom. III., part. III. pag. 433.)

« successeurs, ni par ce Siège. Le roi sera tenu alors, dans
« les autres trois mois à partir du jour de la récusation du
« sujet nommé, intimée en consistoire au solliciteur qui
« poursuit la dite nomination non qualifiée, de nommer un
« autre sujet qualifié comme il est dit. Autrement afin de
« pourvoir promptement aux inconvénients de la vacance des
« Églises, il pourra être librement pourvu à l'Église vacante
« d'un personne ainsi qualifiée, par nous, par nos successeurs
« ou par ce Siège (1). »

Tel est l'article principal du Concordat de 1516 : l'abolition définitive des élections capitulaires, le pourvoi par le Pape sur la nomination du roi. Les réserves & les expectatives sont supprimées implicitement & explicitement, sauf la discipline déjà ancienne pour les bénéfices vacants *in curia*. Le reste du Concordat est une suite de règlements empruntés pour la plupart à la Pragmatique, lesquels ont formé, jusqu'à la révolution de 1789, le fond de la discipline de l'Église de France sur la matière bénéficiale. Le Saint-Siège,

(1) Quod Cathedralibus & metropolitanis Ecclesiis in regno prædicto, nunc & pro tempore etiamsi per cessionem in manibus nostris, & successorum nostrorum R. Pontificum sponte factam vacantibus, illarum capitula & canonici ad electionem seu postulationem inibi futuri prælati procedere non possint ; sed illarum occurrente hujusmodi vacatione, rex Franciæ pro tempore existens unum gravem magistrum, seu licentiatum in theologia, aut in utroque seu altero jurium doctore, aut licentiatum in universitate famosa, & cum rigore examinis, & in vigesimo septimo suæ ætatis anno ad minus constitutum, & alias idoneum, infra sex menses a die vacationis ecclesiarum earumdem computandos, *nobis & successoribus nostris Romanis Pontificibus, seu Sedi prædictæ nominare*, & de persona per regem hujusmodi nominata, per nos & successores nostros, seu Sedem prædictam provideri ; & si contigerit præfatum regem personam taliter non qualificatam ad dictas Ecclesias sic vacantes nominare, per nos & successores, seu Sedem hujusmodi de persona sic nominata eisdem Ecclesiis minime provideri debeat, sed teneatur idem rex infra tres alios menses a die recusationis personæ nominatæ, sollicitatori nominationem non qualificatam prosequenti consistorialiter factæ intimandæ, computandos, alium supradicto modo qualificatum nominare. Alioquin ut dispendiosæ Ecclesiarum hujusmodi vacationi celeriter consulatur, Ecclesiæ tunc sic vacanti per nos & successores nostros, seu Sedem hujusmodi, de persona, ut profertur, qualificata libere provideri possit. (*Ibid.*)

en adoptant ces règlements, fit bien voir que dans sa lutte contre la Pragmatique, il n'avait point été conduit par une haine aveugle & inconsidérée.

Le Concordat fut publié dans la onzième session du concile (1). On y promulgua en même temps la bulle *Pastor æternus*, par laquelle Léon X condamnait & réprouvait la Pragmatique. Il y comparait le concile acéphale de Bâle & l'assemblée de Bourges au conciliabule connu dans l'histoire sous le nom de *Brigandage d'Éphèse*, & foudroyait les actes de ces deux conventicules, comme saint Léon avait anathématisé le club de Dioscore (2). Ainsi fut flétri cet acte fameux, dont la véritable histoire est trop peu connue.

Considérons quelques instants le Concordat en lui-même ; il est important de montrer dans tout son jour une question obscurcie par des préjugés de la nature la plus diverse.

Les canonistes laïques, les magistrats théologiens dans le sens des parlements, n'ont rien épargné pour faire considérer le Concordat de 1516 comme une manœuvre de la cour de Rome, toute dans l'intérêt de son ambition & de sa cupidité, & nullement comme l'œuvre consciencieuse d'un Pontife zélé pour le bien de l'Église.

D'autres appartenant à une école bien différente, mais qui ne connaissent l'histoire des concordats que par leur imagination, ont cru que dans cet acte l'Église avait été subjuguée par la puissance séculière, & qu'il faut ranger le Concordat au nombre des entreprises du gallicanisme.

Les uns & les autres se sont trompés. Les premiers, dépourvus de cet esprit de foi qui montre au catholique la haute direction de Dieu dans les actes qui sont destinés à avoir une influence grave sur le sort de l'Église, ont péché contre le respect filial que nous devons tous avoir au fond de nos entrailles pour le Siège apostolique ; ils ont de plus

---

(1) Labb. XIV. p. 292. — (2) Bullar. Roman. *Ibid.* p. 430.

manqué de confiance dans les promesses de Jésus-Christ. Les autres, sans le vouloir, se sont rencontrés au même but, par une route assurément bien différente. Leur vénération pour l'Église romaine n'a pas empêché qu'ils ne l'aient implicitement accusée de faiblesse & de complicité; comme si un catholique ne savait pas que Dieu veille dans les cieux sur la fidélité de son Épouse.

Loin de là, il est facile de prouver que le Concordat de 1516 n'est ni l'œuvre de François Ier, ni l'œuvre de Léon X; qu'il est tout simplement le résultat de la situation de l'Église, à l'époque à laquelle il fut conclu. Chaque chose a son temps dans l'Église. D'abord les élections s'opèrent sans le concours des princes; embrassent-ils le christianisme? on admet naturellement leur suffrage, leur avis, leur agrément. Les investitures conférées par le pouvoir séculier respectent-elles la liberté des élections? Rome les tolère; menacent-elles de tout asservir? Rome leur déclare une guerre d'extermination. Viennent les réserves, qui sauvent l'Église. Elles vieillissent à leur tour; les nominations royales les remplacent. De nos jours, la Société chrétienne se dissout; le régime des concordats qui n'est fondé que sur elle la suivra dans sa décadence. Rien de brisé, rien de heurté; seulement les modifications successives d'un même principe. Catholiques, rapportons-nous en à notre Dieu, & croyons que le régime sous lequel il a placé depuis trois siècles la plupart des États de la catholicité, est celui qui convenait le mieux à l'accomplissement de ses desseins.

Oui sans doute, dans les conjonctures où se trouvait l'Église au XVIe siècle, Léon X prit non seulement le meilleur parti, mais le seul qu'il eût à prendre.

Il abolit, il est vrai, les élections; mais n'était-il pas notoire qu'elles ne pouvaient avoir lieu sans de grands abus? n'étaient-elles pas l'occasion perpétuelle des intrigues, des violences & de la simonie? Quand bien même le Pape les eût rétablies, qu'eût-il fait autre chose que de mettre l'Église dans les mains du prince & de ses officiers? Le roi ne pouvait-il pas les gouverner à son gré, par toute espèce de moyens, & d'après d'innombrables antécédents ? Ceux-là même qui célébraient tant la Pragmatique parce qu'elle rétablissait les élections, n'admettaient-ils pas *les prières du roi*, comme motif déterminant pour les électeurs? Or ces *prières*, au dire d'un jurisconsulte de cette époque, avaient force de commandement(1). Après le régime des réserves qui avait accoutumé les Églises à ressentir journellement l'influence immédiate de Rome, les laisser à elles-mêmes eût été infailliblement les livrer à la puissance séculière, parce qu'il est prouvé par l'histoire de tous les temps que l'action du roi sur le clergé est en raison inverse de celle du Pape lui-même. Il fallait donc quelque chose qui ne fût ni les réserves, ni l'élection laïque; ce milieu, Léon X le trouva dans le pourvoi par le Pape, sur la présentation ou la nomination du roi.

Et c'est ici encore qu'il faut bien remarquer que le Pape n'était point l'inventeur de la nomination royale, mais que, loin de là, il ne faisait que légitimer & circonscrire dans les bornes canoniques un ordre de choses qui existait déjà par le fait. Depuis longtemps, surtout à la faveur de l'anarchie du grand schisme, le droit d'agrément qu'exerçait le roi sur les élections était devenu une véritable nomination. Il y a plus, une dévolution dans le genre de celle qui avait donné naissance aux réserves, avait dans bien des cas mis le prince à même de nommer directement, lorsque par exemple de graves abus avaient eu lieu dans l'élection : plus d'une fois même l'Église s'était applaudie de cette intervention. Déjà dès l'an 1440, dans la plupart des États de la chrétienté, les

---

(1) Electionibus persæpe vim inferebant regum preces a Pragmatica Sanctione approbatæ, adeo ut Gulielmus Benedicti, celeberrimus illa ætate jurisconsultus, affirmet preces illas habuisse, & habere debuisse vim imperii apud canonicos electores. (De Marca, de concord. sacerd. & imper. lib. VI. cap. ix. n. 13.)

souverains suivaient un système mitoyen, pareil à celui des concordats. « Les rois de France, d'Angleterre, d'Espagne
« & les autres, écrivait Eugène IV au roi de Portugal, nous
« recommandent dans les promotions de prélats les sujets
« qu'ils jugent utiles & capables, & nous, autant que nous
« le pouvons, en Dieu & en notre honneur, nous exauçons
« leurs prières. Si le contraire nous semble plus convenable
« pour l'avantage & le bon gouvernement des Églises, les
« rois & les princes acquiescent à notre jugement (1). »
Entre autres faits qui viennent à l'appui de cette assertion d'Eugène, nous citerons, pour la France, Charles VII lui-même présentant à ce Pontife en 1446 un sujet pour l'archevêché de Bourges ; Sixte IV, en 1472, dans un accord passé avec Louis XI, s'engageant à ne conférer les bénéfices consistoriaux que sur les lettres du roi ; Innocent VIII, en 1486, sur la demande de Charles VIII, établissant la réserve pour le siège de Beauvais, & promettant de le remplir sur la nomination du roi. Ainsi Léon X se trouvait en présence d'un ordre de choses tout établi, & qui, exempt des inconvénients qu'on reprochait aux réserves & aux élections, était sorti tout naturellement des besoins de l'Église. Que lui restait-il à faire, à lui qui voulait fixer enfin la discipline d'une manière durable? Il serait donc tout à fait contraire à la vérité historique d'avancer que Léon X céda sur ce point aux instances du roi. L'histoire au contraire nous apprend que dans cette occasion François Ier, qui avait besoin du Pape, subit le Concordat autant par nécessité que par conviction. « Il eût même, dit-il dans le préambule qu'il
« joignit à cet acte, il eût même désiré que le Pape laissât

---

(1) Supplicant nobis reges Franciæ, Angliæ & Hispaniæ, cæterique pro prælatorum promotionibus, nobisque commendant quos utiles & idoneos credunt. Nos exaudimus quantum cum Deo possumus & honore nostro preces eorum. Ubi vero aliter nobis videtur pro commodo & bono regimine ecclesiarum, reges & principes acquiescunt. (Raynaldi, contin. Baron., edit. Venet. ad annum 1440.)

« subsister les élections (1) ; » &, comme l'atteste le chancelier Duprat dans le mémoire qu'il remit au Parlement sur le Concordat, « loin d'avoir recherché la nomination des « évêques, il l'avait plutôt reçue du Pape, qui la lui avait « offerte de son propre mouvement (2). »

Tels sont les motifs qui déterminèrent Léon X, motifs qu'il faut apprécier, non suivant des théories toutes faites & auxquelles on voudrait tout plier, mais d'après l'histoire & les monuments. Nous allons maintenant examiner à part le droit de nomination, & développer quelques principes généraux sur les concordats, lesquels sont absolument nécessaires pour éclaircir notre marche dans l'espace qui nous reste à parcourir.

CHAPITRE XIII.

DE LA NOMINATION ROYALE & DU REFUS DES BULLES.

La nomination est fort distincte de la provision canonique. Ce genre de contrats qu'on appelle Concordats place les contractants dans une position qui peut devenir dangereuse sous un prince jaloux de l'Église. Le salut de l'Église est alors dans le refus des bulles.

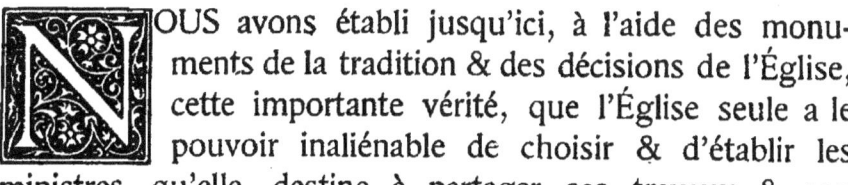

OUS avons établi jusqu'ici, à l'aide des monuments de la tradition & des décisions de l'Église, cette importante vérité, que l'Église seule a le pouvoir inaliénable de choisir & d'établir les ministres qu'elle destine à partager ses travaux & son enseignement. Nous avons montré que jusqu'à l'époque des

---

(1) Quod vero ad electiones pertinet, minime quod optabamus obtinere potuimus, causis in dictis conventis latissime insertis. (Franciscus I. in proœmio concordatorum.)

(2) Hist. de l'Église gallicane, par le P. Berthier, t. XVII, p. 461.

concordats elle avait toujours veillé pour empêcher les princes de transformer des concessions gratuites en droits véritables & personnels; maintenant appliquons ces principes aux nominations royales, & voyons s'ils n'ont point été méconnus dans les concordats.

Commençons d'abord par déclarer qu'ici nous envisageons spécialement les concordats du côté de la provision des bénéfices, tout le reste n'étant que secondaire. Or nous disons que Léon X, en 1516, n'a point agi différemment de ses prédécesseurs; comme eux il a maintenu dans l'Église le droit d'élection qui n'appartient qu'à elle, & lorsque le concile de Trente est venu déclarer anathème à ceux qui entraient dans la bergerie par la porte séculière, il a porté sa sentence d'une manière absolue, quoiqu'il n'ignorât pas que déjà beaucoup de princes catholiques étaient en possession du droit de nomination. Sans doute il connaissait le Concordat de 1516, plusieurs de ses membres avaient été promus à l'épiscopat en vertu de ce traité, & néanmoins le concile parle comme parlèrent au VIIIe & IXe siècles les septième & huitième conciles généraux.

Preuve évidente que l'Église, toujours semblable à elle-même, n'avait point varié. Le concile de Trente ne fait même pas mention du Concordat, parce qu'il ne voyait point en cet acte une dérogation véritable aux antiques coutumes. En effet, qu'y a-t-il d'essentiel dans l'élection? N'est-ce pas seulement le consentement des électeurs? Qu'importe que le sujet leur ait été désigné par le peuple, par le roi, par un enfant, comme saint Ambroise? Jusque là il n'y a rien de fait; mais si les électeurs agréent celui dont le nom est venu tout à coup frapper leurs oreilles, s'ils reconnaissent en lui celui qu'ils cherchaient, s'ils l'élisent en un mot, il est aussi légitimement établi pasteur que si, inconnu à tout le monde, il eût été par eux seuls tiré de son obscurité pour monter sur le trône pastoral.

Or c'est ce qui arrive dans les nominations royales ; & remarquez ici un étrange abus de mots qui a faussé les idées d'un grand nombre de personnes. Quand le prince, distribuant les emplois de son royaume, élève un sujet aux charges de l'État, on dit qu'il *nomme* ce sujet à telle fonction, à telle dignité. Ce mot n'est pas susceptible de présenter une autre idée que celle de promotion, parce que le prince n'ayant point dans l'État de supérieur à qui il puisse *nommer* le sujet en question, l'expression offre un sens unique & déterminé. Examinons au contraire la teneur des concordats : il n'est pas dit : *Le roi nommera un sujet à tel bénéfice ;* mais bien : *Le roi nommera à nous ou à nos successeurs ;* c'est-à-dire il désignera, il présentera. Le sujet, après cette nomination, n'aura aucun droit. On l'aura conduit à la porte, mais celui qui l'y a conduit n'a pas les moyens de la lui ouvrir. Il faudra qu'il attende que celui à qui on l'a nommé, l'ait agréé, accepté ; en un mot il faudra que l'élection s'accomplisse. La nomination n'emportera point nécessairement l'agrément du Pape, puisque le nommé ne sera susceptible d'être élu que dans le cas où il en sera digne, où il réunira les qualités nécessaires. Il faudra un jugement d'élection, & ce sera le Pape qui, se levant au milieu de l'assemblée de ses frères les Cardinaux de la sainte Église Romaine, comme saint Pierre dans le cénacle, pour l'élection de Mathias, prononcera ce jugement. « Dans le premier
« consistoire, dit Van Espen, a lieu la proposition du sujet
« nommé à l'Église vacante, par le cardinal *proposant,* &
« c'est ce qu'on appelle *préconisation.* La décision est remise
« à un autre consistoire, afin que jusque là le Pape & les
« Cardinaux se puissent informer davantage de la personne
« qui doit être promue. Dans un second consistoire le même
« cardinal présente de nouveau le sujet, & informe le Pape
« & les Cardinaux de tout ce qui concerne la situation de
« l'Église vacante & les qualités du sujet à promouvoir. Cette

« présentation s'appelle *proposition*. Tout étant terminé, le
« Pape recueille les suffrages des Cardinaux, & s'ils disent
« que le nommé doit être confirmé, le Pape le proclame
« évêque par ces paroles : De l'autorité du Dieu tout-puis-
« sant, Père, Fils & Saint-Esprit, de l'autorité des bien-
« heureux Apôtres Pierre & Paul & de la nôtre, nous
« pourvoyons l'Église de N..., & nous lui préposons N...
« pour évêque & pasteur, lui mettant entre les mains la
« pleine charge & administration du spirituel & du temporel
« de cette Église (1). »

Quiconque s'étonnerait en lisant ces détails, parce qu'il croyait jusqu'alors que la nomination royale emportait nécessairement la provision du sujet, montrerait que jusque là il n'a pas compris l'Église, & l'on concevrait alors les raisons qui lui faisaient considérer les concordats comme une œuvre de servitude. Sans doute, dans ce cas il n'y aurait plus d'Église ; le Pape ne serait plus que le ministre des affaires ecclésiastiques de tous les princes, & ses bulles d'institution, le contreseing des ordonnances royales du département des cultes.

Mais il n'en est point ainsi. Nous l'avouons, il est rare que Rome refuse de ratifier la nomination qui lui est présentée, parce qu'il est rare aussi qu'on s'expose à ce refus ; plus d'une fois peut-être depuis trois siècles sera-t-il arrivé qu'un Souverain Pontife ait accepté, élu un sujet indigne ; mais aussi nous ne prétendons pas qu'aucun système d'élection ait jamais été parfait, ni même que l'infaillibilité que nous vénérons dans le Vicaire de Jésus-Christ s'étende jusqu'à prévenir les fautes personnelles de la fragilité humaine. Mais nous soutenons que la nomination royale n'est & ne peut être qu'une présentation, en un mot que l'Église n'a pas cessé d'être d'accord avec elle-même.

---

(1) Van Espen, Jus ecclesiast. universum.

Je ne cite point le texte latin, parce que ce canoniste est entre les mains de tout le monde.

On demandera peut-être après cela quels avantages le souverain retire du concordat; que deviennent les droits du roi? Ne sont-ils pas subtilement sacrifiés à la faveur de ces distinctions captieuses? Les droits du roi, les voici tels que la générosité de l'Église a pu les conférer, sans compromettre sa propre existence : en vertu des concordats, le Pape ne pourra imposer au roi un sujet qu'il n'aura pas présenté; il ne pourra contraindre le roi de lui présenter tel ou tel. De son côté, le roi ne pourra forcer le Pape à recevoir celui qu'il lui présente par la seule raison qu'il le lui présente. Voilà les parts aussi égales qu'elles puissent être; & si nous sommes justes, nous reconnaîtrons que le souverain gagne seul à cet arrangement, puisque sa qualité de prince ne lui donnait aucun droit réel de présenter aux bénéfices, tandis que le Pape aliène une partie de la liberté dont il jouissait dans les choix.

Il y a toujours, il faut l'avouer, une inégalité véritable, & c'est pour cela qu'il est vrai de dire qu'un prince qui veut régler par un concordat avec le Pape la provision des bénéfices de son royaume, doit être profondément catholique, s'il veut éviter les conséquences fâcheuses qui pourront s'ensuivre. Car enfin de quoi s'agit-il dans un concordat? D'établir le mode de transmission du pouvoir céleste confié à l'Église. Ce pouvoir est éminemment dans les mains du Pape, lequel ne pourrait s'en dessaisir sans prévarication; bien plus il ne le pourrait validement. Non seulement le Pape ne peut aliéner l'autorité spirituelle au profit du prince, mais il ne saurait même, sans trahir le premier de ses devoirs, sans renverser l'Église autant qu'il est en lui, communiquer le caractère divin, la mission, la juridiction, à un homme qu'il en juge indigne. Or qui sera le juge de l'indignité du sujet que le roi présente? Nul autre que le pouvoir spirituel, nul autre que le Pape lui-même. S'il ne trouve pas dans la personne les qualités, l'*idonéité* indispensables, que fera-t-il?

Il déclarera qu'il le refuse; il en donnera même les motifs. Mais qui jugera de ces motifs? Nul tribunal que le Pape puisse reconnaître. Dans cette extrémité, le prince n'a que deux partis à prendre. S'il est catholique au fond du cœur, il cédera à une force invincible. S'il veut tyranniser l'Église, l'occasion sera belle. Ou bien il triomphera par la violence de la résistance du Pape, ou bien il se passera de l'institution. Dans l'un & l'autre cas, l'Église est encore renversée; la puissance séculière prend la place de la puissance ecclésiastique. Distributeur des grâces spirituelles & non plus simple présentateur, le prince devient chef de l'Église. C'est la religion anglicane, tendance naturelle des entreprises séculières & qui, par la destruction de l'autorité divine, aboutit nécessairement à l'anarchie des doctrines.

Et remarquez qu'il n'y a aucun moyen de fuir ce cercle inévitable. En vain les jurisconsultes, appuyant leur doctrine sur une somme toujours croissante d'entreprises, émettront en principe que la nomination royale est une véritable investiture du siège; en vain on écrira en toutes lettres dans tous les ouvrages de droit que le Pape ne peut refuser d'instituer le sujet qui lui est nommé par le roi; en vain par leur assurance les gouvernements affecteront de faire voir qu'ils comptent sur l'institution comme sur une formalité banale & insignifiante : tout cela n'empêche pas que la loi suprême & inaliénable de l'Église, que le principe de son existence est la liberté, & que dans un siècle comme dans un autre, on ne peut la supposer privée du principe de sa conservation, principe contre lequel il ne saurait être donné à personne de prescrire. « Dieu, dit le cardinal de la Luzerne, a donné à
« son Église tout ce qui lui est nécessaire pour se maintenir;
« il lui a donc donné les moyens de résister & aux persé-
« cutions ouvertes, telles que celles des Néron & des Domi-
« tien, & aux persécutions déguisées, comme au temps des
« Constance & des Valens. Or, l'Église n'aurait aucun

« moyen de se défendre de ce genre de persécution, si elle
« n'avait pas la pleine & entière autorité de son administra-
« tion. Qu'il se rencontre un souverain ennemi de la vraie
« religion, cherchant à favoriser l'erreur ou l'incrédulité, il
« s'armera contre l'Église de ses propres règles, éloignera ses
« fidèles pasteurs, lui donnera des chefs dévoués à ses
« systèmes pervers, & placera au milieu d'elle ses plus cruels
« ennemis (1). »

Que fera donc l'Église? Ce qu'elle a toujours fait. Elle dira encore, comme dans ses premiers jours : *Je ne puis; il vaut mieux obéir à Dieu qu'aux hommes*. Rome sera encore une fois, s'il le faut, foulée sous les pieds des impies. Le sang d'un Pontife cimentera encore une fois l'édifice éternel. Alors la victoire sera à l'Église, parce que Dieu aura choisi la faiblesse pour triompher de la force. L'antique dépôt aura été sauvé dans toute son intégrité, & les siècles béniront le dispensateur *prudent & fidèle que le père de famille avait établi sur sa maison* (2).

Il faudrait donc avoir perdu la foi & l'amour de l'Église pour oser blâmer Rome du soin qu'elle apporte dans tous les concordats à maintenir entre les mains du Souverain Pontife toute la force de l'élection ; autrement que serait-ce autre chose qu'un concordat, sinon une prévarication sacrilège ? Que deviendraient la foi, la discipline, la rédemption tout entière, si le Pape était obligé d'accepter tous les sujets que le prince lui pourrait présenter? A quoi servirait d'avoir défendu durant tant de siècles la liberté des élections, pour venir ensuite l'immoler d'un seul coup? Non, Rome agit avec une souveraine sagesse, lorsqu'elle fixe un terme après lequel le prince ne pourra plus nommer, & que de son côté elle n'assigne point de bornes pour le temps de l'institution. M. de Pradt nous fait un tableau déchirant des malheurs

---

(1) Instruction sur le schisme. — (2) Luc. XII. 42.

qui résultent de la vacance des Eglises (1). Après lui avoir opposé la peinture des maux affreux que peut faire un pasteur indiscrètement confirmé, nous gémirons avec lui, mais ce ne sera pas le Pape que nous accuserons parce qu'il préfère laisser languir quelques jours une Église particulière plutôt que la trahir en la livrant au mercenaire ; loin de là nous le bénirons, & nous réserverons notre indignation pour celui qui transforme les faveurs que l'Église lui a accordées en armes pour l'asservir & la détruire.

Ainsi donc le Souverain Pontife, celui qui seul exerce la plénitude de la puissance apostolique, n'aurait qu'à enregistrer au Vatican l'ordonnance royale de nomination ; & tandis que ses bulles les plus innocentes ne passeraient au Conseil d'État qu'après le plus scandaleux examen & revêtues d'une clause impertinente, il n'aurait pas le droit de récuser pour collègue dans l'épiscopat un homme qui lui semblerait indigne de sa confiance ! Doctrine monstrueuse & qui fait voir combien il peut être dangereux de conclure de ces traités, dont l'observation est abandonnée à la discrétion d'une puissance rivale. Quelle ne dut pas être l'inquiétude du Saint-Siège lorsqu'il entendit pour la première fois proclamer cette odieuse doctrine du Palais, qu'un compilateur de nos jours a résumée ainsi : « La nécessité de recourir à « Rome, à l'effet d'obtenir des bulles pour les bénéfices « consistoriaux, donne au Souverain Pontife une influence « sur ces bénéfices ; mais elle se réduit à bien peu de chose, « puisqu'il ne peut refuser ces bulles que sur des motifs « légitimes, & qu'en cela il est lui-même soumis aux tri- « bunaux du Royaume, *qui ne manquent pas* de décla-

---

(1) Le livre de M. de Pradt sur les *Concordats*, remarquable à plusieurs égards, roule presque tout entier sur cette idée, que dans un concordat parfait le Pape doit être obligé d'instituer après un temps déterminé. D'un autre côté il se prononce contre le refus des bulles. A moins de déclarer les princes infaillibles, on ne voit pas comment l'Église survivrait à quelques années d'un pareil régime.

« rer son refus abusif, lorsqu'ils *jugent* qu'il n'est pas
« fondé(1). »

Est-ce assez clair? Les cours de justice prononceront sur la foi & l'orthodoxie du sujet; elles interprèteront la foi pour lui en faire l'application; elles seront un tribunal où le Pape sera jugé lui-même, où il recevra la loi par des laïques. O Église de France! à quel degré d'humiliation n'étais-tu pas descendue!

Mais la puissance souveraine qui préside à toutes les Églises ne saurait être enchaînée. Rome a une tradition pour le refus des bulles, comme pour tous les autres points de la discipline. Le premier exemple en France remonte au siècle même du Concordat, à l'an 1569, & c'est un saint Pontife, placé depuis sur les autels, qui l'a donné. L'abbé de Beaune ayant été nommé par la cour à l'évêché de Meaux, sa foi suspecte depuis longtemps obligea saint Pie V à lui refuser l'institution canonique avec une inébranlable fermeté. Le même motif dicta la même conduite à Clément VIII, lorsque Henri IV nomma au siège de Troyes René Benoît, curé de Saint-Eustache de Paris. Tout le monde sait que Pierre de Marca, nommé par Louis XIII au siège de Conserans, fut refusé par Urbain VIII, jusqu'à ce qu'il eût fait satisfaction au Saint-Siège, sur les principes de son grand ouvrage *De la concorde du sacerdoce & de l'empire*. Vint ensuite l'affaire de la Régale & des quatre articles de 1682. Innocent XI refusa les bulles aux prélats nommés ou transférés qui avaient pris part aux actes de la trop fameuse assemblée. Elles ne furent accordées plus tard par Innocent XII que d'après une explication capable de rassurer la sollicitude de l'Église romaine. Plus tard, le grand Pape Clément XI refusa l'institution aux abbés de Lorraine, de Castries, de Tourouvres & à Bossuet,

---

(1) Merlin, *Répertoire universel & raisonné de jurisprudence*, cinq. édit., 1827, t. III, Concordat français, p. 349.

nommés aux sièges de Bayeux, de Tours, de Rodez & de Troyes, & si bientôt il se relâcha de cette sainte sévérité, c'est qu'il avait été abusé par de belles paroles. Enfin de nos jours nous avons vu Pie VII, captif durant cinq années, montrer que la liberté de l'Église n'était point enchaînée avec lui, & employer avec succès pour sauver l'Église l'arme redoutable du refus des bulles. Nous l'avons vu par sa noble & tranquille résistance convaincre la puissance mondaine de son néant, dans la personne même de l'homme qui la fit briller davantage, & celui qui tenait l'Europe dans sa main, celui qui faisait & défaisait les rois suivant ses volontés, a été contraint de reconnaître, à la face du monde entier, que tout son pouvoir ne s'étendait pas jusqu'à faire un évêque.

CHAPITRE XIV.

INCONVÉNIENTS DU CONCORDAT DE 1516.

Le Concordat de 1516, mesure inévitable à l'époque où il fut conclu, n'est pas exempt d'inconvénients. L'influence directe qu'il accorde au souverain sur la composition du corps épiscopal tend, comme le dit Fénelon, à mettre l'Église sous la puissance du roi. Les translations, si reprouvées dans l'antiquité, la pluralité des bénéfices, en sont les fruits naturels. Les dignités sacrées deviennent des faveurs royales.

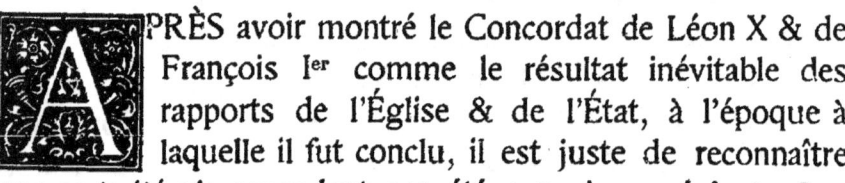PRÈS avoir montré le Concordat de Léon X & de François Ier comme le résultat inévitable des rapports de l'Église & de l'État, à l'époque à laquelle il fut conclu, il est juste de reconnaître que ce traité n'a cependant pas été sans inconvénients. Les réflexions que nous allons mettre sous les yeux du lecteur serviront à le convaincre de plus en plus de l'idée fondamentale de cet ouvrage, qui est que les divers modes d'ad-

ministration qui se succèdent dans l'Église ne sont point destinés à l'accompagner toujours, mais qu'ils participent plus ou moins aux défauts communs à toutes les institutions, & qu'enfin ils finissent par s'user, pour faire place à d'autres plus appropriés aux besoins du temps.

Le défaut général de tous les concordats, celui qu'il n'est pas au pouvoir de l'Église d'éviter, c'est l'alliance qu'ils lui font contracter avec les gouvernements cosignataires de ces actes. Fondés pour l'ordinaire sur de mutuelles concessions, destinés naturellement à devenir lois dans l'État, leur premier résultat est d'enchaîner la Religion à la politique, & de placer l'Église dans une fausse position, si une révolution vient à renverser l'ordre existant à l'époque où ils furent conclus. Entraîné malgré lui à prendre un parti dans les dissensions publiques, lorsque deux pouvoirs rivaux se disputent l'empire, le Pape pourra-t-il, sans prononcer entre eux, agréer l'une ou l'autre des nominations qu'ils lui présenteront? S'il se décide pour le soldat heureux qui aura fait pencher la victoire, n'entendra-t-il pas le vaincu l'accuser de parjure? & si, scrupuleusement fidèle à sa parole, il veut soutenir les droits du prince renversé du trône, n'exposera-t-il pas l'Église à la réaction du parti vainqueur? Situation critique, inconnue, il est vrai, dans l'Église avant les concordats, mais destinée à se reproduire plus d'une fois dans le cours de leur durée.

Qu'on se rappelle la triste viduité des Églises du Portugal, à l'époque de la révolution qui porta la maison de Bragance sur le trône(1). Pour ne point préjudicier aux droits du roi d'Espagne & éviter ses représailles, Innocent X se crut obligé de refuser les bulles aux évêques nommés par Jean IV. Cependant l'épiscopat s'éteignait. Les immenses colonies portugaises ne voyaient plus sur leurs nombreux sièges que

---

(1) Procès-verbaux du Clergé, t. III, P. 690.

deux vieillards prêts à descendre dans la tombe; le Portugal lui-même ne comptait plus qu'un évêque. En vain Rome voulut essayer de pourvoir à une si extrême nécessité, sans préjuger en rien sur les droits des contendants; il lui fut répondu que, ce faisant, elle se mettait en hostilité contre le Royaume catholique. Il fallut que l'Église attendît en silence la conclusion d'un traité terrestre, avant qu'il lui fût permis de renouer la chaîne brisée de sa hiérarchie expirante. Vingt-huit années avaient passé sur la tombe des pontifes, sans leur donner les successeurs que les peuples appelaient à grands cris.

Et qu'on n'aille pas ici accuser Rome de faiblesse & de complicité. Rome ne crée pas les circonstances : sa mission seulement est de les faire tourner au salut de l'Église, & d'éviter, en choisissant le moindre de deux maux inévitables, les écueils qui pourraient compromettre la barque de saint Pierre. A cette époque, l'alliance du sacerdoce & de l'empire vivait encore sur les vieux souvenirs du moyen âge. Cette solidarité des deux puissances, dernier débris de la Société chrétienne, était encore reconnue en principe, & bien que l'influence de l'Église allât s'affaiblissant chaque jour, il ne dépendait pas d'elle de s'affranchir tout d'un coup d'une alliance, qui allait sans cesse dégénérant en servitude.

Depuis, ces derniers vestiges d'un passé bien éloigné de nous se sont graduellement effacés. Les rois catholiques ont cessé d'être, comme rois, les enfants du Père commun de la Société chrétienne. Une froide & cérémonieuse diplomatie a pris la place de ces anciens rapports tout religieux des souverains avec le Vicaire de Jésus-Christ. Alors, l'Église s'est retrouvée en présence de difficultés semblables à celles qui l'avaient arrêtée un siècle auparavant; & sa marche n'en a pas été même embarrassée. Nous avons vu une immense défection séparer de la domination de leurs anciens maîtres les colonies espagnoles. Rome, sans doute, a pris part à la douleur de l'Espagne, son antique & fidèle alliée ; mais les Églises du Nouveau Monde devaient-elles être pour cela délaissées comme des brebis sans pasteur ? La politique parut un instant mettre une dernière espérance dans les concordats : mais Léon XII était père des deux mondes ; il savait que partout où il y a des catholiques, & il y en a partout, ils avaient droit de compter sur son cœur paternel. Il institua les évêques élus dans ces vastes États, & les nations virent que si la terre pouvait changer de maîtres, l'Église était immuable comme Dieu même. L'Espagne sembla quelques jours menacer & s'agiter dans son ressentiment, mais bientôt le Roi catholique comprit l'Église & son siècle, & Rome se vit seule obéie dans les deux mondes.

Mais ces crises politiques qui ne se présentent qu'à de rares intervalles ne sont pas les seuls inconvénients forcés des concordats. De même que dans le temps où l'on admettait le suffrage du peuple dans les élections, le principe démocratique tendait à troubler l'Église : ainsi dans les concordats, la puissance séculière exerce sur elle une action continue, régulière, légale, qui produit à la longue un résultat non moins funeste à sa liberté.

Dans la grande controverse des investitures, les Papes ont lutté des siècles entiers contre le système qui cherchait à aliéner toute la vigueur de l'Église au profit de la politique par l'inféodation de tous les bénéfices. En France le Concordat de Léon X avait réalisé d'une manière plus douce, mais bien plus efficace, cet ancien plan si incompatible avec les franchises du clergé. Tous nos rois depuis Louis XI ayant travaillé successivement à démolir pièce à pièce l'édifice féodal, il était urgent d'offrir à la noblesse un dédommagement pour tant de pertes réelles, il fallait donner le change à ses justes regrets, & pour cela ouvrir une nouvelle porte à sa légitime ambition. En transformant les hauts bénéfices en autant de fiefs destinés à former le patrimoine des grandes familles, le souverain enchaînait la noblesse au clergé qu'il dirigeait par l'influence des nominations, & simplifiait la machine du gouvernement par l'amalgame des deux premiers ordres dans un seul. La cour devenait le chemin de l'épiscopat; les prélats, les hommes du roi; les dignités de l'Église, la récompense des services politiques & le prix de la fidélité; en un mot par le plus grand de tous les abus la Religion tout entière devenait la propriété du roi.

Outre la scandaleuse inconvenance d'un tel régime considéré en lui-même, il faut tenir compte aussi du fâcheux résultat qu'il produisait nécessairement. Si les évêques sur leurs sièges étaient les gens du roi, ils avaient en proportion cessé d'être les vicaires du Pape (1). Accoutumés à voir dans le prince le dispensateur des grâces ecclésiastiques, promus par lui à leurs dignités, sans autre formalité canonique que l'institution papale si rarement contestée, l'habitude & la reconnaissance devaient nécessairement les incliner du côté d'où leur venaient les grâces. Le roi était celui auquel il importait surtout de ne pas déplaire, qu'il fallait payer de ses bienfaits par une fidélité sans bornes. Terrible position! le Pape est bien loin, comme un dieu invisible au fond du sanctuaire; le roi est là, tout-puissant, menaçant même, &, comme dit Fénelon, *dans la pratique plus chef de l'Église que le Pape* (2). « Les évêques n'ont rien à espérer du Siège « apostolique, & presque rien à en craindre; leur sort ne « dépend que du roi (3). » Ainsi, moins libres que les pasteurs des premiers siècles sous les persécutions, ils ne pourront

---

(1) Sedes apostolica post Concordatum Leonis X cum Francisco I, omnem fere cum episcopis gallis societatem aboleri sinit. (Fénelon, de Summi Pontificis auctoritate, cap. XLIV. p. 403, t. II.)

(2) Plans de gouvernement, œuvres compl. t. XXII.

(3) Nunc episcopi nihil sibi præsidii sperandum, nihil pene metuendum vident ex Sede apostolica; eorum quippe sors ex solo regum nutu omnino pendet. (Fénelon, de Summi Pont. auctor. p. 407.)

sans la permission du roi appeler au Pape, ni être jugés à Rome; que dis-je? ils ne pourront même visiter la Chaire de saint Pierre sans le *placet* de leur seigneur & roi. Tyrannies odieuses, qui excitaient les plaintes de Fleury lui-même dans son Discours sur les libertés de l'Église gallicane. Il est vrai qu'on parlera encore avec vénération du Siège apostolique. Les antiques formules du respect se conserveront jusqu'à la fin; car comment l'Église gallicane les eût-elle oubliées? les écrits de ses anciens évêques en sont pleins. « Mais, ajoute encore l'archevêque de Cambrai, c'est une « forme que l'on emploie encore quelquefois, une phrase « retentissante, l'ombre d'un grand nom(1). » Heureusement Dieu veillait sur l'Église de France, & on peut dire qu'elle a été sauvée *comme à travers les flammes* (2). Dans les flots d'un sang généreux, elle a puisé une nouvelle jeunesse, tout a été régénéré dans ses mœurs, dans son esprit, & tel est le respect qu'inspire à ses rivaux cette auguste infortunée, même dans les moments de leurs plus impérieuses exigences, que jamais ils n'ont osé prétendre sur elle la moitié des droits que les Mémoires du Clergé reconnaissent au roi & à ses officiers. Mais nous parlerons ailleurs de cette consolante réaction.

Asservie aux volontés de la cour, la discipline a été contrainte de se plier aux caprices du souverain. Les dignités sacrées, autrefois la terreur des Saints & toujours du moins considérées comme des charges redoutables que la crainte seule de Dieu pouvait faire accepter, sont devenues des grâces, des faveurs royales. L'ambition & la cupidité ont dressé l'échelle appréciative des bénéfices, & le roi s'est cru en droit de donner de l'avancement à ses prélats, comme il en donne à ses magistrats & à ses capitaines. Les transla-

---

(1) Nomen est quod ingens aliquid sonat, & suspicitur ut magni nominis umbra. (*Ibid.*)

(2) I Cor. III. 15.

tions si réprouvées dans l'antiquité, traitées *d'adultère spirituel* par les saints Docteurs (1), ont passé en coutume presque nécessaire, & il n'a tenu qu'au roi de la terre de briser à son gré ces liens indissolubles qui unissent un pasteur à son Église, d'enlever tout à coup aux brebis celui en qui elles aimaient à reposer leur confiance & leur affection. On a vu de nombreux favoris accumuler à plaisir sur leur inébranlable conscience la responsabilité de plusieurs Églises éplorées, & malgré l'anathème des conciles, dévorer leur substance en superfluités mondaines. Au milieu de ces désordres, l'Église a cherché comment elle y pourrait porter remède. Hélas! ses règles saintes étaient là, & on les violait tous les jours; sa voix couverte par les cris de l'ambition & de la flatterie est demeurée sans force. Alors elle a voilé sa tête & s'est mise à attendre dans un silence plein de terreur les malheurs que préparaient tant d'abus.

Parlerons-nous de la nature des choix que la nomination royale donnait à l'Église? Que de faits déplorables dans ces trois derniers siècles! Il faut l'avouer aussi, les élections elles-mêmes sont loin d'avoir toujours satisfait le vœu de l'Église; souvent elles ont donné de mauvais pasteurs; mais la principale cause de leurs abus ne provenait-elle pas de l'influence forcée que la puissance séculière tendait à y exercer? Le

---

(1) Vid. conc. Nicæn. I. can. xv.; conc. Antioch. can. xxi.; conc. Sardic. can. i. & ii.; Labb. t. II.

Et hoc in Nicæna Synodo, *dit S. Jérôme,* a Patribus decretum, ne de alia in aliam Ecclesiam episcopus transferatur, ne virginis pauperculæ societate contempta, ditioris adulteræ quærat amplexus. (Epist. ad Ocean. edit. Bened., tom. IV. p. 649.)

On connaît les sages réponses de Bellarmin aux consultations de Clément VIII; voici celle qui se rapporte aux translations:

Translatio episcoporum, secundum canones atque usum veteris Ecclesiæ, non debet fieri, nisi ob Ecclesiæ necessitatem, vel majorem utilitatem. Nec enim institutæ sunt Ecclesiæ propter episcopos, sed episcopi propter Ecclesias. Nunc autem quotidie translationes fieri videmus, ea solum de causa, ut episcopi, vel honore, vel opibus augeantur.

Concordat avec son épiscopat composé par le roi était loin de remédier à cet inconvénient. On s'était plaint bien haut qu'à l'époque des réserves les Papes envoyaient sur les sièges des sujets étrangers au pays, ignorant même quelquefois la langue de leur diocèse; & voilà que les nominations royales députaient aussi pour prendre possession des Églises des hommes étrangers, non à la France, il est vrai, mais aux mœurs, aux habitudes épiscopales, & dont le premier soin était de se décharger de tout le poids de leur mission sur de nombreux grands-vicaires. La piété, nous le savons, présida plusieurs fois durant une si longue époque à la sainteté des choix, & à Dieu ne plaise que l'on croie que nous voulions étendre aux nominations faites dans les quinze dernières années ces justes reproches! Jamais, non jamais l'Église de France ne posséda un corps de pasteurs aussi vénérable que celui qui la conduit aujourd'hui. Mais à l'époque dont nous parlons, que de fois on vit l'évêque s'éclipser sous les habitudes du grand seigneur! Que de fois, comme le dit le comte de Maistre, *on rencontra sous le camail un chevalier, au lieu d'un apôtre* (1)! En pouvait-il être autrement, lorsque la cour était la voie obligée des dignités de l'Église? Et ici quelle source encore d'humiliations! Quand tout, & le souverain lui-même, cédait aux caprices d'une favorite, quoi d'étonnant que la feuille des bénéfices devînt parfois un passe-temps de boudoir? A-t-on oublié que sans l'austère gravité de M. de Mirepoix, l'abbé de Bernis obtenait de la reconnaissance de madame de Pompadour un siège épiscopal, comme encouragement à sa muse plus que profane? Lorsqu'un prince tel que le Régent était chargé de désigner à Jésus-Christ ses pontifes, était-il donc si extraordinaire qu'il allât chercher parmi ses *roués* le successeur de Fénelon? Malheureusement tous ces abus

---

(1) Considérations sur la France.

n'avaient rien de surprenant, & c'est pour cela qu'il faut se hâter d'admirer comme un véritable prodige que le mal n'ait pas été plus loin encore. Gloire en soit à la foi de nos anciens rois, bien plus qu'à l'institution que nous jugeons en ce moment d'après les données de l'histoire.

Après cela, il ne faut pas s'étonner que durant tant d'années le Concordat ait été pour l'Église de France un poids incommode, & que le Clergé n'ait cessé de réclamer les élections tant qu'il put nourrir l'espoir de les obtenir. Qu'on lise les remontrances de ses assemblées, & l'on verra les nominations royales jugées avec autant & plus de sévérité que nous n'avons cru devoir le faire. Mais la politique fut inexorable; les parlements, après tant de répugnances, acceptèrent avec chaleur le Concordat, lorsqu'ils eurent compris les avantages que l'autorité séculière en pourrait retirer. Un livre dans lequel respirent le zèle & la sainte liberté d'un vénérable prélat dont saint François de Sales s'honorait d'avoir été le disciple, du docte & pieux Génébrard, archevêque d'Aix, fut brûlé par ordre du Parlement de Paris, en 1593(1). Le XVIIe siècle entendit Fénelon envier aux Églises réformées une liberté que les Musulmans ont laissée à leurs esclaves chrétiens(2). Enfin, à l'époque où la Constitution civile du

---

(1) Cet ouvrage extrêmement rare & curieux a pour titre :
De sacrarum electionum jure & necessitate, auctore Genebrardo Aquarum Sextiarum Archiepiscopo. Parisiis, 1593.
L'auteur, tout en signalant les abus du Concordat, ne se montre point partisan de la Pragmatique, & condamne expressément la tendance schismatique de cet acte réprouvé.

(2) Exemple d'ancienne Église jusqu'à Constantin : elle faisait *ses* pasteurs, elle assemblait *ses* fidèles, elle administrait, prêchait, décidait, corrigeait, excommuniait : elle faisait tout ceci sans autorité temporelle. — Exemple d'Église protestante en France. — Exemple d'Église catholique en Hollande, en Turquie. — Église permise & autorisée dans un pays, y devrait être encore plus libre dans ses fonctions. Nos rois laissaient les protestants en France libres pour élire & déposer leurs pasteurs : ils se contentaient d'envoyer des commissaires aux synodes. Le Grand-Turc laisse les chrétiens libres pour élire & déposer leurs pasteurs. Mettant l'Église

Clergé tenta de substituer au Concordat le rétablissement des élections, les évêques dans les lettres pastorales qu'ils adressèrent à leurs troupeaux pour signaler les dangers de cette entreprise schismatique, déclarèrent pour la plupart que loin de ressentir aucune répugnance pour des élections canoniques, l'Église de France avait toujours gémi sous le poids du Concordat(1). « On vous tromperait encore, écrivait « l'évêque de Luçon aux électeurs de son département, si « on voulait vous persuader que le corps épiscopal de « France tient obstinément à la conservation du Concordat. « Je vous déclare, Messieurs, que le Concordat a toujours « été combattu par l'Église gallicane, tant qu'elle a pu « espérer de le faire réformer; qu'elle ne s'est jamais départie « du désir le plus sincère de revenir aux élections, mais à des « élections canoniques, & qui puissent être avouées par « l'Église(2). »

CHAPITRE XV.

DÉPLORABLE ISSUE DES DERNIERS CONCORDATS(3).

Concordat de 1801; ses articles organiques. Concordat de 1813; odieuse supercherie. Concordat de 1817; sa malheureuse issue. Concordats avec les princes de la Confédération germanique, avec le roi de Prusse & celui des Pays-Bas, indignement violés.

---

de France au même état, on aurait la liberté qu'on n'a pas d'élire, de déposer, d'assembler les pasteurs. (Plans de Gouvernement, t. XXII. p. 592.)

(1) Voir la collection ecclésiastique de Barruel, spécialement le tome X.

(2) Lettre de l'évêque de Luçon aux électeurs du département de la Vendée. (Collection ecclés. t. X. p. 465.)

(3) Pour ce chapitre & les suivants, afin de ne pas trop multiplier les citations, déjà par elles-mêmes assez inutiles, lorsqu'il s'agit d'évènements contemporains, nous nous contenterons d'indiquer ici les ouvrages dans lesquels nous avons puisé.

L'ÉPOQUE du Concordat de Léon X & de François Ier, la Société européenne, fondée tout entière sur l'ordre religieux, n'avait point encore définitivement proclamé sa sécularisation; le moyen âge existait toujours. Peu de jours après, parut la Réforme, qui vint ébranler ce grand édifice jusque dans ses fondements. Alors la contagion de l'exemple, l'impatience d'un joug désormais moins sacré depuis qu'il s'était trouvé des rois qui avaient osé s'en affranchir, préparèrent sourdement la destruction de l'antique constitution des États catholiques. La Ligue fut chez nous le dernier effort de la *Société chrétienne,* & le poignard qui ravit Henri IV à l'amour de la France, fit périr avec lui les vastes plans que ce prince vraiment catholique avait conçus pour le rétablissement de l'ancienne Europe.

Bientôt le règne de Louis XIV, dans sa longue & brillante durée, effaça jusqu'aux derniers vestiges de l'antique théocratie. *Déclaré* indépendant de l'autorité spirituelle, le pouvoir temporel régna désormais sans rival. La Religion cessa d'être le but principal des affaires de ce monde; &, reléguée dans les limites de son empire, l'Église ne fut plus que l'instrument & l'auxiliaire d'une puissance qui ne voulait plus rien lui devoir.

Les usages antiques fidèlement maintenus, l'empire de l'habitude, des formes & des institutions qui végètent encore quelques jours, lors même que leurs racines sont arrachées du sol, toutes ces choses voilèrent longtemps encore à bien des yeux l'étendue des pertes que le Catholicisme avait faites en France. Attachés à l'Église par le fond de leurs entrailles, les rois croyaient la protéger, & ils l'asservissaient faute

---

Après les journaux du temps, nous avons consulté les mémoires de M. Jauffret sur les affaires ecclésiastiques du dix-neuvième siècle; ceux de M. Picot sur le dix-huitième & le commencement du dix-neuvième; la collection de l'*Ami de la Religion,* le *Mémorial Catholique,* &c. Nous les indiquons ici une fois pour toutes.

d'avoir compris que, du moment où la puissance spirituelle a cessé d'être la raison première d'une société, elle ne peut rester l'alliée du pouvoir sans compromettre sa propre liberté. Embarrassée dans les débris d'un passé dont les souvenirs ne s'effacent que lentement, sa marche sera pénible & incertaine. Dépourvue de cette force de réaction qu'elle avait autrefois, réduite à une simple puissance morale, elle n'a plus que des armes inégales à opposer, & tôt ou tard elle est contrainte d'accepter les volontés de celui qui trouve commode de s'appeler encore l'*évêque du dehors*.

Cette ligne de démarcation est surtout facile à saisir dans la suite imposante des pièces que renferment les procès-verbaux du Clergé de France. A peine a-t-on franchi les règnes de Henri IV & de Louis XIII, que l'on est frappé tout aussitôt de la différence du style & de la couleur de ces actes. C'est toujours la même éloquence, la même gravité, comme l'a reconnu Fénelon ; mais on n'y retrouve plus cette sainte liberté, cette touche vigoureuse des remontrances des assemblées de 1579, 1582, 1615. On sent que ce n'est plus une reine qui parle comme ayant puissance, mais bien une sujette qui ouvre enfin la bouche pour supplier après un long silence. En un mot, c'est l'Église dans l'État, timide, hésitante, perdant peu à peu les habitudes de son ancienne grandeur.

Cette époque tient le milieu entre la *Société chrétienne* du moyen âge, & la dissolution sociale au milieu de laquelle nous vivons aujourd'hui. L'influence de l'Église n'est que la foi qu'on a en elle. Dans un siècle de foi, cette influence acquiert son plus grand développement, parce que l'Église domine toutes les intelligences, règne sur tous les cœurs. Dans l'âge suivant, elle hésite entre les souvenirs d'un passé qui a laissé des traces profondes, & cet autre âge qui s'avance, sans foi, indifférent à la vérité & à l'erreur, pour briser les derniers liens de l'Église avec la société politique,

& les abandonner toutes deux à leurs destinées. Cette époque est arrivée; elle nous presse de toutes parts. Sans doute la société ne saurait s'y arrêter : le naufragé ne s'endort pas au milieu des vagues. Sans doute, un jour le catholicisme rentrera à sa place, dans ce monde dont lui seul a le secret; mais aujourd'hui que l'individu seul a des croyances, aujourd'hui que la société est vide de foi, qu'y ferait le catholicisme? En attendant que les eaux de ce déluge universel se soient retirées, & que cette terre que Dieu a faite apparaisse enfin aux yeux des mortels, l'Église, comme une arche libératrice, voguera sur cet océan de misères intellectuelles & morales, & vers elle gravite déjà quiconque veut échapper au naufrage. Seule patrie qui ne sera pas sillonnée par le fer des révolutions, seul trône peut-être qui demeurera debout, elle garde les espérances du genre humain.

Que les gouvernements au sein desquels cette effroyable dissolution s'accomplit, comprennent donc que désormais leur devoir est d'isoler la Religion de leurs intérêts politiques : qu'ils ne parlent plus à ces malheureux peuples un langage qu'ils n'entendent pas. En proie à l'anarchie de leurs pensées, plus un joug est sacré, plus ils le détestent. Une entière impartialité, le strict maintien de l'ordre matériel, l'éloignement de toutes les causes d'irritation, tel est le régime avec lequel peut-être on peut espérer de sauver le plus désespéré des malades. A quoi sert d'écrire le nom de Dieu sur vos actes, si la société a renié Dieu? Or, crime ou malheur, elle en est là. Quand elle se lasse de courir après ses vaines idées, quelquefois elle s'arrête dans l'abattement de la lassitude; n'allez pas aggraver son malaise en réveillant ses fureurs. Quelque chose lui manque : que dis-je? tout lui manque. Laissez-la sonder ses besoins, descendre au fond de sa profonde misère. Elle cherche un remède à ses maux, & désormais le seul qui pour elle ne soit pas un poison, c'est celui qu'elle puisera dans sa propre conviction.

Or, à mesure que les princes se sont approchés davantage de cette époque désolante, l'alliance de l'Église avec le pouvoir est devenue de plus en plus dangereuse. Ce qui paraissait juste & raisonnable alors que l'on croyait encore, a semblé odieux dès qu'on n'a plus cru à rien. Donnons-en un exemple caractéristique. Rien de plus naturel qu'une loi vengeresse du sacrilège dans un siècle où la Religion est la première & la plus chère pensée de tous les hommes. Cependant, qu'est-ce autre chose qu'une véritable tyrannie chez un peuple où la Foi a fui les mœurs publiques pour se réfugier dans le cœur de l'individu? Il en est de même des concordats. Celui de Léon X était aussi parfait que possible pour le siècle de François Ier; sous Louis XIV, il devenait une machine politique, & contribuait à asservir l'Église. De nos jours, il compromettrait la Religion en la confondant avec un pouvoir décrédité dans l'esprit des peuples, en érigeant en loi de l'État des dispositions qui ne sauraient plus avoir d'application qu'avec la vie privée. De là vient que, semblables à des arbres transplantés sans racines dans un sol étranger, les concordats signés de nos jours ont tous, sans exception, produit des résultats fâcheux; que dans tous, après avoir donné beaucoup plus qu'elle ne recevait, Rome a vu échouer sa bonne foi contre une invincible nécessité.

Après d'effroyables tempêtes, qui avaient arraché jusqu'aux fondements de l'antique Société française, un homme paraît, qui ose asseoir un trône sur ces débris mêmes amoncelés par la plus violente anarchie. Son œil profond a sondé les besoins de la France; il a vu qu'il faut à vingt-cinq millions d'hommes une religion, & qu'il peut, en leur rendant le culte de leurs pères, devenir pour eux le plus grand des mortels. Il appelle le Pontife Romain à cette puissante œuvre de régénération. Un Concordat est publié, & une nouvelle Église s'élève, jeune & radieuse, sur des ruines. Cependant cet homme qui s'établit ainsi l'*évêque du dehors,* cet homme que l'on nomme extérieurement au nombre des membres de l'Église catholique, ne lui appartient pas : il ne croit pas. Impatient d'abaisser sous ses pieds toute puissance qui commande auprès de lui, il a juré dans son cœur de dominer cette Église que ses mains ont relevée : pour cela il lui fallait un titre, il l'a trouvé dans un concordat.

L'un des articles de cette convention portait que les règlements secondaires qu'elle nécessitait seraient réglés en commun par les parties contractantes; c'était là que l'homme puissant avait caché le secret de sa force. Au moment même où l'Église de France nage dans l'ivresse du bonheur, tout à coup elle se sent arracher aux plus douces illusions par la publication inattendue d'un code de servitude. Les *articles organiques* sont insérés au Bulletin des lois à la suite du Concordat, & Rome n'apprend qu'après nous cette coupable violation des plus saints engagements. Pie VII s'indigne, il réclame, il se plaint, il supplie : un ministre héritier des traditions parlementaires, & dont les idées administratives ont causé à l'Église de France des maux sous le poids desquels elle gémira longtemps encore, ose lui répondre avec cette candeur qui déconcerte, « que cette législation n'était qu'un « retour aux anciennes ordonnances; que la France n'aban- « donnerait pas ses franchises; que les souverains français « s'étaient toujours regardés comme évêques du dehors; « qu'enfin ces articles n'étaient que le développement du « Concordat, plus favorables à l'Église que le Concordat « lui-même. »

Ces mesures odieuses contre lesquelles l'Église invoqua en vain la foi jurée, la sainteté des traités, se maintinrent avec de légères modifications. La Restauration les accepta avec un inaltérable respect, & en dépit des promesses récentes de liberté, nos ministres les révèrent encore comme le dernier asile des libertés gallicanes. Scellées au Bulletin des lois avec le Concordat lui-même, elles n'en sortiront qu'avec lui.

Mais un Concordat ne suffit pas à l'homme qui rêve une nouvelle Europe. Bientôt un second traité religieux est signé pour la République Italienne. Soumise à une nouvelle circonscription, l'Église voit crouler autour d'elle tant de sièges vénérables; assise sur les pierres dispersées du sanctuaire, elle ne se reconnaît plus elle-même. Cependant le conquérant avance dans l'Italie. Sur ses pas les Églises sont contraintes d'accepter la loi du vainqueur, & les concordats publiés partout à côté du code de l'empire deviennent l'unique loi religieuse de tant de nouveaux Français. Plus loin la dissolution de l'antique corps germanique a dispersé les illustres débris de l'Église d'Allemagne. Rome est encore appelée à signer un concordat. Cette fois sa sagesse profonde crut devoir reculer devant les conditions qu'on voulait lui faire, & abandonnée dix années entières à un inexprimable délaissement, une immense Église pensa périr victime des révolutions de ce monde.

Après avoir soumis l'Italie entière à la loi religieuse que sa politique avait adoptée, le nouvel Attila se présente aux portes de Rome. Là aussi il voudrait signer un concordat; là aussi il voudrait partager par un traité le pouvoir que le Ciel a déposé, absolu & incommunicable, dans les mains du Pontife suprême. Mais il est écrit que quiconque osera tenter d'ébranler cette pierre, en sera écrasé(1). N'est-ce pas là ce rocher contre lequel se sont brisées toutes les tempêtes?

Le Pontife, qui ne pouvait séparer ce que Dieu a uni en sa personne, fut emmené violemment loin de la Ville éternelle; mais Dieu se retira de celui *qui avait touché son Christ*(1), & les peuples étonnés virent pâlir cette brillante étoile dont l'éclat les remplissait de terreur, en même temps qu'il les éblouissait.

Cependant à l'ombre des murs de sa prison, le Pontife

---

(1) Matth. xxi. 44. — (2) Psalm. civ. 15.

reconnut dans les liens qui l'enchaînaient ceux que sa main trop confiante avait tressés. Lui qui portait la sollicitude de toutes les Églises, combien dut-il gémir lorsque tournant ses regards sur l'immense bercail confié à sa garde, il y aperçut les affreux ravages du loup terrible qui s'y était introduit sous des dehors si séduisants! Rome veuve de son pasteur, le gouvernement de l'Église universelle interrompu, les possessions ecclésiastiques envahies dans toute l'Italie, les articles organiques maintenus comme lois de l'Empire, une commission de prélats réunis pour juger leur Chef & déclarant sans pudeur à leur maître qu'il avait été fidèle à ses engagements, les administrations capitulaires, des nominations à jamais déplorables, en un mot une mer, un abîme de douleurs, & tout cela l'ouvrage de celui dont le Pontife avait consacré le glaive, qu'il avait salué comme un nouveau Cyrus, entre les mains duquel il était si heureux de remettre une partie de sa sollicitude!

Parlerons-nous de cette odieuse supercherie que rappelle le seul nom du prétendu Concordat de Fontainebleau? Un vieillard pris d'assaut par son fougueux adversaire, consentant à jeter sur le papier les bases d'un arrangement définitif, & bientôt réduit à pleurer amèrement la publicité perfide donnée à une note confidentielle, qui se recommandait par elle-même à l'honneur & à la délicatesse de celui qui eut la lâcheté d'en abuser.

Ah! c'est que les temps n'étaient plus où Rome avait à traiter avec des princes catholiques. Son auguste sincérité la rendait une proie facile à quiconque voulait l'asservir. Quelques noms antiques, il est vrai, étaient encore debout, mais pour avoir retrouvé l'épée de Charlemagne, le grand homme n'avait pas hérité de sa foi. Celui devant qui les rois se taisaient voulait bien l'Église catholique, mais non l'indépendance du sacerdoce; & voilà pourquoi, par un concordat avec lui, l'Église compromettait sa liberté & jusqu'à sa considération.

Une révolution européenne ramène de l'exil nos anciens rois. A leur arrivée, le parti vainqueur croit pouvoir effacer pour jamais la mémoire de tout ce qui s'est passé depuis vingt-cinq ans. On n'avait rien appris, hélas! à de si grandes expériences, & l'on revenait au milieu d'un monde nouveau, sans autres idées que les idées d'autrefois. La politique du *roi législateur* s'interpose entre des systèmes & des espérances contraires. Elle croit avoir assis le trône *à jamais* sur des institutions incomplètes & mal définies. Alors au milieu des regrets & des espérances les plus contraires, une ère nouvelle se hâte de commencer.

On sent bien qu'aux yeux des réformateurs à l'antique le Concordat de 1801 n'était plus de mise. On voulut que l'Église portât aussi les couleurs de la nouvelle révolution, qu'elle aussi eût sa restauration.

Des prélats sont revenus de l'exil avec la dynastie, pleins de l'amour d'un passé qui ne peut plus renaître que dans leurs souvenirs. Au fond de leurs cœurs vit encore ce ressentiment qu'ils éprouvèrent le jour où le Pontife Romain leur demanda, au nom du salut des hommes, la remise du titre qui faisait leur gloire. Ils avaient refusé de prendre part au douloureux enfantement de l'Église de France; quoi d'étonnant que leurs entrailles ne ressentissent rien pour elle? Dans leur audacieuse confiance, ils osèrent proposer à l'illustre confesseur de la liberté de l'Église, dont les mains portaient encore l'empreinte des fers qui les avaient meurtries, ils osèrent lui proposer de se déshonorer en présence de l'Église catholique, en désavouant & déclarant nul ce que sa pleine puissance avait opéré pour le salut des peuples, en déchirant l'acte à jamais béni par lequel il ranima les dernières étincelles du Catholicisme dans notre France. Ainsi ce n'était point assez que le suprême Pasteur eût épuisé la coupe des persécutions dont l'abreuva l'ingratitude d'un despote : il fallait que lui aussi, de retour d'un cruel & douloureux exil, se sentît blessé dans son noble cœur par d'indignes propositions. « Hélas ! » écrivait le saint archevêque de Bordeaux au négociateur de ces odieuses prétentions, « que n'envoyait-on « plutôt un acquiescement filial à ce qui serait décidé par « celui à qui seul appartiennent, & de droit divin, ces « hautes décisions ? » Mais non ; tant qu'il était permis de croire que la *légitimité* d'un évêque est au dessus de la puissance papale, il se trouvait des hommes qui persistaient à soutenir que l'*usurpation* existait encore.

Cette étonnante confiance dans les évènements de ce monde fut un peu ébranlée par l'orage des Cent jours, qui vint tout à coup remettre en question la Restauration elle-même. Lorsque après la tempête on put se réunir encore une fois à l'ombre du trône, les exigences furent moins sévères. Rome tenait bon pour ne pas accepter le déshonneur ; en France on sentait qu'il fallait en finir. M. de Pressigny fut rappelé. Les étranges demandes qu'on avait faites jusqu'alors se réduisirent à la simple sollicitation du Concordat de Léon X & de François Ier. De ce moment les prélats s'empressèrent d'accéder aux vœux du Roi, en envoyant au Pape leurs tardives démissions. Rome dans son éternelle mansuétude leur pardonne. Elle croit entrevoir enfin des jours heureux pour cette Église si chère ; elle s'apprête avec joie à de grands sacrifices.

Cependant de tristes présages font déjà pressentir de nouveaux obstacles. Un mot si souvent employé par l'oppresseur du Souverain Pontife dans ses moments d'humeur contre sa victime, ce mot est dans toutes les bouches. Discours du Roi, adresses des Chambres, rapports des ministres, tout est plein des *libertés de l'Église Gallicane*. On veut rassurer la nation sur les dangers de ce traité qui va se conclure avec Rome, comme si naguère les peuples n'en eussent pas accepté d'autres qu'ils n'avaient pas été appelés à consentir.

Le Concordat de 1817 est enfin signé. Rome a épuisé

toute sa condescendance; il n'est aucune demande juste à laquelle elle ne se soit empressée de satisfaire. Louis XVIII a donné sa parole, il a signé à côté du Pontife. La cause est finie; la paix est enfin assurée à l'Église de France.

Telles étaient nos légitimes espérances. Pourquoi le Dieu qui a promis son assistance à l'Église romaine dans toutes les difficultés, ne lui a-t-il pas donné aussi de lire dans l'avenir? Elle y aurait vu ce traité absolu, définitif, conclu dans une sécurité parfaite, livré à la discussion d'une assemblée laïque au jugement de laquelle elle n'avait jamais songé qu'il pût être soumis. Elle aurait entendu des hommes profanes ou hostiles discourir, non plus sur les conséquences financières du Concordat, mais sur sa teneur, sur le détail de ses articles, & le repousser au mépris du droit des gens; elle eût vu enfin ce fruit pénible de tant de négociations aller s'ensevelir honteusement dans l'obscurité d'un portefeuille.

L'histoire redira la conduite que le gouvernement français tint à cette époque, & l'on peut douter qu'elle l'honore un jour aux yeux de la postérité. Après avoir définitivement conclu une convention avec une puissance amie, après que cette convention a été solennellement signée en vertu de la prérogative accordée au roi par la Constitution, quelle excuse pouvaient alléguer ceux qui eurent le courage de la traîner à l'examen d'une assemblée qui devait y rester totalement étrangère? En vain dira-t-on que le Concordat décrétant une augmentation de sièges épiscopaux, il était nécessaire d'appeler les Chambres à juger de l'opportunité de cette nouvelle dépense. Sans doute; mais était-ce une raison pour remettre en question un traité dans lequel toutes les formes avaient été observées, & qui ne pouvait être soumis à la discussion qu'au mépris des droits sacrés d'un tiers? Le Concordat de 1817 n'était-il pas par lui-même un acte de la puissance spirituelle, qui pour sortir son effet n'avait besoin en aucune manière du concours matériel du gouvernement? « Le roi,

« pouvoir exécutif suprême de l'État, disait excellemment
« M. de Bonald, propose le territoire & présente l'évêque.
« Le Pape, chef de l'Église, agrée le territoire, l'érige en
« diocèse & donne à l'évêque l'institution canonique. Les
« Chambres, pouvoir pécuniaire, dotent l'évêque & l'évê-
« ché. » Ce dernier pouvoir par sa nature n'a donc rien à
voir dans les arrangements concertés entre les deux autres ;
l'influence qu'il exerce ne saurait donc s'étendre à juger des
conventions qui n'en existeront pas moins sans lui.

Voilà pourtant ce qui arriva. Le Concordat fut jugé au
tribunal des Chambres ; il y fut condamné. Et c'est ici qu'il
est juste de signaler encore l'étrange projet de loi dont le
ministère l'avait accompagné. On avait dépassé même les
articles organiques. Voici la teneur du premier article de ce
projet de loi : « Conformément au Concordat passé entre
« François Ier & Léon X, le Roi seul nomme, *en vertu d'un*
« *droit inhérent à sa couronne,* aux archevêchés & évêchés,
« dans toute l'étendue du royaume. » Ainsi cette prérogative
n'était plus une simple concession de l'Église, mais un droit
de la souveraineté ; d'où il fallait conclure que dans le cas
même où le roi eût cessé de professer la Religion catholique,
il eût conservé le pouvoir de nommer aux sièges épiscopaux,
à moins qu'on n'admette que dans cette hypothèse il eût
perdu *les droits inhérents à sa couronne,* conclusion qui était
certes bien loin de la pensée des rédacteurs du projet de
loi.

On lisait encore, art. 5 & 6 : « Les bulles, brefs, décrets
« & autres actes de la Cour de Rome, ou produits sous son
« autorité, excepté les indults de la Pénitencerie en ce qui
« concerne le for intérieur seulement, ne pourront être reçus,
« imprimés, publiés & mis à exécution dans le Royaume
« qu'avec l'autorité du Roi.

« Art. 3. Ceux de ces actes concernant l'Église universelle
« ou l'intérêt général de l'État, ou de l'Église de France,

« leurs lois, leur administration ou leur doctrine, & qui
« nécessiteraient ou desquels on pourrait induire quelques
« modifications dans la législation actuellement existante, ne
« pourront être reçus, imprimés, publiés & mis à exécution
« en France qu'après avoir été dûment vérifiés par les deux
« Chambres sur la présentation du Roi. »

Ainsi le Roi & les Chambres auraient jugé de notre foi, des règles de notre discipline, des intérêts mêmes de l'Église universelle. Des hommes appartenant à des communions hétérodoxes, ou même totalement dépourvus de religion, eussent été appelés à voter sur l'acceptation des titres de notre croyance, & par un sacrilège amalgame, inconnu hors des pays où le roi est à la fois souverain de l'État & chef de l'Église, nos sessions parlementaires, transformées en concile permanent, nous eussent donné tour à tour une loi sur le recrutement & un code ecclésiastique, un règlement sur l'impôt des sels & une décision de foi; à ces conditions il nous était permis de jouir du Concordat. Mais écoutons plutôt M. Lainé dans son rapport à la Chambre des Députés.
« De sages précautions, dit-il, vous garantissent le maintien
« de ces libertés précieuses que saint Louis, Henri IV &
« Louis XIV ont tour à tour protégées, que nos plus grands
« & nos plus saints docteurs ont défendues. Vous vous
« empresserez de les placer sous la garantie constitutionnelle,
« & de régler par une loi nécessaire les rapports de l'Église
« & de l'État. C'est à vous que le Roi confie la défense des
« droits sacrés de la couronne & de la nation, persuadé que
« vous affermirez par la sagesse de vos délibérations cette
« heureuse concorde qu'on doit voir régner entre le sacer-
« doce & l'empire. »

Et c'était avec un pareil gouvernement que Rome avait eu le malheur de contracter avec tant de bonne foi; c'était contre un Pontife plein de douceur & de patience, l'angélique Pie VII, qu'on faisait un appel aux Chambres pour la défense *des droits sacrés de la couronne & de la nation.* Qu'elles étaient bien fondées les plaintes de ce vénérable confesseur, lorsqu'il disait en gémissant que toutes ces démonstrations de défiance, tous ces préparatifs de servitude n'étaient pas moins contraires à la convention elle-même, qu'aux droits les plus sacrés de l'Église! *Et initæ conventioni, & sanctioribus quibusdam Ecclesiæ juribus adversari.*

Pourquoi donc cette conduite si contradictoire dans le gouvernement? Pourquoi renversait-il d'une main ce qu'il semblait édifier de l'autre? C'est qu'il était entraîné par une force invincible, il était emporté par le mouvement du siècle. Chez un peuple qui ne croyait plus, on avait écrit dans la Constitution qu'il y aurait une religion de l'État. Une force irrésistible poussait à se révolter contre une disposition légale qui n'a plus d'application, lorsqu'on est réduit à l'écrire sur le papier. Le siècle avait senti quelle imposante sanction donnerait à cette loi si odieuse pour lui la publication du nouveau Concordat, & dans son étrange malaise, il le repoussait, comme un obstacle à la séparation absolue de l'Église & de l'État. Telle est l'idée fondamentale de toutes es brochures que le côté gauche de la Chambre publia au milieu de cette crise. Remplies d'ailleurs de préjugés, de déclamations & d'injures, elles sont unanimes sur ce point. Résolu de soutenir son œuvre, le gouvernement, fidèle à son système de milieu, pensait amortir les passions en offrant des garanties à sa manière. Il allait puiser dans l'arsenal des vieilles libertés gallicanes tout ce dont il avait besoin pour balancer l'influence & la considération accordées à l'Église. Il l'humiliait, il l'enchaînait, il lui mettait sur la tête une couronne d'épines, à la main un sceptre de roseau, & se croyait en droit d'espérer qu'une si triste royauté n'offusquerait plus les yeux de la multitude.

Le Concordat de 1817 fut donc arrêté avant même sa promulgation. Rome subit la loi du plus fort, & lorsque pour mettre un terme à l'épuisement de l'Église de France, dont l'existence même se trouvait compromise par suite de tant d'incertitudes, elle consentit à ratifier des propositions qui lui semblèrent provisoirement acceptables, elle put entendre Louis XVIII répéter, comme pour conclusion de cette douloureuse affaire, sa phrase de prédilection : *Nous conservons intactes les libertés de notre Église.* Étrange trophée d'une plus étrange victoire !

Tous ces faits montrent clairement que le régime des concordats a cessé d'être en harmonie avec la situation morale & politique de la France. Nous en avons assigné les causes, du moins telles que notre faible intelligence a cru les apercevoir. Nous prouverons bientôt que les prestiges qui, chez nous, semblaient expliquer leur existence, ont totalement disparu, & qu'aujourd'hui plus que jamais ces traités deviennent un hors-d'œuvre incohérent & dangereux.

Il est des États catholiques, l'Espagne par exemple, dans lesquels la société est pour ainsi dire tout d'une pièce. La Religion catholique y est encore religion de l'État parce que dans le fait la nation la regarde comme le premier de ses biens. Ceux qui ne croient pas font encore, dans cette heureuse contrée, une classe d'exception. Les Concordats à l'observation desquels veille la foi d'un peuple entier, ne sauraient devenir une arme périlleuse entre les mains du souverain. Aussi dans tous les temps, quel corps plus vénérable, plus véritablement ecclésiastique que l'épiscopat espagnol ? L'ignorante malignité qui tant de fois s'est exercée à décrier un pays qu'elle ne comprend pas, a été contrainte de s'incliner, dans un respectueux silence, en présence de la majesté de ces pontifes, presque tous blanchis à l'ombre du cloître, & dignes par leurs vertus & leurs lumières d'être tirés de leur sainte obscurité, pour être le flambeau des peuples.

Il est d'autres contrées moins heureuses, & cependant

moins éloignées que nous des anciennes mœurs de la Société chrétienne. Chez ces peuples les concordats vieillissent, & le moment approche où après avoir offert plus d'inconvénients que d'avantages, ils arriveront à ce dernier période qui ne présente plus que des dangers. Dans la classe de ces derniers, il faut surtout ranger le Concordat de Bavière. Conclu péniblement à la suite des évènements de 1814, il a déjà plus d'une fois excité les inquiétudes du Saint-Siège. Il y a dans tous ces princes d'Allemagne, même dans ceux qui font profession du catholicisme, quelque chose qui répugne à la liberté de l'Église. L'esprit de Joseph II vit encore dans la politique soupçonneuse de tous ces rois. L'Autriche elle-même est loin encore d'avoir abjuré les systèmes qui firent de ce prince le fléau de l'Église dans toute l'Allemagne.

L'Europe a vu dans ces dernières années un spectacle bien extraordinaire, surtout lorsqu'on se rappelle cette inimitié de trois siècles qu'on eût crue éternelle entre les souverains du Nord & cette Ville maîtresse qui n'a cessé de dominer le monde par ses armes que pour l'embrasser tout entier dans les étreintes de sa charité maternelle. Des concordats ont été signés entre Rome & les princes protestants. Nous n'en ferons pas l'histoire; elle dure encore & a coûté déjà bien des larmes à l'Église. Le Concordat prussien, le seul qui s'annonçât comme le résultat des intentions les plus bienveillantes pour les catholiques, n'a point empêché le gouvernement de s'emparer presque aussitôt de l'enseignement ecclésiastique, par la nomination des professeurs, & de porter des lois tyranniques qui contraignent tous les aspirants à la cléricature de venir puiser la doctrine catholique dans des écoles organisées par les protestants. Moins rassurante dans ses préliminaires, la convention conclue avec les princes de Wurtemberg, de Bade, de Hesse, de Nassau, d'Oldenbourg, de Meklimbourg, de Waldek, &c., a produit les résultats qu'on avait malheureusement trop lieu d'en attendre.

Dans toute l'étendue des Provinces Rhénanes, l'Église catholique, dirigée dans le dogme & la discipline par l'active sollicitude de vingt petits tyrans hérétiques, va devenir nécessairement protestante, si l'ordonnance de Francfort, grande charte gallicane dont les articles sont tirés du droit français parlementaire, continue d'être maintenue. Les peuples livrés à d'infidèles pasteurs accusent le Concordat des maux qui les accablent, & malgré les paternelles menaces par lesquelles, peu de jours avant sa mort, Pie VIII essaya de réveiller le zèle de ces malheureux prélats, jusqu'ici on n'a pas vu qu'ils aient osé comprendre davantage la liberté de l'Église.

Il faudrait un volume entier pour retracer les vexations auxquelles la Belgique a été soumise depuis quinze années, dans ce qu'elle a de plus cher. Après plus de dix ans de tyrannie religieuse, le roi des Pays-Bas convint en 1827 avec Léon XII des bases sur lesquelles on appuyerait un arrangement. Le Concordat fut signé, on osa croire que des promesses solennelles seraient observées, que le droit des gens ne serait pas foulé aux pieds sans pudeur. L'Église belge avait espéré en vain. Quelques mois étaient à peine écoulés, que déjà Rome se plaignait amèrement de la violation des traités. Le mal allait s'étendant tous les jours, lorsqu'un orage a éclaté subitement. Le trône de Nassau s'est écroulé, & une nation florissante a été lancée, pour longtemps peut-être, dans le tourbillon des révolutions.

Rien d'étonnant dans tout cela. Rome ne pouvait se refuser aux demandes que lui faisaient les princes protestants pour le bien de leurs sujets catholiques. Elle entrevoyait de grands avantages dans ces traités qui établissaient d'une manière solennelle les droits de ses enfants ; elle devait triompher des plus légitimes répugnances, & forte de la droiture de ses intentions, descendre jusqu'à traiter avec d'anciens ennemis. Mais de leur côté, les souverains ne s'étaient point engagés à dépouiller leurs préjugés, à abjurer cette politique inquiète qui leur montre dans leurs sujets catholiques les membres d'une immense confédération, dont l'éternelle hiérarchie embrasse tous les temps & tous les lieux, & dans laquelle eux-mêmes ne sont rien. Leur jalouse tyrannie a envié aux peuples cette inaliénable liberté ; ils ont voulu les enchaîner, ces citoyens de l'univers, au sol rétréci qui les a vus naître, & substituer un catholicisme belge ou prussien à ce catholicisme qui n'appartient à aucun pays, parce qu'il est du ciel & prêté seulement à tous les peuples de la terre. Alors un combat s'est livré & dure encore. Dans les pays où l'Église est épuisée de servitude depuis trois siècles, elle a subi la loi du plus fort, en attendant la chute des liens qui l'accablent ; dans d'autres, elle a senti sa vigueur se réveiller & elle a brisé ses fers. Déplorables nécessités qui accuseront longtemps la mauvaise foi des princes protestants, en même temps qu'elles compromettent l'existence même de l'Église dans de vastes & nombreuses contrées.

CHAPITRE XVI.

LES CONCORDATS ONT NÉANMOINS PRODUIT D'HEUREUX RÉSULTATS.

Dieu qui fait tout servir au bien de son Église, a su tirer d'heureux résultats de mesures inévitables. Le Concordat de Léon X a arrêté le schisme dans lequel la Pragmatique allait précipiter la France. Il a garanti notre patrie contre l'envahissement du protestantisme, en relevant la puissance du Pape, qui, de son autorité propre, anéantissait les élections & retirait à lui la confirmation de tous les évêques. Le Concordat de 1801, en asseyant les fondements de l'Église de France sur l'autorité même du Pape, a imprimé à tous les catholiques une tendance nouvelle, & réchauffé plus que jamais l'attachement filial au Saint-Siège. Enfin les Concordats avec les princes protestants ont placé Rome dans une position nouvelle, & attiré sur le Saint-Siège une considération inespérée qui portera ses fruits en son temps.

CE serait se tromper étrangement sur nos intentions, que d'attribuer ce que nous avons dit jusqu'ici à un éloignement systématique pour les concordats. Soumis avant tout aux volontés de l'Église & du Siège apostolique, si nous avons cru devoir faire ressortir une très faible partie de ce que l'histoire des concordats renferme d'affligeant, si nous nous sommes permis de joindre quelques conjectures à l'exposé simple & fidèle des faits, nous n'avons point prétendu accuser la sagesse de cette Mère des Églises, que nous nous faisons gloire de vénérer en toutes choses. C'est donc avec bonheur que nous consacrons un chapitre entier à montrer que si, dans ces derniers temps, Rome s'est trouvée dans la nécessité de conclure ces traités dont l'issue a été si fâcheuse, le Dieu qui dispose tous les évènements à l'accomplissement de ses desseins, a fait servir puissamment à relever la dignité & la force de son Église, ce qui même paraissait à des yeux mortels ne renfermer tout au plus que des liens de servitude & des titres d'avilissement.

Dans le cours de leur durée, les concordats ont eu de nombreux ennemis. Aucun n'a paru, qui n'ait été attaqué violemment. Mais le principe qui engageait certains hommes à les combattre était diamétralement opposé à celui d'après lequel nous nous sommes permis de les juger avec la sévérité de l'histoire. De là vient que les motifs qui les rendent odieux aux rivaux de la puissance ecclésiastique, ou à ces sectaires qui n'y cherchent que des prétextes à leur système perpétuel d'opposition, sont précisément ceux qui nous les rendent chers & vénérables. Pleins de respect pour ces actes solennels, nous n'en redoutons que l'abus, & tant qu'ils se concilient avec la liberté de l'Église, nous les regardons comme très utiles au développement des plans du Sauveur. En un mot, à nos yeux il n'en est aucun qui n'ait produit des résultats heureux, & tels que naturellement on n'eût pas été en droit de les attendre d'une autre voie.

L'un des plus grands dangers auxquels la foi catholique ait été exposée en France date précisément de l'époque du Concordat de 1516, & ce traité apparaît au milieu des nuages menaçants de cette époque comme un gage de paix & de sérénité. La plus grande partie du clergé séculier avait fini par se ranger autour de la Pragmatique Sanction. Les Universités paraissaient déterminées à ne s'en séparer jamais ; les Cours de justice & les Parlements s'y étaient attachés avec cette ardeur que le corps de la magistrature mit toujours à soutenir les actes opposés aux droits de la plus grande autorité ecclésiastique. D'un autre côté, le cinquième concile de Latran était réuni pour prononcer, de concert avec le Souverain Pontife, la condamnation d'un règlement gravement contraire à la discipline du temps & aux droits du Saint-Siège. C'en était fait de l'Église de France, si François Ier eût persisté à soutenir la Pragmatique, s'il eût refusé d'adopter le concordat que Léon X lui présentait. Déjà des bruits sinistres grondaient sourdement comme pour annoncer la tempête. Encore quelques jours, & le moine réformateur allait allumer un vaste incendie dans l'Europe entière, & cet incendie allait prolonger ses ravages jusque bien avant dans le sein de notre patrie ; les doctrines qui avaient préparé cet effroyable malheur étaient parvenues à leur maturité. Que serait-il advenu de notre Église? Le triste exemple de tant d'autres qui pourtant n'avaient point été minées par un principe de schisme, nous répond du sort qu'elle eût éprouvé. Déchirée par de longues divisions, enivrée de nouveautés profanes, dominée par un prince absolu, privée tout à coup de cette vie dont Rome est la source, l'Église gallicane se fût présentée sans défense aux coups du protestantisme ; elle eût été envahie en un instant, comme une cité dépourvue de remparts, & bientôt, au milieu de l'Europe bouleversée, on eût en vain cherché cette antique Église des Irénée, des Hilaire & des Bernard.

Mais Dieu veillait à la conservation de la foi dans notre patrie. Il avait donné le zèle de son Église au roi qui la gouvernait alors, & dans sa sagesse profonde, il daigna disposer les évènements du monde de manière à ne laisser pas même à ce roi la liberté d'échapper au Concordat. L'entrevue de Léon X & de François Ier à Bologne décida de l'existence de l'Église de France, & lorsque peu de jours après, le Pape lança dans le Concile l'anathème définitif contre la Pragmatique & ses fauteurs, son cœur paternel ne fut pas du moins attristé de la pensée qu'il consommait en ce moment là réprobation d'une grande Église.

Loin de là, les passions se calmèrent peu à peu. La Pragmatique cessa d'être sacrée aux yeux du Clergé; on osa la juger comme l'Église l'avait jugée; les maux que le grand schisme avait produits commencèrent à se cicatriser; enfin, grâce au Concordat, la lutte terrible qui allait s'engager entre deux religions rivales au sein de la France, se termina par le triomphe de l'Église catholique, renouvelée chaque jour par un perpétuel contact avec le Siège apostolique.

Et ce fut là encore un des grands bienfaits du Concordat de 1516. Du moment où les traditions que les Apôtres & leurs disciples avaient déposées dans les diverses Églises ont commencé à s'altérer par le laps du temps, la Chrétienté tout entière s'est trouvée contrainte de graviter de plus en plus vers l'Église Romaine, unique siège apostolique qui fût resté debout, parce qu'il avait seul reçu des promesses d'infaillibilité & d'éternelle durée. De là vient qu'à mesure que l'Église s'est éloignée des temps de la prédication apostolique, elle a senti la nécessité de refluer vers ce centre qui, semblable au cœur dans le corps humain, recèle la vie & la raison première de son existence. Mais ce besoin devenait de plus en plus urgent, à mesure que l'Église attaquée dans le principe même d'autorité, respecté jusqu'alors par l'inconséquence des anciens hérétiques, se voyait obligée de recourir sans cesse au seul tribunal permanent & perpétuel qui eût été érigé au milieu du monde chrétien par la main même du divin fondateur.

Convaincu de l'impossibilité d'entamer jamais l'Église qui se présentait à ses attaques scellée d'une manière invincible à la chaire de toute vérité, l'ennemi de l'œuvre de Dieu agissait de tous ses moyens pour isoler les catholiques de la chaire de saint Pierre. L'ambition, l'orgueil, les sophismes, la fausse érudition, tout, jusqu'aux scandales de quelques mauvais Papes, fut employé par lui & ses adeptes pour refroidir l'amour des chrétiens envers leur Mère commune, pour rendre moins intimes ces communications journalières qui reculaient l'accomplissement de ses desseins. Il importait donc beaucoup que la puissance pontificale apparût aux Églises dans tout son éclat, & qu'elle fût reconnue de tous les catholiques comme l'unique source des grâces célestes, comme l'arbitre souveraine de l'ordre spirituel.

Par le Concordat de 1516, acte approuvé de toute l'Église dans un concile solennel & révéré jusqu'à ces derniers temps comme l'œuvre même de l'Épouse de Jésus-Christ, Léon X enleva les élections à toute une grande Église & releva d'une manière imposante la puissance apostolique, en abolissant un régime aussi ancien que le Christianisme & qui avait été plutôt suspendu qu'abrogé par les réserves. Il établit en même temps la nécessité de recourir au Saint-Siège pour l'institution canonique dans tous les bénéfices consistoriaux, afin qu'il n'y eût au monde aucun chrétien qui ne reconnût dans l'autorité du Pontife Romain l'unique source de la juridiction ecclésiastique, afin que tous les pasteurs de toutes les Églises fussent les rameaux immédiatement adhérents au tronc nourricier & inébranlable qui les a tous enfantés.

Tel est le plan de la Providence, à mesure que nous avançons dans les siècles & que nous nous précipitons vers l'époque où le monde expirant appellera à son secours celui qui seul peut rendre la vie à quiconque l'a laissée s'éteindre : tout renouveler, tout régénérer par la puissance pontificale. Pour cela il est nécessaire qu'elle arrive graduellement à sa plénitude d'exercice, à son dernier & immense développement. Dieu, dont la justice a besoin d'éprouver la fidélité de sa créature, permit que l'Église de France, cette Église de sa prédilection & marquée du sceau de l'apostolat de toutes les nations, laissât s'affaiblir dans son sein la vénération, la soumission absolue qu'elle devait, à tant de titres, à celle qui est spécialement sa mère & sa maîtresse. Longtemps les monts qui nous séparent de la métropole du Catholicisme furent une barrière entre elle & nous. Longtemps un affligeant désaccord entre le souverain Pasteur & ses brebis scandalisa les ennemis de l'Église, & servit de prétexte à de criminelles révoltes. Fidèles cependant à ne pas rompre le lien de l'unité, nous vivions tranquilles, parce que nous ne nous souvenions plus que notre unité devait être parfaite comme celle du Verbe lui-même avec son Père : *Sint unum sicut & nos* (1). Nous avions oublié que si la liberté est le premier bien du chrétien affranchi par Jésus-Christ, cette liberté ne saurait se trouver qu'avec l'Esprit-Saint : *Ubi Spiritus Domini, ibi libertas* (2), & l'Esprit-Saint nous avait appris à nous soumettre toujours à la plus haute puissance : *Omnis anima potestatibus sublimioribus subdita sit* (3).

Pour que la puissance du Siège apostolique se développât pleinement au milieu de nous, & triomphât des préjugés qui la rapetissaient dans nos vaines théories, il était nécessaire que ces doctrines, dont nous étions si fiers, portassent enfin leurs fruits, & que nous, après avoir frémi à la vue de l'abîme qu'elles avaient ouvert sous nos pas, nous le vissions fermer pour jamais par cette auguste puissance dont notre peu de foi s'était permis de douter. Ici nous nous tairons

---

(1) Joann. XVII, 11. — (2) II Cor. III, 17. — (3) Rom. XIII, 1.

pour laisser parler une voix plus éloquente que la nôtre, & dont les accents pleins de franchise respirent une conviction d'autant plus sincère qu'elle a le mérite d'un sacrifice.

« C'est au nom de nos *libertés*, » disait M. l'évêque d'Hermopolis en présence de la Chambre des Députés en 1826, « c'est au nom de nos libertés que fut proclamée cette con-
« stitution déplorable qui attira sur ceux qui la repoussèrent
« la plus cruelle persécution dont il soit parlé dans l'histoire
« de l'Église. Je demande si une pareille conception, si
« féconde en tant de violences & de calamités, d'après
« laquelle on condamnait tous les jours les évêques & les
« prêtres à la mort, & que pourtant on avait couverte du
« nom & du manteau de nos *libertés religieuses*, était bien
« propre à faire chérir & respecter ces *libertés*, & si ce n'était
« pas plutôt le moyen de les faire prendre en horreur.

« Cependant Pie VI est enlevé de Rome, on le traîne
« captif au sein de la France, &, malgré le régime de la
« terreur, il y reçoit les plus touchants hommages de respect
« & d'amour. Il expire à Valence en bénissant de sa main
« paternelle le sol même où il avait été relégué. Croyez-vous
« que les souffrances & les vertus d'un pontife si vénérable
« ne durent pas faire sur les esprits une impression profonde?
« Croyez-vous qu'en s'attachant ainsi à sa personne sacrée,
« on ne dut pas se détacher des *maximes* qui avaient *amené*
« de si affreux excès? »

Or l'Église de France était arrivée au moment de sa ruine complète. Humiliée par un schisme honteux qui menaçait de dévorer encore ses tristes restes, privée de ses premiers pasteurs, tous errants sur des terres lointaines, épuisée par le sang qu'elle avait perdu, elle ne devait qu'au mépris de ses ennemis les instants de calme dont elle jouissait encore quelquefois. Elle allait mourir, cette antique Église; ensevelie pour jamais dans ses triomphes, elle quittait la terre sans espoir d'y renaître un jour. Les blasphèmes de l'impiété victorieuse, la féroce jubilation des faux pasteurs, les soupirs des catholiques abandonnés, voilà tout ce que l'on entendait sur les ruines de l'Église gallicane, lorsque tout à coup une voix puissante retentit. Elle sortait du Vatican, où depuis quelques jours un nouveau Pontife régnait sur l'Église. A cette parole, l'édifice monstrueux du schisme croule pour jamais, l'impiété s'étonne de retrouver tant de vie là où elle croyait avoir pour jamais établi la mort, les restes d'Israël sont consolés, parce que le Seigneur a brisé leur longue captivité. Le Vicaire de Dieu rassemble les pierres dispersées du sanctuaire, il fait entendre des accents dans lesquels respire une ineffable charité à côté d'une puissance sans bornes, & les peuples étonnés se demandent comment s'est élevé en un instant ce merveilleux édifice, là même où tout à l'heure l'œil attristé n'apercevait que d'éternelles ruines.

Il y eut des voix lointaines qui réclamèrent contre un si beau prodige : elles parlaient de droits, de maximes, de libertés, mais elles furent couvertes par les cris d'allégresse qui s'élevaient de toutes parts, & après ce passage à travers une mer si orageuse, les fidèles parvenus au rivage chérissaient trop la main qui leur avait ouvert les flots, pour douter un instant que Dieu ne l'eût conduite. Que leur importait qu'il se trouvât des hommes pour qui leur salut miraculeux fût un scandale? Seulement ils tremblèrent en présence des justices du Seigneur, lorsqu'ils virent submergés, sous ces mêmes flots qui les avaient sauvés, ceux qui auraient dû marcher les premiers à la conquête de cette nouvelle terre que le Dieu d'Israël ouvrait devant eux contre toute espérance.

Mais laissons parler encore l'éloquent prélat : « Au moment
« où il fut question de tirer l'Église de France de ses ruines,
« & de rétablir au milieu de nous un épiscopat légitime,
« celui qui présidait aux destinées de la France s'adressa au
« Souverain Pontife. Alors parut le Concordat de 1801, effet

« d'une dictature spirituelle dont le Pape crut devoir s'inves-
« tir à cause de la nécessité des temps. A mon avis, c'était
« le seul moyen de remédier à des maux qui paraissaient
« irrémédiables ; mais il n'en est pas moins vrai que ce fut
« une violation complète de toutes nos maximes & de tous
« nos usages. »

De ce jour, tout fut nouveau dans notre Église. Une immense reconnaissance pour cette autorité auguste qui nous avait arrachés à la destruction, effaça, déchira pour jamais ces titres odieux d'indépendance, devenus plus injurieux que jamais à cette mère tendre qui avait daigné nous soutenir dans ses bras, en attendant qu'elle eût construit de ses propres mains un asile pour nous y déposer. Une génération sacerdotale s'éleva, dont les souvenirs ne dataient que de cette heureuse époque. Pouvait-elle ne pas chérir avec tout l'abandon de l'amour un nom qu'elle avait entendu bénir sur son berceau ? Qu'étaient pour elle les maximes de ses pères, lorsqu'elle y voyait un obstacle à l'union parfaite qu'elle éprouvait le besoin irrésistible d'entretenir avec cette Église à qui elle devait tout ? Appelés jadis à l'admirable lumière de la Foi par la sollicitude du Siège Apostolique, récemment encore par lui enfantés dans la douleur, n'avions-nous pas de nouvelles obligations à satisfaire, & la vénération de nos pères pouvait-elle acquitter pour nous envers Rome la dette que nous impose cette double maternité ?

« Il ne faut donc pas s'étonner, » comme le dit encore M. de Frayssinous, « que ce mémorable exemple du sacri-
« fice qu'on a été obligé de faire de toutes nos maximes &
« de tous nos usages pour relever la Foi catholique parmi
« nous, ait diminué le prix qu'on y avait attaché jusqu'a-
« lors. » Cette révolution s'est fait sentir jusque dans les rangs de cette ancienne & vénérable Église dont il nous faut recueillir, hélas ! de jour en jour, l'héritage si accablant pour

notre faiblesse. Lorsque le Concordat de 1817 fut repoussé par les Chambres, & que l'épiscopat français tout entier se sentit comme suspendu entre sa fidélité aux constitutions du Saint-Siège & son respect pour la volonté royale, a-t-on oublié le cri de détresse que ce corps auguste fit entendre vers celui qui présidait à ses destinées? Les plus beaux jours de l'Église nous ont-ils laissé un acte qui exprime d'une plus noble manière la confiance que doivent avoir dans la sagesse du souverain Pasteur ceux qu'il a appelés à partager sa sollicitude?

« Très Saint Père, » écrivaient en 1819 les cardinaux, archevêques & évêques de l'Église de France, « il n'appartient ni
« à aucun de nous en particulier, ni même à nous tous
« ensemble, malgré l'union intime qui règne entre nous, de
« remplir une tâche aussi difficile, de soutenir un fardeau
« aussi pesant : il ne dépend point de nous seuls de sortir
« avec l'honneur qui convient à des évêques d'une position
« aussi critique & aussi embarrassante. Une ressource nous
« reste : nous l'embrassons, nous la saisissons avec empres-
« sement, comme l'ancre immobile du salut : c'est, à
« l'exemple de nos prédécesseurs, de nous attacher avec
« plus de force, s'il est possible, à la Chaire apostolique :
« c'est de marcher constamment sous l'influence & la direc-
« tion de notre chef; c'est de demander avec confiance, de
« recevoir avec joie, d'exécuter avec unanimité ce que le
« Vicaire de Jésus-Christ sur la terre & le Prince des évêques
« croira devoir décider dans l'intérêt de la Religion.

« Ainsi donc, Très Saint Père, pleins de la douleur qui
« nous presse, & de l'inquiétude qui nous agite, nous crions
« vers vous, nous recourons à Votre Sainteté afin qu'elle nous
« dise clairement & librement ce que nous devons faire dans
« ces circonstances. Il vous a été dit dans la personne de
« saint Pierre : *Avancez en pleine mer* (1), c'est-à-dire, selon

(1) Luc, v, 4.

« l'explication de saint Ambroise : Enfoncez-vous dans les
« questions les plus profondes. Nous vous prions de nous
« aider de vos conseils, de nous éclairer de vos lumières, de
« nous affermir par votre autorité ; nous vous en prions,
« non seulement comme le chef de l'Église, en qui nous
« faisons profession de reconnaître & de respecter la pri-
« mauté d'honneur & de juridiction que Jésus-Christ vous a
« confiée, mais encore (que la vénération que nous avons
« pour vos vertus nous permette de vous le dire) comme
« l'arbitre, le conciliateur, le médiateur que, rassemblés en
« en une seule famille, nous choisissons, à qui nous nous
« confions avec la plus grande sécurité, & dont l'avis, la
« décision, le jugement feront notre force, notre sûreté &
« notre consolation. »

Ce touchant & religieux langage devait être un scandale pour les vieux restes du gallicanisme. Il fut signalé comme le comble de l'avilissement dans plusieurs pamphlets jansénistes qui parurent alors. Mais personne n'en fut plus déconcerté qu'un prélat qui, peu d'années auparavant, figurait dans une certaine commission ecclésiastique dont les doctrines & le style étaient en effet fort différents. « Il est permis,
« disait M. de Pradt, de ne pas reconnaître Bossuet à ce
« langage. Il n'y a plus ni bornes, ni mesure dans les témoi-
« gnages de déférence envers le Saint-Siège. Le style est
« comme passionné d'asservissement. On ne s'incline jamais
« assez bas, & des mains françaises offrent ce que des mains
« & des cœurs ultramontains repousseraient (1). »

Cependant, que M. l'ancien archevêque de Malines en prenne son parti : c'en est fait du gallicanisme parmi nous ; chaque jour avance de plus en plus sa ruine complète. Désormais la foi du chef de l'Église est notre foi, sa doctrine est notre doctrine, & loin d'être humiliés de porter ainsi ce

---

(1) Suite des quatre Concordats, p. 62 & 63.

joug glorieux, nous tenons à honneur notre obéissance. Elle se développera désormais sans obstacles, cette pleine puissance qui a reçu la mission d'arracher l'Europe à sa destruction, & lorsque le jour sera venu où la profonde misère des peuples l'appellera à son secours, la France, principal théâtre des œuvres de la divine Providence, sera préparée de longue main à recevoir cette puissante action. Quand toutes les nations seront consommées dans l'unité, on bénira la mémoire du Pontife qui signa le Concordat de 1801, & il se trouvera des hommes, qui après avoir médité l'histoire à la lueur du flambeau de la Foi, reconnaîtront dans cet acte fondamental d'une nouvelle Église le secret de la mission imposante de l'homme qui, après avoir rempli le monde du bruit de sa gloire, alla expier sur un rocher désert au milieu de l'Océan, le crime d'avoir voulu asservir celle dont il avait reçu l'ordre de briser les fers.

Quelque déplorable qu'ait été l'issue des concordats avec les souverains protestants, si nous voulons examiner à fond tous leurs résultats, nous trouverons aussi que le bien qu'ils ont produit balance au moins les maux qu'ils peuvent avoir causés. Il faut d'abord que le lecteur prenne garde de ne pas concevoir une fausse idée de ces traités, & qu'il se persuade bien que jamais Rome n'a mis la nomination des évêques au pouvoir des princes protestants. Les concordats signés avec eux concernent la police extérieure de l'Église, & nullement son régime intérieur. Cela posé, nous ne craignons pas de soutenir que ces conventions, quoiqu'elles aient été indignement violées, ont procuré à l'Église de grands avantages.

A l'époque du congrès de Vienne, tout le monde sait que les souverains coalisés, loin de songer à rétablir l'ancien Corps Germanique, partagèrent les nombreux pays de l'Allemagne suivant un nouveau système. On n'eut égard ni aux anciennes divisions, ni aux lignes de démarcation que les différences de mœurs & de religion avaient établies entre ces peuples nombreux. Presque tous les États catholiques furent donnés à des princes protestants, & l'Église se trouva dans une disposition mille fois plus fâcheuse que celle où l'avait placée le traité de Westphalie. Dans les dernières années on avait beaucoup parlé d'un concordat; au congrès ce mot avait été prononcé; le roi de Bavière, prince catholique, songeait sérieusement à mettre cette idée à exécution; entraînés par le mouvement universel, les princes protestants l'accueillirent aussi. On fit des propositions au Saint-Siège, & Rome crut devoir les prendre en considération.

Certes, quand on se rappelle l'éloignement que l'Allemagne hérétique avait constamment montré pour l'Église Romaine depuis la Réforme; quand on se souvient qu'il n'existait plus depuis trois siècles aucune espèce de rapports entre le Pape & les souverains luthériens de la Germanie, & qu'on voit ces rois prendre tout à coup le chemin de Rome, pour y venir traiter à l'amiable avec le Souverain Pontife des intérêts de leurs sujets catholiques, on conçoit que le Saint-Siège se soit laissé aller à de grandes espérances à la vue d'une si étonnante révolution. Les schismes, les défections se consomment dans un instant; il faut des siècles pour ramener l'unité. Or, quoi de plus propre à dissiper les longues préventions de tant de peuples, préventions entretenues à la faveur de l'isolement dans lequel ces malheureuses contrées vivaient à l'égard du centre de la Foi catholique, quoi de plus propre, disons-nous, à préparer un rapprochement que ces communications intimes dans lesquelles on finit par se connaître, s'apprécier, & qui font tomber les nuages que tant de préjugés avaient amoncelés?

Rome, pour reprendre son beau ministère au milieu même des peuples dissidents, n'a besoin que d'être connue. Tôt ou tard le sérieux qu'elle met dans les affaires de la Religion, l'inviolable fidélité avec laquelle elle veille à ses intérêts sacrés mise au grand jour à l'aide des concordats, lui rendront sa place dans l'opinion, même chez les protestants. On a abusé, il est vrai, de sa bonne foi; elle a été trahie, frustrée par des promesses mensongères, mais après tout croit-on que les souverains qui l'ont jouée si indignement ne lui rendent pas intérieurement justice? Croit-on que les peuples, spectateurs & victimes de ces grandes & royales fourberies, ne prononcent pas déjà entre Rome & leurs souverains? Aujourd'hui qu'il n'est plus rien de secret, que la parole tend à s'affranchir dans toute l'Europe, plus les injustices sont graves, plus elles seront vengées, & l'attitude calme & noble du Saint-Siège, au milieu de tant de perfidie attentif uniquement au salut des âmes, à l'accomplissement de son ministère spirituel, réveillera, n'en doutons pas, des souvenirs chers & précieux, qui pour avoir été longtemps étouffés, ne s'en développeront qu'avec plus de force.

Et c'est là encore un des grands biens produits par les concordats. Remettre les peuples protestants en contact avec le Catholicisme & sa hiérarchie, triompher de ces haines aveugles & héréditaires qui datent des prédications de Martin Luther, montrer enfin telle qu'elle est celle qu'on appelle encore la prostituée de Babylone, celle qu'on a dépeinte si longtemps comme un monstre qui ne respire que la domination & le carnage : voilà de sûrs moyens d'avancer le jour de la réunion, de ces moyens qui agissent sur les masses, & renversent de fond en comble ce mur épais élevé par les passions & l'ignorance, & après la chute duquel la victoire est assurée. Le jour où le cardinal Consalvi, avec le costume de sa dignité, fut reçu en audience publique par le prince régent d'Angleterre, la Religion catholique remporta une grande victoire dans les trois royaumes. La populace de Londres brûlera encore quelques années l'effigie du Pape, pour imiter à sa manière les gracieuses fantaisies d'Henri VIII, mais cet usage, devenu simplement grotesque, ne saurait durer longtemps chez une nation qui entretient de perpétuels rapports avec Rome & honore solennellement ses envoyés. En vain les prédicants d'Allemagne essayeront-ils de persuader plus longtemps leurs ouailles que l'évêque de Rome & l'Antéchrist sont une seule & même chose : les peuples sauront que leurs souverains ne dédaignent point d'entretenir des relations amicales avec le Pape, qu'ils ont à sa cour des représentants, & que si, dans les rapports qu'ils ont avec lui, quelquefois il arrive que l'une des parties tende à l'autre de ces pièges scandaleux qui déshonoreraient un particulier, celle qui n'apporte que de la bonne foi & des intentions pures, c'est toujours le Pape.

A-t-on oublié que les concordats sont la charte religieuse des catholiques dans les États protestants? qu'ils sont une justice tardive, mais pourtant une justice rendue à ces peuples trop longtemps opprimés? Aurait-on voulu que Rome refusât de se prêter à leur affranchissement? Advienne que pourra durant les premières années : on n'opprime pas éternellement; il vient des époques où l'oppression est de mauvais ton comme la servitude, & rien au monde ne hâtera davantage ces époques tant désirées qu'une reconnaissance solennelle des droits de chacun. Honte à jamais à ceux qui ont tenté de transformer en joug d'oppression le titre d'affranchissement qu'ils avaient promis & signé solennellement, mais gloire, & gloire éternelle à Rome qui sait souffrir & attendre parce qu'elle est éternelle.

Concluons donc que si dans l'Église nulle institution n'est immortelle, toutes ont reçu mission pour élargir la voie de son pèlerinage, & que si maintenant que la face du monde a été renouvelée, les concordats semblent avoir à peu près achevé leur course, il n'en est pas moins vrai que, malgré leurs inconvénients, ils ont parcouru une carrière qui n'a point été sans honneur & sans avantage pour l'Église.

CHAPITRE XVII.

LE GOUVERNEMENT ACTUEL PEUT-IL RÉCLAMER LA NOMINATION DES ÉVÊQUES EN VERTU DES CONCORDATS?

Le Concordat de 1801 existe-t-il encore? Celui de 1817 est-il totalement rejeté, ou n'est-il que suspendu? En vertu de quelle convention *concordataire* le roi des Français peut-il nommer aux évêchés?

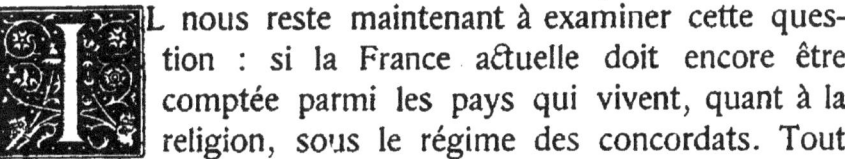L nous reste maintenant à examiner cette question : si la France actuelle doit encore être comptée parmi les pays qui vivent, quant à la religion, sous le régime des concordats. Tout ce que nous avons exposé jusqu'ici n'a eu d'autre but que de nous mettre en état d'appliquer une réponse exacte à cette grave & sérieuse difficulté.

Naguère de grands évènements se sont passés dans notre patrie. Un trône a été renversé, entraînant dans sa chute les derniers débris de cet esprit ancien qu'on avait voulu marier inutilement à des institutions trop nouvelles. La Religion catholique a cessé d'être la religion de l'État, pour n'être plus que la religion de la majorité des Français. A la place d'un droit, c'est un fait qu'on a reconnu. Un vaste système de liberté a été promulgué, & il s'est trouvé un homme qui a consenti à être appelé roi, au milieu d'un monde renouvelé.

Peu de jours après l'installation de ce nouveau pouvoir, l'Église catholique en France a eu besoin d'évêques. Des sièges se sont trouvés vacants : rien de plus ordinaire. Il fallait les remplir canoniquement : rien de plus juste. Or voici ce qui est arrivé. Ce nouveau gouvernement dont l'existence est à la condition du respect pour les droits de tous, a nommé sans hésitation aux sièges vacants. On a dû voir dans cette conduite ou une usurpation coupable, ou l'exercice naturel d'un droit. Il n'y a pas de milieu. Ces nominations ont été l'exercice naturel d'un droit, si le nouveau gouvernement peut produire un titre réel & incontestable qui lui accorde le pouvoir de nommer aux évêchés; s'il ne peut produire de titre, cette conduite aura été un abus de pouvoir d'autant plus grave qu'il s'attaque à ce que les hommes ont de plus sacré, & dès lors c'est un devoir pour tout Français de le signaler & de le combattre. Or, il y a lieu de douter que le gouvernement ait véritablement un titre à faire valoir pour la nomination des évêques. Ce titre ne pourrait se trouver que dans les concordats, & outre qu'il est facile de démontrer que les concordats, tels qu'ils ont été signés, ne sont plus compatibles avec l'égalité des cultes proclamée par la Charte de 1830, de plus il y a de très fortes raisons de soutenir que nous sommes aujourd'hui sans concordat.

1º Le Concordat de 1801 n'existe plus. Un concordat est un véritable contrat synallagmatique. Tant que les parties contractantes observent fidèlement les conventions, le concordat subsiste. Si l'une des parties se permet de violer ses engagements, l'autre partie se trouve par là même dégagée de toute obligation, & pleinement libre de considérer comme abrogée la convention qu'elle était obligée de respecter jusqu'alors.

D'après ces principes dont nous allons avoir diverses applications à faire, il est clair qu'en 1814 le Concordat de 1801 pouvait être considéré comme rompu, du moment où le Pape eut déclaré qu'il y renonçait. L'autre partie depuis longtemps l'avait violé. La lettre de convocation du concile de 1811, & plus que tout cela le décret du 13 février 1813 portant promulgation du prétendu Concordat de Fontainebleau, annonçaient clairement que dans la pensée & la volonté de Napoléon le Concordat de 1801 n'existait plus. Rome crut nécessaire de le maintenir pour le bien de la Religion,

& lorsque la dynastie des Bourbons remonta sur le trône, cet acte était encore considéré comme formant la base de la législation ecclésiastique en France. Nous avons dit plus haut les efforts de la Cour pour faire abroger l'œuvre de la sagesse & de la puissance de Pie VII. Après de longues négociations on finit par tomber d'accord sur un moyen intermédiaire. Le Concordat de 1801, sans être désavoué, serait remplacé par celui de 1516, après qu'on aurait demandé & reçu le consentement des titulaires institués en vertu du premier.

En attendant la conclusion de cette grande affaire, le Roi s'abstint de nommer aux sièges vacants, & ce fut trois ans après la Restauration, en 1817, que le Concordat fut définitivement arrêté. Les signatures furent échangées dans les formes, & le traité demeura inviolable & définitif, sans qu'il fût possible de l'annuler autrement que du consentement des deux parties. Or le premier article de ce Concordat ayant pour but de rétablir celui de Léon X & de François Ier, il est évident, & dans les termes & dans la pensée des contractants, que le Concordat de 1801 était abrogé.

2º Le Concordat de 1817 n'a jamais été mis à exécution. Quoique légitime & légal dans toutes ses parties, ce traité maladroitement soumis à la discussion des Chambres fut repoussé par la majorité. Cette voie de fait ne pouvait renverser des droits véritables & sacrés, les droits d'un tiers dans sa participation. « D'ailleurs les Chambres, » comme l'a fort bien remarqué M. de Pradt, « n'ont point à délibérer « sur la teneur du Concordat, mais sur la loi organique qui « l'accompagne (1). »

Rien ne pouvait donc contraindre Rome de se soumettre à cet étrange jugement prononcé par un tribunal qui, outre son incompétence sur la matière, ne pouvait avoir le droit

---

(1) Les quatre Concordats, t. III, p. 133.

que n'aura jamais aucune puissance humaine, d'annuler un contrat synallagmatique malgré l'une des parties contractantes; aussi le Saint-Siège n'a-t-il point cessé de considérer le Concordat de 1817 comme existant toujours, ou du moins il est impossible de citer la plus petite note dans laquelle il y ait renoncé explicitement ou implicitement.

3° Cependant il fallait sortir de cet embarras. M. Portalis fut envoyé à Rome en 1818, avec diverses instructions. La première était de négocier une nouvelle convention. La seconde, dans le cas où le Pape voudrait s'en tenir à celle de 1817, de demander des modifications. Enfin la troisième, de proposer un arrangement provisoire pour satisfaire aux plus urgents besoins de l'Église de France. Dans tout cela pas un mot pour solliciter le retour au Concordat de 1801. De ces trois propositions, les deux premières furent rejetées d'emblée; le Pape crut pouvoir s'arrêter à la troisième comme paraissant concilier les intérêts de l'Église de France avec le respect dû au Saint-Siège, dont la franchise avait été jouée d'une si étrange manière. Pie VII crut devoir exiger une note formelle de Louis XVIII, qui constatât que ce nouveau régime serait purement temporaire & ne détruirait point les droits du Saint-Siège à l'exécution complète du Concordat de 1817. Voici comment le Souverain Pontife lui-même rendit compte de cette mesure au Sacré Collège, dans son allocution du 23 août 1819.

« Tel est le plan que, pour apporter quelque remède tem-
« poraire aux maux les plus pressants des Églises de France,
« nous a suggéré notre affection signalée pour ces Églises,
« pour le Roi très chrétien, & pour toute la nation française;
« & afin que personne ne puisse soupçonner que les dispo-
« sitions provisoires que, vu la force des circonstances, nous
« avons jugé devoir prendre dans cet intervalle, ne deviennent
« perpétuelles, ou du moins ne durent de longues années,
« nous avons demandé au Roi très chrétien que, conformé-

« ment aux intentions qu'il nous a manifestées dans le
« cours de la négociation, il voulût bien au moment de
« l'exécution de la mesure provisoire sus-mentionnée, nous
« déclarer ces mêmes intentions d'une manière tellement
« positive que personne ne puisse conserver de pareils
« doutes. Le Roi, dans le désir de donner un témoignage de
« son excellente volonté, nous a déclaré par une note offi-
« cielle, que son intention est d'abréger le plus possible la
« durée des mesures provisoires qui ont été convenues entre
« nous & Sa Majesté, pour remédier aux maux les plus
« pressants de l'Église de France. »

Trois ans après, le même Pape publia une bulle en date du 10 octobre 1822, par laquelle il réduisait le nombre des sièges rétablis en 1817, & constituait d'une manière définitive l'Église de France : le tout sans faire mention d'une autre convention que de celle de 1817. Le provisoire établi en 1819 existe donc toujours. C'est en vertu de ce provisoire que Louis XVIII & Charles X ont nommé aux sièges épiscopaux, puisque nous ne voyons nulle part que le Concordat de 1801 ait été rétabli du consentement des deux parties, ni que celui de 1817 ait été enfin reconnu à Paris, comme il n'a cessé de l'être à Rome.

4° De cet exposé surgit encore une nouvelle difficulté. De deux choses l'une : ou le Roi des Français consentira à accepter ce provisoire, ou il ne le reconnaîtra pas. S'il croit pouvoir nommer en vertu du provisoire, il doit savoir que ce provisoire n'existe lui-même qu'en vertu de la promesse faite par Louis XVIII & acceptée par Charles X, de passer en temps & lieu à la stricte exécution du Concordat de 1817; autrement ce provisoire est un non-sens. Or le Concordat de 1817 est incompatible avec la nouvelle Charte. Il a pour but de conférer des honneurs & des avantages à l'Église catholique; il rétablit le Concordat de 1516, traité convenable seulement pour un ordre de choses dans lequel la Religion catholique est la religion de l'État. Tout cela est illégal aujourd'hui ; il n'y a donc point à y songer.

Si le Roi des Français ne nomme pas en vertu du provisoire, en vertu de quoi nommera-t-il ? Il faut de toute nécessité une nouvelle convention, & cette convention est encore à faire.

Il est donc bien difficile de justifier la conduite du gouvernement, qui s'est permis de nommer aux sièges de Beauvais & d'Avignon, si l'on considère la lettre des concordats. Voyons s'il est plus facile de l'expliquer d'après les principes contenus en la Charte du 7 août.

CHAPITRE XVIII.

LE GOUVERNEMENT PEUT-IL RÉCLAMER LA NOMINATION DES ÉVÊQUES, SOUS LE RÉGIME DE LA CHARTE DE 1830 ?

Mais en supposant qu'il existât un titre écrit, d'après lequel le nouveau gouvernement pût prétendre à la nomination des évêques, ce titre ne se trouverait-il pas implicitement & réellement aboli par la Charte du 7 août qui place tous les cultes dans une parfaite égalité ? — Du choix des pasteurs dépendent & la doctrine & la discipline & le culte. Ce choix peut-il désormais dépendre d'hommes qui peuvent ne pas appartenir à ce culte, ou que ce culte n'avoue pas pour ses délégués en cette importante matière ? — La place du Clergé au budget est l'acquittement d'une dette sacrée, mais non la rançon de son asservissement.

LE principe fondamental du gouvernement sorti de la révolution de juillet est la reconnaissance d'une parfaite égalité entre tous les citoyens. Non seulement ce principe est écrit dans la Charte, mais celle-ci n'en est que l'expression. C'est tout le besoin de l'époque ; rien de plus odieux aujourd'hui que le privilège, de quelque nature qu'il soit. La société ayant laissé périr les antiques liens moraux qui la constituaient, ne renferme plus que des individus. Il faut donc la prendre comme elle est, & veiller surtout à ce que le sentiment vague & mal défini qui s'attache encore à certains mots, à certains usages, n'introduise pas dans la constitution de l'État, ou dans ses interprétations, des principes qui lui seraient essentiellement opposés.

De toutes les libertés *proclamées* ou *promises* le 7 août, celle qui intéresse le plus vivement tous les Français, c'est la liberté des cultes, avec toutes ses conséquences. On a senti que puisque la société d'aujourd'hui ne repose plus sur l'unanime obéissance aux mêmes croyances, il était injuste de créer une religion de l'État, au nom de laquelle les individus de telle communion eussent été privilégiés au dessus des individus de telle autre. Après avoir reconnu seulement la religion catholique comme celle de la majorité des Français, afin de compléter ce système, on a cru devoir faire disparaître la clause de l'ancienne charte, en vertu de laquelle on avait refusé jusqu'alors un traitement du trésor aux ministres des cultes non chrétiens. Dans le fait, il n'est ni plus ni moins impie, ni plus ni moins athée de rétribuer au même titre le prêtre catholique & le ministre protestant, que de leur associer le rabbin ou le serviteur du grand prophète.

Toute protection envers un culte en particulier a donc disparu : toute servitude a dû pareillement être abrogée. D'où il suit que du moment où le gouvernement violerait les droits d'une seule religion, il attenterait par là même à la liberté de toutes; & de même, s'il en protégeait une au dessus des autres, il ne se montrerait pas moins infidèle à ses promesses. D'après ces principes reconnus de tout le monde, il nous sera facile de prouver que la nomination aux évêchés exercée par le gouvernement, établit une inégalité véritable entre les catholiques & les membres des autres communions, & que loin d'être un acte de protection, qui comme tel d'ailleurs serait réprouvé par la Constitution, elle est pour les catholiques une oppression réelle.

Et d'abord, le gouvernement établit une inégalité révoltante entre les cultes exercés en France. La Charte dit : *Chacun professe sa religion avec une égale liberté;* or si cet article est une *vérité,* comment se fait-il que tous les autres cultes établis parmi nous jouissent de la faculté de s'organiser eux-mêmes, de choisir leurs propres ministres, & que le Catholicisme soit réduit à recevoir de la main du gouvernement les chefs qui doivent le diriger? Les catholiques qui semblent avoir dans leur nombre & l'ancienneté de leur culte le droit de solliciter des préférences qu'ils n'exigent pas, auxquelles ils renoncent de grand cœur, n'ont-ils pas raison de se plaindre, lorsqu'on viole pour eux seuls l'impartialité si scrupuleusement observée à l'égard des cultes dissidents? Tandis que ceux-ci se perpétuent naturellement suivant leurs propres lois, nous sommes réduits à n'avoir pour guides & pour maîtres dans notre foi que des hommes qui nous viennent du dehors. Ce qu'il y a de plus inviolable au monde est outragé dans notre personne, & abandonné aux caprices de gens qui semblent avoir pris à tâche de convaincre le monde entier qu'eux seuls n'ont rien compris aux changements qu'ils ont amenés & préparés depuis si longtemps.

De plus, en s'arrogeant le droit de nommer les évêques, le gouvernement exerce une oppression véritable contre les catholiques. La preuve de cette assertion ne sera pas difficile à fournir. Du choix des évêques dépend pour une Église l'enseignement tout entier, & par suite la foi, la morale, le culte, la discipline. Rien de plus intime au Catholicisme que nos pasteurs, dans lesquels nous révérons les organes de Dieu même, les dépositaires naturels de son pouvoir sur nos consciences. Serions-nous donc désormais libres dans notre foi, dans nos consciences, si un ministre hostile ou indifférent pouvait se permettre de nous choisir les arbitres de notre croyance, comme il choisit les membres de son administration? Que deviendrait notre enseignement, sinon le jouet successif de ces hommes qui passent tour à tour au pouvoir ? Dégradés au niveau des chrétiens du Bas-Empire, exposés comme eux au danger de perdre notre foi par cette brutale intervention dans ce qu'il y a de plus libre & de plus sacré, nous serions seuls esclaves, & de l'esclavage le plus dégoûtant, au milieu de l'affranchissement universel. Tout à l'heure, nous nous adresserons aux catholiques, nous leur remettrons sous les yeux le tableau de la responsabilité qu'ils accumuleraient sur leurs têtes s'ils souffraient plus longtemps un pareil outrage; maintenant c'est à tous les hommes de cœur que renferme encore la France, que nous soumettons nos plaintes, que nous demandons s'il est juste, s'il est supportable que de semblables exceptions existent encore aujourd'hui; s'ils consentent à ce que la terre de la liberté soit plus longtemps souillée par un luxe de servitude que la pudeur musulmane a cru devoir épargner aux chrétiens dégénérés de Constantinople.

« Mais, dira-t-on, ce n'est point sans doute en vertu
« des droits de la souveraineté que le gouvernement prétend
« à la nomination des évêques; c'est en vertu des concor-
« dats. » Admettons pour un instant que les concordats existent encore quant à la lettre; mais ne seraient-ils pas abrogés quant à l'esprit? Ainsi donc vous oseriez vous prétendre les délégués de l'Église catholique pour lui donner des évêques. Mais un délégué doit agir dans les intentions de celui qui lui a conféré sa délégation; mais pour qu'il puisse l'exercer cette délégation, il est nécessaire que les choses soient toujours dans l'état où elles étaient lorsqu'elle fut remise entre ses mains. C'est seulement au prince qui s'engage à remplir les fonctions d'*évêque du dehors*, que l'Église a conféré des prérogatives si importantes. C'est une compensation pour les services qu'il rend au sacerdoce, pour le secours qu'il prête aux décisions ecclésiastiques; enfin

c'est parce que l'Église compte qu'il apportera dans ce grand œuvre l'esprit de zèle & de foi qu'il exige. Vous qui voulez nommer aux évêchés, savez-vous ce que vous demandez? Connaissez-vous seulement les motifs qui doivent vous diriger dans cette opération imposante, les conditions auxquelles l'Église a cru pouvoir quelquefois la mettre entre les mains d'un prince catholique? Nous ne rapporterons pas ici les nombreuses décisions des Conciles, & la doctrine des théologiens sur la nature des devoirs du présentateur aux bénéfices; nous nous contenterons de laisser parler Bossuet : « Toutes les fois qu'il faut nommer un évêque, le prince « doit croire que Jésus-Christ même lui parle en cette sorte : « O prince qui me nommez des ministres, je veux que vous « me les nommiez dignes de moi. Je vous ai fait roi, faites-« moi régner, & donnez-moi des ministres qui puissent me « faire obéir. Qui m'obéit vous obéit : votre peuple est le « peuple que j'ai mis en votre garde : mon Église est entre « vos mains. Ce choix n'était pas naturellement de votre « office : vous avez voulu vous en charger : prenez garde à « votre péril & à mon service (1). »

Avez-vous entendu, ministres du gouvernement français? Si vous nommez un évêque comme vous nommez un préfet, vous ne remplissez pas vos obligations. C'est avec des catholiques que Rome a traité : si vous n'agissez pas en catholiques, si vous n'êtes pas conduits par l'esprit de la Foi, vous n'avez plus de droits, vous violez les concordats. Mais dites-nous, quand telle serait votre intention, pouvez-vous *légalement* agir de cette manière? En admettant même que vous apparteniez tous à l'Église catholique, pouvez-vous porter cette qualité dans le Conseil? Ce caractère désormais *privé* est-il susceptible de devenir *officiel* dans la moindre de vos opérations ministérielles? Non; vous ne le pouvez : il

---

(1) Politique sacrée, lettre VII, art. v, treizième proposition.

n'y a plus de religion *légale ;* il n'y a plus de religion que dans votre conscience, comme dans celle du dernier des Français.

Et qu'on ne vienne pas dire que puisque l'État accorde un salaire aux ministres du culte catholique, il a le droit d'intervenir dans leur nomination. Singulier raisonnement qu'on entend faire quelquefois! A-t-on oublié que la Charte accorde aussi des traitements aux ministres des différents cultes? Pourquoi, lorsqu'on les laisse jouir de leur entière liberté, veut-on faire de ce traitement comme un titre pour nous ravir la nôtre, pour nous imposer tout, jusqu'à nos pasteurs? Serait-ce donc que nous, prêtres de la religion de vingt-cinq millions de Français, nous serions d'une pire condition que les ministres de ces cultes qui n'obtiennent la foi que d'une faible minorité? Non, la liberté, vous nous la devez comme à tous les citoyens; le salaire, vous nous le devez aussi, & sans condition aucune, sous peine d'être convaincus de chercher à établir de nouvelles inégalités entre les Français.

Mais que dis-je, notre salaire? Ce que vous osez nommer ainsi est une dette sacrée, la dette de la patrie. L'Église fut opulente autrefois; l'histoire peut dire l'usage qu'elle faisait de ses richesses. Elles furent submergées pour jamais dans la grande tempête. Certes nous n'avons pas la faiblesse de les regretter; nous n'envions pas à leurs possesseurs actuels ces champs fécondés par les sueurs de nos devanciers. Mais souvenez-vous que quand bien même vous déchireriez tous nos titres à une indemnité promise, quand vous transformeriez en aumône une dette inaliénable, solennellement reconnue par l'Assemblée Constituante, vous n'éviteriez pas l'arrêt de la postérité, qui flétrirait votre conduite comme la plus immorale & la plus vile des spoliations, parce qu'elle serait sans excuse & sans compensation.

Que s'il se trouvait encore en France des hommes qui eussent résolu de nous rendre esclaves parce qu'ils nous payent, accoutumés qu'ils sont de nous jeter comme une grâce ce qu'ils nous doivent comme une justice, qu'ils sachent que l'Église de nos jours retrouverait sans peine le langage plein de vigueur & de noblesse du grand évêque de Milan dans une circonstance à peu près semblable : « Si « l'Empereur veut les terres de l'Église, il a la puissance « pour les prendre ; aucun de nous ne s'y oppose. Les « aumônes des peuples suffiront encore à nourrir les pauvres. « Qu'on ne nous rende point odieux par la possession où « nous sommes de ces terres ; qu'ils les prennent, si l'Em- « pereur les veut. Je ne les donne point, mais je ne les refuse « pas (1). »

C'est en effet pour nous une grande consolation de trouver ainsi dans les traditions de l'Église des réponses toutes prêtes pour toutes les difficultés. Dans le cours de son long voyage à travers ce monde ennemi, cette illustre étrangère a épuisé dès les premières années tout ce que les hommes pouvaient lui susciter d'épreuves. C'est aussi pour cela qu'elle souffre & qu'elle n'est point abattue. Il y a quatorze siècles qu'un évêque des Gaules, saint Hilaire de Poitiers, adressait à un gouvernement oppresseur de l'Église le langage que la nécessité des temps nous met aujourd'hui dans la bouche.

« Le but de tous vos travaux, » écrivait ce grand athlète de la liberté chrétienne aux chefs de l'empire, « la fin « de vos projets & de vos veilles *doit être de mettre tous* « *vos sujets à portée de jouir des douceurs de la liberté*. Nul « moyen d'apaiser les agitations, de réunir ceux qui sont « divisés, tant que chacun, dégagé de toute contrainte & de « toute servitude, n'aura pas la facilité de vivre comme il « l'entend. Laissez les peuples suivre les pasteurs qu'ils

---

(1) Si agros Ecclesiæ desiderat imperator, potestatem habet vindicandorum ; nemo nostrum intervenit, potest pauperibus collatio populi redundare. Non faciant de agris invidiam, tollant eos, si libitum est imperatori : non dono, sed non nego. (Sermo contra Auxent. n. 33, edit. Bened., t. II. p. 872.)

« aiment, qu'ils estiment, qu'ils ont choisis; laissez-les sans
« contrainte célébrer les solennités divines & offrir des vœux
« pour votre salut & votre bonheur (1). »

Lorsque l'Église de France, dégagée pour jamais des entraves dont on voudrait encore l'accabler au nom des concordats, procédera par elle-même à l'élection de ses évêques, si les puissances de la terre viennent quelquefois troubler ses assemblées & réclamer une intervention qui ne doit plus désormais leur appartenir, elle se rappellera aussi la réponse que fit autrefois dans une occasion pareille saint Grégoire de Nazianze, père du Théologien : « Nous ne
« reconnaissons qu'un seul juge, qu'un seul roi qui puisse
« examiner ce que nous avons fait : celui-là même que vous
« persécutez. C'est lui qui jugera cette ordination; nous
« l'avons faite légitimement, & dans l'intention de lui être
« agréables. Vous pouvez, si telle est votre pensée, nous pour-
« suivre avec violence sur d'autres points; mais personne
« ne nous empêchera de soutenir ce que nous avons fait,
« comme conforme à l'ordre & à la justice. Il faudrait pour
« cela que vous fissiez aussi une loi pour nous défendre
« de nous mêler de nos propres affaires (2). »

(1) Idcirco laboratis, & salutaribus consiliis rempublicam regitis, excubatis etiam & vigilatis, ut omnes quibus imperitas dulcissima libertate potiantur. Non alia ratione quæ turbata sunt componi, quæ divulsa sunt coerceri possunt; nisi unusquisque nulla servitutis necessitate astrictus, integrum habeat vivendi arbitrium. Permittat lenitas tua populis, ut quos voluerint, quos putaverint, quos delegerint, audiant docentes, & divina mysteriorum solemnia concelebrent, & pro incolumitate & beatitudine tua offerant preces. (Ad Constant. August. edit. Bened. p. 1218 & seq.)

(2) Nos, potentissime præses, rerum omnium quæ geruntur, censorem unum ac regem habemus, qui nunc oppugnatur. Is & præsentem ordinationem expendet, quam nos rite ac legitime, atque ut ipsi gratum est, fecimus. Vos autem alia quidem aliqua in re nobis, si animus ita tulerit, vim afferre perfacile potestis; id autem nemo unquam nobis adimet, quin ea, quæ facta sunt, ut recte ac juste facta defendamus, nisi forte, hanc quoque legem statuatis, quibus ne in nostras quidem res prospicere fas est. (S. Greg. Nazianz. opera, orat. XVIII, edit. Bened., tom. I, pag. 355.)

CHAPITRE XIX.

LES CATHOLIQUES DE FRANCE PEUVENT-ILS LAISSER LA NOMINATION DES ÉVÊQUES ENTRE LES MAINS DU GOUVERNEMENT?

Enfin, quand même la constitution du pays permettrait un tel abus de pouvoir, la conscience des catholiques pourrait-elle le tolérer? Il est des choses sur lesquelles l'Église ne peut céder. Si autrefois l'Église a pu conférer aux princes certains droits en cette matière, c'est que ces princes étaient catholiques par la constitution même de l'État. Aujourd'hui que, dans les membres du gouvernement, la religion n'est plus qu'une chose privée, il n'y a pas plus de raison de leur mettre entre les mains la nomination des Évêques, qu'il n'y en avait à la confier aux empereurs romains avant Constantin. *Un pouvoir modéré d'exclusion avant l'élection,* c'est tout ce que Rome a accordé à des princes protestants.

IEU qui a fondé son Église en ce monde & promis qu'il serait avec elle jusqu'à la consommation des siècles, a voulu confier à des hommes mortels les intérêts & la durée de cette immortelle société. Il a établi les Évêques ses représentants, ses instruments nécessaires ici-bas : le sort de la Foi a toujours dépendu des premiers pasteurs. *Placés sur la montagne,* comme *une cité,* vers laquelle se dirigent toûs les voyageurs (1), *élevés sur le chandelier pour éclairer tous ceux qui sont dans la maison* (2), c'est de leur coopération que Dieu attend l'accomplissement de ses desseins. Aussi tout est perdu, lorsque *ce sel de la terre s'est affadi* (3), lorsque cette lampe si resplendissante est voilée. *Si la lumière devient ténèbres,* dit le Sauveur, *quelles ne seront pas les ténèbres* (4)?

Oracles épouvantables dont l'histoire ecclésiastique forme l'effrayant commentaire. Depuis le siècle des Apôtres, la foi n'a cessé, pour ainsi dire, de voyager de l'Orient en Occi-

---

(1) Matth. v. 14. — (2) *Ibid.* 15. — (3) *Ibid.* 13. — (4) Matth. vi. 23.

dent. *Le chandelier a été déplacé* (1), & les peuples sont demeurés *dans l'ombre de la mort* (2), parce que l'épiscopat a trahi sa mission. Des mercenaires sont venus dans la bergerie, ils n'ont point veillé sur le troupeau, & les brebis ont été sacrifiées (3).

Ce n'est point ici le lieu de raconter les désastres de la Religion en Orient, désastres causés par l'avilissement du clergé. Nous n'attristerons point les regards du lecteur en lui offrant un tableau complet des pertes affreuses que l'Église Romaine essuya dans le nord de l'Europe au XVIe siècle. Nous rappellerons seulement ici un exemple terrible que l'on ne saurait trop méditer aujourd'hui, parce qu'il révèle tout ce que peut l'influence des premiers pasteurs pour la ruine de la foi, lorsqu'ils l'ont abandonnée.

Il y eut à l'occident de l'Europe une île florissante que les peuples appelèrent longtemps l'*Ile des Saints*. Nourrie deux fois de la plus pure doctrine de l'Église Romaine, l'Église d'Angleterre brillait au premier rang dans le monde catholique. Mais sous cet extérieur imposant, le cours des siècles avait développé des germes mortels de destruction. Longtemps avant la Réforme, les évêques d'Angleterre avaient laissé s'affaiblir en eux-mêmes le sentiment de leur dignité. Timidement soumis, même dans les choses spirituelles, au roi de la terre, façonnés de longue main à la servilité par une suite de princes jaloux, ils formaient une immense coalition de bassesse contre la liberté de cette Église que saint Thomas avait défendue au prix de son sang. Un anneau restait encore qui rattachait du moins aux yeux des hommes leur triste chaîne au centre de l'unité. Henri VIII n'eut qu'un mot à dire, & cet anneau se brisa, entraînant la dissolution de tous les autres. Accoutumés à trouver la raison de leur existence dans les volontés d'un pouvoir profane, ces mal-

(1) Apoc. II. 5. — (2) Luc. I. 79. — (3) Joann. x. 13.

heureux prélats se laissèrent facilement conduire loin de la source de la vie, & tandis que dans la Germanie les institutions catholiques croulaient avec fracas, écrasant sous leurs vénérables débris le reste des pasteurs fidèles, l'épiscopat d'Angleterre subit la loi du schisme, comme il avait porté l'unité. Quatre voix seulement réclamèrent, mais elles furent sans écho, tant ces hommes étaient unanimes dans l'avilissement. Bientôt on les vit rentrer en foule au sein de l'Église sur les pas de la reine Marie, y rester avec elle aussi longtemps que le trône s'éleva à l'ombre du sanctuaire catholique, & bientôt, inépuisables dans la trahison, recevoir à genoux des mains d'Élisabeth les articles de leur foi, les livres de leur liturgie.

Au milieu d'une si monstrueuse dégradation, que faisaient les peuples ? Victimes de leur bonne foi, ils cherchaient des pasteurs. A travers ces variations perpétuelles, leur regard se portait naturellement sur ces antiques sièges des Augustin, des Dunstan, des Anselme. Ils n'avaient pas un instant cessé d'être remplis. Toujours mêmes temples, mêmes formes extérieures dans le culte, mêmes pontifes. Trop prudente pour oser compromettre sa puissante fortune, l'Église anglicane était toujours debout avec son opulent rempart de primaties, de chapitres, de doyennés ; la foi seule avait disparu, & par la plus étrange des séductions, les peuples se trouvaient enchaînés au schisme & à l'hérésie par la succession même de leurs pasteurs. Après quelques jours de crise, marqués plutôt par la lutte sanglante des sectes contre les sectes que par la résistance des catholiques, un silence profond s'étendit sur toute la Grande-Bretagne, & si quelques fidèles, échappés à l'erreur comme de rares épis après la moisson, gardèrent encore au fond de leur cœur les précieux restes de l'antique foi, les antres les plus écartés n'eurent point assez de ténèbres, ni les plus épaisses forêts assez d'ombres pour les cacher, eux & leurs mystères proscrits.

Maintenant, ô Église de France, au milieu des larmes qui coulent de nos yeux, nous restera-t-il assez de force pour dire comment ce déplorable récit, lorsque nous parlions de toi, s'est présenté tout naturellement à notre souvenir? O Église si belle, naguère encore retrempée dans ton propre sang, après avoir brillé à la face de toutes les nations, devais-tu donc t'attendre à un si triste sort? Ces sources si pures, dans lesquelles tes heureux enfants ont jusqu'ici puisé la vie, doit-il donc venir un temps où ils n'y trouveront plus que la mort? Ces pontifes augustes qui font aujourd'hui ta force & ta gloire, qui t'assurent encore pour quelques années la légitime transmission des pouvoirs divins, qui les remplacera? Après avoir traversé avec tant d'honneur une si longue suite de siècles, es-tu destinée à t'éteindre bientôt dans l'ignominie de la servitude?

O vous qui vous endormez peut-être sur le bord d'un abîme, catholiques de France, réveillez-vous. Ne vous étonnez pas si nous sonnons l'alarme, si nous vous pressons, si nous appelons à grands cris votre sollicitude. Il s'agit maintenant de vos plus chers intérêts, il s'agit de l'avenir de la Foi. N'entrevoyez-vous pas déjà le sentier qu'elle suivra peut-être bientôt en s'éloignant de vous? N'est-il pas temps de vous tenir sur vos gardes, de veiller à ce qu'on ne vous enlève pas ce que vous avez de plus cher au monde, ce bien suprême & inaliénable qui survit à toutes les révolutions de la terre?

Qui nommera désormais vos évêques, si les tentatives que l'on a osé faire sont couronnées de succès? Un gouvernement *légalement* sans religion, dont le chef & les membres ont incontestablement le droit d'être athées, hérétiques ou musulmans. Et quels évêques vous donnera-t-il? où prendra-t-il les lumières nécessaires pour discerner celui qu'il vous faut pour pasteur? Comment apportera-t-il dans ce choix ces vues catholiques qui pourraient seules vous rassurer, lorsqu'il ne les a pas lui-même, ou du moins qu'il peut ne les avoir pas demain, par une autre combinaison du cabinet? Il veut votre bien, ce gouvernement, je le suppose, mais comment pourra-t-il juger l'orthodoxie, les mœurs ecclésiastiques que vous exigez dans celui qui vient pour être votre pasteur? Qui vous assure que, trompé lui-même, il ne vous enverra pas pour chef & pour père quelqu'un de ces misérables protées, qui gardent au fond des ténèbres de leur cœur une place pour toutes les erreurs & pour toutes les complaisances? Et quoi donc! suffit-il à un gouvernement athée de vouloir le bien des catholiques, pour être en état de leur donner un évêque?

Mais pourquoi s'abuser plus longtemps? Catholiques, est-ce votre bien que l'on cherche, lorsque depuis quelques mois votre foi a souffert plus d'outrages impunis qu'elle n'en avait essuyé dans les trente dernières années? Avez-vous oublié tant d'ordonnances & de circulaires dans lesquelles on essaye chaque jour de ressusciter les tyranniques prétentions de la Restauration & de l'Empire? Quelles démarches a-t-on faites pour désavouer au moins la conduite oppressive des agents de l'autorité dans mille endroits du Royaume? Mais non, dans la crainte que le zèle de votre culte ne vous porte à exagérer les scandales qui sont sous vos yeux, interrogez plutôt les étrangers, ceux mêmes qui n'appartiennent point à votre communion. Demandez-leur si d'après tout ce qu'ils ont sous les yeux ils peuvent affirmer qu'il y ait vraiment égalité entre les catholiques de France & ceux qui ne le sont pas, si l'on peut dire encore que la religion de la majorité des Français n'est point abandonnée sans défense à la brutale fureur des hypocrites ennemis de toute liberté.

Lorsqu'ils parcourent nos provinces, quel est ce spectacle journalier qui étonne à chaque pas leurs regards? la chute d'une croix chère aux catholiques & lâchement sacrifiée à la fureur de quelque infâme coterie par la molle résistance de l'autorité. Qu'aperçoivent-ils de toutes parts? les asiles de l'éducation ecclésiastique envahis, la demeure des pontifes violée, les élèves du sanctuaire errants sans avoir où reposer leur tête, les prêtres des campagnes vexés continuellement par le caprice de quelque petit tyran bien absurde, livrés au mépris des peuples, surveillés comme des conspirateurs.

Mais c'est la capitale surtout qui offre aux étrangers un spectacle humiliant pour une nation qui respecte encore la liberté. C'est là que, bloquée dans ses temples, la Religion catholique trouve à peine la tranquillité à l'ombre de ses autels menacés. C'est là que dans tous les troubles publics des cris de mort se font entendre contre les prêtres, de ces accents féroces que Tertullien reprochait aux païens de son temps : les chrétiens aux lions, *Christianos ad leones!* Là, un peuple ivre d'impiété délecte chaque jour ses yeux & ses oreilles à des représentations infâmes, dans lesquelles, ce qui ne se vit jamais chez aucun peuple, la Religion elle-même est indignement parodiée & dépeinte sous des traits odieux ou méprisables.

Semblable à une ville assujettie au cimeterre musulman, Paris a vu la croix qui marquait ses édifices religieux descendre du sommet des temples, parce qu'elle offusquait les regards de je ne sais quels barbares. Plusieurs fois, il est vrai, des voix libérales ont à la tribune réclamé cet étendard de la vraie liberté, mais en vain : on a toujours éludé leurs demandes. Malheur à quiconque, dans cette capitale de la civilisation, ose se montrer en public sous un costume grave & un extérieur religieux : Français ou étranger, il court risque d'apprendre à ses dépens le sort que réserve aux ministres de sa propre religion une populace accoutumée à l'impunité.

Dans les jours de solennité, lorsque les étrangers se rendent en foule à l'antique basilique métropolitaine pour assister à la célébration des mystères catholiques, au lieu de cette pompe qui revêtait naguère de tant d'éclat & de grandeur les hommages qu'une nation libre & puissante aime à rendre à l'Éternel, qu'aperçoivent-ils? des autels dépouillés, les traces honteuses du pillage & de la dévastation, des ruines récentes autour desquelles s'accomplissent tristement les cérémonies saintes, & ce trône archiépiscopal, désert sans être vacant, qui leur apprend par sa solitude que le plus vertueux, le plus courageux des pontifes est privé de la consolation de siéger au milieu de ses prêtres, qu'il ne peut même, sans exposer des jours plus précieux que jamais, confirmer dans la foi tant d'enfants récemment initiés aux mystères & qui demandent à grands cris l'Esprit de force & de prudence.

Oui, l'Europe le sait, & elle nous méprise. Elle sait que nous parlons encore de liberté, & que la plus précieuse de toutes est chez nous indignement foulée aux pieds. Demandez-le plutôt à cette généreuse nation, appelée à marcher à côté de nous dans ses nouvelles destinées, & qui s'est déjà félicitée plus d'une fois de n'avoir pas attaché son sort à celui d'un peuple qui n'eût pas respecté des autels au pied desquels elle a puisé la sublime énergie qui lui a valu son affranchissement. Demandez-le à son intègre & puissant organe, le courageux Potter. Qu'il nous dise pourquoi il s'est indigné le jour où, au sein même de la capitale, une église a été livrée brutalement au sacrilège par l'autorité même du gouvernement, pour être le lendemain rendue au public, comme une prostituée dont on n'a plus que faire.

De deux choses l'une : ou le gouvernement tolère tant d'affreux désordres parce qu'il sympathise avec le parti qui les commet, ou il se sent dépourvu de force pour les arrêter. Maintenant c'est à vous de voir, catholiques, à qui vous voulez confier votre plus cher intérêt, la nomination de vos évêques, ou à vos ennemis jurés, ou à des amis qui n'ont pas la force de vous défendre & qui jusqu'à ce jour, n'ont pu que vous abandonner lâchement. On vous l'a dit plus éloquemment que nous ne pouvons vous le dire. Vous n'avez pas oublié sans doute qu'il y a six mois des voix généreuses s'élevèrent qui vous dénonçaient les périls dont votre foi & votre liberté étaient menacées. On voulut les étouffer, ces voix. Qu'arriva-t-il? Elles en appelèrent à la liberté, & la France entière prit part à leur triomphe. Ce qu'elles vous disaient, nous vous le répétons avec d'autant plus de zèle & d'instance, que chaque jour qui s'écoule rend plus désespérée encore la plaie qui peut vous perdre, en altérant chez vous les sources mêmes de la vie.

Ne vous y trompez pas; à côté de ces quelques hommes à vues larges & philanthropiques, vous êtes exposés à rencontrer encore un trop grand nombre de ces éternels coureurs des théories mesquines du XVIIIe siècle, ennemis par système de votre religion, ou de ces êtres dépareillés qui n'ont point perdu l'espoir de garrotter encore dans leurs vieilles chaînes cette Église qui sortit épuisée, quoique victorieuse, des épreuves schismatiques du siècle dernier.

S'ils arrivaient au pouvoir, s'ils y étaient, voudriez-vous donc attendre, pour courir à votre propre défense, que la dignité & la liberté de votre religion fussent compromises? Prenez-y garde; les premiers pas que l'on fait dans cette voie sont insensibles. S'il échappe quelques indiscrétions, il faut les considérer comme de solennels & derniers avertissements de la Providence. Or vous n'êtes plus à les attendre, ces avertissements. Vous vous garderez d'oublier sans doute que, ces derniers jours, un des élus du gouvernement vient de compromettre ouvertement la foi & la discipline par sa conduite douteuse envers un homme rebelle à l'Église (1).

---

(1) Nous ne connaissons point personnellement M. l'abbé Guillon, mais nous n'avons pu qu'être profondément étonné à la lecture de l'étrange lettre qu'il a adressée à la *Quotidienne*. Comment supposer qu'un prêtre, docteur en théologie, destiné

Si l'Église de France ne travaillait pas à écarter les malheurs qui la menacent, si la nomination aux évêchés restait entre les mains du gouvernement, qu'arriverait-il ? Grâce à de nouveaux évêques qu'on pourrait recruter dans la classe toujours trop nombreuse des hommes faibles & complaisants, toutes les fantaisies ministérielles auraient dans le sanctuaire une exécution suivie. Le suc & la substance du plus pur enseignement des Parlements, déposés dans une collection d'ordonnances & de circulaires, seraient chaque jour distribués aux nouveaux pasteurs. Le Droit canonique simplifié par les avocats soulagerait infiniment le clergé en le débarrassant de mille détails désormais du ressort des préfets & des maires. La doctrine qui aurait passé par le vénérable canal du Conseil d'État, nous arriverait toute simple & sans obscurités. Nos savants administrateurs auraient bien assez de tête & de lumières pour administrer & centraliser l'Église de France à Paris; c'est pourquoi on se hâterait de faire justice de ce vieux lien hiérarchique qui met toutes les Églises sous la dépendance d'une Église unique & douée *d'une puissante principauté*. Rome, qu'on aurait trompée aussi longtemps qu'on aurait eu besoin d'elle, devenue désormais importune par ses réclamations & ses foudres, serait priée de ne plus intervenir dans nos affaires intérieures; on la reléguerait au-delà de la frontière avec ses brefs, ses bulles & ses envoyés. Si durant quelques jours encore, un reste de cou-

---

s'il devient évêque à exercer l'éminente charge de juge de la foi, comment supposer que ce prêtre a pu de bonne foi invoquer les règles que prescrit l'Église à l'égard des pécheurs qui meurent dans sa communion, les invoquer, disons-nous, pour justifier la communication *in divinis* qu'il s'est permise à l'égard d'un *schismatique,* dont il connaissait mieux que personne l'obstination, & sur la conversion duquel il n'avait aucune espèce de preuve, pour ne rien dire de plus ? Par cette coupable conduite & par les étonnantes explications que M. l'évêque nommé de Beauvais s'est efforcé d'en donner, il a jeté des nuages dans l'esprit des catholiques inattentifs, & ce qui est bien pire encore, il a mérité que son nom fût scandaleusement béni par les mêmes bouches qui poursuivaient des plus furieuses imprécations la conduite vraiment apostolique de son archevêque.

tume ou de bienveillance permettait de recevoir ces parchemins gothiques qu'elle adresse aux Églises depuis tant de siècles, de discrets sénateurs veilleraient à cette douane intellectuelle, naturalisée chez nous par une longue prescription & qui nous a déjà rendu tant de services. Un catholique, pour obéir à l'impulsion de sa conscience, oserait-il parfois étendre la main & saisir dans l'ombre quelque feuille proscrite, mais plus chère à lui que la vie parce que ce serait sa foi : il se rencontrerait des hommes qui dénonceraient un complot, une trahison, des intelligences *avec un souverain étranger*.

De leur côté les nouveaux évêques garderaient toute leur vigueur pour se maintenir dans le sentier que la bonne volonté, la reconnaissance & la peur auraient tracé devant eux. Tout prêtre qui oserait dénoncer aux peuples les affreux périls auxquels leur foi serait exposée, qui s'efforcerait de rappeler les anciennes traditions, serait en butte aux rigueurs de l'autorité séculière, comme ennemi des institutions nationales. Les plus terribles censures seraient sans cesse dirigées contre les pasteurs fidèles; & ce châtiment spirituel, considéré dans tous les siècles comme le nerf de la discipline ecclésiastique, n'atteindrait plus que ceux qui auraient gardé le souvenir des jours de l'antique unité. Par une horrible réconciliation, tous les plus odieux sectaires s'embrasseraient dans cette nouvelle Église. Cependant à l'extérieur on prêcherait & le dogme & la morale surtout; on chanterait les Offices, on revêtirait les mêmes ornements, on sonnerait les cloches, on allumerait les cierges quand il plairait au ministre des cultes, & le peuple, trompé par ces dehors mensongers, tomberait tout vivant dans le schisme; & ce genre de persécution, le seul possible aujourd'hui, suffirait pour effacer en un demi-siècle les dernières traces de l'Église de France.

Mais il n'en sera pas ainsi : il se trouvera dans Israël assez d'hommes qui ne voudront point fléchir le genou devant l'idole de la servitude. Ce droit de vie & de mort que le gouvernement semble vouloir exercer sur le Catholicisme ne demeurera point entre ses mains. Non seulement la Constitution le défend & nous fait rentrer dans nos droits, mais les usages de l'Église s'y opposent; & c'est ici qu'il importe d'appeler l'attention des catholiques.

Quand bien même le Catholicisme n'aurait à attendre que des faveurs & de la protection de la part du nouveau gouvernement, quand bien même cette religion de la Patrie, sinon de l'État, serait aussi honorée par lui qu'elle en est délaissée, ce gouvernement pour cela ne serait pas plus apte à exercer le droit de nommer les évêques. Remontons aux principes.

L'Église a pu accorder aux princes chrétiens ce qu'elle avait accordé même aux simples fidèles, un droit d'agrément sur le sujet élu par le clergé, & plus tard, dans les concordats, un droit de présenter au Pape celui qu'en leur âme & conscience ils avaient jugé digne de l'épiscopat. Mais a-t-on jamais vu qu'elle ait étendu cette prérogative à des gouvernements qui ne faisaient point profession ouverte du Catholicisme, qu'elle ait fait dépendre la Religion tout entière, par le choix des pasteurs, d'un homme qui peut être, si bon lui semble, déiste, athée ou hérétique?

Et après tout, quel motif a porté l'Église à concéder à certains princes une telle influence? Nul autre que celui qui l'avait engagée à donner longtemps auparavant cette marque de confiance aux peuples. C'est que, comme nous l'avons dit ailleurs, elle a cru convenable de ne point établir pasteur celui que les peuples auraient repoussé : *Nullus invitis detur episcopus;* tant elle veut que l'obéissance soit douce & raisonnable; tant elle désire que la voix du pasteur soit connue des brebis! Les princes païens, n'appartenant point à l'Église, n'avaient aucun intérêt à ce qu'on élût plutôt celui-ci que tel autre; les souverains chrétiens au contraire faisaient partie du peuple fidèle, avaient les mêmes droits que lui, & lorsque, pour de graves raisons, l'Église retira au peuple le droit de suffrage, rien n'empêchait d'en laisser comme un dernier vestige dans l'intervention du prince chrétien. De même que le suffrage populaire, cette intervention fut donc un acte religieux, exercé conformément à l'esprit de l'Église, pour assurer la convenance & la canonicité des choix. Tout le reste est abus. Or ce pouvoir de contribuer ainsi à l'élection des pasteurs, pouvoir retiré depuis tant de siècles au peuple fidèle & même au clergé, l'Église pourrait-elle le reconnaître dans le chef d'un gouvernement athée, sans contredire ses maximes & sa propre conduite?

Notre siècle a vu Rome traiter avec les princes protestants, il est vrai, mais elle n'a point trahi les droits de ses enfants. *Un pouvoir modéré d'exclusion avant l'élection*, c'est ce qu'elle a offert au roi d'Angleterre, & accordé au roi des Pays-Bas & aux princes de la Confédération Germanique; jamais elle n'a pu aller au delà, & l'on peut s'en reposer sur sa sollicitude. Ce fut d'après les mêmes principes que Pie VII, en 1801, ayant à traiter avec le gouvernement de la République, admit comme base du Concordat la profession de la Religion catholique par les Consuls, & qu'il fut décidé qu'au cas où le Premier Consul cesserait de faire profession de la Religion catholique, un nouveau traité entre le Saint-Siège & la France règlerait la nomination des évêques.

Ce serait donc une chose inouïe dans l'Église que cette influence directe dans la provision des évêchés exercée par un gouvernement sans religion, & c'est encore ici une des preuves de l'abolition des Concordats. Quels qu'ils soient, c'est avec des princes catholiques qu'ils ont été conclus, avec des gouvernements chez lesquels la Religion catholique était celle de l'État. Cet ordre de choses n'existant plus, ces traités sont abolis par le fait; à leur place il en faudrait conclure de nouveaux & tels que l'Église n'en a jamais vu. Pour traiter avec Louis-Philippe, par exemple, sur la nomination des évêques, il faudrait que l'Église reconnût *officiellement* en lui le représentant du peuple catholique, un membre du corps mystique de Jésus-Christ, l'évêque du dehors. Or comment faire des qualités *privées* d'un souverain la base d'un traité *public*? Comment reconnaître pour l'homme de l'Église celui qui ne saurait lui accorder la moindre marque de protection sans violer la Constitution de l'État? Comment encore une fois déposer l'avenir de l'Église entre les mains d'un homme qui doit être légalement *athée*? Vainement chercherait-on à ressusciter le titre désormais aboli de *Roi très chrétien;* ce ne serait qu'un anachronisme contraire à l'esprit & à la lettre de la Charte, & qui ne saurait conférer aucun caractère à celui qui jugerait à propos de s'en parer.

Nous avons donc prouvé aux Catholiques qu'ils ne peuvent reconnaître au gouvernement le droit de nommer les évêques, sans exposer l'Église de France tout entière à finir tristement par le schisme; nous leur avons rappelé que quand bien même leur culte eût été respecté jusqu'ici, ils ne sauraient abandonner le sort de la Religion entre des mains dont rien ne garantit la fidélité. Arrêtons-nous un instant, & après avoir invoqué le secours de Dieu, voyons ce qui nous reste à faire dans cette douloureuse nécessité.

CHAPITRE XX.

CONCLUSION.

Comment l'Église de France sortira-t-elle de cette difficile position ? Par l'autorité du Souverain Pontife. Que les évêques s'adressent au Vicaire de Jésus-Christ, en lui faisant entendre leurs vœux & leurs désirs, leurs craintes & leurs inquiétudes. Il s'agit de sauver l'héritage de la foi.

ENACÉE dans la loi même de sa perpétuité, que va devenir l'Église de France? Par quelle issue sortira-t-elle des voies périlleuses dans lesquelles elle se trouve engagée? Est-elle donc abandonnée sans ressource au milieu des plus redoutables écueils? Non : Dieu dans sa sollicitude pour son Épouse a pensé à ses besoins d'aujourd'hui, comme à ceux de tous les siècles. Il a préparé un secours permanent à tous ses maux, un rempart assuré contre toutes les attaques auxquelles elle peut être exposée.

« Ils ont dit : Faisons un pacte avec la mort; concluons « un traité avec l'enfer. Plaçons dans le mensonge nos espé- « rances, couvrons-nous de la protection de l'erreur. Mais « voici ce que dit le Seigneur Dieu : J'ai placé dans les « fondements de Sion une pierre éprouvée, angulaire, fonda- « mentale, & l'espoir des partisans du mensonge sera sub- « mergé, & leur alliance avec la mort sera brisée, & leur « pacte avec l'enfer sera rompu (1). » Ainsi prédisait Isaïe. Jésus-Christ, la *pierre* véritable (2) parut, & il associa l'un de ses disciples à ce titre glorieux. « Tu es Pierre, lui dit-il, « & sur cette pierre, sur toi-même, je bâtirai mon Église (3). » Ainsi fut garantie l'immortelle durée de l'édifice sacré.

De ce jour c'est contre cette pierre que les portes de l'enfer se sont déchaînées sans interruption : c'est aussi en elle qu'ont espéré les enfants de Dieu. Investie de l'infaillibilité dans la doctrine, Rome, depuis dix-huit siècles, a résolu par son autorité souveraine toutes les questions de la foi. Source première de toute juridiction, à elle a toujours appartenu le droit de déterminer quelles lois régiront l'Église.

« C'est à cette Église pour sa puissante principauté, »

---

(1) Isai. xxviii. 15-18.
(2) Psalm. cxvii. 22. Matth. xxi. 42 Luc. xx. 17. Act. iv. 11. Rom. ix. 33. 1 Cor. x. 4. Eph. ii. 20. 1 Pet. ii. 6.
(3) Matth. xvi. 18.

comme le dit saint Irénée, « que toute Église, c'est-à-dire « tous les fidèles de tous les lieux, doivent s'adresser(1); » c'est donc à elle, & à elle seule que l'Église de France doit recourir pour sortir de la dangereuse situation où elle se trouve. Et non seulement la raison de sa sollicitude générale conduit directement au tribunal du Saint-Siège la grande affaire qui nous occupe, mais plus que toute autre matière celle-ci en ressortit naturellement.

Dans tous les siècles, la puissance épiscopale n'a cessé de découler médiatement ou immédiatement de la Chaire de saint Pierre. Le pouvoir des Apôtres, pouvoir immense & extraordinaire, ne s'est éteint après eux que pour venir se concentrer dans l'unique siège qui a retenu le nom d'*Apostolique*. L'évêque de Rome est véritablement Souverain Pontife, parce que les autres ne sont pontifes que par lui(2).

De là résultent des droits immenses pour l'Église Romaine sur toutes les Églises. Mais ces droits combien sont-ils plus solennels & plus directs encore, s'il est possible, dans les contrées de l'Occident placées sous la juridiction patriarcale du successeur de saint Pierre! Évêque de Rome, Métropolitain des Églises suburbicaires, Primat d'Italie, le Pape, outre son titre œcuménique de Chef de l'Église, est encore le pasteur ordinaire des Églises d'Occident. En sa qualité de Patriarche de nos Églises, il peut exercer sur elles des droits immenses dont l'usage, quoique souvent interrompu, n'en est pas moins appuyé sur les monuments les plus authentiques. Cette prérogative trop peu étudiée rehausserait seule la puissance du Pape sur nos Églises au-delà de ce que les Décrétales ont offert de plus fort(3).

---

(1) Advers. Hæres. lib. III. cap. III.

(2) Voir sur cette matière l'ouvrage intitulé : *Tradition de l'Église sur l'institution des évêques*, chef-d'œuvre trop peu connu & dans lequel la plus puissante dialectique est jointe à la plus vaste érudition ecclésiastique.

(3) Peut-être un jour consacrerons-nous quelques instants à développer cette

Il est un titre qui place l'Église de France dans une dépendance immédiate de l'Église Romaine : c'est son origine. « Quelle Église, demande Bossuet, a enfanté tant d'autres « Églises? D'abord tout l'Occident est venu par elle, & nous « sommes venus des premiers (1). » Ce n'est point ici le lieu de redire les noms & les travaux des innombrables apôtres qui descendirent des Alpes, comme autant de sources bienfaisantes destinées à porter la fraîcheur & la fertilité aux terres qu'elles ont à parcourir. Que nos Églises consultent leurs fastes, qu'elles remontent à la première page de leurs annales : elles y verront que le siège de Pierre est le cep dont elles sont les branches; que jointes à lui par un lien indissoluble, elles n'ont de vie que celle qu'elles tirent de sa puissante végétation.

Aussi la tradition nous apprend-elle que dans tous les temps, c'est au Pontife Romain qu'a été dévolu le soin de régler la forme des élections épiscopales. Lès Sirice, les Innocent, les Zozime, les Léon dans leurs immortelles Décrétales ont tour à tour expliqué & modifié à cet égard les antiques règles de la discipline (2). Les Innocent III, les Grégoire IX, ont organisé les élections capitulaires. D'autres Papes ont établi les réserves, rédigé les concordats, ou maintenu les élections. Partout l'action du Saint-Siège s'est fait sentir d'une manière souveraine dès qu'il s'est agi du mode à observer dans la provision & l'élection aux bénéfices.

---

question des droits du Pape, comme Patriarche d'Occident. Le peu d'efforts que l'on a fait jusqu'ici pour la réduire à sa juste expression, a laissé dans la tradition certaines obscurités qui disparaissent devant des idées plus claires & mieux coordonnées.

(1) Sermon sur l'unité de l'Église.

(2) Siric. epist. ad Anys. iv. apud Coustant. ad diversos episcopos. vi. *ibid.* — Innocent. I. ad Victric. II. *ibid.* ad synod. Tol. III. *ibid.* — Zozim. ad Patrocl. Arelat. vii. *ibid.* ad cler. ordin. & presb. Massil. xi. *ibid.* — Leon. ad episcopos provinc. Vienn. Ad episc. metropol. Illyr. ad Anastas. Thessal. ad Rustic. Narbon. edit. Baller., t. I. — Gregor. I. lib. I. epist. 77. edit. Bened. t. II.

Rien d'étonnant après tout, puisque le Pontife Romain est le pasteur suprême du troupeau; puisque dans l'Église l'action de chaque évêque n'est que celle du Pape, en qui Pierre vit, parle & régit toujours, comme l'enseigne saint Léon dans ses immortels sermons; puisqu'enfin, comme nous l'apprend le saint Concile de Trente, c'est l'autorité du Pontife Romain qui établit tous les pasteurs de toutes les Églises (1).

Évêques de France, vous sur qui repose dans ce moment la responsabilité de l'avenir d'une immense Église, ne tardez donc pas. Adressez-vous promptement au Siège Apostolique. Faites entendre au Vicaire de Jésus-Christ vos vœux & vos désirs, confiez-lui vos craintes & vos inquiétudes. Conduisez à ses pieds vos troupeaux fidèles, & demandez-lui de ne pas les laisser exposés à la dent des loups. Il ne s'agit plus de traités & de négociations diplomatiques; il ne s'agit que de satisfaire le tendre amour que vous avez pour nous; bientôt vous nous laisserez seuls au milieu de ce monde que vous avez vaincu; ne nous quittez pas sans avoir assuré à notre faiblesse des soutiens & des protecteurs. Désormais les vicissitudes d'une société qui se dissout n'ont plus rien de commun avec le sort de l'Église; cette grande affaire n'est plus qu'une affaire de famille. Elle est toute entre vous & celui qui est votre père & le nôtre. Hâtez-vous donc de verser dans son sein le secret de vos douleurs, de lui dire que sans lui nous périssons. Rome vous entendra. Elle viendra à notre secours. Notre héritage ne sera plus donné à l'étranger; nos pasteurs seront à nous, & lorsque vous nous quitterez pour passer à un monde meilleur, vous emporterez la consolation d'avoir arraché vos Églises au plus affreux des dangers, de leur avoir assuré une longue suite de jours dans l'unité de la foi & de la charité de Jésus-Christ.

(1) *Beatissimus Romanus Pontifex bonos maxime atque idoneos pastores, singulis Ecclesiis præficiat.* (*Sess. XXIV. de reformat. Cap. I.*)

VOYAGE
A
SOLESMES

 L'ÉPOQUE où Prosper Guéranger publiait son livre *De l'élection & de la nomination des évêques,* les journaux annoncèrent la mise en vente du vieux prieuré de Solesmes. C'était au printemps de l'année 1831. Fondé en 1010 par Geoffroy, seigneur de Sablé, le prieuré garda jusqu'à la Révolution ses paisibles habitants, fils du saint Patriarche Benoît. Les moines ayant été expulsés de leur pieuse retraite en 1791, les bâtiments furent vendus la même année; mais en devenant propriété particulière, ils échappèrent aux ravages que d'impitoyables vandales exerçaient dans notre infortuné pays. Les visiteurs furent bientôt admis à y entrer. Solesmes était en effet pour les habitants de la contrée un but d'agréable promenade. Prosper Guéranger y fut conduit dès sa plus tendre enfance & il aimait à pénétrer dans l'église priorale, où il regardait avec étonnement les belles statues qui lui parlaient un mystérieux langage. Ces souvenirs s'étaient profondément gravés dans sa mémoire. En 1825, le monastère ayant changé de maîtres, les nouveaux acquéreurs tentèrent différents moyens de placer avantageusement la propriété; mais ayant vu tous leurs efforts frappés de stérilité, ils se résolurent finalement à mettre les bâtiments en vente par la voie des journaux.

L'abbé Guéranger ressentit à cette nouvelle une vive impression. Trouvant alors le moyen de réaliser le projet qu'il avait autrefois formé de vivre dans le cloître, ce jeune prêtre sans ressources, mais plein de confiance en Dieu, prit la détermination d'acheter le monastère. On était au mois de juin 1831. Disons tout de suite quel fut le résultat des nombreuses démarches tentées par Prosper Guéranger avec un entier abandon en la Providence.

Dix-huit mois s'étaient à peine écoulés depuis le jour où la voix du ciel s'était fait entendre, que l'antique Prieuré se trouvait entre les mains de celui qui devait en être l'illustre restaurateur. Au mois de décembre 1832, Monseigneur Carron, évêque du Mans, approuvait les premières Constitutions. Nous n'avons pas à entrer ici dans le détail des souffrances de tous genres qu'endura le serviteur de Dieu avant de franchir le seuil du vieux moutier de Saint-Pierre. Qu'il nous suffise de dire que l'œuvre a été marquée, dès le commencement, au coin de l'épreuve, & que si elle a été menée à terme avec un merveilleux succès, en dépit du malheur des temps, des contradictions des hommes & de la rage des démons, il a fallu, avec la grâce du ciel, toute la foi de ce jeune prêtre que l'adversité ne pouvait abattre, parce que nul obstacle n'empêchait son âme de demeurer simplement & fortement unie à Dieu.

Cependant Prosper Guéranger ayant à pourvoir à l'habitation des futurs Bénédictins, fit faire dans l'ancien Prieuré les réparations les plus urgentes. Il veillait en même temps à garnir de livres la bibliothèque. Quand arriva le jour où l'Ordre monastique célèbre la fête de saint Benoît, il chanta la Messe dans l'église priorale, tandis que son premier compagnon, M. l'abbé Fonteinne, d'abord vicaire à Sablé, puis curé d'Asnières, était au lutrin. On fit usage de la liturgie romaine, abandonnée dans le diocèse du Mans depuis de longues années. L'un des rares témoins de cette modeste & touchante cérémonie, M. de Cazalès(1), fit le récit de son voyage en s'aidant de notes que lui envoya l'abbé

---

(1) L'abbé Guéranger avait adressé des lettres à diverses personnes qui pouvaient l'aider soit par elles-mêmes, soit par leur influence, afin d'acheter ou tout au moins afin de louer les bâtiments du prieuré de Saint-Pierre. M. de Cazalès, qui était alors laïque, s'intéressa vivement à l'œuvre & témoigna même un certain désir de prendre une part personnelle à la fondation. Le voyage, au mois de mars 1833, raviva en lui jusqu'à un certain degré, la velléité de se joindre tôt ou tard à la famille bénédictine. Il embrassa plus tard l'état ecclésiastique. Il revint à Solesmes

Guéranger, auquel il laissa d'ailleurs le soin de compléter l'ébauche qu'il avait adressée à Solesmes au mois de juin 1833. Cette collaboration si utile nous a paru suffisante pour nous déterminer à joindre à la série des mélanges la lettre qui va suivre. Ce récit fera connaître au lecteur l'un ¿ des premières pages de l'histoire de la restauration du Prieuré.

quelques années après la fondation & se montra toujours très bienveillant. Ce fut M. de Cazalès qui écrivit une lettre à Paris pour introduire Prosper Guéranger auprès de Madame Swetchine.

VOYAGE
A
SOLESMES

E voyageur qui parcourt la France en artiste & en antiquaire, ou simplement en amateur des belles choses & des anciens souvenirs, après tous les ravages du temps, de la bande noire & du vandalisme révolutionnaire, s'étonne de rencontrer encore sur sa route tant d'œuvres merveilleuses demeurées debout au milieu de tant de ruines. Quand l'art était religieux & populaire, il ne s'abritait pas sous l'aile d'un ministre, il ne se concentrait pas dans l'étroite & exclusive enceinte d'une capitale; mais il semait ses œuvres dans tous les coins & recoins de la chrétienté, partout où l'appelaient les évêques, les moines, les seigneurs, les communes, & satisfaisait à toutes les demandes avec une richesse, une fécondité, une luxuriance qui confondent l'imagination. Aujourd'hui qu'il n'y a plus ni clergé opulent, ni puissants châtelains, ni municipalités indépendantes, ni confréries pieuses d'architectes &

de maçons, mais seulement des académies & des commis, Paris seul & quelques grandes villes ont le privilège de voir s'élever des monuments où l'architecture, telle qu'on l'entend aujourd'hui, cherche à faire à sa manière du beau & de l'orné. Si une petite ville, si un bourg a besoin d'un édifice public, église ou autre, des maçons lui construiront une espèce de grange bien blanchie, sans nulle trace d'art ni d'ornements. Il n'en était pas ainsi autrefois. L'architecture du moyen âge apposait son cachet d'élégance & d'originalité sur ses œuvres les moins importantes : la chapelle des bois était aussi soignée que l'immense cathédrale, & de toutes parts les sources du beau jaillissaient pures au milieu des populations. De là vient que tel village ignoré, perdu au milieu des terres, possède quelquefois une église ravissante, aussi parfaite dans sa petite taille que les Notre-Dame de Chartres ou d'Amiens.

C'est ainsi qu'il y a quelques mois je rencontrai dans un coin du Maine des merveilles dont je veux entretenir un moment nos lecteurs, tant à cause de leur importance sous le rapport de notre art catholique & national, qu'à raison de l'œuvre à laquelle la Providence semble les avoir rattachées. Quoique prévenu par l'ami qui m'attendait à Solesmes de la magnificence de ce que j'allais voir, je me défiais un peu de son enthousiasme de propriétaire ; mais lorsque j'ai vu, il m'a fallu admirer & admirer sans restriction.

Je fus reçu à l'ancien prieuré de Solesmes par deux prêtres qui venaient tout récemment de planter leur tente dans ce cloître désert depuis quarante années, & qui travaillaient activement à le mettre en état de recevoir leurs confrères au jour de l'installation solennelle des nouveaux Bénédictins. Solesmes est un village distant d'une demi-lieue de la petite ville de Sablé : son prieuré est situé, avec cette intelligence que M. de Châteaubriand a si justement reconnue aux moines pour choisir l'emplacement de leurs demeures, sur un coteau au pied duquel coule la Sarthe, jolie rivière aux eaux limpides & azurées, qui présente sur le bord opposé un vaste amphithéâtre décoré de rochers, d'arbres & de buissons, d'un effet à la fois riant & pittoresque. La vue s'étend le long de la rivière jusqu'à Sablé, dont le majestueux château, bâti sous Louis XIV par la famille Colbert, semble placé tout exprès à l'horizon pour le point de vue.

Le prieuré, fondé en 1010 par Geoffroy, seigneur de Sablé, & rebâti à neuf en 1732, n'offre rien de fort remarquable : l'église qui remonte au XIIIe siècle, ainsi que la tour, ressemble à beaucoup d'autres, mais ses deux chapelles latérales forment le musée le plus complet des richesses de l'époque si courte & si brillante de la Renaissance. Qu'on se représente un total d'environ quatre-vingts figures de grandeur naturelle, exécutées de 1496 à 1553, & encadrées dans des ornements d'architecture comparables à tout ce que l'on a jamais admiré de mieux en ce genre pour la légèreté, l'élégance, la bizarrerie. On me permettra une énumération que je ferai la plus courte possible.

Je commence par la chapelle de droite, laquelle est de 1496. On aperçoit d'abord un caveau dont les arcades, les piliers, les pendentifs sont d'architecture gothique, mais de cette architecture de transition qui distingue le XVe siècle & qui est si remarquable par la coquetterie, l'élégance toute fantastique, l'incroyable profusion de ces ornements qui tiennent déjà de l'arabesque dont la Renaissance doit faire un si fréquent usage. La description est impuissante lorsqu'il s'agit de pareilles choses : mais rappelez-vous la chapelle de l'hôtel de Cluny, & vous aurez une idée de ce caveau. Là se trouve représentée la sépulture du Christ, qu'entourent dix figures de grandeur naturelle. Nicodème en costume oriental, le turban en tête, tient la tête du Christ étendu sur un linceul, tandis que Joseph d'Arimathie, en costume du temps de Louis XII, & décoré du riche collier de quelque ordre de chevalerie, lui soutient les pieds. La figure de ce dernier est probablement celle de René II, duc de Lorraine, alors seigneur de Sablé. Marie, deux saintes femmes, un disciple & un vieillard se groupent autour du corps : Madeleine est assise à côté, sur le devant. En dehors de la voûte, on remarque deux soldats que la dévotion populaire a mutilés. Toutes ces figures, naïves d'attitude & d'expression, ont encore quelque chose de la raideur gothique : la Madeleine qui semble plus moderne, est fort supérieure au reste. La tête & la pose sont d'une haute inspiration, que l'exécution n'a pas affaiblie.

Au-dessus du caveau, règne jusqu'à la voûte un immense encadrement architectural du même style : ces décorations servent d'accompagnement à un calvaire dont les figures sont trop grossières pour servir à autre chose qu'à l'histoire de l'art.

A main gauche du caveau que je viens de décrire, on en a commencé un autre au niveau d'un autel. Le style en est de la pure Renaissance; mais cet ouvrage n'ayant jamais été terminé, on a jeté provisoirement dans les niches quelques figures assez mauvaises, mais en grande vénération. Il faut cependant distinguer un saint Pierre, dont le costume présente quelques particularités remarquables & d'un assez grand style, & un saint Paul, armé d'une épée dont la poignée en croix rappelle celle que baisait Bayard mourant. Il faut noter aussi un bas-relief du massacre des Innocents, lequel, quoique profondément engorgé de chaux, laisse entrevoir quelques traits assez remarquables qui font penser au tableau presque contemporain de Raphaël.

A quelques pas, dans la même chapelle, on remarque le tombeau de Geoffroy de Sablé, fondateur du monastère. Le chevalier est étendu dans une niche : sur son écu on voit une aigle éployée. Cette statue est dans un état complet de mutilation.

Je passe à la chapelle de gauche. Le principal monument qui attire les regards est un caveau construit à l'instar de celui de la chapelle de droite; mais le gothique a entièrement disparu. Cette grotte, d'une architecture gracieuse & sévère, soutenue par deux colonnes entourées d'un charmant feuillage de vigne & de lierre, décorée de têtes de mort & d'emblèmes funéraires, est sans contredit le morceau le plus pittoresque que renferme l'église de Solesmes. Dans l'intérieur de cette grotte, quatorze personnages procèdent à la sépulture de la Vierge Marie étendue sur un linceul, drapée de la manière à la fois la plus noble & la plus modeste, & ravissante de pose & d'exécution. Parmi les quatre personnages qui tiennent les coins du linceul, on remarque Jean Bougler, prieur de Solesmes, qui fit exécuter tous les travaux de cette chapelle. Un saint Pierre, un saint Jean, deux saintes femmes, quelques disciples assistent à cette scène. On observe dans toutes ces figures le caractère de l'art italien, à sa plus belle époque; ce je ne sais quoi de grandiose & de simple qui nous frappe dans Raphaël & son école; mais l'étude de l'antiquité grecque n'a point encore altéré le type mystique & surnaturel que l'artiste catholique du XVe siècle puisait dans sa foi pleine de tendresse & de naïveté.

Entourées d'arabesques charmantes, surmontées de légers baldaquins découpés dans la pierre avec une grâce & une élégance admirables, deux niches, à droite & à gauche du tombeau, renferment deux statues d'une pose & d'une expression fortes & imposantes, sans offrir pourtant rien de ce théâtral que nous ont légué les deux derniers siècles & dont tous nos artistes, surtout ceux qui se dévouent à l'embellissement de nos églises, n'ont pas encore perdu la tradition. C'est saint Denis l'Aréopagite d'un côté, & de l'autre saint Timothée. Je ne dois pas oublier l'exécution singulièrement belle de leurs habits pontificaux, la noblesse avec laquelle les draperies sont ajustées, & le travail exquis des détails. Au-dessus du tombeau, on admire quatre autres niches, non moins merveilleuses, desquelles sortent à mi-corps quatre docteurs du moyen âge, célèbres par leur éloquence à exalter les privilèges de la Mère de Dieu. Ce sont saint Bernard, saint Pierre Damien, saint Anselme & saint Bonaventure. Des passages de leurs ouvrages, relatifs à l'explication du mystère des douze étoiles dont l'Église couronne la Sainte Vierge, se lisent en caractères gothiques à côté de chacun d'eux. Une frise superbe encadre noblement tous ces chefs-d'œuvre.

Mais ce n'est rien encore. Au-dessus de cette frise, s'élève un véritable temple à colonnes & pilastres, décoré dans son intérieur de rosaces magnifiques & de culs de lampe si merveilleusement travaillés qu'on serait tenté de les prendre pour des bouquets de fleurs magnifiquement transformés en pierre. Sous les ravissantes voûtes de ce petit temple, s'accomplit le mystère de l'Assomption de la Vierge. L'ensemble du groupe est plein de mouvement. Les douze ou treize figures qui contemplent Marie sortant du tombeau sont bonnes d'attitude & de mouvement : deux jolis petits anges qui soulèvent la pierre du sépulcre, peuvent être mis en parallèle avec ce qu'on connaît de plus gracieux en ce genre. Malheureusement les deux figures principales sont bien inférieures. La Vierge manque de dignité & le Christ qui la soutient est tout à fait mauvais. Ce temple est surmonté de plusieurs petites tourelles d'un travail exquis, où mille charmants détails d'architecture s'entremêlent avec la coquetterie pleine d'imagination propre à la Renaissance. Ce brillant échafaudage arrive jusqu'à la voûte & remplit tout le fond de la chapelle d'un mur à l'autre.

Le spectateur aperçoit ensuite à sa droite une vaste grotte creusée au niveau d'un autel & dont l'architecture, du même caractère que celle de la précédente, offre les mêmes beautés, sans répéter aucun détail. Cette grotte renferme la grande scène dite dans les traditions du pays : la *Pâmoison de la Vierge*. Marie est à genoux, doucement expirante, soutenue par le disciple bien-aimé aussi à genoux, & par saint Pierre, dont la figure vénérable a l'empreinte d'une douloureuse tendresse. Le Christ est là sur le devant ; cette statue, d'un style assez vulgaire, fut mutilée par un des prieurs de Solesmes, qui trouva mauvais que l'artiste eût imaginé de représenter le Sauveur donnant la communion à sa mère. Autour de ces statues principales sont groupés plusieurs disciples, deux saintes femmes, dont une admirablement belle ; enfin deux moines bénédictins, figures où l'on retrouve bien le type manceau & qui sont évidemment des portraits. L'un d'entre eux, représenté en chape, est le dernier abbé régulier de Saint-Pierre de la Couture du Mans, abbaye de laquelle relevait le prieuré de Solesmes.

Au-dessus de la *Pâmoison de la Vierge* s'élève encore une espèce de petit temple d'une exécution remarquable, quoique moins brillante que celui du fond de la chapelle : les niches formées par les entrecolonnements sont occupées par des figures symboliques ; ce sont les vertus théologales & cardinales, les animaux mystérieux de Daniel & d'Ézéchiel, le tout accompagné de textes explicatifs en caractères gothiques. Au sommet, au milieu d'une gloire, on aperçoit la Vierge environnée d'Anges. Toutes ces figures sont ou médiocres ou mauvaises, à l'exception des animaux bibliques, dont les formes bizarres sont rendues avec une rare délicatesse.

En face de l'autel de la *Pâmoison*, & au-dessus de la porte latérale qui ouvre sur le cloître, on admire un dernier groupe non moins curieux que les précédents : le sujet est Jésus enfant au milieu des docteurs. La partie du temple de Jérusalem où se passe cette scène est ornée & soutenue par quatre colonnes ioniques : le fond est décoré de corniches & de pilastres du meilleur goût. Les costumes & les attitudes des docteurs conversant avec Jésus, sont curieux de naturel

& d'originalité. L'un d'eux tient des lunettes, tous sont couronnés du docte bonnet; c'est une université au grand complet. L'Enfant Jésus est assez mal exécuté, mais l'expression de Marie & de Joseph, qu'on aperçoit entre les colonnes, est d'un sentiment vrai & heureux. Outre la manière savante & ingénieuse dont tout ce morceau est traité dans ses détails, on ne saurait trop admirer le succès avec lequel l'artiste, à la fois architecte & sculpteur, est parvenu à grouper dix statues dans une niche qui compte à peine huit pieds d'étendue sur deux de profondeur, & cela sans que rien y paraisse sentir la gêne ou l'écrasé.

J'arrête ici cette description bien superficielle, sans doute, mais qui suffira pour inspirer à d'autres le désir d'aller voir de près ces merveilles de la solitude. Les nouveaux Bénédictins se proposent de publier par la suite un travail destiné à faire connaître à fond tout ce que leur église renferme de rare & de précieux : ils ont recueilli les diverses traditions du pays au sujet des auteurs de ces statues, connues dans une partie de l'Ouest sous le nom populaire de *Saints de Solesmes*, mais ils ne se flattent pas de les concilier entièrement. La plus répandue de ces traditions attribue au célèbre Germain Pilon l'honneur de ces compositions, mais on est forcé de reconnaître dans tout cet ensemble les traces évidentes de plusieurs ciseaux plus ou moins habiles, plus ou moins avancés. Je crois avec tout le monde que Germain Pilon, natif du bourg de Loué, lequel est situé à quatre lieues de Solesmes, a dû de préférence être employé par les moines dans ces vastes travaux; mais je crois aussi qu'il ne faut pas rejeter cette autre tradition qui les attribuerait à trois artistes italiens. On dit que Dom Bougler, ce prieur dont nous avons parlé ci-dessus, ayant remarqué l'aptitude de ces trois artistes, leur indiquait lui-même le sujet & la pose de chacune des statues qu'ils avaient à faire. Ils se mettaient à l'ouvrage, exécutant tous trois le même sujet :

on plaçait la meilleure statue & les deux autres étaient brisées. Lorsqu'en 1732 les religieux firent rebâtir la maison, on retrouva dans les fouilles un nombre considérable de fragments de ces statues ainsi mutilées par ordre de Dom Bougler.

La contemplation de toutes ces merveilles me ravissait : mais ce n'était là pourtant qu'un des points de vue sous lesquels je me plaisais à envisager Solesmes : l'avenir m'y intéressait bien plus que le passé, & j'y trouvais encore plus de consolations & d'espérances comme chrétien, que de jouissances comme ami des arts. J'étais vivement frappé de la tentative hardie de ces jeunes prêtres. Que deviendrait ce germe que je voyais encore si faible? A côté de cet obscur recommencement, m'apparaissait toute l'histoire si imposante de ce grand Ordre, qui durant six siècles entiers, seul dans l'Occident, sembla s'être imposé la tâche de régénérer l'Europe des Barbares, & conquit à un si haut degré l'amour des peuples dont il fut à la fois le nourricier, le législateur & l'apôtre; cet ordre impérissable debout après tant de siècles, alors même que les valeureuses milices de saint Dominique & de saint François, s'affaissant de jour en jour, n'exerçaient plus leur puissante action sur le monde, possédait encore son énergie & produisit jusqu'en 1789 des fruits d'érudition & de génie qui sont une des gloires de la France.

Un heureux hasard m'avait conduit à Solesmes le jour même de la fête de saint Benoît, 21 mars, & j'eus la consolation d'assister à la première messe *conventuelle* qui y eût été célébrée depuis plus de quarante ans. Deux prêtres, l'un officiant, l'autre composant le chœur avec un jeune diacre destiné plus tard à faire partie de l'établissement, un pauvre paysan aspirant à devenir *frère convers,* servant la messe; quelques vieilles femmes & moi pour assistance : telle fut la pompe de cette grande fête autrefois si splendide chez les enfants de saint Benoît. C'était pourtant déjà beaucoup que d'interrompre le silence des ruines & de venir y célébrer un pareil anniversaire après une solitude de quarante années.

Je songeais à cet ermite du Mont Cassin, à sa vie merveilleuse, à la faiblesse de ses moyens d'exécution, aux prodiges opérés par sa pensée créatrice. Je me disais : il y a douze siècles, un évêque du Mans envoyait à saint Benoît la députation qui devait amener saint Maur dans les Gaules; aujourd'hui un évêque du Mans étend sa protection paternelle sur ces hommes qui, dans quelques jours, viendront se déclarer disciples de ces deux grands patriarches de la solitude. Bientôt peut-être de nombreux Bénédictins environneront l'autel de Solesmes, & chanteront les hymnes du roi-prophète, assis sur ces stalles désertes. Dans quelques années peut-être de vigoureux rejetons partiront de cette souche pour étendre une seconde fois sur la France les fils de saint Benoît.

Je pensais aussi à ce que peuvent être les moines dans ce siècle. Au moyen âge, ils se mêlent à la société, ils se mettent en avant d'elle; ils agissent sur elle par leurs discours, leurs écrits. Le monde d'alors leur doit tout : ils se donnent à lui comme une aumône, & *ils possèdent vraiment la terre* par la charité & la douceur. Voyez Suger, voyez le grand abbé de Clairvaux & mille autres. Ce que les moines ont fait, ils peuvent le refaire : l'association & la Règle leur donneront toujours une force surhumaine. Qu'au point de départ ils en soient où est le siècle, ils l'auront bientôt devancé. Pourquoi des livres savants ou profonds, partis du cloître, ne remueraient-ils pas les esprits, comme s'ils sortaient du cabinet de cette frivole & vaniteuse créature, l'homme de lettres? Étrangers au siècle, n'apprenant ses haines ou ses adorations que le lendemain du jour où elles sont remplacées par d'autres, éloignés du tourbillon où se perdent même les fortes intelligences, sans prétention aucune au succès & à la gloriole, comprenez-vous tout ce que des hommes capables, ayant renoncé à tout ce qui occupe la vie des autres, travaillant huit heures par jour & priant le reste du temps, pourraient produire?

Et certes, il y a assez à faire. D'une part, réveiller la science ecclésiastique qui dort d'un si profond sommeil, & pour cela reprendre les importants labeurs de l'exégèse biblique, faire sortir la doctrine catholique des sources de la tradition qui la recèlent si pure & si vaste, en un mot si éloignée dans ses proportions de l'étroitesse avec laquelle on la circonscrit trop souvent ; animer d'une pensée générale le sublime récit des annales de l'Église, compulser les monuments de son droit, trouver en elle & en ses destinées la raison de tout ce qui arrive sur cette terre; montrer enfin que toute vérité scientifique, sociale ou philosophique se trouve dans la théologie, laquelle n'est point une science à part, mais bien celle dont toutes les autres sont tributaires, comme d'une reine à qui appartient l'empire de la vérité. D'autre part, lutter avec l'incroyance, & pour cela se faire philosophe avec les philosophes, érudit avec les érudits; mesurer, analyser ce monde visible avec le mathématicien & le chimiste; refaire les peuples qui ne sont plus, avec l'antiquaire & le philologue; chanter avec le poète, créer avec l'artiste, en un mot apprendre au monde que le vrai, le beau, l'utile ont leur unique source, leur dernière raison dans notre foi. Tous ces travaux, qui les accomplira? Le clergé séculier, resserré dans ses moyens d'action par son indigence, absorbé jour & nuit par les labeurs d'un ministère pénible, ne saurait remplir une autre tâche que celle imposée par les devoirs de sa position ; la vie monastique peut seule aujourd'hui fournir au prêtre ces doctes loisirs à l'aide desquels il pourra opérer toutes ces grandes choses.

Le siècle, malgré ses airs sceptiques, a besoin de cloîtres : ne sentez-vous pas dans tout ce qui s'écrit, même de pis, un impérieux & douloureux besoin de foi & de paix? On serait peut-être bien étonné des gens qui chercheront là un asile : on est dégoûté de tout dès la jeunesse : c'est déjà un pas. Il ne s'agit plus que de prendre goût au travail désintéressé, à la contemplation, aux divins charmes de la vérité; & cela, Dieu le donne aux cœurs droits.

En outre, savez-vous que le côté intellectuel n'est que la moindre partie de la vie monastique; que c'est d'abord l'ascétisme, la prière qui en est le fond (& j'ajouterai qui la rend douce) qui révèlera à ces âmes désenchantées des joies inconnues. Oh! si on avait pénétré dans ces mystères, si on savait ce que peut être l'amour de Dieu, combien malgré tout ce que son objet vous semble à vous, gens du monde, avoir d'insaisissable, il peut remplir & rassasier le cœur le plus avide! Mais on ne peut pas trop s'étendre sur ce sujet. Ce qui est sûr, c'est que, pour qui est appelé, le mot de l'Évangile peut se vérifier à la lettre : *Celui qui aura quitté pour moi son père, sa mère, sa maison, ses champs, retrouvera le centuple, & de plus la vie éternelle.* Ce qui ne l'est pas moins, c'est que cette autre parole doit aussi immanquablement s'accomplir : *Cherchez d'abord le royaume de Dieu & sa justice, le reste vous sera ajouté de surcroît.* La prière donc, l'ascétisme d'abord, puis la science, l'intelligence, l'action, la puissance même du génie!

Honneur donc à la courageuse entreprise qui reçoit en ce moment son exécution à Solesmes! Tous nos vœux l'accompagnent. Puisse-t-elle faire battre généreusement tous les cœurs catholiques! C'est aux catholiques de montrer à cette occasion qu'ils n'ont point oublié que toutes les grandes œuvres de notre foi furent inspirées par le zèle de Dieu & l'amour des hommes, conduites par la Providence & dotées par la charité.

SOLESMES

&

PROSPER GUÉRANGER

SOLESMES

&

PROSPER GUÉRANGER

Prosper Guéranger ayant été élu Prieur le 10 juillet 1833, la cérémonie de l'installation se fit le lendemain, fête de la Translation des reliques de saint Benoît. Elle fut présidée, au nom de l'Évêque alors absent, par le vénérable chanoine Philippe Ménochet, ancien confesseur de la foi dans la rade de Rochefort. L'*Ami de la Religion* qui s'était fait naguère l'interprète & l'oracle du gallicanisme en prenant, à sa manière, la défense des liturgies diocésaines, renouvela ses attaques contre le nouveau Prieur & donna des marques publiques de ses mauvaises dispositions envers la communauté de Solesmes. Averti avant l'explosion, Dom Guéranger voulut prévenir un coup qui pouvait être fatal à l'œuvre. Il écrivit au rédacteur; mais la lettre se croisa à la poste avec l'article qui parut le 30 juillet. Voici en quels termes s'exprimait le serviteur de Dieu.

Du Prieuré de Solesmes, diocèse du Mans, ce 1 août 1833.

Au Rédacteur de l'*Ami de la Religion*.

Monsieur le Rédacteur,

PLACÉ à la tête de l'établissement qui vient de se former à Solesmes, diocèse du Mans, sous la Règle de Saint Benoît & les statuts de la Congrégation de Saint Maur, je viens vous prier de

vouloir bien donner place dans votre journal, l'un des organes du Clergé, aux réclamations suivantes, que j'ai l'honneur de vous adresser, tant en mon nom qu'en celui de mes frères.

L'établissement de Solesmes ne s'est formé qu'avec l'autorisation & les encouragements de Mgr l'Évêque du Mans(1). C'est de lui que nous tenons tout ce que nous sommes, & un seul acte de sa volonté pourrait dissoudre notre réunion, sans que pour cela il nous vînt en pensée d'opposer la plus légère résistance.

Notre but principal (2), en nous réunissant à Solesmes, a

---

(1) Tout en s'occupant de l'acquisition du prieuré de Saint-Pierre, l'abbé Guéranger voyant que l'heure de la Providence avait sonné, se mit en devoir de rédiger un corps de règlements pour l'association, & le 10 novembre 1832, il visitait Mgr Philippe Carron pour lui remettre son manuscrit. Le Prélat goûta grandement la rédaction des articles, empreints de cet esprit de discrétion qui caractérise la Règle du saint Patriarche. Dès le mois de décembre, c'est-à-dire quelques jours après la location des bâtiments de Solesmes, l'Évêque sanctionnait de son autorité les nouvelles Constitutions. — « Quatre ans plus tard, » dit Dom Guéranger parlant de ces statuts, « cet ensemble de règlements fut présenté au Saint-Siège « avec de très légères modifications, & il obtint l'approbation apostolique. »

Qu'on nous permette d'insérer ici la traduction du petit prologue placé en tête du corps des articles, tel qu'il fut tout d'abord soumis à l'approbation du premier pasteur du diocèse :

« Les membres de l'association régulière établie dans le diocèse du Mans, sous « la protection de Mgr l'Évêque, s'étant réunis dans l'intention de passer sous l'ob- « servance de la Règle de Saint Benoît, aussitôt que la demande qu'ils en adresseront « en temps & lieu au Saint-Siège aura été accueillie, doivent dès à présent s'exercer « aux vertus religieuses & aux pratiques monastiques que ce grand Patriarche a « prescrites aux membres de sa nombreuse famille. Ils ne doivent jamais oublier « qu'ils ne se sont retirés dans la solitude que dans le but de travailler efficacement « à leur sanctification, & de se rendre utiles à l'Église dans la manière que la « divine Providence leur fournira. C'est pourquoi ils observeront fidèlement les « règles suivantes, qui leur sont présentées revêtues de l'autorité de Mgr l'Évêque « du Mans. »

(2) Saint Benoît a écrit plusieurs chapitres pour régler ce qui regarde l'Office divin. L'une des maximes principales de la sainte Règle est celle qui prescrit de ne rien préférer à l'*Œuvre de Dieu : Nihil operi Dei præponatur*. L'abbé Guéranger, en songeant à restaurer en France l'Ordre monastique, prouva combien il fut dès le

été d'y établir une maison de retraite & de prière, où pût refleurir quelque ombre des anciennes vertus du cloître, &

commencement rempli de l'Esprit de Dieu & de la science du passé. Voici quelques traits que nous aimons à puiser dans les notes de celui qu'on appelait au collège *le moine* & qui, au témoignage de madame Swetchine, était né *Abbé de Solesmes*. Ces détails offriront au lecteur, nous n'en doutons pas, un vif intérêt & lui montreront sur quelle base solide fut, dès les premiers jours, fondée l'œuvre de la restauration bénédictine. Nous laissons la parole à Prosper Guéranger : « Un jour « j'allai m'asseoir sur la Poulie* avant d'entrer au monastère, & je dis à mon com- « pagnon [M. l'abbé Augustin Fonteinne, alors vicaire à Sablé] en lui montrant « la façade du jardin : Voyez cette maison, comme elle est belle ; j'ai envie d'éta- « blir là une maison de prière & d'étude. Je songe au rétablissement des Béné- « dictins dans cet ancien monastère, & plusieurs prêtres du Mans se joindraient à « moi... Peu de jours après je partis pour Paris. Une de mes premières visites fut « au bureau de l'*Avenir*. J'arrivais au moment de la crise de ce journal. Je tenais à « voir M. de La Mennais & M. Gerbet, & à leur parler de mes projets. Les ten- « dances trop politiques & trop libérales de l'*Avenir* m'inquiétaient de plus en « plus ; mais j'avais confiance dans le catholicisme de ces hommes, qui me sem- « blaient plutôt entraînés par les évènements que séduits par des doctrines dont je « sentais vivement l'opposition avec tout le passé de l'Église ; M. de La Mennais « avait l'air très préoccupé, il m'écouta cependant avec bienveillance, & convint « qu'il n'y avait rien à faire sans les Ordres religieux, ajoutant qu'il avait songé à « ce besoin depuis longtemps, & même tenté quelque chose de pareil dans son « essai de congrégation à la Chênaie. Je lui répondis que je ne songeais à rien de « nouveau, mais simplement au rétablissement d'une maison de Bénédictins. Il « m'objecta que dans cet Ordre, on avait le *Chœur* ; je lui répondis que c'était « cela précisément qui me le faisait choisir, & que mes associés avaient le même « attrait... »

C'est ainsi que l'abbé Guéranger montra tout d'abord qu'il ne voulait en rien continuer les errements modernes, ni marcher sur les traces de M. de La Mennais, lequel, on s'en souvient, obtenait du Pape par M. de Lamartine la dispense de réciter le bréviaire à cause de ses occupations & qui, au dire de ses amis, ne célébrait que rarement le Saint Sacrifice.

Nul n'apprécia mieux que Prosper Guéranger l'importance & la nécessité des études ; mais il comprenait également qu'on ne saurait transformer un monastère en académie sans méconnaître la fin principale de l'institution monastique, & il estimait avec raison que la science serait, aujourd'hui comme autrefois, octroyée par Dieu, comme par surcroît, à des moines qui cherchent en premier lieu dans l'accomplissement de l'Office divin leur propre sanctification.

* *Terrain vague situé en face des bâtiments du Prieuré.*

d'offrir un asile aux âmes qui, appelées à la vie religieuse, ne trouvent point en France les secours nécessaires pour suivre leur vocation.

Notre but secondaire (1) a été de nous livrer à l'étude de la science ecclésiastique, considérée tant en elle-même que sous ses rapports avec les autres branches des connaissances humaines. L'Écriture Sainte, l'antiquité chrétienne, le Droit canonique, l'histoire enfin, seront les principaux objets de nos travaux. Du reste, nous sommes loin de nourrir des prétentions incompatibles avec la faiblesse d'une institution qui ne fait que de naître : nous voulons seulement consacrer fidèlement au service de l'Église tous les instants que nous laisse libres la célébration des divins Offices.

Nous ne sommes point une école, & n'entendons appartenir à aucune école. Avant d'admettre un homme dans notre société, nous ne nous enquérons point de sa façon de penser sur des questions que la souveraine autorité de l'Église a cru devoir laisser libres.

Toutefois, nous exigeons de tous nos frères une entière soumission à toutes les décisions & à tous les enseignements du Siège Apostolique, & en particulier à la lettre encyclique de N. S. P. le Pape Grégoire XVI, en date du 18 des calendes de septembre 1832, laquelle lettre encyclique est pleinement expliquée dans ses intentions par le bref

---

(1) Nous citerons un passage du chapitre VIII des statuts dont nous nous occupons, afin qu'on puisse constater que dès l'année 1832 l'abbé Guéranger possédait sur ce sujet une admirable hauteur de vues.

« Les associés étudieront par amour pour Dieu qui est la source de toute vérité,
« pour l'accomplissement des desseins de Dieu sur eux, pour l'utilité de la sainte
« Église, & nullement dans un esprit de coterie, d'opposition, d'ambition ou
« d'amour propre. Ils se souviendront que Dieu est le maître de la sagesse & que
« tous les trésors de la science sont déposés dans la prière. C'est pourquoi ils ne se
« mettront jamais au travail sans avoir imploré à genoux l'Esprit de lumière & de
« consolation. Dans les difficultés & les obscurités de l'étude, ils recourront à la
« prière, persuadés, à l'exemple des Saints, que plus ils se tiendront unis à Dieu,
« plus ils deviendront savants. »

apostolique récemment adressé à Mgr l'archevêque de Toulouse.

Quant aux affaires du jour & aux questions personnelles de la politique, nous ne saurions avoir la pensée d'y prendre part. Cette prétention nous semblerait ridicule dans des moines, & coupable dans des hommes qui doivent tout leur temps à la prière & à l'étude.

Nous déposons avec confiance cette protestation dans votre journal, monsieur le Rédacteur, & nous espérons que par ce moyen elle pourra parvenir jusqu'à ces personnes qu'on nous dit avoir pris de notre réunion une occasion de scandale. Nous le leur pardonnons de grand cœur, & les prions de croire que, pas plus qu'elles-mêmes, nous ne connaissons d'autre parti que celui de Jésus-Christ & de son Église, & d'autre docteur infaillible que celui auquel seul la prière du Fils de Dieu a mérité *une foi qui ne manquera jamais*.

Veuillez agréer, monsieur le Rédacteur, les sentiments respectueux de votre très humble & très obéissant serviteur,

F. Guéranger, prêtre.

VISITE

DE

MONSEIGNEUR L'ÉVÊQUE DU MANS

VISITE

DE

MONSEIGNEUR L'ÉVÊQUE DU MANS

AU

PRIEURÉ DE SOLESMES

Monseigneur Philippe Carron, mort le 27 août 1833, eut pour successeur sur le siège de saint Julien Mgr Jean-Baptiste Bouvier. Consacré en 1834, le 21 mars, le Prélat voulut faire dès le mois suivant sa première visite au Prieuré de Saint-Pierre. L'abbé Guéranger & ses compagnons achevaient alors leur année de noviciat & se préparaient à émettre les vœux de la Profession, le 11 juillet, en la fête de la Translation des reliques de saint Benoît.

L'*Univers religieux* nous fournit les détails de cette touchante solennité. Nous les lui emprunterons ainsi que le discours que le Prieur prononça en cette circonstance.

23 Mai 1834.

NE cérémonie intéressante a eu lieu le 3 mai au Prieuré de Solesmes. Mgr Bouvier, évêque du Mans, est allé visiter ce précieux asile, à l'ombre duquel de courageux novices, dans le silence de la prière & de l'étude, se préparent à contracter dans quelques mois leur premier engagement avec Dieu & l'Église. L'un d'entre eux devait être élevé à l'ordre de prêtrise, & le digne Prélat avait promis de venir célébrer

l'ordination à Solesmes, sitôt que les graves occcupations du commencement de son épiscopat lui en laisseraient le loisir.

Le 2, dans la soirée, Sa Grandeur est arrivée aux portes du monastère. Elle y a été reçue avec tous les honneurs canoniques par la Communauté, ayant à sa tête M. l'abbé Guéranger, son Prieur, qui a adressé au Prélat le discours suivant :

« Monseigneur,

Chassé de son siège épiscopal, errant à travers son vaste diocèse sans trouver où reposer sa tête, un de vos plus vénérables prédécesseurs (1) vint un jour frapper aux portes de ce monastère. Les moines de Solesmes accueil-

(1) Breton d'origine, Hoël avait été appelé dès l'âge de dix-sept ans auprès d'Arnaud son parent, évêque du Mans. Sous ce maître habile le jeune clerc avait fait de rapides progrès. Ses qualités brillantes, la solidité de sa doctrine, ses mœurs irréprochables lui avaient mérité une distinction aussi flatteuse que singulière; quoique dans un âge peu avancé, les chanoines l'élurent pour leur doyen. Hoël, probablement par suite des déchirements de la province, & afin de goûter plus de tranquillité, accepta des fonctions dans la chapelle de Guillaume le Conquérant, roi d'Angleterre. A la mort de l'évêque Arnaud, il fut appelé à s'asseoir sur le siège du Mans, & il réalisa bientôt toutes les espérances qu'il avait fait concevoir. Il était rempli de bonté, & la douceur était le trait caractéristique de son esprit.

Le nouvel évêque eut néanmoins beaucoup à souffrir de la part des factieux qui ne cessaient de troubler la paix de son Église. On en vint jusqu'à porter une main sacrilège sur le pontife & à l'envoyer prisonnier au château de la Flèche. Le prélat ne rentra dans sa ville épiscopale que pour être de nouveau témoin des troubles qui ne tardèrent pas à se produire. Décidé à attendre des temps meilleurs, Hoël prit la résolution d'aller demeurer dans quelque monastère de son diocèse. Aucun ne lui parut offrir un séjour aussi sûr & aussi commode que le prieuré de Solesmes. Voisin de Sablé, où une partie du clergé du Mans s'était retirée, ce monastère offrait un asile exempt de toute inquiétude, par la protection de Robert le Bourguignon, ami de l'église & de l'évêque fugitif. D'ailleurs ce prieuré, où fleurissaient l'observance de la Règle & toutes les vertus monastiques, était sous la dépendance de l'abbaye de la Couture & de l'abbé Juhel, dont le dévouement au parti normand était bien avéré.

Sans calculer les chances de leur démarche, les moines de Solesmes accueillirent avec empressement l'évêque Hoël avec toute sa suite. De ce moment le prélat établit sa chaire dans la modeste église priorale. Il y consacra le saint Chrême le Jeudi saint, y officia pontificalement aux solennités pascales, & y tint le synode diocésain aux fêtes de la Pentecôte. On voyait des processions continuelles arriver de toutes parts au monastère; & le village de Solesmes, selon l'expression des anciens chroniqueurs, semblait être devenu une ville, par le nombre de ceux qui

lirent le pontife fugitif, & il trouva enfin dans ces murs une hospitalité courageuse. Les annales du diocèse retentissent encore de la gloire qu'un si grand évènement répandit tout à coup sur le modeste prieuré. La chaire pastorale s'éleva dans cette même église, sous ces mêmes voûtes. Les plus augustes fonctions de l'épiscopat s'accomplirent dans l'enceinte trop étroite de ce temple; & durant près de trois mois, disent nos chroniques, le village de Solesmes offrit, par l'affluence du peuple fidèle, l'image d'une grande cité.

« La fermeté des cénobites de Solesmes ranima le courage du clergé, réchauffa la foi des peuples, effraya les tyrans de l'Église. Ce fut donc ici que la victoire se décida, & nous sommes fiers, Monseigneur, aujourd'hui surtout, d'habiter une solitude remplie d'aussi nobles souvenirs.

« Car, Monseigneur, c'est un triomphe aussi que votre présence dans ces murs. Seulement ce n'est point pour fuir des ennemis, mais bien poursuivi par les acclamations de l'amour & du respect, après avoir traversé des populations avides de voir le pasteur selon le cœur de tous, que vous venez frapper aux portes de notre manoir.

« Venez, Monseigneur, reconnaître les traces du magnanime Hoël. Ce même portique accueillit son entrée, il y a six siècles. A cette même place il célébra paisiblement le Sacrifice d'actions de grâces. Rien de changé dans ces murs; toujours même dévouement, même affection, nous oserons

accouraient donner à l'évêque fugitif des marques de sympathie & de vénération. Des personnages du plus haut rang arrivaient fréquemment au prieuré de Solesmes.

Lorsqu'on eut ressenti les tristes effets du départ du prélat, des démarches furent tentées auprès d'Hoël pour qu'il revînt au Mans. Le retour eut lieu le 28 juin seulement, & fut un véritable triomphe.

Au bout de quinze années d'épiscopat, Hoël s'endormit dans la paix du Seigneur, le 29 juillet 1096. Sa mort laissa de vifs regrets à tous les fidèles du diocèse du Mans, mais surtout aux clercs & aux moines. (*Voir le t. III de l'Histoire de l'Église du Mans,* par le R. P. Dom Paul Piolin, bénédictin de la Congrégation de France.)

même ajouter, & votre cœur nous comprendra, un dévouement plus parfait encore, une affection plus tendre. Aux yeux des moines de Solesmes, Hoël était l'oint du Seigneur, le Pontife de l'Église du Mans ; pour nous vous êtes tout cela, Monseigneur, mais de plus vous êtes notre père.

« Oui, vous êtes notre père, car vous nous avez élevés presque tous. Vous êtes le père de cette maison, car vous avez assisté à sa première naissance. Vos conseils nous éclairèrent, vos encouragements nous donnèrent confiance, votre charité vint à notre secours : vous avez souri à notre berceau. Nous grandissons pour vous, Monseigneur, & le Ciel même a uni les destinées de cette maison avec celles de votre épiscopat ; car vous vous en souvenez, le jour même où l'Esprit qui fait les pontifes descendait sur vous, ce petit troupeau qui se presse en ce moment autour de vous, entourait l'autel & se livrait à la plus vive allégresse. Deux solennités à la fois l'occupaient dans un même jour, toutes deux également chères, l'une de la terre, l'autre du ciel : la fête de notre saint Patriarche & votre consécration épiscopale (1).

« Entrez donc dans votre maison, Monseigneur ; car tout ce qui est aux enfants est aussi à leur père. Vous avez pour nous des bénédictions spéciales. C'est à vous en effet de bénir nos essais pour la gloire & le service de l'Église de Dieu, vous qui depuis si longtemps, sur le chandelier, éclairez cette même Église de votre évangélique lumière. C'est à vous de nous enseigner la simplicité des vertus du cloître, vous dont les nombreuses années s'écoulèrent dans la prière & la retraite ; années si délicieuses au souvenir de vos enfants, & dont la mémoire, toujours présente à notre pensée, fait encore & fera longtemps le charme de nos plus doux entretiens. »

(1) Mgr Bouvier a reçu la consécration épiscopale le 21 mars, jour de Saint Benoît.

Monseigneur a répondu :

« J'ignore s'il est dans les décrets de la Providence que je vienne aussi un jour chercher un asile dans cette sainte maison; mais ce dont je puis répondre, c'est de l'affection bien sincère que je porte du fond du cœur à tous ceux qui l'habitent, & à l'œuvre si belle & si importante à laquelle ils ont eu le bonheur de se consacrer. »

Le 3, jour de l'Invention de la sainte Croix, Mgr a chanté pontificalement la Messe conventuelle, durant laquelle il a imposé les mains au nouveau prêtre. Un nombreux concours de fidèles donnait à la fête un aspect plus intéressant encore. Après la cérémonie le Prélat a adressé à l'auditoire une allocution touchante dans laquelle, après avoir fait remarquer que ce n'était que par une dérogation aux usages reçus dans l'Église qu'on voyait une ordination s'accomplir loin de la ville épiscopale, il a terminé ainsi :

« J'ai voulu par là donner une preuve éclatante de mon estime pour la communauté de Solesmes, & montrer d'une manière authentique toute la confiance que m'inspire cette œuvre naissante. Puissent mes efforts être secondés! puissent mes vœux être entendus! & l'on verra se former ici, avec le temps, une société précieuse à l'Église, & digne de recueillir l'héritage de ces hommes dont le savoir & la piété ont tant illustré l'Ordre de Saint Benoît. »

ESSAI HISTORIQUE

SUR

L'ABBAYE DE SOLESMES

ESSAI HISTORIQUE
SUR
L'ABBAYE DE SOLESMES
SUIVI DE LA DESCRIPTION
DE
L'ÉGLISE ABBATIALE
AVEC L'EXPLICATION DES MONUMENTS QU'ELLE RENFERME

Prosper Guéranger publia dès 1834 une *Notice sur le Prieuré de Solesmes*, qui fut réimprimée cinq ans plus tard; il composa ensuite une histoire beaucoup plus étendue, à laquelle il joignit une description de l'Église abbatiale avec l'explication des monuments qu'elle renferme. L'auteur dut pour la composition de son travail multiplier les plus minutieuses recherches. Ce livre qu'on n'avait point encore réédité a conservé tout son charme & tout son mérite; nous le reproduisons intégralement, tel qu'il a été écrit par le docte Abbé. Nous indiquerons d'ailleurs d'excellentes études qui ont suivi ces premiers travaux & qui sont propres à intéresser non moins qu'à instruire les visiteurs de Solesmes.

PRÉFACE

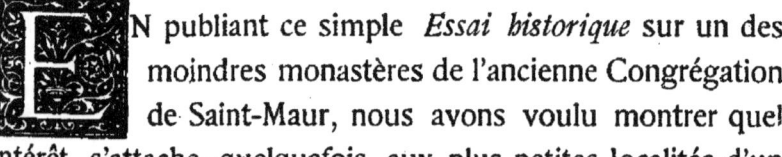N publiant ce simple *Essai historique* sur un des moindres monastères de l'ancienne Congrégation de Saint-Maur, nous avons voulu montrer quel intérêt s'attache quelquefois aux plus petites localités d'un

pays, & comment un établissement, sans avoir en lui-même une grande importance, par cela seul qu'il a traversé plusieurs siècles, se trouve souvent renfermer dans ses humbles annales les noms les plus solennels de l'histoire. C'est le fait de la durée d'associer aux plus faibles destinées ce qu'il y a de plus grand, & ce spectacle nous est une haute leçon dans un siècle où rien ne semble construit pour durer. Il fut un temps où les institutions s'appuyaient sur les mœurs, & où les mœurs reposaient elles-mêmes sur la Religion. A cette époque, comme aujourd'hui, les passions de l'homme s'agitaient avec violence; mais une digue immuable en arrêtait toujours le torrent. L'homme pouvait succomber; l'institution restait debout. Puissent les sociétés modernes obtenir pour leurs plus grandioses établissements quelque chose de la solidité dont fit preuve, pendant près de huit siècles, le moutier obscur de Saint-Pierre de Solesmes!

Ce court épisode de l'histoire ecclésiastique du diocèse du Mans n'a pas laissé de nous coûter de longs travaux & de minutieuses recherches. Nous nous faisons un devoir de placer sous les yeux du lecteur la liste des ouvrages imprimés & des manuscrits sur lesquels nous avons établi notre récit. Si la dimension donnée par nous à l'histoire de Solesmes n'est pas considérable, du moins n'avons-nous rien négligé pour réunir tous les matériaux nécessaires à la perfection dont l'ouvrage était susceptible. Avec cela, aurons-nous pu parvenir à intéresser sur un si mince sujet? Nous nous rendrons du moins le témoignage d'avoir fait de notre mieux, & cette chronique aura toujours son utilité comme mémoire à lire sur les origines de la paroisse & de la commune de Solesmes.

Pour les ouvrages imprimés, nous avons consulté les *Acta Episcoporum Cenomanensium*, donnés par D. Mabillon au troisième tome des *Analecta;* les *Vies des Évêques du Mans,* de Corvaisier & de Bondonnet; l'*Histoire de Sablé*, par Ménage; le *Pouillé* de la Province ecclésiastique de Tours; le *Dictionnaire topographique de la Province & du Diocèse du Maine*, par Le Paige; l'*Essai sur la Statistique du département de la Sarthe*, par M. Cauvin; le *Dictionnaire topographique de la Sarthe*, par M. J. R. Pesche; les *Annales Ordinis Sancti Benedicti*, de D. Mabillon; l'*Histoire littéraire de la Congrégation de Saint-Maur*, de D. Tassin; l'*Histoire littéraire de France*, par les Bénédictins, &c.

Parmi les manuscrits qui nous ont servi d'éléments, nous citerons plusieurs chartes & titres de l'ancien Prieuré de Solesmes, sauvés & conservés encore dans l'Abbaye actuelle(1); le Cartulaire de Saint-Pierre de la Couture, son Nécrologe, l'Histoire de cette Abbaye, qui tous font partie du dépôt des manuscrits de la Bibliothèque du Mans; les titres de l'ancien fief de Bousse, qui était de la mouvance de

(1) Un important ouvrage vient d'être publié récemment, portant ce titre : « Cartulaire des Abbayes de Saint-Pierre de la Couture & de Saint-Pierre de « Solesmes, publié par les Bénédictins de Solesmes, sous les auspices & aux frais « de M. P. d'Albert duc de Chaulnes. » — Au début de son *Avertissement*, l'auteur de cet intéressant travail fait une remarque que nous devons relever pour montrer à la fois & le prix du cartulaire & le mérite de la brochure que nous insérons dans nos mélanges.

« En publiant le Chartrier de l'Abbaye de Solesmes & l'ancien fonds de Saint-« Pierre de la Couture, nous ne faisons que donner les pièces justificatives du « travail historique imprimé, presque aussitôt après le rétablissement de notre « monastère, par le restaurateur de l'Ordre de Saint Benoît en France, sous le titre « modeste de *Notice* ou d'*Essai sur Solesmes...* » Or notre confrère a réuni sur l'abbaye mancelle & sur l'ancien prieuré qui en dépendait les documents les plus variés, en y joignant des annotations fort utiles. L'ouvrage est d'ailleurs enrichi de tables détaillées & de nombreuses gravures.

Solesmes, & tout un dossier sur les incidents qui ont rapport à la vente & à la propriété du monastère, documents conservés aux archives du département de la Sarthe; les registres du bailliage de Sablé; les registres de baptême de la paroisse de Solesmes; la Matricule de la Congrégation de Saint-Maur; le *Liber decretorum Capitulorum generalium Congregationis Sancti Mauri;* l'*Histoire de la Congrégation de Saint-Maur,* par D. Martène; le *Cenomania* de D. Briant; enfin, une notice précieuse que nous avons découverte à la Bibliothèque Royale, à Paris, dans un recueil de matériaux qui devaient servir à la composition du *Monasticon Gallicanum.* Elle a pour titre : *Sancti Petri Solesmensis Cella,* & nous a puissamment aidé dans la composition de notre chronique.

ESSAI HISTORIQUE
SUR
L'ABBAYE DE SOLESMES

LA province du Maine apparaît dans l'histoire de l'Église d'Occident comme une des contrées destinées le plus particulièrement par la divine Providence à recevoir & à propager les traditions de la vie monastique. Elle a dû principalement cet honneur au zèle des évêques du Mans, qui, à diverses époques, se sont fait gloire d'attacher leur nom, comme protecteurs, à ces institutions de la perfection chrétienne, qui ont été en France, comme dans le monde entier, un foyer puissant de vie, de lumière & de chaleur.

L'esprit de saint Martin, cet illustre évêque que l'on peut bien appeler l'apôtre & le patriarche de la vie cénobitique dans les Gaules, se reposa sur saint Liboire, l'ami de cet admirable pontife, & le troisième successeur connu(1) de saint

---

(1) Le R. P. Dom Paul Piolin a publié dans son *Histoire de l'Église du Mans* deux catalogues des successeurs de saint Julien, copiés sur un manuscrit du treizième siècle. On lit immédiatement à la suite de l'apôtre du Maine, les noms de saint Thuribe, de saint Pavace & de saint Liboire. Or nous devons noter que saint Liboire, troisième successeur *connu* de saint Julien, succédait en réalité à plusieurs évêques dont les noms & les gestes nous sont demeurés inconnus.

Julien, fondateur de l'Église du Mans. Mais aucun des successeurs de saint Liboire n'a plus visiblement hérité de l'affection que professait saint Martin pour l'Ordre monastique, ni mieux mérité de l'Église & de la patrie par des services rendus à l'état religieux, que le grand évêque saint Innocent (532-543). On peut dire avec vérité que ce pieux pontife fut le père des moines, & son diocèse un asile ouvert à tous les serviteurs de Dieu que leur vocation appelait dans la solitude. Dès l'an 537, le saint abbé Calais fondait sur les bords de l'Anille, par la munificence de saint Innocent, ce célèbre monastère autour duquel une ville ne tarda pas à s'élever. Dans le même temps, le diocèse du Mans se glorifiait de posséder à la fois les saints moines Almire, Ulface, Bomer, Constantien & Léonard, que la renommée d'Innocent avait pareillement engagés à venir habiter les forêts du Maine.

Mais l'influence d'un si pieux prélat devait s'étendre bien au delà des limites de son diocèse. Non content d'en avoir fait l'asile des saints que nous venons de nommer, auxquels il en faut encore ajouter plusieurs autres, il tenta d'implanter en France une semence monastique plus vigoureuse encore & plus féconde. La renommée du grand patriarche des Moines de l'Occident, saint Benoît, était parvenue jusqu'aux oreilles d'Innocent; mais l'heure approchait où la gloire de cet homme *rempli de l'esprit de tous les justes,* comme parle saint Grégoire le Grand, allait s'épanouir dans l'éternité. Ses dernières bénédictions étaient réservées à la France.

Un jour de l'an 542, deux pèlerins gravissaient les sommets du Mont Cassin & venaient se présenter au saint législateur. Tous deux étaient partis de la cité du Mans, envoyés par l'évêque Innocent, & l'un était Flodegaire, son archidiacre, l'autre Harderade, son intendant. Ils venaient demander à saint Benoît quelques-uns de ses disciples, auxquels il donnerait la mission de transplanter en France cette règle déjà fameuse qui devait organiser l'élément monastique jusqu'alors flottant, & enfanter la civilisation de l'Occident tout entier.

Le Saint, touché de ces prières, accorde aux désirs de l'évêque son plus cher disciple, Maur, qui partit du Mont Cassin le dix de janvier 543, avec quatre autres moines, Simplice, Constantinien, Antoine & Fauste (1).

Les pieux voyageurs étaient encore en route, quand ils apprirent, à Orléans, la mort du saint évêque qui les avait appelés. Son successeur, saint Domnole, si zélé à son tour pour l'état monastique, n'avait pas encore pris possession de l'Église du Mans, qui était en proie à un intrus, nommé Scienfrid, ancien chorévêque de saint Innocent. Maur prit le parti de se diriger vers l'Anjou, d'après les conseils de Harderade, & alla s'établir, & avec lui le berceau de l'Ordre bénédictin en France, au lieu nommé Glanfeuil, sur les bords de la Loire. Là s'éleva bientôt une célèbre abbaye qui a porté le nom de Saint-Maur, jusqu'à la destruction des monastères en France, à la fin du XVIIIe siècle.

Mais si le séjour des premiers Bénédictins fut l'Anjou, le signal qui les avait appelés du Mont Cassin n'en était pas moins parti du diocèse du Mans. Les successeurs de saint Innocent avaient hérité de son zèle. En 571, saint Domnole (560-581) fondait l'insigne abbaye de Saint-Vincent, dans un faubourg de sa ville, & il invitait saint Germain, évêque de Paris, autrefois abbé de Saint-Symphorien d'Autun, à venir en célébrer la dédicace. Il est probable que la Règle de saint Benoît, dont l'introduction fut si rapide dans les monastères de France, n'était pas étrangère aux pratiques des premiers cénobites de Saint-Vincent (2).

(1) Fauste est l'auteur de la vie de saint Maur.
(2) Saint Germain accomplit avec saint Domnole les rites de la dédicace de la basilique & du monastère. Cette consécration se fit en l'honneur des saints diacres & martyrs Vincent & Laurent. Une partie considérable du chef du premier, & une

Ce n'est point ici le lieu d'énumérer les autres fondations de saint Domnole, entre lesquelles on doit compter le monastère qu'il bâtit en l'honneur de la Sainte Vierge, sur la rive droite de la Sarthe, & auquel il donna pour abbé saint Pavin. Il augmenta considérablement le monastère qui existait déjà près du tombeau de saint Julien, & y réunit la dotation de cinquante moines. C'est ce même monastère qui, ayant été plus tard ruiné par les Normands, fut rétabli comme abbaye de filles sous le nom de Saint-Julien-du-Pré.

Saint Bertrand (586-623) succéda bientôt à saint Domnole & hérita de son affection pour l'Ordre monastique. Il avait été tenu sur les fonts du baptême par saint Germain de Paris & se montra digne d'une si belle parenté spirituelle. Une nuit qu'il était en prière dans une des tours de la ville qui joignait l'église cathédrale, l'Archange saint Michel lui apparut, & lui désigna un lieu situé au midi de la ville du Mans, nommé *Vivereus*, l'assurant que Dieu voulait y être honoré. Le saint évêque, instruit par cette révélation, se mit tout aussitôt en devoir de bâtir au lieu indiqué un monastère qu'il dota d'une partie de son patrimoine, & auquel il assigna pour patrons saint Pierre & saint Paul (1). C'était un usage fréquent en ces temps d'édifier les monastères à l'honneur du Prince des Apôtres, comme pour les faire participer en quelque sorte à la solidité de l'Église bâtie sur la pierre. Ainsi, dans le diocèse du Mans, on avait vu saint Calais, saint Almire, saint Bomer, saint Ulface, saint Léonard, placer leurs nouveaux monastères sous le titre de Saint-Pierre, & le grand saint Maur lui-même avait suivi cet exemple dans la fondation de son illustre abbaye de Glanfeuil.

relique notable du gril sur lequel le second avait souffert le martyre furent déposés dans la basilique. (Dom Piolin, l. c. t. I. p. 262.)

(1) Quoique l'on ne puisse pas déterminer positivement l'année en laquelle cet évènement a eu lieu, il est certain que cette fondation est antérieure à l'année 605. (D. Piolin, l. c. p. 311.)

Il ne paraît pas que l'abbaye fondée au Mans par saint Bertrand, sous le nom de Saint-Pierre, ait pris dès lors le nom de *la Couture,* qui se traduit en latin par *Cultura* & quelquefois *Cultura Dei;* mais on voit par les Actes des Évêques du Mans, que saint Bertrand y établit tout d'abord une nombreuse communauté de moines. La règle qu'on y suivit dès le principe dut être celle de saint Benoît, qui fut reconnue en termes absolus comme étant de fait & de droit la règle des moines de France, dans un concile d'Autun, tenu par saint Léger, vers 670, moins d'un siècle après la fondation de notre abbaye.

Le premier abbé du monastère de Saint-Pierre & Saint Paul du Mans paraît avoir été *Chaimoalde*, qui était parent de saint Bertrand, & que l'on trouve évêque de Poitiers en 612. Dans son testament, saint Bertrand en parle en effet comme d'un évêque, l'invite à ne pas oublier qu'il a été nourri *sous le patronage de saint Pierre,* & se recommande à lui pour sa sépulture. La perte d'un grand nombre de monuments a laissé une profonde lacune dans le catalogue des successeurs de cet abbé; la liste en demeure interrompue jusqu'à la fin du Xe siècle.

Saint Bertrand fit confirmer ses libéralités à l'égard de l'abbaye de Saint-Pierre & de Saint-Paul par l'autorité de Clotaire II, & il institua ce monastère de sa prédilection son principal héritier avec l'église cathédrale.

Les autres fondations monastiques de ce grand & saint évêque furent entre autres celle de Saint-Germain, à l'ouest de la ville, en l'honneur du saint évêque de Paris, & celle de Saint-Martin de Pontlieue, sur la rivière d'Huisne. Il n'oublia pas de bâtir une église au lieu où l'Archange saint Michel s'était manifesté à lui, voulant conserver la mémoire de cette apparition, postérieure à celle du même Archange, sur le mont Gargan dans la Pouille, au temps du Pape saint Gélase, & antérieure à celle qui eut lieu en l'an 708 sur le mont

Tumba, appelé depuis le Mont Saint-Michel, près des côtes de Normandie.

Enfin, l'an 623, saint Bertrand, après un épiscopat de trente-sept ans, rendit son âme à Dieu. Son corps fut enseveli dans sa chère abbaye de Saint-Pierre, & devint bientôt l'une des plus insignes reliques de l'Église du Mans, en même temps que la plus riche portion du trésor de l'abbaye. Nous parlerons des translations qui en furent faites à diverses époques (1).

Après avoir ainsi établi l'origine de l'abbaye de Saint-Pierre de la Couture, nous suivrons la série des évènements monastiques du diocèse du Mans, jusqu'à la fondation du monastère de Solesmes, qui doit nous occuper spécialement & dont l'histoire se confond le plus souvent avec celle de la Couture elle-même.

Vers 630, saint Hadouin (623-654), successeur de saint Bertrand, fonda l'abbaye d'Évron, sur le territoire de *Rupiacum*, qui paraît être le lieu que saint Innocent avait destiné à l'habitation de saint Maur. Saint Hadouin déposa dans l'église du monastère d'Évron la célèbre & sacrée relique du Lait de la Sainte Vierge, dont l'histoire se lie à tous les évènements de cette abbaye.

Le même prélat, dans son testament, donna plusieurs terres à l'abbaye de la Couture qu'il affectionnait particulièrement. On peut aussi lui attribuer la fondation de l'abbaye de la Boisselière, qui eut pour premier abbé saint Lénégisile ou Longis.

Saint Béraire (654-670), qui occupa le siège du Mans après saint Hadouin, signala son épiscopat par un évènement à jamais célèbre dans l'Église de France & dans l'Ordre de

---

(1) On voyait, il n'y a pas encore longtemps, auprès de l'église abbatiale, aujourd'hui paroissiale, de la Couture, une fontaine qui portait le nom de saint Bertrand, & où les fidèles venaient puiser de l'eau pour s'en servir dans leurs maladies. (D. Piolin l. c. p. 331.)

Saint Benoît tout entier. Vers le commencement de son épiscopat, une députation de pèlerins manceaux partit par son ordre pour le Mont Cassin. Ils s'étaient joints à d'autres pèlerins sortis du monastère de Fleury-sur-Loire. Une commune révélation faite à saint Mommole, abbé de ce monastère, & à notre saint Béraire, avait engagé ces deux saints personnages à tenter l'enlèvement des reliques de saint Benoît & de sainte Scholastique sa sœur, qui reposaient sans honneur sous les ruines de l'abbaye du Mont-Cassin, dévastée par les Lombards.

Après les vicissitudes d'un voyage long & merveilleux, l'abbaye de Fleury se vit en possession du glorieux corps du Patriarche des Moines d'Occident; les ossements de sainte Scholastique furent apportés au Mans, & assurèrent à cette ville la protection constante de cette illustre patronne. Saint Béraire avait préparé, pour recevoir ce précieux dépôt, un monastère de religieuses bâti en l'honneur de saint Pierre, entre le mur de la ville & la rivière de Sarthe (1). Cette fondation ne fut pas la seule que le saint évêque fit en faveur des filles de saint Benoît; nous citerons, entre autres, celle du monastère de Tuffé, dans lequel il établit abbesse une pieuse veuve, nommée Lope, qui avait consacré ses biens à cet établissement.

Le diocèse du Mans, sous l'épiscopat de saint Béraire, servit de retraite à deux seigneurs italiens, saint Sérénic & saint Serené ou Céneré. Ils avaient de bonne heure renoncé au monde, & étant allés à Rome, le Pape avait cherché à les attacher à son clergé, en les créant diacres-cardinaux. L'humilité des deux serviteurs de Dieu les porta bientôt à fuir un si grand honneur. Ils passèrent en France & s'établirent dans un village du Maine nommé Saulge. Saint Sérénic n'y

---

(1) Dom Mabillon croit que les reliques de saint Benoît & de sainte Scholastique arrivèrent à Fleury en 653 ou 655.

demeura pas longtemps, & passa dans le diocèse de Séez. Saint Serené continua d'habiter Saulge, où il forma un monastère. Saint Béraire affectionnait tellement le saint abbé, qu'il voulut le faire son archidiacre; ce que le saint refusa, pour ne point déroger à l'honneur de l'Église Romaine, dont il était diacre.

Aiglibert, successeur de saint Béraire, se montra l'imitateur de son zèle pour l'état religieux, durant son épiscopat qui commença vers 670, & dura trente-cinq ans. Il accueillit saint Richmir, qui avait passé du diocèse de Tours dans celui du Mans, & lui bâtit, sous l'invocation de saint Pierre, un monastère sur les rives de la Veuve.

Vers le même temps, l'abbaye d'Anille ou Saint-Calais avait pour abbé saint Siviard. Aiglibert affranchit, par l'autorité du roi Thierry, le monastère de Saint-Georges des Bois, qui avait été usurpé par quelques personnes puissantes. Il le répara ensuite & y mit soixante moines. Il protégea aussi les monastères de religieuses, & bâtit entre autres celui de Saint-Aubin-lez-le-Mans (1), qui n'existait déjà plus au XVIe siècle. Il vint au secours du monastère de Tuffé, qui était opprimé par des personnes puissantes, & y mit pour abbesse sa propre sœur, Adibelgane.

Béraire II, sur l'épiscopat duquel l'histoire a conservé peu de souvenirs, succéda au vénérable Aiglibert (705-710).

Le bienheureux Herlemond Ier (710-724), qui siégea après Béraire, fonda dès les premiers jours de son épiscopat, près des murailles de la ville, sous l'invocation de Saint-Ouen, un hospice pour recevoir les pèlerins qui venaient visiter son église cathédrale, & y plaça douze moines. Il rétablit

---

(1) Deux nouveaux monastères de religieuses dont Aiglibert dota l'Église du Mans, étaient placés sous le patronage de saint Aubin. Le premier était au Mans, dans l'intérieur de la ville & près de la cathédrale; le second était à quelque distance de la ville, au lieu où l'on voit aujourd'hui la paroisse de la Chapelle-Saint-Aubin. (Voir D. Piolin, l. c. p. 379.)

aussi un ancien monastère nommé *Alidus* ou *Tillidus*, dont il donna la conduite à un abbé nommé Quirin, auquel il commit l'administration du diocèse, pendant son absence.

Après le pontificat d'Aiglibert, l'Église du Mans, si florissante sous le régime de tant de grands & saints évêques, tomba aux mains d'un pasteur mercenaire nommé Gauziolène, qui occupa le siège pendant quarante ans, durant lesquels il se livra à toutes sortes de violences (725-753). Les monastères ressentirent cruellement les effets de cette désastreuse administration. On en comptait trente-six quand Gauziolène s'empara du siège du Mans; à sa mort, il en restait à peine quelques-uns. Il les avait livrés la plupart à des laïques, & avait pris à tâche d'éloigner des autres les moines qui auraient voulu les habiter. Par un effet de la justice divine & de la charité des moines, le corps de ce malheureux prélat vint chercher un tombeau dans l'église de la Couture.

Charlemagne ayant choisi parmi les clercs de son palais un prêtre nommé Hodingue, lui fit donner l'onction épiscopale, & l'envoya gouverner l'Église du Mans (770-772).

Vers 772, l'abbaye d'Évron donna un de ses moines pour évêque à l'Église du Mans. Il se nommait Mérole, & fut placé sur ce siège par Charlemagne. Durant les trente ans de son épiscopat, il employa tous ses soins à réparer les maux causés par Gauziolène. Il mourut dans l'abbaye d'Évron, où il passait tout le temps dont il pouvait disposer.

Son successeur Joseph se montra plus empressé à imiter Gauziolène qu'à remplir les devoirs d'un véritable pasteur. On sait qu'il finit ses jours dans une prison, après avoir été dégradé par ordre de Charlemagne. Sa captivité fut cause que les abbayes d'Évron & de Saint-Calais, profitant de leur liberté, commencèrent à s'exempter de payer les rentes féodales auxquelles elles étaient tenues envers l'église cathédrale du Mans, & qui étaient le titre de la suzeraineté de cette Église sur elles.

Francon Ier, qui siégea en 792, travailla à faire rentrer ces abbayes sous la dépendance de son Église, & obtint à cet effet plusieurs diplômes de Charlemagne, dans l'un desquels ce prince mentionne, en particulier, le monastère de Saint-Pierre du Mans. Francon fut un prélat zélé; il choisit sa sépulture dans l'église de l'abbaye de Saint-Vincent.

Son neveu, Francon II, qui siégea en 816, fit la translation du corps de saint Calais, & dédia la nouvelle église que l'abbé Alban avait fait bâtir pour le monastère d'Anille. La concorde était rétablie entre l'Église du Mans & cette abbaye. Francon choisit aussi sa sépulture dans l'église de Saint-Vincent, où il fut enterré auprès de son oncle.

Il eut pour successeur saint Aldric, nommé en 832 à l'évêché du Mans, par Louis le Débonnaire, dont il était le confesseur. Ce grand prélat donna des marques de sa munificence aux monastères de son diocèse. L'église & l'abbaye de Saint-Vincent tombaient en ruines; il les releva à grands frais. Entre autres monastères qu'il fonda, on cite celui de Saint-Sauveur qui a péri depuis, & que plusieurs supposent avoir été à Neuville, & d'autres à Saint-Pavace. Jugeant que les corps de saint Julien & de ses successeurs, qui reposaient dans l'église de l'abbaye du Pré, étaient trop exposés aux incursions des Normands & des Danois, il les transféra dans son Église cathédrale. Il soutint les droits de cette Église contre l'abbaye de Saint-Vincent qui cherchait à en décliner la suzeraineté, pour se mettre sous la protection de l'Empereur. Louis le Débonnaire appuya l'évêque dans cette circonstance, & dans une autre semblable à l'égard de l'abbaye de Saint-Calais. Saint Aldric n'en demeura pas moins affectionné à l'état religieux; il mourut l'an 856, & voulut être enterré dans l'église de Saint-Vincent. (1)

(1) Ce fut durant l'épiscopat de saint Aldric qu'eut lieu la translation des

Sous Robert, son successeur (856-885), les monastères du Maine souffrirent de grands dommages par les violences des Normands. Déjà, sous saint Aldric, ils avaient brûlé le monastère de Sainte-Scholastique du Mans, & peu après celui d'Évron; bientôt on les vit détruire celui de Saint-Sauveur dont nous venons de parler, & plusieurs autres sur différents points de la province. Notre abbaye de Saint-Pierre fut du nombre; mais on ignore absolument l'année précise de ce désastre. Robert eut de vives contestations avec l'abbaye de Saint-Calais. Elles furent portées devant le Saint-Siège, occupé alors par saint Nicolas Ier. Le Pontife rendit un décret par lequel il maintint ce monastère dans les privilèges & libertés qui lui avaient été octroyés par Clovis, Childebert & Pépin, & lui assura le droit d'élection libre de l'abbé, avec l'exemption de la puissance & juridiction de Robert & de ses successeurs. Robert élut aussi sa sépulture à Saint-Vincent.

Mainard, qui gouverna l'Église du Mans de 940 à 960 succédait aux évêques Lambert (885-892), Gonthier (892-908) & Hubert (908-939). Il s'occupa avec zèle à réparer les désastres causés aux monastères par les Normands. Sa sollicitude ne se borna point à subvenir aux besoins matériels de l'état religieux. L'abbaye de Saint-Vincent étant tombée au pouvoir des séculiers, qui en avaient fait un chapitre de douze chanoines, il restitua aux moines ce sanctuaire si vénéré dans toute la contrée.

Il eut pour successeur Sigefroy (960-995), sous lequel l'abbaye de Saint-Pierre de la Couture, dont nous avons à peine jusqu'ici rencontré le nom, se relève de ses ruines. Elle dut ce service à Hugues Ier, comte du Maine, qui apparaît dans les annales de la province comme un insigne pro-

---

reliques de saint Liboire à Paderborn (836). L'on voit aussi qu'à cette époque l'abbaye d'Entrames avait une grande importance. Ce monastère était de fondation royale. (D. Piolin, l. c. t. II, p. 204.)

tecteur de l'Église. S'il ne put faire restituer au monastère de Saint-Pierre tous les biens de l'ancienne dotation dont les seigneurs laïques s'étaient emparés, il en augmenta du moins les possessions, en lui affectant les églises de Saint-Remy-du-Plain, de Saint-Rigomer-des-Bois, de Saint-Martin & de Saint-Maurille de Villaines, situées dans le Saonois, avec toutes leurs dépendances. Enfin, il seconda de tous ses efforts le pieux abbé qui vint vers 990 rétablir le service de Dieu & l'observance monastique au sein de l'illustre abbaye, & rouvrir pour elle cette seconde période qui devait durer huit siècles.

Cet abbé était *Gauzbert,* qui fut placé successivement à la tête des abbayes de Saint-Julien de Tours, de Maillezais, de Bourgueil, & enfin de Marmoutier. On ignore à quelle époque il quitta l'abbaye de la Couture pour rentrer dans l'un ou l'autre des monastères que nous venons de nommer. Quoi qu'il en soit, il est marqué au nécrologe de la Couture comme étant décédé le cinq des calendes d'octobre 1007.

Son successeur fut *Ingelbaud,* que Dom Mabillon place vers l'an 1000, & qu'il pense avoir été moine de Saint-Julien de Tours ou de Bourgueil, où il aurait été connu & apprécié par Gauzbert.

La vie sainte & exemplaire des moines de Saint-Pierre devint l'objet de l'admiration de toute la contrée, & leur valut un grand nombre de fondations qui rendirent au monastère une partie de son ancienne puissance. Il est même permis de conjecturer que le nom de la *Couture,* que l'on trouve quelquefois exprimé en latin par ces deux mots : *Cultura Dei,* fut attribué dans ce temps à l'abbaye, pour exprimer l'estime que les peuples faisaient de la piété de ses habitants. Quoi qu'il en soit, nous trouvons une nouvelle preuve de cette vénération universelle dans la conduite de l'évêque Sigefroy. Sa vie avait été plutôt celle d'un soldat débauché que celle d'un évêque; mais se sentant frappé à mort par la justice de Dieu & jugeant son mal sans espérance, il s'en vint frapper aux portes de l'abbaye de Saint-Pierre, demandant avec instance de passer ses dernières heures sous l'habit monastique. On lui accorda cette faveur, & peu d'instants après il expira, & fut enterré dans l'église du monastère.

Son successeur fut Avesgaud (995-1035), qui était aussi son neveu. Il se montra plein d'affection pour l'abbaye de la Couture & l'enrichit de ses libéralités. Voulant procurer à sa cathédrale l'édification que ne manque jamais d'apporter au peuple une psalmodie régulière & pieuse, il eut l'idée d'associer les moines de la Couture à la célébration de la grande fête de saint Julien & de celle des saints Gervais & Protais. Pour cet effet, il céda à l'abbaye le droit d'autel sur plusieurs paroisses de son diocèse, à la condition que les moines aux jour & fête de saint Julien, se rendraient processionnellement à l'église cathédrale, pour y chanter les matines & la Messe, & que les principaux d'entre eux feraient la même chose le jour des saints Gervais & Protais; enfin que, à la mort de chaque chanoine, ils seraient obligés de faire les mêmes prières & aumônes que pour un moine de l'abbaye.

En 996, Avesgaud, pour témoigner sa vénération envers saint Julien, ayant voulu faire rédiger d'une manière plus exacte & plus polie la vie de ce saint apôtre du Maine, appela au Mans le moine Léthalde qui habitait l'abbaye de Micy, près d'Orléans, & le chargea de ce travail. Léthalde prit logement en l'abbaye de la Couture, où il finit probablement ses jours, selon l'opinion des auteurs de l'*Histoire littéraire de France*. Il composa aussi dans cette retraite l'office du même saint Julien avec le chant (1); ils sont demeurés en

---

(1) Léthalde nota tout l'office en se conformant aux traditions grégoriennes; « car, disait-il, je n'aime pas la nouveauté de certains musiciens qui introduisent

usage l'un & l'autre dans l'Église du Mans, jusqu'à la moitié du XVIIIe siècle. Mais l'évènement principal du pontificat d'Avesgaud, au point de vue de notre chronique, est la fondation du monastère de Solesmes, le plus célèbre des prieurés que la piété des seigneurs ecclésiastiques & laïques offrit à l'abbaye régénérée de Saint-Pierre de la Couture.

Solesmes, appelé *Soulesmes* jusqu'au siècle dernier, est une paroisse située sur la rive gauche de la Sarthe, à l'est de Sablé (1). Cette paroisse existait déjà sous l'épiscopat d'Avesgaud, puisqu'elle est du nombre de celles dont cet évêque céda le droit d'autel aux moines de la Couture vers l'an 1000. En outre, sur un titre du cartulaire de Marmoutier cité par Ménage, dans son *Histoire de Sablé*, Solesmes, avant la fondation de son prieuré, est appelé une *paroisse distincte & limitrophe de celle de Sablé. Parochia de Sabolio collimitans, parochia semper exstat altera.*

Ce nom de Solesmes, sur l'étymologie duquel on a fait vingt hypothèses plus invraisemblables les unes que les autres, & qui est aussi celui d'une petite ville du Cambrésis, est traduit en latin fort diversement dans les chartes & les chroniques. On trouve *Solemæ* sur la charte de fondation en 1010; *Solemnæ*, dans la chronique des évêques du Mans; *Solesmæ*, sur un titre de 1170; *Solemnum* & *Solesmium*, sur différents documents cités dans un manuscrit de la Bibliothèque Royale auquel nous empruntons beaucoup de faits de cette histoire; enfin *Solismum,* dans les Actes des Chapitres généraux de la Congrégation de Saint-Maur. Le nom qui paraît le plus autorisé & a fait oublier tous les autres

---

« un genre tellement à part qu'ils dédaignent de suivre les anciens. » (Voir Dom Piolin, l. c. t. III, p. 79.)

(1) D'antiques traditions, consignées par écrit au plus tard au neuvième siècle, nous affirment qu'une église fut construite à Solesmes par saint Thuribe, disciple & premier successeur de saint Julien. (Dom Guépin, *Solesmes & Dom Guéranger,* page 2.)

dans la pratique, est celui de *Solesmæ,* qui tient à la fois de *Solemæ* & de *Solesmiæ,* & que l'on trouve écrit sur les actes de la chancellerie épiscopale du Mans dès la fin du XVe siècle, & sur les livres de l'ancienne bibliothèque du prieuré de Solesmes, en cette manière : *Monasterium Sancti Petri de Solesmis.* Il est désormais fixé pour toujours par le bref d'érection de ce prieuré en abbaye, donné par Sa Sainteté Grégoire XVI, en date du 1er septembre 1837.

Ce lieu de Solesmes, situé dans la Charnie, contrée de l'ancienne province du Maine qui semble avoir été spécialement privilégiée pour recevoir les principaux établissements monastiques du diocèse depuis l'épiscopat de saint Innocent, vit s'élever, l'an 1010, un petit monastère que la Providence avait marqué pour des destinées particulières. Geoffroy, dit *le Vieux,* occupait alors la seigneurie de Sablé. C'était un seigneur plein de zèle pour les établissements religieux, & jaloux d'imiter les grands exemples du comte Hugues, qui s'était employé, comme nous l'avons dit, avec tant d'ardeur à relever les monastères ruinés par les Normands. Le cartulaire de Marmoutier, cité par Ménage dans son *Histoire de Sablé,* dit qu'il avait fait rebâtir les deux églises paroissiales de Sablé, Notre-Dame & Saint-Martin. Il était secondé dans ses entreprises par la piété de sa femme, Adélaïde.

Dans les dernières années de sa vieillesse, voulant laisser après lui une fondation de prières pour le *rachat de son âme & de celles de ses parents,* ainsi qu'il le dit lui-même dans la charte dont nous allons parler, il songea à bâtir un monastère. La piété des moines de la Couture causait dans le pays une grande édification; Geoffroy ne crut pouvoir mieux faire que d'unir le nouveau monastère à leur abbaye, & voulut lui donner aussi le patronage de saint Pierre & de saint Paul, sous les auspices desquels un si grand nombre de moines militaient, non seulement à la Couture, mais en cent autres lieux de la contrée & des provinces voisines.

26

Le lieu de Solesmes parut à Geoffroy tout à fait propre à son dessein; mais comme ce lieu ne dépendait pas de la seigneurie de Sablé, il fut obligé de l'acheter de son frère Raoul, vicomte du Maine & seigneur de Beaumont. Ce Raoul lui-même avait montré son zèle pour l'Ordre monastique, lorsque Giroie de Montreuil, parent de Salomon qui était le chef de la première famille seigneuriale de Sablé, s'était fait moine à Saint-Vincent du Mans, & avait donné à cette abbaye la terre de Montreuil, située sur le ruisseau de Palais. Raoul s'était empressé de seconder cette fondation, en y donnant son consentement, ainsi que Cana son épouse.

Geoffroy ayant donc acquis le territoire de Solesmes avec tous les droits qui en dépendaient, & fait construire le monastère qu'il projetait, fixa le jour de la dédicace de l'église & de l'inauguration de ce nouveau prieuré. Afin de rendre la solennité plus imposante, il invita l'évêque du Mans, Avesgaud, & Hubert, évêque d'Angers. *Ingelbaud*, abbé de la Couture, vint aussi avec les moines qu'il avait destinés à habiter Solesmes; de son côté, Raynaud, abbé de Saint-Vincent du Mans, avait été appelé à prendre part à la solennité. Pour assurer une plus haute protection à son œuvre, Geoffroy avait convoqué pour cette fête le comte du Maine lui-même, Hugues Ier, & son propre frère Raoul.

Quoique le titre de la fondation, qui nous a été conservé par Ménage, ne porte aucune date, comme il arrive assez souvent à cette époque, on n'en est pas moins fondé, par divers arguments, à placer la dédicace de Solesmes vers 1010, avec le même Ménage & Dom Mabillon. Cette cérémonie paraît même s'être accomplie dans les derniers mois de cette année 1010, comme il résulte de la présence de Hubert, évêque d'Angers, dont le prédécesseur vivait encore au commencement de cette même année. On solennise cette dédicace au mois d'octobre, célèbre d'ailleurs par la dédicace des plus illustres églises abbatiales de la Règle de Saint Benoît, telles que celles du Mont Cassin, Cluny, Cîteaux, Saint-Remy de Rheims, Clairvaux, Saint-Ouen de Rouen, Pontigny, les Dunes, Royaumont, &c.

La charte de fondation, signée par Geoffroy lui-même, par Adélaïde son épouse & par Drogon leur fils, fut présentée à la signature du comte Hugues qui y apposa une croix. Raoul de Beaumont signa aussi, ainsi que les deux évêques, les deux abbés & plusieurs autres personnes. Par cette charte, Geoffroy donnait le prieuré de Solesmes, avec tous ses biens & dépendances, à l'abbaye de Saint-Pierre de la Couture & donnait au prieuré lui-même pour former sa dotation, les terres & biens nommés Chantemesle, Rocheteau, un autre lieu désigné sous le nom de *Maleriacum;* Bousse avec faculté de s'étendre dans la forêt; les Vallières, qu'il avait reçues du comte Hugues, en récompense de ses services; la partie du territoire de Bouessay qui avait appartenu à un seigneur nommé Primalde, lequel avait récemment embrassé la vie monastique; les Brenières, lieu situé au-delà de la rivière de Mayenne; enfin, les terres cultivées & incultes, prés, vignes & moulins situés au-dessous du monastère lui-même, sur les bords de la Sarthe.

En outre, Geoffroy déclare généralement concéder au prieuré de Saint-Pierre toute sépulture des seigneurs du château de Sablé, & fait remise de tous droits de garde & service dudit château. Enfin, il remet aux moines toutes les terres énumérées ci-dessus, en la façon qu'il les tient lui-même, cédant toutes coutumes de vicairie, forêt, chasse, ban & charrois, en sorte que désormais ses vicaires, forestiers, ou brenniers, ni ses chiens ne paraîtront plus sur ces terres.

Geoffroy mourut peu de temps après la fondation du prieuré de Solesmes, & fut enseveli dans l'église de ce monastère, conformément au droit qu'il en avait retenu pour son château. Mais on ignore totalement le lieu de sa sépulture. L'inscription & le monument auront sans doute disparu dans quelques-unes des nombreuses modifications qu'a subies l'église de Solesmes, depuis huit siècles. Le MS. de la Bibliothèque Royale conjecture que Geoffroy eut sa sépulture au milieu du chœur de l'église, & regarde comme probable que son épouse Adélaïde, & ses fils Drogon, Burcard & Liziard, partagèrent le même honneur (1).

Ingelbaud, en quittant Solesmes, y laissa les moines nécessaires pour le service divin dans ce nouveau prieuré. Il les mit sous la conduite d'un prieur dont le nom paraît avoir été RAMBERT; c'est le même personnage qui signe le dernier sur la charte de fondation, ajoutant à son nom le titre de *Monachus*. Le manuscrit de la Bibliothèque Royale confirme cette conjecture.

L'évêque Avesgaud, durant le reste de son brillant épiscopat, ne cessa de se montrer favorable aux moines de la Couture & de Solesmes, & reconnut à ces derniers leurs droits sur l'église & paroisse du bourg de Solesmes, qu'ils ont gardés comme curés-primitifs, jusqu'à la destruction des Ordres monastiques par l'Assemblée Constituante, en 1790.

Sous Avesgaud fut fondée l'abbaye de Lonlay, par Guillaume Ier de Bellesme.

L'abbé *Ingelbaud* continua de montrer un grand zèle pour son monastère. Il acquit entre autres le prieuré de Tuffé, qui avait été fondé pour des religieuses, ainsi que nous l'avons vu, & il y mit des moines. On ignore l'année de sa mort; mais il est marqué sur le nécrologe de la Couture, aux calendes de février & le 4 des calendes de décembre.

---

(1) Les moines de Solesmes continuent de demeurer fidèles à la mémoire de leur fondateur. Chaque année, on lit solennellement au réfectoire la charte de Geoffroy, & chaque année le Saint Sacrifice est encore offert pour le repos de son âme.

Ascelin lui succéda. Il siégea sous l'évêque Vulgrin (1055-1097), qui avait été moine de Marmoutier & qui fut abbé de Saint-Serge d'Angers. C'est ce grand évêque qui jeta, vers 1060, les fondements de la nouvelle cathédrale. Sous *Ascelin*, l'abbaye de la Couture acquit le prieuré de Saint-Pierre de Saulge & celui d'Auvers-le-Hamon, fondé par Guy d'Avoise, en 1050.

Le successeur d'*Ascelin* paraît avoir été *Avesgaud*, ce moine de la Couture dont on trouve une lettre adressée à saint Anselme, avec la réponse de ce grand homme, qui habitait encore l'abbaye du Bec. Cet *Avesgaud* assistait au couronnement du roi Philippe Ier, à Rheims, en 1059.

Le prieuré de Brulon vint, vers ce temps, augmenter la puissance de l'abbaye par la donation qu'en fit Geoffroy, fils de Burchard de Brulon, en 1068. Ce fut aussi sous *Avesgaud* que Geoffroy III, dit le Barbu, & Foulques IV, dit le Réchin, tous deux comtes d'Anjou, souscrivirent une ampliation du titre de fondation du prieuré de Solesmes. On peut voir dans Ménage cette seconde série de signatures, dans laquelle les noms de la première sont reproduits, quoique dans un ordre différent. Les moines, craignant sans doute l'envahissement des seigneurs voisins, avaient sollicité cette marque de protection de la part de ces deux puissants comtes, qui prirent une si grande prépondérance dans le Maine, à l'époque où Guillaume le Conquérant en possédait la comté. On voit aussi dans les souscriptions les noms de Burcard & de Liziard, frères de Drogon, & comme lui fils de Geoffroy de Sablé. Probablement, ils étaient encore en trop bas âge, en 1010, pour avoir pu signer avec leur frère aîné.

Entre les souscriptions, on trouve celle d'un moine nommé Garnier, dont la signature précède celle de Rambert, cet ancien prieur qui figurait sur le titre original. Le MS. de la Bibliothèque Royale pense avec raison que ce GARNIER ne peut être autre que le prieur de Solesmes, à cette dernière époque, & successeur de Rambert.

D'un autre côté, nous apprenons par l'histoire manuscrite de la Couture que, l'an 1073, Guillaume le Conquérant confirma les différentes donations faites jusqu'alors au monastère de Solesmes. Serait-ce par le même acte que nous venons de citer, & faudrait-il reconnaître le nom du puissant Guillaume sous celui de ce *Guilielmus trium pilorum,* qui signe avant Geoffroy & Foulques? Quoi qu'il en soit, cet acte de Guillaume le Conquérant eut lieu pendant que l'abbaye de la Couture était en la puissance de l'intrus Raynauld, dont nous allons parler.

Le sucesseur de l'abbé *Avesgaud* fut *Johel,* vers 1070. Ayant omis, moins par désobéissance que par la crainte des périls du voyage, de se trouver à un concile que Hugues de Die, légat de saint Grégoire VII, avait indiqué, il fut déclaré suspens. Un moine nommé Raynauld, profitant de l'occasion pour satisfaire son ambition, trouva le moyen de se faire reconnaître abbé en la place de Johel. Mais cet intrus ne jouit pas longtemps de son usurpation. Saint Grégoire VII, par une lettre que nous avons encore, manda à Arnauld, évêque du Mans, que par la volonté apostolique, Raynauld demeurerait à jamais inhabile à gouverner aucun monastère, & que Johel devait être rétabli dans sa dignité. Le Pontife enjoignit en même temps à son légat d'envoyer à notre abbé des lettres de réconciliation.

Johel, étant encore simple moine, avait écrit une relation des miracles opérés à Angers par l'intercession de saint Nicolas, évêque de Myre, & l'avait dédiée à Noël, abbé du monastère de Saint-Nicolas d'Angers.

Sous son régime un grand évènement attira l'attention du pays sur le prieuré de Solesmes. Hoël, qui avait pris possession du siège épiscopal du Mans en 1081, ayant été expulsé de sa ville par le comte Hugues, fils d'Azzon, marquis de

Ligurie, qui disputait la comté du Maine à Guillaume le Conquérant, dont Hoël avait embrassé la cause, le prélat, après s'être réfugié d'abord dans l'abbaye de Saint-Vincent, s'en vint frapper aux portes du prieuré de Solesmes. Il avait fait transporter à Sablé le trésor de Saint-Julien, pour le soustraire aux desseins de pillage que Hugues avait formés.

Sans calculer les suites de leur dévouement, les moines accueillirent l'évêque fugitif, qui, de ce moment, établit sa chaire dans leur église. Il y consacra le Saint-Chrême; il y célébra pontificalement les solennités pascales, & y tint son synode diocésain, aux fêtes de la Pentecôte. On voyait, dit la chronique des Évêques du Mans, des processions continuelles arriver de toutes parts au monastère, & le village de Solesmes semblait être devenu une ville, par le nombre de ceux qui accouraient donner au pontife les marques de leur vénération.

Cependant les habitants du Mans, fatigués de l'absence de leur évêque, contraignirent bientôt Hugues de faire la paix avec lui, jusque là que ce seigneur vint au devant du prélat, qui, en rentrant dans sa ville épiscopale, fit sa première station à l'abbaye de la Couture, où il célébra la fête des Apôtres saint Pierre & saint Paul.

On trouve dans l'*Histoire de Sablé* la mention d'une transaction qui eut lieu à Sablé en 1094, entre l'abbaye de la Couture & celle de Marmoutier, en présence de Robert II, surnommé *Vestrol;* laquelle transaction fut confirmée le lendemain par Robert le Bourguignon, seigneur de Sablé, père de *Vestrol*. Ménage ne fait point connaître l'objet de cet arrangement; mais il est indubitable qu'il avait pour but de concilier les intérêts des deux prieurés, de Solesmes membre de la Couture, & de Saint-Nicolas dépendant de Marmoutier, & qui avait aussi la prééminence sur les deux églises paroissiales de Sablé, Notre-Dame & Saint-Martin.

L'abbaye de la Couture fut plus florissante que jamais,

sous le régime de Johel. On vit plusieurs seigneurs du pays s'y consacrer à Dieu; entre autres Énoch, frère d'Hélie de la Flèche, comte du Maine; Patrice de Sourches & le prêtre Raynauld, son proche parent. Il se forma dans le même temps une association spirituelle entre l'abbaye de Marmoutier & celle de la Couture. Vers 1094, Robert, comte de Bellesme, qui avait construit des forts sur les terres des abbayes de la Couture & de Saint-Vincent, notamment à Saint-Remy, ou Saint-Rigomer-du-Plan, fut attaqué pour cette félonie par le comte Hélie, & contraint de renoncer à ses entreprises.

Johel est marqué le 6 des nones de juillet au nécrologe de la Couture, & Dom Mabillon place sa mort à l'an 1097. On ignore l'époque à laquelle mourut son compétiteur Raynauld, dont le même nécrologe a conservé la mémoire au 6 des calendes de juillet, sans doute en reconnaissance de quelques fondations qu'il aura faites en faveur des moines, durant son intrusion.

Le plus grand évènement dont le prieuré de Solesmes ait été le théâtre, nous force à rentrer pour un moment dans sa modeste enceinte. Le 14 février 1096(1), le grand Pape Urbain II, qui parcourait la France pour l'apostolat de la Croisade, se trouvait à Sablé où il s'était rendu d'Angers, afin d'engager Robert le Bourguignon à prendre la croix. Le Pontife se rendit de là au Mans, auprès de l'évêque Hoël, & en passant il daigna visiter le monastère de Solesmes. Urbain II ne crut point abaisser la majesté du Siège Apostolique, en rentrant pour quelques moments à l'ombre d'un cloître, moins illustre sans doute que celui de Cluny qu'il avait habité autrefois. Mais la Providence avait voulu récom-

---

(1) Dom T. Ruinart, *B. Urbani Papæ II Vita*. (Voir ouvrages posthumes de D. Mabillon & de D. Ruinart, t. III, p. 244.) — Jaffé, *Regesta Pontificum Romanorum*, p. 466. Nous y voyons que ce fut bien à la date du 14 février 1096 que le B. Urbain II se trouvait à Sablé.

penser la généreuse hospitalité des moines envers l'évêque du Mans (1).

Odon ou *Eudes de Bures* succéda à Johel dans l'abbaye de la Couture. Il fut zélé pour son monastère dont les possessions s'accroissaient sans cesse par de nouvelles fondations, tant était grande la réputation de piété des moines qui l'habitaient. Ce fut sous cet abbé que mourut, l'an 1110, le comte Hélie, chevalier toujours armé pour l'Église, & protecteur particulier de la Couture. Il fut enterré dans l'église abbatiale, à la gauche de l'autel.

Odon, qui vivait du temps de l'évêque Hildebert (1097-1125), racheta de ce prélat & de son chapitre plusieurs églises, moyennant une somme de dix livres pour l'évêque, & de soixante pour les chanoines. Il est marqué aux nones de juillet sur le nécrologe.

Reginald ou *Raynauld*, qui était peut-être ce prêtre de la famille de Sourches, dont nous avons parlé plus haut, fut abbé après Odon. La Couture continuait de recevoir des marques de la munificence des fidèles du Maine. On trouve le nom de Raynauld sur un titre de l'an 1121. Il est marqué lui-même sur le nécrologe le 2 des nones de septembre.

Son successeur fut *Guillaume*, dont on lit le nom sur une transaction de l'an 1133. Il est marqué le 8 des calendes de décembre sur le nécrologe.

Foulques le remplaça. Son nom se trouve sur un acte de 1136. Entre autres fondations faites sous son régime, on remarque le don fait à l'abbaye par Patrice de Sourches & Mathilde sa femme, d'une église de Dodington, en Angle-

---

(1) Voici l'article inséré au nécrologe de l'abbaye de Saint-Pierre de Solesmes, & que, chaque année, à la date du 29 juillet, on lit solennellement au réfectoire : Romæ, depositio Beati Urbani Papæ secundi, quondam monachi Cluniacensis, Cruciatæ ad recuperationem Terræ Sanctæ auctoris, libertatisque ecclesiasticæ defensoris acerrimi. Qui pie memor instituti sui, hoc monasterium in itinere suo gallico ingressus, humilem prioratum Sedis Apostolicæ majestate complevit.

terre. L'évêque Hugues de Saint-Calais, qui occupait à cette époque le siège du Mans (1135-1142), fut aussi du nombre des bienfaiteurs de la Couture, à laquelle il accorda le droit de présentation à la cure d'Yvré-le-Pôlin. Ce prélat ratifia aussi l'acte de fondation de l'abbaye de Palais par le seigneur de la Ferté & de Malestable, aujourd'hui Bonnétable. Cette abbaye fut ruinée depuis. La mort de Foulques est marquée le 11 des calendes d'août.

Ursion tint l'abbaye de la Couture après Foulques. Il siégeait en 1143. Les actes de son gouvernement qui sont venus jusqu'à nous ont rapport à des donations ou attributions de biens & privilèges au monastère. On remarque entre autres la concession de Guy V de Laval, qui permet à l'abbé d'établir quatre moines dans l'église de la Trinité de cette ville.

Guillaume de Passavant occupait alors l'évêché du Mans (1144-1187). Ce prélat fut zélé pour l'état monastique. Sous son épiscopat & avec son agrément, l'Ordre de Cîteaux forma ses premiers établissements dans la province. En 1145, Guillaume III, comte de Bellesme, Ponthieu & Alençon, fonda l'abbaye de Perseigne; & en 1147, Patrice de Sourches & Guiburge sa mère, celle de Tironneau. Les abbayes de Bellebranche & de Clermont furent fondées peu après, en l'an 1152 : la première, par Robert II de Sablé; la seconde par Guy V de Laval. Guillaume de Passavant ne se montra pas pour cela moins favorable aux moines noirs. Il favorisa la fondation de l'abbaye du Gué-de-Launay, par Rotrou, seigneur de Montfort, Malestable & Vibraye, & fonda lui-même, de ses deniers, un établissement dans la ville du Mans, au faubourg de la Bretonnière, en faveur de l'abbaye de Marmoutier, dont les moines venaient souvent au Mans pour recevoir les cens & rentes des nombreux prieurés que la vénération pour saint Martin leur avait fait offrir dans le diocèse du Mans. La mort d'Ursion n'est point marquée au nécrologe de la Couture.

Geoffroy était abbé en 1167. De son temps, Payen de Sourches donne à l'abbaye l'église de Brulon. Il mourut le 4 des nones de juillet.

Après lui vint *Laurent*, à qui Guillaume de Thomazin céda les dîmes de Chantenay, en 1170. Laurent fit une transaction avec le chapitre de la Cathédrale au sujet des dîmes d'Avoise, & autres droits concernant Noyen, Tacé, & divers lieux circonvoisins.

Sous cet abbé, nous voyons enfin reparaître notre prieuré de Solesmes, & nous pouvons renouer la liste de ses prieurs interrompue depuis près d'un siècle (1).

En 1170, ROBERT occupait la charge de prieur à Solesmes. Sous son régime, Robert IV, sire de Sablé, de la maison de Nevers, fit une fondation pour l'âme de son frère Geoffroy, *enterré dans l'église de Saint-Pierre de Solesmes, devant l'autel du Crucifix*. Cette fondation consiste en la dîme de l'impôt de Sablé (*decimam vectigalis Sabolii*), évaluée 17 sols. De plus, Robert fait remise aux moines d'un tribut de douze deniers qu'ils devaient au seigneur de Briolé; enfin il confirme toutes les donations faites au monastère. Cette charte, qui est de 1170, nomme parmi les témoins Herlande, mère de Geoffroy, Clémence son épouse, Robert, d'Auvers-le-Hamon, Guillaume de *Savardi*, Hugues de Dancey, Gervais, fils de Guérin, Laurent, abbé, Gauthier, son bailli, & enfin Robert, qualifié *Prior Solemniarum*.

La statue qui était sur le tombeau de ce Geoffroy en faveur duquel fut faite la fondation existe encore aujourd'hui, dans un état de mutilation qui n'empêche pas d'apercevoir l'aigle éployée qui orne l'écusson. Cette seule particularité aurait dû empêcher de confondre ce personnage du XIIe siècle avec Geoffroy *le Vieux*, fondateur du prieuré de Solesmes, qui ne portait pas d'armes (2).

(1) Avant Robert nous pouvons citer les noms de deux prieurs de Solesmes : Hugues de Balan, vers 1090, & Hélinand, vers 1150.

(2) Le Cartulaire des Abbayes de Saint-Pierre de la Couture & de Saint-Pierre

Quant aux mérites particuliers qui ont valu à Geoffroy, frère de Robert IV, une sépulture plus remarquable que celle des autres membres de sa famille enterrés dans l'église de Solesmes, nous n'avons pu les découvrir, & nous sommes porté à y voir simplement le témoignage de l'affection particulière que son frère avait pour lui. Le manuscrit de la Bibliothèque Royale pense que cette distinction aurait été accordée au chevalier représenté par cette statue, quel qu'il soit, pour avoir rapporté d'Orient & avoir fait don aux moines d'une des épines de la Couronne de Notre-Seigneur. Ce chevalier, s'étant croisé, aurait acheté des Grecs, pour une somme considérable, cette précieuse relique dont l'histoire se lie, comme nous verrons, à celle du monastère. Il y a seulement cette difficulté, que le même manuscrit donne le nom de Raoul au donateur de la sainte Épine, tandis que nous ne trouvons pas un seul personnage de ce nom sur la liste des seigneurs de Sablé, ni même dans leurs familles, à l'époque des Croisades. Nous trouvons, au contraire, plusieurs Robert, seigneurs de Sablé, qui se sont croisés : Robert le Bourguignon, qui reçut le Pape Urbain II; il mourut dans la Terre Sainte, vers 1098; Robert II, fils du précédent, surnommé *Vestrol*, qui mourut pareillement dans la Terre Sainte, vers 1110; enfin notre Robert IV, qui se croisa à Mayenne, en 1158, avec un grand nombre de gentilshommes des provinces d'Anjou & du Maine, commanda la flotte de Richard Cœur-de-Lion, & fut Grand-Maître des Templiers. Il est probable que l'auteur du manuscrit aura confondu le nom de ce *Robert* avec celui de *Raoul*, & que c'est à ce chevalier, plein de zèle d'ailleurs pour le monastère de Solesmes, que nous devons la sainte Épine (1). Ses relations

de Solesmes reproduit le tombeau de Geoffroy, d'après un dessin de M. l'abbé Ledru, p. 94.

(1) La sainte Épine est encore le plus précieux trésor de l'Abbaye. Chaque année, le lundi de Pâques, les moines en font l'ostension solennelle.

avec l'Orient le mettaient plus qu'un autre à même de procurer ce don précieux à une église que sa famille avait de tout temps affectionnée. Ajoutons qu'à cette époque la sainte Couronne d'épines était encore à Constantinople, & l'on trouve plusieurs exemples de ces épines qui en furent successivement détachées, avant que saint Louis eût acquis la sainte Couronne tout entière, & l'eût transportée en France dans la Sainte Chapelle de Paris, en 1239.

On ne trouve point sur le nécrologe de la Couture le jour de la mort de l'abbé Laurent. Son successeur fut *André*, qui était abbé en 1175. Sa mort est marquée aux nones de septembre.

Après lui vient *Richard*, dont on lit le nom sur un titre de 1184. Il mourut le 18 des calendes de février.

Il eut pour successeur *Robert*, sous lequel, l'an 1189, le Pape Clément III donna une bulle adressée *à nos chers fils les lépreux de Sablé*. Dans cette lettre, monument de la charité du Père commun des fidèles, le Pontife expose que son prédécesseur ayant commis l'archevêque de Tours, Barthélemy de Vendôme, à l'effet de pourvoir les lépreux de Sablé d'un cimetière qui leur fût spécialement affecté, afin que leurs corps ne demeurassent pas privés de la sépulture chrétienne, le prélat avait trouvé de l'opposition dans l'abbé de Saint-Pierre de la Couture, qui prétendait que le choix du terrain fait pour ce cimetière par l'archevêque portait préjudice à une sienne église de Solesmes (*cuidam ecclesiæ suæ de Solesmis*). En conséquence, le Pape, voulant pourvoir aux nécessités de ces infortunés, leur fait savoir que nonobstant le défaut de consentement de l'abbé & de ladite église de Solesmes, l'archevêque de Tours aura à bénir le cimetière des lépreux, dans le lieu dont il est question, pour servir exclusivement aux malades de la léproserie de Sablé & au prêtre qui la dessert. L'abbé Robert, que nous ne connaissons que par l'opposition peu honorable qui donna lieu à la bulle qu'on vient de citer, fut déposé en 1205, pour avoir scandaleusement dissipé les revenus de l'abbaye.

Le manuscrit de la Bibliothèque Royale mentionne, sous l'abbé Robert, un prieur de Solesmes nommé GUILLAUME. Il est nommé sur un titre du cartulaire de la Couture. Quant à Robert lui-même, quoique déposé, & sans doute en reconnaissance des fondations qu'il avait faites en faveur des moines, il est marqué au nécrologe la veille des calendes de janvier.

De son temps, en l'année 1188, sous Renault, évêque du Mans, (1187-1189), Foulques Ribolé, seigneur d'Assé, & Emma de Vancé, sa femme, fondèrent l'abbaye de Champagne, de l'Ordre de Cîteaux. L'année suivante, sous le même prélat, fut fondée l'abbaye de la Pelice, de moines noirs, par Bernard de la Ferté. Enfin, en 1204, sous l'évêque Hamelin, l'abbaye de Fontaine-Daniel, de l'Ordre de Cîteaux, s'éleva par la libéralité de Juhel III de Mayenne.

Le successeur de Robert fut *Geoffroy Belvant* ou *Bérillant*. On trouve deux lettres d'Innocent III (1205-1206) à lui adressées pour l'obliger à ne plus payer certaines rentes à l'abbé Robert déposé, lesquelles avaient été stipulées contrairement aux dispositions du concile de Latran. Geoffroy fut assassiné par Hamelin de la Faigne, avec lequel il était en contestation pour le fief de Sémur. En réparation de ce crime, Hamelin donna aux moines une rente de dix sols mançais pour célébrer l'anniversaire de l'abbé, le chauffage de leur four de Pontvallain, & quitta le monastère de tout hommage. Le nécrologe ne donne point la mort de Geoffroy.

Il fut remplacé en 1211 par *Guarin* ou *Guérin* qui réforma l'abbaye, en 1213. Honorius III rendit une bulle en faveur du monastère, sous cet abbé. Déjà Alexandre III en avait donné une autre, sur le même objet. Guarin mourut le 13 des calendes de mai.

Il eut pour successeur *Jean,* sous lequel, en 1218, Raoul de Beaumont fonda le prieuré de Loué. Il n'est pas marqué au nécrologe.

Pierre fut élu après Jean. Honorius III rendit sous cet abbé une bulle (1226) en faveur de la Couture. Cette abbaye forma à cette époque une association spirituelle avec celle de Saint-Serge d'Angers. Sous le régime de Pierre, en 1219, Guillaume des Roches, sénéchal héréditaire d'Anjou, de Touraine & du Maine, qui tenait aussi la seigneurie de Sablé, accorda à l'abbaye de la Couture l'exemption de la taille pour le prieuré de Solesmes. La liste des prieurs de ce monastère continue de demeurer suspendue depuis Guillaume.

Pierre mourut le 8 des calendes de mai.

Le successeur de Pierre fut *Hamelin,* en 1229. Sous cet abbé, la paroisse de la Couture fut divisée en deux par l'érection de celle de Saint-Nicolas, en 1234. L'année précédente, Grégoire IX avait donné une bulle, le 3 des nones de juillet, pour confirmer tous les privilèges de l'abbaye & de toutes les églises & lieux qui en dépendaient. Le Pape nomme en particulier l'église de Solesmes(1), & accorde pour toutes ces églises le droit d'y célébrer le service divin dans les temps d'interdit, pourvu que cette censure ait été lancée contre des crimes étrangers aux moines. Hamelin travailla à la reconstruction de son église abbatiale, & à sa prière, Juhel, archevêque de Tours, accorda des indulgences aux fidèles qui contribueraient à cette œuvre pie. La charte de Juhel est de 1242. Son successeur Geoffroy réitéra, en 1248, la même invitation aux fidèles de la province. Hamelin est marqué au nécrologe la veille des ides de mai.

De son temps, en 1230, sous l'évêque Maurice (1216-1231), fut fondée l'abbaye de l'Épau, de l'Ordre de Cîteaux,

---

(1) Burgum & ecclesiam de Solimis... (*Cartulaire de la Couture & de Solesmes,* page 261.)

par la reine Bérengère, veuve de Richard Cœur-de-Lion. Six ans après, le Bienheureux Geoffroy de Loudon (1234-1255), successeur de Maurice(1), fonda la Chartreuse du Parc, près Saint-Denys-d'Orques.

Jacques, qui vint après Hamelin, siégeait en 1259. Il augmenta la portion des revenus destinée au soulagement des pauvres. De son temps, en 1262, fut terminée une contestation qui existait entre le prieur de Solesmes & ses vassaux, au sujet d'un impôt de 25 à 30 livres que le prieur avait coutume de lever chaque année sur ceux-ci, pour satisfaire à une redevance égale dont il était tenu envers les seigneurs de Sablé.

Nous placerons ici les noms de quatre prieurs de Solesmes dont nous ignorons l'époque précise & l'ordre de succession. Nous les avons découverts sur un nécrologe de la Couture antérieur à 1408, sur lequel ils figurent comme ayant fondé des anniversaires dans cette abbaye pour le repos de leurs âmes. Ce sont, au 25 mars, Pierre LE LIÈVRE; au 6 août, Guillaume LOSTELLIER; au 12 octobre, Gervais DUPONT; au 14 du même mois, Eudes DE CLINCHAMP. Sur un état des redevances de la même abbaye & de la même époque, on trouve Étienne SOUGÉ, prieur de Solesmes, comme ayant fait don d'un pré de la métairie de l'Aubrée, & de vignes & autres terres de la *Mandrière*, le tout formant un revenu de vingt livres.

En 1280, sous l'abbé *Jacques*, le prieuré de Solesmes était gouverné par PIERRE, qui est qualifié moine de la Couture. On trouve sous ce prieur une convention faite par Dreux (*Druxius*), moine & sacristain du prieuré de Solesmes, au sujet de certaines terres acquises en faveur de son office. Cette convention est de 1291. Enfin, vers l'an 1300, suivant le MS de la Bibliothèque Royale, Pierre Poucin, seigneur de

(1) Maurice eut pour successeur immédiat Geoffroy de Laval (1231-1234). (Dom Piolin. loc. cit. t. IV, p. 338.)

Juigné, donna à la sacristie de Solesmes, qui paraît avoir été le principal office de ce prieuré, la ferme de la Bouverie, située près le château de Sablé. Ce seigneur eut sa sépulture dans l'église du prieuré de Solesmes, près de l'autel dit de Notre-Dame de Pitié. Vers la fin du XVIIe siècle, il advint que les moines de Solesmes donnèrent la sépulture à l'un de leurs confrères dans le caveau de Pierre Poucin. La famille seigneuriale de Juigné, ayant eu connaissance de ce fait, qui n'avait eu lieu qu'à raison de l'ignorance où étaient les moines de la destination première de ce caveau, en témoigna une vive indignation. Cette famille, qui avait embrassé la prétendue réforme, n'était pas encore revenue à la foi de ses pères, dont elle a depuis si bien mérité : c'est ce qui fait dire à l'auteur du MS. de la Bibliothèque Royale, que les moines sont tout disposés à rendre à la famille de Juigné le caveau de ses ancêtres, dès qu'elle-même sera rentrée dans le giron de l'Église catholique (1).

L'abbé Jacques est marqué au 8 des calendes de novembre. Il mourut en 1301.

Gervais lui succéda, & siégea de 1301 à 1311. Il est marqué le 3 des nones d'octobre.

Hugues Gaudin, prieur d'Auvers-le-Hamon, fut élu abbé en 1311. Il mourut le 15 août 1324.

De son temps, le prieuré de Solesmes était gouverné par JEAN DE CLINCHAMP. Sous son régime, Herbert, moine & sacristain du prieuré, acquit en faveur de son office trois sols de rente annuelle à prendre sur le clos de vigne de la Morière.

---

(1) Après l'érection de Solesmes en abbaye, M. le marquis Anatole de Juigné, pair de France, a voulu renouer les liens cinq fois séculaires qui unissaient sa maison à l'ancien prieuré de Solesmes, & afin d'en perpétuer le souvenir, avec le consentement de l'abbé & des moines, il a fait placer une inscription au lieu de la sépulture de ses ancêtres.

Jean de Clinchamp mourut en 1317. Il fut remplacé par Jacques BLOELLIN, dont on trouve le nom sur divers titres de la même année 1317 & de 1324.

Après Hugues Gaudin, le monastère de la Couture eut pour abbé *Jean du Coudray*, prieur de Loué, qui siégea en 1324.

Sous son régime, le Pape Benoît XII donna la fameuse bulle appelée *Bénédictine*, pour la réforme générale des Moines Noirs. Elle fut lue dans le Chapitre de la Couture, les 26 & 27 juin 1327, devant une assemblée composée des abbés & moines des divers monastères situés dans les provinces ecclésiastiques de Rouen & de Tours, avec l'abbé du monastère de Saint-Florent-le-Vieil, nommé à part, parce que cette abbaye était *nullius*. Jean du Coudray mourut en 1343, & il est marqué au 15 des calendes de novembre.

Il eut pour successeur, la même année, *Geoffroy de Coëmoban* ou *de Coême*. Par une lettre du 21 juillet 1351, datée de la cour du Pape, à Avignon, il défend à ses moines, sous peine d'excommunication, de manger dans l'abbaye, hors du réfectoire.

Le prieuré de Solesmes était occupé par Jean HUBERT DE VALLAMBRON, que l'on trouve aux années 1345 & 1351. Il est appelé sur divers titres abbé de *Lampreta*. Nous n'avons pu découvrir encore la signification de ce mot donné par le manuscrit de la Bibliothèque Royale. Sous Hubert de Vallambron, Jean de Manette, prêtre de Sablé, donna à notre prieuré la ferme de la Martinière, & d'autres biens. On trouve aussi sur les titres du fief de Bousse, en 1344, une fondation de quinze sols de rente en faveur du prieuré de Solesmes, par René Potier, moine de la Couture, pour un service annuel à son intention.

En 1360, le monastère de la Couture était entre les mains d'un abbé nommé *Jean*, sur lequel nous n'avons pu nous procurer aucun renseignement.

Après lui, en 1368, vient *Matthieu de Juillé*. La mort de cet abbé est marquée au 10 des calendes d'avril.

Il eut pour successeur *Paschal Huguenot*, qui était de Limoges, & fut pourvu de l'abbaye, par bulle, en 1376. Il augmenta les revenus de son monastère, construisit divers édifices, &, dit son épitaphe, *fit faire le chief de Monsieur S. Bertran*. Il obtint du Pape le privilège d'user des ornements pontificaux, & de donner la bénédiction épiscopale. Sa mort arriva le 3 octobre 1393.

Le prieuré de Solesmes eut la gloire de lui donner un successeur en l'abbaye de la Couture. Ce fut GUILLAUME PATRY, né au Mans. Il occupa le prieuré de l'année 1362 à l'année 1399. Son administration avait été très salutaire à ce monastère. C'est lui qui fit construire, en 1370, la grande écluse ou chaussée sur la rivière de la Sarthe, en face du prieuré(1). En 1365, Nicolas de l'Abbaye déposa entre ses mains la confirmation d'une donation que son père, Thomas de l'Abbaye, avait faite au monastère de Solesmes, de quinze livres de rente, & d'une maison(2) sise dans l'Ile de Sablé, & d'une autre rente de six sols, avec un champ sur le bord de la Sarthe.

Vers le même temps, Jean Lessillé, seigneur de Juigné, confirma la donation faite à la sacristie du prieuré, par

---

(1) Ce barrage, qui faisait marcher un moulin à foulon, sert aujourd'hui aux usines de la Société marbrière de l'Ouest, dirigée par une famille justement chère aux moines de Solesmes. (D. Guépin, *Solesmes & Dom Guéranger*, p. 31.)

(2) Un clerc sabolien de naissance, Olivier L'Évêque, qui devint protonotaire apostolique, & enfin aumônier ordinaire du roi Henri IV, employa une partie de de sa fortune à fonder un collège dans sa ville natale. Il donna à cet effet deux fermes qui furent échangées contre la maison donnée aux moines par Nicolas de l'Abbaye, & deux autres contigües que le prieuré de Solesmes possédait dans l'Ile de Sablé, & le collège fut fondé en 1602. La municipalité de Sablé chargea, en 1807, M. Pierre Guéranger de rétablir cet établissement que la Révolution avait supprimé. Prosper Guéranger, alors âgé de deux ans, grandit dans le lieu où les moines venaient autrefois chercher asile. (D. Guépin, loc. cit., p. 29.)

Pierre Poucin, son oncle. Jean Lessillé était cousin germain de Colas Le Clerc, qui lui succéda dans la seigneurie de Juigné. Par son testament, qui est de l'an 1382, il fit de nombreuses largesses aux églises, & n'oublia pas le prieuré de Solesmes. Il donna aux moines quarante sols une fois payés, pour un anniversaire solennel; & de plus, il fit don au curé de la paroisse & à ses successeurs de quatre sols de rente; plus quarante autres sols de rente aussi, à répartir entre six curés, entre lesquels celui de Solesmes.

Ce fut le 11 octobre de cette année 1399 que *Guillaume Patry* fut élu abbé de la Couture. Il fut célèbre par sa piété, sa munificence, sa religion, sa prudence & toutes les autres vertus, dit le manuscrit de la Bibliothèque Royale. Il mourut le 15 septembre 1409 & fut enterré dans la chapelle de la Sainte Vierge de son église abbatiale.

Guillaume Patry eut pour successeur dans le prieuré de Solesmes Hélie DE VOUDE, personnage dont la modestie égalait la science; il occupa le monastère jusqu'à l'an 1416. Sous ce prieur, Louis II, roi de Sicile, duc d'Anjou, comte de Provence & du Maine, seigneur de Sablé, confirma, en 1408, les possessions & privilèges de Solesmes (1). En outre il fit remise au monastère de la somme de vingt livres de tailles, que le prieur était tenu de lever chaque année sur ses vassaux, pour la verser ensuite entre les mains du collecteur des redevances de la seigneurie de Sablé, & concéda pareillement une autre redevance de dix-huit sols neuf deniers, accompagnés d'échaudés, rossoli & deux jaillons de vin; le tout à la charge pour les moines de célébrer chaque jour une messe de *Requiem* pour ce prince, après sa mort.

Après la mort de Guillaume Patry, l'abbaye de la Couture fut occupée par *Guy de Baïf*, qui en fut pourvu en 1409. Alexandre V lui conféra le privilège des ornements pontifi-

---

(1) Voir le Cartulaire de la Couture & de Solesmes, p. 350.

caux. Il fut transféré par Jean XXIII à l'abbaye de Saint-Aubin d'Angers.

Le successeur de Guy de Baïf fut *Jean Chevalier*, que Jean XXIII pourvut en 1413, & qui mourut le 20 septembre 1417.

Après Hélie de Voude, ALAIN LE DOYEN fut prieur de Solesmes. C'était un homme d'une grande vertu. Il passa à la dignité d'abbé de la Couture; mais on ignore si ce fut par l'élection des moines ou par provision apostolique. Il gouvernait l'abbaye en 1421. Il la trouva dans un état complet de désolation, les Anglais l'ayant presque détruite de fond en comble (1). Le réfectoire, le dortoir, le chapitre & les cloîtres avaient entièrement péri. *Alain* mit tous ses soins à relever tant de ruines. Pour subvenir aux nécessités de ses moines, il concéda à l'infirmier droit de coupe dans les bois de sa propre mense abbatiale. Il mourut plein de jours, le 8 novembre 1432. En reconnaissance de ses services, les moines célébraient une messe quotidienne à son intention, encore à la fin du XVIIe siècle.

Le successeur d'Alain dans le prieuré de Solesmes avait été HENRI DES VIGNES, dont on trouve le nom sur des titres des années 1423, 1426 & 1432. Ce fut du temps de ce prieur que commencèrent les hostilités des Anglais dans la contrée de Sablé, & lieux circonvoisins. Notre prieuré souffrit grandement au milieu de cette tourmente; le MS. de la Bibliothèque Royale nous apprend même qu'il fut incendié par ces ennemis de la France, irrités sans doute de la résistance que leur opposait la garnison de Sablé. On ignore la date précise du désastre de notre monastère; mais les suites en furent d'autant plus lamentables que les titres du prieuré y périrent. C'est à quoi il faut attribuer la disette de renseignements sur les évènements de Solesmes jusqu'à cette

---

(1) D. Piolin, *Hist. de l'Église du Mans*, t. V, p. 86.

catastrophe. Le MS. ajoute que la justice divine ne tarda pas à sévir sur les auteurs de ce sacrilège. L'occupation de Solesmes avait lieu un peu avant la saison des vendanges. Les soldats anglais, ayant précipité la récolte des raisins, se donnèrent le plaisir de boire avec excès un mélange de vin nouveau & de lait; ce qui occasionna une violente dyssenterie, dont la plupart d'entre eux furent les victimes. Les cadavres de ces malheureux reçurent pêle-mêle la sépulture dans une vaste fosse que l'on creusa dans le grand jardin du monastère; à diverses époques, jusqu'à ces dernières années, des amas d'ossements ont été découverts dans ce même jardin.

Jean DU TREMBLAY succéda dans le prieuré à Henri des Vignes. Il est cité sur des actes des années 1436, 1441 & 1447, & mourut en 1450. Le MS. parle du malheur des temps sous le régime de ce prieur.

L'abbaye de la Couture fut occupée, après la mort d'Alain le Doyen, par Gérard DE LORIÈRE. Cet abbé était licencié en décret & conseiller du Roi. Il fit de nombreuses acquisitions & réparations en faveur de son abbaye. Pour subvenir à toutes ces dépenses, il obtint des papes Nicolas V & Pie II la faculté de retenir le prieuré de Solesmes & celui d'Auvers-le-Hamon; c'est pourquoi il doit être compté au nombre des prieurs de Solesmes. Il mourut en 1461.

Il eut pour successeur dans l'abbaye de la Couture, *Guillaume Le Monnier*. C'était à l'époque où la Pragmatique Sanction occasionnait dans l'Église de France tant de variations pour la collation des bénéfices. Guillaume fut élu par les moines & demanda la confirmation à Martin Berruyer, évêque du Mans (1452-1466), qui la lui accorda le 29 juillet 1461. Il sollicita ensuite celle de Jean III, archevêque de Tours, qu'il obtint le 13 octobre de la même année. Mais cette double institution ne lui ayant point procuré la paisible jouissance de son abbaye, il se rendit à Rome pour solliciter auprès de Pie II les provisions apostoliques. Il réussit dans son entreprise, & après son retour, il mit tous ses soins aux réparations de l'abbaye qui lui avait été tant disputée. Il n'en devait pas jouir longtemps; car il mourut le 9 décembre 1465.

Il avait pourvu le monastère de Solesmes d'un prieur qui fut Thomas BOUCHARD, sur lequel nous sommes sans renseignements. Nous savons seulement qu'il usait d'un sceau sur lequel on voyait d'un côté la Sainte Vierge portant l'Enfant Jésus, avec Thomas Bouchard à genoux à ses pieds, & de l'autre côté saint Pierre, tenant deux clefs à la main. Thomas Bouchard mourut en 1469.

Après la mort de Guillaume Le Monnier, *Jean de Tucé* fut élu par les moines. *Il était*, dit l'histoire manuscrite de la Couture, *petit de corps, mais de cœur magnanime*. Les difficultés qu'il éprouva pour prendre possession de l'abbaye ne furent pas moindres que celles qu'avait souffertes son prédécesseur. Dans l'état d'anarchie où continuait de se trouver l'Église de France pour les provisions bénéficiales, & avec l'attrait toujours croissant de la commende, il était devenu difficile à un abbé élu par des moines de faire reconnaître ses droits. L'évêque du Mans, Thibaut de Luxembourg (1466-1477), en faveur duquel on venait de mettre en commende pour la première fois l'illustre abbaye de Saint-Vincent, s'efforça d'infirmer l'élection de Jean de Tucé. Celui-ci ayant appelé au chapitre métropolitain de Tours, le siège vacant, ce chapitre rendit une sentence, en date du 16 mai 1466, portant injonction à l'évêque du Mans de confirmer Jean de Tucé dans la dignité d'abbé de la Couture. Mais les tribulations de cet abbé ne s'arrêtèrent pas là. Pendant que ses affaires s'arrangeaient en France, selon les dispositions de la Pragmatique, le pape Paul II disposait en cour de Rome de l'abbaye de la Couture, par bulle du 6 des calendes de février 1466, en faveur de *Guillaume de Malestroit*, archevêque de Thessalonique & conseiller du Roi. L'abbaye se trouva donc avoir deux abbés à la fois, l'un par autorité apostolique, l'autre par l'institution de l'évêque diocésain. Jean de Tucé se vit obligé de céder la place; car Louis XI avait renoncé à soutenir la Pragmatique & prêtait main forte au pourvu de Rome. Néanmoins cet état de choses ne fut pas de longue durée. En 1469, Guillaume de Malestroit résigna l'abbaye entre les mais de Paul II, en faveur de Jean de Tucé, ne se réservant que deux cents livres tournois, à prendre sur les biens de l'abbaye, & cinquante autres livres sur la mense de l'abbé. On ignore l'époque de la mort de Guillaume; on sait seulement qu'il mourut le 1er septembre, ayant fondé pour le repos de son âme un anniversaire, pour lequel il laissa à l'abbaye cinquante écus d'or, l'anneau de saint Thomas de Cantorbéry, & sa propre bibliothèque. Jean de Tucé étant devenu seul maître de l'abbaye, s'y rendit recommandable par toutes les qualités. Il est marqué sur le nécrologe au 7 des calendes de mars 1486.

Pendant ce temps là le prieuré de Solesmes était possédé par PHILIBERT DE LA CROIX, successeur de Thomas Bouchard. Vers l'année 1470, ce prieur, licencié en décret, s'occupa d'embellir l'église du monastère. On ignore si ce fut lui qui lui ôta la forme de basilique pour la réduire en croix latine; mais on sait qu'il donna la forme carrée à la partie orientale de l'édifice; ce qui ne put se faire qu'en détruisant l'abside & la crypte qui l'accompagnait. Il compléta ce travail en faisant construire la voûte du chœur, qui fut d'abord la seule que possédât notre église. Cette voûte est remarquable par sa clef, sur laquelle est sculptée une croix au centre de laquelle on remarque la couronne du Christ, dont une des épines était conservée dans le trésor du prieuré. Il fit une fondation de deux messes par semaine à l'autel de la Sainte Vierge : l'une en l'honneur de la sainte Croix, le vendredi; l'autre, libre pour le jour, à la dévotion du chapelain, & il assigna douze livres tournois de rente perpétuelle pour l'acquit de cette fondation, qui a subsisté jusqu'à la Révolution de 1789, sous le nom de chapelle de Sainte-Croix. Elle fut confirmée par le cardinal Philippe de Luxembourg, dont l'acte, daté de 1477, existe encore dans les archives de l'abbaye de Solesmes.

Philibert de la Croix constitua & dota les offices de chantre & d'infirmier. Il fit des améliorations considérables à la maison priorale, dans laquelle il fit construire plusieurs nouvelles chambres. Il vivait encore en 1479. A sa mort, il fut enterré dans la chapelle de droite, près de l'endroit où fut établi, peu d'années après, le monument appelé *Tombeau du Christ* (1).

Son successeur fut MATTHIEU DE LA MOTTE, que le MS. de la Bibliothèque Royale appelle *un homme pieux, ami des choses célestes*. Entre autres objets de sa sollicitude, il s'occupa des étangs de la ferme de Pampoil, qu'il avait achetée; il les garnit de fortes chaussées, & y fit venir l'eau d'une très belle source située au dessus. Son administration promettait au prieuré les plus grands avantages, lorsqu'il fut élu par les moines de la Couture pour succéder à Jean de Tucé. Son élection fut confirmée sans difficulté le 26 avril 1486 par Philippe de Luxembourg, évêque du Mans (2), fils de Thibaut, son prédécesseur. Il renouvela en entier les cloîtres grands & petits de l'abbaye, construisit les voûtes de l'église qui sont entre le chœur & le maître-autel, donna la cloche appelée *Marie*, & fit refaire à neuf les couvertures de la tour majeure de l'église & celles des autres édifices de l'abbaye. Tant de services n'empêchèrent pas *Matthieu de la Motte* d'éprouver de vives contradictions dans son monastère.

---

(1) Dom Guéranger y a fait placer une pierre commémorative pour rappeler la mémoire de son prédécesseur.

(2) Le cardinal Philippe de Luxembourg mourut en 1519.

Il crut devoir s'y soustraire en donnant sa démission, en 1492. Il résigna l'abbaye à *Guillaume Herbelin*, son vicaire, & ne retint de sa mense qu'une pension, avec la terre de Pézé, où il mourut le 19 juillet 1496. Son corps fut porté à la Couture, où il fut enterré dans la chapelle du Sépulcre, ou de Saint-Michel.

En quittant le prieuré de Solesmes, Matthieu de la Motte eut soin de le pourvoir d'un digne successeur de son zèle & de son habileté. Ce successeur fut GUILLAUME CHEMINART.

Sous ce prieur, en l'an 1490, Jean Guyet, curé de Bouessay, donna au monastère la ferme de la Barre, avec ses dépendances, située en Bouessay.

L'année suivante, 1491, le monastère éprouva les effets de la bienveillance de Jean d'Armagnac, duc de Nemours, seigneur de Sablé. Après Louis II, duc d'Anjou & roi de Sicile, qui mourut le 29 avril 1417, & dont nous avons rappelé la bienveillance envers notre prieuré, la seigneurie de Sablé fut possédée presque immédiatement par René d'Anjou, si populaire sous le nom de *bon Roi René*. Elle passa bientôt aux mains de Louis XI, qui la retint jusqu'à sa mort. Son successeur Charles VIII la remit en 1484 aux enfants de Jacques d'Armagnac, dont l'aîné était Jean de Nemours que nous venons de nommer. Ce seigneur se montra plein d'intérêt pour le prieuré de Solesmes; il lui accorda, par lettres de l'an 1491, le droit sur toutes les marchandises qui entraient à Sablé par terre ou par eau, le jour de la Chaire de saint Pierre (22 février), depuis la veille au lever du soleil jusqu'au soir même de la fête, en compensation de ce qu'il laissait violer un droit que les moines avaient sur le Port-la-Coudre. Jean de Nemours octroya aussi par les mêmes lettres une foire libre, chaque année, à Solesmes. Ces diverses concessions furent confirmées par le roi Charles VIII.

Guillaume Cheminart, dit le MS. de la Bibliothèque Royale,

travailla assidûment à procurer le bien de ses moines & l'embellissement de son église. Il fit faire la châsse de la sainte Épine; elle était d'argent doré & figurait un ange soutenant cette sainte relique. La dévotion des fidèles était grande dans toute la contrée envers ce précieux souvenir de la Passion du Christ, on le portait en procession dans toutes les nécessités publiques.

En 1495, Guillaume Cheminart donna sa démission de la charge de prieur, pour ne plus s'occuper que de son salut, & vécut encore jusqu'en l'année 1550. Il fut enterré dans le sanctuaire de l'église, proche la grille du maître-autel.

L'abbaye de la Couture avait, comme nous l'avons vu, passé, en 1492, dans les mains de Guillaume Herbelin, par la résignation que lui en fit Matthieu de la Motte dont il avait été le vicaire. Guillaume avait été prieur claustral pendant vingt ans, & est qualifié d'*homme très religieux* par l'historien de la Couture. Il mourut en 1496, & est marqué sur le nécrologe aux calendes de juin.

A Solesmes, Guillaume Cheminart avait été remplacé par Philippe MOREAU DE SAINT-HILAIRE, qui avait été sacristain & cellérier du prieuré. C'est par lui que commence la série des travaux d'art qui ont fait & feront toujours la gloire de la petite église priorale, maintenant abbatiale de Solesmes. Animé d'un zèle sans exemple, il entreprit, sans doute avec les conseils de son prédécesseur, de faire exécuter en sculpture la sépulture du Christ(1), avec tous les accessoires propres à donner à cette grande scène toute la majesté dont elle est digne. Nous donnons plus bas la description détaillée du monument. Il choisit la chapelle appelée alors de *Notre-Dame*(2), dans laquelle était enterré Philibert de la Croix,

---

(1) Cette œuvre magistrale porte la date de 1496.

(2) Désignée dès le douzième siècle sous le nom de *Chapelle du Crucifix*, elle reçut au quinzième pour décoration principale une Madone de Pitié. L'autel du Crucifix prit donc plus tard le nom d'autel de la Vierge. Notons encore que le

pour y placer ce monument, & il n'oublia pas d'y ménager un lieu honorable pour l'exposition de la sainte Épine.

Parmi les figures qui composent le groupe de la mise au tombeau, il en est trois qui évidemment sont des portraits : le personnage qui représente Joseph d'Arimathie, & les deux femmes placées à sa droite. Il est hors de doute que ces figures représentent les bienfaiteurs du monastère à cette époque, & probablement les personnes qui ont aidé à payer les frais de ce grand travail. La destruction des armoiries qui existaient autrefois sur les écussons que l'on voit encore au dessus de l'arcade sous laquelle est placé le groupe, rend aujourd'hui cette question insoluble autrement que par conjectures. On pourrait peut-être y reconnaître Jean de Nemours, dont nous avons déjà parlé, plutôt que René II, duc de Lorraine, & que le bon roi René lui-même, comme nous l'avions d'abord pensé. Ces deux derniers seigneurs ne paraissent pas avoir rien fait en faveur du monastère de Solesmes, & d'ailleurs, en 1496, date précise de la construction de ce monument, Jean de Nemours se maintenait en possession de la seigneurie de Sablé, malgré l'arrêt du Parlement de Paris, qui avait adjugé cette seigneurie à René II, duc de Lorraine, dès l'année 1486.

On en voit une preuve dans la demande qu'adressèrent à Jean de Nemours, en 1497, les prieur & convent de Solesmes. Il s'agissait d'obtenir de ce seigneur une compensation au sujet des vingt livres de rente qui avaient été cédées par Louis II d'Anjou, moyennant une messe quotidienne à son intention. Cette somme devait être levée chaque année par le prieur sur les habitants du bourg, & le malheur des temps avait rendu comme impossible le recouvrement de cette contribution. Les moines demandaient donc à Jean de Nemours

---

groupe de la *Pietà* est la sculpture la plus ancienne de l'église & le point de départ de toutes les autres. (Voir M. E. Cartier & D. Guépin.)

un secours équivalent, pour continuer de desservir la fondation. Ce seigneur, par un acte daté de Paris, le 2 juin 1497, & conservé encore dans les archives de l'abbaye, octroya la demande. Les paroles de cette lettre sont remarquables. Le prince y déclare se porter à cette générosité, attendu que « le bourg dudict Solesmes, qui auparavant les guerres & « hostilités qui ont depuis esté en ce royaulme, était grande- « ment populé de riches gens & bons marchands, & édifices « en grand nombre de maisons, est de présent désolé & en « grande ruine, habité de petit nombre de pouvres gens, « presque tous mendiants, petitement & pouvrement logés. » Cette misère des habitants de Solesmes ne permettant plus aux moines de lever la contribution qui leur avait été concédée par Louis II, & Jean de Nemours ayant à cœur de maintenir la fondation de ce seigneur, affecte une somme égale que le prieur & le prieuré auront à prendre sur « le pas- « saige & pontenaige du port de Solesmes sur la rivière de « Sarte, près & joignant ledict prieuré, » laquelle somme ils réclameront chaque année du receveur ordinaire de la seigneurie de Sablé. Jean de Nemours ordonne de plus que si les moines désirent affermer ledit *passaige* & *pontenaige,* ils soient préférés à tous autres enchérisseurs.

Philippe Moreau de Saint-Hilaire, qui avait sollicité ce privilège & si bien mérité de son église priorale, mourut en 1505.

Pendant que l'église du prieuré de Solesmes recevait les embellissements dont nous avons parlé, l'abbaye de la Couture, veuve de Guillaume Herbelin, voyait arriver à la charge abbatiale le dernier moine qui devait la posséder. On peut dire du moins que la dignité abbatiale s'éteignit avec gloire à la Couture, puisque le dernier bénédictin qui en fut revêtu fut *Michel Bureau*. Il fut élu le 9 juin 1496.

Il était docteur en théologie & avait été prieur claustral, & vicaire de Guillaume Herbelin. Sa prise de possession ne fut pas néanmoins sans difficultés. Alexandre VI avait déjà conféré l'abbaye, par bulles, à Jean de Villiers, abbé de Saint-Denys & évêque de Lombez ; toutefois l'élection de Michel Bureau fut soutenue & prévalut. Il serait trop long de rappeler en détail tout ce que ce grand prélat entreprit pour le bien de son abbaye. Nous nous bornerons donc à quelques traits.

Il fit faire, en 1505, la nouvelle châsse de saint Bertrand. Elle était d'argent, & du poids de 70 marcs. La translation des reliques du saint évêque n'eut lieu cependant qu'en 1512. Elle fut accomplie avec une grande solennité par l'évêque & cardinal Philippe de Luxembourg, assisté de Michel Bureau, de Jean Durand, abbé de Saint-Vincent, de Geoffroy Suet, abbé de Beaulieu, & de Jean Aubinière, abbé de l'Épau.

En 1514, sentant sa fin approcher, Michel Bureau fit de nombreuses fondations dans lesquelles il montra une dévotion spéciale pour l'archange saint Michel son patron, & pour les saints Jérôme & Léon. Il avait même fondé, dès l'an 1504, dans l'église des Mathurins, à Paris, une messe solennelle, avec procession, à laquelle assisteraient les docteurs de Sorbonne, chaque année, le jour de saint Jérôme. Il ajouta plus tard une seconde fondation du même genre & dans la même église, pour le jour de la Translation de saint Benoît.

Sous ce grand abbé, l'observance était très florissante dans l'abbaye de la Couture, & par là même dans les prieurés qui en dépendaient. Nous en trouvons un beau monument sur un règlement transcrit dans l'histoire manuscrite de la Couture, sous ce titre : *Ordinarium vitæ religiosæ prout in monasterio B. Petri de Cultura observatur*.

Ce fut du temps de Michel Bureau, en 1508, que fut rédigée la *Coutume du Maine,* par le président Baillet, & Jean Lelièvre, conseiller au parlement. Elle fut soumise à l'examen des trois ordres de la province dans une assemblée générale où siégeait notre abbé.

En 1515, une contagion s'étant fait sentir au Mans, Michel Bureau divisa les moines de la Couture en trois sections. La première devait desservir l'abbaye; la seconde était destinée à habiter le manoir de Moulins, & la troisième devait résider au manoir de Volnay. Cette mesure fut en vigueur à partir du 21 août jusqu'au 12 décembre, vers lequel temps la contagion cessa.

La mort d'un si illustre abbé, en qui devaient expirer toutes les libertés de la Couture, eut lieu dans une circonstance qui la rendit plus amère encore. On était arrivé au 6 juin 1518, fête de saint Bertrand, jour où tous les prieurs & officiers des divers monastères de la dépendance de la Couture étaient réunis à l'abbaye, suivant l'usage, en une sorte de chapitre général. Ce fut au milieu des regrets & de la désolation de cette nombreuse famille que Michel Bureau rendit son âme à Dieu. L'histoire manuscrite de la Couture fait un récit lamentable de cette triste scène, & donne plusieurs compositions poétiques que la circonstance inspira aux amis de l'illustre défunt.

Michel Bureau avait été, on ne sait à quelle date, élevé à la dignité épiscopale par le Pape, avec le titre d'évêque d'Hiérapolis *in partibus*. Sa sépulture eut lieu au milieu d'un immense concours de clergé & de peuple. Geoffroy Suet, abbé de Beaulieu, y officia, en présence du cardinal Philippe de Luxembourg, évêque du Mans pour la seconde fois (1509-1519).

Pendant que la mère-abbaye s'éteignait avec Michel Bureau, qui emportait dans sa tombe l'indépendance monastique, le prieuré de Solesmes semblait protester contre un sort pareil qui bientôt allait l'atteindre. Pour montrer ce que peuvent pour le développement d'un monastère les privilèges de l'état religieux, la Providence avait permis qu'un humble prieuré, sans nom dans l'histoire, se montrât pour ainsi dire l'égal des grandes abbayes par la splendeur de ses monuments, l'exactitude de son observance & le mérite de ses habitants. Philibert de la Croix, Matthieu de la Motte, Guillaume Cheminart, Moreau de Saint-Hilaire, avaient reçu, dès l'an 1505, dans la personne de JEAN BOUGLER, un successeur vraiment digne de siéger après eux.

Jean Bougler était né au Mans, & avait fait profession à la Couture. Il fut envoyé à Paris pour y compléter ses études ecclésiastiques, & y prendre les grades. Ayant reçu le bonnet de docteur, & étant rentré dans son monastère, l'abbé de la Couture lui donna successivement à gouverner les prieurés de Conlie, de Prez-en-Pail & de *Tenganes* (*Tenganensis*), près Sainte-Suzanne. Après la mort de Philippe Moreau de Saint-Hilaire, Michel Bureau pourvut Jean Bougler du prieuré de Solesmes. Le nouveau prieur s'appliqua tout aussitôt à réformer l'observance de son monastère, employant comme moyen efficace de maintenir la régularité, le grand secours des études monastiques. Il fit rebâtir le cloître, la sacristie & l'aumônerie, & disposa une salle commune pour la bibliothèque & pour y faire les cours aux jeunes religieux, auxquels il enseignait lui-même l'Écriture Sainte, la Théologie & la science des Pères & des Conciles. Cette salle, dans laquelle il avait fait placer diverses tables & pupitres, pour la commodité de ceux qui venaient s'instruire par la lecture des livres qu'il avait rassemblés avec un choix excellent, était ornée d'un lambris, & avait reçu le nom de *librairie*. Elle existe encore aujourd'hui comme précieux souvenir de ce grand homme, sous le régime duquel Solesmes vit s'accroître le nombre de ses moines bien au delà de ce qu'en avait reçu jusqu'alors le prieuré.

Jean Bougler ne négligeait pas non plus le soin du peuple qui lui était confié, en sa qualité de curé primitif. Il s'était rendu célèbre au Mans par son éloquence dans la chaire;

confiné à la campagne, il n'en eut pas moins de zèle pour annoncer la parole de Dieu, & l'on voyait autour de lui, les dimanches & fêtes, dans son église priorale, un nombreux auditoire composé, non seulement des fidèles de Solesmes, mais aussi des diverses paroisses circonvoisines.

Son administration habile & son dévouement pour ses frères produisirent d'heureux effets dans le temporel du prieuré. Il racheta plusieurs des fermes & en dégage a d'autres qu'on avait été contraint d'engager; il fonda le registre des revenus, rentes & droits du monastère, qu'il laissa à sa mort libéré de toutes dettes. Plus d'une fois, en défendant les droits de son prieuré, il encourut la disgrâce des puissants du voisinage, & quelquefois avec un certain péril. Le MS. de la Bibliothèque Royale raconte à ce sujet qu'un jour le courageux prieur, passant sur le pont de Sablé, rencontra le seigneur de cette ville, contre lequel il avait plus d'une fois été contraint de soutenir les privilèges de son prieuré. Sa vue ayant réveillé dans le puissant châtelain les ressentiments qu'une telle opposition lui avait inspirés : « Moine, dit-il à Jean Bougler, si je ne craignais Dieu, je « te jetterais dans la Sarthe. » — « Seigneur, repartit Jean « Bougler, si vous craignez Dieu, je n'ai rien à craindre. » Cette réponse calme & ferme apaisa l'émotion du seigneur.

Tel était Jean Bougler, lorsque, en 1518, la mort de Michel Bureau vint plonger la Couture dans le deuil. Il s'agissait maintenant de donner un successeur à l'abbé qu'on venait de perdre, & des difficultés redoutables s'opposaient à ce que les moines pussent librement se choisir un chef. Il y avait deux ans que le fameux Concordat avait été conclu à Bologne entre Léon X & François Ier. Une des clauses de ce concordat portait que la commende ne serait point étendue aux monastères du royaume dans lesquels elle n'avait pas encore été introduite; mais elle était confirmée dans ceux qui avaient été soumis à son joug. On aurait pu appliquer favorablement cet article à l'abbaye de la Couture, puisque ce monastère n'avait eu qu'un seul commendataire, Guillaume de Malestroit, archevêque de Thessalonique, dont nous avons parlé, & que les quatre successeurs de ce prélat, y compris Michel Bureau, avaient été abbés réguliers. La cour, qui ne devait plus s'arrêter dans son système de spoliation, ne l'entendit pas de la sorte, & à peine la mort de Michel Bureau fut-elle connue, que François Ier nomma pour lui succéder *Jean Colluaut,* évêque de Senlis.

Cependant les moines de la Couture tentèrent un dernier effort pour sauver l'honneur & même l'existence de leur abbaye. Réunis en chapitre pour une élection, ils élurent Jean Bougler. Notre prieur eut le courage d'accepter ce périlleux honneur; mais, dans une lutte aussi inégale, il devait succomber. Après diverses tribulations qu'il supporta avec patience & qui allèrent même jusqu'à l'emprisonnement, il rentra dans son prieuré de Solesmes, qu'il devait gouverner près de quarante ans encore. Ces quarante ans furent comme le crépuscule de la gloire monastique de la Couture; Jean Bougler devait être le dernier prieur régulier de Solesmes, comme Michel Bureau avait été le dernier abbé régulier de la Couture. Nous verrons dans la suite de cette histoire comment la tombe de Jean Bougler devint deux fois féconde pour la liberté monastique, à deux époques où l'on pouvait dire que jusqu'aux dernières traces de cette antique liberté étaient effacées de l'Église de France.

De retour dans son humble monastère, le pieux & docte prieur s'occupa de l'embellissement de l'église. Il songea d'abord à compléter l'édifice lui-même, & jaloux de marcher sur les traces de Philibert de la Croix, qui avait fait faire la voûte du chœur, Jean Bougler entreprit successivement les six autres voûtes, dont la dernière qu'il fit construire, celle de la chapelle de droite, porte la date de 1538. Ce remaniement de la partie supérieure de l'église priorale qui était jusqu'alors simplement lambrissée & garnie de tirants qu'on remonta au-dessus des voûtes & qui existent encore, contraignit Jean Bougler à donner une nouvelle forme à la tour des cloches. Il la rendit carrée, en ajoutant une nouvelle partie de maçonnerie, proportionnée à l'étendue de la seconde voûte de la nef, au-dessus de laquelle elle s'élève. Dès lors, la baie de l'ancienne tour ne se trouvait plus au milieu de ce monument. Cet inconvénient n'arrêta pas Jean Bougler. Il ouvrit d'autres baies dans la partie supérieure de sa tour, qu'il orna d'une ceinture trilobée, & au-dessus de laquelle il éleva une flèche, dont la pointe atteignait encore en 1682 deux cent vingt pieds de hauteur (1).

Mais ces embellissements extérieurs que Jean Bougler donnait à son église n'étaient rien en comparaison des merveilles dont il allait la rendre le dépôt. Ici, nous nous trouvons dépourvu de tout renseignement certain pour raconter les circonstances dans lesquelles s'éleva le somptueux monument à la Mère de Dieu que l'on admire depuis bientôt trois siècles dans la chapelle de gauche. On sait seulement qu'il est dû au zèle & au génie de Jean Bougler. C'est le témoignage du MS. de la Bibliothèque Royale, de Ménage, dans son *Histoire de Sablé,* de Dom Mabillon, dans ses *Annales Ordinis Sancti Benedicti,* & généralement de tous les auteurs qui ont parlé de l'église de Solesmes. Malheureusement, le nom & la patrie des artistes que notre prieur employa pour exécuter cet œuvre, n'en sont pas moins demeurés inconnus. Plusieurs parties du monument indiquent assez évidemment le genre allemand des XVe & XVIe siècles. D'un autre côté, la tradition des moines de l'ancien prieuré, recueillie de leur propre bouche par M. Lefebvre, vieillard respectable qui avait

---

(1) Cette flèche fut renversée par un ouragan, le 16 juillet 1682. La première pierre de la lanterne qui surmonte aujourd'hui le clocher de l'église, fut posée le 17 août 1731 par Dom Antoine Lalloué, prieur claustral.

exercé à Solesmes les fonctions de curé dès l'an 1770, & qui a terminé sa carrière plus qu'octogénaire en 1819 dans cette même paroisse, cette tradition, disons-nous, attribuait les magnifiques sculptures de Solesmes à trois sculpteurs italiens.

Un soir, vers l'an 1550, suivant cette merveilleuse narration, Jean Bougler, déjà avancé en âge, vit arriver au prieuré trois étrangers qui demandaient un asile pour quelques jours. Tous trois, sculpteurs & nés en Italie, erraient par la France, ayant été contraints de fuir leur patrie à l'occasion d'un meurtre dont ils étaient réputés complices. Dans leurs courses, ils avaient entendu parler des sculptures qu'avaient fait exécuter les prieurs Cheminart & Moreau de Saint-Hilaire pour représenter la sépulture du Christ. Ils s'empressèrent donc, dès qu'ils furent entrés dans le monastère, de demander à voir un monument dont ils avaient tant entendu parler. La vue de ces sculptures les étonna; mais ils demeurèrent ravis d'admiration devant la statue de sainte Marie-Madeleine, assise dans un si profond recueillement au pied du tombeau de Celui qui lui avait beaucoup pardonné, parce qu'elle avait beaucoup aimé. Il ne fut pas difficile au prieur de s'apercevoir que les trois hommes qu'il avait reçus dans sa maison étaient trois artistes, & après s'être entretenu quelque temps encore avec eux, l'idée lui vint tout à coup d'utiliser leur présence en leur donnant à exécuter, en l'honneur de la Sainte Vierge, un second monument qui surpassât encore en magnificence celui que son prédécesseur avait élevé à la gloire du Christ.

Les trois étrangers acceptèrent la proposition & s'engagèrent à suivre les plans que le prieur leur donnerait. Celui-ci, élevé dans l'Université de Paris à une époque où les traditions mystiques y fleurissaient encore, traça dans le génie des Clichtoüe, des Wimpheling & des Cochlée, derniers échos de la théologie du moyen âge, un vaste plan de sculptures historiques & dogmatiques, qui comprenait la mort, la sépulture, l'assomption & la glorification de Marie, le tout accompagné d'inscriptions destinées, plutôt dans le goût du XVe siècle que du XVIe, à compléter l'idée que le ciseau des artistes aurait ébauchée. Un autre groupe détaché de l'ensemble leur fut demandé : il devait représenter Jésus retrouvé par Joseph & Marie au milieu des docteurs du temple de Jérusalem. Nous donnons plus loin la description détaillée de ce magnifique ensemble, sans égal en France, & conservé comme par miracle à travers toutes nos commotions politiques.

Le prieur Jean Bougler fit faire aussi les stalles du chœur par nos artistes. Ils y représentèrent, par son ordre, la généalogie du Christ. Enfin, après avoir décoré si magnifiquement la chapelle de gauche, Jean Bougler se proposait de compléter celle de droite, lorsque la mort vint l'arrêter dans son œuvre. Déjà, la Renaissance avait commencé d'étaler son luxe, peut-être un peu païen, près du tombeau du Christ & dans le voisinage de cette Madeleine d'une naïveté si chrétienne, qui en est le principal accessoire. Une suite de scènes empruntées sans doute à la vie du Sauveur, allait remplir cette étroite enceinte, si Dieu n'eût disposé enfin de la vie de notre prieur. Sur une des colonnes qui décorent l'autel de cette chapelle de droite, & qui supportent un magnifique entablement dont le rinceau est richement historié de chevaux & de tritons, on lit la date 1553; c'est celle à laquelle s'arrêtèrent les travaux.

Nos traditions disent encore que chacun des trois artistes, dans la confection de cette œuvre, travaillait à la même statue, dont le sujet lui était assigné par Jean Bougler. Tous trois s'efforçaient de rendre la pensée du prieur, & lorsque chacun d'eux avait achevé son travail, la meilleure statue était acceptée, & on brisait les deux autres. Lorsqu'en 1722, les Bénédictins de Solesmes rebâtirent leur monastère, on trouva, dit-on, dans les fouilles que nécessita cette opération, une quantité considérable de fragments de ces statues, brisées par ordre de Jean Bougler. Quoi qu'il en soit de cette anecdote, on garde encore dans l'abbaye plusieurs débris de statues non achevées, & qui paraissent avoir été mutilées à dessein.

Pour expliquer comment un simple prieur de Solesmes avait pu subvenir aux dépenses de l'érection d'un si splendide monument, les traditions ajoutent que la maison seigneuriale de Sablé l'aida puissamment de ses deniers. La dépense se serait élevée, dit-on, jusqu'à la somme de 150,000 livres, dont une partie aurait déjà été absorbée par l'achat & le transport de la pierre employée comme matière des statues & des ornements qui les accompagnent. Cette pierre, qui avait été apportée de la Touraine, est parfaitement blanche, très tendre, d'un grain extrêmement fin & susceptible d'un très beau poli.

La seigneurie de Sablé était possédée, vers l'époque où furent exécutées les statues, d'abord par Claude de Lorraine, duc d'Aumale, en faveur duquel François Ier érigea la terre de Sablé en marquisat. Claude mourut en 1550. On sait en général que ce seigneur était très magnifique, & sa femme, Antoinette de Bourbon, avait donné à l'église Notre-Dame de Sablé un célèbre ostensoir en or. Leur fils, le magnanime François de Lorraine, duc de Guise, tint à son tour la terre de Sablé, jusqu'en 1563, qu'il fut assassiné à Orléans. Il est probable que l'un ou l'autre de ces seigneurs, ou peut-être tous les deux, zélés comme ils l'étaient pour la gloire de la Religion catholique, se seront fait honneur de seconder le dévouement du prieur.

Quoi qu'il en soit, Jean Bougler, ayant atteint sa soixante-quinzième année, rendit son âme à Dieu, au milieu de la désolation de ses moines, après cinquante-&-un ans de gouvernement prioral, le 11 avril 1556. Il fut enterré sous l'autel de cette chapelle de la Sainte Vierge qu'il avait décorée avec tant de splendeur, & qui est appelée Notre-Dame la Belle, *Beatæ Mariæ pulchræ,* dans le MS. de la Bibliothèque Royale. Son corps a été retrouvé dans ce même lieu, le 12 août 1841. Il était entouré d'un grand nombre de pots de grès, contenant encore une partie du charbon destiné à brûler l'encens avec lequel on l'avait enseveli, suivant un usage ancien qui s'est conservé presque jusqu'à nos jours dans plusieurs localités.

L'église de Solesmes, heureuse de garder les cendres de son plus illustre prieur, a aussi le bonheur de posséder son portrait. C'est une magnifique statue qu'il fit exécuter, dans un sentiment de piété, se faisant représenter comme personnage actif aux funérailles de la Sainte Vierge. Nous en parlerons plus loin. Il signala son affection & sa vénération envers Michel Bureau, en lui consacrant aussi une statue dans une autre scène de la vie de la Sainte Vierge. C'est ainsi que l'église de Solesmes conserve les images de ses deux plus illustres supérieurs, en lesquels, comme nous l'avons dit, s'éteignit pour un temps la liberté monastique.

Rentrons maintenant dans l'abbaye de la Couture, que nous avons laissée aux mains de Jean Colluaut, évêque de Senlis. A la mort de ce commendataire, en 1522, François Ier nomma pour le remplacer *Martin de Beaulne,* archevêque de Tours. Adrien VI gouvernait alors l'Église. Ce Pontife ayant pris connaissance des motifs si peu légitimes que le roi avait d'étendre la commende à l'abbaye de la Couture, consentit, il est vrai, à instituer abbé Martin de Beaulne, mais à la condition que les moines, à la mort de ce prélat, rentreraient dans le droit d'élire un abbé régulier. Cette protestation, inspirée par la justice même à l'intègre Pontife, ne devait cependant pas arrêter l'abbaye dans sa ruine.

Martin de Beaulne étant mort en 1527, François Ier, sans

égard aux protestations d'Adrien VI, lui donna pour successeur *Adam Fumée,* qui, dans l'histoire manuscrite de la Couture, est qualifié d'évêque *Solembriensis* (?). Ce prélat embrassa le protestantisme, & remit, en 1544, l'abbaye à son neveu *Nicolas Fumée,* qui fut agréé par le roi, lequel était encore François Ier. La condition de cette résignation fut une pension qu'Adam se réserva sur la mense abbatiale en cédant celle-ci à son neveu.

Nicolas Fumée était abbé de le Couture au moment de la mort de Jean Bougler. Sous un commendataire, les moines de Solesmes ne pouvaient espérer d'avoir un prieur qui fût nommé par voie régulière. Nicolas Fumée leur imposa, sans doute avec le consentement du roi, JACQUES FOUIN, qui fut le premier prieur commendataire de Solesmes. On doit du moins lui rendre cette justice qu'il soigna le temporel du monastère, & obtint même divers arrêts du Parlement de Paris, pour contraindre à la restitution des rentes & dîmes plusieurs des vassaux du prieuré que la mort de Jean Bougler semblait avoir émancipés. Jacques Fouin ne vivait plus en 1564. Il eut pour successeur NICOLAS FUMÉE lui-même, qui obtint du Pape un bref pour conserver le prieuré de Solesmes avec l'abbaye de la Couture, & les garda l'un & l'autre jusqu'en 1575.

De son temps, le monastère, déjà presque anéanti par la commende, eut à souffrir la plus violente tempête à l'extérieur. Vers l'an 1567, les huguenots, qui infestaient le pays, parvinrent à s'emparer de Sablé. Les moines de Solesmes se virent bientôt exposés à toutes leurs violences, & avec d'autant plus de périls, que le fanatisme de la réforme avait conçu une horreur brutale contre les images sacrées. Le prieuré se trouva donc cerné par une troupe furieuse qui demandait à grands cris qu'on lui ouvrît les portes de l'église. Heureusement, les moines avaient armé & rassemblé dans leurs murs une partie des habitants du village. La résistance devint plus énergique encore que l'attaque. Déjà les huguenots, dans le but d'incendier les portes qu'on ne voulait pas leur ouvrir, avaient mis le feu à des matières inflammables qui devaient les délivrer de cet obstacle; on avait lieu de trembler pour les chefs-d'œuvre dûs au génie de Jean Bougler autant qu'au ciseau de ses artistes, lorsqu'une vigoureuse sortie des catholiques dispersa les assaillants. Solesmes fut sauvé encore une fois, & les portes de son église gardaient encore, à la fin du XVIIe siècle, les traces du feu qui avait failli les dévorer.

La résistance des moines & des habitants de Solesmes dans cette circonstance s'explique par ce que nous lisons dans le MS. de la Bibliothèque Royale, que Nicolas Fumée ne se contenta pas de réparer les bâtiments de Solesmes, mais qu'il les fortifia contre les attaques des calvinistes. Les inquiétudes ne durent cependant pas quitter si promptement les habitants du prieuré. Sablé, qui fut pris & repris plusieurs fois dans ces violentes guerres de religion, était trop voisin de Solesmes pour que le monastère ne se ressentît pas des secousses que ces luttes perpétuelles occasionnaient dans toute la contrée.

Nicolas Fumée fut appelé par Henri III au siège de Beauvais, en 1575. Il remit l'abbaye de la Couture à *Charles, Cardinal de Bourbon*, qui l'avait précédé sur le siège de Beauvais, & garda le prieuré de Solesmes jusqu'en 1582, année où l'on trouve encore son nom sur un titre. Il fut remplacé par un moine de Saint-Germer, nommé CHARLES DESCHAMPS, qui tint le monastère jusqu'en 1594. Pour avoir été moine, ce personnage, ainsi que plusieurs autres dont nous parlerons plus loin, n'en doit pas moins être compté parmi les prieurs commendataires, attendu qu'il n'entra en charge que par autorité séculière, & sans être désigné par aucune assemblée de moines.

Quant au cardinal Charles de Bourbon, il reçut ses bulles

pour la Couture, du pape Grégoire XIII, en 1575. Ce fut lui que les ligueurs déclarèrent roi de France sous le nom de Charles X.

L'année 1589 vit tomber le château de Sablé aux mains de Henri IV. Il y établit pour gouverneur Nicolas d'Angennes, sieur de Rambouillet, qui avait pour lieutenant un officier fameux dans toute la contrée par ses violences, & nommé Landebry. Ce personnage trouva commode de s'emparer de la plus grosse cloche du prieuré de Solesmes, laquelle était célèbre par la beauté de son timbre. Landebry se proposait de l'employer dans la fonte de ses canons. Les habitants de Sablé s'avisèrent de la racheter & la firent servir à leur église; d'où s'ensuivirent plus tard divers procès entre les moines de Solesmes & la ville de Sablé, procès qui n'étaient pas terminés encore un siècle après, au rapport du MS. de la Bibliothèque Royale. Landebry, dont le nom demeura longtemps impopulaire dans le pays de Sablé, périt en 1593 dans un coup de main qui avait été tenté par le capitaine du Plan, ligueur, contre le château de cette ville. Surpris inopinément, il se précipita du haut d'une des tours qui a gardé le nom de Landebry jusqu'à sa destruction, & tomba dans les fossés de la place, où s'étant cassé une cuisse, il fut tué par le capitaine du Plan. Le corps de Landebry demeura exposé pendant deux jours sous les halles, aux yeux du peuple qu'il avait exaspéré par ses concussions, & fut ensuite jeté à la voirie.

Le cardinal Charles de Bourbon fut remplacé, en 1590, dans l'abbaye de la Couture, par un autre Charles de Bourbon, dit le *Cardinal de Vendôme*. Il tint la commende jusqu'en 1594, & se montra assez favorable aux moines. Il donna à l'office d'infirmier le bois, dit le Grand Courbaulain, en compensation des bois de cet office qui avaient été abattus autrefois pour réédifier l'abbaye.

Le successeur du Cardinal de Vendôme fut *Michel Dion-*

neau, qui tint la commende depuis 1594 jusqu'à sa démission qu'il donna en 1603.

Pendant ce temps, le prieuré de Solesmes, après la mort de Charles Deschamps, avait passé aux mains de JEAN DU BOIS, qui était moine comme son prédécesseur.

De son temps, Olivier l'Évêque, né à Sablé, & devenu protonotaire apostolique & l'un des aumôniers ordinaires de Henri IV, fonda en 1602 le collège de Sablé. Jean Du Bois donna à cet effet une maison sise en l'île Notre-Dame de Sablé, destinée jusqu'alors à servir d'asile aux moines de Solesmes dans les temps de guerre, & reçut en échange la ferme du Boulay, située sur la paroisse de Solesmes. Les conditions de cet échange furent que, à chaque changement de principal, le collège aurait à payer aux moines la somme de dix sols.

Ce même Jean Du Bois, qui est qualifié *curé de Saint-Quentin*, donna, le 27 septembre 1606, une procuration en la cour du roi à Tours, portant pouvoir de faire en son nom la déclaration du revenu temporel de son prieuré, au marquis de Sablé, comme fondateur & seigneur du fief. L'acte de cette procuration, qui montre que les commendataires étaient plus zélés pour toucher les revenus de leurs bénéfices que pour en faire valoir les droits, existe encore dans les archives de l'abbaye.

Un fait qui suivit de près celui que nous venons d'énoncer est la cession que fit, en 1608, Mathurin de Gandouin, sacristain du prieuré, à Urbain de Laval, comte de Bois-Dauphin, marquis de Sablé, de la ferme de la Bouverie, qui faisait partie de son office, pour recevoir en échange la ferme de la Tournerie, sise en la paroisse de Solesmes. L'acte de ratification par le marquis est du 17 janvier 1610, & se conserve aussi dans les archives de l'abbaye.

Le successeur de Jean Du Bois fut VALENTIN OURRY, moine de Beaulieu, qui paraît avoir porté le titre de prieur de Solesmes dès 1599; ce qui s'accorde peu avec ce que nous venons de dire; mais le MS. de la Bibliothèque Royale donne à entendre que ce prieur & ses deux prédécesseurs n'ont tenu le prieuré qu'en vertu d'une convention plus ou moins légitime avec le commendataire de la Couture; en sorte qu'on ne peut pas toujours compter leurs années d'une manière certaine. Quoi qu'il en soit, il nous semble au moins probable que Valentin Ourry a dû précéder Jean Du Bois dans la charge de prieur de Solesmes.

Sous le régime de ces prieurs & de ceux qui leur succédèrent, jusqu'à l'introduction de la réforme de Saint-Maur, le monastère de Solesmes, dépourvu d'un chef véritable, devenu, comme toutes les maisons en commende, une ferme plus ou moins lucrative pour le commendataire, & ayant cessé d'être une institution qui puise dans ses formes constitutives la vie & la régénération, tomba dans un relâchement plus grand encore que celui que l'on eut bientôt à déplorer à la Couture elle-même. Le malheur des temps, les perturbations venues à la suite de la guerre civile, avaient encore accru ces désordres, devenus désormais sans remède. On ne connaissait plus, pour ainsi dire, à Solesmes les observances monastiques; la tonsure, l'habit religieux, le nom même de moine étaient devenus étrangers & pour ainsi dire odieux aux habitants du prieuré. Leur occupation principale était la chasse, lorsque les plaisirs & les futilités de la vie mondaine leur laissaient quelque relâche.

Dans cet intervalle d'environ un siècle, la Providence permit néanmoins que, au milieu de tant de désordres, Solesmes possédât de temps en temps quelques moines remplis de l'esprit de leur état, & dont l'exemple pût du moins compenser en quelque chose le scandale que donnaient leurs confrères. On cite parmi eux Jean Houeau, que nous nommerons bientôt, & dont le MS. de la Bibliothèque Royale célèbre la haute piété, l'esprit de solitude, le zèle du service divin & l'amour de la pénitence. Son nom était encore en vénération dans la paroisse de Solesmes cinquante ans après sa mort. On nomme aussi parmi les moines de Solesmes qui se distinguèrent durant cette époque, François Bougler, neveu du prieur & sacristain du monastère, Jean Bouqueteau de Vaigreville, prédicateur distingué, & Raphaël Plaisance, poète assez remarquable.

Les prieurs commendataires de Solesmes laissèrent plus ou moins la liberté aux moines de donner le nom de prieur claustral à celui des religieux qui était censé gouverner le monastère au dedans; nous voyons aussi que quelquefois ce religieux n'osa prendre que le titre de sous-prieur. Mais il est temps de rentrer dans l'abbaye de la Couture & de reprendre la série des abbés commendataires qui la possédèrent jusqu'à l'introduction de la réforme de Saint-Maur.

Après la démission de Michel Dionneau, en 1602, l'abbaye tomba aux mains de *Jean Le Gay*, maître des requêtes. Ce personnage laïque n'avait que le titre d'abbé, sans jouir de la mense, dont le prince de Conti percevait les revenus. Il fut remplacé, vers 1620, par *Balthasar Poiélevin*, précepteur de Louis de Bourbon, comte de Soissons. Le désarroi dans lequel la présence de tous ces mercenaires avait jeté le temporel de l'abbaye, obligea les moines à stipuler pour leur subsistance avec cet abbé, au moyen d'un concordat passé entre lui & le convent, le 16 juillet 1620. On y garantit la subsistance de trente-cinq moines, *sans compter*, est-il dit, *les obédienciers de Soulesmes.*

De 1632 à 1637, l'abbaye appartint à *Jean-Baptiste de Croisilles*, conseiller du roi. *Guillaume Montagne*, probablement laïque comme ses prédécesseurs, eut l'abbaye en 1638, jusqu'en 1642, que Louis XIII y nomma *Henry-Louis Chataignier de la Roche-Posay*, évêque de Poitiers. Ce prélat fut remplacé, en 1651, par *Eugène-Maurice de Savoie*, qui avait dix-huit ans lorsqu'il reçut du pape Innocent X ses bulles d'abbé. Ce jeune prince quitta l'abbaye en 1657, pour épouser la nièce du cardinal Mazarin, Olympe Mancini, dont il eut en 1663 le général fameux connu sous le nom de Prince Eugène. Il fut remplacé à la Couture par *Henri* légitimé *de Bourbon*, qui garda l'abbaye depuis 1657 jusqu'en 1693, qu'il s'en démit pour épouser la fille du duc de Luxembourg-Montmorency. Il est appelé le *Comte* ou le *Chevalier de Soissons*. Ce fut sous cet abbé que la réforme de Saint-Maur fut introduite dans l'abbaye de la Couture(1), & aussi dans le prieuré de Solesmes, dont il nous faut maintenant reprendre l'histoire.

En 1611, notre prieuré était entre les mains d'Horace DE STROZZI, d'une illustre famille de Florence. C'est ce que nous apprenons de notre manuscrit, & aussi d'une sentence rendue contre ce personnage au présidial de La Flèche en cette même année, par laquelle il est *condamné à rendre au roi les choses qu'il tient de lui, & ce dans six mois*. Nous trouvons cet arrêt dans le registre des titres du fief de Bousse. Quoi qu'il en ait été de l'exécution de la sentence, le MS. de la Bibliothèque Royale donne sept années de priorat à Horace de Strozzi. Il fut remplacé par un autre italien, Florentin comme lui, qui fut DOMINIQUE DE BONZI, évêque de Césarée & coadjuteur de son oncle, Jean de Bonzi, évêque de Béziers, auquel il succéda. Ce commendataire mourut en 1621.

Sous lui, en 1617, nous trouvons sur un titre original un échange fait par Jacques Labitte, infirmier de Solesmes, de certaines terres situées en la paroisse de Bousse & dépendant de son office. L'acte notarié de cet échange mentionne comme y ayant pris part & consenti *noble & religieuse personne Frère Mathurin de Gandouin, sous-prieur claustral*

---

(1) L'abbaye de la Couture fut réformée en 1657 par les moines de la Congrégation de Saint-Maur.

& sécrétain au prieuré de Soulesmes, noble François de Guynemond, Frère Raphaël Plaisance & Frère Julien Taru, tous prêtres religieux audit prieuré. Nous voyons par cette énumération que Solesmes avait alors cinq religieux prêtres, en comptant Jacques Labitte, & que le chef régulier du monastère portait le nom de *sous-prieur claustral*.

Jean LE JEY, moine d'un monastère inconnu, se fit pourvoir à Rome du prieuré de Solesmes, en 1621, après la mort de Dominique de Bonzi ; mais il fut bien vite débouté de ses prétentions par un compétiteur puissant, dont le crédit le contraignit à quitter promptement le monastère. Ce compétiteur était Thomas DE BONZI, frère de Dominique, qui lui succéda sur le siège de Béziers. Ce prélat tint le prieuré de l'an 1622 à l'an 1628.

Après lui, Dom Michel LAIGNEAU, prieur claustral de la Couture, désirant réformer le monastère de Solesmes, en obtint l'institution de Grégoire XV, & le gouverna environ deux ans. Il ne put jouir en paix de ce bénéfice, ayant trouvé aussi un compétiteur redoutable dans la personne de Gabriel de Sourches, qui se fit adjuger le prieuré. Toutefois, une transaction eut lieu entre les deux prétendants. Gabriel de Sourches assura une pension de huit cents livres à Michel Laigneau, qui rentra dans son abbaye de la Couture, où il a laissé une mémoire honorable. Ce fut lui qui décora la chapelle de la Sainte Vierge, & la mit dans l'état où elle est encore. Il fit aussi réparer l'inscription tumulaire du comte Hélie de La Flèche.

Gabriel DE SOURCHES se vit ainsi seul prieur en 1630. Nous trouvons, de son temps, un acte public, en date du 24 juin 1659, au sujet de la réconciliation & bénédiction de la chapelle de Saint-Aquilin, située dans le cimetière de la paroisse de Solesmes. Cette chapelle, qui était à la présentation du procureur de la fabrique, & était chargée d'une messe par mois, venait d'être réparée & comme réédifiée par Jean

Houeau, sous-prieur & aumônier du prieuré. La cérémonie fut faite par Louis Théard, docteur en théologie & curé de Notre-Dame de Sablé, en vertu d'une commission épiscopale, & en présence de Jean Houeau, de Michel Trottier, sacristain, de René de La Taillais, chapelain de Sainte-Croix, & de Mathurin Chapelain, infirmier, prieur de Poillé, tous religieux demeurant au prieuré de Solesmes. Furent aussi présents Nicolas Facenet, procureur de Gabriel de Sourches, Louis Chanteloup, fermier-général du prieuré, & plusieurs autres personnes, tant ecclésiastiques que laïques.

Gabriel de Sourches vit & favorisa l'introduction de la Congrégation de Saint-Maur à Solesmes. Elle eut lieu, comme nous allons le dire, après l'établissement de la réforme dans l'abbaye de la Couture. Mais il importe auparavant de donner ici quelques détails sur la constitution intérieure de l'abbaye à cette époque; nous les puiserons dans le *Pouillé de la province de Tours*, publié en 1648, in-4°.

La mense abbatiale de la Couture était à cette époque de 18,000 livres ou environ. Le revenu destiné à la subsistance de la communauté devait suffire à l'entretien de trente-six moines, résidant dans l'abbaye, ceux de Solesmes devant vivre sur les revenus de leur prieuré. L'abbé était tenu de fournir le pain & le vin, chaque jour *par espèce*, & était en outre sujet à plusieurs autres charges.

Le prieur claustral, devenu le premier supérieur monastique depuis l'introduction de la commende, était perpétuel dans son office. Il était assisté de trois autres officiers : le sous-prieur, l'armoirier & le chantre, qui étaient élus pour trois ans par le chapitre de l'abbaye.

L'abbaye de la Couture avait de plus cinq autres officiers ou titulaires de bénéfices & par conséquent perpétuels; c'étaient : 1° le *Prévôt*, qui gardait les clefs des archives & du trésor des chartes; il était chargé, au nom de l'abbé, de veiller à la conservation des droits & privilèges de l'abbaye;

2° le *Sacristain*, qui tenait les deux prieurés de Bernay & d'Avoise; il devait en retour une partie du luminaire au chœur, avec la réparation des vitraux & couvertures de l'église; 3° l'*Aumônier*, dont l'office était doté en métairies, vignes, blés & rentes, & qui était requis de distribuer sur ce fonds les aumônes périodiques & extraordinaires dont il sera parlé tout à l'heure; 4° le *Chambrier*, qui tenait les prieurés de Pontvallain & de Saint-Denis du Maine, & en retour était obligé de fournir à chaque moine les habits nécessaires, savoir : *froc, robe, hoqueton, bas de chausses, souliers, & pour l'hiver des escafignons de drap*; il devait fournir de nappes le réfectoire, *faire noircir les souliers aux fêtes*, & blanchir le linge; 5° l'*Infirmier*, qui tenait le prieuré de Pontlieue, était obligé d'y recevoir & soigner les religieux malades, de les nourrir & médicamenter selon leurs besoins. De plus, il devait le chauffage de tous les religieux sains ou malades. En indemnité de ces services, la portion de tous les moines infirmes lui était livrée.

Nous nous sommes étendu sur cette matière, tout en abrégeant les détails que nous fournit le *Pouillé*, parce qu'on ignore assez généralement aujourd'hui la constitution des anciens monastères. Au reste, les offices claustraux étaient loin d'être les mêmes dans toutes les abbayes de l'Ordre de Saint-Benoît, & le principe de la Congrégation de Saint-Maur qui les réunissait tous à la mense commune, en détruisant certains abus, enleva au monastère bénédictin une partie de son ancienne physionomie. Mais il est temps de revenir à l'histoire de l'introduction de cette célèbre réforme dans l'abbaye de la Couture.

L'histoire manuscrite de la Congrégation de Saint-Maur, par Dom Martène, nous apprend que, dans l'année 1652, Anne d'Autriche, ayant eu connaissance des désordres de l'abbaye de la Couture, parla vivement à la princesse de Carignan, mère du jeune prince de Savoie qui en était abbé commendataire, pour l'engager à employer son influence à faire entrer les Bénédictins réformés de la Congrégation de Saint-Maur dans ce monastère. Dom Jean Harel, supérieur général de la Congrégation, n'avait point alors assez de sujets pour tenter cette bonne œuvre. Il fut donc obligé de l'ajourner. En 1654, le grand-vicaire du prince abbé sollicita le chapitre général, par l'entremise du procureur de Saint-Denis, pour obtenir que la Congrégation de Saint-Maur voulût bien accepter l'abbaye. D'un autre côté, le relâchement des moines était tel & paraissait si irremédiable, que les Jésuites proposèrent, l'année suivante 1655, au prince de Savoie, père du jeune abbé, une transaction pécuniaire au moyen de laquelle on leur eût cédé l'abbaye, dont ils eussent fait supprimer le titre par le Saint-Siège, afin d'en unir les revenus à un collège qu'ils songeaient à ériger dans la ville du Mans.

Enfin, en 1657, la Congrégation de Saint-Maur se trouva en mesure d'entreprendre l'introduction de la réforme, & conclut un concordat, le 13 octobre, avec le *comte de Soissons*, qui avait succédé dans l'abbaye au prince de Savoie. Vingt-trois des anciens religieux ratifièrent ce traité; cinq ou six seulement formèrent opposition; mais les choses ne devaient pas toujours aller d'un train si pacifique.

Le 22 mars 1659, samedi de la Passion, les religieux réformés qui habitaient le monastère depuis deux ans environ, étant allés en procession à l'abbaye de Saint-Vincent, trouvèrent à leur retour toutes les portes de la Couture fermées & barricadées par sept ou huit des anciens religieux ennemis de la réforme, qui avaient avec eux un grand nombre d'hommes armés & prêts à faire feu, si l'on faisait la moindre tentative pour entrer. Une action si téméraire & si scandaleuse fut aussitôt portée en cour, & le roi, par arrêt de son conseil privé, en date du 27 mai, ordonna que les religieux de la Congrégation de Saint-Maur fussent réintégrés en l'abbaye par le lieutenant général du Mans, ou un autre juge royal sur ce requis, avec injonction aux maire, échevins, capitaines & bourgeois de la ville de lui prêter main forte. Par un autre arrêt du 15 juillet, le roi condamna les anciens religieux à une amende de 6,000 livres; enfin, il donna peu après l'ordre au sieur Morand, intendant de justice, police & finance dans l'Anjou, la Touraine & le Maine, de se transporter au Mans avec des troupes réglées pour rétablir l'ordre dans l'abbaye.

Morand partit aussitôt pour le Mans, & y étant arrivé, il publia une ordonnance par laquelle il enjoignait aux échevins de la ville, capitaines de quartiers & leurs lieutenants, de se rendre auprès de lui, pour exécuter les ordres du roi, sous peine de désobéissance. Il en publia ensuite une seconde par laquelle, conformément à l'arrêt du conseil du roi, il décrétait que les religieux réformés seraient réintégrés à la Couture, & commandait aux anciens de faire ouverture des portes, sous peine d'être procédé extraordinairement contre eux; enjoignant au surplus à tous séculiers, de quelque état & condition qu'ils fussent, de sortir de l'abbaye sous peine de la vie. Après la publication de cette ordonnance, l'huissier de la ville l'ayant portée dans l'abbaye pour la signifier, il y fut maltraité & battu, & on lui enleva tous les exemplaires qu'il avait entre les mains. L'intendant fit alors marcher les troupes sur la Couture, commandant néanmoins aux soldats de ne point faire usage des armes, à moins qu'on ne tirât sur eux. S'étant rendu lui-même à la porte du presbytère de l'église paroissiale de la Couture, qui joignait l'abbaye, avec environ cent cinquante soldats & sept ou huit cavaliers des gabelles, il commanda alors d'attaquer les murailles du clos de l'abbaye en trois endroits différents, sans que le peuple fît aucune démonstration. Il y eut seulement un avocat qui voulut arrêter avec effort le commandant d'un détachement de vingt hommes destinés à protéger ceux qui battaient les murailles. L'intendant se saisit lui-même de ce personnage & le fit conduire dans la cour du presbytère de la Couture, ainsi que deux artisans qui avaient crié aux armes. Cependant, les gens qui étaient renfermés dans l'abbaye faisaient de temps en temps des décharges de coups de fusil. L'intendant, à la prière du prévôt des marchands, relâcha l'avocat; mais il retint les deux artisans.

Les choses en étaient là, & la muraille était presque ouverte, lorsque l'intendant apprit que la populace avait couru sur les vingt soldats du détachement dont nous venons de parler; que ceux-ci n'ayant osé tirer, à cause de la défense qui leur avait été faite, on leur avait enlevé leurs armes; qu'on les avait battus, & qu'il y en avait même eu deux de tués, & plusieurs blessés. Le peuple s'étant ensuite porté au presbytère avec menaces d'y mettre le feu, l'intendant se vit contraint de remettre en liberté les deux artisans, & bientôt de se retirer lui-même dans l'église paroissiale, d'où il sortit pour aller chercher un asile à l'évêché. La victoire resta donc à la violence sur le bon droit, parce que l'intendant ne jugea pas à propos de pousser les choses à l'extrémité, & les Bénédictins de Saint-Maur continuèrent d'habiter hors de la Couture jusqu'en 1661, que le parlement de Paris prononça un arrêt qui trouva plus de soumission que n'en avait rencontré celui du conseil du roi. Par l'exécution de cet arrêt, les réformés rentrèrent dans l'abbaye le 24 septembre de cette même année.

Cet évènement eut du moins l'avantage d'assurer, pour un nombre d'années assez considérable, le rétablissement des observances monastiques dans la Couture; mais il ne rendit point à cette abbaye son ancienne dignité, & par là même ne replaça point l'institution monastique dans les seules conditions qui peuvent en procurer la solidité & la durée. La cour, qui avait souvent montré du zèle pour l'introduction de la réforme dans les abbayes, n'avait cependant jamais voulu se désister de la prétention de leur imposer des abbés commendataires; en sorte que les plus illustres monastères de la Congrégation de Saint-Maur, après avoir recouvré les observances claustrales, se trouvaient n'avoir en leur sein d'autre représentant de la dignité abbatiale qu'un simple prieur triennal, & partant sans autorité réelle, ni au dedans, ni au dehors. Dans cet état de choses, les affaires de l'Ordre bénédictin en France continuèrent d'aller en décroissant, & la fervente observance qui avait tant honoré le début de la Congrégation de Saint-Maur ne la défendit pas contre une décadence précipitée, que le zèle des études monastiques ne fit que retarder d'un demi-siècle.

L'abbaye de la Couture, quoique si voisine de celle de Saint-Vincent, où les études ont fleuri, pour ainsi dire, jusqu'à la fin, ne sortit point de son obscurité sous le rapport littéraire, & il est bien permis, sans doute, de remarquer ici que Saint-Vincent, illustré à jamais par la composition de l'*Histoire littéraire de France,* s'était maintenu avec son abbé régulier jusqu'en 1764.

Mais si la gloire littéraire manqua à notre abbaye durant cette dernière période de son existence, on put du moins reconnaître une fois de plus que les institutions monastiques, même dégénérées, sont encore, sous bien des rapports, la providence des peuples & la ressource de la société. L'hôpital général du Mans, fondé en 1658, compta de bonne heure les moines de la Couture au nombre de ses bienfaiteurs. Le 16 janvier 1669, Louis Henry de Bourbon, abbé commendataire, traita avec les administrateurs de cet hôpital au sujet de l'entretien des enfants qui seraient trouvés exposés non seulement dans les lieux dépendants de la haute justice de l'abbaye, mais encore dans la ville & les faubourgs du Mans, & jusque dans le bourg de Pontlieue, & s'engagea, lui & ses successeurs, sous l'hypothèque des biens

de l'abbaye, consentie par les moines, « à fournir chaque
« année à perpétuité, par ses receveur & fermiers, vingt
« charges de seigle, mesure du Mans, sec, net, loyal &
« marchand, rendu dans les greniers des bâtiments de l'hô-
« pital général, ou autres lieux désignés par les administra-
« teurs. »

Trois ans après, par un arrêt du Conseil d'État, en date
du 14 janvier 1678, Louis XIV ordonna que les religieux de
la Congrégation de Saint-Maur résidant dans les abbayes de
Saint-Vincent & de la Couture, auraient à fournir par moitié,
chaque année, au même hôpital général du Mans, *trois cent
cinquante charges de blé, seigle, net, loyal & marchand,
de leur crû ou dîme, & de l'année courante & précédente*. En
récompense d'un si éminent service, une place fut affectée
à un bénédictin dans le corps des administrateurs de l'hôpital ; ce religieux était nommé chaque année alternativement
par les deux communautés de Saint-Vincent & de la Couture.

Cette munificence de notre abbaye envers les pauvres n'empêchait pas les soixante-huit aumônes générales que les
moines faisaient annuellement. Elles avaient lieu les lundis
& jeudis depuis la Toussaint jusqu'à la Saint-Jean, & le
nombre des pauvres qui prenaient part à ces aumônes se
montait quelquefois à quatre & cinq mille. Chacun d'eux
recevait huit livres de pain, excepté le jeudi saint que l'aumône n'était que de deux livres. L'aumônier devait en outre
assister toute l'année les passants & distribuer des secours
aux pauvres honteux. La tradition était que ces aumônes
remontaient jusqu'à saint Bertrand ; quoi qu'il en soit, elles
prouveront toujours aux yeux des économistes sensés &
impartiaux, que les institutions monastiques n'étaient pas
sans quelque valeur pour le soulagement de la classe indi-
gente. Nous arrêterons ici cette digression qui ne nous a pas
semblé tout à fait inutile, & nous rentrerons dans les limites
de notre sujet.

Restait donc à établir la réforme dans le prieuré de Solesmes, membre dépendant de la Couture. Par le concordat qui avait été conclu lors de l'entrée des bénédictins de Saint-Maur en cette abbaye, ces religieux s'engageaient à acquitter toutes les charges du prieuré, en y envoyant, comme on avait fait depuis l'an 1010, quelques religieux destinés à y résider. Il ne s'y trouvait alors que quatre anciens religieux; on sait que Gabriel de Sourches, prieur commendataire, n'était pas moine. Les réformés de la Couture traitèrent (1) avec les quatre anciens & leur assurèrent des pensions considérables, pour les engager à rester à Solesmes, au moins jusqu'à ce qu'il fût possible de les remplacer par des réformés. Deux d'entre eux étant morts, le prieur de la Couture fit partir pour Solesmes deux de ses religieux pour tenir leur place. L'un d'eux, voyant le triste état auquel était réduite la paroisse de Solesmes sous le rapport de l'instruction religieuse, entreprit de faire des catéchismes suivis, qui produisirent tant de fruit, que l'évêque Philibert Emmanuel de Beaumanoir (1643-1671) pria les religieux d'assurer le succès de ces prédications, en se chargeant d'entendre les confessions. Nous trouvons tous ces détails dans l'histoire manuscrite de la Congrégation de Saint-Maur.

Ici commence une nouvelle période dans l'existence du prieuré de Solesmes. Il continue d'être possédé en commende, mais du moins, dans l'intérieur de ses murs, l'observance sera plus respectée. Pendant que le prieur commendataire jouira des plus beaux revenus du monastère, Solesmes verra commencer une série respectable de prieurs claustraux qui jouiront de ce titre sans conteste jusqu'en 1753, que, par une faveur inouïe de la Providence, la dignité de prieuré conventuel sera restituée à cet humble monastère. Chacun des prieurs de la Congrégation de Saint-Maur,

---

(1) Un concordat fut conclu en 1664.

conventuels, ou simplement claustraux, était nommé par le chapitre général, qui le renouvelait tous les trois ans.

C'est sur les actes du chapitre général de 1666 que le prieuré de Solesmes paraît pour la première fois. Il y est désigné comme le cent cinquante-&-unième monastère réformé par la Congrégation : l'abbaye de la Couture était le cent vingt-&-unième. Le personnel de notre prieuré ne se trouvant point encore assez fixe, le chapitre général s'abstint de nommer un prieur claustral, remettant au supérieur général de la Congrégation le soin d'y pourvoir. Celui-ci, qui était Dom Bernard Audebert, désigna Dom JULIEN AUGUSTIN DUBOIS, profès de Saint-Melaine de Rennes. Il paraît que la situation du monastère ne s'était pas améliorée encore en 1669; car nous trouvons sur les actes du chapitre général de cette année, à l'article de Solesmes, les mêmes paroles : *Providebit R. P. Superior generalis*. Dom Bernard Audebert, qui était encore supérieur général, confia notre prieuré à Dom GILLES DE RELY, profès de la Trinité de Vendôme, qui passa trois ans à Solesmes, & mourut peu après à Marmoutier, le 18 octobre 1675, âgé de cinquante-&-un ans.

Gabriel de Sourches voyait avec plaisir cette restauration du monastère de Solesmes. En signe de l'affection qu'il portait aux moines, il remit au prieur claustral, Dom Julien Dubois, en 1666, les corps des saints martyrs Boniface, Maxime, Vital & Julienne, tirés des catacombes de Rome, & que son frère François de Sourches, dans un voyage qu'il fit dans cette capitale du monde chrétien, avait obtenus, par l'intermédiaire de Jean-François de Gondy, Cardinal de Retz.

En 1670, Gabriel de Sourches se démit de son prieuré en faveur de JOSEPH DES ORMES, bénédictin de la Congrégation de Saint-Maur, qui, ayant été pourvu de ce bénéfice en la manière usitée pour les commendataires, pouvait le garder à perpétuité. Il était profès de Jumièges, & mourut à Mont-Majour, le 10 avril 1692. Il ne jouit cependant de Solesmes que deux ans & le résigna, en 1672, à Étienne de NOYELLE, comme lui bénédictin de Saint-Maur.

Enfin, au chapitre général de 1672, on pourvut à un supérieur pour Solesmes; toutefois, il ne reçut pas encore officiellement le nom de prieur, mais simplement celui d'*Administrateur*. Ce fut Dom Arnauld Blouyn, né à Angers & fils de Gabriel Blouyn, seigneur de Vion, & de Marguerite Coustard de Crespy. Il avait fait profession à Saint-Remy de Rheims, & mourut à Saint-Riquier, le 9 juin 1699, à soixante-six ans.

Sous son administration, ses parents firent don à l'église priorale de quatre reliquaires ornés de statues en argent, représentant les saints martyrs dont Gabriel de Sourches avait donné les reliques au prieuré. Ils offrirent aussi un encensoir d'argent, & un nombre assez considérable de volumes choisis pour la bibliothèque. La translation des saintes reliques dans les nouvelles châsses fut célébrée en 1673, par une messe solennelle, & une pompeuse procession dans laquelle on porta les corps saints, & même la sainte Épine, que tenait Dom Arnauld Blouyn lui-même. Le concours du clergé & du peuple fut considérable. Le MS. de la Bibliothèque Royale rapporte qu'une jeune fille de dix-huit ans, de la ville de Sablé, atteinte depuis quatre ans d'une maladie incurable, recouvra en cette circonstance l'usage de ses membres. Cette guérison miraculeuse fut constatée non seulement par ses parents, mais encore, ajoute le manuscrit, par le médecin & le pharmacien de la ville; & la personne objet de ce prodige venait, chaque année, visiter l'église du prieuré le jour de la fête des saints martyrs auxquels elle devait sa guérison (1).

L'entrée de la Congrégation de Saint-Maur à Solesmes fut

---

(1) Les reliques des saints Boniface, Maxime, Vital & Julienne ont disparu à la Révolution française.

aussi un évènement heureux pour le temporel du monastère. Bientôt, on releva les bâtiments, qui croulaient de vétusté, principalement le dortoir, les logements des infirmes & des hôtes, le réfectoire, la porte extérieure du monastère & divers autres édifices. Ces travaux eurent lieu en 1670 & les années suivantes. Deux des cloches, qui étaient en mauvais état, furent remises à la fonte. La sacristie reçut d'amples armoires, & on renouvela les ornements sacrés. Le chœur fut carrelé en entier de marbre rouge & noir ; une balustrade en fer fut établie pour séparer de la nef le chœur & les deux chapelles, dans lesquelles on plaça, avec plus de zèle que de goût, deux énormes autels en marbre noir, qui ont été transportés dans l'église paroissiale.

Ce fut aussi vers la même époque, en 1676, que la statue de Geoffroy, qui était dans la chapelle dite du Crucifix, fut placée dans le lieu où on la voit maintenant, sous une méchante arcade en tuf sans aucun caractère. On doit reconnaître la bonne volonté, au défaut de la science des moines, qui accompagnèrent ce tombeau tel quel d'une courte inscription en langue française, sur laquelle ils attribuent à cette statue, malgré l'aigle éployée que porte le chevalier sur son écu, l'honneur de représenter Geoffroy *le Vieux*, fondateur du prieuré.

A propos de cette restauration du monastère de Solesmes, il ne sera peut-être pas inutile de dire quelque chose des droits ecclésiastiques & féodaux du prieuré à cette époque. Nous les trouvons énumérés sur le MS. de la Bibliothèque royale qui nous a servi de base jusqu'ici, & dont la rédaction remonte précisément à l'époque que nous traitons.

Le prieur de Solesmes était, comme l'on sait, curé primitif. C'était lui qui signifiait dans la paroisse les mandements & autres actes épiscopaux pour les prières publiques, processions, jubilés, expositions du Saint-Sacrement, & il présidait à toutes les fonctions & cérémonies publiques. Dans les fêtes solennelles, le curé séculier de la paroisse, connu sous le nom de *vicaire perpétuel*, était tenu d'assister avec ses paroissiens à la messe du monastère.

Outre l'église paroissiale de Solesmes, dédiée à Notre-Dame, les églises paroissiales de Bouessay & de Gâtines reconnaissaient encore le prieur de Solesmes pour leur curé primitif. Sur le *Pouillé de l'archevêché de Tours* que nous avons cité, la mense priorale de Solesmes est évaluée trois mille livres, & la cure de Solesmes deux cents livres.

A l'époque qui nous occupe, on tenait encore deux fois l'an, dans l'abbaye de la Couture, le 7 janvier & le 6 juin, une espèce de chapitre général composé de tous les prieurs dépendants de l'abbaye, au nombre de 49. Le prieur de Solesmes occupait la première place parmi eux dans cette assemblée.

Quoi qu'il en soit de la suzeraineté du château de Sablé sur le prieuré de Solesmes, le prieur exerçait haute & basse justice sur toute la paroisse de Solesmes, & étendait sa juridiction sur la majeure partie du faubourg Saint-Nicolas de Sablé, & sur toute la paroisse de Vion. Il exerçait les mêmes droits sur les paroisses de Bouessay, Bousse & Gâtines, par le moyen d'un sénéchal & autres officiers. Ses droits s'étendaient sur trois ports de la rivière de Sarthe; & sur le territoire dont nous avons parlé, il exerçait droit de dîmes, pêche, pontenage, ban & autres de cette nature, avec le droit de mouture sur les moulins de la rivière de Sarthe, à partir de ceux de Juigné, jusqu'en face de Chantemesle. Nous avons parlé plus haut des privilèges concédés par Jean, duc de Nemours, en 1491. Ces diverses prérogatives, tant lucratives qu'honorifiques, étaient du moins un témoignage de l'affection qu'avaient su mériter dans le pays les habitants du prieuré de Solesmes.

Étienne de Noyelle, que nous avons vu recevoir par résignation de Joseph des Ormes, en 1672, la commende du prieuré de Solesmes, la conserva pendant de longues années. Il avait fait profession à Saint-Remy de Rheims, & n'était âgé que de vingt-huit ans lorsqu'il fut pourvu de notre monastère, & il le conserva jusqu'en 1706 qu'il mourut, ayant totalement rompu avec la Congrégation de Saint-Maur, dont il était membre, & ayant rendu son administration très désagréable au prieur claustral & aux moines de Solesmes. Ce personnage, fortement appuyé par des personnes séculières, trouva moyen de paralyser les efforts que fit le régime de la Congrégation pour le ramener à des sentiments & à une conduite plus conformes à son état.

Les prieurs claustraux qui, de son temps, gouvernèrent le monastère, furent Dom Julien Augustin Dubois, que nous avons déjà vu en 1666, & qui fut désigné pour successeur de Dom Arnauld Blouyn par le chapitre général de 1675. Le chapitre de 1678 nomma de nouveau Dom Dubois, qui régit la communauté jusqu'en 1681. Il mourut à Saint-Sauveur de Redon, le 1er octobre 1702, âgé de 73 ans.

Le successeur de Dom Dubois fut Dom Claude Cernay, profès de Jumièges, qui fut envoyé à Solesmes par le chapitre général de 1681. Ce religieux avait de la réputation comme controversiste & comme prédicateur. Ces qualités le firent choisir pour l'un des missionnaires de la Congrégation de Saint-Maur que l'on envoya en Saintonge, en 1686, après la révocation de l'Édit de Nantes, pour travailler à la conversion des prétendus réformés. Dom Claude Cernay & ses confrères obtinrent de grands succès dans leur ministère pacifique.

L'année 1682 fut désastreuse pour l'église de Solesmes. Le 16 juillet, un orage violent, qui déracina un grand nombre d'arbres & renversa de nombreuses maisons & même des tours sur les bords de la Sarthe, détruisit la belle flèche qu'avait fait élever Jean Bougler. Toutefois, ni l'église ni les autres bâtiments du monastère n'en souffrirent aucun dommage; ce qui fut regardé comme une marque de la protection divine.

Le MS. de la Bibliothèque Royale raconte un autre évènement qui précéda de quelques années la destruction de la flèche, & dans lequel on ne doit pas moins admirer le secours que le Ciel accorde à ceux qui mettent en lui leur confiance. La foudre était tombée sur cette flèche, au milieu d'un violent orage, & avait mis le feu aux charpentes de l'intérieur. Déjà la flamme approchait des charpentes de l'église elle-même, & tout était à craindre de cet incendie qui résistait à tous les efforts qu'on faisait pour l'éteindre, lorsqu'un maçon, nommé Pierre Guerrier, qui travaillait avec courage à l'extinction du feu, demande qu'on lui monte de l'eau bénite. Un des prêtres du monastère se hâte de remplir ce vœu en bénissant de l'eau par les prières ordinaires de l'Église; on la fait parvenir au maçon qui, jusqu'alors, luttait en vain contre une poutre totalement embrasée. A peine cet homme plein de foi a-t-il répandu sur les flammes cette eau sanctifiée, que tout à coup le feu s'arrête, & l'incendie s'éteint complètement.

Nous trouvons sur les registres du bailliage de Sablé, à la date du 20 décembre 1681, un acte par lequel Étienne de Noyelle *reconnaît qu'il appartient aux religieux du prieuré de Solesmes pour la somme de 830 livres de bestiaux sur les lieux du prieuré, & constitue à leur profit la somme de 41 livres 10 sous de rente, outre les semences qu'il s'est obligé de leur rendre dans six ans.* On trouve sur les mêmes registres un acte par lequel les moines de Solesmes cèdent cette rente à l'abbaye de la Couture, laquelle, par acte du 20 mai 1707, la leur rétrocéda.

Il est aisé de voir que les habitants du prieuré s'étaient résolus à cette cession pour mettre leurs intérêts à couvert des poursuites d'Étienne de Noyelle, dont la vie, comme celle d'un grand nombre de commendataires, ne fut qu'une série de procès avec les religieux du monastère qui avait eu le malheur de tomber entre ses mains. Le fameux Jean Baptiste Thiers, curé de Vibraye, dans ses virulentes lettres à Dom Denys de Sainte-Marthe, mentionne Étienne de Noyelle comme l'un des membres de la Congrégation de Saint-Maur qui fatiguaient le plus cette corporation par ses scandales & son insubordination.

En 1683, on publia à Paris l'*Histoire de Sablé*, par Matthieu Ménage, in-folio. Cet évènement se lie à notre histoire, parce que dans ce livre, assez mal rédigé d'ailleurs, l'auteur a fait entrer la charte de fondation de Solesmes par Geoffroy le Vieux en 1010, & plusieurs détails intéressants sur nos origines.

Le chapitre général de 1684 nomma de nouveau Dom CLAUDE CERNAY à la charge de prieur claustral de Solesmes. Après ce second triennat, ce religieux se retira à Saint-Martin de Vertou, où il mourut le 28 novembre 1688, âgé de 54 ans.

Le successeur de Dom Claude Cernay fut GUILLAUME FOUCHER, profès de Saint-Serge d'Angers. Il fut nommé par le chapitre de 1687, & continué pour le triennat suivant par le chapitre de 1690. Il mourut peu d'années après, à Saint-Florent de Saumur, le 22 avril 1697, âgé de 54 ans.

Le comte de Soissons s'étant démis de l'abbaye de la Couture en 1693, Louis XIV la donna à *Louis Bouton de Chamilly*. Ce personnage signala son passage à la Couture par toutes sortes de vexations contre les moines. Pour mettre un terme aux nombreux procès qui avaient eu lieu entre les parties, on fut obligé de procéder à une division des terres & revenus de l'abbaye; en sorte que désormais l'abbé commendataire eût à se contenter des revenus de sa mense, & cessât de devoir aucune pitance aux moines. Cette division, opérée par des commissaires royaux, fut sanctionnée par un arrêt du grand Conseil de l'an 1700.

Louis Bouton de Chamilly garda l'abbaye jusqu'en 1705, qu'il mourut chargé de dettes.

Pendant ce temps, les moines de Solesmes, souvent aux prises avec leur commendataire Étienne de Noyelle, furent gouvernés au dedans par Dom François Riant. Il était du Mans, & profès de la Trinité de Vendôme. Les chapitres généraux de 1693 & 1696 lui confièrent le gouvernement de notre prieuré, qu'il tint six ans. Il mourut à la Trinité de l'Évière, à Angers, le 15 décembre 1718, âgé de 77 ans.

Une raison qui nous est demeurée inconnue empêcha le chapitre général de 1699 de nommer un prieur claustral à Solesmes. Ce soin fut renvoyé au supérieur général, qui était alors Dom Claude Boistard. Nous n'avons pu découvrir le nom du religieux que celui-ci désigna pour régir notre prieuré.

En 1706, les moines de Solesmes furent enfin affranchis des vexations que leur avait fait souffrir Étienne de Noyelle, par la mort de ce commendataire. Il fut remplacé par Charles Joseph DE CLERMONT, profès de l'Ordre de Saint Benoît, de ceux qu'on appelait les *Anciens,* c'est-à-dire les non réformés.

Ce personnage se montra de bonne heure disposé à marcher sur les traces d'Étienne de Noyelle, & dès l'an 1708, les procès recommencèrent. On trouve entre autres sur les registres du bailliage de Sablé une sentence qui adjuge par provision aux moines de Solesmes, plaidant contre ce prieur, *quinze charretées de gros bois à livrer dans la huitaine, faute de quoi ils sont autorisés à le faire abattre & charroyer au monastère aux frais de celui-ci.* La charge de prieur claustral était alors remplie par Dom Antoine Touchard, qui en fut pourvu successivement par les chapitres de 1702 & de 1705.

Cette même année 1705, l'abbaye de la Couture, vacante par le décès de Louis Bouton de Chamilly, fut donnée en commende à *François Caillebot de la Salle,* évêque démissionnaire de Tournay, qui la garda jusqu'en 1728. Vers l'époque de la nomination de ce personnage, les moines de la Couture accueillirent dans leur abbaye Guillaume Datton, évêque d'Ossory, en Irlande. Ce prélat, exilé pour la foi, mourut en odeur de sainteté dans l'abbaye, le 26 janvier 1712, le même jour que mourait, dans la même ville du Mans, l'évêque Louis de la Vergne Montenart de Tressan. Le prélat irlandais fut inhumé dans le chœur de l'abbaye, devant l'autel, & on plaça sur sa tombe une épitaphe touchante, qu'on a pu lire jusqu'à ces dernières années, qu'elle a été déplacée & transportée dans la crypte. Il semble cependant qu'un monument qui attestait la charité de l'Église du Mans envers l'Église d'Irlande, méritait de conserver la place qui lui avait été assignée par ceux qui l'élevèrent, & que nos commotions politiques ne lui avaient pas fait perdre. La bibliothèque du séminaire du Mans conserve précieusement le bréviaire dont se servait Guillaume Datton; on y lit sur les quatre volumes le nom de ce confesseur de la foi, écrit de sa propre main.

Reprenons la liste de nos prieurs de Solesmes. Le successeur de Dom Antoine Touchard fut Dom Gatien Maultrot, profès de Saint-Serge d'Angers. Il fut nommé par le chapitre général de 1708, & continué pour le triennat suivant par celui de 1711. Les chapitres de 1714 & 1717 lui donnèrent pour successeur Dom Jacques de Maillé, qui fut remplacé en 1720 par Dom Gatien Maultrot, prieur pour la troisième fois par décret du chapitre de cette même année.

Le régime de ce prieur est célèbre par la construction des bâtiments actuels du monastère de Solesmes. L'ancien monastère, situé entre l'église conventuelle & celle de la paroisse, tombait en ruine. On choisit pour l'emplacement de la nouvelle maison le terrain situé au côté occidental de l'église, & on dirigea la façade principale du côté de Sablé.

On employa le genre d'architecture adopté pour la reconstruction des maisons de la Congrégation de Saint-Maur au XVIIIe siècle. Le cloître & les lieux réguliers furent construits en tuf, & la maison conventuelle se composa de neuf cellules, ou appartements, au premier & unique étage.

Jean-Baptiste Colbert, marquis de Torcy, seigneur de Sablé, aida les Bénédictins dans la réédification de leur monastère. Il posa la première pierre du nouvel autel en marbre de leur église, en 1723, comme en fait foi la pierre qu'on a découverte en déplaçant cet autel. La construction du nouveau prieuré coïncida avec celle du château actuel de Sablé, bâti par le même marquis, en même temps que l'on élevait les ponts de cette ville. Ce fait est attesté par les registres de la paroisse Notre-Dame de Sablé, dans le procès-verbal d'une bénédiction de cloches, le 16 juin 1722.

Dom Gatien Maultrot mourut à Solesmes, au milieu de tous ces travaux, le 15 mai 1722, étant âgé de 78 ans. Il fut remplacé, dans le chapitre de 1723, par Dom MARC THÉAUD, que le chapitre de 1726 continua pour un second triennat.

Du temps de ce prieur, l'abbaye de la Couture vit mourir son abbé commendataire, François Caillebot de la Salle. Elle eut le bonheur de le voir remplacé par *Charles Louis de Froulay,* évêque du Mans (1723-1767), qui, en l'acceptant, remit aux mains de Louis XV l'abbaye de Saint-Maur-sur-Loire, qu'il possédait auparavant. Ce prélat, rempli de zèle pour le bien de son diocèse & pour l'état religieux en particulier, mérita constamment la reconnaissance des moines de son abbaye. Il administra les biens de sa mense non seulement avec intégrité, mais avec une munificence dont les pauvres profitèrent largement. C'est ainsi que, en 1766, il céda à l'hôpital général du Mans une somme de 45,863 livres, sur le produit de la vente des bois de son titre abbatial. Le service que le pieux pontife rendit aux Bénédictins de Solesmes, quoique d'une nature différente, consacre à jamais son nom par leur gratitude. Mais il nous faut auparavant conduire la série des prieurs jusqu'à l'évènement qui signala la bienveillance de Charles de Froulay envers les habitants du prieuré dont nous faisons l'histoire.

Pendant que Dom Marc Théaud remplissait les fonctions de prieur claustral, le prieur titulaire, Charles Joseph de Clermont, vint à mourir. Il fut remplacé par EDME JEAN-BAPTISTE DURET, qui était de la Congrégation de Saint-Maur, comme Jacques des Ormes & Étienne de Noyelle. Nous ignorons si les moines de Solesmes eurent à se louer des procédés de ce confrère, ou s'il leur causa quelques chagrins, mais nous savons par l'*Histoire littéraire de la Congrégation de Saint-Maur* que ce religieux avait embrassé avec chaleur le parti du jansénisme. Son opposition très active à la bulle *Unigenitus* attira sur lui des mesures de rigueur de la part de l'autorité, par suite desquelles il se vit contraint de se démettre de son prieuré de Solesmes. Nous n'avons pu découvrir l'année précise en laquelle cette démission eut lieu; mais nous trouvons dans les archives de l'abbaye de Solesmes un titre qui fait foi que Dom Edme Duret résidait, en 1730, dans son prieuré. Il mourut à l'abbaye de Saint-Riquier, le 23 mars 1758, étant âgé de quatre-vingt-deux ans; l'*Histoire littéraire* nous atteste qu'il persista jusqu'à son dernier soupir dans les erreurs qu'il avait professées.

Le chapitre général de 1729 donna pour successeur à Dom Marc Théaud un religieux nommé Dom ANTOINE LALLOUÉ, qui ne tint que trois ans la charge de prieur claustral. Son régime est célèbre par la construction du dôme & de la lanterne en tuf qui couronnent encore aujourd'hui la tour de l'église. Ce monument, bâti dans le style du temps, & qui ne manque pas d'une certaine élégance, porte à l'intérieur une inscription ainsi conçue :

En 1731, le 17 avril, sous le règne de Louis XV. Cette

pierre a été posée par le Révérend Père Dom A. T. Lalloüé, prieur. Jean Dubois, procureur-cellérier. Entrepreneur, Bodriller.

Dom Antoine Lalloué fut remplacé pour le triennat suivant par Dom Gilles de Gennes, nommé par le chapitre de 1733. Il eut pour successeur Dom Julien Marin Cochet, qui régit Solesmes durant six années, par décret des chapitres de 1736 & 1739.

Après lui vint René Gaultier, qui fut aussi prieur claustral durant six années, envoyé par les chapitres de 1742 & 1745. Le chapitre de 1748 lui donna pour successeur Dom Michel Lespinois, qui fut continué pour le triennat suivant par le chapitre de 1751.

Dom Michel Lespinois gouvernait en qualité de prieur claustral le monastère de Solesmes, en 1753, lorsque la bienveillance de l'évêque & abbé Charles de Froulay vint procurer à Solesmes un avantage que la nature des circonstances devait faire regarder comme inespéré, & même totalement impossible. La commende avait étendu ses ravages sur presque toute la France monastique. Sur cent-quatre-vingts monastères, la Congrégation de Saint-Maur ne comptait que cinq abbayes régulières : Saint-Augustin de Limoges, Saint-Vincent du Mans, Saint-Martin de Séez, Saint-Allire de Clermont & Saint-Sulpice de Bourges; encore durent-elles succomber, douze ans après, sous les efforts de la cour de France, dont la politique, depuis trois siècles, avait eu pour maxime constante d'anéantir l'indépendance monastique, & de faire servir les bénéfices conventuels à enchaîner, par l'appât séduisant des commendes, les familles de la noblesse du royaume. C'était donc une chose inouïe, au XVIIIe siècle, que de voir un monastère s'affranchir de la commende & rentrer sous la règle. On se rappelle les difficultés qu'éprouva en 1695 l'abbé de Rancé, pour assurer à son abbaye de la Trappe, qu'il avait réformée, un successeur régulier ; encore le roi devait-il, aux termes du Concordat de Léon X, nommer à perpétuité ce successeur. A Solesmes, au contraire, la commende une fois éteinte, le titulaire de ce monastère ne devait plus être nommé que par voie d'élection monastique. Cet évènement providentiel s'accomplit moins de quarante ans avant la suppression des Ordres religieux en France, & en cela, comme nous l'avons dit, la tombe de Jean Bougler se montra féconde pour la liberté monastique.

La démission de Dom Edme Duret ayant eu lieu vers 1752, & le prieuré se trouvant vacant, Charles de Froulay encouragea les prieur claustral & religieux de Solesmes à se mettre en instance auprès de Louis XV pour obtenir l'extinction du titre de leur prieuré & la réunion de ses biens, droits & revenus à la mense conventuelle. Ils se prévalurent dans leur supplique du consentement de l'évêque-abbé, qui renonçait gracieusement à son droit de présenter à Sa Majesté un candidat pour Solesmes. Les motifs que faisaient valoir les religieux étaient l'insuffisance des ressources de la mense conventuelle pour maintenir l'acquit des fondations & la décence du service divin dans ce prieuré d'un modique revenu, & la bonne administration qu'avaient faite de cette mense les religieux de la Congrégation de Saint-Maur, qui, lors de leur entrée, l'avaient trouvée réduite à peine à 1,500 livres de dotation, & néanmoins avaient su rebâtir les lieux réguliers, décorer l'église, la fournir d'ornements & acquitter régulièrement le service divin.

Le roi acquiesça à des vœux si légitimes, & fit expédier le brevet portant permission aux prieur & religieux de poursuivre l'extinction & la réunion qu'ils demandaient. Ce brevet, en date du 9 février 1753, est encore conservé dans les archives de l'abbaye. Un second brevet royal décrétant l'union des prieuré & convent de Saint-Pierre de Solesmes, fut rendu par Louis XV, sous la date du 18 juin de la même année. Ainsi fut consommée l'œuvre bienfaisante de Charles de Froulay, dont la mémoire doit être à jamais en vénération aux habitants du monastère de Solesmes.

Dom Michel LESPINOIS, qui avait commencé l'année 1753 en qualité de prieur claustral, la termina donc étant devenu prieur unique & conventuel. Cette année fut la dernière de son régime. Le chapitre de 1754 le remplaça par Dom Jean-Baptiste GIRON, qui eut pour successeur, au chapitre de 1757, Dom Marc Antoine GUILLON.

Dom Edmond PETIT vint ensuite, par l'autorité du chapitre de 1760. Nous trouvons de son temps, sur les registres de la paroisse de Solesmes, la bénédiction d'une cloche qui fut nommée *Edme-Anne-Suzanne*. Cette cloche, qui fut bénite par Dom Julien Thomas Lamandé, cellérier du prieuré, eut pour parrain Dom Edmond Petit lui-même, & pour marraine, Dame Anne Suzanne de Broc de la Girouardière.

Le chapitre de 1763 nomma de nouveau au prieuré de Solesmes Dom Marc Antoine GUILLON. Sous le régime de ce prieur, le monastère de Solesmes eut l'occasion de faire connaître le bon esprit qui animait ses habitants, dans une circonstance grave & délicate. Le 16 juin 1765, un grand scandale avait affligé les fidèles. Tous les religieux de l'abbaye de Saint-Germain des Prés, à Paris, à l'exception de trois, avaient osé, ce même jour, présenter à Louis XV une adresse dans laquelle ils recouraient à son autorité séculière pour obtenir des modifications dans leur habit monastique, la dispense de faire abstinence de viande, & la suppression de l'office de nuit. Le 23 juillet suivant, Dom Joseph Delrue, supérieur général de la Congrégation de Saint-Maur, ses assistants & les autres membres du régime, présentèrent au roi une protestation en forme de requête contre cette entreprise. Presque toutes les maisons de la Congrégation adhérèrent à cette protestation par la signature individuelle de la plupart des religieux qui les habitaient.

Notre prieuré envoya la signature de Dom Marc-Antoine Guillon, à laquelle étaient jointes celles de Dom P. Papion, de Dom P. R. Malherbe, & de Dom François-Xavier Estin : ce dernier devint plus tard prieur de Marmoutier, & fut député, en cette qualité, à l'Assemblée Constituante, où il prêta le serment à la *Constitution civile du clergé*. Dom P. Papion est mort à Sablé, dans les premières années de ce siècle.

Le chapitre général de 1766 nomma prieur de Solesmes Dom JULIEN-THOMAS LAMANDÉ. Sous son régime, l'abbaye de la Couture perdit son abbé commendataire, en la personne de Charles-Louis de Froulay, qui mourut au Mans, le 30 janvier 1767, laissant une mémoire précieuse à tout son diocèse & aux moines de la Couture & de Solesmes. Louis XV nomma, pour le remplacer, *Bernardin François Fouquet,* archevêque démissionnaire d'Embrun, lequel ayant reçu ses bulles, prit possession en la personne du prieur de la Couture lui-même, faisant fonction de procureur.

A Solesmes, Dom JULIEN GILLES PITTEU fut le successeur de Dom Julien Thomas Lamandé, par décret du chapitre général de 1769. Dans l'année 1770, la cure de Solesmes fut donnée à M. Lefebvre, qui la posséda jusqu'à la Révolution, & la reçut de nouveau à l'époque du Concordat jusqu'en 1819, année de sa mort. C'est le même curé dont nous avons parlé plus haut. Il fut pourvu de ce bénéfice, ainsi qu'il l'atteste lui-même sur les registres de la paroisse, par l'évêque du Mans, Louis de Grimaldi (1767-1777), fondé de procuration de Bernardin François Fouquet, abbé de la Couture, & à la recommandation des prieur & religieux du monastère.

Les chapitres généraux de 1772 & 1775 établirent prieur Dom CHRISTOPHE AUGUSTIN FLOSCEAU, qui tint le monastère pendant six ans. Nous trouvons sous ce prieur, en 1774, la bénédiction de la grosse cloche de la paroisse, qui fut bénite par Dom René Marie, cellérier, & nommée par Dom Flosceau, parrain & par *Demoiselle Anne Marie Bernard de la Barre, épouse de Messire Henry Cherbon, écuyer, seigneur de Chérigny,* marraine.

Sous le régime de Dom Flosceau, il y eut une discussion entre le prieuré & la maison seigneuriale de Sablé, sur l'étendue des juridictions respectives. L'état monastique, amoindri de jour en jour par la politique reçue alors, perdait journellement du terrain, & bientôt on ne devait plus se borner à lui disputer de simples droits honorifiques. Le 9 décembre 1773, Jean François Ménelé Colbert, marquis de Sablé, fit planter un poteau aux armes de sa maison à l'angle du mur du petit cimetière qui longe le flanc méridional de l'église paroissiale. Le même jour, ainsi que nous l'apprenons des registres du bailliage de Sablé, *les prieur, religieux & convent, hauts, moyens, & bas justiciers de la paroisse & seigneurie de Solesmes, sans manquer au respect qu'ils doivent à M. le Marquis, protestent contre ladite entreprise, par exploit de Dubois, huissier à Sablé.* Cette protestation fut renouvelée tous les ans, le 9 décembre, jusqu'en l'année 1779 inclusivement.

Dom Flosceau eut pour successeur, au chapitre de 1778, Dom Jean-Baptiste COULLON DE LA BESNARDERIE, qui ne tint le prieuré que trois ans, & fut remplacé en 1781 par Dom ALEXIS LOUASON, que le chapitre de 1783 continua pour un second triennat.

Ce fut sous le régime de ce prieur, que l'on cessa d'enterrer les religieux dans l'église du monastère. Un petit cimetière fut établi le long du chœur de l'église, derrière la chapelle de Notre-Dame. Le premier & peut-être le seul religieux de la Congrégation de Saint-Maur qui y ait été déposé, est Dom René L'Écureuil, qui mourut en 1785.

Les registres du bailliage de Sablé rapportent à la date du 26 mars 1781, une contestation entre le marquis Bertrand

Henri Duguesclin, seigneur de Beaucé, & notre prieuré, au sujet d'un banc dans l'église paroissiale de Solesmes. Après citation des prieur & convent à l'audience du 30 avril, ceux-ci consentent, *sans aucunement nuire ni préjudicier à leurs droits, & par considération pour le seigneur de Beaucé,* qu'il se place, quand bon lui semblera, dans le banc qui est du côté de l'épître. Le marquis Duguesclin soutient que la forme du chœur a été changée depuis la transaction de 1648, faite entre le seigneur de Beaucé & la paroisse de Solesmes; que par ce changement, en agrandissant le chœur, on y a renfermé l'aile droite de l'église, qui est précisément l'endroit où le marquis prétend avoir droit de chapelle & de banc. Les prieur & convent répliquent que le chœur n'a pas été changé, attendu que les stalles étaient, en 1648, dans l'endroit même où est présentement la rampe de fer qui sert de table de communion & sépare le chœur du reste de l'église.

L'année 1784 vit vaquer l'abbaye de la Couture par la mort de Bernardin Fouquet, auquel Louis XVI donna pour successeur l'abbé *de La Châtre,* chanoine de l'Église de Paris. Cet ecclésiastique qui, plus tard, sous la Restauration, fut élevé à la dignité épiscopale avec le titre d'évêque d'Iméria, *in partibus infidelium,* fut le dernier abbé commendataire de la Couture.

Enfin le chapitre général de 1786, qui devait être aussi le dernier, envoya à Solesmes, pour prieur, Dom DE SAGEON, qui devait survivre à la ruine de son monastère & de sa Congrégation. L'orage commençait à gronder, & l'institution monastique, méconnue & faussée par un siècle sans mémoire & sans prévoyance, devait essuyer les premiers coups. De Jean Bougler à Dom de Sageon (1505-1790), la marche avait rempli près de trois siècles, & s'il est permis de juger des forces du sujet à la longue durée de sa décadence, on peut dire que l'institution monastique avait reçu la vie dans une mesure abondante. La vieille société s'en allait par morceaux, & bientôt il n'en resterait plus rien que des ruines informes : l'Église, heureusement, est immortelle, & l'institution monastique, qui fait partie intégrante de l'Église, se renouvelle sans cesse avec elle.

L'Assemblée Constituante sortie des États-Généraux de 1789 décréta en 1790 la suppression totale des Ordres religieux. Ce coup violent, qui atteignait tant d'existences, vint retentir jusque dans notre humble prieuré, & devait en disperser les paisibles habitants. On sait que le décret de l'Assemblée, en confisquant toutes les propriétés monastiques, jusqu'alors le patrimoine commun de toutes les familles, assignait à chaque religieux une pension qui, du reste, ne fut pas payée plus d'une fois. Les moines furent donc obligés de rentrer dans un monde qui les avait oubliés, & au sein duquel la législation antérieure leur avait enlevé toute existence. Ceux de Solesmes purent rester sous leur toit jusqu'aux premiers jours de 1791, qu'il leur fallut se disperser & chercher un autre asile.

Le monastère avait été mis en vente, ainsi que toutes les autres propriétés monastiques de France, par l'Assemblée Constituante. Il fut acheté le 4 avril 1791 (1) par le sieur Henri François Louis Lenoir de Chanteloup, à un prix fort modéré, ainsi que la plupart des métairies formant le domaine de notre prieuré sur la paroisse de Solesmes. Cette acquisition faite en temps opportun par un homme ferme & d'un caractère élevé, sauva peut-être le monument de Solesmes d'une

---

(1) Les moines dispersés, le prieuré qui eut pour fondateur, l'an 1010, Geoffroy de Sablé, était vendu le 4 avril 1791. Or en 1805, le 4 avril, naissait à Sablé Prosper-Louis-Pascal Guéranger, le futur restaurateur, à Solesmes même, de l'Ordre de Saint-Benoît. En rapprochant ces dates nous aimons à rappeler ici l'antique & vénérable tradition suivant laquelle l'Ordre du saint Patriarche doit durer jusqu'à la fin du monde & combattre avec fidélité pour l'affermissement dans la foi d'un grand nombre d'âmes. (Arnoldus Wion, *Lignum Vitæ*.)

inévitable dévastation, &, dans notre pensée, le nom de M. Lenoir de Chanteloup doit être joint par la reconnaissance publique à ceux des bienfaiteurs de l'établissement dont nous écrivons l'histoire. Nous verrons plus loin les luttes que cet homme honorable eut à soutenir pour maintenir, en temps de paix, l'intégrité d'une propriété que nul n'avait songé à lui disputer pendant les jours de l'agitation.

L'argenterie, les livres de chœur sur parchemin, les ornements sacrés, la belle suspense en cuivre doré qui était sur l'autel, les reliquaires du trésor, furent saisis par la municipalité de Sablé. Parmi tant de choses vénérables & précieuses, la relique de la sainte Épine fut aussi enlevée à la vénération des habitants de Solesmes; mais la Providence veilla à sa conservation. Les sieurs Julien Leconte, adjoint au maire de la commune, Philippe Chauveau, marchand, & Jacques Jolly, cultivateur, témoins de la consternation que le bruit de l'enlèvement de la sainte Épine causait dans la paroisse, résolurent de sauver à tout prix le juste objet d'une vénération séculaire. Ils s'introduisirent à temps dans la sacristie, & se saisirent du reliquaire, qu'ils déposèrent entre les mains d'un prêtre insermenté nommé Pochard, qui était caché dans le bourg. Cet ecclésiastique enleva la sainte Épine du reliquaire, & l'inséra dans une croix de bois qu'il garda soigneusement. Les trois habitants de Solesmes que nous venons de nommer remirent aussitôt l'ancien reliquaire au district de Sablé, qui le réclamait avec menaces, & ne furent nullement inquiétés pour la soustraction de la relique. Elle resta entre les mains de M. Pochard jusqu'en 1801.

De quatre cloches qui formaient la sonnerie du prieuré de Solesmes, trois furent saisies par le district de Sablé. La quatrième existe encore, & a été transférée dans le clocher de la paroisse. Elle est du poids d'environ douze cents livres, & porte cette inscription : MCCCCCIII. *Pierre.* † IHS. SCE PETRE APLE XRI AUDI ROGANTES SERVULOS. TE DEUM LAUDAMUS.

Durant les années de la Terreur, & au milieu des crises politiques & des réactions qui agitèrent les contrées de l'Ouest, l'église & les bâtiments du prieuré ne souffrirent aucune atteinte. Leur qualité de propriété particulière les plaçait sous la protection des lois. Souvent même, des prêtres catholiques trouvèrent la sécurité dans leur enceinte inhabitée. Plus tard, un malfaiteur poursuivi par la vindicte des lois y plaça le quartier général de ses excursions, & trouva moyen de se soustraire pendant longtemps aux poursuites de la justice, à l'aide des cachettes qu'il avait découvertes ou pratiquées dans les murs de cette demeure solitaire.

La persécution religieuse touchait à son terme, & on était arrivé à l'année 1799, lorsque le dernier prieur de Solesmes, Dom de Sageon, mourut, aux environs du Mans, entre les bras d'un de ses confrères, nommé Dom Pelu, dans une maison de campagne où il était retiré. Ce vénérable religieux, ayant refusé le serment schismatique à la Constitution civile du clergé, & souffert tous les inconvénients de sa courageuse résistance, vit finir honorablement en sa personne la série des prieurs que la Congrégation de Saint-Maur fournit pendant plus de cent vingt années au monastère de Solesmes.

L'année 1801 & la pacification de l'Église par le Concordat ramenèrent de l'exil l'ancien curé de la paroisse de Solesmes, M. Lefebvre, qui s'était retiré en Espagne durant la persécution. Ce fut alors que M. Pochard lui remit la relique de la sainte Épine dont nous avons raconté la conservation. Il la confia à M. Chaloigne, curé de N. D. du Pé, lequel, dans un voyage à Angers, la fit renfermer dans une petite croix en cristal, qui fut scellée sur une autre croix de cuivre argenté. M. Lefebvre, que nous avons vu curé de Solesmes, depuis 1770, exposa désormais cette précieuse relique dans l'église de la paroisse à certains jours, & ratifia par son témoignage constant l'identité de la sainte Épine, qu'il avait eue si souvent entre les mains pendant les vingt ans qu'il avait habité Solesmes du temps des Bénédictins.

Le culte catholique recommença donc à être exercé publiquement dans la paroisse de Solesmes; mais des deux églises que renfermait ce village, une seule était ouverte à la piété des fidèles. Celle du prieuré demeurait dans la solitude & l'abandon, malgré les souvenirs qui la rendaient si chère au pays, malgré la splendeur des monuments d'art qui la décoraient. Elle était devenue & devait être longtemps encore, par la permission du propriétaire, un simple objet de curiosité plus ou moins savante, & souvent même un rendez-vous banal de parties de plaisir.

Cet état de choses fit concevoir l'idée au préfet Auvray, qui administrait alors le département de la Sarthe, de faire transporter au Mans, dans la cathédrale, les statues qui décoraient notre antique église. L'évêque du Mans, Michel-Joseph de Pidoll, partagea sur ce point les désirs & les espérances du préfet. Le 6 brumaire an XII, parut un arrêté de la préfecture portant *que les statues existantes dans l'ancienne église des ci-devant religieux Bénédictins de Solesmes, en seraient retirées & transportées au Mans, & qu'il serait procédé à cette opération par le sieur Renouard, bibliothécaire du département, & membre de la Société des Arts, assisté du sieur Lemaire, sculpteur.*

Les motifs de cet arrêté, qui paraîtra sans doute aujourd'hui assez contraire au droit de propriété, étaient assez spécieux. On prétendait que le prieuré de Solesmes n'avait été vendu au sieur Lenoir de Chanteloup qu'avec la réserve des statues qui décoraient l'église, & que par conséquent ces statues étaient demeurées domaine national. Il eût été cependant facile de recourir à l'acte de vente dressé le 4 avril 1791 par devant le directoire du district de Sablé. C'est ce que fit M. Lenoir de Chanteloup, pour empêcher cette expropriation forcée, qui non seulement lésait ses droits, mais exposait les statues elles-mêmes & les admirables décorations qui les accompagnent aux plus évidents périls de destruction, dans le déplacement & le transport. L'acte de vente consulté fit voir clairement que les bâtiments du prieuré de Solesmes avaient été vendus avec réserve, mais que cette réserve n'avait d'autre objet que *les fourneaux & plaques de fonte attachées aux cheminées, le buffet de la sacristie, le suspensoir en argent & les cloches*. Encore lisait-on cette clause sur le contrat : *Cependant est comprise dans cette vente l'horloge & la cloche sur laquelle elle frappe.*

En présence d'un droit si évident, toute administration équitable eût dû retirer ses prétentions; mais on sait que telle n'était pas toujours la modération des préfets de l'Empire. La querelle dura huit ans, & sans la fermeté de M. Lenoir de Chanteloup, elle ne pouvait finir que par la défaite de ce propriétaire.

Le sieur Renouard, prêtre sécularisé, connu par un très-médiocre essai historique sur le Maine, se trouvant chargé par l'arrêté ci-dessus de présider au déplacement & au transport des statues, voulut préluder à cette commission par une visite des objets d'art que renfermait l'église priorale de Solesmes. En conséquence, il se transporta sur les lieux, & après des violences administratives contre les mandataires de M. Lenoir de Chanteloup, après des sommations inutiles suivies du bris des portes, il s'introduisit dans l'église. Ce fut alors que lui & les ouvriers qu'il avait amenés firent jouer la scie & la tarière sur plusieurs des statues, à l'effet de s'assurer du degré de solidité qu'elles pourraient présenter. Pour couronner dignement cette œuvre d'une barbarie incroyable, si elle n'était attestée par le témoignage des assistants & les réclamations de M. Lenoir de Chanteloup, le sieur Renouard passa deux jours (les 24 & 25 novembre 1807) à fabriquer dans l'église priorale un long procès-verbal de description de tous les objets d'art qu'elle renferme. Cette pièce curieuse, conservée aux archives du département, peut servir non seulement à montrer les connaissances esthétiques du *bibliothécaire du département,* mais encore le degré d'intelligence que les administrateurs de l'empire manifestaient, suivant l'occurrence, à l'endroit des monuments publics. Nous nous contenterons de reproduire un paragraphe de cet étrange procès-verbal : c'est la description de la Madeleine de Solesmes, le principal des chefs-d'œuvre de l'art catholique qui décorent notre église.

« La statue de la Madeleine, *isolée* au pied du Sépulcre,
« & assise *les mains sur ses genoux,* dans l'attitude de la
« douleur qu'elle semble communiquer à ceux qui la regar-
« dent, *présente une statue* étonnante pour le siècle où elle,
« comme les autres, *ont* été *travaillées*. Son costume plus
« *européen* qu'oriental *nous a paru un défaut*. La draperie
« n'a pas tout le *moëlleux* & *les ondulations* qu'elle pourrait
« avoir, quoiqu'elle soit *assez bien sculptée.* »

Aussi, cette statue qui, les *mains sur ses genoux, présente une statue, communiqua*-t-elle si bien *l'attitude de la douleur* à M. Renouard, & sa *draperie européenne* lui sembla-t-elle si bien *sculptée,* qu'il crut devoir lui épargner les désagréments de la scie & de la tarière. Tout ceci n'est pas seulement de l'histoire de l'art, mais nous semble de l'histoire en grand, c'est pourquoi nous croyons devoir l'enregistrer.

Les débats de la préfecture avec M. Lenoir de Chanteloup ne se terminaient pas. Ce dernier, par une lettre du 4 janvier 1811, recourut au conseiller d'État, comte d'empire, ayant le département des domaines nationaux, pour réclamer enfin justice. Dans cette lettre il atteste positivement que le sieur Renouard a *lui-même touché les statues avec des instruments de fer.* Ces réclamations n'ayant rien produit encore, le conseil de préfecture de la Sarthe, poussant sa pointe, rendit un dernier arrêté, en date du 30 août 1811, portant que *les statues de pierre qui se trouvent dans l'église du prieuré de Solesmes, acquise par le requérant le 4 avril 1791, ne font point partie de son adjudication.*

La spoliation était imminente; mais la Providence avait placé l'œuvre de Jean Bougler sous la protection de Napoléon. Le 11 juillet 1812, l'Empereur, à la justice duquel il avait été fait appel par M. Lenoir de Chanteloup, rendit en son quartier général de Wilna, en Lithuanie, un décret par lequel l'arrêt du conseil de préfecture de la Sarthe, en date du 30 août 1811, était annulé. Les considérants de ce décret portaient que *ni le procès-verbal d'expertise des maisons & terrains appartenant au prieuré de Solesmes, ni le procès-verbal d'adjudication desdits objets ne font réserve des objets contestés, qu'au contraire, il résulte des expressions du procès-verbal d'adjudication que les statues font partie nécessaire de l'acquisition faite par le sieur Lenoir de Chanteloup.*

Ainsi se termina cette longue querelle, par l'autorité souveraine de l'homme à qui Dieu avait confié la mission de rétablir & de conserver dans la société les principes qui sont la base de tout droit & de toute moralité sur la terre. Heureux, si le désintéressement nécessaire à quiconque est appelé d'en haut à remplir des destinées supérieures, n'eût trop souvent fait défaut à la hauteur de son génie! Ce décret en faveur du monastère de Solesmes fut rendu le 11 juillet, fête de la Translation de saint Benoît(1). Vingt-&-un ans

---

(1) Voici le texte du décret impérial qui garantissait à Monsieur Lenoir de Chanteloup la possession des statues.

Le 11 Juillet 1812.

Quartier général impérial de Wilna.

Napoléon, Empereur des Français, roi d'Italie, protecteur de la Confédération du Rhin, médiateur de la Confédération Suisse,

Sur le rapport de notre commission du contentieux, vu la requête à nous présentée par le sieur Henri-François-Louis Lenoir de Chanteloup, propriétaire demeurant à la Flèche, département de la Sarthe, pour qu'il nous plaise annuler un arrêté du conseil de préfecture de ce département, en date du 30 août 1811, qui décide que

après, jour pour jour (1), l'église priorale était solennellement réconciliée, & le Sacrifice eucharistique était célébré dans les statues de pierre qui se trouvent dans l'église du prieuré de Solême, acquise par le réquérant le 4 avril 1791, ne font point partie de son adjudication; vu le procès-verbal d'expertise, en date du 25 novembre 1790, & le procès-verbal d'adjudication du 4 avril 1791, des maisons & terrains appartenant au prieuré de Solême; vu le susdit arrêt du conseil de préfecture, en date du 30 août 1811 ; considérant que ni le procès-verbal d'expertise, ni le procès-verbal d'adjudication ne font réserve des objets contestés, qu'au contraire il résulte des expressions du procès-verbal d'adjudication que les statues font partie nécessaire de l'acquisition faite par le sieur Lenoir de Chanteloup,

Notre Conseil d'État entendu, nous avons décrété & décrétons ce qui suit :

ART. 1. — L'arrêté du conseil de préfecture du département de la Sarthe, en date du 30 août 1811, est annulé.

ART. 2. — Notre Grand Juge, ministre de la justice, & notre ministre de l'intérieur sont chargés de l'exécution du présent décret.

NAPOLÉON.
Par l'Empereur :
Le ministre, Secrétaire d'État,
Le comte Daru.

Pour garder à jamais le souvenir de cet acte providentiel, qui montre que saint Benoît protégeait le lieu où son Ordre devait refleurir, & veillait à lui conserver un riche trésor, on lit chaque année au réfectoire de l'abbaye de Saint-Pierre un article spécial inséré à la du 5 mai, au nécrologe du monastère.

Cette pièce est conçue en les termes suivants :

Tertio nonas maii.

Anno millesimo octingentesimo vigesimo primo, in Africa, apud insulam sanctæ Helenæ, obitus Napoleonis, quondam Gallorum gloriosi Imperatoris, a Pio VII., Pontifice Maximo, coronati ; de sancta Ecclesia primis imperii annis optime meriti, deinde ob gravissimas ecclesiasticæ libertati & Apostolicæ Sedi illatas injurias, spirituali gladio percussi ; tandem, post inauditas clades, duplicem exauctorationem ac durissimi exsilii angustias, pie implorata & obtenta Apostolica venia, in pace sanctæ Ecclesiæ fortiter decedentis. Cujus famosissimi & infelicissimi Principis memoriam retinere monachos Solesmenses decet, grati animi causa, propter illud æquissimum & supremum decretum prope Vilnam, Lithuaniæ civitatem, de castro imperiali emanatum, quo Imperator injustam litem, jam a sex annis incœptam dirimens, mandavit & statuit, icones illas insignes & celebratissimas quibus longe lateque splendet Ecclesia nostra abbatialis, non amplius ab invidis exagitandas esse, nec barbarorum manibus, ac periculosissimo itineri committendas; bene vero remansuras hujus sacræ ædis parietibus affixas, in qua ab æterno cœlestis Sapientia decreverat primitias Benedictini Ordinis per Gallias renascentis, duodecim post ejusdem Napoleonis obitum elapsis annis, in plena libertate congregandas.

(1) Le 11 juillet 1833.

son enceinte, au milieu de tous ces chefs-d'œuvre de l'art catholique sauvés de la destruction par le décret du 11 juillet 1812.

La propriété de Solesmes demeura donc entière entre les mains de M. Lenoir de Chanteloup. Il la conserva jusqu'au 31 décembre 1825, qu'il la céda à MM. Pierre Thoré-Cohendé, René-Joseph Salmon & Emmanuel Lefebvre de la Fautrardière. Ce fut des mains de ces trois nouveaux propriétaires, notables du pays, qu'elle passa en celles des personnes qui voulaient rendre Solesmes à son ancienne destination, & rétablir dans ses murs, trop longtemps inhabités, l'observance de la Règle de Saint Benoît. De l'an 1010 à l'an 1833, les temps avaient changé, & les nouveaux moines n'avaient plus à attendre ni riches dotations, ni droits seigneuriaux; mais le principe de liberté inscrit dans des institutions franches & appliquées avec justice, suffira toujours aux œuvres catholiques pour naître & se développer. L'élément qui a grandi sous le vent de la persécution ne saurait redouter les jours de la tolérance & de la liberté. Ainsi la tombe de Jean Bougler devint une seconde fois féconde pour la liberté monastique.

Nous avons vu dans les commencements de cette histoire les efforts généreux que de grands & saints évêques du Mans consacrèrent au développement de l'institut monastique dans ce vaste diocèse. Deux de leurs successeurs se rencontrèrent en ce siècle, jaloux de marcher sur leurs traces. Dès l'année 1831, feu Monseigneur Philippe-Marie-Thérèse-Guy Carron, troisième évêque du Mans depuis le Concordat de 1801, avait reçu la communication du projet formé par plusieurs ecclésiastiques de rendre à l'Église le monastère de Solesmes, & au monastère lui-même les disciples de saint Benoît. Le prélat avait accueilli cette idée avec faveur, mais il avait voulu la soumettre à l'épreuve du temps. Son consentement définitif ne fut octroyé qu'à la fin de 1832; ce fut alors qu'il approuva de son autorité d'ordinaire les constitutions qui devaient organiser la nouvelle société, & la disposer à se fondre plus tard dans l'Ordre de Saint Benoît, par l'autorité apostolique. Enfin, les préparatifs étant achevés, le 11 juillet 1833, cinq candidats à la Règle bénédictine aspirant à devenir religieux de chœur, & quatre autres destinés à l'état de convers, furent installés dans le monastère rendu à sa destination. Monseigneur Carron était retenu loin de son diocèse par sa santé. Il confia ses pouvoirs en cette occasion à ses grands vicaires, & l'un d'eux, M. l'abbé Ménochet, vint présider la cérémonie & mettre en possession le nouveau prieur & ses confrères. L'église & les lieux réguliers furent solennellement réconciliés, au milieu d'un clergé & d'un peuple nombreux, auxquels M. l'abbé Ménochet adressa une touchante allocution, dans laquelle il célébra cette restauration inattendue d'une institution catholique dont les flots des révolutions n'avaient pas submergé le principe. La parole du vieillard, jadis confesseur de la foi dans la rade de Rochefort, était imposante, lorsqu'il rappelait ainsi aux fidèles l'indestructible fécondité de l'Église de Jésus-Christ.

A partir de ce jour, l'Office divin & les exercices réguliers recommencèrent dans le monastère de Solesmes, après quarante-trois ans de solitude (1790-1833); mais les nouveaux habitants de cette demeure paisible étaient destinés à subir plus d'une épreuve.

La première fut la perte du prélat qui les avait établis par son autorité. Monseigneur Carron mourut au Mans, le 27 août suivant; M. l'abbé Ménochet le suivit dans la tombe moins de six mois après, étant mort le 4 février 1834.

La perte d'un évêque qui avait pris avec maturité & aussi avec fermeté le patronage de l'œuvre, avait le droit d'inspirer de sérieuses inquiétudes aux habitants de notre prieuré. Des oppositions peut-être invincibles leur étaient à craindre, d'autant plus que leur rétablissement n'avait pas été vu avec bienveillance par tout le monde. La Providence vint à leur secours par la nomination d'un évêque qui ne craindrait pas d'avouer ses sympathies pour l'établissement, & dont l'influence devait un jour l'aider à sortir des limites étroites de sa première institution, pour prendre place dans la hiérarchie des congrégations monastiques reconnues par le Saint-Siège, & qui forment les rameaux du grand arbre bénédictin.

Monseigneur Jean-Baptiste Bouvier, vicaire capitulaire & supérieur du séminaire, monta sur le siège du Mans, & dès les premiers jours qui suivirent sa nomination, il fit parvenir à Solesmes les témoignages de sa bienveillance & les assurances de sa protection.

Au dedans l'institution se développait, le personnel de l'œuvre se complétait; des engagements annuels faisaient place à des vœux de cinq ans, & le 15 août 1836, les membres de l'association déclaraient au public leur intention arrêtée de consacrer leur vie au rétablissement de l'Ordre de Saint Benoît, en revêtant publiquement l'habit qu'il impose.

Le moment était venu d'appeler sur ces commencements d'une œuvre désormais sérieuse la confirmation du Siège Apostolique. Monseigneur Bouvier prêta cordialement son concours aux démarches qui furent faites auprès du Souverain Pontife, dans le cours de l'année 1837. A son suffrage se joignirent d'une manière active l'intérêt puissant du cardinal Sala, préfet de la sacrée Congrégation des Évêques & Réguliers, les recommandations de Messeigneurs de Montblanc, archevêque de Tours, & de Quélen, archevêque de Paris, les bons offices de M. le marquis de Latour-Maubourg, ambassadeur de France à Rome, & de plusieurs autres personnes de haute influence que la reconnaissance des nouveaux Bénédictins n'oubliera jamais. Toutes choses ayant donc été pesées avec maturité par une congrégation de sept cardinaux, formée au sein de celle des Évêques & Réguliers, Sa Sainteté Grégoire XVI, par un bref solennel du 1ᵉʳ septembre 1837, commençant par ces mots *Innumeras inter*, décréta l'érection en titre abbatial de l'ancien prieuré de Soiesmes & le déclara chef d'une nouvelle Congrégation sous le titre de *Congrégation Française de l'Ordre de Saint Benoît*, succédant aux anciennes Congrégations de Cluny, de Saint-Vanne & Saint-Hydulphe, & de Saint-Maur (1). Par suite des dispositions de ce bref, le prieur du nouveau monastère de 1833 fut institué abbé de Solesmes, & supérieur général des Bénédictins de la Congrégation de France.

Ainsi fut restaurée avec les seuls privilèges que confère l'autorité spirituelle une institution qui n'a de garantie que dans la conscience de ses membres, & dans leur fidélité à garder les engagements qui les lient à Dieu & à l'Église. L'état religieux dans notre siècle est destiné, comme le fut l'Église elle-même dans les temps apostoliques, à vivre, à se développer, à se propager par la seule force intime que Dieu lui a communiquée.

Ceux des membres de la petite société qui avaient revêtu l'habit de Saint Benoît, le 15 août 1836, émirent successivement la profession solennelle entre les mains du nouvel abbé, qui lui-même avait prononcé ses vœux à Rome le 26 juillet 1837, dans la basilique de Saint-Paul-hors-les-murs, entre les mains du Révérendissime Dom Vincent Bini, abbé de Saint-Paul, & procureur général de la Congrégation du Mont-Cassin.

(1) Voici l'article des Constitutions où il est parlé du titre, de la dignité & des privilèges de la nouvelle Congrégation : Hæc autem Congregatio monachorum nigrorum cujus observantia declaratur in articulis supra relatis, fundatur & constituitur sub nomine *Congregationis Gallicæ Ordinis Sancti Benedicti*. Locum tenebit hæc nova familia veterum Congregationum Cluniacensis, SS. Vitoni & Hydulphi, ac S. Mauri, earumdem patronos cultu ecclesiastico respective colet, sed nullius illarum titulum sibi, publice aut privatim, arrogare poterit, licet privilegiorum earumdem particeps & hæres subsistat.

DESCRIPTION

DE

L'ÉGLISE ABBATIALE DE SOLESMES

ET EXPLICATION

DES MONUMENTS QU'ELLE RENFERME

'ÉGLISE de l'abbaye de Solesmes, qui n'est plus aujourd'hui qu'une grande chapelle, paraît dans son origine avoir été construite en basilique à trois nefs; on aperçoit encore à l'extérieur les arcades en plein cintre qui ouvraient sur les bas côtés, ainsi qu'il est d'usage dans certaines églises romanes. Quelques fragments d'échiquier à l'intérieur & à l'extérieur attestent l'époque de la première fondation. La façade primitive a retenu peu de chose de son premier caractère, par suite de l'idée qu'on a eue autrefois d'en assurer la solidité en bouchant des fenêtres, & en y plaçant de grossiers contreforts.

L'abside de l'église se terminait autrefois en hémicycle, comme on peut le voir en observant la partie inférieure des anciens murs conservés encore à la hauteur de quelques pieds. Le chœur était même établi sur une crypte qui fut détruite postérieurement, & dont l'existence est encore attestée aujourd'hui par un soupirail de style roman, orné de deux colonnettes très rapprochées & visibles seulement à l'extérieur de l'édifice.

Les sept voûtes, disposées en croix latine, qui composent l'église actuelle, furent construites, celle du chœur, au XVe siècle, & les autres, au XVIe; la dernière, qui est celle de la chapelle de droite, porte la date de 1532. Leur élégance, l'extrême pureté des nervures, la légèreté avec laquelle elles sont établies & dressées comme des tentes, sont dignes d'admiration. Plusieurs des clefs de ces voûtes sont historiées d'une manière assez curieuse. L'une présente une croix entourée des instruments de la Passion; une autre, le monogramme IHS en lettres gothiques; une autre enfin, deux clefs en sautoir, qui rappellent saint Pierre, patron de l'église & du monastère.

La saillie qu'on remarque dans les murs de la nef, provient de la présence de la grosse tour carrée qui faisait partie de l'ancien édifice.

Cette tour, qui a environ cent vingt pieds d'élévation, présente dans ses parties les divers caractères des temps où elle a été successivement construite. La partie inférieure est évidemment romane, ainsi qu'il appert des restes d'échiquier encore visibles à l'intérieur, & du style de la plus basse des ouvertures du côté du jardin. La ceinture d'ogives en pierres de taille, placée au-dessus des ouvertures supérieures, remonte au XVIe siècle, & doit être contemporaine des voûtes de la nef. Enfin l'espèce de dôme couronné d'une lanterne à jour de style tout moderne, qui termine l'édifice, fut construit en 1731, vers l'époque où furent élevés les bâtiments actuels du monastère.

Le chœur incline à droite suivant l'usage de plusieurs anciennes églises. Le maître-autel, en marbre du pays, est remarquable par l'antique suspense qui consiste en une colombe renfermant le Saint-Sacrement, & placée sous un pavillon de bois doré, le tout supporté par une grande crosse entourée de pampres de vignes. Cette manière de suspendre l'Eucharistie est très ancienne dans l'Église, & a précédé l'institution des tabernacles dont on se sert aujourd'hui (1). L'usage s'en était maintenu à Solesmes jusqu'à la suppression du monastère.

Le maître-autel est tourné vers le chœur, à la manière des églises de Rome, & est établi sur un autre autel tourné vers le peuple, & renfermant le corps de saint Léonce, martyr. Ce second autel, avec ses accessoires, a été construit sur le modèle des autels primitifs des Catacombes de Rome. Le corps du saint martyr fut trouvé sous la voie Tiburtine, *in Cœmeterio Cyriacæ*, le 28 novembre 1831, avec les palmes & le vase de sang, indices du martyre, & cette inscription : *Leontius dep. kal. Maii.*

Mais il est temps de porter l'attention du voyageur sur les sculptures si remarquables qui remplissent les deux chapelles de l'église abbatiale de Solesmes.

Commençons par la chapelle de droite.

On aperçoit d'abord un vaste portail gothique, que son caractère fleuri, plus encore que l'inscription placée au bas des deux pilastres latéraux, nous force de rapporter à la fin du XVe siècle. Un arc surbaissé introduit l'œil sous une voûte aux ogives larges & tourmentées, d'un effet assez lourd. Sous cette grotte, huit personnages de haute stature accomplissent la sépulture du Sauveur. C'est d'abord à gauche Nicodème, en robe damassée, camail de pèlerin & aumônière, ceinture ornée de caractères gothiques, le turban en tête, & les traits du visage à demi ensevelis sous une barbe majestueuse.

En face, Joseph d'Arimathie, avec le costume du temps de Louis XI, & décoré du collier de quelque ordre de chevalerie. Suivant la tradition du pays, ce personnage, qui évidemment est un portrait, figure un des anciens seigneurs

---

(1) D. Mabillon, *De Liturgia Gallicana*, p. 90. D. Martène, *De antiquis Ecclesiæ ritibus*, t. I, col. 700-701.

de Sablé. Si cette tradition est fondée, on pourrait affirmer avec quelque probabilité que cette statue représente les traits de Jean d'Armagnac, duc de Nemours, qui était en possession de la seigneurie de Sablé en 1496, & l'un des bienfaiteurs du monastère.

Le Christ étendu sur le linceul présente ces grands & nobles traits que l'on retrouve fidèlement dans toutes les traditions de peinture & de sculpture du moyen âge, qui les avait reçues des siècles précédents. Il est à regretter que cette statue, jugée d'ailleurs diversement par les artistes, suivant l'école à laquelle ils appartiennent, ait autant souffert des injures du temps.

La Vierge, dans une attitude de désolation, est soutenue par saint Jean, dont on doit remarquer les traits calmes & purs, & le costume d'une grande richesse. A la gauche de la Vierge, sont deux femmes qui semblent être des portraits, & dont le costume, contemporain du monument, est exécuté avec une rare fidélité. L'une d'elles tient un vase rempli de parfums qu'elle se dispose à répandre sur le corps du Christ. A l'autre extrémité, à la gauche de saint Jean, un disciple avec barbe & turban, offre des traits pleins de sentiment; il arrête ses regards sur la tête du Christ, & se prépare aussi à répandre des parfums. Mais ce qui étonne le plus dans ce groupe, c'est la Madeleine assise en méditation sur le premier plan de la scène. Cette figure, de même famille que le saint Jean, est rendue avec une exquise pureté de ciseau. Elle vit, elle respire doucement; son silence est en même temps de la tristesse & de la prière. Rien ici qui ressente l'inspiration profane de l'antique; l'artiste n'a pris qu'en lui-même, dans les mœurs & dans les croyances de son temps, le type qu'il a réalisé. En un mot, c'est l'art catholique développé, mais réduit encore à ses seules forces, & produisant de lui-même à la fin du XVe siècle.

Quatre charmants petits anges, deux tenant des chandeliers, & deux autres présentant, l'un le voile de la Véronique, sur lequel est empreinte la face du Christ, l'autre la bourse qui renferme les deniers, prix de la trahison de Judas, se détachent gracieusement des murs de la grotte; ce dernier surtout est remarquable par une ineffable expression de douleur enfantine. Le pendentif, avec chapelle gothique, qui descend de la voûte, est destiné à recevoir la relique de la sainte Épine, conservée depuis le XIIe siècle dans le trésor du monastère de Solesmes. A la partie inférieure de ce pendentif, on lit en lettres d'or, un peu effacées, ces paroles du Psalmiste qui font allusion à la sépulture du Christ : *Factus in pace locus ejus* (1).

Le cintre extérieur du caveau est orné d'une guirlande de petits arcs trilobés de la plus grande légèreté; mais on ne saurait trop admirer le double arceau de branches & de feuillages qui s'élève au-dessus. Nul monument, en France, à quelque époque qu'il appartienne, n'offre rien de supérieur en élégance, en délicatesse. On dirait que ces rameaux, si gracieusement courbés en arc, ont été magiquement transformés en pierre.

Les deux soldats mutilés qui gardent l'entrée de la grotte, présentent de beaux détails de costume militaire, partie antique, partie chevaleresque. Plusieurs des mutilations qui les défigurent remontent à l'époque de nos grands troubles politiques; quelques-unes datent de plus loin. Il fut un temps où, conduits par un zèle qui rappelle celui de Clovis & de ses Francs, les villageois de Solesmes vengeaient sur ces deux malheureux satellites les outrages dont Jésus-Christ fut l'objet de la part des Juifs.

Les deux pilastres qu'on admire à la droite & à la gauche du caveau, & dont les arabesques saillantes sont d'une si grande richesse, portent au bas, celui de gauche l'inscription

(1) Psalm. LXXV. 3.

suivante, en caractères du XVᵉ siècle : Mº CCCCº IIIIˣˣ XVIº; l'autre, celle-ci : *Karolo VIIIº regnante.*

La partie supérieure du monument est séparée de l'inférieure par une sorte de rinceau délicatement ouvragé en feuillages, choux & fleurs merveilleusement évidés. On y remarque quatre écussons, dont l'un a pour supports des anges, l'autre des lions, & les deux autres sont enchâssés dans les feuillages. Les armoiries ont été grattées (1).

Un calvaire, avec tous ses accessoires, occupe la partie supérieure du portail. Le Sauveur n'est plus sur la croix; Nicodème & Joseph d'Arimathie viennent de l'enlever pour l'ensevelir. Les deux voleurs sont encore attachés sur l'instrument de leur supplice : leurs membres contractés cherchent à rendre l'effort de la douleur. Le sculpteur a prêté, on ne sait pourquoi, une perruque large & bouclée à celui des larrons que la place qu'il occupe, à la gauche de la croix, nous désigne comme le mauvais.

David d'un côté, le diadème en tête, Isaïe de l'autre, prophétisent de concert sur la gloire du Christ, manifestée jusque dans l'humiliation de la mort & du tombeau. Sur le philactère que le Roi-Prophète tient en ses mains, on lit les paroles du psaume XVᵉ : *Non dabis Sanctum tuum videre corruptionem.* Celui d'Isaïe porte ces paroles, tirées du chapitre XIᵉ de sa prophétie : *Erit sepulcrum ejus gloriosum.*

Un ange, d'une pose & d'une figure graves & enfantines tout à la fois, embrasse le pied de la grande croix. Un autre, placé sur la croix du bon larron, présente d'une main la colonne, de l'autre les fouets de la flagellation; tandis qu'aux pieds du mauvais larron, un troisième ange, auquel on a

---

(1) Ces armoiries ont été retrouvées à la Bibliothèque Nationale, dans une description du monument de Solesmes. L'écusson supporté par des lions offre les armoiries de Guillaume Cheminart. Les trois autres sont ceux du roi Charles VIII, de la reine Anne de Bretagne & des dauphins de France.

donné aussi une chevelure énorme, supporte les débris de la lance & du roseau.

Enfin, à la hauteur des fenêtres, sont deux anges revêtus du surplis & de l'étole, & qui portaient, avant d'avoir été mutilés, quelques autres instruments de la Passion. L'un d'eux conserve encore les débris d'un objet qu'on reconnaît aisément avoir été la couronne d'épines.

La même chapelle de droite renferme un autel au-dessus duquel devait être placé un groupe semblable à celui que nous admirerons bientôt dans l'autre chapelle. Ce travail ne fut point achevé : il appartient à l'ensemble des sujets qui décorent la chapelle de gauche, & là s'arrête l'œuvre de Jean Bougler, la date 1553, inscrite sur une des quatre colonnes qui accompagnent l'autel, étant voisine de celle de la mort de ce prieur. La plus légère inspection de ce nouveau monument, véritable hors-d'œuvre dans cette chapelle, montre qu'il appartient à l'époque de la Renaissance. Les arabesques qui décorent les colonnes & le rinceau qui règne au-dessus, sont de la plus grande richesse, mais d'un caractère presque entièrement mythologique. On ignore à quelle époque fut détruite la cinquième colonne qui devait être au milieu. Peut-être cette destruction eut-elle lieu dans le temps où l'on badigeonna toute cette partie, & même le bas-relief si remarquable qui fait actuellement le principal ornement de l'autel. Le sujet de ce bas-relief est le *Martyre des Innocents*. Malgré ses mutilations, il offre encore une scène complète où l'artiste a rendu avec bonheur la désolation des mères, la fureur des soldats, le désordre du massacre. Tandis que les figures du premier plan se montrent presque détachées du fond par une forte saillie, la sainte Famille paraît fuir en Égypte dans le lointain.

Au-dessus se trouve placée une *Madone de Pitié*. Ce groupe est la sculpture la plus ancienne de l'église; son style & l'arc surbaissé qui l'encadre, indiquent le milieu du

XVᵉ siècle(1). A gauche de l'autel est un saint Pierre, la tiare en tête & revêtu de la chape, fréquemment admiré par les amateurs de l'ancienne sculpture catholique. Cette statue, dont la tête offre l'empreinte d'une douce majesté & d'une componction vive, doit appartenir au même temps & aux mêmes artistes que les statues du sépulcre que nous venons de décrire. La dalmatique & la chape du saint Apôtre sont historiées dans le même goût que les robes de Nicodème & de saint Jean(2). A droite de l'autel est un saint Paul à longue barbe, du même temps, mais beaucoup moins remarquable. Il tient en main une de ces épées à poignée en croix, telle que les portaient les chevaliers du moyen âge.

Mais il est temps de passer à la chapelle de gauche.

Cette chapelle renferme cinq grandes scènes de la vie de la Sainte Vierge; mais comme l'une d'elles peut aisément se détacher des autres, nous la réserverons pour la fin, & nous considèrerons d'abord, au-dessus de l'autel, la scène dite *la Pâmoison de la Vierge*.

Marie est à genoux, & va recevoir la communion de la main du Sauveur qui vient la visiter. Elle recueille ce qui lui reste de vie pour aller au devant de la nourriture divine. Un vieillard vénérable, saint Pierre, la soutient doucement, & en même temps qu'il rend cet office paternel à la Mère de Jésus, ses yeux cherchent respectueusement l'hostie que le

(1) E. Cartier, *Les Sculptures de Solesmes*, p. 9.
(2) En 1870, Dom Guéranger fit transporter cette statue à la place qu'elle occupe actuellement dans notre église abbatiale. Il la bénit solennellement le 24 juillet, quelques jours après la définition de l'Infaillibilité du Pape. Ce fut sous sa dictée qu'on grava sur le piédestal, dans les trois langues grecque, latine & française, l'inscription retrouvée par D. Mabillon & qu'on lisait autrefois au pied de la célèbre statue de bronze de saint Pierre, dans la basilique vaticane. Pie IX a daigné accorder aux fidèles qui baisent le pied de cette statue les indulgences concédées aux pèlerins qui vénèrent de la même façon l'image de saint Pierre à Rome. (Dom Guépin, *Description des deux églises abbatiales de Solesmes*, p. 79.)

Sauveur tient dans sa main. A genoux près de sa mère d'adoption, saint Jean lui prodigue les soins de la tendresse filiale. Six apôtres, dans l'attitude du respect, assistent à cette grande scène. L'un d'eux, le genou en terre, tient un livre sur lequel était sans doute inscrit un passage des Écritures analogue à la circonstance (1).

Ce vénérable personnage, en chape, les mains jointes, qu'on aperçoit sur le devant, dans une embrasure à droite, & qui paraît prêter une si grande attention à la scène, est saint Hiérothée, disciple des Apôtres, qui, au rapport de saint Denys l'Aréopagite dans son livre des *Noms divins*, était présent à la mort de la Sainte Vierge.

Derrière les personnages du premier plan, on aperçoit deux femmes dont la figure est pleine de douleur & d'expression. L'une surtout, placée à gauche, est d'une grande beauté & montre, par la pureté du dessin & sa noble simplicité, que son auteur n'était pas étranger à l'étude de l'antique, bien qu'il n'ait pas cru devoir y sacrifier les traditions de l'art catholique.

Dans un enfoncement, à gauche, un moine revêtu de l'habit bénédictin, tel que ces religieux le portaient dans une partie de la France avant la réforme de Saint-Maur, est remarquable par une exécution consciencieuse, un positif de

(1) En étudiant, en 1852, les récits d'Hilduin, abbé de Saint-Denys, sur la *Vie de saint Denys l'Aréopagite,* dans les Bollandistes, au 9 octobre, le R. P. Dom Piolin rencontra le texte de l'inscription. Hilduin raconte que saint Denys reçut dans sa prison, avant son martyre, la visite de Notre-Seigneur, qui lui présenta la sainte Eucharistie en lui disant : *Accipe hoc, chare meus, quod mox complebo tibi, una cum Patre meo.* Jean Bougler, familier avec l'étude de l'Aréopagite, comprit qu'il pouvait s'inspirer de ce trait de la vie du saint pontife & l'appliquer à Marie, qui est morte, non seulement dans l'exercice de l'amour, mais par la véhémence de son amour, & il s'est servi de ce passage qui, dans la scène dite la *Pâmoison de la Vierge,* exprimait parfaitement l'idée de la composition. Le texte, aujourd'hui rétabli sur le livre d'où on l'avait complètement effacé, est conçu en ces termes : *Virginis obdormitioni Jesus occurrit dansque illi Sancta dixit :* ACCIPE HOC CHARA MEA QUOD MOX COMPLEBO TIBI UNA CUM PATRE MEO.

physionomie qui annoncent que cette statue est un portrait. En effet, cette tête, où l'on retrouve évidemment le type manceau, est celle de Michel Bureau, dernier abbé régulier de la Couture du Mans.

Le spectateur a dû remarquer, dès le premier coup d'œil, que la statue du Christ, dont la tête d'ailleurs n'est pas sans mérite, est dans un état de mutilation qui jette sur l'intention du groupe tout entier une certaine obscurité que nous avons cherché à dissiper ci-dessus par une explication complète de la scène, telle que l'avait conçue & réalisée l'artiste. Cette mutilation est ancienne. Un prieur de Solesmes, choqué de voir le Christ donner ainsi la communion à sa mère, circonstance en effet que le sculpteur n'avait puisée que dans des traditions postérieures de plusieurs siècles à la mort de la Vierge, eut, au XVIIIe siècle, la barbarie de casser le bras droit, qui présentait l'hostie, & aussi le bras gauche, qui tenait le calice.

Avant de considérer une autre scène, payons un juste tribut d'admiration aux délicieux détails d'architecture qui décorent cette grotte. L'ogive capricieuse de la Renaissance partage la voûte en gracieux compartiments, & en prolonge la clef par un merveilleux pendentif. Les arabesques du rinceau, des pilastres & des colonnes, rappellent, ainsi que celles que nous verrons bientôt, les plus riches inventions de Raphaël en ce genre. Deux têtes de mort sont jetées comme une pensée grave au milieu de ces jeux d'une main légère & inspirée, mais tant soit peu païenne.

N'oublions pas deux personnages qui font partie nécessaire de la grande scène de la *Pâmoison de la Vierge,* bien que l'artiste, conduit par la plus heureuse idée, ait paru vouloir les en isoler. Le premier de ces personnages, placé à gauche de l'autel sous un charmant baldaquin de pierre, est saint Denys l'Aréopagite. Sa tête expressive est tournée vers un autre évêque qu'on remarque au delà du tombeau de la Vierge, à l'ombre d'un semblable baldaquin. Une grâce exquise a présidé à l'agencement des draperies, à la délicatesse de la pose. Une chasuble à l'antique recouvre la dalmatique du prélat; un léger manipule pend à son bras gauche, qui supporte une mitre dans le goût du moyen âge. Il adresse à l'autre évêque les paroles gravées sur l'écusson gothique qu'il soutient. C'est un passage de son livre des *Noms divins;* on a seulement resserré considérablement le texte. Voici cette inscription :

Divi Dionysi (sic) *Galliarum episcopi, in tertio capite de Divinis Nominibus, super Virginis transitu ad Timotheum Ephesium episcopum verba :*

Namque & apud ipsos divino Spiritu plenos pontifices nostros, cum & nos (ut nosti) & plerique ex fratribus nostris ad contuendum corpus illud quod authorem vitæ Deumque ceperat convenissemus. Aderat autem frater Domini Jacobus, & Petrus, supremum decus; ubi post contuitum placuit ut utramque Jesu naturam & ex matre, pontifices laudarent omnes, ex quibus unus post apostolos præstantior erat Hierotheus, cujus laudationum partes inter divina Nomina explicandas abs te suscepi (1).

De l'autre côté du tombeau de la Vierge, saint Timothée, penché en avant, semble prêter attention aux paroles de saint Denys, en même temps qu'il prend une part de spectateur à la scène de la *Pâmoison*. Ses traits austères rappellent cet

---

(1) Paroles de saint Denys, évêque des Gaules, sur le trépassement de la Vierge, à Timothée, évêque d'Éphèse, au troisième chapitre des *Noms divins* :
Nous étant réunis, comme vous savez, nous & la plupart de nos frères, à nos pontifes remplis du divin Esprit, nous allâmes contempler ce corps qui avait renfermé Dieu même, l'auteur de la vie. Jacques, frère du Seigneur, Pierre, le chef suprême, étaient présents. Après avoir considéré ce saint corps, les pontifes se mirent à célébrer les deux natures de Jésus (la divine &) celle qu'il a puisée au sein de sa Mère. Le plus sublime après les Apôtres était Hiérothée, dont j'ai entrepris, par votre conseil, d'expliquer le magnifique langage, dans ce traité des *Noms divins*.

homme rigide à qui l'apôtre saint Paul, dans une de ses épîtres, ordonne de faire usage du vin pour remettre son estomac affaibli par le jeûne. Il est en rochet & en chape, & les détails de draperie sont aussi fort remarquables. L'inscription gothique qu'on a placée au-dessous de sa mitre est tirée d'une lettre à saint Denys l'Aréopagite, attribuée à saint Timothée.

Inter virginales sacrosanctæ Virginis Matris Dei exequias, eximie pater Dionysi, ab apostolis unus ex omnibus illic nobiscum congregatis fratribus, extitit divus Hierotheus amica tibi consuetudine junctus, qui de Divinitate Jesu, per mentis excessum, celsius jubilaret, quod sit omnium causa, cuncta replens, forma omnia formans, non formata, quem Virgo concepit & hominem eadem forma speciosum nobis formatum protulit. Hæc divi Hierothei compendiose scripta, tu pater, clarifica(1).

Maintenant, arrêtons-nous en face du groupe de la *Sépulture de la Vierge*. Jusqu'ici, nous avons entrevu des éclairs de génie, mais nous avons maintenant devant nous l'œuvre principale, celle que l'artiste a traitée avec toute la complaisance de son génie. Considérez cette Vierge au tombeau, si doucement endormie, si gracieusement posée, si chastement drapée. C'est bien là la Mère de Dieu, celle *que les liens de la mort n'ont pu retenir, parce que, de sa chair virginale, elle a fourni un corps au Fils de l'Éternel*(2). La corruption du

---

(1) Aux funérailles virginales de la sacrée Vierge, Mère de Dieu, excellent Père Denys, au milieu des frères rassemblés avec nous, on distinguait Hiérothée, cet homme divin, qu'une étroite amitié vous a uni. Ce fut lui qui, ravi en esprit, célébra avec le plus de grandeur, après les Apôtres, la divinité de Jésus. Il le proclama cause de toutes choses, remplissant tout, forme universelle & formatrice, sans être elle-même formée ; il le dit conçu de la Vierge qui nous l'a donné homme, formé d'elle & plein de beauté dans sa forme humaine. Ces sublimes vérités, que chanta, mais d'une manière si succincte & si mystérieuse, le divin Hiérothée, c'est à vous, docte Père, de nous les expliquer.

(2) Voici la belle Oraison qui est marquée pour la fête de l'Assomption dans le

tombeau n'eut jamais de droits sur cette céleste créature, & l'âme, en s'éloignant pour quelques heures de son corps virginal, l'a laissé beau, flexible, angélique; en un mot, il est encore le trésor de la terre, en attendant qu'il devienne la merveille des cieux.

Saint Pierre & saint Jean se trouvent présents à cette scène de deuil. Le prince des Apôtres, inclinant sa tête chenue & joignant ses mains vénérables, veut étudier encore une fois, avant de les confier à la tombe, les traits divins de la Mère du Sauveur. Son regard plein de foi cherche à découvrir, à travers les ombres de la mort, quelques rayons de la gloire dont resplendit déjà la Reine des cieux. Il y a dans ce regard un adieu d'espérance & de résignation, mêlé à ce je ne sais quoi de paternel qu'on trouve sur les antiques portraits de saint Pierre, que nous ont légués les premiers siècles du christianisme.

Sacramentaire de saint Grégoire : *Veneranda nobis, Domine, hujus diei festivitas opem conferat sempiternam, in qua sancta Dei Genitrix mortem subiit temporalem, nec tamen nexibus mortis deprimi potuit, quæ Filium tuum Dominum nostrum de se genuit incarnatum.* (Liturgia Romana vetus; Benedict. XIV. de festis B. Mariæ V. c. VIII.)

« La Conception immaculée de Marie, qui est la préparation de son rôle sublime, « sa divine Maternité, qui en est le but divin, sa perpétuelle Virginité, qui en est « l'ineffable splendeur : ces trois dogmes inséparables, objet sacré de notre foi, « furent directement manifestés par Jésus à ses Apôtres; & la sainte Église ne fait « que les répéter après eux, qui les ont répétés après leur Maître divin.

« Mais le Sauveur n'a-t-il pas manifesté encore d'autres prérogatives de son « auguste Mère, prérogatives qui sont la conséquence des trois dons magnifiques « que nous venons d'énumérer? Demandons à la sainte Église ce qu'elle croit à ce « sujet, ce qu'elle enseigne par sa doctrine & par sa pratique infaillible comme sa « doctrine. » Ainsi s'exprime Dom Guéranger dans son ouvrage *l'Année liturgique,* au samedi de la quatrième semaine après Pâques. Or quelle est la pensée de l'Église relativement à l'assomption corporelle de la Vierge Marie? Ce glorieux privilège de la très pure Mère de Dieu n'est-il pas acclamé par l'Église universelle & consacré, dès la plus haute antiquité, dans la prière publique? Mais cette vérité, depuis la définition du dogme de l'Immaculée Conception, brille d'un nouvel éclat; & le jour n'est peut-être pas éloigné où la sainte Église se réjouira avec le peuple chrétien de voir la Liturgie rentrer en possession de l'antique formule que nous avons reproduite & qui exprime si nettement sa croyance.

A la gauche de saint Pierre, & tenant un des coins du linceul, saint Jean rend à la terre celle que Jésus lui donna pour mère sur la croix. Il jette encore un long & douloureux regard sur le beau visage de la Vierge. A l'expression profonde & mélancolique de ses traits, on voit que ces funérailles lui en rappellent d'autres plus lamentables encore.

Un autre disciple, saint Jacques, premier évêque de Jérusalem, se présente à la droite du prince des Apôtres. Sa belle & noble tête penchée retrace les traits du Christ lui-même, suivant la tradition des artistes du moyen âge, toutes les fois qu'ils ont eu à représenter saint Jacques le Mineur.

Par un de ces touchants anachronismes si communs dans les œuvres de l'art à l'époque de la Renaissance, un moine bénédictin tient aussi un des coins du linceul. Le spectateur considèrera sans doute ce beau portrait avec respect & intérêt, lorsqu'il saura qu'il représente Jean Bougler, ce prieur de Solesmes dont nous avons parlé, & qui fit exécuter toutes les statues & décorations qui font de cette chapelle de gauche un si admirable musée (1).

La tête de Jean Bougler a été sciée, ainsi que celle du personnage que l'on voit tenir un des coins du linceul, en face de ce religieux, sur le devant, à la gauche du spectateur. Cet acte d'un horrible vandalisme est destiné à rappeler,

(1) L'auteur de l'intéressante brochure *Solesmes & Dom Guéranger*, s'est exprimé de la façon la plus heureuse & la plus délicate quand, après avoir tracé le portrait de Jean Bougler, il ajoute : « Mettez dans ces yeux sereins & doux l'illumination du génie, & sur ce noble visage vous retrouverez dans toute sa perfection le type moral & comme une lointaine image de Dom Guéranger. Le grand abbé & le grand prieur de Solesmes sont frères, malgré la distance incommensurable qui les séparera toujours, même dans la mémoire de leur postérité commune. Allumés tous deux au même foyer, ces deux flambeaux ont répandu autour d'eux une lumière de même nature; mais le doux éclat de l'un n'a pas franchi les bornes de l'étroite enceinte au milieu de laquelle la main de Dieu l'avait placé; l'autre au contraire a été comme un soleil, qui, en inondant sa maison de clartés éblouissantes, a illuminé du même coup toute l'Eglise.»

aussi longtemps que le monument existera, l'incroyable barbarie des commissaires qui, sous les premières années de l'Empire, furent chargés par l'administration départementale de *sonder* les statues dites *les Saints de Solesmes,* afin de s'assurer s'il était prudent de les exposer aux inconvénients du transport. Ces messieurs ne purent acquérir la conviction du contraire, qu'en faisant jouer la scie sur la tête même des personnages du premier plan, & la tarière à travers les draperies des plus belles statues de la chapelle de droite. On a fait disparaître, autant que possible, les traces de cette brutalité.

Les autres personnages de la scène semblent prêter une vive attention à l'action qui occupe plus immédiatement ceux que nous venons de nommer. Admirons surtout ce vénérable vieillard à longue barbe, peut-être le divin Hiérothée; & ces deux saintes femmes, dont la physionomie, empreinte d'une expression diverse, mais profondément recueillie, ajoute un si haut degré de tristesse à toute la scène.

N'oublions pas non plus les élégants bas-reliefs du tombeau, malheureusement un peu maltraités par le temps. Esther qui sauve son peuple de la mort, Judith qui immole l'ennemi de sa race, riches symboles accomplis en Marie, sont là comme pour donner lieu de lui appliquer cet éloge merveilleux qu'Israël adresse à la femme forte : *Plusieurs d'entre les filles de Juda ont amassé des richesses; vous les avez toutes surpassées* (1).

La figure mutilée que l'on voit assise près du tombeau, a été, comme les deux soldats du Saint-Sépulcre, victime de la dévotion populaire. Les gens du pays s'étaient persuadés que cette statue représentait le diable, cherchant dans un livre les péchés de la Sainte Vierge, & déconcerté de trouver ce livre blanc à toutes les pages. Le malheureux personnage

(1) Prov. xxxi, 29.

a payé cher cette méprise, & de temps immémorial, il s'est trouvé en butte aux voies de fait des trop zélés vengeurs de l'honneur de la Mère de Dieu.

Enfin, le spectateur ne saurait manquer de rendre son tribut d'admiration à l'édifice lui-même, dont l'architecture sévère est si heureusement en harmonie avec l'action dont il est le théâtre. A elles seules, les deux charmantes colonnes qui en décorent l'entrée, l'une entourée d'un lierre chargé de ses fruits, & l'autre ceinte d'une vigne ornée de ses grappes, arrêteraient longtemps l'artiste, si d'autres merveilles ne réclamaient pas ailleurs son attention.

Voici d'abord quatre saints docteurs, posés sur leurs niches avec une souveraine dignité, & proclamant, comme du haut du ciel, la gloire de Marie ressuscitée. Le premier, à gauche, est saint Bernard, avec l'ancien habit de son Ordre & la crosse abbatiale. Viennent ensuite deux évêques, saint Anselme & un autre prélat, éloquents panégyristes de la Mère de Dieu. Le quatrième, ce vieillard dont les traits austères sont si prononcés, & qui porte sur ses épaules le chapeau de cardinal, est saint Bonaventure, autre mystique du moyen âge, non moins éloquent que l'abbé de Clairvaux sur les grandeurs de Marie.

Les légendes inscrites sous les niches d'où sortent à mi-corps les quatre docteurs, ont pour but de célébrer le mystère des douze étoiles dont l'Église, d'après la prophétie de saint Jean, a formé la couronne de la Reine des cieux. On y trouve le génie poétique & métaphysique du moyen âge dans sa plus belle fleur.

Voici la première :

Prima duodecim stellarum in hac virgineæ puritatis corona est regalis Mariæ Generatio. Secunda, Angelica Salutatio. Tertia, Spiritus Sancti Superventio. Quarta, Filii Dei Conceptio. Quinta, Virginitatis oblatio prima. Sexta, sine corruptione Fœcunditas. Septima, Uterus sine labore. Octava, sine dolore Partus. Nona, mansuetudo Verecundiæ. Decima, Humilitatis devotio. Undecima, magnanimis Fides. Duodecima, cordis Martyrium (1).

La seconde est ainsi conçue :

Decens erat ut ea puritate, qua major sub Deo nequit intelligi, Virgo niteret, cui Deus Pater unicum Filium ita daret, ut unus naturaliter esset, ideoque communis Dei Patris & Virginis Filius. Hæc est puritas duodecim stellarum Corona (2).

La troisième porte ces paroles :

Alia duodecim stellarum ratio. Prima, participatio Dei. Secunda, materna dignitas. Tertia, angelica puritas. Quarta, Patriarcharum fides. Quinta, Prophetarum illustratio. Sexta, Apostolorum magisterium. Septima, Evangelistarum veritas. Octava, Martyrum constantia. Nona, Confessorum abstinentia. Decima, Virginum candor. Undecima, nuptiarum castitas. La douzième étoile n'a pas été expliquée dans ce merveilleux commentaire (3).

---

(1) Sur cette couronne de pureté virginale, la première des douze étoiles est la royale génération de Marie. La seconde, l'angélique salutation. La troisième, l'opération du Saint-Esprit. La quatrième, la conception du Fils de Dieu. La cinquième, le premier sacrifice de virginité. La sixième, une fécondité sans souillure. La septième, une grossesse sans travail. La huitième, un enfantement sans douleur. La neuvième, une pudeur pleine de mansuétude. La dixième, une humilité religieuse. La onzième, une foi magnanime. La douzième, le martyre du cœur.

(2) Il était juste qu'elle fût ornée d'une pureté au-dessus de laquelle on n'en pût concevoir de plus grande que celle de Dieu même, cette Vierge à qui Dieu le Père devait donner son Fils d'une manière si particulière, que ce Fils deviendrait le Fils commun & unique de Dieu & de la Vierge. Or, cette pureté est signifiée par la couronne des douze étoiles.

(3) Autre explication des douze étoiles. La première est la participation de Dieu. La seconde, la dignité de Mère. La troisième, la pureté des Anges. La quatrième, la foi des Patriarches. La cinquième, l'inspiration des Prophètes. La sixième, la doctrine des Apôtres. La septième, la vérité des Évangélistes. La huitième, la constance des Martyrs. La neuvième, l'abstinence des Confesseurs. La dixième, la candeur des Vierges. La onzième, la chasteté nuptiale. *La douzième n'est pas expliquée.*

Enfin la quatrième légende résume avec profondeur toutes ces louanges plus sublimes les unes que les autres.

Ut mysticam duodecim (id est omnium) stellarum coronam Virginis per omnes generationes beatæ via compendii considerare valeas, ex omnibus creaturis, citrà humanitatem Christi, collige (si liceat) quidquid perfectionis est quod esse vel habere præstantius est quam non habere, virginali coronæ tribue (1).

Avant de considérer la scène placée au-dessus des quatre docteurs, le spectateur fera bien de s'écarter à quelque distance, pour jouir de l'ensemble du monument. L'architecte a figuré un magnifique portail d'église, avec ses trois portes, ses niches remplies de saints, ses trois fenêtres & ses tourelles d'ornement, étagées comme les clochetons aériens que l'artiste du moyen âge découpait sur les portiques de nos vieilles cathédrales. Cette réminiscence des habitudes de l'art gothique, traitée avec tout le fleuri de la Renaissance, époque si courte & si brillante dans l'histoire de l'art, présente un grand charme, sinon par la majesté, du moins par la grâce la plus exquise. Tout l'espace jusqu'à la voûte de la chapelle, est rempli par ces délicieuses fantaisies d'un génie vraiment créateur. Le second temple, superposé au premier, dont il est séparé par un admirable rinceau, présente trois gracieuses voûtes, deux ornées de charmants pendentifs, & celle du milieu tapissée d'anges & de chérubins d'une beauté ravissante. Au-dessus du plus haut entablement, nous ferons remarquer le lion & le bœuf ailé des prophètes.

Arrêtons maintenant nos regards sur la scène que ce

---

(1) Si vous désirez posséder d'une manière précise l'intelligence de cette mystique couronne des douze étoiles qui ornent le front de la Vierge bénie par toutes les générations, concevez, si vous pouvez, à part l'humanité du Christ, tout ce qu'il y a de parfait, tout ce qu'il est meilleur d'être ou d'avoir que de ne pas être ou de ne pas avoir, & faites-en la couronne de la Vierge.

magique édifice est appelé à recevoir. Or, voici que la Vierge, que nous avons vue tout à l'heure descendre au tombeau, *s'élève du désert de ce monde vers le ciel, appuyée sur son bien-aimé* (1). C'est l'Assomption de la Mère de Dieu. Ce groupe, il faut pourtant l'avouer, est de beaucoup inférieur aux deux autres, & l'on doit convenir d'abord que les deux personnages principaux, le Christ & la Vierge, sont gravement incorrects. Huit apôtres & un moine bénédictin forment l'assistance. Ces figures d'ailleurs assez communes, dans l'idée & l'exécution, regardent bien & sont posées avec une entente assez remarquable. Elles cherchent à suivre des yeux la triomphante Assomption. Sur le devant, David célèbre sur sa harpe les grandeurs de son heureuse fille. Deux petits anges, qui soulèvent la pierre d'un sarcophage, placé presque sous les pieds de la Vierge, avec toute la prévoyance du moyen âge, mais contre toutes les exigences de la perspective, présentent d'assez agréables formes enfantines. Enfin, quelle que soit la faiblesse de l'exécution, le spectateur éclairé conviendra du moins que l'idée est belle, & l'effet général assez frappant (2).

Il est temps de revenir à l'autel de la *Pâmoison*, & de considérer la suite de cette merveilleuse histoire, qui se continue dans la partie supérieure du monument, mais avec un luxe d'allégories & de mystères, dont rien de ce que nous avons vu jusqu'ici ne saurait donner l'idée. C'est ici qu'est vraiment la clef de l'œuvre tout entier : mais il est nécessaire, avant d'entrer dans le détail, de rappeler ici plusieurs moyens d'interprétation.

Au livre de l'Apocalypse de saint Jean, chapitre XIIe, il est dit que le grand dragon, ayant sept têtes & sept diadèmes,

---

(1) Cant. VIII. 5.
(2) M. E. Cartier voit dans le susdit sarcophage une représentation de l'Arche d'alliance. La tablette portée par les deux anges représenterait le propitiatoire.

voulut s'opposer à la femme qui avait mis au monde un fils appelé à régir toutes les nations, & deux ailes d'aigle furent données à la femme, pour qu'elle se retirât dans un lieu hors des atteintes du dragon; & le dragon, dans sa fureur, vomit un fleuve d'eau pour submerger la femme; mais la terre s'entr'ouvrit & engloutit cette eau. Alors le dragon se mit à faire une guerre cruelle à ceux qui suivaient le fils de la femme.

Et au chapitre XVIIe, saint Jean ajoute qu'il vit une femme vêtue de pourpre, couverte d'or & de pierreries, tenant en sa main une coupe d'or, remplie des abominations de Babylone. Et cette femme, ivre du sang des martyrs, était assise sur le dragon aux sept têtes & aux dix cornes.

Tel est le texte mystérieux que Jean Bougler donna pour thème à ses artistes, se réservant à lui-même d'en fournir le commentaire dans des inscriptions étincelantes de poésie. Il n'a voulu passer sous silence aucun des trois sens de ce divin apologue. Il nous montre d'abord, dans la femme de la prophétie, Marie elle-même, poursuivie par la rage du dragon, dont son pied victorieux a écrasé la tête, & soustraite à ses atteintes par la protection de son Fils, qui l'enlève au ciel. Il nous révèle, en outre, sous ce fécond emblème, la destinée de l'Église, en butte aussi aux efforts désespérés du serpent infernal, & sauvée de ses fureurs par la protection continuelle du Médiateur qui l'a établie sur la pierre contre laquelle les portes de l'enfer ne sauraient prévaloir. Enfin, cette femme, exaltée jusqu'au séjour des anges, au milieu des chœurs des Vertus, en dépit de l'enfer & de ses puissances, est l'âme fidèle, pour qui Dieu accomplit tous les jours les mêmes mystères de salut qu'il a accomplis en faveur de l'Église entière & de Marie, mère du genre humain régénéré. Rien de plus commun, dans les Écritures, que cette superbe trilogie, dont l'ensemble se développe si bien dans la prophétie de saint Jean, au Nouveau Testament, & dans le magnifique épithalame que l'Ancien nous a légué sous le nom de *Cantique des cantiques*.

Après cet indispensable préambule, la scène s'explique d'elle-même. D'abord, le monstre aux sept têtes hideuses est tel qu'il est décrit dans l'Apocalypse. C'est vraiment l'ennemi de la femme, le serpent infernal, & si l'on veut le considérer dans ses rapports avec l'Église, une inscription, placée à droite, nous explique comment chacune de ses têtes représente chacun des ennemis de Dieu, dont l'ancien & le nouveau peuple ont eu à essuyer les fureurs.

Si ad Ezechielem XXIX., Danielem III. & VII., & libros Regum effingere licet septem bestiæ capita, prima horum, draconis, est facies Ægyptiorum. Secunda, vituli, regum Israel, & Jesabelis. Tertia, lœnæ, Babylonis. Quarta, ursi, Persarum. Quinta, pardi, Græcorum. Sexta, terribilis, Romanorum. Septima, cornuti, Mahumetis & Antichristi regna referentes (1).

Le monstre vomit le fleuve dont parle la prophétie, & on lit sur les flots qui tombent de sa gueule principale, cette imprécation de l'enfer contre Marie, contre l'Église & contre l'âme fidèle : *Quando morietur & peribit nomen ejus* (2)?

Sur la croupe du dragon est assise la prostituée de Babylone, plongée dans l'ivresse, & parée de tous les atours du XVIe siècle : son bras, aujourd'hui mutilé, présentait la coupe des abominations. Au-dessus de sa tête est placée une légende formée des paroles mêmes de l'évangéliste :

---

(1) S'il est permis d'expliquer les sept têtes de la bête à l'aide du vingt-neuvième chapitre d'Ézéchiel, du troisième & du septième de Daniel, & des Livres des Rois, la première, celle du dragon, signifie l'empire des Égyptiens. La seconde, du taureau, marque le royaume d'Israël & de Jésabel. La troisième, de la lionne, représente celui de Babylone. La quatrième, de l'ours, l'empire des Perses. La cinquième, du léopard, la puissance des Grecs. La sixième, qui est terrible, l'empire des Romains. La septième, qui est armée de cornes, celui de Mahomet & de l'Antechrist.

(2) Quand donc mourra-t-elle ? Quand son nom périra-t-il ?

Ego Joannes, mirabar purpuratam meretricem, id est ambitiosam cupiditatem, ebriam de sanguine sanctorum & martyrum Jesu (1).

Cette légende est expliquée sur une autre inscription soutenue par un personnage qu'on a placé à gauche, près du groupe de l'Assomption, au-dessus de la statue de saint Denys, bien qu'il fasse partie des accessoires de la scène que nous décrivons :

Et quam vides porrigentem aureum suarum fornicationum poculum, sedentemque super bestiam septem capitum, ac draconem stellas cauda trahentem, ea est meretrix, ambitiosa cupiditas. Hi, uno consilio, cum subjectis multis aquis stantes ante matrem Ecclesiam, ut cum peperisset Jesum, eum cum Matre devorarent (2).

Mais la Vierge, l'Église, l'âme fidèle, ont échappé aux embûches du dragon. Marie resplendit au ciel, comme la plus brillante des constellations, & voici un autre personnage placé au-dessus de saint Timothée, à la gauche du groupe de l'Assomption, qui célèbre son triomphe :

Signum magnum apparuit in cœlo, mulier amicta sole, luna sub pedibus ejus & in capite ejus corona stellarum duodecim, in utero habens, clamans & parturiens (3).

Hæc mystica mulier Ecclesia est quæ per Virginem Filium peperit quem Abrahæ & patribus promissum fide conceperat (4).

---

(1) Moi, Jean, je voyais la prostituée vêtue de pourpre, c'est à dire l'ambitieuse cupidité, ivre du sang des saints & des martyrs de Jésus.

(2) Et celle que vous voyez assise sur la bête aux sept têtes, sur le dragon qui entraîne les étoiles avec sa queue ; celle qui présente la coupe d'or de ses abominations, est la prostituée, l'ambitieuse cupidité. Cette femme & le dragon se tenaient en présence de l'Église mère, avec les eaux d'une inondation, pour dévorer Jésus & sa Mère, dès que celle-ci l'aurait enfanté.

(3) Apoc. XII. 1, 2.

(4) Un grand signe apparut au ciel : une femme, revêtue du soleil, ayant la lune sous ses pieds, & sur sa tête une couronne de douze étoiles ; elle portait un

Marie est représentée avec de longs cheveux épars & deux ailes d'aigle, suivant la prophétie. On ne saurait trop admirer la légèreté, le vol aérien des deux petits anges qui la couronnent. Mais l'allégorie n'est pas encore expliquée dans son entier.

Marie dont nous contemplons maintenant la *Glorification*, après avoir considéré son *Trépassement,* sa *Sépulture* & son *Assomption,* Marie n'est arrivée à cette hauteur, & ni l'Église, ni l'âme fidèle n'y arriveront que sur l'aile des Vertus. La Prudence, la Justice, la Tempérance, l'Humilité, la Foi qui opère par la Charité, n'avaient donc garde d'être oubliées dans cette sublime épopée. Elles sont là, dans l'attitude du triomphe, & du sein de sa gloire, Marie leur adresse ces paroles qu'on lit sur un cartouche appliqué au nuage même qui lui sert de trône :

O Virtutes quæ ex utero matris meæ crevistis mecum, draconis capita conterentes, coronis gloriæ invicem gratulemur (1).

Cette statue de la Vierge, ainsi que celles des Vertus, laisse sans doute beaucoup à désirer sous le rapport de l'exécution, & l'on voit avec peine que l'art n'ait pas su atteindre à la perfection de la pensée. Cependant, vues de plus près, les statues des Vertus ne sont pas sans mérite, principalement la Foi, & on ne saurait, même d'en bas, leur refuser un naturel parfait dans la pose, & une grande harmonie dans l'ensemble des attitudes. Le costume de plusieurs d'entre elles présente, d'une manière assez curieuse, plusieurs détails d'habillement du XVIe siècle.

---

fruit dans son sein, elle jetait des cris & enfantait. Cette femme mystique est l'Église, qui, par la Vierge, a enfanté le Fils promis à Abraham & aux patriarches, & qu'elle-même avait conçu par la foi.

(1) O Vertus! vous qui, dès le sein de ma mère, avez grandi avec moi, vous qui avez brisé la tête du dragon, félicitons-nous mutuellement de nos couronnes de gloire.

Mais pour compléter & fixer d'une manière positive le sens anagogique du mystère qui fait le sujet de ce monument, & montrer comment Marie, type de l'Église catholique, est aussi le symbole de l'âme chrétienne, voici un texte éloquent, dans lequel Dom Bougler, donnant l'essor à sa verve, nous apprend comment se consomment chaque jour de si glorieux mystères dans les cœurs semblables en humilité & en *simplesse* au cœur de la Mère des mortels. Lisez l'inscription placée à la gauche du monstre aux sept têtes :

O ter quaterque per omnes generationes beata virginalis humilitas! magnanimitatis facies, virtutum crystallus, ornamentum & corona : in unaquaque virtute magna operans, concupiscentiarum mundi contemptrix, cœlestium bonorum desiderio; inter divinos per Gabrielem exhibitos honores tremens, in tuam parvitatem resiliens, te extenuans, & Deum magnificans. O tu mystica a Joanne visa mulier amicta sole, habens sub pedibus lunam, id est affectionibus per vanitatum contemptum dominans; & in capite tuo coronam stellarum duodecim, id est duodecim moralium, seu omnium virtutum perfectionem; habensque in utero tum mentis, tum corporis, quasi speculo & rorida nube, sapientiam Dei se in eis efformantem (1).

Enfin, on ne doit point quitter cette partie du monument

---

(1) O trois & quatre fois heureuse devant toutes les générations, la virginale Humilité! Sceau des âmes magnanimes, cristal des vertus, leur parure & leur diadème, tu opères de grandes choses dans chacune d'elles; c'est toi qui méprises les concupiscences du monde, par le désir des biens célestes. C'est toi qui trembles au milieu des honneurs divins dont t'environne Gabriel. Tu te réfugies dans ta faiblesse, comme dans un asile; tu rentres dans ton néant & tu glorifies Dieu. Tu es cette femme mystique que vit saint Jean, ayant la lune sous ses pieds, pour exprimer combien tu es supérieure aux affections terrestres, par le mépris des vanités; & sur la tête, une couronne de douze étoiles, qui signifient, par leur nombre mystique, la perfection de toutes les vertus morales. Dans ton sein, & dans le plus intime de ton âme, le Verbe, Sagesse de Dieu, se produit lui-même; il se reflète dans ce miroir fidèle; il s'y peint comme l'arc-en-ciel sur un nuage de rosée.

sans payer un juste tribut d'admiration au charmant édifice que l'architecte de la Renaissance a bâti pour le sculpteur, & sur les entablements duquel celui-ci a placé des oiseaux fantastiques, remarquables par la plus élégante bizarrerie.

Après avoir contemplé cette superbe synthèse mystique, dans laquelle le plus pur spiritualisme se marie sans effort aux conceptions les plus merveilleusement poétiques, le spectateur, pour peu qu'il ait étudié l'art avec foi, n'aura pas de peine à reconnaître que le monument de Solesmes est, pour ainsi dire, unique en son genre. On y voit, ainsi que nous l'avons observé plus haut, l'art catholique en progrès vers l'esthétique, sans avoir rien perdu encore de cette fleur des traditions mystiques qui décoraient si richement les portiques de nos vieilles cathédrales. Ce jugement, sans doute, ne saurait s'appliquer dans son entier à tous les détails d'ornementation jetés avec tant de luxe sur les arceaux, les pilastres & les rinceaux. Presque constamment les habitudes mythologiques s'y montrent dans toute leur nudité profane, comme pour signaler l'envahissement prochain de la forme sur l'esprit; réaction immense, & qui peut-être n'a pas encore atteint sa dernière période. Mais nous pensons que le monument de Solesmes, qui a déjà traversé trois siècles, survivra, sinon aux œuvres, du moins au système de ceux qui ne voient dans tout ceci que *des arabesques exquises, inutilement dépensées à encadrer d'insignifiantes statues de pierre.*

Il nous reste encore à examiner un groupe intéressant, que nous avons réservé pour la fin comme ne faisant point partie nécessaire de l'ensemble qui nous a occupé jusqu'ici. Au-dessus d'une porte, en face même de l'autel de la *Pâmoison,* sous un portique du temple de Jérusalem, l'Enfant Jésus, dont la sagesse vient de jeter dans l'étonnement les docteurs d'Israël, se lève pour sourire à Marie & à Joseph, qui, dans ce moment même, apparaissent entre les colonnes. Les traits de la Vierge portent encore la trace de ses vives inquiétudes. Par un sentiment d'une exquise délicatesse, le sculpteur a saisi l'instant où Marie, dans sa maternelle réprimande, se nommant à peine elle-même, parle de la douleur de Joseph. *Ecce pater tuus & ego; votre père & moi*, dit-elle en montrant celui-ci, dont la physionomie empreinte d'une joie naïve, fait assez comprendre l'intérêt paternel qu'il porte à l'Enfant divin.

Mais voyez ces personnages, en bonnet d'université, & dont les manières doctorales, à la façon du XVIe siècle, annoncent bien plutôt le gradué dans les quatre facultés que le scribe de la Synagogue. Les livres des prophètes sont entre leurs mains; sur l'un des textes, on lit la prophétie de Jacob(1). Au milieu de la discussion, qui paraît être fort vive, l'un des docteurs, ôtant ses lunettes, paraît prêt à émettre un avis important : ce même instrument repose dans un étui, à la ceinture d'un de ses collègues. L'obésité de plusieurs d'entre eux fait un contraste piquant avec la docte maigreur de quelques autres. Les traits de plusieurs de ces docteurs sont trop positifs pour qu'on n'y reconnaisse pas les portraits de personnages contemporains de l'artiste, & nous serions disposé à nous rendre à l'avis, toujours si grave, de M. Ch. Le Normand, de l'Institut, qui croit y reconnaître Luther & les principaux réformateurs du XVIe siècle. Quoi qu'il en soit, l'agencement de ce groupe de dix personnages dans un si petit espace, est véritablement savant; il n'y a d'invraisemblance que dans la pose du docteur barbu si malheureusement plaqué contre le mur du fond.

Après avoir étalé toutes ses merveilles aux yeux des amis

---

(1) Gen. XLIX, 10. — On lit deux autres inscriptions, l'une empruntée au livre des Nombres, chap. XXIV, 17, 18, & l'autre à l'Évangile de saint Matthieu, ch. XIII, 54, 56.

de l'art, il est triste que l'église de l'abbaye de Solesmes ne puisse rien leur apprendre de certain sur l'artiste aux travaux duquel elle doit sa gloire. On a écrit plusieurs fois que ces statues reconnaissaient pour auteur le célèbre sculpteur Germain Pilon; mais les preuves de cette assertion sont encore à fournir. On peut même l'attaquer invinciblement par plusieurs raisons. D'abord il est évident, par le style autant que par une date précise, que cinquante années au moins s'étaient écoulées depuis l'érection du monument de la chapelle de droite, lorsqu'on éleva celui de la chapelle de gauche. Si l'on ne parle que de cette dernière, comment un seul homme eût-il pu exécuter les détails infinis de sculpture & d'architecture dont elle est, pour ainsi dire, encombrée? N'avons-nous pas été à même de découvrir, dans ces œuvres si variées, les traces de plusieurs ciseaux d'habileté inégale? Beaucoup de statues sont faibles, quelques-unes mauvaises, & quand il n'y aurait que cette seule raison, elles ne peuvent être de Germain Pilon, qui, vers 1550, était dans la plus belle fleur de son talent, & travaillait alors, dans la capitale, aux chefs-d'œuvre qui ont immortalisé son nom, & qui présentent un caractère tout aussi classique que la statuaire de Solesmes l'est peu. Nous avons eu le bonheur d'entendre plusieurs artistes distingués, après avoir étudié le monument, confirmer ce jugement.

Du reste, cette affirmation favorable à Germain Pilon est d'une date assez récente. Le tout a reposé, dans le principe, sur une simple conjecture de Ménage, laquelle, répétée avec la même bonne foi par plusieurs personnes, est passée à l'état de tradition, en sorte qu'elle a été consignée sans examen dans plusieurs écrits de ce siècle. La première origine, & probablement l'unique raison de la conjecture de Ménage, sera venue de la circonstance du lieu de naissance de Germain Pilon. Ce dernier ayant vu le jour à Loué, village distant de celui de Solesmes d'environ quatre lieues, Ménage, qui ne paraît pas très préoccupé d'esthétique, s'est cru en droit de supposer que l'illustre artiste n'avait pu être étranger aux magnifiques sculptures qu'on admire si près de son berceau.

Dans l'*Essai historique* sur l'abbaye, nous avons raconté les traditions merveilleuses qui attribuent à des Italiens l'exécution des statues & de l'ensemble du monument de la chapelle de gauche. Un homme dont le jugement, d'ordinaire, fait autorité pour nous, croit, au contraire, reconnaître un ciseau allemand dans ces mêmes sculptures, & serait en mesure de produire, après de longues études sur l'art catholique au delà du Rhin, plusieurs points de comparaison. Nous osons différer de sentiment avec lui; car il nous semble que si la naïveté du faire dans plusieurs groupes, & notamment dans le dernier que nous venons de décrire, décèle l'artiste allemand, de l'autre, la richesse & le luxe des arabesques prodiguées dans tout le monument, attestent, à leur tour, le génie abondant & gracieux de l'Italie. En outre, il serait toujours difficile d'expliquer comment la tradition populaire eût retenu la qualité d'artistes italiens plutôt que celle d'artistes allemands : dans tous les cas, les sculpteurs de Solesmes auraient donc été étrangers à la France.

L'isolement presque absolu du monument de Solesmes, isolement causé par son genre tout spécial, au milieu des autres œuvres de la Renaissance que la France a encore conservées, lui donne, ce semble, je ne sais quel caractère exotique. Pour peu qu'on ait même légèrement étudié l'histoire de l'art, on se rappellera ces migrations d'artistes italiens, si fréquentes dans la première moitié du XVIe siècle. Tandis que les cours de François Ier, Henri II & François II, offraient aux plus fameux une hospitalité royale, d'autres plus obscurs venaient en réclamer une moins brillante, mais non moins honorable, aux vieilles abbayes, aux prieurés séculaires de nos provinces méridionales. Des circonstances particulières, ignorées aujourd'hui, auront peut-être conduit jusque dans le Maine quelques-uns de ces hôtes merveilleux, & nous voyons encore les traces immortelles de leur passage.

Les stalles du chœur, disposées sur deux rangs, au nombre de vingt-quatre (1), méritent une attention particulière pour l'élégance & la légèreté de leur ensemble. Elles ont souffert quelque peu des ravages du temps, & par suite de l'application, faite au siècle dernier, d'une couche de peinture grossière. Chaque stalle est ornée de deux rangs de bustes, en relief, qui représentent les ancêtres de Jésus-Christ, suivant la filiation indiquée dans le Nouveau Testament. Le rameau généalogique qui se continue sous chacun des personnages, aboutit à une statue, pareillement en relief, de la Sainte Vierge, portant dans ses bras l'Enfant Jésus. C'est l'arbre de Jessé, si célèbre dans la plupart des anciennes cathédrales, où il est reproduit, tantôt dans la statuaire, tantôt sur les vitraux. Les statues que l'on remarque sur le couronnement des stalles, sont celles des Apôtres : plusieurs ont péri. Enfin, les dessous des stalles, suivant l'usage en ce genre de sculpture, présentent des sujets variés & dignes de remarque pour l'exécution & le choix bizarre des sujets.

Tous les caractères de ce travail attestent la même main & le même ciseau auxquels on doit les sculptures de la chapelle de gauche. Il y a encore ici des portraits, & dans la manière, une analogie frappante avec les têtes du groupe de *Jésus dans le Temple au milieu des docteurs*.

La verrière du fond de l'église, privée malheureusement d'un de ses panneaux, est également du XVIe siècle, comme il est aisé de le voir au style des édifices qui y sont représentés & au genre du coloris. Le sujet est, dans la partie inférieure, l'enfer avec les démons & les damnés. Au-dessus

---

(1) On comptait vingt-quatre stalles du temps des Mauristes, & probablement aussi de Jean Bougler ; il y en a aujourd'hui soixante-quatre.

est représenté le monde avec ses tentations, ses vanités & ses misères. Une inscription sépare ce second tableau du premier. Elle consiste en ces paroles du Deutéronome, par lesquelles est recommandée à l'homme la méditation des fins dernières : *Utinam saperent & intelligerent, ac novissima providerent*(1)! Au sommet est représenté le Christ arrivant dans sa gloire pour juger le monde, & environné des Anges & des Saints (2).

Dans une salle voûtée donnant sur la chapelle de droite, en face de l'autel, est la statue dégradée d'un chevalier, qu'une inscription en marbre, placée au-dessus, dit être celle de Geoffroy de Sablé. Cette inscription, qui est en français, a été mise, suivant Ménage (3), en 1672. Mais le personnage auquel elle se rapporte, n'est point le fondateur du monastère de Solesmes. Elle représente un autre Geoffroy, aussi bienfaiteur de Solesmes, & qui mourut en 1170. L'aigle éployée que l'on remarque sur son écu, montre qu'il appartenait, non à la famille du premier Geoffroy, mais à celle de Robert, qui lui succéda dans la seigneurie de Sablé.

Le vêtement de guerre de cette statue, autant qu'on peut le distinguer aujourd'hui, consiste en une cotte de mailles avec le haubert, genre d'armure qui ne paraît pas remonter au-delà des premières années du XIIe siècle.

Telle est l'église abbatiale de Saint-Pierre de Solesmes. Les bâtiments conventuels & les lieux réguliers, assez bien conservés, n'offrent rien de remarquable. Ils furent construits vers 1722, dans le même temps que le château de Sablé & les ponts de cette ville, ainsi que nous l'avons rapporté dans l'*Essai historique*.

(1) Plût au ciel qu'ils fussent sages & intelligents, qu'ils prévissent leurs fins dernières ! (XXXII, 29)
(2) Le vitrail posé dans la fenêtre du chevet & portant la date de 1532, a disparu en 1865, époque de l'inauguration du chœur actuel.
(3) *Histoire de Sablé*, p. 28.

APPENDICE

Après avoir reproduit l'étude de Dom Prosper Guéranger sur le prieuré, l'église & les monuments de Solesmes, il nous reste à tracer brièvement l'histoire du saint martyr dont notre trésor possède les reliques insignes, puis à indiquer, comme nous l'avions promis, plusieurs travaux pleins d'intérêt & d'érudition qui ont été composés sur l'histoire de Solesmes & ses richesses artistiques. Nous donnerons enfin une liste complète des prieurs & des abbés de Saint-Pierre.

I

LES RELIQUES DE SAINT LÉONCE
ET LA CRYPTE DU SACRÉ-CŒUR

URANT son séjour à Rome (1), Dom Guéranger, qui désirait vivement enrichir son monastère d'une relique insigne, s'adressa au Cardinal-Vicaire Odescalchi, mort depuis en odeur de sainteté dans la Compagnie de Jésus. Le pieux cardinal daigna agréer cette demande avec une très grande bonté. Notre abbé fut mis en rapport avec le chanoine Filippo Ludovici, custode des saintes reliques, célèbre à Rome pour sa dévotion envers les précieux restes des martyrs. L'armoire

(1) A son premier voyage, Dom Guéranger demeura à Rome depuis le 25 mars 1837 jusqu'au 25 septembre de la même année.

qui fut ouverte à Dom Guéranger renfermait le corps de saint Léonce. Ce corps était extrêmement friable. Une partie seulement du crâne était solide; enfin c'était plutôt une suite de petits fragments, que des ossements complets. A côté étaient les morceaux de mortier sur lesquels on avait lu l'inscription, avec le vase de verre qui contenait encore du sang.

Selon l'usage romain, l'abbé fit mettre les ossements dans une statue en cire & on lui délivra un acte authentique des différentes particularités touchant la déposition & la découverte. Puis il partit pour la France, obligé de laisser le corps saint derrière lui, à Rome. Dans le transport, la caisse fut ouverte, sans doute par les employés de la douane : elle était adressée à madame Swetchine, à qui elle arriva enfin à Paris. C'est ce que nous apprend une lettre de cette pieuse amie de Solesmes, à la date du 19 janvier 1838. Mais la tête & un bras étaient cassés, de sorte qu'il fallut refaire la statue. Dès le mois de mars, la bienveillante correspondante renseignait Dom Guéranger sur les réparations qu'elle avait fait faire au corps du saint martyr & sur la reconnaissance des reliques par monsieur Affre, alors vicaire général de Paris. Elle annonçait finalement l'arrivée assez prochaine du précieux dépôt à Solesmes.

Vers cette époque, Dom Guéranger rédigeait sur saint Léonce une petite *Notice* que nous sommes heureux d'avoir conservée jusqu'à ce jour & que nous nous proposons de transcrire. Disons tout de suite que le grand abbé qui se livrait avec le même dévouement à tous les genres de travaux, pour peu que la cause de l'Église y fut intéressée, publia peu de temps après cette *Notice* une brochure intitulée : *Explications sur les corps des saints Martyrs extraits des Catacombes de Rome & sur le culte qu'on leur rend.* Cet opuscule fut écrit à la prière de Mgr Charles Montault, qui avait un intérêt direct à ce travail, parce que l'église du Bon-Pasteur de la ville d'Angers avait été enrichie par Sa Sainteté Grégoire XVI du corps de sainte Agape, découvert en 1781 dans l'un des cimetières de la Ville éternelle. L'auteur résuma parfaitement tout ce que la science disait alors sur la question; il reproduit, il est vrai, les erreurs des anciens archéologues, mais cela ne pouvait manquer d'arriver à l'époque où paraissait cet opuscule, en 1839, & à la distance où notre abbé se trouvait de Rome.

Monsieur l'abbé Jules Morel, qui s'était chargé très aimablement de revoir les épreuves, écrivait à Dom Guéranger, le 23 janvier 1839 : « A chaque fois que je vous relisais, j'avais toujours quelque
« chose de nouveau à admirer dans votre incomparable érudition,
« & la facilité avec laquelle vous mettez en jeu, vous animez tous
« ces matériaux, vous leur ôtez la lourdeur & le pédantisme de la
« science... Votre brochure est assurée de la faveur du clergé.
« Elle arrachera le suffrage des gens du monde. »

Cette brochure, publiée il y a cinquante ans, & qui, faite sans parti pris, résumait les découvertes antérieures, devrait subir aujourd'hui les modifications que réclament les progrès accomplis depuis un demi-siècle dans la science archéologique. Nous nous contenterons donc de l'avoir signalée en cet endroit de notre récit. Nous n'ignorons pas non plus que les savantes recherches du commandeur de Rossi, avec lequel Dom Guéranger a toujours été dans le plus parfait accord de pensées & de sentiments, ont pu modifier certaines appréciations consignées dans la *Notice* sur saint Léonce. Mais comme le fond de ce petit travail, en ce qui concerne le saint martyr, n'en demeure pas moins tout entier, nous estimons qu'on aimera à le lire tel qu'il fut écrit & édité, au printemps de 1837. Nous reproduisons donc intégralement le texte primitif.

NOTICE
SUR
SAINT LÉONCE MARTYR

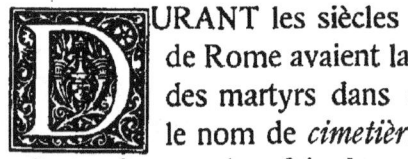URANT les siècles de persécution, les chrétiens de Rome avaient la coutume d'ensevelir les corps des martyrs dans des souterrains connus sous le nom de *cimetières* ou *catacombes*. Ils se retiraient même quelquefois dans ces sombres asiles, soit pour se soustraire aux violences des persécuteurs, soit pour assister à la célébration des saints Mystères sur les tombeaux de ces généreux athlètes qui avaient donné leur sang pour Jésus-Christ. On visite encore aujourd'hui à Rome ces gale-

ries funèbres, qui renferment de précieux monuments du premier âge du christianisme. Les corps des saints martyrs qui y ont été ensevelis en si grand nombre, en ont été successivement tirés pour être déposés dans les églises de Rome, ou envoyés, comme autant de riches trésors, dans les divers lieux de la chrétienté. Cependant on en découvre encore de temps en temps quelques-uns, dont le Souverain Pontife, par l'autorité duquel des fouilles annuelles s'exécutent dans les Catacombes, veut bien faire don à quelque église, ou à quelque personne qu'il veut spécialement favoriser. C'est ainsi que le corps de l'illustre sainte Philomène, découvert dans la catacombe de sainte Priscille, sous la *Voie Salaria,* le 25 mai 1802, a été donné à l'église de *Mugnano del Cardinale,* au royaume de Naples, où il est devenu si célèbre par les prodiges que Dieu a daigné opérer à son occasion.

Les premiers chrétiens étaient dans l'usage de recueillir le sang des martyrs, soit en lavant leurs blessures après leur mort, soit en appliquant des éponges sur la terre que ce même sang avait arrosée; c'est ce que nous apprenons des monuments les plus authentiques de la tradition. Ils mettaient, pour l'ordinaire, ce sang dans des fioles qu'ils plaçaient à l'entrée ou dans l'intérieur même du sépulcre du martyr. Ces fioles servent encore à discerner aujourd'hui, parmi les nombreux tombeaux des catacombes, ceux qui renferment le corps de quelque martyr; & il est défendu, sous les peines les plus sévères, de rendre un culte quelconque aux ossements dont le sépulcre n'est pas revêtu de cette garantie.

Le corps de saint Léonce fut découvert, le 28 novembre 1831, dans le cimetière de Cyriaque, sur la *Voie Tiburtine.* Les ossements du martyr paraissaient être ceux d'un jeune homme de seize à vingt ans. La fiole, au fond de laquelle on apercevait encore les traces du sang qu'elle avait contenu, était placée auprès du corps, & sur le ciment qui joignait ensemble les trois briques fermant l'ouverture du tombeau, on voyait tracée une palme avec cette inscription :

LEONTIVS DEP. KAL. MAI.

Ces mots faisaient connaître que le corps de notre saint martyr avait été enseveli en ce lieu aux kalendes de mai, c'est à dire le premier de ce mois, jour auquel l'église célèbre la fête de saint Philippe & de saint Jacques, apôtres. Quant à l'année où il consomma son martyre, on ne saurait la déterminer d'une manière précise. Il est certain que le cimetière de Cyriaque a été ouvert sous la persécution de Valérien, qui commença en 257, & que l'on continua d'y déposer les corps des martyrs sous celles d'Aurélien & de Dioclétien, qui commencèrent, la première en 275, & la seconde en 303. Saint Léonce a donc souffert le martyre dans le cours de cette période d'environ cinquante années.

Mais si Dieu n'a pas jugé à propos de nous apprendre plus en détail la vie & les actions de son serviteur, nous ne devons pas nous en affliger. Le martyre qu'a souffert saint Léonce est l'acte principal de sa vie, & nous en dit assez sur sa fidélité envers Dieu durant tout le cours de cette même vie. Il a triomphé dans ce dernier combat, parce que jusqu'alors il avait exercé ses forces dans la lutte journalière contre le monde & les passions.

Le corps de saint Léonce, avec le vase de sang qui l'accompagnait, a été donné, le 7 août 1837, au Révérendissime Père Abbé de Solesmes, par le Souverain Pontife Grégoire XVI, comme une marque d'estime particulière, & un témoignage éclatant de l'intérêt paternel que Sa Sainteté daigne prendre au monastère de Solesmes, qu'elle venait d'ériger en abbaye par un acte solennel de sa puissance apostolique.

Les ossements de saint Léonce ont été revêtus de cire, comme il est d'usage de le faire à Rome lorsque les corps saints ont souffert de l'injure du temps. On s'attache alors à replacer chacun des os au lieu qu'il occupait, & les parties pulvérisées sont mises dans l'intérieur du buste. La statue en cire de saint Léonce renferme donc tout ce qu'on a pu retrouver de sa dépouille mortelle, après les quinze siècles qui se sont écoulés depuis son martyre.

Tel était le dépôt sacré qui allait enrichir l'église abbatiale de Solesmes. Les reliques arrivèrent à Sablé dans les derniers jours du mois d'avril & furent confiées momentanément à une insigne bienfaitrice du monastère (1). La translation fut en effet retardée parce que Dom Guéranger, qui voulait recevoir solennellement la précieuse dépouille, avait fait entreprendre des travaux qui n'étaient pas encore terminés. Notre abbé avait eu la pensée de faire creuser à l'entrée du transept de l'église une crypte semi-circulaire, & durant tous le mois d'avril on avait travaillé à pratiquer cette excavation. Ce travail fut presque entièrement exécuté par les moines, & l'abbé y prenait part lui-même. Ce fut le dimanche 30 avril qu'il procéda à la bénédiction & à la pose de la première pierre. Dom Guéranger disposa ensuite un *arcosolium,* décoré de marbres & de peintures, à l'imitation des chapelles des catacombes romaines. L'autel, placé sous l'*arcosolium,* fut dédié au Sacré-Cœur, tandis que l'autel majeur, qui s'élevait au milieu du transept, fut reculé jusqu'à l'entrée de la crypte & placé de façon à ce que le célébrant eût le visage tourné vers le peuple.

Les travaux ayant été heureusement achevés vers la fin du mois de mai, Dom Guéranger, qui attachait un grand prix au bienfait accordé à son monastère, voulut donner une certaine solennité à la cérémonie de la translation. Le jour choisi pour la fonction fut le 31 mai, octave de l'ascension. L'affluence des fidèles fut considérable, & tous les prêtres séculiers qui étaient présents se partagèrent l'honneur de porter la châsse. Ce fut ainsi que le corps du saint martyr fit son entrée triomphale à l'abbaye. Il fut immédiatement placé dans la crypte disposée pour le recevoir. A partir de ce moment, l'église abbatiale de Solesmes, avec sa crypte du Sacré-

---

(1) Madame veuve Gazeau, née Marçais.

Cœur & sa confession de saint Léonce, présenta une fidèle image des basiliques de la Ville éternelle (1).

Pour favoriser la dévotion des fidèles qui venaient demander à visiter « le petit Saint, » car c'est ainsi que la piété naïve des pèlerins désignait le saint martyr, chaque semaine un religieux, appelé le Gardien du corps de saint Léonce, était chargé d'accompagner à la crypte les pieux visiteurs. Le précieux corps était d'ailleurs exposé à la vénération des fidèles cinq fois chaque année, savoir : le 1er mai, jour du martyre de saint Léonce & pendant toute l'octave ; le 31 mai, anniversaire de la translation, & pendant toute l'octave ; le dimanche après la Nativité de la Sainte Vierge, jusqu'au dimanche suivant ; le 30 octobre, fête des saintes Reliques conservées en l'abbaye de Solesmes, depuis la veille, aux premières Vêpres, jusqu'à la fin des secondes ; enfin, le 28 novembre, jour de l'invention, & pendant toute l'octave.

Vingt-cinq ans après la translation dont nous avons parlé, le 4 avril 1863, Dom Guéranger posait la première pierre d'un nouveau chœur, & deux ans plus tard, le 4 avril 1865, il consacrait le maître-autel. Ce fut alors que notre abbé sacrifia, bien qu'à regret, la disposition de l'église qui rappelait l'antiquité. L'autel majeur occupa le chevet de l'église, l'autel du Sacré-Cœur fut enlevé & la crypte fermée par une voûte & des dalles de pierre.

Cet état de choses dura dix ans. Après la mort de l'abbé de Solesmes (2), quand ses fils eurent la douloureuse obligation de préparer ses funérailles, ils eurent unanimement la même pensée : l'ancienne crypte du Sacré-Cœur & de saint Léonce était le seul lieu où l'on pût déposer les restes du vénérable abbé. C'était pour tous un deuil de voir cette place, sanctifiée autrefois par l'accomplissement de tant de mystères sacrés, foulée par les passants, sans que rien annonçât sa destination primitive. La crypte fut rouverte, &, contre toute espérance, on retrouva intactes les peintures dont notre abbé l'avait fait décorer (3).

Mais pour raconter les évènements qui ont accompagné & marqué cette réouverture, nous citerons un fragment de la *Relation*

---

(1) Description des deux églises abbatiales de Solesmes, p. 84. — (2) 30 janvier 1875. — (3) Description des deux églises abbatiales de Solesmes, p. 84.

sur la mort & les obsèques du Rᵐᵉ Père Dom Guéranger, écrite le 12 février 1875 par le R. P. Maître des cérémonies de l'abbaye de Saint-Pierre. Voici ce passage :

« Le caveau destiné à garder le corps était l'ancienne crypte du
« Sacré-Cœur, dite communément de Saint-Léonce, en souvenir
« du jeune martyr romain, dont son autel avait dès l'origine pos-
« sédé les reliques précieuses. Creusée dans les premiers temps de
« la Congrégation par le Révérendissime & ses moines, on y
« retrouvait le style d'un *cubiculum* des catacombes ; mais depuis
« plusieurs années déjà les reliques de saint Léonce ayant été
« transférées au trésor commun de notre église, la crypte avait
« elle-même bientôt cessé d'être fréquentée.

« Lorsque ces jours derniers on enleva le dallage qui depuis
« lors en recouvrait l'entrée, les gracieuses peintures de l'*arcosolium*
« sous lequel avait reposé le martyr, apparurent dans un état
« inespéré de conservation. La Samaritaine de l'Ardéatine, l'aveugle-
« né du même cimetière, la Vierge de la Nomentane décorant la
« courbe, & dans le fond, le pasteur aux chèvres du cimetière de
« Priscille, semblaient attendre l'arrivée de l'illustre pèlerin des
« catacombes romaines, qui, depuis ses plus jeunes années jus-
« qu'au terme de sa carrière, avait puisé pour une large part dans
« la contemplation de leurs fresques mystérieuses, & l'inspiration
« particulière de son génie doctrinal & le mâle caractère d'une
« piété tout antique (1).

« L'appropriation de la crypte à sa nouvelle destination n'ayant
« pu être suffisamment avancée pour le jour des funérailles, on
« dut renvoyer à plus tard la bénédiction du tombeau.

« Lorsque la foule se fut écoulée, le corps fut renfermé dans le
« cercueil en chêne doublé de cuivre préparé pour le recevoir ; il
« demeura revêtu de tous ses ornements pontificaux ; on plaça
« dans ses mains la crosse abbatiale ; à ses pieds une inscription
« résumait sa vie. Le cercueil fut déposé provisoirement à décou-
« vert au fond du caveau. »

Le 12 février, après la messe & l'absoute ordinaire, le convent se rendit processionnellement au caveau, chantant l'*In paradisum*.

(1) Ces fresques furent exécutées en 1854, par M. Dubois, de Bouessay.

La bénédiction du *loculus* s'accomplit avec les chants & les cérémonies prescrites au Rituel. Enfin on scella, sous l'*arcosolium*, la plaque de marbre noir fermant le sépulcre & qui portait ces simples mots écrits en caractères damasiens :

IN PACE
DOMNUS PROSPER GUÉRANGER

Un jour, nous l'espérons, on élèvera un monument en l'honneur du fidèle champion de l'Église & l'on verra Dom Guéranger occuper une place au milieu de ces *Saints de Solesmes* qu'il aima dès son enfance, sous le regard de Notre-Dame la Belle, de la Vierge Immaculée, qu'il a tant glorifiée par sa vie & par ses écrits(1). En attendant, ses enfants se sont mis à l'œuvre pour agrandir la crypte primitive, la transformer en une vaste chapelle souterraine, afin d'y donner une place d'honneur à leur bien-aimé père. Les travaux commencés par les moines en 1880 furent suspendus avant Pâques de la même année. Les fameux décrets du 29 mars, menaçant l'existence des Ordres religieux, allaient être bientôt appliqués avec une violence inouïe. Le 6 novembre, la famille monastique fut dispersée, après s'être une dernière fois agenouillée devant le tombeau de son vénéré père. Mais la divine Providence voulut abréger la durée de cet exil, & les travaux, repris à partir du 22 mars 1881, furent conduits avec un si heureux succès que le R^{me} Père Abbé, six mois plus tard, bénissait la première pierre(2). Quelques jours auparavant les moines avaient appelé à leur aide deux ouvriers carriers. On poussa vigoureusement les travaux, de telle manière qu'au mois de novembre(3) le creusement était entièrement terminé. Le 31 décembre au soir, à l'issue des Vêpres, on remit le cercueil de Dom Guéranger dans le nouveau tombeau formé des plaques de marbre qui servaient de revêtement à l'ancien. Il est placé maintenant dans l'axe longitudinal de la chapelle souterraine. La reposition du corps se fit avec solennité : le R^{me} Père Abbé, en étole, bénit le sépulcre, puis deux moines y déposèrent respectueusement le cercueil, pendant que les religieux entonnaient le cantique *Benedictus*. Le tombeau fut

---

(1) *Les Sculptures de Solesmes*, par E. Cartier. — (2) Le 27 septembre 1881.
(3) Le 28 novembre 1881.

alors fermé avec la plaque de marbre portant la simple inscription latine que nous avons reproduite, & tandis qu'on la scellait, la communauté chanta ce psaume 102 que le pieux abbé avait fait réciter par ses enfants, la veille de sa mort. Cette émouvante cérémonie étant terminée, on poursuivit avec une nouvelle ardeur les travaux de maçonnerie commencés au mois de septembre (1), & le 28 janvier 1882 l'on put monter un autel dans la crypte complètement achevée (2). Le surlendemain, jour anniversaire du décès de Dom Guéranger, le Révérendissime Père Abbé de Saint-Pierre procéda à la bénédiction de la chapelle souterraine, suivant les prescriptions liturgiques. Le chant de la messe de *Requiem* fut suivi de l'absoute solennelle. A la famille monastique réunie tout entière en cette mémorable journée, s'était joint un groupe de bienfaiteurs & d'amis, parmi lesquels nous aimons à citer Madame la duchesse de Chevreuse & Monsieur Édouard Guéranger, le propre frère de l'abbé de Solesmes.

Deux mois après cette touchante réunion, les religieux étaient pour la seconde fois arrachés de leurs stalles & chassés de leur monastère. Au moment où nous écrivons ces lignes, l'abbaye est encore occupée par cinq gendarmes, tandis que l'administration, rivalisant de zèle avec le corps de la gendarmerie, a fait apposer aux portes, aux fenêtres, aux lucarnes & aux soupiraux, plus de six cents scellés ou barres métalliques. *Posuerunt signa sua, signa* (3). Les princes des prêtres & les Pharisiens, espérant empêcher Jésus-Christ de ressusciter d'entre les morts, pressaient le gouverneur romain de faire garder le sépulcre. Pilate les laissa libres d'agir comme ils l'entendraient. Ils s'assurèrent donc du sépulcre, ils scellèrent la pierre & y mirent des gardes (4). Mais que peuvent contre la sagesse divine les vains projets des hommes? Un ange du Seigneur descendit du ciel, renversa la pierre & s'assit dessus (5).

Au jour de la dédicace de notre église, un ange a été député à

(1) Le 26 septembre 1881.
(2) La nouvelle crypte mesure 17 m., 70 de longueur sur 4 m., 20 & 3 m., 70 de largeur. Le transept a environ 12 mètres de longueur & 3 m., 70 de largeur. Elle put contenir facilement les cent vingt ou cent trente personnes qui assistaient à la fonction du 30 janvier 1882.
(3) Psaume 73. — (4) S. Matthieu, xxvi, 62, 66. — (5) S. Matthieu, xxvii, 2.

la garde du lieu saint. Il veille sur le sanctuaire aujourd'hui désolé ; il veille, attendant le jour du Seigneur qui sera un jour de victoire & de résurrection. Et protégés par l'ange tutélaire, les moines persévérant dans la prière font, eux aussi, la garde autour du temple, jusqu'au jour où il leur sera donné de poursuivre dans leur église abbatiale l'œuvre de la louange divine, à laquelle ils ont voué leur vie. Animés des sentiments d'une même foi & d'une ferme espérance, ils aiment à répéter au fond de leurs cœurs ces douces & prophétiques paroles : *Non moriar, sed vivam, & narrabo opera Domini.*

« *Je ne mourrai pas, mais je vivrai, & je raconterai les œuvres*
« *du Seigneur.* »

C'est la parole même que le Souverain Pontife Léon XIII, glorieusement régnant, envoyait aux Bénédictins de la Congrégation de France, en apprenant leur dispersion violente.

Mais revenons aux reliques de saint Léonce, dont nous avons à compléter l'histoire. La figure de cire dans laquelle étaient renfermés les sacrés ossements se détériora par suite de l'humidité de la crypte. Il fallut les en retirer & on les enferma dans une grande châsse qu'un religieux offrit à saint Léonce, le jour de sa profession (1). Les saintes reliques sont insérées dans un tube de métal recouvert de satin rouge. Tout ce qui existe du corps est contenu dans ce tube, qu'on glisse facilement dans un magnifique reliquaire. On conserve également dans le trésor les fragments de la fiole teinte de sang qui accompagnait le corps du saint, & la brique du *loculus* sur laquelle est sculptée la palme du martyre. La châsse est portée solennellement aux processions de saint Marc & des Rogations, & on l'expose deux fois par an à la vénération des fidèles, savoir le 1er mai, jour de la mort, & pendant l'octave, & le 28 novembre, jour de l'invention. En 1853, Dom Guéranger avait demandé l'autorisation de célébrer chaque année une messe solennelle de saint Léonce. Cette faveur lui fut accordée avec bienveillance ; on se réjouissait à Rome de voir rendre ce culte à l'un des martyrs de la Ville sainte. La messe ne peut pas être chantée le 1er mai, puisque ce jour est empêché par la fête de saint

---

(1) 1 mai 1859.

Philippe & saint Jacques; mais à partir des premières Vêpres des deux saints Apôtres jusqu'au 8 mai, les moines se rendent deux fois par jour auprès de la châsse exposée dans le chœur, pour y chanter plusieurs pièces liturgiques empruntées aux Offices de l'Église.

Saint Léonce a daigné donner à ceux qui l'invoquent avec confiance des marques éclatantes de sa puissante protection. Dom Guéranger racontait lui-même la guérison d'une femme malade qui recouvra la santé près de la sainte relique, & celle d'un jeune enfant qui fut plus tard ordonné prêtre dans le diocèse de Laval. A plusieurs reprises il est sorti des saintes reliques une odeur d'une suavité extraordinaire. Pendant que le corps reposait dans l'excavation de l'ancienne crypte, ce parfum fut senti de la partie supérieure de l'église par un ecclésiastique qui en demeura singulièrement surpris. La même remarque a été faite plusieurs fois & en particulier par des prêtres célébrant la sainte Messe. Que tous, religieux & pieux visiteurs, continuent donc de s'adresser avec foi au vaillant témoin de Jésus-Christ & qu'ils supplient Dieu, par son intercession, de les fortifier dans l'amour de son saint nom. Telle est en effet la demande formulée par l'Église dans la liturgie, & on aime à la répéter devant la châsse du jeune héros qui a versé son sang pour l'amour du Christ & de sa loi sainte.

Mais puisque ce fut sous un autel dédié au Sacré-Cœur que reposa dès les premiers jours le corps de saint Léonce, nous ajouterons quelques explications relatives au culte rendu au Cœur de Jésus par les moines de Solesmes, dès le commencement de la Congrégation. Au moment où l'abbé Guéranger, projetant l'achat du prieuré de Saint-Pierre, multipliait ses efforts pour se procurer l'argent absolument indispensable, les religieuses de la Visitation du Mans, qui avaient alors Madame de Clauchy comme supérieure, commençaient le 7 décembre une neuvaine à la Très Sainte Vierge pour obtenir sa protection sur le nouvel établissement. Voici ce qui se passa dans les premiers jours de cette neuvaine. Nous puisons dans les notes de Dom Guéranger. « J'étais en prière, écrit-il, dans
« la chapelle de la Visitation, quand je fus sollicité de consacrer
« l'œuvre du rétablissement des Bénédictins en France, au Sacré-
« Cœur de Jésus, auquel je m'étais consacré moi-même dans la cha-

« pelle de ce monastère, le jeudi saint, en 1823 (1). Je fis vœu de
« demander à l'évêque la faveur d'un salut du Très Saint Sacrement
« en l'honneur du Sacré-Cœur le premier vendredi de chaque mois,
« quand nous serions établis, & d'ériger un autel du Sacré-Cœur
« dans l'église de notre monastère si, après trois ans à partir du
« jour de l'installation, nous étions en mesure de continuer
« l'œuvre. »

Nous savons quel fut le résultat de ces prières & de ce vœu. Le 14 décembre 1832, la veille du jour où finissait la neuvaine, les bâtiments de l'antique prieuré passaient des mains des anciens propriétaires dans celles du restaurateur en France de l'Ordre bénédictin. Fidèle à sa promesse & désireux d'établir dans son monastère un témoignage de sa confiance envers le Cœur de Jésus, auquel, on vient de le voir, il avait voué son œuvre, le nouveau prieur écrivit à Mgr Carron, évêque du Mans, dans le but d'obtenir l'autorisation d'un salut du Très Saint Sacrement au premier vendredi du mois, jour particulièrement consacré au mystère du Cœur de l'Homme-Dieu. Le prélat, plein de bienveillance pour Solesmes, accorda cette faveur, en y joignant d'autres privilèges très précieux.

Quelques années après, l'œuvre de la restauration recevait la sanction de l'autorité suprême, & Dom Guéranger, que le Souverain Pontife venait d'élever à la dignité abbatiale, pouvait, en dépit des obstacles, poursuivre l'entreprise avec l'intime conviction que le doigt de Dieu était là. Il accomplit donc entièrement le vœu

---

(1) Nous trouvons trace de cette dévotion de Prosper Guéranger dans une lettre qu'il écrivait le 3 août 1823 à son ami Louvet, plus tard ministre de l'agriculture & du commerce. Après avoir dit à son ancien camarade du lycée d'Angers combien leur séparation lui était pénible, il ajoutait : « Heureusement le charme des
« souvenirs me ranime & me console ; mais il est encore un moyen plus excellent
« de communiquer ensemble quoique éloignés : c'est de penser l'un à l'autre devant
« Dieu. C'est dans le Cœur de Jésus, d'où découle la vraie amitié, qu'il faut quelque-
« fois se réunir ; c'est là que les amitiés mortelles prennent quelque chose de cet
« amour immense qui consume le Cœur du Sauveur. Voilà, vas-tu dire, *notre*
« *moine* (nom qui lui fut imposé au collège par l'un de ses condisciples) *qui devient*
« *mystique*. Non, je n'aime pas la mysticité, d'ailleurs ce n'est pas là le vice domi-
« nant du séminaire du Mans ; mais seulement autrefois je mettais la dévotion au
« Sacré-Cœur au rang des dévotions raffinées : je me trompais bien... »

qu'il avait fait chez les religieuses de la Visitation; la chapelle du Sacré-Cœur fut construite & l'on grava sur la première pierre l'inscription suivante : ☩ IN HONOREM SS. CORDIS JESU. EX VOTO. III. KAL. MAII MDCCCXXXVIII.

Lorsque le nouveau chœur eut été construit, notre abbé fit enlever de la crypte, qu'il venait de fermer, l'autel du Sacré-Cœur, mais il fit bâtir une nouvelle chapelle dont l'autel fut consacré le 7 juin 1867. On y remarque deux vitraux, dont l'un représente sainte Gertrude & sainte Mechtilde, moniales bénédictines qui ont révélé les mystères du Cœur du Sauveur; & l'autre, la bienheureuse Marguerite-Marie Alacoque, religieuse visitandine qui eut mission pour faire établir officiellement ce culte resté jusqu'alors à l'état de dévotion privée. Un troisième vitrail offre une figure allégorique représentant l'Église Romaine adorant le Sacré-Cœur. A l'entrée de la chapelle, le visiteur aperçoit deux mots grecs, gravés sur une plaque de marbre blanc : ΗΤΟΡΙ ϹΕΜΝΩ (1). C'était l'inscription dédicatoire de la crypte primitive. Ces deux mots sont empruntés à la célèbre inscription en vers grecs d'Autun, dont la découverte & l'interprétation ont été le point de départ des travaux de S. E. le cardinal J.-B. Pitra sur l'antiquité chrétienne (2).

On comprend maintenant dans quel but Dom Guéranger fit entrer le culte du Sacré-Cœur dans les Constitutions qu'il soumit en 1837 à l'approbation du Saint-Siège. C'était à la fois, disait-il, une garantie d'orthodoxie & de solidité; & il ajoutait : « C'est un « des fondements de la Congrégation de France, & nous n'avons « pas à douter que nous n'obtenions ainsi d'immenses secours. » En 1851, étant sur le point de partir pour Rome, le pieux abbé réunit ses moines en chapitre & leur communiqua un projet qui lui était cher. Il fut alors convenu que l'abbé présenterait, au nom de la Congrégation, une supplique au Pape pour demander que la fête du Sacré-Cœur fût inscrite au calendrier de l'Église universelle. La supplique fut en effet présentée au commencement de l'année 1852. Pie IX, au début de son pontificat, avait établi la fête du

---

(1) Au Cœur Sacré. — (2) D. Guépin, Description des deux églises abbatiales de Solesmes.

Précieux Sang, afin d'exciter les âmes à la foi en la Rédemption. Ce fait fournit à Dom Guéranger l'une des solides raisons sur lesquelles il appuyait son humble pétition. Il insistait donc sur cette pensée que le Sacré-Cœur étant la source du Précieux Sang & exprimant l'amour avec lequel le Sauveur l'a répandu, il semblait plus opportun que jamais d'instituer une fête que les fidèles appelaient d'ailleurs de tous leurs vœux. Le Souverain Pontife fut frappé de cette considération & il dit à l'abbé de Solesmes de lui laisser sa supplique, & qu'il donnerait l'ordre au secrétaire de la Congrégation des Rites de rédiger le décret. Mais par un concours de circonstances permises par la divine Providence, le décret ne fut pas alors publié & les choses en demeurèrent là. Quatre ans plus tard, le 26 août 1856, le Souverain Pontife Pie IX, de glorieuse mémoire, sollicité par tout l'épiscopat français, rendit le décret qui insérait au calendrier la fête du Sacré-Cœur & en ordonnait la célébration dans le monde entier.

« A partir de 1856, disait ensuite Dom Guéranger, malgré le « jansénisme & la fausse théologie, la cause était complètement « gagnée. » Quant au pieux abbé, il ne cessa jusqu'à la fin de sa vie de revenir devant ses fils sur un sujet qu'il affectionnait si tendrement. Nous ne saurions mieux clore ce récit qu'en reproduisant un passage de l'une de ces familières & touchantes instructions que le père adressait à ses enfants dans ses *conférences spirituelles* : « Fidèles à suivre l'impulsion de l'Esprit Saint, nous nous « attacherons de plus en plus, mes frères, à la dévotion au Cœur « de Jésus. Ce monastère a été fondé à la suite d'un vœu au « Sacré-Cœur. Dans notre reconnaissance, nous lui avons érigé un « autel & une chapelle, & nous l'honorons par le salut du Très « Saint Sacrement, à chaque premier vendredi du mois. C'est une « tradition que nous suivrons avec une nouvelle ferveur, en com- « prenant que c'est dans cette dévotion que nous avons trouvé « cette force invincible qui a maintenu notre famille religieuse au « milieu de tant d'orages & qui la maintiendra encore contre tous « ceux de l'avenir.

« Que notre appui soit dans le divin Cœur de Jésus. Si nous « sommes remplis envers lui de la vénération que nous lui devons, « nous parviendrons à la perfection de notre état. *Apprenez de*

« *moi que je suis doux & humble de cœur. Discite a me quia mi-*
« *tis sum & humilis corde.* Voilà le dernier mot de Notre-Seigneur
« Jésus-Christ sur son propre Cœur. N'est-ce pas ce que nous recom-
« mande de son côté le saint Patriarche? Saint Benoît veut en effet
« que le moine soit l'homme de la paix & partant l'homme de la
« douceur & de l'humilité. C'est par la douceur & l'humilité que
« notre législateur a résolu tout le problème de l'organisation mo-
« nastique. Donc puisque l'humilité & la douceur sont la base de la
« sanctification de l'âme, & que le Cœur de Jésus a pratiqué de telle
« sorte ces deux vertus que l'Évangile résume en elles & son carac-
« tère & sa vie, soyons bien persuadés qu'en les possédant nous
« accomplissons toute justice & arrivons à réaliser ce que Notre-
« Seigneur attend de nous. Soyons des adorateurs fervents du Sacré-
« Cœur durant notre vie, & quand nous quitterons ce monde, nous
« serons assurés d'être bien accueillis par le Sauveur, que nous
« aurons pris ici-bas, pour ainsi parler, par le côté sensible. Il nous
« donnera la gloire, & sa miséricorde se manifestera sur nous en
« proportion de l'espérance que nous aurons mise dans son divin
« Cœur : *Fiat misericordia tua, Domine, super nos, quemadmodum*
« *speravimus in te.* »

II

TRAVAUX

SUR

L'HISTOIRE ET LES SAINTS[1] DE SOLESMES

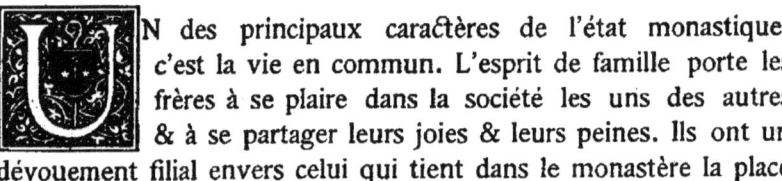N des principaux caractères de l'état monastique, c'est la vie en commun. L'esprit de famille porte les frères à se plaire dans la société les uns des autres & à se partager leurs joies & leurs peines. Ils ont un dévouement filial envers celui qui tient dans le monastère la place de Jésus-Christ & ils lui donnent le nom d'abbé, qui signifie père. De même qu'elle a son chef, la famille monastique a son code, c'est la Règle.

Jusqu'à saint Benoît on était moine dans l'Eglise, & l'on demeurait libre ou de se fixer dans un même endroit ou d'aller ailleurs choisir un autre supérieur & une autre règle. Le saint Patriarche, qui avait eu entre les mains les anciens codes de vie religieuse, s'aperçut des inconvénients qui résultaient d'une pareille liberté. Il introduisit donc dans le régime monastique un élément nouveau de la plus haute importance & dont les résultats furent considérables. Nous voulons parler de la stabilité, qui est le caractère particulier de son Ordre. Saint Benoît insiste sur ce point jusqu'à en faire la matière d'une promesse spéciale : *Suscipiendus in oratorio coram omnibus promittat de stabilitate sua*. Et quand il traite dans sa Règle des instruments des bonnes œuvres, *quæ sint instrumenta bonorum operum*, il déclare que l'atelier où le moine doit travailler

---

[1] Cette expression *les Saints de Solesmes* est reçue dans le Maine, l'Anjou & les contrées avoisinantes depuis un temps immémorial pour désigner l'ensemble des œuvres de statuaire qui décorent notre église. Il ne faut pourtant pas l'entendre dans ce sens que tous les personnages qui y sont figurés soient au nombre des bienheureux. (D. Piolin, *Recherches sur les artistes...*)

diligemment, c'est le cloître du monastère avec la stabilité dans la communauté.

Sans entrer ici dans des considérations que notre sujet ne comporte pas, nous relèverons seulement l'un des merveilleux effets qui devaient naître d'une pareille institution. Pour le moine qui a fait vœu de stabilité, le monastère est vraiment le lieu de sa nouvelle naissance, c'est là qu'il a résolu de vivre, c'est là qu'il veut mourir. Il y a sa cellule, où il aime à épancher dans le secret son âme devant Dieu. Il y occupe dans le chœur de l'église la stalle que la profession lui a donnée. Il la garde, & au besoin il la défend avec amour, en sorte que la violence seule l'en pourrait arracher. Avant tout, homme de la prière liturgique, il occupe régulièrement la place qui lui a été assignée auprès de l'autel, afin de vaquer à l'*Opus Dei* sept fois le jour & une fois encore durant la nuit.

Mais si l'amour du cloître & de l'Office divin se fortifie, se développe & se purifie par un vœu qui attache le moine aux murs de son monastère & de son église, ne pouvons-nous pas faire dépendre de la même cause un fait qu'il est si facile à tous de constater? Nous voulons parler du zèle avec lequel les moines se sont de tout temps appliqués à consigner par écrit l'histoire de leurs abbayes & prieurés & à retracer la vie de ceux de leurs frères que recommandait la vertu ou la science. Nous entreprendrions un travail considérable si nous devions entrer dans le détail & passer en revue ces édifiantes biographies, ces intéressantes chroniques, ces travaux sans nombre rédigés par les paisibles habitants du cloître. Dom Guéranger, qui attachait un si grand prix à toutes les antiques traditions, ne pouvait manquer de marcher sur les traces de ses pieux & doctes devanciers; & nous le verrons bientôt entreprendre une étude approfondie de l'histoire de Solesmes & de l'ancien prieuré. Mais notre intention étant de suivre, autant qu'il nous sera possible, l'ordre chronologique des écrits que nous nous proposons de mentionner (& nous regrettons de ne pouvoir en dresser un catalogue absolument complet), nous commencerons notre revue par l'indication des travaux de la Congrégation de Saint-Maur. A côté des fils de saint Benoît, nous aimerons à citer encore quelques écrivains qui ont signalé à l'admiration de leurs contemporains nos groupes de statues, mais nous devrons une place d'honneur à l'ami dévoué « qui joint la science au goût le plus sûr & le plus « délicat, » & que Dom Guéranger appelait « le de Rossi de « l'église de Solesmes. » Tous ont nommé M. E. Cartier.

Au XVIIe siècle, remarque M. Louis Courajod dans son étude sur le *Monasticon Gallicanum*, une pensée s'imposa universellement à l'esprit des Ordres religieux. Chaque maison, chaque Congrégation voulut avoir son histoire, & se mit à fouiller ses annales. Ces histoires d'un Ordre religieux avaient un nom spécial. On les appelait *Monasticon* (1). Dom Michel Germain, profès de l'abbaye de Saint-Remy de Rheims, vint à Paris après avoir fait ses études, & fut appelé à seconder D. Mabillon dans ses importants travaux. Il concourut activement à la préparation des *Annales* & à la publication des *Acta Sanctorum Ordinis Sancti Benedicti*. Dom Germain résolut de faire connaître, par des notices particulières accompagnées de planches, l'histoire de toutes les maisons qui avaient accepté la réforme de la Congrégation de Saint-Maur. Il entreprit ce vaste ouvrage vers 1672 &, grâce à sa prodigieuse érudition, il put rédiger par lui-même un grand nombre de notices. Elles étaient écrites pour la plupart, & la plus grande partie des planches étaient gravées, quand la mort de l'auteur, survenue en 1694, porta à l'entreprise un coup que la libéralité éclairée de M. Peigné-Delacourt empêcha d'être mortel. Ce docte ami de notre Ordre publiait en 1871 la collection de 168 planches de vues topographiques avec deux cartes des établissements bénédictins en France, tandis qu'un archiviste-paléographe distingé, M. Courajod, déterminait avec une critique pleine de perspicacité les pièces appartenant réellement au *Monasticon gallicanum*. M. Léopold Delisle, qui nous fournit ces précieuses indications, a écrit la préface du travail

---

(1) Avant d'être appliqué aux histoires d'Ordres religieux, le nom de *Monasticon* fut donné à un traité de droit monastique publié en 1601 par René Choppin. Ce mot perdit ensuite le sens primitif. Le *Monasticon Augustinianum* édité en 1623 précéda le *Monasticon Anglicanum*, le plus célèbre ouvrage dans le genre, publié en 1655 par William Dugdale & Roger Dodsworth. (Louis Courajod, *Études iconographiques sur la topographie de la France aux dix-septième & dix-huitième siècles.* Le *Monasticon Gallicanum*, p. 7.)

reproduit par les soins de M. Peigné-Delacourt. Il y donne la liste des monastères qui, en 1694, composaient la Congrégation des Mauristes, &, entre autres renseignements, il indique pour chaque maison soit les notices de Dom Germain, soit les matériaux qui avaient été communiqués de différentes parts à l'auteur du *Monasticon*. Or nous lisons à la page XXXII de cette préface : Solêmes (prieuré de) dioc. du Mans. Dépendance de l'abbaye de la Couture du Mans. SANCTUS PETRUS SOLISMENSIS. *Rédaction de D. Germain.*

Nous avons donc, à la date de 1694 environ, une notice rédigée sur notre monastère par l'auteur même du *Monasticon*. Si nous rapprochons maintenant cette donnée d'un passage de la préface de l'*Essai historique* où Dom Guéranger signale les manuscrits qu'il a consultés, il nous est permis de conclure, bien que nous ne puissions contrôler notre assertion, que la rédaction de Dom Michel Germain ne diffère pas de cette « notice précieuse » au sujet de laquelle l'écrivain s'exprime en ces termes : « Nous « l'avons découverte à la Bibliothèque Royale à Paris, dans un « recueil de matériaux qui devaient servir à la composition du « *Monasticon Gallicanum*. Elle a pour titre : *Sancti Petri Solemensis « Cella,* & nous a puissamment aidé dans la composition de notre « chronique (1). » Nous possédons un extrait de ce manuscrit dans notre Cartulaire (2).

Il nous reste à signaler une autre source où nous puiserons des documents plus nombreux & très importants sur Solesmes. C'est

---

(1) Relevons encore un détail intéressant : sous les numéros 11818 à 11821 de l'inventaire des manuscrits de Saint-Germain des Prés publié par M. Léopold Delisle, membre de l'Institut, voici ce que nous lisons : Matériaux du *Monasticon Gallicanum* de D. Germain ; deux vol. de texte, & deux vol. de planches. Suivent les noms des monastères dont il est question dans le *Monasticon;* les lettres A & B répondent aux deux volumes de texte, mss. 11818 & 11819; les lettres C & D, aux deux volumes de planches, mss. 11820 & 11821. Or les indications qui concernent spécialement notre monastère sont les suivantes : *Solême* (B 467, D 133). Elles nous offrent un véritable intérêt puisque le renvoi à la lettre D nous semble marquer l'existence d'une planche représentant notre prieuré. Quoi qu'il en soit, nous avons un *Plan du monastère de Soulesmes* avant 1722, reproduit dans notre Cartulaire par Dom Ch. Rigault.

(2) Page 434.

un recueil de pièces sur l'histoire de divers monastères bénédictins, formé au XVIIe & au XVIIIe siècles, & intitulé *Monasticon benedictinum*. M. L. Delisle, dont l'inventaire des manuscrits de Saint-Germain des Prés nous fournit d'exacts & utiles renseignements, donne sous les numéros 12658-12704 du fonds latin le nom des maisons sur lesquelles la susdite collection offre des pièces de quelque étendue. Or dans le volume 12697 nous trouvons à la page 197 la plus ancienne histoire de Solesmes (1), *Historia insignis prioratus SS. Petri & Pauli de Solesmis prope Sablolium,* datée de 1676. En s'excusant de ne pouvoir, faute de place, imprimer ce manuscrit dans son Cartulaire, le R. P. Dom Rigault en a extrait ce qui regarde principalement les *Saints de Solesmes* & l'a publié dans son ouvrage (2). Signalons immédiatement un *Epitome historiæ prioratus Solesmensis O. S. B. Congregationis Sancti Mauri*(3), qui appartenait sans doute, ainsi que l'*Historia prioratus,* à l'envoi d'un curieux *Mémoire* sur lequel on nous saura gré de nous étendre un peu plus longuement.

Le 28 janvier 1702, Dom Jean Mabillon avait écrit une lettre circulaire, qui fut imprimée & envoyée dans toutes les maisons de la Congrégation de Saint-Maur, pour avertir que ceux qui avaient encore quelques documents à communiquer sur les annales de l'Ordre bénédictin ne différassent point de les expédier, parce qu'on allait bientôt travailler à l'impression (4). Dès le mois de février, Dom François Riant écrivit de Solesmes au savant religieux de Saint-Germain des Prés, en lui adressant un *Mémoire* sur les richesses artistiques de l'humble monastère (5). Dom Riant était moine de la Trinité de Vendôme. Les chapitres généraux de 1693 & de 1696 lui avaient confié le gouvernement de notre prieuré, qu'il tint six ans. Voici sa réponse à la circulaire du 28 janvier :

---

(1) D. Rigault, *Cartulaire*, p. 399. L'histoire de Sablé écrite par Gilles Ménage est postérieure de six ans au moins.

(2) D. Rigault, loc. cit. p. 434 & p. 430 en note.

(3) Ms. 12697, page 226. Cet *Epitome* a été reproduit dans notre Cartulaire, p. 430. Nous n'en connaissons pas la date précise.

(4) Dom T. Ruinart, *Abrégé de la vie de D. Jean Mabillon.*

(5) Ces deux pièces (Ms. latin 12697 de la Biblioth. Nat. f. 225 *bis* & f. 224) ont été insérées dans notre Cartulaire pp. 396 & 397.

« Mon Révérend Père,

« Tout pauvre & désolé que soit le monastère & prieuré de Solesmes, par le malheur qu'il a d'avoir un faux frère pour titulaire(1), il ne laissera pas de fournir à votre Révérence quelque matière qui ne sera pas indigne d'avoir place dans son ouvrage, car peut-être ne trouvera-t-elle pas en tout l'Ordre de Saint-Benoist qu'il y ait des tombeaux de Notre-Seigneur & de la Très Sainte Vierge plus riches en figures, plus magnifiques & plus accomplis que ceux dont je lui ai fait une peinture grossière, & qui ne peut avoir que très peu de rapport & de ressemblance avec son original. Mon embarras, en voulant satisfaire à ce que votre Révérence souhaite de nous, vient de ce que tout ce que l'on en peut dire & écrire n'est presque rien, ou c'est si peu de chose qu'on ne peut en donner que des idées confuses & bien différentes de celles que pourraient avoir des personnes qui les auraient veues & bien considérées, plusieurs m'ayant avoué qu'ils ne s'attendaient pas, après le récit qu'on leur en avait fait, à voir tant de beauté, tant de délicatesse & tant de merveilles dans tous ces ouvrages, mais particulièrement dans la belle chapelle. Un mien souhait serait que V. R. les eût veues ou qu'il lui prist envie de les venir voir, pour remarquer tout ce qui serait à son goût & qui mériterait d'avoir rang dans ses *Annales*. Faute de moyens nous n'avons pas la satisfaction de bien vivre, j'en suis mortifié autant que l'on peut estre : je ne le suis pas moins de voir que notre titulaire ne donne pas la moindre espérance de retour.

Je suis avec bien du respect, mon Révérend Père,
Votre très humble & très obéissant serviteur

Fr. François RIANT, m. b.

« A Solesme, ce 13 février 1702. »

Ainsi que nous l'avons dit, un curieux mémoire accompagnait l'envoi de cette lettre. Cette pièce est d'autant plus intéressante qu'on y trouve l'un des premiers essais de description détaillée de

---

(1) Il s'agit sans doute d'un prieur commendataire qui rendait alors son administration fort désagréable au prieur claustral & aux moines de Solesmes.

nos statues qui aient été tentés depuis l'exécution de ces chefs-d'œuvre inspirés par Philibert de la Croix & Jean Bougler. Nous la reproduisons textuellement.

« Mémoire de ce qu'il y a de plus remarquable dans l'église du prieuré de Saint-Pierre de Solesmes. »

« Geoffroy comte, seigneur & baron de Sablé, fondateur du prieuré de Saint-Pierre de Solesmes en 1010. Il le donna aux religieux de l'abbaye de la Couture d'où il a toujours dépendu. Un des successeurs de Geoffroy apporta de la Terre Sainte, où il estait allé avec Godefroy de Bouillon, une espine de la couronne de N. S. dont il fist présent à ce monastère, où elle a toujours esté en très grande vénération parmi les peuples, qui en reçoivent de très grands secours dans les nécessités publiques. Elle est enchassée dans un reliquaire d'argent & soutenue par un ange d'argent doré. Le tombeau du fondateur se voit sous une voûte dans un enfoncement de la muraille qui sépare, au dessous de la croisée, le chœur du côté de l'Épître. Il y est représenté par une figure couchée qui paroist très ancienne, en terre grossière, ayant un casque en tête & un écusson qui lui couvre plus de la moitié du corps & qui descend depuis le cou jusqu'à la genouillère, sur lequel on voit un ayglon esployé becqué & armé; tout le reste du corps jusqu'aux genoux paroist d'un homme armé de toutes pièces. Il ne s'y voyt aucune inscription ancienne, mais seulement celle qui y a esté mise par nos pères depuis notre introduction à Solesmes, où il se lit : *Cy gist Geoffroy de Sablé fondateur de ce monastère, décédé environ l'an mille dix.*

« Outre ce tombeau il y en a deux autres, l'un de Notre Seigneur & l'autre de la Très Sainte Vierge. Le premier est de 1496, il est dans la croisée du costé de l'Épître & remplit toute l'estendue de la muraille depuis le hault jusqu'au bas. Le corps de Notre Seigneur descendu de la Croix y est représenté en sa grandeur : il est estendu sur un drap soutenu par Nicodesme & Joseph d'Arimathye qui le descendent dans le sépulchre. La Sainte Vierge paroist debout très affligée & soutenue par saint Jean l'Évangéliste, & à ses costés, vers le bas du sépulchre, les trois Maries, & du mesme costé, vers la teste de Notre Seigneur, un personnage qui tient une bourse. Toutes ces figures sont de grandeur naturelle. Au pied du mesme sépulchre est la figure de la Magdelaine, qui passe pour très excellente. Il y a de plus aux deux costés du sépulchre deux soldats armés. Tout cet ouvrage est sous une voûte très délicatement travaillée. L'ouverture par le hault est bordée de feuillages enlacés les uns dans les autres, travaillés dans la pierre & percés à jour. Les deux costés de l'ouverture sont ornés de deux pilastres enrichis de très belles figures. Au dessous de cest ouvrage Moyse & Élie y paroissent à my corps, l'on y voyt aussi des anges qui portent des instrumens de la passion & au dessous de tout cela, on voyt la croix de N. S. dans sa hauteur, elle est de bois aussi bien que celles des deux larrons. Tout cet ouvrage est gothique, d'une pierre très blanche & sonnante que l'on appelle de la pierre de lyt. Ce fut frère Guillaume Cheminard, prieur régulier de Solesme, qui fit faire ce tombeau. Ses armoiries sont au dessus du sépulchre, avec celles du roi Charles huitiesme, d'Anne de Bretagne & du Dauphin (1). Au pied du pilastre on voyt les chiffres & paroles suivantes gravées :

MCCCCIIII××XVI Charolo VIII° regnante.

« Le tombeau de la Très Sainte Vierge est de l'autre costé de la croisée; frère Jean Bougler, prieur régulier de Solesme, le fit faire en 1553. Il estoit docteur de Sorbonne, & ce fut luy qui donna le dessin de la belle chapelle où il fit représenter l'agonie de la Très Sainte Vierge, sa sépulture, son assomption & son couronnement par J.-C. dans le ciel. — Son agonie est représentée dans un enfoncement & sous une voûte très bien travaillée qui fait la face de l'autel. La Sainte Vierge y paroist à genoux preste à expirer, accompagnée de deux apostres & soutenue par saint Pierre & saint Jean. J.-C. descend pour la consoler. On y voyt encore les Maries & les figures de saint Denys l'Aréopagite & de Michel Bureau, dernier abbé régulier de la Couture. Toutes ces figures sont sans confusion & de hauteur d'homme. — La sépulture de la sacrée Vierge est dans une autre voûte qui contient toute la largeur de la muraille de la chapelle. Au milieu de cette voûte est la représentation de la Sainte Vierge, estendue

(1) Charles VIII, 8 sept. 2 oct. 1496.

morte dessus un drap avec lequel trois apostres, avec le mesme Jean Bougler qui est représenté avec la tonsure & l'habit religieux, la descendent dans le sépulchre. Tous les apostres parlent avec deux femmes, & tous font très bien leur personnage chacun en sa manière. Tout paroist achevé dans ces figures, leurs visages y sont au naturel, leur posture point forcée & leurs passions très bien exprimées. Au pied du sépulchre est la figure de frère Marc Bougler, sacriste de Solesme & neveu de Jean Bougler prieur. — L'assomption de la Sainte Vierge y est représentée au dessus de quatre bustes qui sont les quatre chappelains de la Sainte Vierge. C'est au dessus de ces figures que l'on voyt, sous une grande niche, N. S. & la S. V. paroissans monter au ciel, pendant que les apostres, qui sont encore là représentés avec Jean Bougler, sont à genoux, leurs yeux & leurs mains elevés vers le ciel. — La couronne de la Sainte Vierge paroist au dessus de la représentation de son agonie, à la face de l'autel. La Sainte Vierge est couronnée par les Anges, ayant sur deux costés des figures qui représentent l'humilité & la foi, & un peu plus loin de chaque costé les quatre vertus cardinales sous la forme de femmes. — Dans l'estendue de la muraille qui fait le bas de la chapelle, N. S. y paroist au milieu des docteurs, où la Sainte Vierge & saint Joseph le viennent trouver. — Saint Denys l'Aréopagite & saint Timothée ont aussy leur place dans cette chapelle, estans debout dans des niches à l'opposite l'un de l'autre : toutes figures au naturel & d'une délicatesse admirable. — Le costé de la chapelle qui regarde le corps de l'église, est composé d'un balustre de marbre de quatre pieds de hault, au dessus duquel il y a des colonnes ou pilliers de pierre dure, tous délicatement travaillés. Ils soutiennent une frise & un couronnement d'un grand artifice, sur quoy on voyt comme des triangles en façons d'urnes avec quelques bustes qui représentent des anciens prophètes. Sur ces triangles on y voyt écris des lettres anciennes, des passages de l'Écriture & des saints Pères, en l'honneur de la Sainte Vierge. — Dans l'endroit où elle paroist couronnée des anges, elle a au dessous d'elle un serpent à sept testes.

« Le chœur de l'église est encore un effet de la magnificence du mesme Jean Bougler. Il y a des chaizes très propres, & au dessus des chaizes l'on voyt deux rangées de bustes d'une sculpture très délicate. Ils représentent les anciens patriarches dont N. S. est descendu comme homme, du costé de la Sainte Vierge & de saint Joseph. Les figures des Apostres font le couronnement des chaizes du chœur du costé de l'Épître, & d'autres figures le couronnement du costé de l'Évangile. Il faut voir tous ces ouvrages pour les estimer autant qu'ils vallent. »

Nous avons reproduit le *Mémoire;* il nous reste à voir quel usage Dom Mabillon fit des pièces qui lui avaient été communiquées. Deux mois après l'expédition de la circulaire du 28 janvier dont nous avons parlé, on imprimait le premier volume des *Annales* qui parut en 1703. Nous n'avons pas à faire l'éloge de cet ouvrage considérable, qui fut reçu, remarque Dom Ruinart, avec une satisfaction générale de toutes les personnes de piété & d'érudition. Il nous suffit de rappeler que le pape Clément XI faisait écrire à l'auteur par le cardinal Paulucci pour l'exhorter à s'appliquer à la continuation d'un si grand dessein. Les trois volumes qui suivirent furent publiés successivement en 1704, 1706 & 1707. La mort de Dom Mabillon (1) interrompit la publication; mais la parole du poète *Uno avulso, non deficit alter,* ne se vérifia jamais mieux que dans les cloîtres, & la plume échappée de la main défaillante du savant moine fut reprise par Dom Massuet & Dom Martène. Le quatrième volume des *Annales Ordinis Sancti Benedicti* commence à l'année 981 & finit à l'année 1066. Le monastère de Solesmes ayant été fondé en l'an 1010, ce fut à cette époque (2) que Mabillon plaça son récit concernant le prieuré & les sculptures qui font la richesse de notre église. Qu'on nous permette de citer, en partie du moins, cette page qui appartient à nos propres annales & qui complète si bien la description que le *Mémoire* nous a donnée des Saints de Solesmes.

Voici en quels termes s'exprime l'éminent écrivain :

« Sub id tempus in quodam vico pagi Cenomannensis, *quem*
« *veteri vocabulo Solemnas vocant,* Gaufridus de Sablolio seu Sabolio,

---

(1) 27 décembre 1707.
(2) En l'an 1009, c'est à dire *sub id tempus,* ainsi que s'explique l'auteur.

« comparato loco a fratre suo Radulfo vicecomite Cenomannensi,
« cellam regularem exstruxit sub patrocinio sancti Petri, eamque
« monachis sancti Petri de Cultura subjecit. Exstant primariæ hac
« de re ipsius Gaufridi litteræ sine chronicis notis(1), quibus testa-
« tur se dare Deo & cœnobio Sancti Petri de Cultura, monachisque
« inibi Deo servientibus, *ecclesiam de Solemis* prope castrum Sablolii
« *juxta alveum Sarthæ sitam*, aliaque prædia, in his partem viculi
« Buxedi (2), *quam possidebat Primaldus, vir Deo devotus, qui reli-*
« *quit sæculum, & secutus est Deum ;* insuper sepulturam & con-
« suetudinem castri Sablolii : cujus rei chartam in dedicatione
« ecclesiæ Sancti Petri de Solemis obtulit Hugoni Cenomannensi
« comiti confirmandam, qui ipsius rogatu ad consecrationem ejus-
« dem ecclesiæ convenerat (3).

A la suite de ce récit, Dom Mabillon fait ressortir le caractère de la composition de nos statues, & il montre qu'elles sont justement renommées pour leur beauté & aussi pour le parfum de piété qui s'en exhale ; puis il consigne dans son immortel ouvrage le nom, à jamais préservé de l'oubli, du prieur qui fit exécuter ces merveilles, Jean Bougler.

« Celebrantur ejus loci statuæ insignes ad pietatem compositæ,
« quas medio sæculo proxime elapso Johannes Bouglerus, ultimus
« prior regularis, fieri curavit (4). »

Nous nous bornerons, pour ce qui concerne les travaux des anciens Bénédictins, aux citations que nous avons faites, sans insister sur d'autres ouvrages qui se rapportent à notre sujet, tels que le *Cenomania* de Dom Briant, les *Analecta* de Dom Mabillon, l'*Histoire littéraire* de Dom Tassin, &c. Mais il est temps de montrer que les nouveaux fils de saint Benoît, rivalisant d'intelligence & d'amour avec leurs aînés, ont su recueillir tous les documents nécessaires à la complète histoire du prieuré de Saint-Pierre & à la description détaillée des groupes qui décorent leur église.

---

(1) *Hist. de Sablé* par Ménage, p. 26. Paris, 1683.
(2) Il s'agit de la partie du territoire de Bouessay qui avait appartenu à un seigneur nommé Primalde, lequel avait récemment embrassé la vie monastique.
(3) Sur la charte de fondation de Solesmes, voir D. Rigault, *Cartul.* p. 10.
(4) *Annales O. S. B.* t. IV, p. 195.

Nous avons dit ailleurs que Prosper Guéranger, tout jeune encore, était conduit le dimanche à Solesmes, dont l'ancien monastère était un but de promenade pour les habitants de Sablé. Nous remarquions alors l'étonnement avec lequel ce petit enfant, âgé de deux ans à peine, contemplait les Saints de l'église. Vingt-cinq ans plus tard, au mois de juillet 1831, l'abbé Guéranger faisait une visite à l'antique moutier en compagnie de M. Fonteinne, auquel il devait bientôt communiquer ses projets. Rien ne saurait égaler l'impression qu'il ressentit en se retrouvant en présence des statues qui l'avaient si vivement frappé dans son enfance. Ce fut sous l'influence de mystérieuses & vives émotions qu'il engagea l'abbé Fonteinne à unir sa voix à la sienne pour chanter les trois premières strophes du *Rorate*, auxquelles ils ajoutèrent ensemble ces deux versets empruntés au psaume 50 : *Benigne fac Domine in bona voluntate tua Sion : ut ædificentur muri Jerusalem. Tunc acceptabis sacrificium justitiæ, oblationes & holocausta : tunc imponent super altare tuum vitulos.*

Nous savons quels étaient les desseins de Dieu & ce que signifiaient ces touches secrètes par lesquelles l'Esprit Saint agissait sur l'âme de son serviteur. Mais l'on comprend aussi avec quelle reconnaissance, avec quelle allégresse Dom Guéranger, à l'heure marquée par la Providence, s'employa à la rénovation de l'œuvre monastique, & avec quel amour il étudia tout ce qui se rattachait aux origines de son prieuré & aux évènements qui s'étaient succédé depuis le jour de sa fondation. Dès 1834, par conséquent au lendemain de l'acquisition des bâtiments du monastère, il écrivait une *Notice sur le prieuré de Solesmes*, remarquable de clarté & de concision. Ce premier travail reparut presque totalement sous sa forme primitive en 1839, sous le titre de *Notice sur l'abbaye de Solesmes*. Ces brochures excitèrent le plus vif intérêt. En 1835, M. Verger, membre de la Société royale des Antiquaires de France, publiait à Nantes une *Notice sur Jublains*, & faisant suivre le compte rendu de ses fouilles de quelques faits nouveaux qu'il avait pu recueillir en voyage, il fut conduit à parler des Saints de Solesmes. Il leur consacra un chapitre entier auquel il a joint un dessin de la chapelle & du sépulcre de Notre-Seigneur. « C'est « un véritable musée peu connu, dit-il, & que j'ignorais moi-

« même, bien que cent fois son nom eût frappé mes oreilles...
« M. G. m'a révélé l'existence d'un grand nombre de chefs-d'œuvre,
« & je n'ai pu résister plus longtemps au désir de les admirer...
« Ils sont certainement, en fait d'art, une des choses les plus
« curieuses de l'ancienne province du Maine, &, sous ce rapport,
« je mets beaucoup d'empressement à les faire connaître. Que nos
« artistes aillent donc visiter Solesmes, & je leur garantis une
« satisfaction qu'ils ont rarement éprouvée. S'ils peuvent obtenir
« que M. le Prieur soit leur *cicerone*, il ne leur restera rien à dési-
« rer. En l'écoutant, ils acquerront la certitude que M. G. est bien
« digne d'être le conservateur & le restaurateur de ce musée (1). »

L'année suivante, en 1836, un homme d'intelligence & de goût publiait sous le nom de *Notes d'un voyageur dans l'Ouest*, un extrait d'un rapport fait par lui au ministre de l'intérieur sur l'état des monuments historiques de la Bretagne & de la Vendée. La place nous manque pour reproduire la description vive & spirituelle que Prosper Mérimée a faite des sculptures de l'église priorale. Nous avons le regret de n'en pouvoir citer que ces quelques lignes : « Supprimée à l'époque de la Révolution, l'abbaye (2) de
« Solesmes vient de se rétablir. Une association d'ecclésiastiques
« a racheté l'église & les bâtiments encore existants pour y résider,
« & reprendre la Règle & les travaux historiques des Bénédictins.
« Jamais lieu ne fut mieux choisi pour l'étude. Suffisamment isolés
« pour que les visites des curieux ne soient pas trop fréquentes,
« les Bénédictins de Solesmes, en présence de cette belle nature,
« peuvent & doivent passer doucement leur vie, loin du bruit des
« villes, avec la pensée consolante de laisser après eux des ouvrages
« durables. Quel avantage ne doit pas avoir une association, & une
« association religieuse, pour les études qui, exigeant de longues
« recherches, semblent presque interdites à des individus isolés ?
« Ici le savoir amassé se transmet comme un héritage, & un octo-
« génaire travaillant à un ouvrage de longue haleine peut dire
« avec orgueil : nous le finirons !

(1) *Notice sur Jublains,* dans le département de la Mayenne, p. vii & ch. vi. p. 150, deuxième édition.

(2) Ce ne fut que le 1 septembre 1837 que les lettres apostoliques commençant par ces mots : *Innumeras inter,* élevèrent l'ancien prieuré au rang d'abbaye.

« Le supérieur, M. l'abbé Guéranger, me reçut avec une poli-
« tesse pleine de grâce, & me conduisit sur-le-champ dans l'église,
« le seul des bâtiments de l'ancienne abbaye qui se soit con-
« servé (1)... » Nous ne suivrons pas l'aimable narrateur dans son
récit & nous nous empressons de revenir aux travaux de notre
docte abbé. Qu'on nous permette auparavant de mentionner une
Description de l'église de l'ancien prieuré de Solesmes que, vers le
même temps, M. Allou lisait à la Société royale des Antiquaires
de France, après avoir visité plusieurs fois nos sculptures pendant
l'exercice de ses fonctions d'ingénieur des mines dans cette contrée (2), & un article publié dans le *Dictionnaire topographique,
historique & statistique de la Sarthe* (3). L'auteur, M. Pesche,
constate que « les merveilleux groupes de figures appelés *Saints*
« *de Solesmes*, confinés dans un village éloigné autrefois de toute
« grande communication, sur la limite des deux provinces du
« Maine & de l'Anjou, étaient restés à peu près inconnus au reste
« de la France... quand l'un des premiers soins de Dom Guéran-
« ger fut d'appeler l'attention des amis de l'art sur ces curieux
« monuments. » L'écrivain témoigne ensuite de son admiration
pour les chefs-d'œuvre qu'il avait vus à diverses reprises & ne
croit rien faire de mieux, pour en juger sainement & en donner
une véritable explication, que d'analyser « l'admirable notice
« publiée par l'abbé Guéranger, si poétique, si exacte & qui lui
« semble l'ouvrage d'un véritable artiste. »

En 1846, notre abbé publiait une troisième édition de sa brochure sous ce titre : *Essai historique sur l'abbaye de Solesmes, suivi
de la description de l'église abbatiale avec l'explication des monuments qu'elle renferme*. De patientes & précieuses recherches y
avaient été mises à profit, & l'opuscule d'une trentaine de pages
édité en 1834 prenait les proportions de l'ouvrage que nous avons
reproduit dans ce volume. Nous savons que l'auteur se proposait
d'en donner une édition nouvelle pour ajouter de nombreux
développements dont il avait réuni les matériaux. Le temps lui fit

---

(1) *Univers* du 23 novembre 1836.
(2) *Mémoires de la Société royale des Antiquaires de France*, t. XII.
(3) T. VI, p. 177.

défaut, mais son travail tel qu'il fut rédigé dès la première fois, puis entièrement refondu & notablement augmenté en 1846, est demeuré la source à laquelle ont ensuite puisé tous les écrivains qui ont étudié la province du Maine. « Tous nos efforts eussent « été stériles, remarque M. E. Cartier, si nous n'avions eu pour « guide dans nos longues recherches la savante notice que le « Révérendissime Abbé de Solesmes a publiée sur le prieuré qui « lui doit sa résurrection. »

Le R. P. Dom Paul Piolin observe à son tour que « dans le « mémoire qu'il a fourni pour le *Maine & l'Anjou*, il a suivi aussi « fidèlement que possible l'explication donnée par D. Guéranger. » Dans sa description de notre église abbatiale, le R. P. Dom Guépin se plaît à reconnaître que « cette notice n'est en très grande partie « que la réimpression du travail de Dom Guéranger; » & dans un autre livre (1) le même écrivain s'empresse d'apprendre au lecteur « qu'il a, par un sentiment de piété filiale, conservé le plus souvent « que cela lui a été possible, le texte même de son vénérable « Père. » Mais est-il besoin d'insister davantage puisque tous peuvent désormais recourir à un ouvrage qui depuis longtemps était épuisé?

Nous n'ajouterons qu'un mot. L'*Essai historique* venait de paraître, quand l'un des rédacteurs d'un recueil périodique fort connu s'empressa d'en rendre compte dans les termes les plus bienveillants. « Cet essai, y disait-on, n'a aucune prétention, bien « qu'il soit plein de faits & qu'il ait coûté beaucoup de recherches. « Il est écrit simplement & brièvement, double mérite qui, de nos « jours, ressemble à une nouveauté. Quand le prieuré de Solesmes « ne remonterait pas au commencement du XIe siècle, & ne se « lierait pas, depuis sa naissance jusqu'à sa fin, aux grandes « destinées & aux célèbres vicissitudes de l'Ordre bénédictin, il « mériterait encore les honneurs d'une monographie spéciale. Car, « n'est-ce pas à Solesmes que le zèle, le talent & la science labo- « rieuse d'un jeune religieux ont jeté naguère les saintes semences « de résurrection de cette milice bénédictine, qui a rempli le monde « chrétien de ses œuvres & de ses lumières? Solesmes, qui ne fut

(1) *Solesmes & Dom Guéranger.*

« dans les siècles passés du catholicisme qu'un modeste prieuré,
« n'est-il pas réservé, de nos jours, à devenir, par les hommes
« pieux & savants qui l'habitent, le noble chef-lieu d'une nouvelle
« & abondante famille monastique? Les desseins de la Providence
« sont profonds & cachés; qui sait si de cette congrégation nais-
« sante ne sortiront pas encore, malgré tous les empêchements &
« la tiédeur de notre âge, les vertus & les travaux qui ont marqué
« les plus illustres abbayes de Saint-Benoît? La seule pensée de
« rendre à l'Eglise de France & à nos populations troublées une
« de ces religieuses colonies, double asile du repos de l'âme & de
« l'activité de l'esprit, où les occupations de l'intelligence n'avaient
« pas moins de place que les méditations de la piété, cette seule
« pensée n'attire-t-elle point sur Solesmes l'attention & la sym-
« pathie de tous les hommes sérieux? (1) »

Qu'on nous pardonne de céder à notre tour, par ces nombreuses citations, à un sentiment de piété filiale & qu'on nous permette, avant de terminer, de jeter un rapide coup d'œil sur les monographies les plus importantes qui ont suivi l'*Essai historique*.

Nous signalerons tout d'abord l'importante *Histoire de l'Église du Mans,* dont le premier volume parut en 1851, & dans laquelle le R. P. Dom Piolin a recueilli un grand nombre de faits nouveaux (2). En 1854 & 1855 il fournissait également un *Mémoire sur Solesmes* au baron de Wismes, qui le publiait dans l'ouvrage illustré *Le Maine & l'Anjou*. Dans l'article qu'il consacre à l'église abbatiale, l'érudit écrivain raconte au sujet de l'une des figures les plus renommées, celle de sainte Marie Madeleine assise auprès du tombeau de Notre-Seigneur, que le cardinal de Richelieu avait voulu la faire transporter à Paris. Il est vrai que Dom Piolin ne croit pas devoir insister sur cette anecdote, & qu'il regarde aussi comme totalement dépourvue de garantie une tradition d'un autre genre conservée par l'abbé Négrier de la Crochardière (3), attribuant un rôle actif à Jean Bougler dans l'exécution même des

---

(1) *Le Correspondant,* t. XIV, 1846.
(2) Cette *Histoire* qui comprend six volumes a été suivie d'un ouvrage écrit par le même auteur & intitulé : *L'Église du Mans pendant la Révolution,* 4 vol. in-8.
(3) Curé de Réné, près de Beaumont-le-Vicomte, mort en 1748.

statues. Il suffit à la gloire de l'illustre prieur qui avait enseigné pendant tant d'années l'Écriture Sainte, la Théologie & la science des Pères & des Conciles, d'avoir tracé le programme du somptueux monument qu'il a fait élever à la Mère de Dieu. L'auteur rejette enfin une opinion singulière qu'un laborieux compilateur, Bruzen de la Martinière (1), a exprimée en ces termes dans son *Dictionnaire géographique, historique & critique* : « Il y a dans « cette petite ville (Solême) un ancien monastère de Bénédictins « dont l'église est belle & digne de l'attention des curieux... On « y voit un sépulcre de Notre-Seigneur où les apôtres & les dis- « ciples sont représentés en grand, avec quantité d'autres statues « très bien faites. On dirait qu'elles sont d'une belle pierre. Cepen- « dant elles sont d'une certaine composition dont le secret a été « perdu, c'est à dire qu'elles ont été faites d'une sorte de pierre « mise en poudre, & entremêlée d'un mastic dur & pesant de la « même couleur, puis jetée en moule & cuite au feu dans les « fourneaux qui n'en ont altéré ni la couleur ni le poids. » Cette opinion ne soutient pas l'examen ; la matière de toutes ces sculptures est une pierre de Touraine, très tendre, d'un grain extrêmement fin & susceptible du plus beau poli (2).

Nous ne pouvons que mentionner en passant deux articles insérés, l'un en 1857, dans la *Revue de l'Anjou & du Maine*, l'autre dans la *Semaine religieuse* d'Angers, en 1869. Dans le premier, Dom Piolin a donné d'après l'original conservé dans nos archives la *Charte de Jean, duc de Nemours*, en faveur du prieuré. Elle est datée du 2 juin 1497. Dans le second, M. Guillotin de Corson a décrit *la Mort & le Triomphe de la Sainte Vierge*. Ajoutons une *Note sur un personnage figurant parmi les statues nommées ordinairement Saints de Solesmes*, rédigée par M. E. Lachèse & consignée dans les mémoires de la Société impériale d'agriculture, sciences & arts d'Angers (3). Au nombre des personnages qui figurent à l'ensevelissement du Christ, se trouve Joseph d'Arima-

---

(1) Antoine-Augustin Bruzen de la Martinière, né à Dieppe en 1662, mort en 1746 à La Haye.
(2) *Notice sur l'abbaye de Solesmes*, par P. Guéranger, p. 31.
(3) T. VI, p. 66, année 1863.

thie, avec le costume du temps de Louis XI. « L'artiste a sculpté
« une nature énergique, puissante, qui a posé devant lui & dont
« il a rendu toute la personnalité. Les traits du visage sont
« vivants & les plus petits détails du costume sont minutieusement
« copiés (1). » Nous sommes évidemment en présence d'un portrait. M. Lachèse croit pouvoir établir que c'est celui du bon roi
René. Cette conclusion, il est vrai, a été & est encore combattue,
& Dom Guéranger, qui l'avait admise dans ses premières brochures
parmi les opinions probables, l'écartait dans son *Essai historique*.
Il exprimait d'ailleurs son propre sentiment avec une sage réserve.
« On pourrait affirmer avec quelque probabilité, disait-il, que cette
« statue représente les traits de Jean d'Armagnac, duc de Nemours,
« qui était en possession de la seigneurie de Sablé en 1496, &
« l'un des bienfaiteurs du monastère. » M. E. Cartier embrasse
cette dernière opinion sans la moindre hésitation, & discutant la
thèse qui avait été lue devant les membres de la société savante
d'Angers à la séance du 17 juin 1863, il affirme que le grand
seigneur de la cour de Charles VIII, représenté par Joseph d'Arimathie, est facile à nommer. La tradition & l'ensemble des faits,
dit-il, désignent Jean d'Armagnac, duc de Nemours. On peut lire
l'exposition des preuves dans l'étude que M. Cartier a publiée en
1874 dans la *Revue du Monde catholique* (2), sous ce titre : *Les
Sculptures de Solesmes*, & dont il a donné, en 1877, une seconde
édition augmentée d'un travail sur le plan primitif de l'église de
Saint-Pierre. Les nombreux écrivains qui, depuis Dom Guéranger,
avaient parlé de nos sculptures, s'étaient tous inspirés des pages
écrites par le vénérable abbé, & nul n'était encore parvenu à
découvrir les artistes qui avaient réalisé le plan sublime conçu par
Jean Bougler. L'abbé de Solesmes s'était contenté de rapporter la
tradition du pays, &, dans le silence absolu que gardaient les
archives sur ce point, il avait vraiment pris le parti le plus sage (3).

(1) E. Cartier, *Revue du Monde catholique*, t. XX, p. 450.
(2) T. XX, p. 451.
(3) Cette tradition attribuant à trois sculpteurs italiens le monument de la chapelle de gauche (Notre-Dame la Belle) avait été recueillie par M. Lefebvre, qui, nommé vicaire perpétuel de Solesmes en 1770, reprit son ministère avec le titre de curé après le Concordat, & l'a exercé jusqu'à sa mort, en 1819. D'après M. Car-

Il était réservé à M. E. Cartier d'arriver, par l'emploi d'une méthode où se révèle sa merveilleuse sagacité, à des découvertes que personne avant lui n'avait soupçonnées. « Il a réuni un si « grand nombre de conjectures vraisemblables & de rapproche- « ments frappants qu'il devient presque impossible de n'y pas voir « une démonstration (1). »

L'année qui suivit la mort du Révérendissime Père Guéranger, Dom Alphonse Guépin donnait, sous une forme très intéressante, une *Description des deux églises abbatiales* de Saint-Pierre & de Sainte-Cécile. Il publiait en même temps une brochure qui est demeurée l'un des guides les plus précieux à offrir aux visiteurs de notre monastère. « Ce livre porte inscrits en tête de la première « page deux noms qui sont désormais inséparables dans le souve- « nir & le respect des catholiques, & à vrai dire, ils n'en font plus « qu'un seul : *Solesmes & Dom Guéranger.* » Ces paroles expriment, avec un profond sentiment d'affection filiale, une vérité que met en pleine lumière la vie de Dom Prosper Guéranger.

A partir de 1876, date à laquelle furent éditées les brochures dont il vient d'être question, il nous reste à signaler une dissertation du R. P. Dom Piolin : *Recherches sur les artistes qui ont exécuté les sculptures de l'église abbatiale de Saint-Pierre de Solesmes.* Elle a paru, en 1877, dans la *Revue de l'Art chrétien.* Quatre ans plus tard, en 1881, Dom Charles Rigault publiait, sous les auspices & aux frais de M. Paul d'Albert duc de Chaulnes, le *Cartulaire des abbayes de Saint-Pierre de la Couture & de Saint-Pierre de Solesmes.* Commencé dans la paix du cloître & dans le calme de la cellule, ce bel ouvrage a été achevé en exil. Chassé de son monastère, l'infatigable religieux plaça en lieu sûr les manuscrits, fruits de ses patientes & laborieuses recherches. Il

---

tier, la décoration de cette chapelle serait l'œuvre de Frans Floris, de ses trois frères, Corneille, Jacques & Jean, & des nombreux élèves qui formaient à Anvers une brillante école au milieu du seizième siècle.

Quant à l'artiste qui a érigé le tombeau de Notre-Seigneur (chapelle de droite), il se nomme Michel Colombe. Né en 1431, il ne mourut qu'en 1512. Or le monument a été terminé en 1496. Nous renvoyons pour les détails à la dissertation du savant archéologue.

(1) D. Piolin, *Revue de l'Art chrétien*, t. XXIV, p. 408.

put mettre la dernière main au *Cartulaire* par la publication des *Tables* &, dans une courte préface, il paya un juste tribut de reconnaissance à la famille de Juigné, qui avait offert une généreuse hospitalité aux enfants de saint Benoît.

Nous aurons accompli notre tâche en indiquant une dernière étude qui vient de paraître sous le titre : *Les Sculptures de Solesmes & les Richier* (1). C'est une réponse au livre intitulé : *Les Richier & leurs œuvres,* que publiait en 1883 M. l'abbé Souhaut, doyen de Ligny-en-Barrois. Cet auteur revendique pour des artistes lorrains les monuments de notre abbaye & substitue aux Floris d'Anvers les Richier de Saint-Mihiel (2). M. Cartier, dans sa réplique, développe les raisons qui l'empêchent d'admettre la thèse de M. Souhaut & sollicite finalement de l'écrivain « une « visite plus longue, une étude plus attentive, lorsque la persécu- « tion religieuse aura cessé & que les *Saints de Solesmes* ne seront « plus au secret, sous la garde sévère des gendarmes. »

Nous arrêtons ici nos recherches bibliographiques. L'ensemble de ces ouvrages est assurément le plus bel hommage qu'on puisse rendre à la mémoire du pieux seigneur de Sablé. C'est ainsi que Dieu se plaît à récompenser dès ce monde ces chrétiens d'un autre âge, qui, « pour le rachat de leurs âmes & de celles de leurs « parents, » voulaient éterniser la prière de l'Église sur leurs domaines en fondant des monastères.

On ne lira pas sans intérêt la charte par laquelle Geoffroy consacrait la fondation du prieuré de Saint-Pierre. Nous en donnerons la traduction d'après une copie authentique ou *Vidimus* de 1408 de Louis II, roi de Sicile & duc d'Anjou, qui est conservée dans les archives de notre abbaye.

CHARTE DE FONDATION DU PRIEURÉ DE SOLESMES PAR GEOFFROY LE VIEUX, SEIGNEUR DE SABLÉ (1010).

« Tandis que nous sommes en cette vie & qu'habitant notre corps nous avons le pouvoir de faire le bien, il faut que nous donnions à Dieu quelque chose de ce que nous possédons afin que

(1) *Revue du Monde catholique,* t. XXIV, p. 544, année 1884.
(2) Ligier Richier, né en 1500 à Saint-Mihiel, eut deux frères, Claude & Jean. Il mourut en 1567.

nous ayons la joie de le voir nous le rendre plus tard. En conséquence, au nom de Dieu, moi, Geoffroy de Sablé, pour le rachat de mon âme & de celles de tous mes parents qui m'ont précédé & qui viendront après moi, je donne à Dieu & au monastère du bienheureux Pierre, dit de la Couture, ainsi qu'aux moines qui y servent le Seigneur, l'église de Solesmes, située près du château de Sablé, sur les bords de la Sarthe, avec toutes les dépendances, terres cultivées & incultes, prés, vignes, moulins, qui sont situés au-dessous du monastère de Saint-Pierre dans la vallée de la Sarthe. Je donne encore comme dépendants de ce lieu deux autres petits villages, l'un nommé Chantemesle, & l'autre, Rocheteau. Je donne aussi un autre village appelé Mellerai, la terre de Bousse, & tout ce qui s'y rattache, avec faculté de s'étendre dans la forêt. Je donne encore, avec toutes ses dépendances, le village appelé les Valières, que j'ai reçu de mon seigneur Hugues, comte du Maine, en récompense de mes services. Je cède en outre une partie du village de Bouessay avec voyrie & autres coutumes, c'est à dire la partie que possédait Primalde, lequel s'est donné à Dieu, ayant quitté le siècle pour suivre le Seigneur. Je concède également toute sépulture des seigneurs du château de Sablé, & fais remise, pour l'amour de Dieu, de tous droits de garde & de service dudit château. Je donne aussi une terre nommée les Brenières, située au-delà de la rivière de Mayenne. Toutes les choses susdites je les donne & concède aux mêmes titres que je les tiens moi-même. Et pour toutes ces terres & villages, j'abandonne toutes coutumes de voyrie, forêt, chasse, ban & charroi, en sorte que désormais mes voyers, forestiers, brenniers, ni mes chiens ne paraîtront plus sur ces terres.

« Dans la dédicace de la susdite église Saint-Pierre de Solesmes, moi, Geoffroy de Sablé, j'ai présenté cette charte, pour qu'il la confirmât, à Hugues, comte du Maine, qui, à ma prière, était venu à la consécration de l'église. Lui, acquiesçant volontiers à ma demande, la confirma de son autorité, en présence d'Avesgaud, évêque du Mans, & de Hubert, évêque d'Angers, en y apposant le signe de la Croix. Avesgaud, évêque du Mans, & Hubert, évêque d'Angers, ont, à ma requête, confirmé & corroboré la présente charte de leur pouvoir & autorité épiscopale. Moi-même, Geoffroy de Sablé, qui ai fait ce don, & Adélaïde, ma femme, & notre fils Drogon, avons également confirmé cette charte.

« Que si quelqu'un de nos héritiers, parent ou étranger, poussé par une suggestion diabolique, veut amoindrir ou enfreindre cet acte de notre donation faite en bonne & due forme : par l'autorité de Dieu le Père tout-puissant, Fils & Saint-Esprit, de sainte Marie, Mère du Seigneur, de saint Michel archange & de tous les habitants du ciel, des prêtres, diacres & sous-diacres, & de tous les fidèles chrétiens, qu'il soit excommunié, anathématisé, maudit & détenu à perpétuité dans le barathre de l'enfer, s'il ne vient à faire satisfaction & ne répare sa criminelle tentative. Amen.

Ont signé : Raoul, vicomte (1), — Odon, son frère, — Patrice, — Hugues, voyer, — Guillaume (*trium pilorum*), — Aimery, — Raynauld jeune, — Hugues, comte, — Geoffroy de Sablé, — Adélaïde, femme de Geoffroy, — Drogon, leur fils, — Raynauld Crassell, — Avesgaud, évêque du Mans, — Hubert, évêque d'Angers, — Ingelbaud, abbé (2), — Robert, grammairien (3), — Guarin, qui a dicté & écrit ces choses, — Garnier, moine, — Rambert, moine (4).

L'an de l'Incarnation du Seigneur mil soixante-treize, le trois des kalendes d'avril, à la demande de Raynauld, abbé (5), cette charte a été confirmée à Bonneville (6), par Guillaume, roi d'Angleterre, lequel Guillaume gouvernait alors la ville du Mans.

A signé : Guillaume, roi d'Angleterre.

Suivent les noms des barons qui accompagnaient le roi : Geoffroy, fils de Liziard, — Gauthier, chevalier, — Ory, prévôt, — Ranulfe, fils de Hugues, voyer, — Herbert, chevalier, fils de Guimbert, — Salomon, fils de Normand, — Patrice (7).

(1) Raoul de Beaumont, vicomte du Maine, frère de Geoffroy. — (2) Abbé de la Couture. — (3) Personnage célèbre à cette époque & dont l'enseignement jetait un grand éclat sur les écoles de l'Église du Mans. — (4) Premier prieur de Solesmes. — Pour la liste des prieurs, puis des abbés de notre monastère, nous renvoyons le lecteur à la brochure de Dom Guépin, *Solesmes & Dom Guéranger*, & au *Cartulaire* publié par Dom Ch. Rigault. — (5) Abbé de Saint-Vincent du Mans.

(6) Bonneville-sur-Touques (Calvados). — (7) Il avait signé en 1010.

ORIGINES

DE

L'ÉGLISE ROMAINE

OUS le nom d'*Origines catholiques,* Prosper Guéranger avait en vue, nous le savons par son propre témoignage, la publication d'un assez vaste ensemble où seraient traitées les principales questions qui tiennent à l'esprit & à la forme du catholicisme dans l'histoire. Il travaillait à cet ouvrage depuis 1830, ne cessant d'étudier les monuments de l'antiquité. Fidèle au plan qu'il s'était tracé, notre prieur ouvrit la série de ses recherches sur les origines historiques du catholicisme par l'étude des origines de l'Église Romaine, mère & maîtresse de toutes les Églises. Mais avant d'utiliser les matériaux que la tradition lui avait fournis, il s'efforça de peser la valeur de tous les titres & de montrer l'authenticité des archives de l'Église Romaine durant les huit premiers siècles. Pour atteindre ce but, il consacra un volume entier à des prolégomènes de la plus haute importance.

Dom Guéranger, encore au début de sa carrière, se révélait déjà comme l'un des promoteurs de la science historique : à une vaste érudition, il savait allier un incontestable courage, en réagissant avec une noble indépendance contre les systèmes historiques & critiques qui prévalaient en France sous l'empire des jansénistes & des gallicans. On retrouve partout chez l'écrivain le fidèle champion de l'Épouse du Christ, qu'il défend avec amour & qu'il sait à la fois faire connaître, chérir & respecter.

Nous ne rééditons pas le premier volume. Il faudrait aujourd'hui refondre ce travail, en mettant à profit les récentes découvertes de l'archéologie & de l'histoire. Mais nous donnerons la préface de l'auteur avec le plan de l'ouvrage, tel qu'il l'avait tracé, il y a déjà cinquante ans. Ces pages montreront comment Prosper Guéranger entendait qu'on étudiât l'histoire ; selon sa belle expression, « l'his-« toire du genre humain est une pensée éternelle de Dieu, réalisée « successivement dans le temps. » Pour la traiter avec fruit, deux choses sont particulièrement requises : l'érudition jointe à l'appréciation chrétienne.

Qu'on juge maintenant de l'impression que produisit la publication des Origines de l'Église Romaine par le cri de détresse que poussa l'une des sentinelles avancées d'un hypocrite gallicanisme. Voici quelques extraits de l'article anonyme qui parut le 11 juillet 1837, au moment même où, par un dessein merveilleux de la Providence, le Souverain Pontife allait sanctionner de son approbation l'œuvre de restauration entreprise à Solesmes par Dom Guéranger.

Nous citons textuellement :

« Les recherches contenues dans ce volume (il s'agit du tome « premier des *Origines catholiques*) sont toutes relatives à la « papauté, dont messieurs de Solesmes font à chaque page le plus « magnifique éloge, pour laquelle ils professent l'enthousiasme le « plus vif, le dévouement le plus illimité... Dans une introduction « fort longue on expose le plan des travaux entrepris, & on examine « l'état du siècle à l'égard de la Religion catholique ou plutôt à « l'égard du Pape ; car les nouveaux Bénédictins voient tout dans « le Pape.

« Il faudrait écrire un volume presque aussi gros que celui des « Bénédictins de Solesmes, si l'on voulait relever une à une & « combattre d'une manière suivie les propositions fausses dont leur « livre est semé, & dont quelques-unes, si on les acceptait, auraient « les conséquences les plus graves. Suivant les Bénédictins de « Solesmes, l'histoire n'est possible & utile qu'au point de vue « chrétien, je me trompe, qu'au point de vue *catholique*. Cette « opinion se reproduit à chaque page en termes différents ; en « voici le résumé : il faut savoir la pensée divine pour comprendre « les temps anciens & modernes ; cette pensée, c'est la révélation « qui nous l'apprend ; la révélation est un dépôt confié à l'Église « catholique dans la personne du Pape.

« La profession de foi des Bénédictins de Solesmes est écrite
« en toutes lettres dans cinq ou six endroits de leur volume.
« Page 18 : « Pour nous, sous le rapport religieux tout est dans
« le Souverain Pontife. — L'Église elle-même est dans le Pontife
« romain, docteur universel, suivant le concile de Florence. »
« Vous voyez, ces messieurs s'appuient du concile de Florence ;
« mais ils n'ont garde de rappeler le concile de Constance qui
« déclare les conciles généraux supérieurs aux papes.

« Avançons encore & nous trouverons encore quelque chose de
« plus clair, page 22, & en lettres italiques pour mieux marquer
« qu'il s'agit d'une maxime fondamentale : *Le Pape & l'Église,*
« *c'est tout un.* Cet apophtegme serait digne de votre prophète
« le comte de Maistre, que vous donnez sérieusement comme un
« homme inspiré. L'ultramontanisme se développe de plus en
« plus ; car en France, une pareille proposition est une hérésie
« contraire aux libertés de l'Église gallicane ; & développant cette
« pensée, vous poussez la maladresse jusqu'à affirmer que *la*
« *physionomie de l'Église a toujours été principalement saisissable*
« *dans les actes, les doctrines, & les mœurs de la Papauté.*

« Dira-t-on qu'on a voulu dans la personne des Bénédictins de
« Solesmes gratifier le clergé français? Encore une fois ils ne sont
« pas du clergé français; ils se posent ouvertement contre l'Église
« gallicane ; ils affectent d'appeler toujours Grégoire VII *saint*
« *Grégoire VII,* quoiqu'ils sachent très bien que la France a
« constamment refusé à ce pape les honneurs religieux que Rome
« lui a décernés (1). »

Ces attaques étaient un véritable hommage rendu au champion de l'Église & de la Papauté. La lutte, on le voit, s'accusait nettement entre les principes catholiques & les théories gallicanes, & Dom Guéranger avait incontestablement trouvé dans l'étude des monuments anciens la source la plus irréfragable de l'apologie chrétienne contre les erreurs modernes.

Ce fut au mois de mars 1837 que parurent les *Origines de l'Église Romaine*. Dom Prosper Guéranger était alors à Paris & se disposait à partir pour Rome avec le dessein de donner à l'œuvre

---

(1) *National* du 11 juillet 1837.

de la restauration de l'Ordre de Saint-Benoît en France son complément nécessaire, en la soumettant d'une façon précise & régulière au jugement du Siège Apostolique. Le 11 avril, le prieur de Solesmes était introduit pour la première fois devant la majesté pontificale. Accueilli par le Souverain Pontife avec la plus affable bonté, il déposa aux pieds du Vicaire de Jésus-Christ un exemplaire de son ouvrage, relié aux armes de Sa Sainteté. Le Pape le reçut avec grâce & se mit aussitôt à en lire plusieurs pages qu'il accompagna de félicitations.

Grégoire XVI daigna bientôt adresser aux nouveaux fils de saint Benoît un bref dont nous donnons la traduction.

« GRÉGOIRE XVI, Pape.

« Très chers fils, salut & bénédiction apostolique.

« Aux nombreuses preuves que vous Nous aviez déjà données
« de votre respect singulier pour Nous & pour ce Saint-Siège, vous
« venez d'en ajouter une nouvelle en commençant votre publication
« des anciens monuments de l'Église par les *Origines de l'Église*
« *Romaine,* que vous avez entrepris de donner en français sur un
« plan très étendu. Nous avons reçu de vous le premier volume
« de cet ouvrage paru récemment, & Nous avons voulu vous en-
« voyer cette lettre, pour vous signifier Notre reconnaissance, &
« vous renouveler le témoignage de Notre bienveillance paternelle,
« dont vous vous efforcerez, comme Nous en avons l'assurance, de
« vous rendre de jour en jour plus dignes, soit par la régularité de
« la vie & des mœurs qu'exige la perfection religieuse, soit par
« les ouvrages littéraires que vous avez déjà entrepris ou que vous
« entreprendrez par la suite pour servir à la défense de la vérité
« catholique, & à l'honneur de la Chaire suprême de saint Pierre.
« Que Notre bénédiction apostolique encourage vos efforts & stimule
« votre zèle : c'est du fond du cœur que Nous vous la donnons, en
« vous souhaitant en même temps toute sorte de véritable prospérité.

« Donné à Rome, à Sainte-Marie-Majeure, le 20ᵐᵉ jour d'octobre
« de l'année 1837, la septième année de notre pontificat.

« GRÉGOIRE XVI, Pape. »

ORIGINES

DE

L'ÉGLISE ROMAINE

PRÉFACE

N répète tous les jours que notre siècle est le siècle de l'histoire, &, il faut l'avouer, cette parole, si on ne la prend pas trop au sérieux, renferme bien quelque chose de vrai. A nulle autre époque on n'a vu les hommes de nos sociétés européennes livrés avec autant d'ardeur à la recherche des faits anciens, des vieilles mœurs, des monuments des âges passés : en un mot, à voir le mouvement qu'on se donne de toutes parts, les efforts que l'on fait pour mettre de la science historique, de l'archéologie, de la philologie dans les productions les plus futiles & les plus éphémères d'une littérature de convention, on serait tenté de croire que l'érudition est devenue à la mode chez nous & qu'être savant est désormais chose aussi facile qu'être ou passer pour homme d'esprit.

Il y a certainement dans cet étrange phénomène quelque grande révélation, car il ne suffit pas pour l'expliquer de l'attribuer à l'une de ces vogues subites qui existent aujourd'hui & n'existaient pas hier, comme s'il ne restait pas toujours à assigner les causes de cette disposition universelle. Pour nous, nous pensons qu'il est permis d'avancer que si les hommes de ce siècle se sont pris ainsi à vivre dans le passé, c'est par suite de leur lassitude d'un présent qui les fatigue, de leur indifférence pour un avenir qu'un scepticisme blasé a désenchanté pour eux. Il y a tout un monde dans les souvenirs, & un monde moins dur & moins amer, peut-être, que celui qui reste à traverser. D'autres plus sévères ajouteraient, & non sans quelque fondement, que l'on s'est mis tout à coup à étudier les peuples à croyances fortes, parce que soi-même on ne croit à rien; à approfondir avec un œil inquiet des mœurs austères & fondées sur l'amour du sacrifice, parce qu'on est effrayé des progrès de cet égoïsme qui dévore le principe d'association des hommes entre eux; à observer des sociétés & des institutions positives & pleines de vie, parce qu'on est arrivé à une époque où tout est mis en question, & où il n'y a ni lois qui tiennent lieu de mœurs, ni mœurs qui étayent les lois; à parler d'art, de poésie dans le passé, parce qu'on se sent impuissant à se dégager d'un prosaïsme moral qui glace tout; à écouter avec d'indéfinissables délices de monstrueux récits de la perversité humaine, parce qu'on trouve trop faibles les émotions que procure le spectacle d'un devoir rempli, d'une victoire remportée sur soi-même.

Voilà bien, sans doute, quelques-unes des causes de cette réaction subite qui a arraché les générations d'aujourd'hui à l'enthousiaste contemplation des sciences qu'on appelait exactes, pour les lancer avec tant de force dans les goûts & les sympathies historiques; mais il faut joindre l'action particulière de cette Providence divine qui ne permet jamais rien sans l'adapter à ses fins de miséricorde & de justice. Car ce grand spectacle auquel tous accourent est plein d'enseignements & amène de lui-même comme corollaire invincible la démonstration du haut gouvernement de Dieu sur ce monde, de la chute originelle de l'homme, de la mission régénératrice du Verbe, enfin de la conservation de toute vérité sur la terre au moyen d'une Église visible, assistée d'en haut contre les erreurs de l'humanité & les efforts de la puissance mauvaise.

Mais il ne faut pas s'imaginer que l'espèce de nécessité morale qui a jeté les écrivains d'aujourd'hui dans les habitudes historiques ait fait autant d'hommes doctes que nous comptons d'amateurs. Rien n'est plein de choses, il faut l'avouer, comme un grand nombre de ces volumes, de ces articles de *Revue* que chaque heure voit éclore, rien n'annonce une vie de souvenirs & d'impressions historiques plus développée, une plus ample moisson de ces fleurs aériennes dont les nuances variées séduisent l'œil; mais pour peu que vous échappiez à l'enchantement de ce premier moment qui éblouit, pour peu que vous osiez jeter la sonde dans cet océan de connaissances qu'on dirait sans fond ni rives, vous toucherez bientôt, & tel en qui vous vénériez un savant universel n'est plus qu'un homme aimable dont la mémoire est heureuse & l'expression pittoresque, le tout revêtu d'un vernis de profondeur qui trompe la vue par une illusion de perspective, comme ces lacs fantastiques que le voyageur altéré poursuit avec ardeur au désert & qui s'évanouissent au moment où il allait s'y plonger.

Ce n'est pas qu'il n'y ait aujourd'hui encore plusieurs écrivains d'une vraie science, & dont les labeurs obstinés dans le champ de l'histoire n'ont point éteint cette verve & cette inspiration qui tiennent de la poésie &, dans une organisation complète, peuvent s'allier aux trésors de l'érudition. Ce n'est pas non plus qu'une société où tout le monde étudie & sait quelque chose, ne puisse, sous plusieurs rapports, subir, sans trop de désavantage, la comparaison avec celle où quelques-uns monopolisent toute science jusqu'à la posséder dans des proportions colossales, tandis que les autres sont à peine admis à se nourrir des miettes de leur table; nous voulons dire seulement que si l'on ne peut nier le penchant qui entraîne nos contemporains vers les goûts historiques, il faut confesser aussi que ce régime, si l'on en juge par les vrais savants qu'il a produits, est loin d'avoir donné en réalité tout ce qu'il semblait promettre en espérance.

Du reste, la chose est avouée depuis longtemps, car à toutes nos prétentions nous joignons souvent une incroyable bonne foi. Ensuite, quelle si grande profondeur pourraient avoir des études improvisées pour l'ordinaire dans l'unique but de faire de la poésie ou de l'art, ou bien encore de se livrer à ce qu'on appelle solennellement la philosophie de l'histoire?

La philosophie de l'histoire! C'est surtout sur cet article que les prétentions du siècle sont montées à leur comble. Chacun veut, à toute force, résumer l'expérience des âges passés, tracer à sa guise les phases du *progrès humanitaire*. Les annales du monde sont devenues comme un vaste champ de bataille où chaque jour des doctrinaires de toute couleur se livrent leurs combats. Chacun crie sa victoire & pense avoir deviné l'énigme des temps, parce qu'en appliquant les faits à ses théories toutes faites, il les a trouvés justes à leur mesure. Époque à jamais fameuse par les systèmes qu'elle aura enfantés & dont quelques-uns étonneront la postérité par leur largeur & leur profondeur. Malheureusement, leurs auteurs s'inspirèrent trop de leur propre génie, tandis qu'ils devaient simplement s'attacher à connaître & expliquer ensuite.

Dieu seul possède ainsi *a priori* la science des évènements de ce monde, parce qu'il les coordonne librement suivant ses conceptions éternelles : l'homme, au contraire, a besoin de connaître ce qui a été pour savoir ce qui devait être, & toute science en lui qui n'a la raison de rien, toute science n'est qu'un résumé.

Or, nous croyons qu'on peut réduire à deux points ce qui manque au coup d'œil historique de notre siècle & ce qui lui fait consumer en pure perte de si brillants efforts : l'interruption des grands travaux de l'érudition, & le défaut d'appréciation chrétienne.

Sans doute, en somme, il est permis de préférer l'époque où tous savent plus ou moins, à celle où quelques-uns savent tout & les masses rien. La dignité de la nature humaine semble le demander; mais pour le véritable progrès de la science, il est un état mitoyen, celui où tous se livrent à l'étude, mais où plusieurs pénètrent au delà de cette surface qui suffit au plus grand nombre. Quelque riche en effet que soit la mine, que restera-t-il pour prix du labeur de ceux qui l'exploitent, quand le produit des fouilles aura été partagé, si ces mêmes fouilles ne se continuent pas nuit & jour profondément sous terre? On parle beaucoup syncrétisme, mythes, origines des peuples, Inde, Égypte, moyen âge; mais quand tout aura été dit & redit sur ces sujets dans la mesure nécessaire pour publier un volume, pour composer un tableau, l'un & l'autre promptement goûtés, assimilés, oubliés, où en sera la science? Quand on aura dépensé ces capitaux si promptement réalisés, de quoi vivra-t-on? qui rouvrira le livre du passé, muet désormais? Les travaux seuls de l'érudition peuvent réparer toutes ces pertes, en fournissant jour par jour l'aliment à cette activité d'esprit qui dévore nos contemporains; mais pour cela il faut des hommes qui aiment la science pour elle-même & qui soient capables de sacrifier les jouissances de l'enthousiasme & de l'amour propre pour s'aller enfouir dans les solitudes ténébreuses de l'archéologie. Il faut de nombreuses vies d'homme consumées à lire les in-folio, à les composer; à déchiffrer, à comparer les manuscrits; en un mot, à servir cette multitude empressée qui demande des livres, comme autrefois le peuple de Rome criait du pain & des théâtres. Nous nous hâtons de dire que nos académies renferment quelques hommes dont la science profonde peut être mise sans désavantage en regard de l'érudition ancienne, mais plusieurs d'entre eux, restes vénérables d'un passé anéanti, approchent du terme de leur carrière; si donc le vide qu'ils laisseront après eux n'est pas rempli, si cette race presque éteinte ne se renouvelle au milieu de nous, on peut prédire avec certitude l'époque prochaine où cette science historique, devenue aujourd'hui si vivante & si populaire, va s'arrêter tout à coup.

Mais il est une cause qui rendrait à jamais inféconds les efforts d'une science véritable, si un jour elle nous était rendue; c'est le défaut d'appréciation chrétienne, l'absence du point de vue catholique. Qu'est l'histoire du genre humain, sinon une pensée éternelle de Dieu réalisée successivement dans le temps? Or, cette pensée divine, il faut la savoir pour juger l'œuvre qu'elle produit; & qui la saura, si Dieu ne l'a révélée? Heureusement pour le monde, l'énigme est depuis longtemps expliquée, Dieu a tout dit à l'homme sur les fins de la création, & son œuvre, si vaste & si magnifique qu'en soit l'ensemble, est demeurée pleinement justifiée aux yeux du fidèle. La mission de Jésus-Christ, Rédempteur & Docteur des hommes, les destinées de l'Église qu'il a fondée, voilà ce qu'il faut comprendre pour saisir l'enchaînement des temps anciens & modernes, & c'est pour l'avoir raconté avec plénitude que Bossuet, dans sa grande synthèse historique, a mérité d'être proclamé le Prophète du passé.

Que si l'on venait nous dire que la foi dans une révélation, l'appréciation du Christ & de l'Église comme unique flambeau des temps, ne saurait être dans un degré universel, ni même absolument le partage de quiconque désire travailler sur l'histoire du monde : tout en faisant nos réserves pour les droits de la vérité qui n'est vérité que parce qu'elle est souverainement exclusive, nous pourrions d'abord demander si le scepticisme ou le fatalisme, pris pour point de départ dans l'investigation des faits de l'humanité, ont inspiré jusqu'ici à certains auteurs de nos jours une bien lucide & bien consolante philosophie de l'histoire. Ensuite, nous demanderions pourquoi tant d'auteurs, malheureusement désintéressés de toute question religieuse, se permettent chaque jour d'apprécier des évènements, des mœurs, des résultats, des pratiques qui tiennent à ces mêmes questions, sans avoir daigné faire la plus légère étude spéciale sur ces croyances & ces usages, sans s'être procuré même un énoncé exact des principes de vérité ou d'erreur qui se remuent au fond des évènements qu'ils racontent. L'abus est arrivé au degré le plus monstrueux. C'est ainsi, & nous choisissons cet exemple entre dix mille, c'est ainsi, disons-nous, qu'un de nos premiers écrivains d'histoire, dans un livre admiré, a osé soutenir que le dogme de la virginité de Marie, dans son enfantement divin, était une idée du XII⁰ siècle, confondant par un trait de la plus inconcevable ignorance un article de foi évangélique, apostolique & traditionnelle avec la croyance pieuse de l'Immaculée Conception. Il est vrai que l'auteur avait besoin d'étayer une idée assez neuve & inattendue d'ailleurs, c'est à dire qu'*au douzième siècle, dans l'Église, Dieu changea pour ainsi dire de sexe.* Et ce sont là les hommes que des esprits imprudents ou séduits proclament les restaurateurs des annales de l'humanité, chargés de réhabiliter le Christianisme dans l'histoire; en vérité, ce XVIII⁰ siècle qui s'en va, dit-on, connaissait mieux les dogmes qu'il voulait détruire, & il est triste de dire qu'on prendrait une idée plus complète de l'enseignement du Christianisme dans le fameux *Dictionnaire philosophique*, où Voltaire a pris à tâche de le travestir, que dans certains ouvrages où l'on en parle parfois avec enthousiasme, tout en affectant d'ignorer les points précis de sa doctrine. Nous ne craignons pas de le dire, cette science d'aujourd'hui, si hâtive dans ses conclusions, si riche & si neuve dans ses découvertes, se fait tort à elle-même, & il pourrait bien se faire que sa gloire ne passât pas la seconde génération, pour peu que cette dernière s'applique sérieusement à connaître les choses dont elle voudra parler.

Oui certainement, pour parler avec assurance de l'élément religieux qui occupe une si grande place dans les évènements de ce monde, pour parler du Christianisme, en fût-on venu à ne croire à rien à force de contempler les divers *syncrétismes,* comme l'on dit, opérés dans les croyances de l'humanité, y compris la religion de Jésus-Christ, toujours est-il qu'il faut étudier pour savoir. Mais ne touchons pas davantage cette plaie désolante : qu'il suffise ici de l'avoir signalée pour montrer à ceux qui en gémissent que nous l'avons vue & que nous en gémissons aussi. Revenons à parler des besoins de la science historique. Pour la faire revivre, après l'orthodoxie, c'est à dire l'unité de vues dans le sens de Dieu, ce qui presse le plus est la reprise des grands travaux de l'érudition. Ces travaux, à la fois consciencieux & chrétiens, ont existé autrefois, & c'est encore sur leurs résultats que la science vit aujourd'hui. Les corporations religieuses, dans tous les siècles du Catholicisme & principalement dans les deux derniers, ont offert le magnifique spectacle d'une action scientifique toujours soutenue par l'esprit de foi, par l'amour sincère de la vérité, & triomphant avec calme des plus rebutantes difficultés, des plus obscures fatigues. C'était, certes, une belle idée d'avoir intéressé à l'avancement des connaissances dans l'humanité le plus noble & le plus puissant mobile, la vertu, & d'avoir promis & donné le ciel pour prix de labeurs pénibles que la gloire humaine n'eût pas payés & que ces hommes forts & religieux n'estimaient pas au prix d'un salaire terrestre. Aujourd'hui que d'aveugles passions sont assoupies & que la France est veuve de ces saintes & héroïques milices qui cherchaient l'amour & la lumière en retour de l'abnégation individuelle dont elles faisaient profession, on est devenu juste envers ce qui n'est plus : des services, dont l'importance n'a point encore été dépassée, ont forcé de retenir au moins les noms des bienfaiteurs.

Mais au milieu de tous ces instituts monastiques, s'élevait, imposant par son antiquité & plus illustre encore par les bienfaits de tout genre qu'il répandit sur l'Europe entière pendant près de douze siècles, l'Ordre Bénédictin, & si grande fut sa splendeur, si éclatants furent ses services, que s'il succomba dans la destruction universelle, son nom & sa mémoire demeurèrent presque constamment environnés du respect universel. Le temps avait peut-être alors affaibli la mémoire des bienfaits que, dans les siècles reculés, cet Ordre avait répandu sur l'Europe, alors que l'élément civilisateur, presque exclusivement déposé entre ses mains, avait été par lui appliqué à tous les besoins des sociétés naissantes ; mais nul ne pouvait refuser son admiration à ces merveilleuses & récentes créations de la science, à ces monuments de l'érudition qu'avaient élevés & qu'élevaient encore, principalement en France, ces religieux en qui le savoir égalait la piété.

Or, entre toutes les Congrégations formant l'Ordre de Saint-Benoît, celle de Saint-Maur brilla d'un éclat sans pareil. Jamais l'étude ne fut conduite ailleurs avec autant d'ensemble & de profondeur ; jamais de si grandes choses n'avaient été opérées en si peu de temps & d'une manière aussi parfaite. Étude des langues savantes, édition des manuscrits, publication & correction des Pères de l'Église, exégèse biblique, théologie positive, collection de mille monuments épars de l'antiquité dans les *Spicilegia*, les *Thesaurus*, les *Analecta*, rédaction des annales nationales, sacrées & profanes, archéologie, paléographie, diplomatique, &c., ces hommes étonnants, dans un siècle environ, traitèrent, exécutèrent toutes ces choses, & avec une telle supériorité, que la génération présente, si frivole qu'elle soit, en est demeurée ravie d'admiration. En effet, il est juste de le dire, une compilation d'historiens ou de monuments anciens telle que celles de Dom Bouquet, de Dom Martène, par exemple, émeut aujourd'hui les hommes d'une littérature légère, & une édition des saints Pères n'est plus comme au siècle dernier l'objet du dédain : chacun y sent plus ou moins le Dieu inconnu.

Et pourquoi cela? c'est qu'on a compris qu'il y a là deux choses qui manquent à tant d'ouvrages scientifiques de nos jours, c'est à dire le sérieux & la profondeur, & de plus, ce sens divin que nous avons nommé l'appréciation religieuse. Aussi le souvenir des anciennes corporations monastiques qui exécutèrent ces travaux ou d'autres analogues, n'a-t-il plus rien d'odieux & de repoussant pour la génération présente. Tout cela est déjà trop loin pour n'être pas jugé avec impartialité, & non seulement on sympathise avec le passé de l'Ordre monastique, mais on émet fréquemment le vœu de voir renaître dans le présent quelque chose qui le retrace. Les uns désirent revoir les anciennes mœurs du cloître comme un accident poétique dans la société matérialisée d'aujourd'hui ; les autres appellent des asiles où l'on puisse fuir le monde & soi-même, avides qu'ils sont de recommencer dans la foi & la prière une vie dépensée jusqu'ici dans le vague des passions & de l'incroyance ; d'autres voient dans les monastères une immense garantie sociale sous le point de vue économique ; d'autres enfin disent que c'en est fait de la science historique, s'il ne s'élève pas promptement de ces retraites studieuses à l'ombre desquelles quelques hommes, échappés des embarras & des interêts de la vie ordinaire, se livrent avec amour aux sévères exigences qu'impose l'érudition véritable à ceux qui se sont voués à son culte.

Telles furent les sympathies diverses qui s'exprimèrent au grand jour, il y a quatre ans, lorsqu'on vint à parler dans le public d'une association qui venait de s'établir à Solesmes, au diocèse du Mans, dans le but d'aider au rétablissement de l'Ordre de Saint-Benoît en France. On sentit tout de suite qu'il s'agissait là de tout autre chose que d'une spéculation d'intérêt ou de parti; ce qu'il fut, du reste, aisé de reconnaître, à la faveur que l'œuvre obtint chez plusieurs & à l'indifférence qu'elle recueillit d'un plus grand nombre. Mais le principe était posé; il était admis sans conteste. Le siècle, pouvait-on dire, n'était pas hostile à des efforts empreints peut-être de quelque abnégation & dont le but, atteint ou non, demeurait toujours honorable.

Car, & il est sans doute inutile de le dire ici, nous n'avons pas la folle prétention, quels que soient le nombre & la science des frères que Dieu daignera nous adjoindre un jour, de remplacer en aucune manière la docte corporation sous les enseignes de laquelle nous avons eu l'audace de nous ranger. Nous n'avons ni l'érudition universelle, ni l'opulence qui fournirent les moyens de produire de si grandes œuvres à ceux que nous aspirons à nommer un jour nos prédécesseurs. L'ancienne Congrégation de Saint-Maur, si Dieu bénit la nouvelle, sera toujours pour celle-ci, non seulement l'objet d'un culte filial, mais bien plutôt d'une religieuse terreur. Au pied de ses tours, peut-être essaierons-nous de bâtir quelque chaumière pour profiter de leur ombre, comme autrefois les faibles venaient chercher autour des puissantes abbayes la paix & la protection qui ailleurs eût manqué à leur humble demeure. Il est vrai que, sous la suzeraineté de la crosse abbatiale, ces maisons isolées devinrent quelquefois des villes, en sorte qu'il en rejaillit quelque honneur aux murs qui les avaient gardées; mais ce fut l'œuvre de Dieu & des siècles (1).

(1) Le lecteur n'oubliera pas que ces pages étaient composées avant que Solesmes

Nous devons déclarer encore à ceux que le défaut de réflexion porterait à confondre un monastère de Bénédictins avec un académie en permanence, au sein de laquelle chacun ne vit & ne respire que pour apprendre & écrire sans cesse, que telle n'est point la réalité de la vie claustrale, pas plus dans l'illustre Congrégation de Saint-Maur que dans les autres instituts qui nous ont légué de si grandes œuvres. Le Bénédictin peut être savant, mais il est moine avant tout ; il est homme de prière & d'exercices religieux. Le chant des divins Offices, ministère des Anges, absorbe une partie considérable de ses loisirs, & la science n'obtient de lui que l'excédant des heures que le service de Dieu & l'obéissance réclament. Encore fait-il entrer son travail, quel qu'en soit l'objet, en ligne des choses qu'il a vouées à Dieu. Mabillon, Martène, Montfaucon & cent autres remplirent plus que qui que ce soit au monde la signification du nom de savants, mais rarement les vit-on laisser vacante au chœur cette *stalle* dont la désertion eût montré qu'ils auraient préféré l'isolement de l'esprit de l'homme à la société de Dieu. Le monde ne comprend pas quel lien c'est que la prière commune, & comment l'âme retrempe & agrandit ses facultés dans le contact divin ;

---

eût été reconnu comme abbaye & chef de Congrégation par le Souverain Pontife. Mgr Pie dans son Oraison funèbre de Dom Guéranger donne l'explication & le vrai sens de ce passage :

« Laissés à leurs inspirations premières, dit le grand évêque, les nouveaux fils de saint Benoît auraient naturellement greffé la tige nouvelle sur le tronc de la Congrégation de Saint-Maur, sauf à en modifier la sève par quelques correctifs. N'était-ce pas l'arbre qui ombrageait naguère encore de son feuillage cette église & ce prieuré de Solesmes dans lesquels on venait de s'établir ? Mais au-dessus des conceptions de l'homme, il y a la sagesse de l'Église, s'exprimant par l'oracle du Siège Apostolique. Fils lui-même de saint Benoît, le pape Grégoire XVI voulut que cette famille naissante cherchât plus haut & plus loin le principe de sa reconstitution. Ce fut là un ordre du Ciel. A partir de cet instant, Prosper Guéranger, s'appuyant sur la double force de l'étude & de la prière, remonta d'âge en âge le cours de la tradition... » (*Oraison funèbre de Dom Guéranger,* par Mgr l'Évêque de Poitiers, page 10.)

mais heureux ceux qui gardent dans leur cœur ces paroles de la Sagesse éternelle : *Cherchez d'abord le royaume de Dieu & sa justice, & le reste vous sera ajouté de surcroît.*

Quant à ceux qui désireraient savoir à quel titre nous avons surgi tout à coup dans l'Église, nous leur dirons avec simplicité qu'étant venus après ces tempêtes dans lesquelles avait disparu avec tant d'autres l'édifice vénérable de la Congrégation de Saint-Maur, ayant longtemps entendu répéter qu'un des premiers besoins du siècle était son rétablissement, nul ne se présentant plus pour payer de sa personne dans une œuvre toute de sacrifices, nous ne crûmes pas devoir étouffer en nous un désir généreux, peut-être par cela seul que l'objet en était pénible à atteindre. De jour en jour les précieux restes de ce corps illustre s'en allaient se décimant ; les honorables vieillards qui tentèrent à Senlis, en 1817, cette résurrection, dont l'espoir consola un instant la religion & la science, avaient vu s'aggraver avec l'âge les infirmités qui alors ne leur permirent pas de rentrer dans des exercices interrompus depuis près de trente ans ; encore quelques années & le nom de Bénédictin allait s'éteindre en France. Du moins, en nous hâtant, nous pouvions voir descendre encore sur nos humbles fondements la bénédiction des religieux vénérables que la mort avait épargnés ; étendus sur nous, leurs bras, comme ceux du patriarche Jacob sur Éphraïm & Manassé, pouvaient peut-être encore appeler une nouvelle rosée de grâces célestes, même après celle qui avait été versée déjà sur les douze chefs des tribus. Notre espérance ne fut pas vaine ; tous ceux de ces anciens d'Israël qu'il nous fut donné d'entretenir de nos projets s'associèrent paternellement à nos succès, nous encouragèrent de leur suffrage, souvent même de leurs bienfaits ; & nous gardons comme un héritage précieux pour l'avenir, si Dieu nous le donne, les témoignages écrits de leur affection, nous n'osons dire, comme eux, de leur fraternité.

Enfin pour mettre le sceau à ses faveurs, la divine Providence, en attendant l'indispensable sanction du Siège Apostolique qui doit, nous l'espérons, couronner en leur temps nos efforts & nos espérances, a daigné mettre dans le cœur de deux prélats de son Église une indulgence paternelle à laquelle nous avons dû l'existence & la conservation au milieu des difficultés qui accueillent toujours une œuvre naissante ; l'un (1) qui décréta par son autorité l'ouverture de notre maison conventuelle ; l'autre (2) qui prit en sa garde l'œuvre commencée sous son prédécesseur & la soutient encore de son suffrage & de son assistance continuelle.

Nous dirons maintenant un mot de nos travaux. En ce siècle qui s'occupe tant d'antiquités & d'origines, nous avons dû suivre, quoique de bien loin, les traces des anciens Bénédictins, en nous livrant spécialement à l'étude des antiquités & des origines du Christianisme. Quoiqu'on parle beaucoup de religion aujourd'hui, la science des choses religieuses, comme nous l'avons dit, n'est pas la partie forte de l'érudition actuelle, & c'est parce qu'on ne connaît pas assez les fastes & la physionomie de l'Église que trop souvent on est exposé à prendre de faux points de vue, malheur arrivé fréquemment, non seulement à ces écrivains hétérodoxes qui traitent sans cesse de la chose religieuse, mais même à plusieurs de ceux que d'honorables intentions & un talent remarquable placent d'ailleurs au rang des plus courageux apologistes. Que de fois un mot échappé mal à propos a révélé dans la plus éloquente page l'inexpérience de l'écrivain sur des matières que la droiture & le dévouement ne donnent pas toujours le droit de traiter ! Nous ne citerons pas ici des erreurs qui, plus d'une fois, ont passé inaperçues aux amis comme aux ennemis.

Nous avons donc songé à exécuter, avec le secours du

---

(1) Mgr Carron. — (2) Mgr Bouvier.

temps & dans la proportion de nos faibles efforts, un assez vaste ensemble où sous le nom d'*Origines Catholiques*, les principales questions qui tiennent à l'esprit & à la forme du Catholicisme dans l'histoire seraient tour à tour examinées, discutées, à l'aide des monuments. Cet ensemble, compris sous le titre général d'*Origines,* se subdivisera ensuite en autant d'ouvrages indépendants qu'il renfermera de matières traitées à part. Nous ne prétendons pas, certes, faire mieux que n'ont fait respectivement les Baronius & les Rainaldi, les Noël Alexandre, les Tillemont & les Ceillier, les Hardouin, les Labbe & les Mansi, les Petau & les Thomassin, enfin les Bollandistes & surtout les Bénédictins, dans leurs admirables préfaces & dissertations; mais si beaucoup a été dit jusqu'ici, il est pourtant vrai que tout ne l'a pas été encore, que plusieurs choses auraient pu l'être autrement & mieux, que la succession des temps découvre de nouveaux points de vue, enfin, qu'à chaque grande crise de l'humanité, la science historique fait un pas & acquiert quelques termes de plus pour la solution des problèmes agités jusqu'alors. Dirons-nous même toute notre pensée? c'est qu'il nous semble que les origines ecclésiastiques n'ont jamais été traitées en France d'une manière aussi large qu'elles auraient pu l'être. Notre nation est exclusive; les étrangers & leurs travaux la touchent peu, surtout quand ces travaux peuvent, légèrement même, froisser l'orgueil national & quelques préjugés encore. Nous aurons donc peut-être plus d'une justice à faire. Nous citerons souvent les étrangers, sans pour cela perdre la trace de nos savants français, dont les travaux sur ces matières ont presque constamment obtenu l'admiration des érudits ultramontains; mais s'il arrivait que quelques-uns de nos lecteurs, en parcourant ces pages, y rencontrassent pour la première fois les noms glorieux de certains savants italiens que l'Europe admire & que les docteurs protestants envient souvent à l'Église Romaine, bien qu'on trouve à peine un exemplaire de leurs solides écrits dans quelqu'une des bibliothèques de la capitale, ils ne devraient pas alors s'étonner de rencontrer parfois dans nos récits des choses totalement inconnues pour eux, mais bien s'abstenir de les croire nouvelles.

La première partition de notre travail, le premier ouvrage que nous publions, a pour objet les *Origines de l'Église Romaine*. Nous expliquons au chapitre premier le but de ce travail & la manière dont il sera exécuté : nous nous dispenserons donc d'en parler ici.

La seconde partition, formant aussi un ouvrage indépendant, aura pour objet une autre série d'*Origines* que nous ouvrirons avant même que celle-ci ne soit terminée. Les écrits attribués à saint Denys l'Aréopagite en feront l'objet. Nous discuterons la question grave de l'authenticité de ces livres que l'Église Romaine, dans sa liturgie, appelle *admirables & vraiment célestes,* ces livres qui ont eu, en effet, pour admirateurs saint Grégoire le Grand, saint Jean Damascène & Bossuet ; pour commentateurs, saint Maxime de Chrysopolis, Pachymère, Scot Erigène, Hugues de Saint-Victor, Albert le Grand, saint Thomas, Denys le Chartreux, Marsile Ficin, &c. ; ces livres qui, avant les dédains d'Érasme & les injures de Luther, jouirent pendant mille ans & plus d'un véritable culte chez les docteurs catholiques, & qu'une révolution inouïe dans l'histoire a tout d'un coup bannis des habitudes de l'école & de la chaire. Notre but est de travailler à leur réhabilitation; de les faire non seulement passer en notre langue, mais de montrer en détail l'action profonde qu'ils ont eue sur le génie occidental, l'influence qu'ils ont exercée sur les habitudes de la philosophie & de la théologie catholiques, enfin de justifier l'oracle que les deux Églises d'Orient & d'Occident ont rendu sur eux en les proclamant une œuvre, non de la terre, mais du ciel.

Tel est l'objet de nos premiers travaux d'*Origines Catho-*

liques. Nous réclamons, en commençant, l'assistance miséricordieuse de Celle qui fut la Mère de la Sagesse éternelle & qui est à jamais la Reine des Anges & des hommes, & nous soumettons tous nos travaux, présents & à venir, au jugement & à la correction du Siège Apostolique, sur lequel Pierre vit toujours en son successeur, pour la conservation de la parole révélée au monde par Celui qui est la Voie, la Vérité & la Vie.

IMPORTANCE DES ORIGINES DE L'ÉGLISE ROMAINE.
PLAN DE L'OUVRAGE.

'ÉTUDE des Origines de l'Église Romaine a droit d'intéresser toutes les classes de lecteurs, puisque, de quelque manière qu'on envisage la Papauté, on ne saurait s'empêcher de la considérer comme l'un des faits les plus importants, sinon le plus grave de l'histoire, depuis l'ère chrétienne. En choisissant donc pour introduction aux *Origines* historiques du Catholicisme un travail spécial sur la succession & les gestes des Pontifes Romains, nous avons cru traiter une matière susceptible d'intéresser tout à la fois & les fidèles enfants du Siège Apostolique, & les hommes qui ont voué une admiration désintéressée aux grandes choses qui se rencontrent parfois dans les annales de l'humanité, & ceux enfin qui, livrés aux supputations historiques, sentent le besoin d'un point lumineux & central autour duquel ils puissent grouper l'ensemble des temps.

Et pour nous adresser d'abord à ces derniers, l'étude des annales pontificales, véritable flambeau chronologique, a droit d'intéresser quiconque s'applique à résumer la synthèse des évènements ecclésiastiques. Quelque parti que l'on ait

pris sur la question de savoir si le Christ a réellement fondé son Église sur Pierre, & ses successeurs, la grande figure du Pape, fatigante pour les novateurs, & rassurante, comme l'œil de Dieu même, pour le catholique, n'en domine pas moins tout le Christianisme. Que la Papauté, suivant les siècles, se manifeste médiate ou immédiate dans ses opérations, il n'en faut pas moins avouer, avec le comte de Maistre, cette impression générale qui résulte de la lecture attentive de l'histoire de l'Église : « On y sent, dit ce grand philo-
« sophe, je ne sais quelle *présence réelle* du Souverain
« Pontife sur tous les points du monde chrétien. Il est par-
« tout, il se mêle de tout, il regarde tout, comme de tous
« côtés on le regarde (1). »

Sans doute il n'est pas surprenant d'entendre l'Annaliste de l'Église Papale nous dire que « celui qui commettra
« quelque erreur sur la suite & l'époque respective des Pon-
« tifes Romains, sera nécessairement entraîné à en com-
« mettre beaucoup d'autres dans l'ensemble de l'histoire
« ecclésiastique (2). » Baronius ne pouvait penser ni s'exprimer autrement; mais, ce qui est merveilleux, c'est que de doctes protestants se soient rencontrés sur ce point avec l'illustre cardinal. Voici ce que dit l'évêque anglican Pearson :
« La série des Pontifes Romains, une fois mise en ordre, est
« d'une grande importance pour l'intelligence de l'histoire
« de l'Église, comme aussi, lorsqu'elle n'est pas disposée
« d'après la réalité chronologique, le défaut de rectitude sur
« ce point engendre nécessairement une grande confusion,
« la religion chrétienne ayant tout d'abord jeté ses racines à
« Rome, & étant partie de cette ville maîtresse de l'univers,
« pour éclairer les autres régions (3). »

---

(1) *Du Pape*, liv. I, ch. viii.
(2) Si in ordine & tempore primorum Romanorum Pontificum quempiam errare contigerit, in multos alios errores ferri cogetur. (Baron., *Annal.*)
(3) Series Pontificum Romanorum suis temporum terminis rite digesta ad intelli-

Plus précis encore que Pearson, Henri Dodwell s'en va déduisant timidement les raisons qui rendent si importante à toute l'histoire ecclésiastique la succession des Pontifes Romains, jusqu'à ce que la force des choses lui arrache le plus surprenant des aveux : « La chronologie des premiers « Pontifes Romains, dit-il, mérite d'être cultivée avec soin, « attendu que, surtout pour les temps qui ont précédé saint « Cyprien, nous n'avons, pour ainsi dire, d'autre indication « chronologique que celle des Pontifes, qui forment à eux « seuls une très grande part des gestes ecclésiastiques ; « attendu aussi qu'Eusèbe, de toutes les successions des « divers sièges, ne nous a conservé que celles de Rome, « d'Alexandrie, d'Antioche & de Jérusalem, & que, parmi « ces dernières, celles de Rome & d'Alexandrie sont les « seules qui soient entières & dont les phases nous soient « marquées par des supputations de temps satisfaisantes ; « enfin, parce que, dans tout l'univers, il n'y a eu aucune « succession plus illustre que celle de Rome, à raison de ce « que saint Irénée appelle la puissante principauté de cette « ville, au moyen de laquelle les choses qui s'y sont passées « ont dû être très connues en tous lieux, particulièrement « dans les provinces occidentales (1). »

gendam historiam ecclesiasticam plurimum valet. Eadem vero, præsertim ubi alii charaƈteres temporis desiderantur haud reƈte disposita, miram confusionem ut pareat necesse ; cum Religio Christiana tam cito Romæ radices egerit, & ab Urbe rerum domina in alias regiones penetraverit. (Pearson, *De successione primorum Romæ episcoporum*, cap. 1.)

(1) Digna est profeƈto hæc primorum Pontificum chronologia quæ studiose excolatur, cum aliam fere nullam habeamus rerum ecclesiasticarum (in his præsertim quæ Cyprianum præcesserint temporibus) notam chronologiam, quam Pontificum qui gestorum ecclesiasticorum pars maxima fuissent ; nec vero sedium reliquarum successiones nobis conservarit Eusebius, præterquam Romanæ, Alexandrinæ, Antiochenæ atque Hierosolymitanæ ; nec porro alias integras atque intervallis chronologicis perpetuo conspicuas præterquam Romanæ atque Alexandrinæ ; nec denique alia fuerit in universo orbe Romano successio illustrior quam Romana, propter ipsam civitatis quam appellat Irenæus potentiorem principalitatem, cujus-

Et dans le fait, usurpée ou non, empruntée à la dignité politique de l'Empire Romain, ou fondée sur l'expresse volonté du Sauveur des hommes, cette puissance du Siège de Rome est de tous les temps & de tous les lieux. Visible dès les trois premiers siècles, elle s'affirme d'une façon éclatante à la paix de l'Église : ses droits sont reconnus à Nicée & à Sardique. A mesure qu'on avance dans les annales du Christianisme, on la retrouve partout, dans les décisions du dogme, dans les décrétales de la discipline, dans les missions chez les barbares, dans les luttes avec les princes chrétiens, dans les conciles généraux qu'elle préside & confirme, au sommet enfin de la hiérarchie chrétienne. La Réforme vient-elle, après quinze siècles de possession, lui contester la légitimité de ce pouvoir œcuménique, Rome, bien qu'elle ait vu décimer le nombre de ses fidèles, n'en demeure pas moins reine au Vatican ; & tout annonce, même humainement, qu'elle aura vécu assez de temps pour célébrer les funérailles de sa rivale, qui s'absorbe tous les jours de plus en plus dans le doute & l'incroyance.

Oui, il faut de toute nécessité en convenir, la Papauté est le fait culminant dans l'histoire du Christianisme ; & il est d'une haute importance, pour peu que l'on veuille embrasser avec quelque exactitude l'ensemble de celui-ci, de rechercher la succession, les années & les gestes des Pontifes Romains. Les Papes, à part la haute influence de leur ministère, possèdent dans les annales ecclésiastiques une valeur chronologique. Ils y sont ce que sont dans l'histoire profane les rois, les empereurs, les consuls. Les époques se désignent par leurs noms, les faits s'enregistrent & se classent d'après les années de leur siège ; & à n'envisager l'étude des Origines de la Papauté que comme un *Art de vérifier les dates,* assez d'importance demeure encore à cette

---

que adeo res gestas oportuerit ubique fuisse notissimas, præsertim in provinciis occidentalibus. (Dodwell, *De Romanorum Pontificum primæva successione,* cap. 1.)

nécessaire introduction à l'étude de l'histoire & de l'antiquité ecclésiastiques, pour que l'on n'ait pas à regretter les laborieuses recherches dans lesquelles elle peut entraîner.

Mais nous ne donnons pas simplement l'histoire de la Papauté pour une machine historique; nous la présentons avec assurance à tous les hommes qui aiment à poursuivre de leur admiration les grandes choses qui se sont opérées & s'opèrent encore au sein du genre humain. Quoi de plus grand, de plus merveilleux en effet sous le soleil que cette succession de Pontifes qui a traversé dix-huit siècles comme un jour, dans une fidélité unanime à garder inviolable le dépôt d'une même doctrine, à maintenir une même société sur les mêmes bases? Où paraît mieux la dignité de la nature humaine que dans la conservation incessante de cet empire pacifique, qui, sans autres garanties que l'amour & la foi, sans autres armes que celles empruntées à la morale la plus spiritualiste, a recueilli dans tous les âges tant & de si nobles hommages du génie & de la vertu? Il ne se peut sans doute voir nulle part un plus généreux spectacle que celui de la résistance patiente des trente premiers successeurs de saint Pierre, qui, tout écrasés qu'ils étaient sous la pression meurtrière de l'Empire Romain, n'en travaillaient pas moins sans relâche à reprendre en sous-œuvre les fondations de cet édifice colossal & ruineux, préparant ainsi l'inauguration d'un Empire saint & juste, d'un Empire du Christ & de la charité.

Voilà, certes, un assez beau point de vue humain, & l'on peut pardonner à saint Léon l'enthousiasme qui le remplissait lorsque, s'adressant à la cité purifiée dont il était le père, il disait : « O Rome, Pierre & Paul sont ces deux hommes « par lesquels la lumière de l'Évangile vint tout à coup « resplendir à ta vue, au jour où, de maîtresse d'erreur que « tu étais, tu devins disciple de la vérité. Ils sont tes pères « augustes, tes véritables pasteurs; à eux tu dois l'honneur

« d'une origine céleste, bien autrement glorieuse que celle
« que tu empruntes à ces deux autres hommes dont l'un,
« celui qui t'a donné son nom, arrosa tes fondements du
« sang de son frère. Pierre & Paul t'ont seuls conféré
« cette haute dignité qui t'a rendue la nation sainte, le
« peuple choisi, la cité sacerdotale & royale; en sorte que,
« devenue capitale de l'univers par le siège du bienheu-
« reux Pierre, la puissance divine que tu empruntes de la
« religion s'étendît bien au delà des limites de ta domination
« terrestre. Par suite de tes nombreuses victoires, ton
« empire s'est agrandi au loin sur la terre & sur les mers,
« & cependant, moindre est l'héritage acquis dans tes belli-
« queux labeurs, que celui qu'ont amené à tes pieds les
« pacifiques conquêtes du Christianisme (1).

Quiconque connaît les mœurs de l'Empire Romain, & sait comment le monde s'en allait en dissolution, si le Verbe de Dieu n'y eût mis la main, devra nécessairement, s'il a le cœur droit, éprouver envers Rome chrétienne, centre du mouvement sauveur qui retint la société sur le penchant de sa ruine, une reconnaissance égale à la terreur de ce qu'il fût advenu du genre humain, si l'invasion des barbares fondant sur l'Empire l'eût trouvé sans la parole du Christ.

Heureusement cette parole était descendue, & reposait au milieu de la nouvelle *Babylone*, comme l'appelle saint Pierre (2);

---

(1) Isti enim sunt viri, per quos tibi Evangelium Christi, Roma, resplenduit; & quæ eras magistra erroris, facta es discipula veritatis. Isti sunt sancti patres tui verique pastores, qui te regnis cœlestibus inserendam multo melius multoque felicius condiderunt, quam illi quorum studio prima mœnium tuorum fundamenta locata sunt : ex quibus is, qui tibi nomen dedit, fraterna te cæde fœdavit. Isti sunt qui te ad hanc gloriam provexerunt, ut gens sancta, populus electus, civitas sacerdotalis & regia, per sacram beati Petri sedem caput Orbis effecta, latius præsideres religione divina quam dominatione terrena. Quamvis enim multis aucta victoriis jus imperii tui terra marique protuleris, minus tamen est quod tibi bellicus labor subdidit, quam quod pax christiana subjecit. (*In Natali Apostol. Petri & Pauli, Sermo I.* S. Leonis opera. Edit. Ballerini. t. I. col. 321-322.)

(2) I. Petr. v, 13.

d'où il arriva qu'au moment où le Capitole s'écroula avec fracas, le Vatican, colline paisible, recueillit sous son ombre les restes du peuple-roi. Le barbare qui se sentait être le fléau de Dieu sentit aussi la présence de ce même Dieu, mais pour le salut du monde, dans la majesté pastorale de saint Léon; & déjà, comme si les ravisseurs de l'Empire avaient eu tout à coup l'intelligence du mystère divin de cette grande catastrophe, Rome avait entendu la voix d'Alaric qui proclamait, au milieu des ruines fumantes, que quiconque voulait avoir la vie sauve, eût à se retirer dans l'église de Saint-Pierre, seule arche de salut dans cet affreux déluge.

Rome chrétienne avec ses Papes est encore une grande chose, quand son génie planant sur tant de ruines matérielles, régénère tout par la puissance de la parole, donne aux peuples nouveaux tout ce qui leur manque, croyances, mœurs, institutions, bien-être, économie sociale; & quand, tutrice des beaux arts, elle les sauve de la mort en les employant presque seule du Ve au XIIIe siècle à l'embellissement de ses basiliques; en même temps que, dans sa sollicitude pour l'Orient qui veut lui échapper, elle retarde, par son action toujours sage & éclairée, la dégradation intellectuelle qui devait consumer la ruine de l'Empire Byzantin. Encore une fois, si désintéressé que l'on puisse être, n'est-ce pas là une histoire admirable? La surface en est connue, il est vrai; mais nous espérons prouver qu'au dessous de cette surface, tout est nouveau.

Vient ensuite le moyen âge avec ses grands Papes dont les noms, devenus si subitement populaires, sont aujourd'hui prononcés partout avec l'accent de l'enthousiasme. Saint Grégoire VII, Urbain II, Alexandre III, Innocent III, Grégoire IX, Boniface VIII, apparaissent maintenant aux yeux des hommes de ce siècle comme l'éternel honneur de l'humanité, & Dieu, qui devait à l'intégrité de ces généreux Pontifes un triomphe éclatant pour l'éclipse que leur gloire avait soufferte, s'est servi pour réhabiliter leur mémoire, non du suffrage des catholiques, mais du témoignage de ceux qui ne marchent point avec nous. Vers 1820, sur le point de terminer sa prophétique carrière, Joseph de Maistre l'avait prédit : « O sainte Église de Rome! disait-il, « tes Pontifes seront bientôt universellement proclamés « agents suprêmes de la civilisation, créateurs de la monar-« chie & de l'unité européennes, conservateurs de la science « & des arts; fondateurs, protecteurs-nés de la liberté civile; « destructeurs de l'esclavage, ennemis du despotisme, infa-« tigables soutiens de la souveraineté, bienfaiteurs du genre « humain (1). »

L'attente n'a pas été longue, & tandis que l'Angleterre préludait à la réaction par les écrits des William Cobbett & des John Lingard qui renversent jusqu'aux plus légers prétextes de la Réforme, l'Allemagne, du sein de laquelle étaient partis, il y a trois siècles, les premiers cris contre Babylone & son Antechrist, s'est prise tout à coup à venger la mémoire des Pontifes Romains, de ces Papes qui mettaient le pied sur le cou de ses empereurs. On a vu un ministre protestant, le docteur Voigt, publier la vie de saint Grégoire VII, en attendant la superbe monographie d'Innocent III, dont la profonde érudition de Frédéric Hurter s'apprêtait à doter le XIXe siècle. Pendant ce temps là, en France, un mouvement analogue s'opérait. Une suite d'écrivains à la tête desquels la postérité inscrira le nom de M. Guizot, entreprenaient de replacer la science historique sur ses véritables bases. Ils ruinaient pour jamais l'absurde méthode qui jusqu'alors s'obstinait à juger un siècle avec les idées d'un autre siècle. Par eux, la période de l'histoire moderne la plus mal comprise, le moyen âge se montrait enfin tel qu'il est, c'est à dire comme la radieuse époque où la Papauté accom-

---

(1) *Du Pape*, l. IV. Conclusion.

plissait sur la plus vaste échelle le grand œuvre de la civilisation & de l'amélioration du genre humain. Enfin, pour qu'aucune voix ne manquât dans ce vaste témoignage, une secte enthousiaste que quelques années ont vue naître & mourir, bien qu'elle prétendît remplacer le Catholicisme, qui, suivant elle, se mourait, est venue dire aussi son mot : ce mot était que les siècles qui avaient ressenti l'action vivifiante de la Papauté se trouvaient être ceux qui avaient marché d'un pas plus décidé vers la perfection sociale.

Mais puisque nous parlons des institutions humaines dont le propre est de vieillir en si peu de jours, n'est-ce pas le lieu de faire remarquer que la Papauté est une chose merveilleuse en cela aussi que, lorsque tout tombe autour d'elle, elle seule ne s'en va point? Et certes c'est là un étrange point de comparaison que cette institution désarmée, mais plus forte que les siècles, & parcourant avec calme & vigueur mille révolutions qui devaient la tuer, auprès de nos utopies éphémères, toujours mourantes le lendemain de leur apparition; théories vides de réalité comme de foi, minces questions de personnes, toutes choses qui montrent, pour la millième fois, que si l'humanité demeure, les formes sociales ne font que passer. Mais vous surtout, qui pensez que l'insurrection contre toute autorité est aujourd'hui le vœu universel du genre humain, vous n'avez donc rien vu des sociétés que la surface? vous n'avez donc pas découvert qu'en ce siècle de révolte il est une autorité encore & pour toujours sacrée? Et ce n'est pas dans quelque coin imperceptible de ce monde, que vous croyez connaître, qu'elle règne avec un empire si absolu; c'est sous vos propres yeux. Elle a des sujets qui lui appartiennent de cœur, sans aucune limite de nations ou d'intérêts, & Rome, pour tout dire en un mot, est le point central dans lequel viennent chaque jour se confondre & l'obéissance des vieux États monarchiques de l'Europe & la soumission des jeunes républiques du Nouveau Monde. Rien n'arrête l'empire de la Papauté : au sein de la France si divisée, d'innombrables fidèles la révèrent ; les frontières hérétiques ne lui sont pas un obstacle ; elle compte de fervents sujets au sein même des États dont le souverain s'est posé brutalement en chef de la religion. L'Orient déchiré de sectes schismatiques recèle en tous lieux des chrétiens *unis* au Patriarche de l'ancienne Rome, tandis que la Chine, le Tonkin, l'Inde voient décimer au profit de son pouvoir paternel les tristes victimes de l'idolâtrie, & que, dans d'autres climats, le sauvage, abordant à la civilisation par la foi catholique, bénit avec amour le *Grand Chef de la Prière* qui s'est ressouvenu de son délaissement.

Ce grand travail de conquête, qui ne s'est jamais arrêté, s'avance, en Europe & dans l'Amérique du Nord, à l'aide du progrès de la science & de la civilisation ; ailleurs il marche par les travaux de l'esprit apostolique ; en d'autres lieux par cette action médiate de la Providence qu'on est convenu d'appeler la force des choses. Ainsi donc à mesure qu'on démolit de toutes parts, on ne fait que dégager cet imposant colosse de puissance, & le moment viendra peut-être où il apparaîtra dans son isolement sublime, comme le seul pouvoir en lequel les hommes auront foi. Que signifie tout ceci ? & comment les prodigieux efforts faits tous les jours, au nom de la liberté matérielle, par les propagandistes du progrès social, ne parviennent-ils pas à grouper, autour d'une théorie aisée & séduisante, des masses comme celles que l'idée de soumission, d'obéissance passive dans ce que l'homme a de plus intime, la pensée, amène chaque jour aux pieds du Pontife Romain ? Étrange république, étonnante monarchie que celle-là, qui n'a d'autre lien que l'amour & le respect, & qui résout sans bruit le problème tant agité d'une société universelle ! Il s'agit bien ici de savoir ce qu'en pensent les patriotes italiens ! Certainement, Rome est sacrée reine à jamais, nous le croyons fermement; mais si quelque jour son Pontife, pour la centième fois, était contraint d'errer loin des sept collines, que ses oppresseurs s'en souviennent à l'avance : on n'exile point un pouvoir qui a son siège dans les cœurs. Le vieil adage papal : *Ubi Papa, ubi Roma*, trouverait en tous lieux son application, & le successeur de saint Pierre, fût-il réduit, comme le Christ, à n'avoir pas où reposer sa tête, n'en verrait pas moins ses lois obéies, ses moindres paroles recueillies avec amour : car il eût été impossible, si loin qu'on le reléguât, de le séparer des sujets que Dieu lui a donnés sur tous les points du globe. On répète souvent que la violence ne peut rien sur les idées : l'histoire du Catholicisme l'a prouvé, mais on le reverrait encore.

Du reste, & c'est là un des phénomènes de nos jours, la vénération envers le Pontife Romain s'est étendue dans ces dernières années jusque chez les protestants eux-mêmes. Les augustes infortunes de Pie VI & de Pie VII ont ému l'Europe & plus profondément qu'elle ne l'a senti d'abord. Comme la France se retrouva catholique en 1804, sous les pas de Pie VII, les royaumes séparés ont tressailli d'un mouvement inconnu au bruit des ineffables douleurs & de l'angélique patience de ce Pontife. Déjà la glorieuse confession du clergé français avait, dans ces régions, réveillé des échos qu'on eût crus muets depuis trois siècles. De ce moment surtout, il s'est fait une révolution véritable qui a réagi sur les habitudes mêmes de la vie. On a pu rester incrédule, protestant, on a pu déclamer quelquefois, souvent même, sur des abus réels ou supposés; mais la personne du Pontife Romain est devenue de plus en plus inviolable. Nous n'entendons point dire qu'il n'y ait pas eu, de temps en temps, quelque brochure de mauvais ton, quelques vers dignes d'avoir été faits un siècle plus tôt, quelque article de journal rempli d'un dévergondage suranné; mais il est un genre de littérature dans lequel le progrès que nous signalons est particulièrement sensible : nous voulons parler des *Voyages en Italie*. On n'en citerait pas un, écrit depuis vingt ans, quelle que soit la croyance de son auteur, qui ne s'exprime avec égard sur la personne du Pontife régnant. Nous nous contenterons d'en citer ici deux exemples. Qui ne connaît l'*Italie* de lady Morgan, ce livre si fatigant à dévorer, pour les déclamations furibondes dont il est rempli, si rétrograde dans ses jugements sur les âges & les institutions catholiques? Cependant au milieu de ce lourd & injurieux *factum*, l'auteur a trouvé le moyen d'écrire quelques lignes où se peignent le respect, l'admiration, presque l'amour, & dans ces lignes il est question d'un Pape!

L'autre exemple est plus récent, mais non moins digne de remarque : il s'agit de M. d'Haussez, ancien ministre de la Restauration & dont le *Voyage en Italie* est un des derniers en date. Il est inutile, sans doute, de chercher dans ce livre une intelligence quelconque de l'art catholique, un respect même extérieur pour les institutions & les rites de notre foi, le plus léger sentiment des convenances qu'imposait à l'auteur sa communauté d'exil avec une royale famille qui ne trouve d'allègement aux rigueurs de la Providence que dans la piété de ses ancêtres; rien de tout cela ne s'y rencontre : mais quel est, par là même, l'étonnement du lecteur, lorsqu'après de grossières & fades plaisanteries sur la translation de la sainte Maison de Lorette & sur la liquéfaction du sang de saint Janvier, tout cela dans un style qui eût fait envie au président Dupaty, tout à coup M. d'Haussez se prend à faire l'éloge le plus complet de la personne & des qualités du Souverain Pontife & avec un accent qui montre que l'auteur n'a pas résisté au touchant prestige qui triompha de lady Morgan! C'est qu'encore une fois la Papauté toujours chère & vénérable aux fidèles a trouvé grâce devant ceux-là mêmes qui l'eussent blasphémée autrefois, & que son empire moral triomphe de plus en plus des préjugés haineux d'un autre âge.

Que si quelques hommes aveugles résistent encore & persistent à ne voir dans la majesté du Siège Apostolique que l'auréole pâlissante d'une idole séculaire, c'est qu'ils ne se doutent pas de ce que comprennent fort bien les gouvernements schismatiques & protestants. L'Angleterre a cédé de guerre lasse, il est vrai; mais la Russie & la Prusse emploient chaque jour tous les ressorts du plus indigne machiavélisme, pour neutraliser l'élément catholique, en gênant l'exercice de la suprématie pontificale. C'est dans le même but que le joséphisme a travaillé, depuis plus d'un demi-siècle, l'Allemagne & une partie considérable de l'Italie. Mais tous perdent leur temps, & le jour approche où ces superbes adversaires d'une autorité toute spirituelle diront à leur tour : *Voyez, nous n'y pouvons rien : voilà que le monde entier prend parti pour elle* (1).

Toujours victorieuse dans le passé, sans autres armes que le bon droit & la patience, la Papauté le sera aussi dans l'avenir; & quelle garantie meilleure à présenter à nos hommes positifs du présent, que les triomphes qu'elle a remportés de nos jours & sous nos yeux? Qui n'eût cru, par exemple, & nous continuons de parler ici à ceux pour qui la Papauté n'est qu'un grand spectacle, qui n'eût cru, disons-nous, que c'en était fait de Rome chrétienne, lorsque le vieillard apostolique, triste *pèlerin* sur la terre que Dieu lui avait donnée, Pie VI, expirait dans le cachot de Valence, au moment où, ivre de sa victoire, le philosophisme arborait son étendard sur le dôme de Saint-Pierre, les peuples se taisant profondément, & qu'il parlait si haut dans son orgueil qu'on n'entendit pas même le dernier soupir du

(1) Dixerunt ad semetipsos : Videtis quia nihil proficimus? Ecce mundus totus post eum abiit. (Joan. xii, 19.)

vieillard ? Alors aussi on répéta que la puissance papale avait cessé pour jamais ; mais le démenti que préparait la Providence aux hommes de ce siècle n'était pas loin. Cependant le Sacré Collège des Cardinaux, furtivement réuni dans les lagunes de Venise, vaquait tranquillement à l'élection de Pie VII. Le nouveau Pape entra bientôt dans Rome sur les pas d'une armée hérétique à qui Dieu avait ordonné d'affranchir la cité sainte & de faire cortège au pacifique triomphateur. Peu après un homme à l'œil d'aigle, à la volonté de fer, qui vint se poser en face de l'anarchie & la comprima bientôt de tout le poids de sa fortune, en vint à comprendre que cette Papauté qui fit le Saint Empire Romain, & qui se retrouvait encore debout mille ans après pour recommencer pareille œuvre, était bien quelque chose de grand & de fort, & il voulut l'associer à ses destinées. L'onction fut la même, il est vrai ; mais, aux pieds du Pontife, Charlemagne ne fut pas représenté. Bientôt une lutte du faible & du fort s'ensuivit durant cinq années, après lesquelles le grand empereur s'avoua vaincu, en remettant aux mains de son maître cette Rome que jamais nul autre que le successeur de saint Pierre ne pourra garder. Dès janvier 1814, Pie VII délivré s'acheminait vers Rome, tant la Providence avait à cœur qu'il parût affranchi par la seule puissance de la tiare, au moment où la main de l'homme s'avançait pour relever les trônes mortels dont les débris couvraient l'Europe. Ce fut donc celui-là seul qui avait tenté de l'ébranler, ce trône divin, qui déclara que la majesté apostolique pouvait seule s'y montrer assise : ainsi l'agneau sortit intact des serres de l'*aigle ravissant*.

A cette lutte de la Papauté contre la force matérielle, en succède bientôt une autre contre le génie de l'innovation renforcé de tous les prestiges les plus victorieux. Une époque est arrivée dans laquelle la domination de l'esprit semble avoir remplacé toute autre domination. Du philosophisme on était descendu à l'indifférence : l'indifférence a fait place aux combats de la pensée. On s'est mis à reparler foi & mysticisme, & après les sectes philosophiques il s'est retrouvé de la place pour les sectes religieuses. Soudain, deux camps impétueux se sont formés : l'un qui soutient que le Catholicisme est mort, l'autre que, loin d'être mort, il peut être sauvé, qu'il vivra, mais au moyen d'un homme & des idées d'un homme. S'ensuivent des systèmes brillants d'ensemble & d'unité. Une immense réforme scientifique & sociale est proposée : des conceptions neuves & hardies sont mises en avant. On se livre à des espérances, à une confiance sans bornes ; par la plus étrange simplicité, on identifie tout cet échafaudage d'idées humaines avec le Catholicisme lui-même. Le mouvement retentit dans toute l'Europe, & un avenir aussi radieux va séduire de nombreux catholiques jusqu'au delà des mers. Enfin, le moment arrive où la Papauté doit s'expliquer sur cette grande & aventureuse tentative. Un jugement du Siège Apostolique intervient. Or, ce jugement était contraire : il décevait cruellement des espérances naïves & pures dans plus d'un cœur généreux : n'importe, au XIXe siècle comme au IVe, Rome a parlé, la cause est finie. Comment penser même à la résistance contre une autorité divine, préposée pour enseigner infailliblement la vérité, qui est la vie, à l'homme qui ne sait que l'erreur ? Vous eussiez vu alors de nombreuses intelligences rentrer paisiblement dans leur orbite, pour y graviter sous l'œil de Dieu. Partout était le silence, non de la faiblesse & de la peur, car que craint-on aujourd'hui ? mais du devoir & de la conviction. Ainsi a été, à la face du siècle, reconnue reine des intelligences cette Papauté dont la face auguste ne connaît *ni taches, ni rides* (1), dont *la vieillesse* est encore *féconde* (2) en fils d'amour & d'obéissance, & qui ne recueillit jamais un plus complet triomphe.

(1) Ephes. v, 27. — (2) Psalm. xci, 15.

Mais c'en est assez pour montrer à ceux qui n'ont pas d'autre point de vue, que Rome chrétienne est une grande chose & l'histoire pontificale une grande histoire. Dans ce travail d'*Origines*, notre tâche est de le faire voir spécialement pour les siècles primitifs du Christianisme; mais nous espérons que ceux qui auront considéré le germe, tel qu'il fut au sortir des mains du céleste agriculteur, n'auront pas de peine à en pressentir les futurs développements, & que la Papauté de ces premiers âges leur aidera à comprendre celle qui, plus tard, vint éblouir le monde par l'éclat d'une autorité sans bornes, ou ravir son admiration par le miracle d'une patience infinie comme celle de Dieu. Maintenant, c'est aux catholiques sincères que nous nous adressons & que nous venons recommander l'importance de l'étude des *Origines de l'Église Romaine*.

Nul, s'il n'est catholique, ne sentira jamais tout ce que Rome a de puissance sur le cœur & sur la pensée du fidèle. Pour nous, sous le rapport religieux, tout est dans le Souverain Pontife, & le Vicaire du Christ, & le Christ lui-même, & le genre humain tout entier remontant à Dieu, au moyen de cette chaîne sublime dont les anneaux unissent la terre au ciel. « Quelle consolation aux enfants de Dieu,
« s'écrie le grand Bossuet, mais quelle conviction de la
« vérité, quand ils voient que d'Innocent XI, qui remplit
« aujourd'hui si dignement le premier siège de l'Église, on
« remonte successivement jusqu'à saint Pierre, établi par
« Jésus-Christ prince des Apôtres; d'où, en reprenant les
« pontifes qui ont servi sous la loi, on va jusqu'à Aaron &
« jusqu'à Moïse; de là, jusqu'aux patriarches & jusqu'à
« l'origine du monde! Quelle suite, quelle tradition, quel
« enchaînement merveilleux (1)! »

Quiconque reconnaît cette haute importance donnée à

---

(1) *Discours sur l'histoire universelle*, deuxième partie, ch. xxxi.

Rome dans l'économie de la réhabilitation du genre humain, n'a pas de peine alors à voir l'histoire sous son aspect divin d'unité. Il comprend la succession des anciens empires qui se remplacent tour à tour sur la scène du monde, Assyriens, Mèdes, Perses, Macédoniens, préparant ainsi les voies à cette cité reine qui a reçu seule l'investiture de l'empire universel, & à laquelle la terreur, puis l'amour doivent assujettir le monde. En vérité, quand on aperçoit, dans le lointain des âges, ces destinées inouïes, on sent que le poète n'était qu'historien religieux, quand il célébrait cette majesté d'un Dieu inconnu planant déjà sur les sept collines, avant que s'élançassent du repaire d'une louve les deux enfants dont l'un donna son nom au colosse :

« Capitolia...
« Aurea nunc, olim sylvestribus horrida dumis,
« Jam tum relligio pavidos terrebat agrestes
« Dira loci; jam tum silvam saxumque tremebant...
« Quis Deus, incertum est, habitat Deus...(1) »

Enfin, cet empire, prédécesseur immédiat de celui du Christ, est fondé; il s'accroît & on le voit semblable à l'aigle de ses enseignes saisir l'univers dans sa serre puissante. C'est alors qu'arrachées de leurs fondements, les nations s'étonnent de se voir réduites à la condition de cités sous cette fortunée métropole. A voir le mouvement de ces peuples enlevés de toutes parts à leur nationalité, sans assiette, sans équilibre, errant convulsivement par le monde, déracinés qu'ils étaient de leurs usages, de leurs lois & de leurs souvenirs, on eût cru assister à cette scène tragique du monde primitif, où l'on vit les fleuves & les torrents, jusqu'alors fidèles à leur cours, tourbillonner sur toute la surface du globe à travers les flots d'un océan sans limites. Mais ce déluge d'une si étrange nature était miséricordieux.

(1) Æneid., lib. VIII, vers. 347 & seq.

Ces déchirements étaient ceux de l'enfantement; & ce n'était plus une seule famille que Dieu allait sauver, mais la famille des nations. Encore un peu de temps & la Parole souveraine parcourra librement ce monde qu'elle créa quarante siècles auparavant. Rien ne l'arrêtera : il n'y a plus de Grecs, il n'y a plus de Gaulois, d'Africains, de Perses, d'Indiens : de toutes parts on n'aperçoit plus que des Romains, & ce nom de *Romain,* la terre ne le perdra plus; car le Christ en a fait un nom sacré.

En effet, tout ceci n'est qu'une préparation, & les destinées de Rome ne font que commencer. « Le Dieu bon,
« juste & tout-puissant qui n'a jamais dénié sa miséricorde
« au genre humain, dit encore saint Léon, & qui, par l'abon-
« dance de ses bienfaits, a fourni à tous les mortels les
« moyens de parvenir à la connaissance de son nom, dans
« les secrets conseils de son immense amour, a pris en
« pitié l'aveuglement volontaire des hommes & la malice
« qui les précipitait dans la dégradation, & il leur a envoyé
« son Verbe qui lui est égal & coéternel. Or, ce Verbe,
« s'étant fait chair, a si étroitement uni la nature divine à la
« nature humaine, que l'abaissement de la première jusqu'à
« notre abjection est devenu pour nous le principe de l'élé-
« vation la plus sublime. Mais, afin de répandre dans le
« monde entier les effets de cette inénarrable faveur, la
« divine Providence a préparé l'Empire romain, & en a si
« loin reculé les limites qu'il embrassât dans sa vaste
« enceinte l'universalité des nations. C'était en effet une
« chose merveilleusement utile à l'accomplissement de
« l'œuvre divinement projeté, que les royaumes formassent
« la confédération d'un empire unique, afin que la pré-
« dication générale parvînt plus vite à l'oreille des peuples,
« rassemblés qu'ils étaient sous le régime d'une seule
« cité (1). »

(1) Deus namque bonus, & justus, & omnipotens, qui misericordiam suam

Mais quand toutes choses furent préparées, saint Pierre, répudiant au nom de Jéhovah l'étroite Jérusalem déshéritée des promesses qu'elle n'avait pas su comprendre, vint frapper aux portes superbes de la ville des Césars. Il ne se peut rien de plus imposant que l'entrée dans Rome de cet obscur pèlerin de Galilée, porteur de la fortune du genre humain. Eusèbe, malgré ses préjugés orientaux & son orthodoxie suspecte, la célèbre avec pompe :

« Enfin, dit-il, aux jours de Claude Auguste, la tendre
« & miséricordieuse Providence de Dieu dirigea contre
« Rome qui était devenue la corruptrice du genre humain,
« le plus fort, le plus grand, le prince des Apôtres, Pierre,
« qui, comme un valeureux conducteur de la milice divine,
« muni des armes célestes, s'en vint de l'Orient apporter le
« précieux trésor de la lumière intellectuelle à ceux qui habi-
« taient vers le Couchant(1). »

De ce jour, Rome, jusqu'alors le point central des destinées de la terre, devint la clef des desseins éternels, la

---

humano generi nunquam negavit, omnesque in commune mortales ad cognitionem sui abundantissimis semper beneficiis erudivit, voluntariam errantium cæcitatem & proclivem ad deteriora nequitiam, secretiori consilio & altiori pietate misertus est, mittendo Verbum suum æquale sibi atque coæternum. Quod caro factum ita divinam naturam naturæ univit humanæ, ut illius ad infima inclinatio nostra fieret ad summa provectio. Ut autem hujus inenarrabilis gratiæ per totum mundum diffunderetur effectus, Romanum Regnum divina Providentia præparavit, cujus ad eos limites incrementa perducta sunt, quibus cunctarum undique gentium vicina & contigua esset universitas. Disposito namque divinitus operi maxime congruebat, ut multa regna uno confœderarentur imperio, & cito pervios haberet populos prædicatio generalis, quos unius teneret regimen civitatis. (S. Leo, loc. cit. col. 322.)

(1) Confestim enim ipsis Claudii Augusti temporibus, benigna & clementissima Dei Providentia fortissimum & maximum inter Apostolos Petrum & virtutis merito reliquorum omnium principem ac patronum Romam, adversus illam generis humani labem ac pestem, perducit. Qui tamquam strenuus divinæ militiæ ductor, cœlestibus armis munitus, pretiosam illam lucis intelligibilis mercem ab Oriente ad eos qui versus Occasum habitabant detulit. (*Hist. eccles.* lib. II, cap. xiv. Edit. Vales. p. 52.)

boussole de l'humanité, le fanal de l'avenir. Si tous les évènements de l'ancien monde se résument dans la préparation à l'avènement du Verbe & se consomment dans son habitation & sa conversation avec les hommes ; si depuis l'ascension du Réparateur vers son Père & le nôtre, l'Église, autour de laquelle se déroulent tant de vicissitudes diverses & s'accomplissent tant de révolutions, offre dans le seul fait de son existence la solution toujours plus claire du grand problème des temps : ce point de vue prophétique est susceptible de se simplifier encore & la raison dernière des choses humaines d'apparaître plus lucide & plus rapprochée de notre faible regard. Or voici de quelle manière : c'est que si le divin auteur & consommateur de notre foi, Jésus-Christ, est dans son Église, à qui il donne la lumière, la vie & même la forme, puisqu'elle est son corps : l'Église elle-même, en un sens très vrai & très profond, est dans le Pontife Romain, centre visible & permanent d'unité & d'action, chef de l'humanité régénérée, Pasteur & Docteur universel suivant le Concile de Florence, en un mot Vicaire du Christ, comme disent les Pères de Trente. C'est pour cela que les promesses faites par le Sauveur au corps apostolique, ont aussi été faites à Pierre en particulier ; sauf la magnifique prérogative que lui seul devait recevoir, d'être lui seul le fondement à la place duquel nul autre ne pouvait être posé.

Cet ordre de vérités si fécond pour le théologien, est surtout précieux pour l'historien de l'Église. Qu'il suive depuis l'origine jusqu'au temps présent le fil de la Papauté, il verra dans celle-ci le miroir fidèle des diverses phases du Catholicisme dans les siècles. *Le Pape & l'Église, c'est tout un*, dit saint François de Sales : cette assertion dogmatique est aussi le résumé le plus clair des annales chrétiennes. Comme l'esprit de la famille est visible dans le père, comme les membres expriment au dehors la direction qu'ils reçoivent du chef, comme le pouvoir de chaque société renferme en lui l'élément qui constitue la matière gouvernée, ainsi la physionomie de l'Église a toujours été principalement saisissable dans les actes, la doctrine & les mœurs de la Papauté; & on aurait eu toujours un immense avantage de conception à ne descendre à l'analyse qu'après s'être bien pénétré de cette lumineuse synthèse.

Ainsi, voulez-vous vous former une idée des mœurs primitives du Christianisme & de sa situation dans l'Empire à l'âge des persécutions? considérez la suite des Pontifes Romains de Lin à Melchiade, athlètes indomptables *résistant jusqu'au sang,* comme parle l'Apôtre; portant peu de lois, mais sachant au besoin faire éclat pour la vérité & la discipline, témoins les Victor, les Étienne & les Marcel : & vous aurez vu l'Église d'alors, telle qu'elle nous est visible dans le récit d'Eusèbe, dans les actes des martyrs, les épîtres de saint Cyprien, la doctrine de saint Irénée. Êtes-vous arrivé aux siècles des Sylvestre, des Jules, des Sirice, des Innocent, des Célestin, des Léon, des Grégoire le Grand, tout l'esprit de la hiérarchie entière se reflète dans ces grands législateurs du dogme & de la discipline, à cette époque où l'Église, émancipée par les empereurs, jetait les bases de son droit écrit & comprimait vigoureusement les hérésies qui s'attaquaient au grand mystère de l'Homme-Dieu. Bientôt, les Grégoire II & III, les Adrien, les Léon III, les Nicolas Ier, mettant la main à la constitution de l'Occident, faisaient en grand ce qu'opéraient sur des milliers de points les évêques & les abbés : en sorte que, tandis que les évêques faisaient les royaumes de France & d'Espagne, & les moines celui d'Angleterre, les Papes faisaient l'Europe. Au Xe siècle, les désastres de l'Église Romaine se reproduisaient lamentablement dans la société chrétienne tout entière. Durant ces tristes jours, où la majesté du Siège Apostolique était opprimée, l'œil d'une foi timide eût cru que l'étoile du Catholicisme avait pâli, lorsque tout à coup l'héroïque Grégoire VII vint, en rappelant la sainteté sur le trône du Prince des Apôtres, raviver la discipline & les mœurs ecclésiastiques qui s'écroulaient de toutes parts. Après lui, cette pléiade éclatante de grands Papes, Urbain II, Paschal II, Alexandre III, Innocent III, Grégoire IX, Innocent IV, qui dans des conciles fameux rendaient la vie aux Églises en promulguant des canons fondés sur l'esprit de Dieu, ou des décrétales dans lesquelles une équité surhumaine le disputait à la science du droit, en même temps qu'ils organisaient par leur influence paternelle ce moyen âge qui nous a légué de si grandes œuvres.

Plus tard, lorsque, par la permission divine, le Saint-Siège se trouva momentanément transporté à Avignon, en même temps que la Cour Romaine perdait de sa dignité, le lien de la discipline se relâchait, & la simonie, le désordre des clercs, la mollesse des réguliers étaient des malheurs auxquels on ne pouvait que se résigner, tant que le Pasteur suprême n'était pas remonté sur cette montagne bénie, du sommet de laquelle il a reçu ordre de surveiller tout le bercail. S'ensuivit cette éclipse, sans égale en durée, qui voila aux peuples, durant quarante années, la face du Pontife sur la chaire éternelle; épreuve redoutable, terrible vision du chaos dans lequel une révolte coupable allait bientôt plonger la moitié de l'Occident. Durant ces jours de désolante mémoire, les peuples étaient errants comme des brebis sans pasteur : on criait à la *réforme de l'Église dans son chef & dans ses membres;* mais déjà ce cri n'était plus entièrement pur dans toutes les bouches. L'unité reparut enfin; mais *tandis que les hommes dormaient,* c'est à dire pendant que Léon X, successeur de ces quelques Pontifes qui oublièrent de donner pour appui à leur pouvoir divin la sainte austérité de l'Évangile, tenait mollement les rênes du gouvernement ecclésiastique, *l'homme ennemi sema la zizanie dans le champ;*

Dieu sauva encore son Église par la Papauté. Convoqué par Paul III, le saint Concile de Trente vint fixer le dogme ébranlé & relever avec force & douceur la discipline renversée; mais qui ne sait que cette grande tentative eût été sans résultats, si Dieu n'eût suscité cette admirable suite de Pontifes intègres dans les mœurs & ardents pour la cause de Dieu, Pie IV, Paul IV, Pie V, Grégoire XIII, Sixte-Quint, Clément VIII? Plus tard, lorsque la criminelle sécularisation de la société n'avait pas encore refoulé, comme au XVIIIe siècle & aujourd'hui, la juridiction ecclésiastique bien en deçà des limites qui lui ont été assignées d'en haut, l'Église résista avec énergie en la personne d'Innocent XI, d'Alexandre VIII, de Benoît XIII, même de Clément XIII; tandis qu'elle renversait le honteux protée du néo-calvinisme, par Innocent X, Alexandre VII & Clément XI. Non moins purs que ceux-ci, mais prédestinés à une action toute pacifique, Innocent XII, Benoît XIV, Clément XIV semblèrent avoir pris pour règle cette parole du Sauveur : *N'achevez pas de rompre le roseau déjà brisé, & n'éteignez pas la mèche qui fume encore.* Leur mission, comme celle de l'Église de leur temps, était de conserver les principes, de rendre témoignage à la vérité, puis de se retirer d'un monde dépourvu d'intelligence & de se laisser dépouiller de tout ce qu'ils estimaient moins que le salut des âmes. Mais bientôt gênée dans l'usage de ces droits intimes dont l'exercice est le même pour tous les temps, l'Église se verra-t-elle obligée de transformer sa longanimité en combat? elle saura être fidèle comme autrefois, jusqu'à la mort; mais pour marquer cette époque, il faut un Pape martyr. Dieu y a pourvu, & Pie VI, comme Martin Ier, au fond d'un cachot, rendra par sa mort cruelle le seul témoignage qui pût être alors rendu à la liberté de la parole évangélique. Depuis lors, il y a eu encore de grandes douleurs entremêlées d'ineffables consolations, mais tout cela est trop près de nous; nous dirons seulement que

Rome a été mère fidèle aux Églises affligées, & que celles-ci n'ont eu qu'à l'imiter pour savoir, suivant les temps, céder ou vaincre, résister ou souffrir.

Mais où nous entraîne la justification d'une assertion qu'aucun catholique ne conteste? Nous voulions seulement expliquer pourquoi nous préludons aux divers travaux que nous livrerons plus tard au public sur les diverses branches de l'histoire du Catholicisme, par cette publication des *Origines de l'Église Romaine*. Notre intention, comme nous l'avons d'abord annoncé, a été de montrer qu'en lui-même ce sujet avait droit d'intéresser toutes les classes de lecteurs. Du reste, on sent assez, d'après notre manière d'envisager ce sujet, que nos *Origines* de la Papauté n'auront rien de commun avec nombre d'histoires des Papes qui ont été publiées jusqu'à ce jour, sèches & mesquines biographies dont pas une n'est restée dans l'opinion, & que ne vivifie point le tableau fidèle de Rome chrétienne aux diverses époques qu'on y passe en revue. D'un autre côté, les annalistes de l'Église n'ont point jugé à propos de s'appesantir beaucoup non plus sur la physionomie de l'Église Romaine. Quand ils ont rencontré l'action des Papes, ils l'ont enregistrée comme un fait, à la manière dont trop longtemps on a écrit l'histoire, sans l'encadrement nécessaire des mœurs, des usages & des institutions. Baronius seul nous paraît n'avoir pas mérité ce reproche; aussi est-il le seul qui ait écrit ses annales dans cette Rome qu'il faut connaître & étudier longtemps pour être digne d'en parler. Pour nous, nous ne promettons rien, mais nous voudrions non seulement raconter, mais peindre; faire revivre pour un moment les siècles à mesure que nous les évoquerions, en un mot travailler en même temps pour l'artiste & le théologien, pour le publiciste & l'hagiographe.

Mais pour pénétrer ainsi dans la vitalité des mœurs de l'Église Romaine, on sent qu'il faut un autre guide qu'Eusèbe, Socrate ou Sozomène, qui n'ont noté que les noms des Papes & quelques faits retentissants, dépourvus de toute couleur vivante & locale. Pour tracer le tableau fidèle des huit premiers siècles de la Papauté, nous avons, il est vrai, les passages des saints Pères qui composent la tradition sur la primauté romaine, certains fragments des actes des Conciles généraux & particuliers, avec les épîtres officielles que nous possédons en assez grand nombre des Souverains Pontifes de cette période. Mais ces monuments de l'existence publique du Saint-Siège sont tout à fait insuffisants pour nous initier à sa vie intime, sans laquelle sa vie publique ne saurait même être comprise dans toute son étendue. Nous aurons donc recours simultanément à d'autres sources & nous étudierons Rome chrétienne dans ses traditions primitives, les actes de ses martyrs, ses catacombes, ses mosaïques, ses peintures, ses symboles, ses inscriptions sacrées, & dans les détails domestiques de son hagiographie. Les pompes antiques de sa liturgie, la fondation de ses basiliques, leurs miraculeuses & poétiques histoires, les précieuses reliques auxquelles elles servent de sanctuaires, l'inventaire des trésors dont elles se trouvèrent enrichies avant même le IVe siècle, les gracieuses légendes qui forment parfois de si touchants épisodes à la constante majesté qui environne tant de merveilles inconnues pour nous, mais que les plus doctes Romains ont illustrées, depuis trois siècles, dans des ouvrages où la foi se justifie par la plus abondante érudition : tout cet ensemble ignoré des lecteurs français & qui n'a peut-être jamais rayonné dans toute sa richesse, formerait selon nous le complément de l'histoire de la Papauté, la véritable explanation des *Origines de l'Église Romaine*. Telle est la tâche que nous nous sommes imposée.

Mais parmi les monuments propres à nous initier à la connaissance intime de Rome chrétienne, il en est un que les amateurs de l'antiquité & de l'archéologie catholiques ont toujours placé au premier rang; livre qui ne compte qu'une seule édition française depuis l'invention de l'imprimerie, & dont l'importance pour notre sujet est telle que, d'après notre plan que nous exposerons plus loin, il doit entrer tout entier dans notre travail dont il formera en quelque façon la base. C'est le *Liber Pontificalis*, ouvrage faussement attribué à Anastase le Bibliothécaire, puisqu'il est de beaucoup antérieur à l'époque où florissait cet auteur. Ce livre, qu'ont publié successivement les plus savants écrivains de l'Italie, Holstenius, Schelestrate, Bianchini, Vignoli, Muratori, ce livre dont Benoît XIV atteste la grande autorité historique(1), est la source la plus féconde en documents intéressants & authentiques sur les huit premiers siècles de Rome chrétienne. Depuis plusieurs années que nous nous sommes livré à l'étude attentive de ce monument, nous nous étonnions que personne, en ce siècle où l'on parle tant des progrès de la science historique, ne se fût encore attaché à exploiter une mine aussi riche, & nous pensions à chaque instant nous voir enlever par des mains plus habiles l'honneur de tirer de l'oubli une chronique originale & dont l'importance vaut bien celle de quantité de monuments qu'on exhume tous les jours. Personne n'a parlé : la préoccupation du moyen âge absorbe & concentre tous les efforts des auteurs, toute l'attention du public qui les lit. Pourtant, l'étude des siècles qui suivirent Charlemagne se renforcerait avec avantage de la compréhension des mœurs de l'Église Romaine dans les âges précédents, & une chronique succincte, quoique incomplète, qui du premier siècle du Christianisme descend jusqu'au IXe, se teignant successivement de la couleur des temps qu'elle traverse, était

---

(1) Sive enim liber ille sit Anastasii, sive Damasi, sive fuerit a variis auctoribus collectus, juxta varias eruditorum sententias, magnæ nihilominus est auctoritatis, & magno in pretio habetur. (Bened. xiv, *De servor. Dei beatificatione & beatorum canonizatione*, lib. I, cap. III, n. 2.)

une bonne fortune pour ceux qui répètent souvent que l'histoire est à refaire & que ce qui lui manque surtout, c'est l'intelligence des Origines catholiques. Un seul écrivain, homme de lettres plein de modestie comme de savoir, M. L. Guénebault, dans un article récemment inséré aux *Annales de Philosophie chrétienne*, excellent recueil qui, depuis plus de cinq années, a mérité constamment l'estime publique, a élevé la voix en faveur du *Liber Pontificalis*. Nous le félicitons ici comme le seul homme peut-être qui se soit occupé, au moins en passant, de l'important objet auquel nous avons consacré de longues veilles : notre parole retentira moins solitaire après la sienne.

Or, voici quelle sera la forme de notre travail. En tête de la vie de chaque Pape, nous placerons d'abord l'article du *Liber Pontificalis* qui lui est relatif. Cette courte notice, restituée d'après les meilleurs manuscrits, sera accompagnée de sa version française & munie de tous les secours qui peuvent en faciliter l'intelligence, en éclaircir les difficultés, au besoin en rectifier les erreurs. Après ce premier travail d'éditeur, dans lequel nous étayerons nos faibles essais de l'autorité de nos illustres devanciers, nous procéderons à la mise en œuvre des matériaux que nous présenteront pour l'histoire de chaque Pape, non seulement le *Liber Pontificalis*, qui ne forme qu'une portion de nos richesses, mais tous les autres documents qu'aura pu conserver la tradition écrite ou monumentale. Ainsi se trouveront combinées dans une même œuvre l'édition d'un des ouvrages les plus précieux de l'antiquité & l'histoire elle-même dont il forme l'une des bases principales.

Mais avant de placer ainsi le *Liber Pontificalis* au rang des titres les plus importants de la tradition ecclésiastique, il faut expliquer l'origine de ce monument, faire l'histoire de ses vicissitudes, montrer comment une chronique des Papes qui finit au IXe siècle remonte pourtant à la plus haute antiquité, satisfaire sur une foule de points aux sévères exigences de la critique. On sent que cette question préalable, qui n'est autre que celle de l'authenticité des archives de l'Église Romaine durant les huit premiers siècles, présente par elle-même le plus grave intérêt dans l'histoire de la Papauté, quand bien même la solution n'en serait pas impérieusement exigée par l'adoption que nous faisons du *Liber Pontificalis* dans notre travail. Ce premier volume de nos *Origines* de l'Église Romaine demeure donc entièrement consacré à des prolégomènes de la plus haute importance.

Le *Liber Pontificalis,* continué successivement par les bibliothécaires du Siège Apostolique, fut rédigé, à ce qu'il paraît, vers le VIIe siècle, partie sur des titres originaux & sur des traditions monumentales, partie sur une chronique du VIe siècle que nous avons encore, composée dans le but de recueillir une foule de détails d'une incontestable certitude, & renfermant presque en entier la chronique primitive des Papes rédigée sous le pontificat de Libère au IVe siècle, laquelle se trouve elle-même reproduire la suite des Pontifes Romains déjà ébauchée par Eusèbe, l'anonyme du IIIe siècle, saint Hippolyte, Hégésippe & enfin saint Irénée.

Cette magnifique succession de monuments enchaînés les uns aux autres exigeait, pour être mise dans tout son jour, un corps de dissertations historiques & critiques sur les formes de l'histoire pontificale aux premiers siècles. Nous nous sommes appliqué à répandre sur cette curieuse discussion le plus de vie & d'intérêt qu'il nous a été possible, & afin de donner au lecteur une plus grande facilité de nous suivre & d'étudier par lui-même les sources du *Liber Pontificalis,* nous avons inséré, à mesure qu'ils se sont présentés dans l'ordre des temps, les divers monuments dont nous faisions l'histoire. Enfin, nous avons rejeté à la fin du volume, en manière d'appendice, un certain nombre de catalogues des Papes rédigés en des lieux & en des temps divers. Plusieurs sont assez modernes, n'ayant guère plus de six ou sept cents ans, mais ils ne laissent pas que de former une grande autorité pour la chronologie quand ils sont d'accord entre eux sur les années, les mois & les jours des pontificats. Nous complétons l'ensemble de toutes ces pièces justificatives par la suite des Fastes Consulaires depuis l'ère chrétienne ; monument d'un usage indispensable pour la chronologie des Papes des trois premiers siècles. Tel est le travail que nous présentons au public dans ce premier volume de nos *Origines de l'Église Romaine*. Quel que soit le succès de nos labeurs, nous nous flattons que les hommes de la science historique jugeront que nous nous sommes donné quelque fatigue, avant de nous hasarder à prononcer sur les graves questions que nous avons soulevées.

Nous devons dire un mot des adversaires qui peuvent se rencontrer sur notre route. Nous ne connnaissons comme tels, à proprement parler, que les deux célèbres auteurs anglicans, Pearson, évêque de Chester, & Dodwell, archidiacre de Berks. Nous espérons, avec l'aide de Dieu & de sa vérité, avoir renversé leurs objections contre l'authenticité & l'autorité des anciens catalogues qui ont servi de base au *Liber Pontificalis*. Le lecteur en jugera. Parmi les catholiques, nous ne pensons pas rencontrer de contradicteurs, bien que nous ayons résolu de ne jamais sacrifier aux préjugés français du XVIIe & du XVIIIe siècle. A nos yeux, l'autorité des savants romains vaut pour le moins celle de Tillemont & de Fleury, & assez de lacunes existent déjà dans les monuments des premiers siècles, pour que nous n'allions pas de gaîté de cœur amoindrir les récits de la tradition, dans le but de satisfaire l'absurde préjugé à qui il plaît de les tenir pour suspects, par cela seul qu'ils lui semblent trop circonstanciés. Il serait par trop étrange aussi que tandis que l'intégrité de Rome chrétienne dans l'examen des faits miraculeux, est avouée des protestants éclairés, il se trouvât encore des catholiques à qui il fût besoin de rappeler qu'ils peuvent, en toute sûreté, s'en rapporter à elle sur des récits qu'elle consacre & auxquels ont rendu hommage les érudits qui ont illustré ses antiquités. Dire que nous suivrons les traditions de l'Église Romaine, c'est donc promettre assez clairement que nous ne raconterons point des fables; mais c'est dire aussi que nous présenterons du pontificat des premiers Papes un tableau plus complet que celui qu'en ont tracé jusqu'ici les auteurs français.

La critique historique en général, & celle de l'antiquité ecclésiastique en particulier, ont été faussées par plusieurs auteurs français du XVIIe & du XVIIIe siècle. On le sent généralement aujourd'hui, on le répète volontiers, & il n'y a personne qui ne déclame à l'occasion contre les *excès* d'un Ellies Dupin, d'un Launoy, d'un Baillet; cependant le règne de ces hommes n'est pas encore aussi ébranlé qu'on le pense généralement. Jamais encore leurs théories n'ont été l'objet d'une réfutation rationnelle, & la plus grande partie de leurs principes n'a pas cessé d'être mise en pratique. Il est bien une certaine limite qu'on ne veut pas franchir, une certaine hardiesse qu'on n'a pas; mais si on reste en deçà de l'incroyance absolue, cette modération ne pourrait-elle pas quelquefois être taxée d'inconséquence? Il y aurait des choses curieuses à raconter sur cet article, des rapprochements piquants à signaler, des faits caractéristiques à enregistrer. Cet important travail ébauché nombre de fois, en Italie surtout, & en France par le P. Honoré de Sainte-Marie, est peut-être un des plus pressés pour l'avancement & le renouvellement de la véritable science ecclésiastique. Mais que de préjugés ne faudrait-il pas froisser, si on en voulait venir à une explication franche de l'état de la question? Un pareil travail n'est pas mûr encore, mais de jour en jour il devient moins périlleux. Nous l'avouerons même ingénûment, nous l'avons ébauché, ce travail, & même sur des proportions assez considérables. Nous avons recherché, pour notre propre usage, la raison des principes qu'on a mis en avant de part & d'autre, dans les controverses de la critique sacrée; nous avons cherché à sonder la question capitale & fameuse de l'*argument négatif;* enfin, nous avons peut-être fait assez pour notre propre conviction. Mais nous expliquer devant le public sur des questions aussi grosses de querelles nous eût semblé par trop présomptueux. Peut-être un jour l'oserons-nous, lorsque nous en aurons acquis le droit. Jusque là, nous dirons seulement en toute simplicité que lorsque, par le passé, certains écrivains catholiques paraissaient si fort préoccupés de la crainte de croire trop, ils s'exposaient au danger bien autrement sérieux de ne pas croire assez. *Le juste vit de la foi :* c'est une parole de Dieu dans les Saints Livres.

Nous allons donc commencer l'examen & la justification des titres de l'Église Romaine, travail que nous avons entrepris & suivi avec amour pour confesser hautement la tendresse de notre dévouement envers cette mère & maîtresse de toutes les Églises. Puisse-t-elle avoir pour agréables ces prémices de nos travaux que nous lui offrons, heureux de marquer de son nom sacré nos premiers pas dans l'étude des *Origines Catholiques!* Daigne le Prince du Collège Apostolique, patron de ce monastère, sur lequel il a constamment veillé depuis huit siècles entiers & qu'il a conservé avec toutes ses merveilles à travers tant de hasards, recevoir avec bonté ce tribut que nous lui offrons avec une joie filiale! Qu'il nous maintienne dans l'esprit de notre vocation; qu'il nous confirme de son autorité apostolique; qu'il bénisse les efforts que nous faisons pour montrer toute la solidité de la pierre angulaire qu'il est lui-même, toujours vivant dans ses successeurs, illuminant par eux tout homme qui vient en ce monde & qui aime la vérité; conduisant par leur ministère, vers les pâturages de l'éternité dont il tient les clefs puissantes, toutes les brebis qui le reconnaissent pour le Pasteur auquel, pour prix de son amour, elles furent universellement confiées.

Après avoir jeté un coup d'œil sur les monuments à l'aide desquels a été rédigé le *Liber Pontificalis,* Dom Guéranger termine par une magnifique profession de foi, inspirée par la publication d'un mauvais livre dans lequel Lamennais osait citer le Pape devant le tribunal de l'opinion publique. Ce réquisitoire plein de fiel avait pour titre : *Affaires de Rome;* il était suivi d'un opuscule sur les *Maux de l'Église.* Cette déplorable *affaire* fut le tombeau de la gloire d'un génie dévoyé, la désolation de l'Église & le scandale du monde.

Nous en étions à tracer les dernières lignes de cet ouvrage, lorsque tout à coup une voix de scandale s'est fait entendre. L'homme, le prêtre qui semblait avoir reçu la haute mission de serrer plus étroitement les liens qui doivent unir notre patrie à la Chaire de saint Pierre, après avoir, devenu infidèle, fourni déjà la plus triste & aussi la plus magnifique preuve de l'invincible force de Rome chrétienne en nos jours, par l'isolement qui l'environna soudain, du moment que la foudre l'eut touché; ce prêtre, la justice de Dieu le donne aujourd'hui en spectacle au monde. La parole lui est laissée, afin qu'il manifeste au grand jour la faiblesse de ses jugements, l'incohérence de ses pensées, les tristes ressentiments auxquels il a sacrifié jusqu'à sa foi qui vient de s'éteindre enfin, le laissant dans cette nuit terrible où l'homme ne sait plus où il va. Le siècle indifférent l'a vu passer; il a cherché à s'expliquer diversement cet étrange phénomène, mais bientôt des intérêts plus positifs ont appelé ailleurs sa vue distraite. Le fidèle, le vrai croyant a tout compris, & c'est pour cela qu'il s'est ému de compassion & de terreur. A la vue de cette haute intelligence déchue, amoindrie, réduite à s'abdiquer elle-même, il s'est rappelé l'oracle de l'Homme-Dieu : *Quiconque tombera sur cette pierre sera fracassé, & celui sur lequel elle tombera sera broyé* (1). L'infortuné a eu ce double malheur : la pierre de salut est devenue pour lui une pierre d'achoppement, &, parce qu'il a refusé d'être soutenu par elle, elle a pesé sur lui de tout son poids. Depuis lors, il ne se retrouve plus lui-même; nul ne le reconnaît plus, tant les atteintes vengeresses de cette pierre redoutable l'ont défiguré!

Non, ceci n'a rien qui nous étonne, nous simples enfants de l'Église, mais qui dans notre simplicité possédons la vraie lumière & la clef de toutes choses. Les caractères du génie infidèle à sa mission ont été tracés par l'Esprit Saint & nous en pouvons suivre l'accomplissement lamentable. Ces hommes, dit un Apôtre, *se sont rendus coupables de mépris envers l'autorité, de blasphème envers la majesté* de Dieu qu'ils ont méconnue là même où Il l'a plus visiblement empreinte. On les a vus avec effroi tantôt devenus semblables à *ces nuées sans eau que les vents ballottent çà & là*, traverser en fuyant le ciel où ils brillèrent autrefois comme des astres; tantôt pareils à *ces arbres impuissants* que l'on voit, *en automne,* pousser quelques fleurs stériles, accuser dans les œuvres de leur esprit la décroissance de ce génie dont ils furent si fiers (2); tantôt comme *une mer aux vagues écu-*

---

(1) Omnis qui ceciderit super illum lapidem, conquassabitur : super quem autem ceciderit, comminuet illum. (Luc. xx, 18.)

(2) *Il est,* dit M. Sainte-Beuve (*Revue des Deux-Mondes,* 15 novembre 1836, sur le dernier ouvrage de M. de La Mennais), *il est un chapitre bien essentiel à ajouter au livre connu de Huet; on pourrait l'intituler* : DE LA FAIBLESSE DE L'ESPRIT HUMAIN, AU MOMENT DU PLUS GRAND TALENT, DANS LES GRANDS HOMMES.

mantes & furieuses sur laquelle s'étendent des ombres éternelles, révéler les tempêtes de l'orgueil implacable qui gronde dans leur âme & les ténèbres du doute qui l'envahissent de plus en plus (1).

Et si nous avions le temps de jeter un regard sur l'histoire du passé, quels affreux exemples n'y rencontrerions-nous pas, précurseurs de celui qui nous frappe aujourd'hui? Voyez le puissant Tertullien : dès qu'il s'est mis à poursuivre de ses sarcasmes celui qu'il nomme dédaigneusement l'*Évêque des Évêques* (2), son flambeau si lumineux a pâli, & pour un docteur jusqu'alors sans égal, il n'est plus resté qu'un sectaire assez médiocre, disciple d'un autre qui à peine a laissé son nom. Tel est le sort de l'homme qui dans la nuit de son erreur rencontre du pied la formidable Pierre; & comment le Seigneur l'épargnerait-il, lui qui venge sa Rome contre les nations mêmes? Considérez ce peuple qui vient immédiatement après le peuple juif pour la dégradation morale, les habitudes d'esclavage, l'impuissance à user de la liberté à laquelle on a voulu l'appeler. Les Grecs ont renié le Christ en son Vicaire, *ils n'ont pas voulu qu'il régnât sur eux* (3), & c'est pourquoi depuis lors ils ont vu s'écrouler leur empire, s'avilir leur église désormais bâtie non sur la pierre, mais sur le sable. Et combien de guerriers invincibles, de princes habiles dans l'art de gouverner les hommes, de dynasties qu'on croyait éternelles, se sont abîmés tour à tour pour avoir étendu la main sur le Pontife suprême, ou violé ses imprescriptibles droits! « L'excom-« munication du Pape, disait Napoléon, ne fera pas tomber

---

(1) Dominationem autem spernunt, majestatem autem blasphemant... nubes sine aqua quæ a ventis circumferuntur, arbores autumnales, infructuosæ... fluctus feri maris despumantes suas confusiones, sidera errantia, quibus procella tenebrarum servata est in æternum. (*Epist. S. Judæ*, 8, 12, 13.)

(2) Tertullian., *de Pudicitiâ*, cap. I. edit. Rigalt., p. 715.

(3) Nolumus hunc regnare super nos (Luc. XIX, 14.)

« les armes des mains de mes soldats. » La patiente & inflexible justice de Dieu lui préparait pour le lendemain le plus terrible démenti (1). Le grand homme avait heurté imprudemment contre la Pierre à laquelle pourtant il devait son élévation.

C'est à cette même Pierre qu'il devait sa gloire, & aux combats héroïques qu'il livra pour elle, le prêtre qui la voudrait déshonorer aujourd'hui ; mais qu'il raconte tant qu'il voudra, ce fils sans honneur, ce qu'il appelle l'ignominie de sa mère : dix-huit siècles de fidélité à son Époux, dix-huit siècles de tendresse & de sacrifices pour les peuples qu'elle enfanta la vengent assez de ces perfides insinuations. Il est trop tard pour venir nous parler de trahisons récentes : Rome, aujourd'hui comme toujours prêche *aux peuples l'obéissance & aux souverains la justice* (2). Malheur aux peuples, malheur aux rois qui laissent passer sa parole sans la recueillir ! Certes, il compte grandement sur notre simplicité celui qui vient nous dire : Rome a vendu les âmes de ses peuples pour garder quelques jours de plus, par la force des baïonnettes, le patrimoine de saint Pierre. Ajoutez donc encore, grand homme, votre axiome d'aujourd'hui : Hommes de ce siècle, sachez que le Catholicisme, qui n'était qu'une des formes du Christianisme, est mort. — Eh non ! ce n'est pas le Catholicisme qui est mort, c'est votre génie, ce sont vos facultés sublimes qui défaillent : un enfant catholique en sait plus que vous.

Oui, malheur à celui qui, aveuglé par sa propre sagesse, oublie qu'entre les pensées de l'homme & celles de Dieu

---

(1) « Les armes des soldats parurent à leurs bras engourdis un poids insuppor-
« table. Dans les fréquentes chutes qu'ils faisaient elles s'échappaient de leurs mains,
« se brisaient ou se perdaient ; s'ils se relevaient, c'était sans elles ; ils ne les
« jetèrent pas, mais la faim & la soif les leur arrachèrent. » (*Histoire de Napoléon
& de la Grande Armée en 1812*, par M. le comte de Ségur.)

(2) Lettre de S. E. le Cardinal Pacca. (*Affaires de Rome*.)

pour le gouvernement du monde il y a une distance infiniment plus grande que celle qui sépare le ciel de la terre! Malheur à celui qui visite Rome chrétienne, le cœur vide de foi & d'amour, & n'aperçoit qu'un homme lorsqu'il devrait tressaillir de se trouver en présence de Dieu! Malheur à celui qui, en face de la Chaire éternelle, ne se sent pas subjugué par le sentiment de sa propre impuissance & trouve encore en son cœur assez de vanité pour adorer ses pensées d'un jour! Il n'a rien compris au règne de Dieu sur la terre : tant de siècles de miracles auront passé sur lui sans réveiller son cœur appesanti. Nous, catholiques, enfants de lumière, détournons nos regards d'un spectacle qui les attriste, reposons-les plutôt sur la page du saint Évangile où se lisent ces paroles dont l'inscription radieuse ceint, comme d'un diadème prophétique, l'intérieur de la coupole du premier temple de l'univers :

† TV ES PETRVS ET SVPER HANC PETRAM ÆDIFICABO ECCLESIAM MEAM
ET PORTÆ INFERI NON PRÆVALEBVNT ADVERSVS EAM
ET TIBI DABO CLAVES REGNI CŒLORVM.

TABLE DES MATIÈRES

Préface. I
Considérations sur la Liturgie catholique. I
Sur l'usage des liturgies diocésaines en France. 41
Défense des Considérations sur la Liturgie catholique. . . 55
Sur une réponse de l'auteur des Considérations. 79
Au Rédacteur de l'*Ami de la Religion & du Roi*. 85
Considérations sur la Liturgie catholique. 92
De la Prière pour le Roi. 113

DE L'ÉLECTION ET DE LA NOMINATION DES ÉVÊQUES.

Préface. 137
Chapitre I. — Du ministère de l'élection en général. . . 143
Chapitre II. — L'élection des Évêques a toujours appartenu au Clergé. 148
Chapitre III. — Du pouvoir accordé au peuple chrétien dans les élections. 155
Chapitre IV. — Indépendance de l'Église à l'égard des princes, avant la conversion des empereurs. 167
Chapitre V. — Du Prince chrétien; ses devoirs. 176
Chapitre VI. — Concorde du Sacerdoce & de l'Empire, considérée spécialement dans les élections. 188
Chapitre VII. — Respect religieux des princes chrétiens pour la liberté des élections. 193
Chapitre VIII. — Travaux de l'Église pour la liberté des élections. 210
Chapitre IX. — Des Investitures. 227
Chapitre X. — Des Réserves. 238
Chapitre XI. — La Pragmatique Sanction. 247
Chapitre XII. — Concordat de Léon X & de François Ier. 258
Chapitre XIII. — De la nomination royale & du refus des bulles. 266

TABLE DES MATIÈRES

Chapitre XIV. — Inconvénients du Concordat de 1516. . 275
Chapitre XV. — Déplorable issue des derniers concordats. . 284
Chapitre XVI. — Les concordats ont néanmoins produit d'heureux résultats. 301
Chapitre XVII. — Le Gouvernement actuel peut-il réclamer la nomination des Évêques en vertu des concordats? . . 316
Chapitre XVIII. — Le Gouvernement peut-il réclamer la nomination des Evêques sous le régime de la Charte de 1830? 321
Chapitre XIX. — Les Catholiques de France peuvent-ils laisser la nomination des Évêques entre les mains du Gouvernement? 329
Chapitre XX. — Conclusion. 341
Voyage à Solesmes. 346
Au Rédacteur de l'*Ami de la Religion*. 365
Visite de Mgr l'Évêque du Mans au Prieuré de Solesmes. . 375
ESSAI HISTORIQUE sur l'Abbaye de Solesmes, suivi de la description de l'Église abbatiale avec l'explication des monuments qu'elle renferme. 383
ORIGINES CATHOLIQUES. Préface & plan de l'ouvrage. . 555

315-7-86 — Solesmes (Sarthe) typ. Saint-Pierre, E. Babin.

www.ingramcontent.com/pod-product-compliance
Lightning Source LLC
Chambersburg PA
CBHW051322230426
43668CB00010B/1116